AS GARANTIAS DAS OBRIGAÇÕES
NOS DIREITOS GUINEENSE E DA OHADA

CLÁUDIA ALEXANDRA DOS SANTOS MADALENO

AS GARANTIAS DAS OBRIGAÇÕES
NOS DIREITOS GUINEENSE E DA OHADA

AS GARANTIAS DAS OBRIGAÇÕES
NOS DIREITOS GUINEENSE E DA OHADA

AUTOR
CLÁUDIA ALEXANDRA DOS SANTOS MADALENO

EDITOR
EDIÇÕES ALMEDINA. SA
Av. Fernão Magalhães, n.º 584, 5.º Andar
3000-174 Coimbra
Tel.: 239 851 904
Fax: 239 851 901
www.almedina.net
editora@almedina.net

PRÉ-IMPRESSÃO | IMPRESSÃO | ACABAMENTO
G.C. GRÁFICA DE COIMBRA, LDA.
Palheira – Assafarge
3001-453 Coimbra
producao@graficadecoimbra.pt

Abril, 2009

DEPÓSITO LEGAL
290075/09

Os dados e as opiniões inseridos na presente publicação
são da exclusiva responsabilidade do(s) seu(s) autor(es).

Toda a reprodução desta obra, por fotocópia ou outro qualquer
processo, sem prévia autorização escrita do Editor, é ilícita
e passível de procedimento judicial contra o infractor.

Biblioteca Nacional de Portugal – Catalogação na Publicação

MADALENO, Cláudia Alexandra dos Santos

As garantias das obrigações nos direitos guineense
e da OHADA. - (Estudos de direito africano)
ISBN 978-972-40-3776-9

CDU   347
      378

PREFÁCIO

A obra, cujo prefácio me é pedido pela autora, constitui um excelente exemplo de uma actividade de cooperação bem conseguida.

A Dr.ª Cláudia Madaleno foi, durante cinco anos, Assistente na Faculdade de Direito de Bissau, no âmbito da cooperação entre esta Faculdade e a Faculdade de Direito da Universidade de Lisboa. Na Faculdade de Direito de Bissau, a autora, para além de ter acudido a tarefas de índole não estritamente académica, leccionou várias disciplinas na área das Ciências Jurídicas. Numa dessas disciplinas, com a genérica designação "Direito Privado", a Dr.ª Cláudia Madaleno tomou em mãos, por incumbência do Assessor Científico de então, Mestre Rui Ataíde, a tarefa de leccionar "Direito das Garantias". À primeira vista, pareceria tarefa fácil, atento o facto de na Guiné-Bissau vigorar o Código Civil de 1966 e considerando também a circunstância de a autora ter já amadurecido a matéria das "Garantias", quando foi nossa aluna, na Faculdade de Direito da Universidade de Lisboa, no âmbito de uma disciplina do mestrado.

Não obstante tudo isso, a Dr.ª Cláudia Madaleno teve de estudar e inserir no ensino do Direito das Garantias o Acto Uniforme da OHADA Relativo à Organização das Garantias, Acto este que, apesar de já estar, então, em vigor na Guiné-Bissau, não só não era estudado como não era aplicado, sendo mesmo desconhecido da comunidade jurídica guineense. O estudo do regime do Acto Uniforme teve, assim, que ser articulado com o estudo do regime das garantias vigente na Guiné-Bissau, à data da entrada em vigor do texto de direito uniforme.

Ora, foi neste quadro, ao qual há que acrescentar o facto de, inicialmente, inexistir mesmo uma tradução portuguesa fiável e oficial do dito Acto Uniforme, que a Dr.ª Cláudia Madaleno, com muito mérito, começou a elaborar apontamentos para as aulas, que, depois, se transformariam em verdadeiras lições.

O texto que enriquece a Colecção de Estudos de Direito Africano mostra-se também atento aos trabalhos de adaptação do Direito interno guineense ao Direito da OHDA, no âmbito do Direito das Garantias, conforme é, de resto, explicado pela própria na "Nota prévia".

Refira-se, finalmente, que o texto acusa as preocupações pedagógicas da autora, num país com deficiências profundas a nível da aprendizagem e das condições de estudo. Pensamos que isso traz à obra um mérito acrescido, já que a autora demonstrou ser capaz de se integrar plenamente no meio social e académico onde prestou serviço, deixando um marco importantíssimo da sua passagem pela disciplina e pela Faculdade de Direito de Bissau.

M. JANUÁRIO DA COSTA GOMES
Professor da Faculdade de Direito da Universidade de Lisboa
Coordenador da Colecção de Estudos de Direito Africano

Faculdade de Direito, Dezembro de 2008

NOTA PRÉVIA

O presente estudo sobre as garantias das obrigações no Ordenamento Jurídico Guineense é fruto da leccionação da Disciplina de Direito Privado (Garantias das Obrigações) na Faculdade de Direito de Bissau entre 2004 e 2007, ao abrigo do Protocolo existente entre esta instituição e a Faculdade de Direito de Lisboa, com o apoio do Estado Português. A disciplina de Direito Privado foi criada em 2004, por ocasião da reformulação do Plano de Curso, tendo um conteúdo variável, embora tenha estado até ao momento actual entregue ao estudo das garantias.

A matéria das garantias das obrigações assume um relevo particular na Guiné-Bissau em virtude da adesão à OHADA – Organização para a Harmonização do Direito dos Negócios em África. Trata-se de uma organização internacional que visa a harmonização dos Direitos dos seus Estados-membros, de modo a obter a segurança jurídica e judiciária necessária à criação de um ambiente de investimento e desenvolvimento económico. O seu modo de actuação consiste na adopção de Actos Uniformes, que criam regras comuns e obrigatórias em todos os Estados-membros, os quais são directamente aplicáveis nestes territórios independentemente de um acto interno de aprovação ou de transposição. Para a matéria das garantias tem especial interesse o Acto Uniforme da OHADA Relativo à Organização das Garantias (AUG), que entrou em vigor em 1 de Janeiro de 1998, cujo objecto consiste na regulamentação comum das garantias especiais e respectiva graduação. Contudo, partindo do princípio que este Acto Uniforme não revogou a totalidade das normas constantes do Código Civil de 1966, mas somente aquelas em que se verifique uma contradição de conteúdo com as suas disposições, foi necessário conjugar o estudo deste instrumento de Direito Comunitário Derivado com a análise do Direito Interno Guineense vigente. Para tal, foi muito importante a consulta da proposta de Reforma do Regime Jurídico Relativo às Garantias das Obrigações, resultante dos trabalhos de Ajustamento entre o AUG e o Direito interno realizados pela Faculdade de Direito de Lisboa. Todavia, uma vez que os resultados deste estudo ainda não se encontram oficialmente adoptados pelas instâncias legislativas competentes, não tendo ainda sido publicada no Boletim Oficial a nova versão do Código Civil consonante com o AUG, sempre que nos referimos a este estudo fazemos menção às "propostas do Ajustamento" ou aos "resultados do Ajustamento", precisamente porque os mesmos carecem ainda de uma tomada de posição oficial por parte do Estado Guineense. Contudo, convém lembrar que a falta desta iniciativa oficial em nada prejudica a vigência do regime constante no AUG, na medida em que os Actos Uniformes da OHADA são directamente aplicáveis nas ordens jurídicas internas dos seus Estados membros, independentemente de qualquer acto de adopção ou da existência de uma lei anterior ou posterior que lhes seja contrária. Há, pois, plena primazia das regras dos Actos Uniformes sobre as regras de Direito interno, sem prejuízo de ser desejável a adopção oficial dos trabalhos de Ajustamento entre o Código Civil de 1966 e o AUG, por contribuírem em grande medida para a certeza e a definição do quadro jurídico aplicável às garantias.

No quadro do AUG, os estudos que agora se publicam contêm referências ao Direito Comparado, quer ao nível do Direito Europeu, quer ao nível do Direito Africano. Revelou-se particularmente importante a comparação com as normas do Código Civil Francês, no qual o AUG é fortemente inspirado, mas também do Direito Civil Português, que é, na sua grande maioria, idêntico ao Direito Interno Guineense na matéria das garantias das obrigações. Ao nível de África, foram consultados textos legais de outros países membros da OHADA. De realçar é ainda o recurso à jurisprudência de Tribunais de Estados membros da OHADA e do Tribunal Comum de Justiça e de Arbitragem (TCJA), que tem contribuído para dissipar algumas dúvidas da doutrina acerca da aplicabilidade e dos conteúdos dos Actos Uniformes. Por último, consultou-se a doutrina do espaço OHADA, constante na sua maior parte da página da Internet desta organização.

O trabalho não se esgota nas garantias especiais, contendo também o estudo da garantia geral, com particular destaque para os clássicos meios de conservação da garantia patrimonial consagrados pelo Código Civil Guineense. Dele consta ainda o estudo de outros institutos importantes para a satisfação dos direitos dos credores, em que se incluem os acordos que visam facilitar o cumprimento das obrigações e as chamadas garantias aparentes.

Em suma, estes estudos integram uma perspectiva global do quadro das garantias das obrigações na Ordem Jurídica Guineense, sem esquecer a indispensável análise do Acto Uniforme da OHADA Relativo à Organização das Garantias. O seu objectivo é contribuir para o esclarecimento do regime jurídico efectivamente vigente e para o surgimento de doutrina sobre as regras especificamente vigentes na Guiné-Bissau, constituindo um auxiliar para os alunos no estudo da disciplina e para os juristas em geral no seu dia-a-dia de prática profissional.

Um livro não é nunca um fim, mas sempre um princípio para a controvérsia. Por esse motivo, espero que a publicação desta obra represente um ponto de partida para o estudo das matérias que nela são tratadas, e não uma limitação das mesmas. Com efeito, o Direito Guineense apenas se pode desenvolver com doutrina e jurisprudência próprias, sendo salutar a divergência de opiniões.

Não poderia terminar sem agradecer a todos quantos me apoiaram e contribuíram para que este trabalho se tornasse uma realidade. Em especial, às pessoas que nunca deixaram esmorecer a vontade de marcar a diferença pelo trabalho, mesmo quando as maiores dificuldades se atravessaram no caminho.

Uma palavra de profundo agradecimento é devida ao Professor Doutor Manuel Januário da Costa Gomes, pelo especial encorajamento à realização destes estudos e à sua publicação, bem como pelo permanente apoio que me dispensou na longa estadia de cinco anos na Guiné-Bissau. Agradeço também ao Mestre Rui Ataíde, Assessor Científico da Faculdade de Direito de Bissau entre 2002 e 2007, pela disponibilidade e amizade com que sempre acompanhou o meu trabalho e pelo importante contributo que deu para a concretização desta obra.

Dedico este livro ao Jorge, por ter sido ele a despertar o desejo de conhecer África e de partir para uma experiência de trabalho no terreno, e ainda por estar sempre ao meu lado e no meu coração, dando-me a força necessária para que todos os sonhos pudessem ser uma realidade. Também à minha família, em particular aos meus pais, que sempre apoiaram as minhas escolhas e confiaram no meu trabalho. Dedico ainda estes estudos aos alunos da Faculdade de Direito de Bissau que, com o seu esforço e constante dedicação, fizeram da minha estadia em Bissau uma experiência inesquecível.

Cláudia Madaleno
claudia.madaleno@gmail.com

ABREVIATURAS

Art./art.	–	Artigo/artigo
ANP	–	Assembleia Nacional Popular
AU	–	Acto Uniforme
AUG	–	Acto Uniforme Relativo à Organização das Garantias
AUOPSCE	–	Acto Uniforme Relativo à Organização dos Processos Simplificados de Cobrança e de Execução
AUDCG	–	Acto Uniforme Relativo ao Direito Comercial Geral
AUOPCAP	–	Acto Uniforme para a Organização dos Processos Colectivos de Apuramento do Passivo
BO	–	Boletim Oficial
BGB	–	Código Civil Alemão (Bürgerliches Gesetzbuch)
CC	–	Código Civil
CCI	–	Câmara do Comércio Internacional
cit.	–	citada
Cf./cf.	–	Conforme/conforme
CPC	–	Código de Processo Civil
CRGB	–	Constituição da República da Guiné-Bissau
CRP	–	Constituição da República Portuguesa
ed.	–	edição
FCFA / XOF	–	Franco da Comunidade Financeira Africana
LGT	–	Lei Geral do Trabalho
LI	–	Lei do Inquilinato
LULL	–	Lei Uniforme das Letras e das Livranças
n.º/n.os	–	número/números
OAPI	–	Organização Africana da Propriedade Intelectual
ob.	–	obra
OHADA	–	Organização para a Harmonização do Direito dos Negócios em África
OIT	–	Organização Internacional do Trabalho
P./p.	–	Página/página

pp. – páginas
P.M. – Portaria Ministerial
STJ – Supremo Tribunal de Justiça
TCJA – Tribunal Comum de Justiça e de Arbitragem
TOHADA – Tratado Constitutivo da OHADA
UEMOA – União Económica e Monetária da África Ocidental
§ – Parágrafo

CAPÍTULO I
INTRODUÇÃO

O objecto do presente trabalho reside no estudo das garantias no Direito Civil, abrangendo quer a garantia geral das obrigações, quer as garantias especiais, e, dentro destas, as garantias pessoais e as garantias reais. Procuraremos ainda abordar outras garantias, que não se inserem com perfeição na classificação clássica de garantias reais e pessoais, mas cujos contornos têm vindo a ser definidos pela prática internacional e às quais as partes tendem cada vez mais a recorrer, devido à sua flexibilidade, bem como pelas vantagens que as mesmas proporcionam.

Para esse efeito, será necessário atentar essencialmente em dois diplomas, a saber: por um lado, o Código Civil de 1966, vigente na ordem jurídica guineense na sua redacção originária de 1966, e, por outro, o Acto Uniforme da OHADA Relativo à Organização das Garantias.

1. CONCEITO DE GARANTIA

A noção de garantia encontra-se directamente relacionada com o conceito de coercibilidade da ordem jurídica. As regras jurídicas não são, em si mesmas, coactivas, na medida em que uma das suas características reside na violabilidade. O homem pode infringir o disposto na regra jurídica, sendo impossível garantir o seu cumprimento integral.

Contudo, não sendo possível impor o cumprimento coactivo da norma, o Direito assegura a sua coercibilidade, isto é, a susceptibilidade de impor uma sanção ao infractor da regra, visando ainda o seu cumprimento tardio ou a reconstituição da situação equivalente àquela que existiria se tivesse havido cumprimento espontâneo. Nesta ordem de ideias, todo o Direito tem ínsita em si a coercibilidade, como uma característica indispensável das normas jurídicas. Com efeito, mesmo que nem todas contenham, directa e expressamente, uma sanção para o caso do seu incumprimento pelos destinatários, sempre essa sanção existirá, em potência, como consequência da pertença daquela norma jurídica a um sistema de Direito, que, pela sua própria natureza, é inevitavelmente coercivo. Por conseguinte, *"uma lei através da qual ninguém ficasse obrigado, ninguém sofresse restrições à sua liberdade, seria uma contradição nos termos"*[1]. Esta necessidade da imposição de consequências para a infracção ao Direito existe sempre, potencialmente, transformando-se em efectiva quando uma pessoa viola uma das suas regras. Com efeito, *"o ordenamento jurídico é necessariamente assistido por um complexo de sanções que garantem a sua eficácia. Esta afirmação não implica, porém, que toda e qualquer norma jurídica tenha de integrar uma sanção, uma vez que as normas valem dentro do sistema a que pertencem"*[2].

Por hipótese, tomemos em consideração a norma que determina que o devedor tem a obrigação de realizar a prestação nos termos acordados, em observância ao Princípio da boa fé, com vista à integral satisfação do direito do credor, constante do artigo 762.º, n.º 2, do Código Civil. Se apenas atendermos ao disposto neste artigo, poderemos ser tentados a considerar que se trata de uma regra sem sanção, na medida em que aí nada se dispõe acerca das consequências para a não realização da prestação por parte do devedor. Não obstante, o art. 762.º, n.º 2, faz parte de um sistema jurídico, devendo ser complementado com recurso a outras partes desse sistema, designadamente o disposto no art. 798.º, onde se estabelece que *"o devedor que falta culposamente ao cumprimento da obrigação torna-se responsável pelo prejuízo que causa ao credor"*. Da conjugação destas duas normas resulta assim a descoberta da sanção potencialmente aplicável ao devedor, no caso de incumprimento da sua obrigação, que é o reflexo directo da coercibilidade do Direito. Neste sentido, se o devedor não cumprir, ele responde perante o credor pelo incumprimento da sua obrigação. Deve-se, ainda, conjugar aquele art. 798.º com o disposto no art. 601.º, onde vem determinado o âmbito da responsabilidade do devedor como sendo uma responsabilidade meramente patrimonial, o que significa que o devedor responde perante o credor apenas com o seu património, mas nunca, em caso algum, com a sua pessoa[3].

---

[1] Cf. Paulo Manuel Melo de Sousa Mendes, *A garantia geral das obrigações*, em *Revista Jurídica* N.º 6, Abril/Junho, Lisboa, 1986, p. 117.

[2] Cf. Paulo Manuel Melo de Sousa Mendes, *A garantia geral...*, ob. cit., p. 119.

[3] Veremos adiante que, na história, nem sempre a responsabilidade foi meramente patrimonial.

Outro exemplo resulta do disposto no artigo 1672.º do CC, onde são enunciados os deveres impostos injuntivamente aos cônjuges na constância do matrimónio, nomeadamente o dever de respeito, o dever de fidelidade, o dever de coabitação, o dever de cooperação e o dever de assistência. O incumprimento de algum destes deveres legitima o outro cônjuge a requerer o divórcio litigioso, nos termos do art. 1779.º do mesmo Código, quando se trate de violação culposa que, pela sua gravidade ou reiteração, comprometa a possibilidade de continuação da vida em comum. Mais uma vez, a sanção decorre do englobamento da norma no sistema jurídico global a que pertence, e não propriamente da norma que impõe um certo comportamento.

Uma vez feita esta análise inicial, regressemos ao tema que nos ocupa, que são as garantias das obrigações. Convém notar que as garantias surgem necessariamente ligadas a uma obrigação, aparecendo quando esta não seja voluntariamente cumprida pelo devedor. Efectivamente, como começámos por realçar, o Direito, ao contrário das leis naturais, caracteriza-se pela sua violabilidade, decorrente da liberdade humana, pelo que pode acontecer que o devedor não cumpra a sua obrigação perante o credor. Nessa hipótese, entra em acção a coercibilidade da ordem jurídica, que fornece ao credor duas possibilidades. Em primeiro lugar, o credor pode, se isso for viável, enveredar pelo cumprimento coactivo da obrigação, nos termos previstos pelos artigos 817.º e seguintes do CC. A realização coactiva da prestação, por vezes designada de execução específica[4-5], traduz-se na reconstituição *in natura* da situação existente antes da infracção por parte do devedor, preconizada, desde logo, pelo art. 562.º do CC. Todavia, a realização coactiva nem sempre será praticável, pois pode acontecer, por exemplo, que o devedor se encontre vinculado à realização de uma prestação infungível, isto é, em que o interesse do credor apenas possa ser satisfeito com a realização da prestação por parte do próprio devedor. Neste caso, na Guiné-Bissau, o credor não terá nenhum modo de reacção para o compelir a cumprir[6], uma vez que não é possível

---

[4] Cf., neste sentido, PAULO MANUEL MELO DE SOUSA MENDES, *A garantia geral...*, ob. cit., p. 125.

[5] Em sentido amplo, o que significa que não se confunde com a execução específica do contrato-promessa prevista no art. 830.º do CC.

[6] A situação é diferente em Portugal, onde o Código Civil de 1966 sofreu as alterações decorrentes da aprovação do Decreto-Lei n.º 262/83, de 16 de Junho, por via do qual foi aditado um artigo 829.º-A, onde se determina que o credor pode requerer ao tribunal o estabelecimento de uma sanção pecuniária compulsória ao devedor, por cada dia de atraso da sua parte em realizar a prestação infungível.

juridicamente coagir o devedor a realizar a prestação, podendo ele sempre escolher não o fazer e sujeitar-se antes às consequências do incumprimento.

A segunda alternativa colocada ao credor reside na reconstituição por equivalente da situação existente antes da violação do dever de prestar, que se traduz na exigência de uma indemnização em dinheiro (cf. art. 566.º, n.º 1, do CC). Essa possibilidade pode ser activada, desde logo, por via da responsabilidade patrimonial do devedor, ou seja, pelo recurso ao tribunal com vista a proceder à apreensão e à posterior venda coerciva dos seus bens.

No exercício das faculdades que lhe são conferidas pela *garantia geral* o credor tem, obrigatoriamente, de recorrer aos meios judiciais. Neste caso, o credor vai investir o seu direito de crédito contra o património comum do devedor, que constitui a garantia geral do seu crédito[7], através da instauração de uma acção executiva tendente a obter a penhora e a posterior venda forçada dos bens do devedor, cujo produto permite saciar o seu crédito. O credor tem de recorrer ao meio judicial proporcionado pelo Estado de forma a satisfazer o seu crédito, não podendo fazer justiça pelas suas próprias mãos, salvo nos casos especiais em que se preencham os pressupostos da acção directa, nos termos gerais de direito. Um exemplo desta situação é o caso da *hipoteca*. Afim de reforçar a garantia do direito do credor, pode o devedor ou um terceiro constituir uma hipoteca sobre um dos seus bens, o que significa que, em caso de incumprimento, o credor hipotecário goza de uma preferência de pagamento pelo produto da venda do bem que lhe foi hipotecado. Dizer que o credor goza de uma preferência de pagamento é o mesmo que dizer que ele será pago antes dos restantes credores que não gozem de direito a que, segundo a lei, deva ser dada prioridade no pagamento. Ora, se o devedor não cumprir a sua obrigação mas o credor tiver uma hipoteca constituída a seu favor, este pode instaurar uma acção executiva (designada, nesse caso, de execução hipotecária), com vista igualmente à venda forçada do bem hipotecado e ao posterior pagamento do seu crédito com o preço obtido na venda[8].

Não obstante, saliente-se que nem sempre a satisfação do crédito passa pela intervenção do Estado. Por exemplo, havendo uma *fiança*, o

---

[7] Cf. o disposto no artigo 601.º do CC.

[8] Como veremos adiante, a lei proíbe o pacto comissório, isto é, o acordo das partes mediante o qual se estabelece que, em caso de incumprimento, o credor hipotecário pode ficar com o bem hipotecado para si.

credor pode obter a satisfação do seu direito de crédito por meio extrajudicial, embora passando pela efectivação da garantia. A fiança consiste numa garantia pessoal, por via da qual um terceiro assegura ao credor que vai cumprir a obrigação, caso o devedor não o faça. Assim, imaginando que o devedor não cumpriu mas existe um fiador que assegurou pessoalmente o cumprimento da dívida, pode este proceder ao pagamento espontâneo, sem que seja preciso recorrer ao tribunal para que isso aconteça. Note-se, porém, que não será esse o normal desenrolar dos factos, pois, usualmente, o garante procura eximir-se ao pagamento da dívida garantida invocando a seu favor certos meios de defesa.

Veremos adiante, com mais pormenor, o modo de efectivação de cada uma das garantias consagradas no ordenamento jurídico guineense.

2. GARANTIA DAS OBRIGAÇÕES OU RESPONSABILIDADE PATRIMONIAL

Em sentido lato, diz-se garantia toda a tutela que o Direito concede ao credor com vista a que este obtenha o ressarcimento do seu crédito. Normalmente, a garantia reconduz-se à responsabilidade patrimonial. Esta noção converge com o conceito de garantia proposto por Paulo Cunha, para quem a *"garantia geral da relação jurídica de obrigação revela-se no poder virtual de execução que o credor tem sôbre o património do devedor"*[9].

António Menezes Cordeiro critica esta definição, considerando que ela é demasiado restrita para explicar o que são as garantias. Por um lado, porque entende que restringe as garantias à ideia de coacção, quando nem todas as garantias são aplicáveis em caso de incumprimento. É o caso, por exemplo, da garantia geral, que pode ser activada antes de ocorrer o incumprimento. E, por outro lado, considera que a noção de Paulo Cunha apenas abrange a garantia de direitos subjectivos, mas as garantias podem assegurar o cumprimento de *"direitos ainda não existentes"* (futuros) ou de *"outras situações jurídicas favoráveis"* que não propriamente direitos[10]. Por isso, António Menezes Cordeiro propõe um conceito diferente de

---

[9] Cf. PAULO CUNHA, *Direito das Obrigações. Apontamentos das aulas da 2.ª cadeira de Direito Civil da Faculdade de Direito da Universidade de Lisboa*, Tomo I – Introdução, Capítulo I – Os Sujeitos, Lisboa, 1937-1938, p. 62,

[10] Cf. ANTÓNIO MENEZES CORDEIRO, *Direito das Obrigações*, Volume II, Lisboa, AAFDL, 1994, p. 466.

garantia. Em sentido amplo, considera que são garantias todos os esquemas de direito que visam assegurar determinadas situações jurídicas[11]. Segundo este entendimento, a garantia em sentido lato só opera quando ocorre a violação do direito. Já quanto à garantia em sentido estrito, entende tratar-se de normas relativas a uma situação jurídica específica, cuja violação é sempre possível. A garantia *strictu sensu* opera antes e independentemente da violação da situação jurídica, sendo certo porém que a sua acção se intensifica com essa violação[12]. Por isso, define-a como as *"Normas ou conjuntos de normas destinados a assegurar as obrigações, independentemente da sua violação"*[13]. Em sentido próximo, de acordo com os ensinamentos de Vaz Serra, entende-se por garantia *"tudo aquilo que responde pelo cumprimento da obrigação"*[14].

Assim sendo, devemos diferenciar os conceitos de garantia e de responsabilidade patrimonial do seguinte modo[15]. A garantia coloca-se no campo das sanções, na medida em que tem em vista evitar o incumprimento, a violação de normas jurídicas. Por seu turno, a responsabilidade patrimonial coloca-se no campo da coercibilidade, ou seja, é a fase que se segue à activação da garantia, na medida em que quando a obrigação não seja voluntariamente cumprida o credor pode reagir, activando as garantias de que seja titular, sendo certo que essas garantias actuam sempre no âmbito da responsabilidade patrimonial.

A acção executiva é o mais importante meio que o Estado concede aos credores com vista à satisfação dos seus direitos de crédito. Porém, é de notar que existem outros meios, tais como a responsabilidade contratual (obrigação de indemnizar), as medidas punitivas ou repressivas legalmente consagradas, a cláusula penal eventualmente acordada entre as partes, a sanção pecuniária compulsória tendente a compelir o devedor ao cumprimento, embora tardio, quando a lei consagre esta solução[16], etc.

---

[11] Cf. ANTÓNIO MENEZES CORDEIRO, *Direito das Obrigações*, Volume II, ob. cit., p. 466.

[12] Cf. ANTÓNIO MENEZES CORDEIRO, *Direito das Obrigações*, Volume II, ob. cit., p. 467.

[13] Cf. ANTÓNIO MENEZES CORDEIRO, *Direito das Obrigações*, Volume II, ob. cit., p. 467.

[14] Cf. ADRIANO PAES DA SILVA VAZ SERRA, *Responsabilidade patrimonial*, em *Boletim do Ministério da Justiça*, N.º 75, Abril, 1958, p. 10.

[15] Cf. ADRIANO PAES DA SILVA SERRA, *Responsabilidade patrimonial*, ob. cit., p. 10.

[16] Veja-se, acerca da sanção pecuniária compulsória, o disposto no actual artigo 829.º-A do Código Civil Português.

3. CARACTERIZAÇÃO DAS GARANTIAS

Em regra, a garantia é uma figura que não existe isoladamente, ou seja, só existe acoplada a uma obrigação. As garantias são um acessório das obrigações pois não podem existir por si só, isto é, se há uma garantia é porque há algo que é garantido, e este algo é sempre uma obrigação, ou seja, um dever de prestar de alguém perante outrem. Daí a designação "garantias das obrigações"[17].

Neste sentido, a doutrina distingue o dever de prestar do dever de indemnizar. A prestação consiste na actividade que o devedor se vinculou a realizar para satisfazer o interesse do credor (cf. artigo 397.º do CC). Não sendo a prestação cumprida voluntariamente, o credor pode accionar a garantia, geral ou especial, de que disponha. Mas essa garantia é meramente eventual, não é um elemento necessariamente presente, pois apenas será activada em caso de incumprimento.

O conceito de garantia é variado, podendo ser utilizado para designar, *em sentido lato*, todas as medidas tomadas pelo credor com vista a assegurar a regular formação e execução das transacções. Também neste sentido lato, a doutrina francófona utiliza a expressão *"garantie"* para designar situações tais como a solidariedade de devedores, a cláusula de inalienabilidade, a obrigação de não concorrência, entre outras. No entanto, em sentido propriamente dito, deve entender-se por garantias os meios jurídicos destinados a evitar os inconvenientes da insolvência do devedor, que conferem ao credor uma maior segurança do seu crédito, mediante o reforço quantitativo ou qualitativo da respectiva garantia.

O âmbito do presente estudo consiste na análise tanto da garantia geral como das garantias especiais. Esta classificação das garantias em garantia geral e garantias especiais é muito conhecida na doutrina e na jurisprudência e nela reside a principal bipolarização existente no âmbito das garantias. Entende-se por garantia geral todos os meios conferidos ao credor com vista à satisfação do seu direito de crédito. A garantia geral do direito do credor consiste na globalidade do património do seu devedor, como resulta desde logo do disposto no art. 601.º do CC. Sendo constituída pela globalidade do património do devedor, a garantia geral é composta pelo seu património bruto, isto é, por todos os valores activos de que o

---

[17] Não é assim em todos os sistemas jurídicos, designadamente no sistema anglo--saxónico.

devedor seja titular, antes de serem descontados os valores passivos[18]. É de notar ainda que o património relevante é o património actual, quer dizer, o conjunto de bens detidos pelo devedor aquando da activação da garantia geral pelo credor. Não relevam, pois, os bens de que ele já não seja titular, ainda que tais bens lhe pertencessem aquando da constituição da obrigação, nem relevam também os bens futuros, que ainda não entraram na esfera jurídica do devedor, mesmo que exista uma expectativa de que isso venha a acontecer.

A garantia geral é de aplicação automática a toda e qualquer obrigação validamente constituída. Pelo simples facto de existir uma obrigação válida, automaticamente existe também a garantia geral relativamente ao seu cumprimento. A garantia geral surge como uma fase eventual da "vida" da obrigação, que só tem lugar em caso de não cumprimento voluntário e cuja efectivação é realizada por via da responsabilidade patrimonial.

Na garantia geral inserem-se ainda, para além do poder de execução do património do devedor, todos os meios de conservação da garantia patrimonial que a lei coloca à disposição do credor – cf. artigos 605.º e seguintes do CC. Assim, a garantia geral é a que melhor expressa a ideia de responsabilidade patrimonial resultante do art. 601.º do CC, daí que António Menezes Cordeiro a defina como o *"conjunto de normas destinado a proporcionar, ao credor, a cobertura das obrigações, à custa do património do devedor"*[19].

Alguns autores, como Paulo Mendes, consideram que esta possibilidade oferecida ao credor de executar o património do devedor com vista à satisfação do seu direito de crédito consubstancia um autêntico poder potestativo, na medida em que lhe é permitido operar a modificação unilateral da esfera jurídica do devedor[20]. Trata-se, em todo o caso, de uma situação jurídica activa que se forma aquando da constituição do direito de crédito, por via da qual o credor é legitimado, em caso de não cumprimento voluntário por parte do devedor, a executar o património deste com vista à satisfação do seu crédito. Nessa medida, pode ser caracterizado como um poder dependente da verificação de uma condição suspensiva, que reside no facto do incumprimento do devedor.

---

[18] Cf. Mário Júlio de Almeida Costa, *Direito das Obrigações*, 11.ª edição, Coimbra, Almedina, 2008, p. 843.

[19] Cf. António Menezes Cordeiro, *Direito das Obrigações*, Volume II, ob. cit., p. 468.

[20] Cf. Paulo Manuel Melo de Sousa Mendes, *A garantia geral...*, ob. cit., p. 126.

Entretanto, as garantias especiais são aquelas que asseguram *"de forma particular o cumprimento das obrigações, mas só existem quando haja expresso acordo das partes ou determinação da lei"*[21]. Isto significa que a garantia especial é definida por comparação ou exclusão de partes em relação à garantia geral, sendo garantias especiais todas aquelas que, integrando o conceito de garantia, não se apresentem como garantia geral.

Paulo Cunha definia a garantia especial como *"o reforço da massa responsável com providências que respeitem a obrigações determinadas, aumentando quanto a essas obrigações, os bens responsáveis"*[22]. Todavia, esta noção apresenta-se algo incompleta, na medida em que ela se refere apenas às garantias especiais pessoais, nas quais se verifica o chamado reforço quantitativo da garantia, ou seja, em que para além de o credor poder atingir o património do seu devedor, ele pode igualmente atingir o património de um terceiro. É este o caso, por exemplo, do fiador, em que o credor tanto pode executar o património do devedor garantido, como do fiador garante. Na garantia pessoal existem dois patrimónios responsáveis pela dívida, podendo ambos ser objecto da execução por parte do credor nos termos gerais do artigo 601.º do CC. No entanto, o credor munido de uma garantia pessoal é um credor comum ou quirografário[23], na medida em que não goza de qualquer preferência de pagamento relativamente aos bens do seu devedor ou do terceiro garante. Assim, em última instância, em caso de insuficiência desses bens para a satisfação de todos os créditos, os credores comuns concorrem entre si, nos termos do art. 604.º do CC e do último parágrafo dos artigos 148.º e 149.º do AUG.

Por conseguinte, a definição de Paulo Cunha não explica o lugar da garantia real, em que o reforço não é quantitativo, mas sim qualitativo. Uma coisa é o credor poder atingir os bens do seu devedor, ou do garante, para ressarcir o seu crédito. Contudo, no caso da garantia real, o direito do credor encontra-se especialmente garantido por um determinado bem que se inclui no património do devedor ou de um terceiro, bem este que foi particularmente afecto à garantia daquele crédito. Quer dizer que o

---

[21] Cf. MÁRIO JÚLIO DE ALMEIDA COSTA, *Direito das Obrigações*, ob. cit., p. 844.

[22] Cf. ANTÓNIO MENEZES CORDEIRO, *Direito das Obrigações*, Volume II, ob. cit., p. 468 e PAULO CUNHA, *Direito das Obrigações...*, ob. cit., p. 63.

[23] A expressão "credor quirografário" provém do Direito romano, onde eram conhecidos dois títulos de dívida, o "singrafa" e o "quirografa". Cf., sobre este assunto, ORLANDO COURRÈGE, *Direito das obrigações. A garantia na relação obrigacional*, Lisboa, Faculdade de Direito de Lisboa, 1942, p. 8.

credor pode atingir aquele bem, podendo executá-lo e pagar-se preferencialmente com o respectivo produto da venda em relação a outros credores que não sejam titulares de uma garantia real melhor colocada em termos de preferência de pagamento. O credor com garantia real não é, assim, um credor comum, mas antes um credor privilegiado.

A garantia geral de todos os credores existe sempre, em qualquer caso, desde o momento da constituição do direito de crédito[24]. Diversamente, as garantias especiais só têm lugar quando o credor tenha a preocupação de acordar com o devedor uma forma particular de garantir o cumprimento da obrigação (por exemplo, através da constituição de uma fiança ou de uma hipoteca), ou quando a própria lei tenha constituído essa garantia especial (por exemplo, os privilégios creditórios ou o direito de retenção, que se apresentam como garantias legais).

Nesta ordem de ideias, qualquer credor está sempre minimamente garantido pela garantia geral, o que significa que pode sempre recorrer ao património do seu devedor, procedendo à sua execução e ressarcindo-se com o respectivo produto da venda. No entanto, para além desta garantia geral, os credores podem também estar munidos de garantias especiais, estabelecidas por meio de convenção das partes ou por determinação legal. Esta possibilidade não prejudica o princípio da igualdade entre todos os credores, uma vez que todos têm a possibilidade de acordar com o devedor garantias especiais. Simplesmente, como não são obrigados a fazê-lo, é possível que uns sejam privilegiados e outros não.

---

[24] Algumas vozes consideram que o credor pode renunciar à garantia geral prevista no art. 601.º do CC, constituindo, por via da autonomia privada, uma obrigação natural. Sobre este assunto veja-se o entendimento de RUI CAMACHO PALMA, *Da obrigação natural*, Lisboa, AAFDL, 1999, pp. 107 e seguintes. O autor justifica a admissibilidade da constituição de obrigações naturais por contrato pelo facto de a assistência coercitiva do Direito ser *"perfeitamente supletiva em termos de normalidade social"*, acrescentando que a tal possibilidade não obsta o art. 809.º do CC. Com efeito, considera que este artigo apenas abrange as situações em que é somente o credor a renunciar à responsabilidade contratual, o que origina uma situação de desequilíbrio inadmissível. Mas a situação já será diversa quando sejam ambas as partes, credor e devedor, a renunciar às qualidades de credor e devedor civil, o que poderão fazer nos termos da sua autonomia privada, ao abrigo do art. 405.º do CC, pois aqui se mantém plenamente a igualdade contratual. Em sentido divergente, cf. JOÃO DE MATOS ANTUNES VARELA, *Das obrigações em geral*, 10.ª edição, Volume I, Coimbra, Almedina, 2008, pp. 719 e seguintes, com base precisamente no artigo 809.º do CC.

4. FUNÇÃO

As garantias funcionam de modo subsidiário, ou seja, só são accionadas, em princípio[25], quando e se a obrigação não for cumprida. É na sequência deste incumprimento que o credor pode activar a garantia e satisfazer o seu crédito. Contudo, é de salientar que accionar a garantia para satisfazer o crédito não é o mesmo que o devedor cumprir a sua obrigação. Há diferenças entre a realização espontânea da prestação pelo devedor e a satisfação do crédito por meio de activação da garantia. O que é apto a satisfazer o interesse do credor – cf. art. 397.º do CC – é a prestação devida pelo devedor, e não a garantia. A garantia surge apenas numa fase posterior como forma de remediar o incumprimento da obrigação principal. Assim, tal como refere António Menezes Cordeiro, *"...nada disto é a efectuação, pelo próprio, da prestação devida"*[26]. Neste sentido, as garantias permitem aos credores o ressarcimento dos seus créditos, nos casos em que estes não obtenham satisfação por meio da situação normal, que é o cumprimento pelo devedor, como via para remediar o mal causado pelo incumprimento da obrigação.

5. O CONCEITO DE RESPONSABILIDADE PATRIMONIAL

Actualmente, um dos princípios fundamentais do Direito das Obrigações consiste na responsabilidade patrimonial, que significa que pelo cumprimento da obrigação respondem apenas os bens do devedor – cf. artigo 601.º do CC. Porém, nem sempre foi assim, pois em tempos não muito remotos a responsabilidade era pessoal, ou seja, o incumprimento da obrigação podia pôr em causa a própria pessoa do devedor perante o credor.

Como ponto prévio, importa notar que responsabilidade patrimonial não se confunde com responsabilidade civil. A responsabilidade patrimonial não consubstancia, ao contrário da responsabilidade civil, a imputação de um dano. O nexo de imputação de um dano a alguém pode ocorrer devido à prática de um facto ilícito e culposo, devido ao exercício de uma

---

[25] Dizemos em princípio na medida em que o desenvolvimento do comércio jurídico veio criar situações em que uma garantia pode ser accionada de forma diversa.

[26] Cf. ANTÓNIO MENEZES CORDEIRO, *Direito das obrigações*, Volume I, Lisboa, AAFDL, 1994, p. 156.

actividade produtora de riscos ou à prática de um facto lícito mencionado na lei e tem como efeito a obrigação de indemnizar. Diferentemente, a responsabilidade patrimonial tem um significado diverso, que consiste na *"sujeitabilidade de algo às consequências derivadas de certa ocorrência"*[27]. Deste modo, podemos afirmar que os direitos patrimoniais de que uma pessoa é titular ficam numa situação precária, ou seja, sujeitos à acção de alguém, quando o seu titular não cumpra normas obrigacionais. É esse o sentido da responsabilidade patrimonial em garantia das obrigações, isto é, o de que havendo o incumprimento duma obrigação o património do devedor fica sujeito às consequências da acção dos credores.

Segundo a regra da responsabilidade *meramente* patrimonial, quando alguém tem um débito para com outrem, por este débito respondem apenas os bens do devedor e não a sua própria pessoa – cf. artigo 601.º do CC. O conceito de débito é utilizado em sentido amplo, na medida em que nem sempre os débitos correspondem a dívidas patrimoniais, *maxime* dívidas de dinheiro. Podem haver débitos muito variados, como por exemplo a prestação de um facto positivo ou de um facto negativo (por hipótese, se alguém se obriga a não fazer concorrência com o estabelecimento comercial do credor). Mesmo nestas hipóteses, a responsabilidade do devedor é meramente patrimonial e nunca pode ser pessoal, traduzindo-se, em última instância, no pagamento duma indemnização.

A responsabilidade patrimonial consiste, como já se referiu, na possibilidade de o credor atingir o património do devedor e de actuar contra os seus bens, na medida do necessário, com vista ao ressarcimento do seu crédito[28]. Por exemplo, se A se obrigou perante B a pintar um retrato, e se não cumpriu essa obrigação, B não pode prender a pessoa de A em resposta ao incumprimento, nem pode obrigar A a pintar o quadro. Ao credor B resta somente o direito de recorrer ao tribunal, pedindo a condenação de A a cumprir por meio de terceiro (se a prestação for fungível, nos termos do art. 828.º do CC) ou a pagar uma indemnização (no caso de ser uma prestação infungível). Da mesma forma, por exemplo, se C se obrigou perante D a não concorrer com este no exercício de uma actividade comercial, e se violou esta obrigação, praticando o comportamento de que se deveria abster, a D cabe apenas recorrer ao tribunal com

---

[27] Cf. ANTÓNIO MENEZES CORDEIRO, *Direito das obrigações*, Volume I, ob. cit., p. 157.

[28] Cf. PEDRO ROMANO MARTINEZ e PEDRO FUZETA DA PONTE, *Garantias de cumprimento*, 5.ª edição, Coimbra, Almedina, 2006, pp. 13 e 14.

vista a ser emitida uma sentença de condenação de C no pagamento de uma indemnização, pela qual respondem apenas os bens daquele, e não a sua própria pessoa. Neste caso, não é aplicável o art. 829.º do CC, por não ser possível a demolição da obra aí mencionada.

A responsabilidade patrimonial pode, assim, ser entendida pela expressão utilizada por Luís Menezes Leitão[29]: *"a sujeição do património do devedor ao poder de execução dos seus credores"*.

6. DA RESPONSABILIDADE PESSOAL À RESPONSABILIDADE PATRIMONIAL. EVOLUÇÃO HISTÓRICA

As garantias das obrigações surgiram no Direito Romano e têm sido objecto de uma intensa evolução ao longo dos séculos. Em cada época têm havido "momentos de glória" de diferentes garantias, enquanto outras foram caindo em desuso e acabaram por ser substituídas por novas figuras[30]. Surgiram também outras completamente novas. Não obstante, é possível afirmar, com segurança, que a maioria das garantias foram criadas no Direito Romano. É esse o caso da *fiança*, que, no Direito Romano, era considerada quase obrigatória para os familiares e, quando prestada por pessoa diferente, era vista como um serviço de amigo[31].

Uma outra garantia originária do Direito Romano é a chamada *fidúcia*. Trata-se de uma situação em que o devedor transmite para o seu credor a propriedade sobre um bem, o qual fica obrigado a retransmitir a propriedade para o devedor assim que a obrigação seja cumprida. No entanto, esta garantia apresentava algumas dificuldades. Por um lado, porque implicava duas transacções, isto é, do devedor para o credor, e deste novamente para o devedor, o que não constituía um elemento de facilitação do comércio jurídico. Por outro lado, a transmissão do direito para o credor permitia que este pudesse alienar o bem a terceiros, sem que o devedor tivesse a possibilidade de reagir contra tais actos. Por isso, a fidúcia foi uma das garantias que não se manteve até à actualidade, tendo sido substituída pelo penhor e pela hipoteca[32].

---

[29] Cf. Luís MENEZES LEITÃO, *Direito das obrigações*, 6.ª edição, Volume I – Introdução. Da constituição das obrigações, Coimbra, Almedina, 2007, p. 59, n.r. 86.
[30] Cf. DOMINIQUE LEGEAIS, *Sûretés et garanties du crédit*, Paris, L.G.D.J., 2004, p. 5.
[31] Cf. DOMINIQUE LEGEAIS, *Sûretés et garanties du crédit*, ob. cit., p. 5.
[32] Cf. DOMINIQUE LEGEAIS, *Sûretés et garanties du crédit*, ob. cit., p. 5.

O *penhor*, que, no Direito Romano, obtinha a designação de *pignus*, era a garantia mais utilizada nesta época. Consiste na transferência da detenção de uma coisa do devedor para o credor, mantendo-se a propriedade no devedor. O credor fica com a coisa em seu poder, tendo a possibilidade de a executar no caso de incumprimento da obrigação. Pelo contrário, caso esta seja voluntariamente cumprida, fica obrigado a devolvê-la ao devedor. No Direito Romano o penhor podia incidir tanto sobre bens móveis como sobre bens imóveis.

Outra garantia importante era a *hipoteca*, que se distinguia do penhor pelo facto de o bem hipotecado não ser entregue ao credor. Trata-se de uma garantia de origem grega que os romanos recuperaram e desenvolveram[33].

O Direito Romano consagrava ainda a figura dos *privilégios*, ou seja, garantias especialmente atribuídas pela lei a certos credores devido à especial natureza do seu crédito.

Apesar da variedade de garantias existentes na época romana, no período que se seguiu, correspondente à Idade Média, não houve muito desenvolvimento destas figuras[34]. Antes pelo contrário, pode afirmar-se que houve uma certa regressão. A matéria das garantias só foi novamente objecto de tratamento jurídico aquando do período da codificação, designadamente por via do Código Civil de Napoleão de 1804, o qual, de entre as garantias reconhecidas no Direito Romano, apenas não admitiu a figura da fidúcia, tendo acolhido todas as restantes. Esta orientação inspirou os códigos que se seguiram, nomeadamente o Código português de Seabra, de 1867.

A par das garantias reconhecidas, inicialmente a justiça não era monopólio do Estado, pelo que cada um podia fazer justiça pelas suas próprias mãos, vigorando assim a regra da justiça privada. No caso de incumprimento de uma obrigação, o credor podia apoderar-se do devedor com vista a retaliar contra este ou a compeli-lo ao cumprimento tardio (fase da *manus iniectio directa*). O facto de ser possível aplicar sanções de ordem física ao devedor inadimplente vinha em consonância com o termo *obligatio* (*ob – ligatio*), adoptado pelos romanos. Com efeito, obrigação significa a possibilidade de prender, atar ou ligar o devedor contra a

---

[33] Cf. DOMINIQUE LEGEAIS, *Sûretés et garanties du crédit*, ob. cit., p. 6.
[34] Cf. LUÍS MANUEL TELES DE MENEZES LEITÃO, *Garantias das obrigações*, 2.ª edição, Coimbra, Almedina, 2008, p. 25.

sua vontade. Assim, uma vez constituída a obrigação, o devedor ficava como que preso a ela, só se libertando da acção do credor com a realização da prestação a que estava obrigado.

Posteriormente, a Lei das Doze Tábuas, na sua Terceira Tábua (450 a.C.)[35], passou a exigir que a dívida fosse comprovada judicialmente perante um pretor, através de confissão ou de condenação pelo tribunal, e só depois disso é que o credor podia agir contra a pessoa do devedor. Depois desta comprovação judicial era concedido ao devedor um período de trinta dias, dito de *benevolência*, em que nenhum comportamento era tomado contra o devedor. Durante este período o devedor tinha que arranjar forma de pagar a dívida. Se, passado este tempo, o devedor continuasse sem pagar a dívida, era activada a *manus iniectio indirecta*, que consistia numa espécie de apropriação do devedor por parte do credor. O credor podia prender o devedor em sua casa, através de cárcere privado, onde o devedor podia ficar efectivamente preso ou atado. Em todo o caso, o credor ficava obrigado a alimentar o devedor, provendo pela sua subsistência. O cárcere privado podia manter-se até ao máximo de sessenta dias, durante os quais havia uma de três soluções:

- O credor podia levar o devedor a três feiras, com vista a que alguém o *resgatasse*, comprando-o, e com esse pagamento seria paga a dívida;
- O devedor podia entregar-se ao credor através do *nexum dare*, passando a ficar debaixo do seu poder, como seu escravo;
- Qualquer pessoa podia cumprir no lugar do devedor, liberando-o do poder do credor.

Passados sessenta dias, se a dívida não fosse cumprida nem o devedor se entregasse ao credor, podia este apoderar-se dele, fazendo dele seu escravo, vendendo-o ou matando-o por meio de esquartejamento (em que cada parte do corpo era dividida pelos credores, proporcionalmente).

Este regime continha, como é evidente, regras claramente violadoras dos mais básicos direitos humanos. Contudo, diz-se que nunca chegou a ter efectiva concretização prática pois normalmente o devedor aceitava ser escravo do credor por via do *nexum dare*, não chegando a sua morte em condições inumanas a ter efectivamente lugar.

---

[35] Cf. Luís Menezes Leitão, *Direito das obrigações*, Volume I, ob. cit., pp. 59 e seguintes.

Não obstante, a responsabilidade era claramente uma responsabilidade pessoal, uma vez que a própria pessoa do devedor, bem como a sua vida, eram postas em causa pelo facto de ocorrer o incumprimento duma obrigação.

De seguida, a *Lex Poetelia Papira de nexis* proibiu o *nexum dare*, isto é, a entrega voluntária como escravo do devedor ao credor. Pôs ainda termo à escravidão e morte do devedor caso este não cumprisse no período de sessenta dias. Manteve-se, porém, a responsabilidade pessoal do devedor, pois continuava a haver prisão por dívidas, ou seja, o cárcere privado do devedor pelo período de sessenta dias, com vista a compeli-lo ao cumprimento.

Num momento ulterior o credor tinha de se dirigir ao tribunal pedindo a apreensão da totalidade dos bens do devedor, para depois serem vendidos. O preço da venda era distribuído por todos os credores, mesmo que o valor dos bens do devedor excedesse o montante das suas dívidas. Do ponto de vista pessoal, o devedor era considerado infame[36], ou seja, havia um envergonhamento público, o que significava ainda a manutenção da responsabilidade pessoal. Contudo, apesar de existir esta espécie de represália em termos pessoais, avançou-se aqui para uma responsabilidade patrimonial, em que a pessoa do devedor já podia não ser posta em causa, mas somente os seus bens, embora fossem todos, independentemente do montante da dívida. Acresce que o recurso à apreensão judicial dos bens do devedor era apenas um poder discricionário do credor, pois, se quisesse, podia ainda recorrer ao cárcere privado pelo período de sessenta dias. Assim, apesar do avanço para a consagração de uma responsabilidade de cariz patrimonial, manteve-se, a par desta, a responsabilidade pessoal, tudo dependendo da opção do próprio credor.

Mais tarde, a *Lex Julia* consagrou a possibilidade de cessão de bens aos credores (*cessio bonorum*), através da qual o devedor inadimplente podia entregar os seus bens aos credores para que estes os vendessem e se pagassem com o produto da venda obtido. Se o devedor cedesse os bens aos credores estes ficavam impedidos de o colocar em cárcere privado. Ainda assim, manteve-se a coexistência entre responsabilidade pessoal e patrimonial, uma vez que se o devedor não fizesse a cessão de bens aos credores continuava a poder ser encarcerado por estes.

---

[36] Cf. ANTÓNIO MENEZES CORDEIRO, *Direito das obrigações*, Volume I, ob. cit., p. 160.

Numa fase posterior, a execução dos bens do devedor deixou de respeitar à totalidade do seu património, abrangendo somente o bem devido ao credor ou os bens necessários à satisfação do crédito. No século V d.C., embora se mantivesse a possibilidade de prisão no caso de não haver cessão de bens aos credores, estabeleceu-se por lei que esta prisão não podia ser um cárcere privado, sendo obrigatório o recurso às prisões estaduais, mantendo-se também aqui, lado a lado, a responsabilidade patrimonial e a pessoal.

Finalmente, passou-se para uma fase de abolição da responsabilidade pessoal, por meio da proibição da prisão por dívidas. Contudo, a passagem por esta fase foi diferente consoante os países. Em Portugal, bem como na Guiné-Bissau, a prisão por dívidas foi abolida pela Lei de 20 de Junho de 1774, mais tarde interpretada pelo Assento do STJ de 18/8/1774.

No entanto, apesar da proibição da prisão por dívidas, mantiveram-se alguns resquícios desta figura, nomeadamente na redacção originária do Código de Processo Civil, cujo artigo 904.º referia que o arrematante do bem numa venda judicial era obrigado a pagar logo 1/10 do seu valor por meio de depósito, *"sob pena de captura"*. Esta disposição foi revogada em Portugal pelo Decreto-Lei n.º 368/77, de 3 de Setembro, mas a sua vigência permaneceu na ordem jurídica guineense. Este artigo apresenta-se, aliás, de constitucionalidade duvidosa, tendo em consideração o Princípio da intervenção mínima do Direito Penal, uma vez que este deve intervir apenas nas situações que consubstanciam as mais graves violações da ordem existente. Para além disso, o próprio Princípio da proporcionalidade parece pôr em causa aquela solução, na medida em que a sanção aplicada ao arrematante se apresenta claramente excessiva em relação ao facto por si cometido, isto é, o não pagamento de parte do preço do bem arrematado. Além disso, tendo em consideração que a lei nova revoga a lei antiga cujo conteúdo seja incompatível (cf. o disposto no artigo 7.º do CC), é de ponderar se esta disposição do processo civil não terá sido entretanto revogada pelo art. 601.º do CC, datado de 1966 e que entrou em vigor no ano seguinte[37]. Segundo esta disposição, apenas se admite a responsabilidade patrimonial do devedor, ficando em absoluto afastada a possibilidade de a sua pessoa ser afectada em virtude deste incumprimento.

---

[37] O Código Civil de 1966 foi tornado extensivo às então Províncias Ultramarinas pela Portaria n.º 22.869, de 25 de Setembro de 1967, publicada no Boletim Oficial n.º 38 de 1967.

Neste sentido, julgamos que, em face da nova lei, o disposto no art. 904.º do CPC deixou de ser aplicável, ou seja, foi tacitamente revogado pelo art. 601.º do Código Civil na medida em que deixou de ser viável a responsabilidade pessoal do devedor pelas suas dívidas. Acresce, ainda, que mesmo que se entenda não haver revogação, sempre aquele artigo se deve considerar revogado pelo Acto Uniforme da OHADA para a Organização dos Processos Simplificados de Cobrança e de Execução (AUOPSCE). Com efeito, no que se refere à venda executiva de bens móveis, o art. 127.º deste AU nada diz relativamente às consequências de o adjudicante não depositar o preço do bem, o que leva a considerar que se aplicam as consequências comuns do Direito Civil. No que diz respeito à venda dos bens imóveis, o art. 290.º do AU é igualmente omisso quanto à possibilidade de prisão do arrematante, o que nos leva à mesma conclusão da inadmissibilidade da vigência daquele art. 904.º do CPC, devendo este artigo considerar-se substituído pelo art. 601.º do CC, nos termos do qual apenas o património do devedor responde pelas suas dívidas.

6.1. Direito Comparado

Em termos de Direito comparado, a matéria das garantias das obrigações apresenta uma bipolaridade entre os sistemas jurídicos anglo-saxónicos e os sistemas de raiz germânica[38]. Nos segundos incluem-se o Direito francês, o italiano, o alemão, o português e também o guineense.

O Código de Napoleão de 1804 consagra as garantias especiais, tanto pessoais como reais. A redacção originária acolhia a figura da fiança, designada *cautionnement*, sendo que actualmente se admite também a constituição de garantias autónomas, que são ainda garantias pessoais (cf. art. 2321.º). No âmbito das garantias reais, o *Code* consagra o *nantissement*, que tanto pode incidir sobre bens móveis (*gage*), como sobre bens imóveis (*antichrèse*), os privilégios creditórios e a hipoteca. Em legislação especial é também admitido e regulado o direito de retenção, assim como o *nantissement* do estabelecimento comercial (figura que pode ser considerada equivalente ao penhor sem entrega).

Por seu turno, o BGB alemão admite, em termos de garantias pessoais, a fiança, e, ao nível das garantias reais, o penhor de coisas móveis

---

[38] Seguimos, neste ponto, Luís Manuel Teles de Menezes Leitão, *Garantias das obrigações*, ob. cit., pp. 27 e seguintes.

e a hipoteca. É também reconhecido o penhor de direitos, bem como outras garantias, algumas delas com raiz no próprio Direito Romano. Assim, o Direito alemão conhece a chamada dívida fundiária e a dívida de renda. A primeira consiste numa garantia especial semelhante à hipoteca, mas em que não existe acessoriedade, de modo que nem sequer é necessária a pré-existência de um direito de crédito. Através da dívida fundiária o titular do direito real sobre um bem imóvel pode onerá-lo, sendo que por via dessa oneração o titular do bem fica legitimado a retirar para si próprio uma determinada soma em dinheiro. Por sua vez, a dívida de renda é uma garantia análoga à dívida fundiária, com a diferença de os pagamentos obtidos serem periódicos.

O *Codice* italiano consagra, a título de garantias reais, a hipoteca, que tanto pode incidir sobre bens imóveis, como sobre bens móveis sujeitos a registo, e o penhor de coisas, que incide sobre os restantes bens móveis não registáveis. São também reconhecidos os privilégios creditórios, que são preferências de pagamento resultantes da própria lei a favor de certos credores e que tanto podem incidir sobre bens móveis como sobre bens imóveis.

Substancialmente diferente dos sistemas atrás analisados é o Direito inglês. Ao nível das garantias reais, são consagrados o *lien*, o *pledge*, a *mortgage* e o *charge*, sendo que os dois primeiros implicam a posse da coisa por parte do credor, enquanto que os dois últimos não.

O *lien* é uma garantia conferida pela lei que permite ao seu titular reter uma determinada coisa pertencente a outrem. Aproxima-se, pois, do direito de retenção, mas dele se diferencia por não conceder ao seu titular a possibilidade de vender judicialmente a coisa para satisfazer o seu direito de crédito. O titular do *lien* tem simplesmente a faculdade de recusar a entrega da coisa, mas não a pode atingir com vista a ressarcir o seu crédito. Esta garantia funciona, então, como um mero meio de pressão, à semelhança do que se verifica com a excepção de não cumprimento. O *lien* pode ser geral ou especial, sendo que apenas no segundo caso se requer a verificação de uma conexão específica entre o direito de crédito do titular do *lien* ("retentor") e a coisa retida.

Por sua vez, o *pledge* é uma garantia susceptível de constituição por via negocial, que se assemelha ao penhor de coisas na medida em que a coisa é entregue ao credor, até ao cumprimento integral da obrigação garantida. Aqui o titular da garantia tem a faculdade de requerer a venda judicial da coisa, com vista ao ressarcimento do seu crédito.

A *mortgage* é também uma garantia real, mas em que não ocorre o desapossamento da coisa dada em garantia. Em contrapartida, o autor da garantia transmite ao credor o seu direito de propriedade sobre a coisa, ficando apenas com a posse da mesma. Esta garantia pode ser constituída por meio da lei ou da autonomia privada.

Finalmente, o *charge* consiste numa garantia real em que o seu autor mantém a posse da coisa e não transfere o seu direito para o credor, mas é-lhe reconhecida uma garantia sobre essa coisa, que pode ser activada em caso de incumprimento de uma determinada obrigação.

Como facilmente se pode concluir, é substancialmente diverso o sistema de garantias instituído por cada ordenamento jurídico. Com efeito, mesmo nos casos francês, italiano e alemão, existem diferenças significativas e relevantes, diferenças estas que são ainda maiores quando comparados estes sistemas com o anglo-saxónico. Esta diversidade constitui, porventura, o motivo determinante das dificuldades de harmonização das garantias ao nível europeu[39]. Diversamente, no caso da Guiné-Bissau, a evolução foi no sentido oposto, tendo sido adoptado pela OHADA um Acto Uniforme Relativo à Organização das Garantias, o qual se encontra em vigor em todos os países desta organização internacional.

7. ÂMBITO DA RESPONSABILIDADE DO DEVEDOR NO DIREITO ACTUAL

Artigo 601.º
(Princípio geral)
Pelo cumprimento da obrigação respondem todos os bens do devedor susceptíveis de penhora, sem prejuízo dos regimes especiais estabelecidos em consequência da separação de patrimónios."

O artigo 601.º do CC consagra o princípio geral da responsabilidade ilimitada dos bens do devedor pelo cumprimento das suas obrigações. Actualmente, o Código Civil regula esta matéria também nos artigos 817.º e seguintes.

---

[39] Cf. LUIS MANUEL TELES DE MENEZES LEITÃO, *Garantias das obrigações*, ob. cit., pp. 48 e seguintes.

Artigo 817.º
(Princípio geral)

Não sendo a obrigação voluntariamente cumprida, tem o credor o direito de exigir judicialmente o seu cumprimento e de executar o património do devedor, nos termos declarados neste código e nas leis de processo.

Destas disposições podemos concluir que não existe actualmente no Código Civil nenhum resquício de responsabilidade pessoal, sendo consagrado de pleno direito o Princípio da mera responsabilidade patrimonial, que consubstancia um dos princípios fundamentais do Direito das Obrigações. O credor não pode accionar, por si só, a responsabilidade patrimonial, devendo antes recorrer ao tribunal com vista a obter a sentença de condenação do devedor, caso não tenha já em seu poder um título executivo, e instaurar depois uma acção executiva tendente à penhora e à posterior venda judicial dos bens do devedor. O art. 601.º do CC deve ser, necessariamente, articulado com o artigo 2.º do CPC, que proíbe a auto-tutela do direito (justiça privada), estabelecendo como regra geral a tutela dos direitos pelo Estado.

Resulta de todos estes artigos que os credores têm como garantia geral a totalidade do património do devedor, sendo porém certo que esta garantia só é efectivada por meio da instauração de uma acção executiva tendente à penhora e à venda forçada dos direitos do executado sobre estes bens. O credor tem também a possibilidade de instaurar uma acção de cumprimento da obrigação, no caso de este cumprimento ser ainda possível. Não sendo esse o caso, a responsabilidade patrimonial é efectivada sempre com recurso ao Estado, através da instauração de uma acção executiva.

A matéria da acção executiva encontrava-se originariamente regulada no Código de Processo Civil, o que se alterou com a entrada em vigor do Acto Uniforme da OHADA Relativo à Organização dos Processos Simplificados de Cobrança e de Execução, adoptado em 10 de Abril de 1998. Com efeito, as regras emanadas da OHADA prevalecem sobre o Direito interno, nos termos definidos pelo artigo 10.º do Tratado Constitutivo desta Organização. Isto significa que actualmente a acção executiva obtém o seu tratamento jurídico no CPC e nos artigos 28.º e seguintes daquele Acto Uniforme.

O AUOPSCE não contém uma enumeração dos tipos de acção executiva, ao contrário do CPC, que estabelece as seguintes modalidades:

1. Acção executiva para entrega de coisa certa. Esta acção é aplicável quando o devedor se encontra vinculado a uma prestação de

entrega de coisa. Uma vez instado para tanto, se não entregar a coisa, o tribunal apreende o bem devido e procede à sua entrega ao credor.
2. Acção executiva para pagamento de quantia certa. Nesta hipótese, se o devedor não pagar a dívida, o tribunal apreende os seus bens e procede à sua venda, com cujo produto efectua o pagamento ao credor.
3. Acção executiva para a prestação de facto positivo ou negativo. Tratando-se de uma prestação de facto positivo fungível, um terceiro pode realizar o facto à custa do devedor, para o que é necessário intentar uma acção executiva para pagamento de quantia certa. Inversamente, se se tratar de prestação de facto infungível, ao credor caberá somente o direito a receber uma indemnização[40].

Tratando-se da execução de uma prestação de facto negativo, a demolição da obra feita indevidamente é custeada igualmente pelo devedor nos termos dos artigos 827.º e 828.º do CC.

Entretanto, o AUOPSCE não contém um elenco de acções executivas, referindo-se apenas, indirectamente, à execução para pagamento de quantia certa nos seus artigos 54.º e seguintes, e, directamente, à execução para entrega de coisa móvel corpórea nos seus artigos 219.º e seguintes. A questão de saber se o anterior elenco de acções executivas constante do CPC se mantém ou não em vigor dependerá da conciliação a ser efectuada entre estes dois textos legislativos. Não obstante, à partida, é de admitir que o Direito interno se mantém em vigor em tudo quanto não seja contrário ao AUOPSCE.

Acresce que, a este elenco, o AUOPSCE adicionou as injunções. Nos termos do art. 1.º deste AU, a cobrança de uma dívida certa, líquida e exigível pode ser solicitada ao tribunal mediante um requerimento de injunção para pagamento. O art. 2.º do AUOPSCE exige, contudo, que esteja em causa uma dívida cuja fonte seja um contrato ou uma obrigação que resulte da emissão ou do aceite de qualquer título de crédito ou ainda de um cheque sem provisão suficiente.

Na matéria concernente ao Princípio da responsabilidade patrimonial, vamos agora observar o disposto no artigo 604.º, n.º 1, do CC:

---

[40] Diferentemente, em Portugal, veja-se o artigo 829.º-A do Código Civil, que estabelece a possibilidade da sanção pecuniária compulsória.

Artigo 604.º
(Concurso de credores)
1. Não existindo causas legítimas de preferência, os credores têm o direito de ser pagos proporcionalmente pelo preço dos bens do devedor, quando ele não chegue para integral satisfação dos débitos.

Nos termos deste artigo, mesmo nos casos de insuficiência do património do devedor para ressarcimento de todos os credores, a dívida não se extingue. O que acontece neste caso é que os bens que existam na esfera jurídica do devedor são vendidos e o produto da venda é distribuído, rateadamente, por todos os credores.

Esta solução explica-se porque é sempre possível que o devedor venha a obter novos bens, ainda que isso possa ser bastante difícil actualmente, por ser muito provável que, mesmo que venha a adquirir novos bens, o devedor não fique com eles em seu nome. Se isso vier a acontecer, como a dívida não se extinguiu, tais bens poderão ser penhorados e vendidos pelo tribunal com vista à satisfação integral dos credores.

Contudo, é de notar que o disposto no art. 604.º do CC não se pode considerar, actualmente, plenamente em vigor na Guiné-Bissau, sem antes proceder ao confronto com o AUG. Os artigos 148.º e 149.º deste AU determinam, no seu penúltimo parágrafo, que, após ser feito o pagamento aos credores privilegiados, são pagos os credores comuns ou quirografários munidos de um título executivo, desde que tenham intervindo por via de penhora ou de oposição ao processo[41]. Observando estas normas, não se pode, no entanto, afirmar que exista total incompatibilidade de conteúdo. Na verdade, tanto o art. 604.º do CC como os artigos 148.º e 149.º do AUG referem o pagamento aos credores comuns após o pagamento aos credores preferenciais. O Código Civil esclarece que, em caso de insuficiência do património, há lugar ao rateamento, proporcionalmente ao valor dos créditos. Por sua vez, o AUG também refere, no último parágrafo de ambos os artigos mencionados, que *"Em caso de insuficiência das quantias para satisfazer os credores designados (...) eles concorrem à sua distribuição na proporção dos seus créditos totais.".* Nestes termos, as normas contêm o mesmo conteúdo, determinando que em caso de insuficiência do produto da venda para pagar a todos os credores, todos eles concorrem à distribuição do preço obtido proporcionalmente aos

---
[41] Veremos adiante com mais pormenor as consequências práticas destas disposições.

respectivos direitos de crédito. Portanto, embora se deva considerar revogado aquele art. 604.º, n.º 1, do CC, o certo é que a solução material constante deste artigo permanece em vigor, por força do último parágrafo dos artigos 148.º e 149.º do AUG.

7.1. Regime jurídico da responsabilidade patrimonial[42]

Sobre a responsabilidade patrimonial, António Menezes Cordeiro salienta que, *"É a lógica do princípio da responsabilidade patrimonial: pelo cumprimento das obrigações respondem os bens do devedor e só. Nunca o próprio devedor"*[43]. Da evolução histórica acerca da passagem de um regime de responsabilidade pessoal para um regime de responsabilidade patrimonial, conclui-se que hoje em dia o devedor nunca pode responder, com a sua pessoa, pelo incumprimento da obrigação a que se encontra vinculado, mas apenas e tão só com os seus bens.

De acordo com os ensinamentos de António Menezes Cordeiro[44], a responsabilidade patrimonial assenta em três postulados, tendo todos excepções, que de seguida serão analisados.

O primeiro postulado é o de que a responsabilidade patrimonial abrange apenas os bens do devedor. Em princípio, se alguém não cumpre uma obrigação, o credor apenas pode investir os seus direitos contra o património do próprio devedor inadimplente. A responsabilidade patrimonial abrange, em regra, a totalidade do património do devedor, ou seja, todos os seus bens.

O património que aqui está em causa é o património actual, isto é, os bens existentes no momento da instauração da acção executiva, não interessando o património que existia no momento de constituição do débito. É que, em relação ao património anterior do devedor, o credor poderia ter usado dos meios de conservação da garantia patrimonial previstos nos artigos 605.º e seguintes do CC.

---

[42] Sobre este assunto, cf. ANTÓNIO MENEZES CORDEIRO, *Direito das obrigações*, Volume I, ob. cit., pp. 164 e seguintes.

[43] Cf. ANTÓNIO MENEZES CORDEIRO, *Direito das obrigações*, Volume I, ob. cit., p. 164.

[44] Cf. ANTÓNIO MENEZES CORDEIRO, *Direito das obrigações*, Volume I, ob. cit., pp. 164 e seguintes.

Este postulado conhece algumas excepções. Como primeira excepção, acontece que os bens de terceiro podem responder pela dívida. Por exemplo, supondo que A emprestou a B um milhão de FCFA e que C garantiu a restituição por parte de B da quantia mutuada, por meio de fiança. Se B não cumprir, A pode investir os seus direitos contra o fiador e, caso este não pague voluntariamente, pode instaurar uma acção executiva contra este tendente à penhora e à venda executiva dos seus bens. Nesta hipótese, a dívida garantida é de B, enquanto mutuário, mas um terceiro, o fiador, vai ser chamado a responder pelo seu cumprimento[45]. Da mesma forma, imaginando que A emprestou a B um milhão de FCFA, mas a dívida ficou garantida com hipoteca constituída por C sobre a sua casa. Se a dívida não for paga por B, A pode instaurar uma execução hipotecária contra C com vista à venda judicial do bem hipotecado e à posterior satisfação do seu crédito.

A excepção a este primeiro postulado tem a sua consagração legal no art. 818.º do CC:

Artigo 818.º
(Execução de bens de terceiro)
O direito de execução pode incidir sobre bens de terceiro, quando estejam vinculados à garantia do crédito, ou quando sejam objecto de acto praticado em prejuízo do credor, que este haja procedentemente impugnado.

A parte final desta disposição refere-se à impugnação pauliana da transmissão de bens (cf. artigos 610.º e seguintes do CC), que será adiante objecto de análise a propósito dos meios de conservação da garantia patrimonial.

O segundo postulado da responsabilidade patrimonial é que esta abrange a totalidade do património do devedor. Este segundo postulado resulta do disposto no próprio artigo 601.º do CC, nos termos do qual a totalidade do património do devedor constitui a garantia geral de todos os seus credores. Não pode, assim, o devedor pretender subtrair alguns dos

---

[45] Note-se que a doutrina propende para considerar que a dívida fidejussória, assumida pelo fiador por meio da contratação da fiança, é uma dívida própria, com uma causa autónoma relativamente à dívida garantida, causa essa que se consubstancia no próprio negócio jurídico constitutivo da fiança.

seus bens à susceptibilidade de execução forçada pelos seus credores. No entanto, também este postulado é alvo de excepções, uma vez que pode haver certos bens do devedor que não estejam afectos à garantia dos seus débitos. Esta excepção comporta várias situações.

Uma primeira situação abrangida por esta excepção é o património separado ou autónomo, expressamente referido na parte final do art. 601.º. Trata-se do caso em que os bens que constituem o património separado não respondem pelas dívidas comuns do seu titular. A situação que se cria no património separado ou autónomo consiste no destacamento de uma massa patrimonial unitária de bens do devedor relativamente ao seu restante património. Este destacamento implica que os bens do património separado só respondem por determinadas dívidas que com ele têm uma certa conexão. Além disso, estes bens que pertencem ao património autónomo não podem ser chamados a responder por outras dívidas, para além das que se encontram especialmente ligadas a essa mesma massa patrimonial.

Na expressão de Almeida Costa, *"entende-se por património autónomo ou separado aquele que tem dívidas próprias"*[46], querendo com isto dizer-se que em garantia dessa dívidas próprias respondem os bens que se encontrem no património autónomo ou separado, mas não outros bens que possam pertencer ao património geral do seu titular. É exemplo típico de património separado a herança, antes de ser feita a divisão pelos herdeiros (cf. art. 2068.º do CC). Apesar de a herança se encontrar na titularidade dos herdeiros, este património é, em primeiro lugar, chamado a responder pelas dívidas do *de cujus*; só depois de serem pagas estas dívidas é que os bens da herança se integram, plenamente, no património dos herdeiros, deixando de constituir uma massa separada. Outro caso é o património dos cônjuges (cf. artigos. 1695.º e 1696.º do CC). No caso de haver bens comuns e bens próprios dos cônjuges, formam-se duas massas patrimoniais para aferir quais os bens que respondem pelas dívidas comuns e quais os que respondem pelas dívidas próprias. Acresce que, segundo alguns entendimentos, o património constituído pelo navio também é separado do restante património do seu titular, encontrando-se particularmente afectado ao ressarcimento dos credores do navio.

A autonomia patrimonial pode ser total, quando a massa constituída pelo património autónomo somente responda por certos débitos do seu titular, ou meramente parcial, quando responda primeiro por esses débitos específicos e possa depois responder por outras dívidas do seu titular.

---

[46] Cf. Mário Júlio de Almeida Costa, *Direito das Obrigações*, ob. cit., p. 845.

Em face da existência de patrimónios autónomos, Vaz Serra considera que em vez de se afirmar que *"o património do devedor é a garantia geral das suas obrigações"*, se deveria antes dizer que *"o património responsável do devedor é garantia comum dos respectivos credores"*, na medida em que os patrimónios separados apenas respondem pelas próprias dívidas, ou seja, por aquelas que têm um nexo especial para com este património[47]. Com este autor, podemos afirmar ainda que *"o devedor responde pelo cumprimento das suas obrigações com todos os seus bens presentes ou futuros, excepto os que forem impenhoráveis, e sem prejuízo dos casos em que a lei restringiu a certo dos seus patrimónios a responsabilidade pelas respectivas obrigações"*[48].

Uma segunda excepção a este postulado encontra-se consagrada no artigo 602.º do CC, no qual se admite que devedor e credor excluam da responsabilidade patrimonial certos bens. Este acordo negocial é permitido nos termos do art. 405.º do CC e consubstancia um negócio jurídico típico mas inominado:

Artigo 602.º
(Limitação da responsabilidade por convenção das partes)
Salvo quando se trate de matéria subtraída à disponibilidade das partes, é possível, por convenção entre elas, limitar a responsabilidade do devedor a alguns dos seus bens, no caso de a obrigação não ser voluntariamente cumprida.

Nestes termos, a regra geral constante do art. 601.º não é absolutamente obrigatória na medida em que as partes a podem parcialmente afastar, isto é, embora não possam excluir da responsabilidade patrimonial todos os bens do devedor, podem fazê-lo relativamente a apenas alguns dos seus bens. O âmbito deste negócio jurídico consiste em retirar alguns bens da responsabilidade patrimonial do devedor, diminuindo o âmbito da acção do credor, daí resultando a impenhorabilidade convencional de determinados bens do devedor.

Segundo Pires de Lima e Antunes Varela, *"o legislador não considerou de ordem pública a exequibilidade de todo o património do devedor"*[49].

---

[47] Cf. ADRIANO PAES DA SILVA SERRA, *Responsabilidade patrimonial*, ob. cit., pp. 112 e 113.

[48] Cf. ADRIANO PAES DA SILVA SERRA, *Responsabilidade patrimonial*, ob. cit., p. 114.

[49] Cf. FERNANDO ANDRADE PIRES DE LIMA e JOÃO DE MATOS ANTUNES VARELA, *Código Civil Anotado*, 4ª edição, Volume I, Coimbra, Coimbra editora, 1987, p. 618.

No entanto, é de ordem pública que o credor possa sempre executar alguns bens do devedor, o que significa que o credor não pode renunciar em absoluto à possibilidade de atingir bens do devedor. Com efeito, do ponto de vista substancial, deve ser mantido um número de bens bastante para satisfazer o mínimo de responsabilidade patrimonial. Por exemplo, deve ser considerado fraude à lei o acordo em que as partes simplesmente estabeleçam que pelo cumprimento da obrigação de restituir num mútuo de valor considerável respondem apenas bens de valor insignificante. Tal acordo ofenderia o art. 809.º do CC, que proíbe a renúncia antecipada do credor aos seus direitos, bem como o Princípio da primazia da materialidade subjacente, nos termos do qual a limitação permitida pelo art. 602.º não pode pôr em causa a exequibilidade do Princípio da responsabilidade patrimonial[50]. Efectivamente, como o próprio nome indica, trata-se de uma limitação, não de uma exclusão da responsabilidade. Com recurso a uma interpretação sistemática, que atende ao conteúdo da epígrafe e à própria expressão do corpo do artigo, concluímos que está em causa meramente a limitação da responsabilidade, e não o seu total afastamento.

A lei nada diz quanto ao tempo em que o acordo deve ter lugar, pelo que credor e devedor tanto podem fazer este acordo antes da constituição da obrigação[51], como posteriormente a este momento, bem como mesmo depois de se ter verificado o incumprimento. Não obstante, neste último caso, será muito difícil o devedor obter o acordo do credor neste sentido, a menos que goze de grande tranquilidade em termos de massa patrimonial. Em todo o caso, tratando-se de matéria no âmbito da disponibilidade das partes, se o credor, após o incumprimento, quiser abdicar de parte da sua garantia patrimonial, a lei permite que o faça. O que não pode é renunciar previamente à totalidade desta garantia patrimonial, pois tal acordo será nulo, por violação do art. 602.º, bem como do art. 809.º, conjugados com o art. 294.º do CC.

A lei também nada diz quanto aos termos da limitação, pelo que as partes podem acordar a limitação de maneira positiva, indicando quais os

---

[50] No mesmo sentido, cf. FERNANDO ANDRADE PIRES DE LIMA e JOÃO DE MATOS ANTUNES VARELA, *Código Civil Anotado*, Volume I, ob. cit., p. 618. Ainda neste sentido, cf. MÁRIO JÚLIO DE ALMEIDA COSTA, *Direito das Obrigações*, ob. cit., p. 846. Segundo este autor, considera-se fraudulenta a indicação de bens pelas partes que seja *manifestamente insuficiente* para assegurar o cumprimento efectivo do débito.

[51] Cf. FERNANDO ANDRADE PIRES DE LIMA e JOÃO DE MATOS ANTUNES VARELA, *Código Civil Anotado*, Volume I, ob. cit., p. 618.

bens que respondem pela dívida, ou de forma negativa, referindo os bens que não podem ser atingidos pela acção do credor[52]. Um exemplo da primeira situação é o caso de A, credor, e B, devedor, acordarem que pelo cumprimento da dívida apenas responde a casa de habitação de B. Haverá, por seu turno, uma limitação negativa, se A e B acordarem que pelo cumprimento da dívida não respondem os bens móveis do devedor B.

Uma terceira excepção ao segundo postulado é o disposto no artigo 603.º do CC:

Artigo 603.º
(Limitação por determinação de terceiro)

1. Os bens deixados ou doados com a cláusula de exclusão da responsabilidade por dívidas do beneficiário respondem pelas obrigações posteriores à liberalidade, e também pelas anteriores se for registada a penhora antes do registo daquela cláusula.

2. Se a liberalidade tiver por objecto bens não sujeitos a registo, a cláusula só é oponível aos credores cujo direito seja anterior à liberalidade.

Este artigo contém uma regra injuntiva nos termos da qual aquele que concede a outrem uma liberalidade pode apor ao negócio jurídico uma cláusula pela qual obsta a que o bem objecto da liberalidade responda por dívidas do seu beneficiário. Esta cláusula apenas pode ser aposta a negócios que visem conceder uma liberalidade, isto é, uma atribuição patrimonial a título gratuito, sendo vedada nos restantes casos.

A cláusula não pode ter um âmbito indeterminado, daí que a lei estabeleça que, em qualquer caso, os bens objecto da liberalidade respondem sempre pelas dívidas posteriores à liberalidade. Por conseguinte, isto quer dizer que o autor da liberalidade só pode afastar a responsabilidade patrimonial do bem objecto da liberalidade relativamente às dívidas anteriores, mas não relativamente às dívidas que venham a ser constituídas posteriormente. Compreende-se a opção legislativa, na medida em que os bens objecto da liberalidade passam a integrar o património do seu beneficiário, pelo que não se entenderia que não respondessem igualmente pelo cumprimento das suas obrigações nos termos gerais do art. 601.º do CC. Assim, a limitação só pode operar relativamente às dívidas anteriores ou contemporâneas da liberalidade. O autor da liberalidade

---

[52] Cf. MÁRIO JÚLIO DE ALMEIDA COSTA, *Direito das Obrigações*, ob. cit., p. 846.

pode livremente estabelecer as condições em que a realiza, mas não pode já estabelecer uma cláusula permanente de irresponsabilidade dos bens pelas dívidas do seu titular[53], dado que tal poria em causa, inclusivamente, o princípio geral do art. 601.º do CC, o que não é admissível.

Relativamente à eficácia da cláusula de exclusão de responsabilidade, convém fazer uma distinção consoante o bem doado seja ou não um bem sujeito a registo. Tratando-se de bem não registável, a cláusula é sempre oponível aos credores anteriores à liberalidade. Mas, sendo os bens objecto da liberalidade sujeitos a registo, é necessário que a cláusula de exclusão tenha sido registada pelo seu autor antes da penhora do bem. Portanto, neste caso, para produzir efeitos *erga omnes*, a cláusula deve ser registada, sob pena de não ser oponível aos credores. Diversamente, como vimos, no caso de o objecto da liberalidade ser um bem não sujeito a registo, este não responde pelo cumprimento de obrigações anteriores à própria liberalidade, por força meramente da aposição da cláusula de exclusão. Todavia, em consonância com o disposto na primeira parte do n.º 1 desta disposição, responde sempre pelas dívidas posteriores a essa liberalidade.

Por exemplo, supondo que A doa a B um automóvel e determina, no momento da realização da liberalidade, que este bem não responde pelas dívidas do donatário. Isso quer dizer que o referido bem não pode ser chamado a responder pelas dívidas anteriores, mas responderá, em qualquer caso, pelas dívidas que B venha a constituir a partir desta data. Acresce que, em relação aos credores anteriores à doação, como o automóvel é um bem sujeito a registo[54], a cláusula de irresponsabilidade só lhes é oponível no caso de ter sido registada; caso contrário, os credores anteriores podem executar o bem doado. Diversamente, se em vez de um automóvel, A doar um computador, como se trata de um bem não sujeito a registo,

---

[53] Cf. Fernando Andrade Pires de Lima e João De Matos Antunes Varela, *Código Civil Anotado*, Volume I, ob. cit., p. 619.

[54] O automóvel é um bem sujeito a registo de acordo com o Decreto-Lei n.º 47.952, de 22 de Setembro de 1967, publicado no Diário do Governo, I Série, N.º 222, de 22 de Setembro de 1967, que foi tornado extensivo às então Províncias Ultramarinas pela Portaria n.º 23.089, de 26 de Dezembro de 1967, publicada no Diário do Governo, I Série, N.º 298, de 26 de Dezembro de 1967. Os diplomas foram entretanto recebidos na Ordem Jurídica da Guiné-Bissau pelo artigo 1.º da Lei n.º 1/73, de 24 de Setembro, por não existir contradição com a soberania nacional, a Constituição da República, as leis ordinárias, nem com os princípios e objectivos do Partido Africano da Independência da Guiné e Cabo Verde (P.A.I.G.C.).

a cláusula de irresponsabilidade valerá *erga omnes*, perante todo e qualquer credor anterior à liberalidade, que ficará nesta medida impedido de executar aquele bem.

Outra excepção ao segundo postulado é a existência de certos bens impenhoráveis, nos termos do Código de Processo Civil, pelo facto de serem indispensáveis para a subsistência ou para a dignidade do executado. Assim sendo, estes bens também não são chamados a responder pelo cumprimento das obrigações do seu titular. Nos termos do CPC, a impenhorabilidade pode ser absoluta ou relativa, consoante os direitos não possam de todo ser objecto de penhora ou o possam ser apenas de forma parcial ou relativa (cf. o disposto nos artigos 822.º e 823.º do CPC)[55-56].

Finalmente, uma última excepção ao segundo postulado reside na determinação legal da irresponsabilidade de certos bens pelas dívidas do seu titular. Para além das partes poderem acordar a não sujeição de certos bens do devedor à acção do credor, pode a própria lei, a título excepcional, estabelecer a irresponsabilidade de certos bens do devedor. Por exemplo, nos termos do art. 2292.º do CC, as cláusulas fideicomissárias implicam que os bens não respondam pelas dívidas anteriores ou posteriores à cláusula. Quando isso aconteça, os bens referidos na disposição legal também não poderão ser chamados a responder pelas dívidas do seu titular. Outro exemplo é o artigo 2008.º, n.º 2, do CC, que determina a impenhardoilidade do crédito de alimentos.

---

[55] É perfeitamente legítimo o recurso aos artigos 822.º e 823.º do CPC, na medida em que o Acto Uniforme da OHADA Relativo à Organização dos Processos Simplificados de Cobrança e de Execução contém uma remissão para o Direito interno em sede de impenhorabilidades, constante do primeiro parágrafo do seu artigo 50.º.

[56] A impenhorabilidade relativa do salário é aplicável quer a relação laboral seja de Direito Público, quer de Direito Privado. Com efeito, não se pode considerar que a Lei Geral do Trabalho produza, quanto à relação laboral de Direito Privado, a revogação do art. 823.º, n.º 1, alínea *f)*, do CPC. De facto, o art. 107.º da Lei Geral do Trabalho (LGT) tem o seguinte teor: *"1. A retribuição é impenhorável, nos termos e dentro dos limites fixados na lei processual civil. 2. O trabalhador não pode ceder, a título gratuito ou oneroso, os seus créditos ou retribuições, na medida em que estas sejam impenhoráveis."*. A LGT remete a questão da impenhorabilidade para o Direito adjectivo, determinando que a retribuição é impenhorável, nos termos e dentro dos limites fixados na lei processual civil. Não se diz aqui que a totalidade da retribuição seja impenhorável, o que iria afectar em muito a garantia dos credores, mas tão só que a impenhorabilidade da retribuição é fixada pelo Direito processual civil, o que, no caso guineense, se verifica no art. 823.º, n.º 1, alínea *f)*, do CPC, o qual se considera, assim, plenamente em vigor.

O terceiro postulado do Princípio da responsabilidade patrimonial consiste na regra segundo a qual os credores estão em pé de igualdade na distribuição do preço de venda dos bens do devedor. Com efeito, em regra, de acordo com o art. 604.º, n.º 1, do CC[57], bem como o último parágrafo dos artigos 148.º e 149.º do AUG, os credores estão em posição de igualdade relativamente à satisfação dos seus créditos. Assim, são pagos sem qualquer preferência entre si, e, no caso de os bens do devedor serem insuficientes para a satisfação de todos os créditos, procede-se ao rateio entre eles. Este rateio caracteriza-se pelo facto de todos os credores receberem uma quantia proporcional ao seu direito de crédito.

Tal como nos restantes postulados, também aqui existem excepções à regra. Desde logo, destaca-se a possibilidade de haver credores preferenciais, isto é, que têm direito a ser pagos com prioridade relativamente a outros credores. Esta questão tem a ver com a graduação dos credores, que resulta do facto de serem titulares ou não de uma garantia real que assegure a satisfação do seu crédito. A causa da preferência pode resultar, como já se referiu, do acordo das partes ou de determinação legal. Neste sentido, pode acontecer que, por força da satisfação prévia dos credores preferenciais, os credores comuns não venham a ser sequer parcialmente pagos dos seus créditos. Por exemplo, supondo que A deve 500.000 FCFA a B e 300.000 FCFA a C. Para além disso, A contraiu um empréstimo bancário de 10 milhões de FCFA perante o Banco D, que exigiu em troca uma hipoteca sobre a sua casa de habitação, sendo que se tratava do único bem do devedor. Imaginando que na execução hipotecária a casa foi vendida judicialmente pelo preço de 8 milhões xof, este montante apenas é suficiente para pagar, parcialmente, ao credor preferencial, que é o Banco D, pelo que os credores comuns, B e C, nada vão receber.

---

[57] Cf. o que se disse supra acerca da vigência desta norma, nas páginas 35 e 36.

CAPÍTULO II

O DIREITO CIVIL INTERNO E O DIREITO DO ACTO UNIFORME DA OHADA RELATIVO À ORGANIZAÇÃO DAS GARANTIAS

1. RELAÇÃO ENTRE O DIREITO INTERNO E OS ACTOS UNIFORMES DA OHADA

A Organização para a Harmonização do Direito dos Negócios em África (OHADA) é uma organização internacional de carácter regional da qual fazem parte vários Estados Africanos, incluindo a Guiné-Bissau. Nestes termos, é necessário conhecer a importância da OHADA na Ordem Jurídica Guineense de forma a definir o modo pelo qual se manifesta enquanto fonte de direito.

O Tratado Constitutivo da OHADA (TOHADA) foi assinado em 17 de Outubro de 1993 e entrou em vigor em 18 de Setembro de 1995. Actualmente, esta organização é constituída por dezasseis Estados, abrangendo, nomeadamente, o Benin, o Burkina Faso, os Camarões, a República Central Africana, a República Federal Islâmica dos Comores, o Congo, a Costa do Marfim, o Gabão, a Guiné Equatorial, a Guiné Conacri, a Guiné-Bissau, o Mali, o Níger, o Senegal, o Chade e o Togo. No caso da Guiné-Bissau, o Tratado foi ratificado em 15 de Janeiro de 1994, tendo o instrumento de ratificação sido depositado em 26 de Dezembro de 1995, o que significa que entrou em vigor na sua ordem jurídica em 24 de Fevereiro de 1996[58].

Apesar da designação da OHADA apontar no sentido da aproximação jurídica dos Direitos dos seus membros, o certo é que tem vindo a prosseguir os seus objectivos por meio da adopção de actos uniformes, o que consubstancia uma autêntica unificação jurídica[59].

---

[58] Informação disponível em *www.ohada.com*.
[59] Neste sentido, cf. JEAN PAILLUSSEAU, *Le Droit de l'OHADA. Un Droit très important et original*, em La semaine juridique, n.º 5, Supplément à La semaine juridique n.º 44 du

Um dos actos uniformes emitidos por esta organização foi o Acto Uniforme Relativo à Organização das Garantias, que tem por objecto a regulação das garantias especiais das obrigações. Assim sendo, originariamente, a matéria das garantias das obrigações encontrava-se exclusivamente regulada no Código Civil Guineense, nos artigos 601.º e seguintes[60]. Contudo, a partir de 1 de Janeiro de 1998, data de entrada em vigor para os países membros da OHADA do AUG, este instrumento normativo veio prejudicar, pelo menos em parte, a regulamentação constante daquele Código.

Não obstante, é de salientar que o AUG apenas regula as garantias especiais das obrigações, pelo que não há dúvidas de que o Código Civil se mantém plenamente em vigor na matéria referente à garantia geral. Com efeito, o propósito da OHADA foi simplesmente o de uniformizar a regulamentação das garantias especiais, não se tocando, em lugar algum do AUG, em matérias concernentes à garantia geral, designadamente aos meios de conservação da garantia patrimonial, nem à possibilidade de o credor atingir o património do seu devedor, em caso de incumprimento da obrigação (cf. artigo 601.º do CC). Nesta ordem de ideias, conclui-se que se encontram plenamente em vigor os artigos 601.º a 618.º do CC, por o seu objecto ser diverso do AUG e por não existir, nessa medida, qualquer incompatibilidade de conteúdo entre os dois textos normativos.

O problema da vigência do Código Civil nesta matéria coloca-se, por outro lado, na parte das garantias especiais, na medida em que existem dois diplomas[61] potencialmente aplicáveis à sua regulação: o Código Civil

---

octobre 2004, p. 2: *"Contrairement à son titre, l'OHADA ne réalise pas une «harmonisation» du droit des affaires des différents États Parties au Traité, mais son unification"*.

[60] O Código Civil de 1966, aprovado pelo Decreto-Lei n.º 47.344, de 25 de Novembro, foi tornado extensivo às então Províncias Ultramarinas pela Portaria n.º 22.869, de 4 de Setembro de 1967. Com a Independência da Guiné-Bissau, a Lei n.º 1/73, de 24 de Setembro, procedeu, no seu artigo 1.º, à recepção da legislação portuguesa então em vigor, em tudo o que não fosse contrário à soberania nacional, à Constituição da República, às suas leis ordinárias e aos princípios e objectivos do Partido Africano da Independência da Guiné e Cabo Verde (P.A.I.G.C.). É, pois, nesta disposição, que se fundamenta a vigência actual do Código Civil de 1966, ainda que alguns dos seus artigos tenham ficado prejudicados em virtude da Proclamação da Independência, como foi o caso, por exemplo, daqueles que faziam expressa menção a Portugal.

[61] O conceito de lei é aqui referido em sentido material, pois, naturalmente, os Actos Uniformes da OHADA não são em caso algum leis em sentido formal, na medida em que não são emanados do poder legislativo competente, nos termos da Constituição da República da Guiné-Bissau. Não obstante, do ponto de vista material, contêm verdadeiras regras jurídicas, pelo que podem ser qualificados como leis em sentido material.

e o AUG. Nesta ordem de ideias, importa determinar se as garantias especiais se encontram, actualmente, apenas sujeitas ao regime jurídico constante do AUG, ou se, pelo contrário, ainda se mantém em vigor, pelo menos parcialmente, o regime jurídico instituído pelo Código Civil. Sobre este assunto, existe, contudo, uma acesa controvérsia doutrinária no seio da OHADA, suscitada pelo facto de nem o TOHADA nem os Actos Uniformes serem suficientemente claros acerca do âmbito da revogação que pretendem produzir no Direito interno.

A controvérsia a que nos referimos surgiu devido ao vago conteúdo do artigo 10.º do TOHADA. Aqui se determina que os Actos Uniformes são directamente aplicáveis e obrigatórios nos Estados partes, não obstante toda e qualquer disposição contrária de Direito interno, anterior ou posterior. Deste artigo resultam asserções importantes sobre o modo de funcionamento e de aplicação das regras jurídicas emanadas dos Actos Uniformes da OHADA, assim como das suas repercussões ao nível do Direito interno de cada Estado membro.

O primeiro grande problema suscitado pelo artigo 10.º reside no facto de aqui se considerar que os Actos Uniformes são directamente aplicáveis e obrigatórios em todos os Estados partes. Ora, isso significa que, à semelhança dos regulamentos emanados da União Europeia e da UEMOA[62], a vigência destes instrumentos jurídicos não depende de uma prévia tomada de posição por parte dos Estados membros. Ao invés, basta que os Actos Uniformes sejam emitidos nos termos definidos pelo TOHADA para obterem a sua vigência automática em todos os Estados membros desta organização, sem ser necessário um instrumento de aprovação ou de ratificação dos mesmos para que isso aconteça. Este regime é extremamente importante, pois permite assegurar a vigência imediata dos Actos Uniformes, com igualdade para todos os Estados membros, o que não aconteceria se cada um deles tivesse de aceitar, por meio de um acto interno, a entrada em vigor dos mesmos.

Sucede, porém, que o disposto no artigo 10.º do TOHADA não tem nenhuma cobertura jurídica em qualquer norma da Constituição da República da Guiné-Bissau[63]. É à Lei Fundamental de cada Estado que compete

---

[62] Acerca da aplicabilidade directa dos regulamentos no Direito Comunitário, consultar, entre muitos outros, ANDRÉ GONÇALVES PEREIRA e FAUSTO DE QUADROS, *Manual de Direito Internacional Público*, 3.ª edição, Coimbra, Almedina, 2002, pp. 112 e seguintes.

[63] Aprovada pela Lei Constitucional n.º 1/93, publicada no 2.º Suplemento ao BO n.º 8, de 26 de Fevereiro de 1993, com as alterações introduzidas pela Lei Constitucional

definir as fontes de Direito nele vigentes, tal como acontece, por exemplo, com a lei. Consultando a Constituição Guineense, o jurista apercebe-se de que a lei é uma fonte de direito, que emana da Assembleia Nacional Popular, sendo certo que certas matérias se encontram mesmo reservadas, em absoluto ou de forma relativa, a este órgão, isto é, que apenas podem ser reguladas por meio da aprovação de uma lei (cf. o disposto nos artigos 76.º, 85.º e 86.º da CRGB). Do mesmo modo, decorre da Constituição que o Governo pode igualmente legislar, através da emissão de decretos e de decretos-leis nas matérias relativas à sua organização e funcionamento e em todas as matérias não reservadas à Assembleia Nacional Popular (cf. art. 100.º da CRGB). Assim, cabe à Constituição definir as fontes de criação das normas jurídicas, constituindo a legitimação para a sua validade, vigência e eficácia. Mesmo tratando-se de uma fonte de Direito Internacional, não se abre aqui nenhuma excepção, ou seja, a sua vigência continua a estar dependente do devido acolhimento constitucional[64-65].

Por conseguinte, em princípio, para que os Actos Uniformes da OHADA pudessem ter a aplicabilidade directa e obrigatória afirmada no artigo 10.º do TOHADA, tal situação deveria encontrar-se devidamente acolhida e explicada na própria Constituição. Não o estando, suscitam-se sérias dificuldades de enquadramento jurídico dos Actos Uniformes, havendo mesmo algumas vozes que sustentam a sua inconstitucionalidade. Com efeito, se é na Constituição que são definidas as fontes normativas, e se os Actos Uniformes inegavelmente são fontes de regras de Direito, é pelo menos estranho que nenhuma referência lhes seja feita a nível constitucional. Daí que seja defensável, pelo menos *em abstracto*, a tese da inconstitucionalidade.

Aliás, recorrendo ao caso português como situação análoga, sabe-se que, para acolher os instrumentos normativos comunitários foi necessário proceder à modificação da Constituição, o que levou a que na revisão de 1982 fosse acrescentado um n.º 3 ao artigo 8.º, precisamente com este objectivo. Actualmente, o artigo 8.º, n.º 3, da Constituição da República

---

n.º 1/95, publicada no Suplemento ao BO n.º 49, de 4 de Dezembro de 1995 e pela Lei Constitucional n.º 1/96, publicada no BO n.º 50, de 16 de Dezembro de 1996.

[64] Sobre esta questão, cf. ANDRÉ GONÇALVES PEREIRA e FAUSTO DE QUADROS, *Manual de Direito Internacional Público*, ob. cit., pp. 107 e seguintes.

[65] No caso português, o acolhimento do Direito Internacional decorre do disposto no artigo 8.º da Constituição.

Portuguesa, determina o seguinte: *"As normas emanadas dos órgãos competentes das organizações internacionais de que Portugal seja parte vigoram directamente na ordem jurídica interna, desde que tal se encontre estabelecido nos respectivos tratados constitutivos"*. Esta disposição visa legitimar a vigência do chamado Direito Comunitário Derivado, isto é, dos instrumentos normativos emanados dos órgãos de uma organização internacional de que Portugal seja parte. Embora formulada em termos amplos, a norma teve um objectivo específico, que foi o de admitir a aplicabilidade directa dos regulamentos comunitários, sem ser preciso um acto legislativo interno de recepção[66-67].

Porém, analisando a Constituição Guineense, o jurista constata que muito poucas são as referências feitas ao Direito Internacional, sendo praticamente nenhumas as menções ao Direito Comunitário. Com efeito, vislumbram-se apenas breves alusões ao Direito Internacional nos artigos 18.º e 29.º. Nos termos do artigo 18.º, n.º 1, afirma-se que a Guiné-Bissau reconhece o Direito Internacional e desenvolve relações com outros países na base deste Direito, tendo em conta os Princípios da independência nacional, da igualdade entre os Estados, da não ingerência nos assuntos internos e da reciprocidade de vantagens. O n.º 2 do mesmo preceito declara ainda que a Guiné-Bissau participa nos esforços com vista ao estabelecimento da nova ordem económica internacional. Finalmente, o art. 18.º, n.º 3 reforça ainda que a Guiné-Bissau participa nos esforços que realizam os Estados africanos, na base regional continental, em ordem à concretização do Princípio da unidade africana. Por seu turno, o artigo 29.º, n.º 1 determina que *"os direitos fundamentais consagrados na Constituição não excluem quaisquer outros constantes das demais leis da República e das regras aplicáveis de direito internacional"*.

Encontramos ainda outras referências ao Direito Internacional no art. 68.º, alínea *e)*, que atribui ao Presidente da República a competência para ratificar os tratados internacionais, no art. 85.º, n.º 1, alínea *h)*, nos

---

[66] Cf. ANDRÉ GONÇALVES PEREIRA e FAUSTO DE QUADROS, *Manual de Direito Internacional Público*, ob. cit., p. 112.

[67] Acerca do conteúdo do art. 8.º, n.º 3, da Constituição da República Portuguesa, vejam-se as críticas de ANDRÉ GONÇALVES PEREIRA e FAUSTO DE QUADROS, *Manual de Direito Internacional Público*, ob. cit., pp. 114 e 115. Referem estes autores que o artigo apenas confere aplicabilidade imediata às *normas* emanadas dos órgãos da União Europeia, mas, para ser integralmente cumprido o disposto no artigo 189.º do Tratado da União seria necessário atribuir essa aplicabilidade directa também às directivas e às decisões, que não têm, porém, qualquer conteúdo normativo, sendo dirigidas aos Estados membros.

termos do qual é à ANP que compete *"aprovar os tratados que envolvam a participação da Guiné-Bissau em organizações internacionais, os tratados de amizade, de paz, de defesa, de rectificação de fronteiras e ainda quaisquer outros que o Governo entenda submeter-lhe"*, assim como no art. 100.º, n.º 1, alínea *f)*, que confere ao Governo legitimidade para negociar e concluir acordos e convenções internacionais. Não se encontram[68], no entanto, normas constitucionais gerais dirigidas nem à recepção do Direito Internacional geral ou comum[69], nem à recepção do Direito Internacional convencional[70], nem ainda à recepção do Direito Comunitário, ou tão pouco normas que confiram uma legitimação à aplicabilidade directa dos Actos Uniformes da OHADA, nos termos definidos pelo artigo 10.º do TOHADA[71]. A única disposição que confere efectiva vigência a textos de Direito Internacional parece ser o artigo 29.º, n.º 1, da CRGB, onde são expressamente acolhidos todos os instrumentos de Direito Internacional relativos aos direitos fundamentais. Como o artigo não faz qualquer diferenciação entre Direito Internacional geral ou comum e Direito Internacional convencional, somos de parecer que ambas as categorias são abrangidas pelo preceito.

Segundo algumas posições, como a de Maria de Lurdes Marques Pereira[72], a ausência de uma cláusula de recepção do Direito internacional

---

[68] A proposta de Lei Constitucional de 2001, no seu artigo 17.º, continha as seguintes regras: as normas de Direito internacional geral ou comum fazem parte integrante da ordem jurídica interna (n.º 1); as normas de Direito internacional convencional vigoram desde que esta tenha sido regularmente ratificada e aprovada e só após a sua publicação no Boletim Oficial (n.º 2); o n.º 3 é equivalente ao art. 8.º n.º 3 da CRP, uma vez que recebe directamente os Actos Uniformes da OHADA e o Direito Comunitário Derivado da UEMOA; finalmente, o n.º 4 refere a prioridade hierárquica das regras de Direito Internacional geral ou comum e de Direito Internacional convencional sobre todos os actos normativos infra-constitucionais. Contudo, esta proposta não teve seguimento, pelo que nenhuma destas regras pode ser actualmente aproveitada para legitimar a vigência do Direito Internacional.

[69] O Direito Internacional geral ou comum abrange os princípios gerais de Direito internacionalmente reconhecidos pelos Estados e o costume internacional.

[70] O Direito Internacional convencional é constituído pelas convenções internacionais adoptadas num determinado Estado.

[71] O mesmo problema se coloca com o Direito Comunitário Derivado da UEMOA, organização internacional à qual a Guiné-Bissau aderiu em 5 de Março de 1997.

[72] Cf. MARIA DE LURDES MARQUES PEREIRA, *Breve nota sobre a adesão da Guiné-Bissau ao Tratado Relativo à Harmonização do Direito Comercial ("Droit des affaires") em África*, p. 5.

público implica que este não é recebido na ordem jurídica guineense enquanto fonte de Direito internacional, isto é, para que possa vigorar será necessário, no entender desta autora, que um certo acto o transforme em Direito interno. Maria de Lurdes Marques Pereira coloca no entanto a possibilidade de esse acto constituir, no caso do Direito Internacional de origem convencional, a intervenção do órgão constitucionalmente competente para a sua aprovação, que pode ser a ANP ou o Governo, acabando por concluir que essa parece ser a melhor solução, até porque os órgãos competentes para a adopção do tratado internacional são também os órgãos que assumem competências legislativas.

A nosso ver, aparte a recepção do Direito Internacional sobre direitos fundamentais, na Constituição da República da Guiné-Bissau não existe actualmente qualquer regra relativa à vigência directa das regras de Direito Internacional. Contudo, consideramos que do disposto nos artigos 18.º e 29.º decorre o afloramento de um princípio revelador da vigência automática do Direito Internacional na Ordem Jurídica Guineense. Com efeito, o disposto no artigo 18.º revela a abertura, o reconhecimento e a recepção, senão directa, pelo menos indirecta, das regras de Direito Internacional. Tal recepção é efectuada com particular ênfase nos termos do n.º 3 relativamente às regras de Direito Internacional regional, ou seja, as relativas às organizações regionais de que a Guiné-Bissau faça ou venha a fazer parte, de entre as quais se destacam, pela sua importância, a UEMOA e a OHADA. É de notar, contudo, que o artigo 18.º, n.º 3 não se refere directamente a estas organizações, uma vez que na data de aprovação da Constituição elas ainda não se encontravam constituídas. Porém, já nessa altura eram visíveis os esforços de integração africana, desenvolvidos por várias entidades, o que justificou a introdução do preceito no normativo constitucional.

No que diz respeito ao Direito Internacional geral ou comum, somos de parecer que este vigora directamente na ordem jurídica do Estado Guineense, independentemente da sua recepção formal pela Constituição (a qual seria, não obstante, desejável), pelo menos na matéria respeitante aos direitos fundamentais referida no artigo 29.º. Por sua vez, quanto ao Direito Internacional convencional, afigura-se que as suas regras só poderão ser consideradas *aplicáveis*, quando esteja em causa uma convenção internacional regularmente aprovada e adoptada pelo Estado da Guiné-Bissau, conforme os trâmites prescritos na Constituição. De facto, é curioso que, por um lado, a Constituição não contenha nenhuma norma que opere, em termos formais, a recepção do Direito Internacional convencional, mas contenha, em contrapartida, regras que conferem legitimidade para a negociação, a aprovação e a ratificação de convenções internacionais. Ora, não faria sentido que o legislador constituinte se preocupasse em atribuir ao Governo legitimidade para negociar os acordos e convenções internacionais, em conferir à ANP competência para aprovar os tratados que envolvam a participação da Guiné-Bissau em organizações internacionais, entre outros, e ainda em considerar o Presidente da República competente para ratificar os tratados internacionais, se depois não pretendesse que o Direito Internacional vigorasse na ordem jurídica interna. Por conseguinte, da conjugação de todos estes preceitos constitucionais resulta, inevitavelmente, o acolhimento, ainda que indirecto, da vigência do Direito Internacional na ordem jurídica guineense. Simplesmente, como a Constituição não especificou em que termos é que essa vigência tem lugar, deve ser o intérprete a procurar a solução para este problema na articulação de todos os artigos mencionados, donde se conclui que só depois de se encontrarem cumpridos todos os trâmites prescritos na Lei Fundamental para a adopção de uma convenção internacional é que as regras desta convenção poderão vigorar, plenamente, na ordem jurídica interna guineense[73-74].

Porém, se no caso das convenções internacionais o problema parece resolúvel através de uma interpretação sistemática dos artigos 18.º, 29.º, 68.º, alínea e), 85.º, n.º 1, alínea h) e 100.º, n.º 1, alínea f), donde deriva o afloramento de um princípio de recepção do Direito Internacional, mais

---

[73] Esses trâmites são os seguintes: em primeiro lugar, a convenção internacional deve ser negociada pelo Governo e depois deve ser regularmente aprovada. A Constituição Guineense acolhe a dualidade existente entre os acordos internacionais e os tratados, sendo que apenas a ANP pode aprovar os tratados relativos às matérias da sua competência reservada no art. 85.º, n.º 1, alínea h). Nos outros casos, a competência para a aprovação pertence tanto à ANP como ao Governo. Quanto aos acordos internacionais, o Governo pode aprová-los por si só, uma vez que não se incluem nas matérias reservadas à ANP. O Governo pode, no entanto, submeter o acordo à aprovação da ANP, caso em que este toma a designação de tratado. O segundo trâmite consiste na ratificação, aplicável aos tratados, a efectuar pelo Presidente da República.

[74] É de notar que a Constituição não exige, em lugar algum, a publicação das convenções internacionais no Boletim Oficial, ao contrário, por exemplo, do artigo 8.º, n.º 2, da Constituição da República Portuguesa. A publicação consta, no entanto, da proposta de lei de Revisão Constitucional de 2001, supra referida. Não obstante esta lacuna, sempre convirá proceder à publicação, sob pena de a Guiné-Bissau se sujeitar a sofrer as sanções ao nível internacional no caso de não proceder à publicação das convenções e assim obstar ao seu conhecimento pelos cidadãos. Acresce que tal publicação sempre será exigida nos termos do artigo 5.º do CC, se se entender como tal a lei em sentido material.

complexo se apresenta o problema de definir a legitimação para a vigência do chamado Direito Comunitário Derivado, ou seja, dos instrumentos normativos emanados de organizações internacionais das quais o Estado da Guiné-Bissau faz parte. Com efeito, neste campo existe um autêntico vazio constitucional, que poderia justificar a tese da inconstitucionalidade da aplicabilidade directa dos Actos Uniformes. É esse o entendimento de Maria de Lurdes Marques Pereira, quando afirma que, *"Tendo em conta o carácter materialmente legislativo da produção jurídica da OHADA e a reserva de competência legislativa em favor da ANP e do Governo consagrada na CRGB, o acto de adesão a um Tratado que implica a transferência destes poderes para uma organização internacional deve ser considerado inconstitucional, por ofensa àquela reserva."*, pelo que conclui que a adesão ao Tratado deveria ter sido antecedida de uma revisão constitucional[75]. Assim, entende que tanto é inconstitucional a adesão a um Tratado que transfere competências legislativas para instâncias internacionais, como o é também a aplicabilidade directa dos Actos Uniformes declarada no artigo 10.º do TOHADA[76]. Conclui, por fim, que a atribuição não prevista pela Constituição do poder de criar regras jurídicas directamente aplicáveis na Ordem Jurídica Guineense é ineficaz, o que significa que não se pode produzir o efeito pretendido pelo artigo 10.º do TOHADA.

Contudo, pela nossa parte, consideramos que não pode ser assim, sob pena de inutilizar, de todo, a participação da Guiné-Bissau na OHADA e desvalorizar a sua adesão a esta organização internacional. De facto, muito embora a Constituição não se refira à aplicabilidade imediata do Direito derivado, o certo é que o TOHADA contém expressa menção à criação dos Actos Uniformes, assim como à sua aplicabilidade imediata em todos os Estados partes. Nessa ordem de ideias, mesmo sem uma legitimação constitucional, existe, do ponto de vista do Direito Internacional Público, uma vinculação do Estado Guineense a aceitar a emissão de Actos Uniformes, assim como uma concordância com a sua aplicabilidade imediata no seu território, sem necessidade da mediação através de um acto interno. Assim, quando o Estado Guineense aderiu à OHADA, assumiu inevitavelmente este compromisso, não nos parecendo razoável que isso possa ser posto em causa devido a uma omissão do próprio

---

[75] Cf. MARIA DE LURDES MARQUES PEREIRA, *Breve nota sobre a adesão da Guiné-Bissau ao Tratado...*, p. 6.

[76] Cf. MARIA DE LURDES MARQUES PEREIRA, *Breve nota sobre a adesão da Guiné-Bissau ao Tratado...*, pp. 6 e 7.

Estado. Efectivamente, competia às autoridades guineenses, designadamente à ANP, proceder à revisão da Constituição, com vista a harmonizá-la com os compromissos internacionalmente assumidos, confirmando por essa via a aplicabilidade imediata dos Actos Uniformes afirmada no artigo 10.° do TOHADA, bem como de outros normativos de Direito derivado, como é o caso dos regulamentos e das directivas emitidas pela UEMOA. Não o tendo feito, existe uma omissão legislativa, a qual não pode, de forma alguma, beneficiar o próprio infractor, sob pena deste beneficiar pelo facto de não fazer aquilo a que está obrigado. Tal situação originaria o surgimento da chamada figura do abuso de direito, designada de *tu quoque*, ou seja, a situação em que uma pessoa que se encontra em infracção pretende beneficiar da mesma[77]. Assim sendo, considerando que a omissão é imputável ao Estado Guineense, e, ao mesmo tempo, que a Guiné-Bissau aderiu ao TOHADA, assumindo com isso todas as consequências daí decorrentes, somos de parecer que os Actos Uniformes gozam, efectivamente, de aplicabilidade directa, conforme resulta do disposto no art. 10.° do TOHADA, ainda que tal não conste expressamente da Constituição. Seria, contudo, preferível, que fosse feita uma Revisão Constitucional com vista a proceder a essa referência, de modo a não deixar qualquer margem para dúvidas para a efectiva aplicabilidade directa do Direito Derivado.

No mesmo sentido se pronuncia Djibril Abarchi[78], ao afirmar que a ratificação do TOHADA importa, para cada um dos parlamentos dos Estados partes, a devolução das suas prerrogativas não ao Executivo, mas antes a um órgão comunitário que assegura essa acção legislativa, que é o Conselho de Ministros da OHADA. Apesar da designação de Conselho de Ministros, tal atribuição viola, claramente, a separação de competências constitucional, mas, não obstante isso, Djibril Abarchi considera que,

---

[77] Cf. ANTÓNIO MENEZES CORDEIRO, *Tratado de direito civil português*, Parte Geral, Tomo I – Introdução. Doutrina geral. Negócio jurídico, 2.ª edição, Coimbra, Almedina, 2000, pp. 262 e seguintes. Segundo este autor (p. 262): *"aquele que viole uma norma jurídica não pode tirar partido da violação exigindo, a outrem, o acatamento de consequências daí resultantes"*. Por outro lado, acrescenta, a páginas 264, que *"repugna à consciência ético-jurídica que alguém pretenda prevalecer-se da própria violação. Mas também não parece pensável que alguém possa perpetrar violações jurídicas a pretexto de outrem já ter feito outro tanto."*.

[78] Cf. DJIBRIL ABARCHI, *La supranationalité de l'Organisation pour l'Harmonisation en Afrique du Droit des Affaires*, em *Revue Burkinabé de Droit*, N.° 37, 1.er semestre 2000, p. 10, disponível em www.ohada.com.

mesmo que as regras de habilitação do Conselho de Ministros não tenham sido observadas, a ratificação do Tratado pelo parlamento nacional deve ser interpretada como uma *"habilitação permanente dos membros do executivo"*. No entanto, como o parlamento tem poder de controlo do Governo, é possível aos deputados interpelar os Ministros da Justiça e das Finanças sobre o conteúdo dos actos uniformes, bem como solicitar a sua modificação, à luz do art. 7.º, parágrafo primeiro, do TOHADA.

Este entendimento surge em consonância com o artigo 27.º da Convenção de Viena sobre o Direito dos Tratados, assinada em 23 de Maio de 1969, nos termos do qual um Estado parte não pode invocar as disposições do seu Direito interno para justificar o incumprimento de um tratado.

A aplicabilidade directa não é, porém, o único problema suscitado pelo artigo 10.º do TOHADA. Com efeito, em torno da interpretação deste preceito existe uma larga controvérsia doutrinária e jurisprudencial em todo o espaço OHADA, uma vez que nele se determina que os Actos Uniformes produzem a revogação de todo o Direito interno que lhes seja contrário, quer seja anterior, quer seja posterior. No entanto, não se esclarece o âmbito exacto desta revogação, daí que subsistam fortes dúvidas quanto a saber se todo o Direito interno com o mesmo objecto que os Actos Uniformes deve ser considerado revogado, ou se a revogação atinge apenas o Direito interno que se encontre em contradição com o conteúdo dos Actos Uniformes, subsistindo a vigência das normas internas em relação às quais essa contradição inexista.

Com efeito, o artigo 10.º do TOHADA estabelece que os actos uniformes *"sont directement applicables et obligatoires dans les Etats parties, nonobstant toute disposition contraire de droit interne, antérieure ou postérieure"*. Desta disposição decorrem, essencialmente, três consequências.

A primeira consequência é a aplicabilidade directa, isto é, o facto de os Actos Uniformes da OHADA serem directamente aplicáveis nas ordens jurídicas internas dos Estados membros, sem ser necessário passar pelo crivo dos órgãos legislativos nacionais e sem ser sequer preciso um decreto ou outro diploma de transposição.

Como segunda consequência, dela resulta a proibição aos Estados partes de, no futuro, emitir nova legislação que se revele contrária ao disposto nos Actos Uniformes. No caso de tal vir a acontecer, porém, é desde logo estabelecida a primazia hierárquica – supranacionalidade –

dos Actos Uniformes sobre o Direito interno posterior que lhes seja contrário, afirmando, assim, a aplicabilidade daqueles em detrimento deste.

Finalmente, a terceira consequência consiste na revogação de todo o Direito interno anterior aos Actos Uniformes que lhes seja contrário. É relativamente a este efeito que a doutrina e a jurisprudência procuram determinar em que termos é que opera esta revogação, nomeadamente quanto a saber se se trata de uma revogação global ou de uma mera revogação tácita individualizada. Portanto, em sede de interpretação do artigo 10.º, surgiram duas correntes, denominadas a teoria da uniformização e a teoria da harmonização, com vista a determinar, exactamente, em que termos é que se mantém em vigor o Direito interno sobre as matérias que também são reguladas nos Actos Uniformes, ou seja, de modo a aferir se a revogação plasmada no artigo 10.º é, respectivamente, uma revogação global ou uma revogação meramente individualizada, parcial e tácita.

No âmbito do presente estudo, recordamos que este problema não interfere na vigência do Direito interno sobre a garantia geral, na medida em que o AUG não toca nesta matéria, limitando-se a regular as garantias especiais, reais e pessoais. Por conseguinte, em sede de garantia geral deve considerar-se plenamente em vigor o Código Civil, quer se entenda que a revogação produzida pelos actos uniformes é uma revogação global, quer se entenda que se trata apenas de revogação parcial. Com efeito, para aqueles que considerem tratar-se de revogação global (teoria da uniformização), como o AUG apenas regula as garantias especiais, o seu objecto é diverso do instituto da garantia geral, devendo, assim, manter-se em vigor as suas regras, constantes do Código Civil. Por outro lado, para aqueles que propugnem a revogação tácita e individualizada (teoria da harmonização), ainda assim o Código Civil se deve ter por vigente no que respeita à garantia geral na medida em que, como o AUG não toca nesta matéria, não se verifica incompatibilidade de conteúdo entre as suas regras e as do Direito interno.

O problema está antes em saber até que ponto é que a disciplina enunciada pelo Código Civil a respeito das garantias especiais, designadamente os artigos 623.º e seguintes, pode ou não ser considerada em vigor, tendo em conta que foi emitido um Acto Uniforme exclusivamente sobre garantias especiais. Com efeito, se se considerar que o AUG produziu uma revogação global (teoria da uniformização) do Direito interno existente sobre as garantias especiais, então nenhuma regra constante do Código Civil relativa às garantias especiais pode ser aplicada, porque todas se deverão considerar revogadas pelo AUG pelo simples facto de terem o mesmo objecto que o acto uniforme, e, portanto, independentemente de haver ou não uma concreta incompatibilidade de conteúdo entre um e outro normativos[79-80]. Este raciocínio apresenta, porém, o inconveniente da existência de lacunas nos actos uniformes, as quais poderiam ser facilmente resolvidas com recurso ao Direito interno, resultado de uma longa evolução do Direito Civil e que contém uma disciplina seguramente mais completa do que a dos actos uniformes, os quais deixam inúmeras questões em aberto. Contudo, a admitir que se produziu uma revogação global do Direito interno, o recurso às normas revogadas para integração da lacuna não se afigura, de todo, viável.

Por outro lado, se se admitir que se trata de mera revogação individualizada[81], parcial e tácita[82] (teoria da harmonização), torna-se necessário aferir, regra a regra, da incompatibilidade de conteúdo entre o regime instituído pelo Código Civil e o regime constante do AUG. E, nessa hipótese, só se devem considerar revogadas as regras de Direito interno cujo conteúdo seja contrário a alguma regra constante do AUG. Não obstante, também esta teoria apresenta um inconveniente, que consiste na manutenção das disparidades entre os ordenamentos jurídicos dos países membros da OHADA, o que necessariamente acabará por acontecer em virtude da sobrevivência de normas de Direito interno em cada um deles. Outra desvantagem reside no facto de a adopção desta tese impor um

---

[79] A revogação global, ou também chamada revogação por substituição, consiste na emissão de uma lei nova que regula todo um instituto jurídico ou um ramo de Direito, caso em que se devem considerar globalmente revogadas as disposições da lei anterior sobre aquele instituto jurídico ou ramo de Direito, independentemente de haver ou não incompatibilidade entre um e outro textos legais. Sobre a revogação global, cf. JOSÉ DE OLIVEIRA ASCENSÃO, *O Direito. Introdução e teoria geral*, 13.ª ed., Coimbra, Almedina, 2006, pp. 314 e seguintes.

[80] A considerar que o artigo 10.º do TOHADA implica a revogação global do Direito interno, é de notar que tal seria sempre uma revogação global tácita, uma vez que não se determinam, expressamente, quais os preceitos do Direito interno que se devem ter por revogados. Sobre a possibilidade de a revogação global ser expressa ou tácita, cf. JOSÉ DE OLIVEIRA ASCENSÃO, *O Direito...*, ob. cit., pp. 314 e 315.

[81] A revogação individualizada surge por contraposição à revogação global, ocorrendo sempre que a lei nova não regula nem um instituto jurídico, nem um ramo de Direito de forma global. Sobre a revogação individualizada, cf. JOSÉ DE OLIVEIRA ASCENSÃO, *O Direito...*, ob. cit., pp. 314 e seguintes.

[82] Por seu turno, a revogação tácita, por oposição à revogação expressa, ocorre quando a lei nova contém disposições que, do ponto de vista material, se revelam incompatíveis com as disposições contidas na lei anterior, as quais se devem ter, nessa hipótese, por revogadas. Sobre a revogação tácita, cf. JOSÉ DE OLIVEIRA ASCENSÃO, *O Direito...*, ob. cit., pp. 313 e seguintes.

pesado trabalho de concatenação entre o Direito interno e os actos uniformes, que implica um confronto, regra a regra, de modo a aferir e justificar a vigência ou a revogação do Direito interno. Em contrapartida, esta solução permite tratar com relativa facilidade as questões não reguladas pelos AU, através do recurso às soluções de Direito interno pré-existentes.

A doutrina do espaço OHADA já teve oportunidade de se pronunciar sobre este tema, sendo de salientar o facto de a maior parte dos textos doutrinários existentes sobre esta questão serem da autoria de Joseph Issa-Sayegh. A questão em discussão reside, portanto, em saber a qual das teses em confronto deve ser dada prevalência, isto é, à tese da harmonização ou à tese da uniformização. Antes, porém, de abordar este problema, vamos deter-nos um pouco sobre o género de organização internacional que é a OHADA.

A sigla OHADA designa a expressão *"Organização para a Harmonização do Direito dos Negócios em África"*. Neste sentido, ao afirmar-se, desde logo no próprio nome, como uma entidade que visa a harmonização, ou seja, a aproximação dos Direitos nos seus Estados partes, parece algo surpreendente que, em vez disso, opte pela adopção de Actos Uniformes, que, como já vimos, são instrumentos de uniformização na medida em que, uma vez devidamente aprovados e publicados, entram como tal directamente em vigor nas ordens jurídicas internas.

Diversamente, a harmonização de legislações consiste num método que permite manter os particularismos dos Estados cujos Direitos são harmonizados, diminuindo, ao mesmo tempo, as diferenças entre eles[83]. Normalmente, a harmonização opera através da emissão de directivas e de recomendações, onde se indica a cada Estado o objectivo a atingir, podendo depois cada um deles adoptar o procedimento legislativo interno apropriado à implementação do objectivo fixado. Nestes termos, a harmonização preserva, quase integralmente, a soberania dos Estados cujo Direito é aproximado, uma vez que apenas lhes é imposta a adopção de determinados objectivos, sendo deixada liberdade para definir o modo de os atingir. Por exemplo, verifica-se um movimento de harmonização ao nível da União Europeia, bem como da União Económica e Monetária da África Ocidental, através da emissão de directivas.

Por seu turno, a uniformização é uma técnica bastante mais radical pois opera a aproximação das legislações através da substituição dos

---

[83] Cf. JOSEPH ISSA-SAYEGH, *Quelques aspects techniques de l'intégration juridique: l'exemple des actes uniformes de l'OHADA*, em *Revue de Droit Uniforme*, Roma, Unidroit, 1999, p. 5.

textos de Direito interno por um texto legal único, comum a todos os Estados[84]. É este, manifestamente, o método utilizado pela OHADA, concretizado por meio da emissão de actos uniformes. Neste caso, o texto único nem sequer é apresentado aos órgãos legislativos internos, cuja participação na sua elaboração é manifestamente reduzida, restringindo--se à comunicação pelo Governo de observações sobre o conteúdo dos actos uniformes, ao abrigo do primeiro parágrafo do art. 7.º do TOHADA. Pelo contrário, o texto dos AU é decidido pelas instâncias comunitárias, à margem dos órgãos de soberania internos dos Estados partes competentes para a emissão dos diplomas legais. No entanto, isso não significa que os Estados partes não tenham nenhuma intervenção ao nível da elaboração dos AU, o que acontece é que essa intervenção não passa pelos órgãos legislativos internos, que, no caso da Guiné-Bissau, são a Assembleia Nacional Popular (ANP) e o Governo, por meio do Conselho de Ministros, conforme resulta do disposto nos artigos 76.º, 85.º, n.º 1, alínea c), 86.º, 87.º e 100.º, n.º 1, alínea d), da Constituição da República da Guiné--Bissau.

A elaboração do texto dos Actos Uniformes decorre da acção do Secretariado Permanente, em colaboração com os Governos dos Estados membros, texto este que depois é submetido à aprovação do Conselho de Ministros da OHADA (cf. artigo 6.º TOHADA). O Secretário Permanente é nomeado pelo Conselho de Ministros e tem mandato de quatro anos, renovável apenas uma vez, nos termos do artigo 40.º, § 1, do TOHADA. Compete-lhe nomear os seus colaboradores, em conformidade com os critérios de recrutamento definidos pelo Conselho de Ministros (cf. § 2 do artigo 40.º supra citado). O Secretariado Permanente é assim um órgão de apoio do Conselho de Ministros (cf. artigo 3.º, § 2).

Por sua vez, o Conselho de Ministros é um órgão composto pelos Ministros dos Estados membros com as pastas da Justiça e das Finanças (cf. artigo 27.º, § 1, do TOHADA), competindo-lhe, nos termos do art. 8.º do TOHADA, a aprovação dos AU, o que só pode acontecer com unanimidade dos votos presentes, embora a abstenção não obste a esta aprovação.

Do processo constante do TOHADA, retira-se que a elaboração primária dos actos uniformes decorre da acção do Secretariado Permanente, o qual, uma vez chegado ao texto definitivo, comunica o projecto do acto

---

[84] Cf. JOSEPH ISSA-SAYEGH, *Quelques aspects techniques de l'intégration juridique...*, ob. cit., p. 5.

uniforme aos Governos dos Estados membros. Estes, por sua vez, dispõem de noventa dias, a contar da data da recepção do mesmo, para comunicar ao Secretariado Permanente as suas observações por escrito, nos termos do § 1 do art. 7.º. Uma vez decorrido este prazo de noventa dias, o projecto do acto uniforme, acompanhado das observações escritas dos Estados membros e de um relatório do Secretariado Permanente, é de imediato transmitido por meio de aviso deste ao Tribunal Comum de Justiça e de Arbitragem (cf. art. 7.º, § 2, do TOHADA). O Tribunal dispõe, então, de trinta dias para emitir um aviso relativo à consulta solicitada pelo Secretariado Permanente. Findo este prazo, o Secretariado Permanente propõe a inscrição do projecto de acto uniforme na ordem do dia do mais próximo Conselho de Ministros, nos termos do § 3 do art. 7.º.

No Conselho de Ministros, os actos uniformes carecem da aprovação por unanimidade dos Estados membros presentes – cf. art. 8.º, § 1, sendo de salientar que, nos termos da parte final do artigo 28.º, (e também do § 2 do artigo 8.º), o Conselho de Ministros pode reunir para deliberar desde que estejam presentes os representantes de 2/3 dos Estados membros. Isto significa que é possível a adopção de um acto uniforme completamente à margem de um Estado parte, se por hipótese essa aprovação decorrer num Conselho de Ministros em que o mesmo não tenha enviado os seus representantes. Outro ponto curioso é que, nos termos do § 3 do artigo 8.º, a abstenção dos Estados membros não constitui um obstáculo à adopção dos actos uniformes, donde se conclui que não apenas não é necessária a presença de todos os Estados membros, como também não é necessária a concordância de todos eles, bastando que não haja oposição a essa adopção.

De todo este processo podemos concluir, em primeiro lugar, que o órgão legislativo supremo, pelo menos aos olhos da Constituição Guineense, que é a ANP, não é, em momento algum, chamado a intervir na elaboração nem na adopção dos actos uniformes, sendo que estes entram directamente em vigor na ordem jurídica interna, sem necessidade de qualquer outro acto.

Em segundo lugar, também não se pode falar aqui na intervenção do segundo órgão legislativo mais importante, na medida em que o único papel reservado ao Governo, através do Conselho de Ministros, reside na emissão de observações escritas dirigidas ao Secretariado Permanente, na sequência da solicitação deste. Estas observações não são, no entanto, vinculativas, e nem sequer se exige ao Secretariado Permanente que proceda ao debate das mesmas, dado que, uma vez recebidas tais observações, lhe compete apenas remeter a questão ao Tribunal Comum de Justiça e de Arbitragem. Na aprovação dos AU há, apenas e tão só, a intervenção de dois membros do Governo, que são os titulares das pastas da Justiça e das Finanças, o que não pode consubstanciar, em momento algum, a intervenção do Governo através do Conselho de Ministros.

Nesta ordem de ideias, o fenómeno que sobressalta aqui é o da supranacionalidade da OHADA, fenómeno este que se verifica a vários níveis:

Ao nível legislativo, uma vez que por força do artigo 10.º do TOHADA os AU se sobrepõem ao Direito interno dos Estados partes.

Ao nível judicial, o que decorre da criação de uma nova organização judicial que se ergue sobre o sistema judicial interno, que consiste no Tribunal Comum de Justiça e de Arbitragem.

Ao nível político, na medida em que o Conselho de Ministros da OHADA assume diversas competências desta ordem, que eram, *ab initio*, reservadas aos órgãos legislativos nacionais.

Para o problema que agora nos ocupa, a questão principal reside na supranacionalidade ao nível legislativo. Sobre esta supranacionalidade, importa destacar a distorção produzida pelo sistema da OHADA em face do sistema legislativo "clássico". De facto, verifica-se que alguns membros do executivo (Ministros da Justiça e das Finanças) acabam por exercer, nas instâncias comunitárias, a competência legislativa que, por excelência, é atribuída à ANP[85]. Com efeito, quando esteja em causa a adopção de tratados internacionais, essa competência incumbe à ANP. Em contrapartida, a adopção de actos uniformes é levada a cabo pelo Governo, através da intervenção de apenas dois dos seus elementos[86]. Assim, os Actos Uniformes não passam em momento algum pelo controlo do Parlamento, nem do Conselho de Ministros, na medida em que a este órgão é apenas conferida a possibilidade de emitir observações escritas sobre o projecto do acto uniforme.

Não obstante esta distorção, é de notar que, por exemplo, o Conselho Constitucional Senegalês se pronunciou no sentido de não haver, em relação à OHADA, uma efectiva renúncia à soberania, mas apenas uma limitação de competências, decorrente do compromisso internacional da adesão a esta organização, e das atribuições conferidas ao Conselho de

---

[85] No mesmo sentido, cf. DJIBRIL ABARCHI, *La supranationalité...*, ob. cit., p. 6. Segundo este autor, uma vez que a maioria das Constituições dos Estados membros da OHADA reservam as matérias que constituem o Direito dos Negócios ao Parlamento, verifica-se um "entorse" à distribuição constitucional de competências.

[86] Cf. DJIBRIL ABARCHI, *La supranationalité...*, ob. cit., p. 6.

Ministros e ao Tribunal Comum de Justiça e de Arbitragem. Contudo, considerou que o Senegal se manteve como um país soberano e independente. Tal solução terá tido como fundamento, porventura, o facto de a Constituição Senegalesa prever a conclusão de tratados internacionais nos termos dos quais possa haver tal limitação da competência dos órgãos de soberania internos[87]. Com efeito, o Título VII da Constituição[88], dedicado aos Tratados internacionais, estabelece no seu artigo 89.º, § 3, que a República do Senegal pode concluir com qualquer Estado Africano um acordo que implique o abandono total ou parcial de soberania, em ordem a atingir a unidade africana.

Em termos paralelos, a Constituição do Mali[89] contém um Título XV, com a epígrafe *"Da unidade africana"*, cujo artigo 117.º estabelece que a República do Mali pode concluir com qualquer Estado africano acordos de associação ou de comunidade que compreendam o abandono parcial de soberania, em ordem a realizar a unidade africana.

Diversamente, no caso da Guiné-Bissau, não existe disposição paralela àquelas, o mesmo acontecendo noutros países membros da OHADA, como por exemplo a Guiné-Conacri, cuja Constituição contém igualmente um Título VI dedicado aos Tratados internacionais, semelhante ao da Constituição Senegalesa, mas em que se omite qualquer alusão à renúncia de soberania[90].

Entretanto, a Constituição do Benin[91], no Título IX, contém apenas um artigo 148.º onde se refere que a República do Benin pode concluir com outros Estados acordos de cooperação ou de associação na base dos princípios da igualdade, do respeito mútuo da soberania e da dignidade nacional, não contendo, também, qualquer menção à renúncia de soberania.

O Título XIII da Constituição do Burkina Faso[92], relativo à adopção dos Tratados internacionais, não contém qualquer disposição que autorize

---

[87] Cf. DJIBRIL ABARCHI, *La supranationalité...*, ob. cit., p. 6, n.r. 4.
[88] Disponível em http://portail.droit.francophonie.org/doc/html/sn/con/fr/2001/2001dfsncofr1.html.
[89] Disponível em http://portail.droit.francophonie.org/doc/html/ml/con/fr/1992/1992dfmlcofr1.html.
[90] Disponível em http://portail.droit.francophonie.org/doc/html/gn/con/fr/1990/1990dfgncofr1.html.
[91] Disponível em http://portail.droit.francophonie.org/doc/html/bj/con/fr/1990/1990dfbjcofr1.html.
[92] Disponível em http://portail.droit.francophonie.org/doc/html/bf/con/fr/2002/2002dfbfcofr1.html.

o abandono, ainda que parcial, de soberania a favor de organizações internacionais. O mesmo se diga relativamente ao Título VI da Constituição dos Camarões[93], à Constituição da República Central Africana[94], à da Guiné Equatorial[95] e à do Togo[96].

Por sua vez, a Constituição da República do Congo[97], cuja adesão se encontra em curso, contém um Título XVII relativo aos Tratados e Acordos internacionais, cujo artigo 178.º, § 2, estabelece que a ratificação de acordos relativos a organizações internacionais, assim como daqueles que modificam as disposições de natureza legislativa, entre outros, só podem ser ratificados pelo Presidente da República após a autorização do Parlamento. Também o artigo 182.º, § 2, determina que é possível a criação de organismos inter-governamentais de gestão comum, de coordenação, de livre cooperação e de integração.

Em sentido bastante próximo, a Constituição do Gabão[98] determina, no Título XI, artigo 115.º, que a República Gabonesa pode concluir acordos de cooperação ou de associação com outros Estados, sendo permitido criar através destes acordos organismos internacionais de gestão comum, de coordenação e de livre cooperação.

Em termos paralelos, também a Constituição do Chade[99], no Título XIII, relativo à cooperação, aos tratados e acordos internacionais, estabelece no artigo 218.º que a República do Chade pode concluir com outros Estados acordos de cooperação ou de associação, na base dos princípios de igualdade, de respeito mútuo da soberania, da integridade territorial, das vantagens recíprocas e da dignidade nacional. Admite-se ainda a criação de organismos de gestão comum, de coordenação e de cooperação nos domínios económico, monetário, financeiro, científico, técnico, militar e cultural.

---

[93] Disponível em http://portail.droit.francophonie.org/doc/html/cm/con/fr/1996/1996dfcmcofr1.html.

[94] Disponível em http://portail.droit.francophonie.org/etats.epl?etat=37&lang=fr.

[95] Disponível em http://portail.droit.francophonie.org/doc/html/gq/con/fr/1995/1995dfgqcofr1.html.

[96] Disponível em http://portail.droit.francophonie.org/doc/html/tg/con/fr/2002/2002dftgcofr1.html.

[97] Disponível em http://portail.droit.francophonie.org/doc/html/cg/con/fr/2002/2002dfcgcofr1.html.

[98] Disponível em http://portail.droit.francophonie.org/doc/html/ga/con/fr/2000/2000dfgacofr1.html.

[99] Disponível em http://portail.droit.francophonie.org/doc/html/td/con/fr/1996/1996dftdcofr1.html.

É também essa a solução adoptada pela Constituição do Níger[100], que consagra um Título só para a questão da integração, onde se afirma que a República do Níger pode concluir com qualquer Estado Africano acordos de associação ou de comunidade que importem o abando no total ou parcial de soberania em ordem a realizar a unidade africana[101].

Esta distorsão existente entre a distribuição constitucional de competências e as atribuições excepcionais do Conselho de Ministros da OHADA pode ser minimizada se se tiver em conta que, muito embora no plano teórico o parlamento surja nas Constituições Africanas como o órgão legislativo por excelência, em termos práticos isso não corresponde à realidade, afigurando-se a opção da OHADA como uma solução mais realista[102]. Com efeito, na generalidade dos países africanos, a que os países membros da OHADA não constituem excepção, é manifesta a passividade do parlamento enquanto órgão legislativo, sendo a maioria do corpo legislativo emanado quase em exclusivo da acção do Governo. Por outro lado, é certo que tanto o Governo como o Parlamento decorrem da votação dos cidadãos, pelo que não se pode afirmar que a legitimidade de uns seja superior à dos outros, em nome apenas, do cumprimento de um formalismo constitucional[103].

Dir-se-ia, não obstante, que a perda de soberania legislativa não é absoluta, uma vez que ANP e Governo continuam a poder legislar, contanto que se subordinem às matérias reguladas pela OHADA e as não contrariem. Mas, naquelas matérias, perdem de todo a possibilidade de fazer imperar as suas opções, subordinando-se necessariamente àquilo que a OHADA determina por via dos Actos Uniformes.

2. COABITAÇÃO ENTRE AS REGRAS DE DIREITO INTERNO E AS REGRAS RESULTANTES DOS ACTOS UNIFORMES

Segundo Joseph Issa-Sayegh, dos textos e da formulação dos Actos Uniformes resulta que eles obedecem a uma técnica bastante original e

---

[100] Cf. DJIBRIL ABARCHI, *La supranationalité...*, ob. cit., pp. 10 e 11.
[101] Não nos foi possível consultar as soluções consagradas nas Constituições da República Federal Islâmica dos Comores e da Costa do Marfim.
[102] Cf. DJIBRIL ABARCHI, *La supranationalité...*, ob. cit., pp. 12 e 13.
[103] Cf. DJIBRIL ABARCHI, *La supranationalité...*, ob. cit., p. 13.

audaciosa, com vista a atingir a supranacionalidade e um grau máximo de uniformização[104].

Os Actos Uniformes coexistem com o Direito interno de cada Estado-membro da OHADA, criando uma nova ordem jurídica, que integra momentos de coabitação pacífica e momentos de coabitação conflituosa[105]. A coabitação é pacífica quando o legislador nacional emite actos normativos que não ponham em causa o conteúdo do Direito emanado da OHADA e com ele se conformem. A coabitação pode também ser conflitual, nos casos em que haja contradição e a consequente revogação do Direito interno[106]. Em caso de coabitação conflitual, o problema pode ser de duas ordens diferentes, consoante haja o confronto entre os actos uniformes e o Direito interno, ou entre aqueles e o Direito internacional vigente nos Estados membros da OHADA.

O confronto entre os actos uniformes e o Direito interno pode respeitar quer às normas de Direito escrito, quer às normas costumeiras, ditas não escritas[107]. Neste caso, como já se viu, o artigo 10.º do TOHADA soluciona o problema através da primazia absoluta das regras de Direito harmonizado (ou, melhor dizendo, uniformizado) sobre o Direito interno. Os actos uniformes adquirem, por via daquela disposição, um valor supra-legal. Contudo, é de notar que os actos uniformes não estão ao mesmo nível que o Direito Internacional Público, ou seja, à partida, entende-se que se situam abaixo deste e acima da lei ordinária.

Por outro lado, o artigo 10.º do TOHADA não resolve o problema do eventual conflito entre os actos uniformes e o Direito internacional que seja vigente nos Estados membros, decorrentes da adopção de convenções internacionais, na medida em que apenas consagra a primazia dos Actos Uniformes sobre as disposições *internas*, anteriores ou posteriores. Este outro conflito deve ser solucionado, em princípio, pelo menos quanto às questões privadas internacionais, isto é, com elementos de diferentes países, segundo as regras de Direito Internacional Privado vigentes em cada Estado parte, de modo a aferir se se aplica o Direito uniforme ou o Direito internacional. Quando não se trate de uma questão privada internacional, parece que há que recorrer à regra da prioridade temporal, pois se o Estado adoptou um texto internacional que contraria

---

[104] Cf. JOSEPH ISSA-SAYEGH, *Quelques aspects techniques de l'intégration juridique...*, ob. cit., p. 5.
[105] Neste sentido, cf. DJIBRIL ABARCHI, *La supranationalité...*, ob. cit., p. 6.
[106] Seguimos neste ponto DJIBRIL ABARCHI, *La supranationalité...*, ob. cit., p. 6.

o Direito uniforme isso pode implicar uma denúncia, tácita, da adesão ao TOHADA[108]. O problema desta solução poderia ser o disposto no artigo 62.º do TOHADA, que não permite a denúncia deste tratado antes de decorridos dez anos a partir da sua entrada em vigor[109]. No entanto, como a última adesão à OHADA ocorreu em 1996, verifica-se que todos os Estados membros se encontram actualmente em condições de proceder a esta denúncia.

3. JURISPRUDÊNCIA DO TCJA SOBRE A SUPRANACIONALIDADE DA OHADA

Existe diversa jurisprudência do TCJA sobre o problema da supranacionalidade dos Actos Uniformes da OHADA relativamente ao Direito interno dos Estados membros. Numa fase inicial, este Tribunal pronunciou-se no sentido da tese da uniformização, preconizando, sem hesitação, a revogação global das regras de Direito interno, pelo simples facto de terem o mesmo objecto que os Actos Uniformes e independentemente de uma avaliação concreta da incompatibilidade do seu conteúdo. Inicialmente, a adopção da teoria da uniformização parece ter tido como fundamento o facto de a revogação global surgir como a única forma de assegurar a inexistência de disparidades jurídicas no espaço OHADA. Actualmente, porém, essa orientação parece ter-se modificado, o que teve lugar a partir da emissão do Aviso do TCJA de 30 de Abril de 2001, que analisaremos mais adiante.

Com efeito, no acórdão n.º 12, de 18 de Abril de 2002[110], o TCJA determinou que o Direito OHADA se substitui ao Direito interno dos Estados partes por via da aplicação do art. 10.º do TOHADA, tendo concluído que não era possível recorrer ao Direito interno se o Acto Uniforme continha tanto as regras de fundo como as de procedimento, que eram nesse caso as únicas com vocação para serem aplicáveis. A questão colocada neste aresto tinha a ver com a possibilidade de recurso ao Direito Processual Civil dos Estados partes, a título subsidiário em

---

[107] Cf., neste sentido, DJIBRIL ABARCHI, *La supranationalité...*, ob. cit., p. 23.
[108] A solução é avançada por DJIBRIL ABARCHI, *La supranationalité...*, ob. cit., p. 29.
[109] Cf., quanto às datas de entrada em vigor do TOHADA, http://www.ohada.com/chrono.php.
[110] Disponível www.ohada.com, com a referência J-02-65.

relação aos Actos Uniformes. No entanto, contrariamente a esta orientação, o TCJA considerou que cada Acto Uniforme contém, ele mesmo, um conjunto de regras ditas de Direito comum – *droit commun* – no sentido de disposições gerais, em contrapartida às disposições específicas que deles também constam. Por isso, concluiu que quando um Acto Uniforme remete para o Direito comum, deve entender-se que se trata dessas disposições gerais constantes do próprio Acto Uniforme, e não das disposições de Direito interno dos Estados partes.

Também no Acórdão n.º 13/2002, de 18 de Abril de 2002[111], se discutia a questão da supranacionalidade do Direito OHADA sobre o Direito interno, nomeadamente, a contrariedade existente entre o Acto Uniforme Relativo à Organização dos Processos Simplificados de Cobrança e de Execução e a lei interna da Costa do Marfim. O problema residia no facto de o art. 300.º, § 1, do Acto Uniforme Relativo à Organização dos Processos Simplificados de Cobrança e de Execução (AUOPSCE) estabelecer que os despachos de penhora de bens imóveis não são passíveis de impugnação, mas podem ser objecto de recurso, nos termos do § 2 da mesma disposição. Este artigo não determina, porém, como pode este recurso ser interposto, limitando-se a dizer que os meios de recurso são os previstos no *direito comum*, no seu § 4. Por sua vez, o art. 49.º do mesmo AU estabelece que o recurso sobre acções relativas a uma providência executiva têm que ser interpostos no prazo de quinze dias a contar da data em que a decisão foi proferida. Ora, no caso em discussão, o recurso terá sido interposto ao abrigo do prazo estabelecido pelo Código de Processo Civil da Costa do Marfim, não se tendo, por esse motivo, cumprido o prazo de quinze dias previsto naquele art. 46.º do AU.

Em face do conflito entre o Direito interno e o Direito OHADA, questionava-se qual o prazo que deveria ser atendido, ou seja, se deveria prevalecer o prazo de quinze dias determinado pelo art. 49.º do AU ou o prazo constante do Direito Processual Civil Marfinense. Também neste ponto, o TCJA concluiu que a prevalência devia ser dada ao Direito OHADA, com os seguintes argumentos. *Em primeiro lugar*, afirmou-se que o art. 336.º do AUOPSCE produziu a revogação global do Direito interno sobre aquele assunto, tendo, assim, revogado o Código de Processo Civil dos Estados membros quanto às matérias nele reguladas. *Em segundo lugar*, entendeu-se que a remissão do art. 336.º era feita para o *Direito*

---

[111] Disponível www.ohada.com, com a referência J-02-66.

comum e não para o Direito interno ou para a legislação interna dos Estados partes. Por isso, deve entender-se que a remissão é para o próprio Direito OHADA, que constitui Direito comum para todos os Estados membros desta organização. E, o que o Direito comum diz sobre este assunto consta, no caso concreto, do artigo 49.º supra citado, nos termos do qual o prazo para interpor o recurso é de quinze dias, pelo que é por essa regra que o recorrente se deve pautar. Acresce ainda que, numa anotação a este acórdão, Issa-Sayegh manifestou a sua concordância com a conclusão do tribunal acerca da superioridade hierárquica do Direito da OHADA.

Uma outra situação em que o TCJA demonstrou a sua preferência pela tese da uniformização resultou do seu Aviso n.º 2/99/EP, de 13 de Outubro de 1999[112]. Neste caso, o TCJA reuniu-se para apreciar a compatibilidade entre uma disposição de um projecto de Lei do Mali e as disposições do AUOPSCE. Nos termos do artigo 39.º deste Acto Uniforme, o devedor não pode obrigar o credor a receber o pagamento parcial de uma dívida, ainda que divisível, solução esta que se revela consonante com o disposto no artigo 763.º do Código Civil. No entanto, o parágrafo segundo admite que o próprio tribunal, uma vez ponderada a situação do devedor e as necessidades do credor, possa reformular ou escalonar o pagamento das quantias devidas, por um período não superior a um ano, e desde que a obrigação em causa não seja uma obrigação de alimentos nem uma obrigação cambiária.

Por seu turno, o art. 16.º do Projecto de Lei do Mali estabelecia um regime jurídico algo diverso, mas especial para o caso das dívidas de financiamento para habitação. Segundo este projecto de lei, o devedor podia gozar de um perdão da sua mora se tivesse cumprido atempadamente todas as prestações anteriores e se desde a data da demanda ainda não estivessem em atraso mais do que três prestações.

O Tribunal confrontou os dois textos e concluiu que o Projecto da Lei do Mali estabelecia condições acrescidas para o devedor poder gozar do perdão do atraso, além de que diminuía os poderes de apreciação do tribunal que o art. 39.º do AU concedia, em termos bastante amplos. Em contrapartida, o Mali defendeu-se, alegando que se tratava apenas de uma lei especial, que não punha em causa a aplicação do regime geral da OHADA para a generalidade dos casos, mas tão só para o caso particular

---

[112] Disponível em www.ohada.com, com a referência J-02-02.

dos empréstimos para a aquisição de habitação. No entanto, o TCJA não aceitou esta fundamentação, invocando, em contrapartida, o disposto nos artigos 336.º e 337.º do AUOPSCE, que são as disposições revogatórias constantes deste Acto Uniforme, nos termos das quais ele revoga todas as disposições em vigor nos Estados partes sobre as matérias nele reguladas. A interpretação que foi feita artigos 336.º e 337.º do AUOPSCE pelo tribunal implica a revogação ou a substituição das disposições internas dos Estados partes da OHADA sobre as matérias objecto do referido Acto Uniforme. Sendo assim, o art. 16.º do Projecto de Lei do Mali teria de ser alterado com vista a compatibilizar-se com o Direito OHADA, sob pena de ser considerado inaplicável nos termos do art. 10.º do TOHADA.

A solução a que se chegou no caso em apreço é, no mínimo, susceptível de crítica, por diversas razões. Desde logo porque, tal como foi invocado pelo Estado Maliano, tratava-se de um regime jurídico especial, sendo certo que o mesmo não punha em causa a aplicabilidade da lei geral nas restantes situações. Ao não admitir a vigência de regras especiais com conteúdo diverso das constantes no Acto Uniforme o Tribunal parece dar a entender que os Estados membros deixam de poder emitir um regime especial sobre determinada situação, o que se traduz num resultado material injusto, pois a lei geral não é apta a prever os problemas específicos que se podem colocar nos casos particulares. Em última instância, deixaria de existir separação entre lei geral e lei especial em matérias reguladas em Actos Uniformes, o que não poderia deixar de ser absurdo e contraditório. Até porque, por exemplo, a respeito das garantias, a doutrina no espaço OHADA parece admitir, sem grande relutância, que o regime jurídico de certas garantias ditas especiais não é afectado pela entrada em vigor do AUG, nomeadamente as garantias prestadas pelo Estado, que obedecem a um regime especial.

No seu Acórdão n.º 2, de 11 de Outubro de 2001[113], o TCJA anulou uma sentença do Tribunal de Abidjan, considerando que este tribunal tinha aplicado os artigos 180.º e 181.º do Código de Processo Civil Marfinense, os quais se deviam ter por revogados pelo art. 32.º do AUOPSCE. Também no Acórdão n.º 3, de 10 de Janeiro de 2002[114], o TCJA determinou que o AUOPSCE primava sobre o art. 106.º do Código de Processo Civil da Costa do Marfim.

---

[113] Disponível em www.ohada.com.
[114] Disponível em www.ohada.com.

No Acórdão n.º 18, de 27 de Junho de 2002[115], o TCJA afirmou que os Actos Uniformes da OHADA revogavam todas as disposições internas dos Estados Partes relativas às matérias por eles tratadas, não deixando ao juiz nacional qualquer possibilidade de fazer a aplicação das disposições do Código de Processo Civil da Costa do Marfim.

Nos Acórdãos números 12, 13 e 14, de 19 de Junho de 2003[116], chegou-se a solução idêntica, muito embora, à primeira vista, se pudesse pensar que estes arestos produzem uma viragem jurisprudencial. Essa primeira imagem poderia resultar do facto de o TCJA se ter declarado incompetente para conhecer do recurso da sentença do juiz de execução. No entanto, a final, verifica-se que é confirmado o Acórdão de 11 de Outubro de 2001, supra citado.

Assim, constata-se que em várias decisões o TCJA determinou que não se pode recorrer ao Direito interno quando o Acto Uniforme contém tanto as regras de fundo como as de procedimento, que são as únicas com vocação para serem aplicáveis no Estado Parte. Não obstante, apesar de ter sido esta a primeira tendência do TCJA relativamente a esta questão[117], é de notar que actualmente este tribunal se encontra mais pendente para a tese da harmonização, aparentemente devido às dificuldades que surgiram da aplicação da tese da revogação global, ao nível do aparecimento de lacunas. O primeiro indício de mudança de orientação do TCJA parece ter sido o Aviso de 30 de Abril de 2001[118], emitido na sequência de um pedido de esclarecimento da Costa do Marfim, no âmbito do qual procedeu à interpretação do artigo 10.º do Tratado Constitutivo da OHADA. De entre as várias questões colocadas ao Tribunal, destacam-se as seguintes.

Em primeiro lugar, perguntou-se se o art. 10.º do Tratado OHADA continha em si mesmo uma regra de supranacionalidade, bem como se esta disposição consubstanciava uma regra relativa à revogação do Direito interno pelos Actos Uniformes.

Como segunda questão, perguntou-se, no caso de o art. 10.º conter uma regra de revogação do Direito interno pelos AU, como devemos interpretá-lo? Considerando que produz a revogação de todos os textos legislativos ou regulamentares do Direito interno com o mesmo objecto?

---

[115] Disponível em www.ohada.com.

[116] Disponível em www.ohada.com com as referências J-02-04 e J-02-67.

[117] Cf. BROU KOUAKOU MATHURIN, *Bilan de l'interprétation des actes uniformes par la Cour Commune de Justice et d'Arbitrage*, pp. 3 e seguintes, disponível em www.ohada.com, com a referência D-04-04.

[118] Disponível em www.ohada.com, com a referência J-02-04.

Ou, ao invés, admitindo que revoga apenas as disposições internas com o mesmo objecto que um AU e que sejam contrárias a este? Neste caso, o que se deve entender por "disposição": um artigo de um texto, uma alínea de um artigo, uma frase de um artigo?

Em terceiro lugar, foi questionado se as disposições revogatórias contidas nos AU eram, elas próprias, conformes ao art. 10.º do TOHADA. Esta questão continha uma sub-pergunta, na medida em que, para o caso de se entender que o art. 10.º não era uma regra revogatória, perguntava-se se isso significava que os AU tinham eles mesmos competência para determinar a revogação do Direito interno.

De seguida, foram colocadas diversas questões relativas a certos artigos constantes de actos uniformes, mas que não se revelam de momento importantes para a nossa análise.

Deste aviso resultaram várias indicações. Desde logo, o TCJA afirmou que o art. 10.º do TOHADA contém uma regra de supranacionalidade que prevê a aplicação directa e obrigatória dos Actos Uniformes nos Estados partes e a sua supremacia sobre as disposições de Direito interno anteriores ou posteriores. Em virtude desta supremacia, este artigo contém uma regra que implica a revogação do Direito interno pelos Actos Uniformes.

Acresce que, a não ser que os próprios AU disponham em sentido contrário, por força do art. 10.º do TOHADA, a entrada em vigor dos AU revoga o Direito interno presente e interdita todos os textos legislativos ou regulamentares internos futuros. Esta revogação abrange todas as disposições de Direito interno com o mesmo objecto que os AU, desde que o seu conteúdo seja contrário ao disposto nos actos uniformes. Conforme o caso em apreço, por lei contrária pode entender-se a revogação de toda uma lei interna cujo objecto seja idêntico ao dos AU e em que todas as disposições sejam contrárias aos AU, ou pode acontecer que dentro de um diploma legal haja somente uma ou algumas disposições contrárias aos AU; neste último caso, as disposições do Direito interno não contrárias àquelas que constam do AU consideram-se aplicáveis.

O TCJA esclareceu ainda que a expressão "disposição" pode, consoante os casos, designar um artigo de um texto, uma alínea de certo artigo ou uma frase de certo artigo, sendo que em qualquer destes casos se pode produzir a revogação.

No que concerne às disposições revogatórias contidas nos AU, o Tribunal considerou que as mesmas são conformes ao art. 10.º do Tratado Constitutivo da OHADA. Todavia, salientou que o efeito revogatório do Direito interno decorre do próprio Tratado Constitutivo, e não dos AU, que são insusceptíveis, por si só, de produzir essa revogação.

Foi ainda explicado que, por disposições contrárias entende-se todo o texto legislativo ou regulamentar que contradiga, na sua forma, na matéria ou no espírito, as disposições de um AU.

Neste sentido, ficou claro que a revogação do Direito interno (já existente ou a existir) é de todas as disposições que sejam contrárias aos actos uniformes. Assim sendo, após uma primeira fase de defesa da tese da revogação global, o TCJA parece aderir à tese da revogação meramente individualizada, menos gravosa para o Direito e para a soberania interna dos Estados membros da OHADA. Portanto, se todas as disposições da lei interna com o mesmo objecto que o AU forem contrárias a este, toda aquela lei se deve ter por revogada. Mas se, dentro do texto legislativo, existirem disposições com o mesmo objecto que não sejam contraditórias com o AU, tais disposições deverão ainda considerar-se em vigor.

A consequência desta indicação do TCJA consiste na necessidade de examinar os textos de Direito interno que tratam das matérias reguladas pela OHADA com vista a averiguar quais as disposições que se devem considerar revogadas pelos Actos Uniformes e quais as que se devem considerar em vigor. Este é um trabalho que tem como objectivo neutralizar as disposições de Direito interno, presentes ou futuras, que tenham o mesmo objecto que os Actos Uniformes e que lhes sejam contrárias, de acordo com a técnica da revogação tácita e individualizada.

Assim sendo, o Tribunal remarcou que o mais cómodo para os Estados seria recensear os textos legislativos internos com o mesmo objecto que os AU, de molde a aferir quais os que entram em contradição com estes e quais os que não entram em contradição, com vista a facilitar o trabalho dos técnicos. Ao admitir expressamente que a revogação tanto pode ser de todo o texto legislativo interno contrário ao AU, como de apenas parte dele, quando haja disposições internas com o mesmo objecto que o AU mas que não lhe sejam contrárias, o TCJA está claramente a admitir a possibilidade de uma determinada questão jurídica ser resolvida com recurso a dois textos legais: os AU e o Direito interno que tenha sobrevivido à revogação.

Este Aviso surge, sem dúvida, na sequência do aparecimento de problemas decorrentes da aplicação da tese da revogação global, nomeadamente o facto de se considerarem revogadas certas disposições de Direito interno que poderiam ser úteis ou complementares ao Direito uniforme[119].

---

[119] Cf. JOSEPH ISSA SAYEGH, *L'ordre juridique OHADA*, Communication au colloque ARPEJE, ERSUMA, Porto Novo, 3-5 juin 2004, disponível em www.ohada.com.

Por seu turno, ao aceitar a tese da mera harmonização, isso significa que se corre o risco de introduzir a diversidade nos Direitos que se pretendem aproximar, e, para além disso, tratando-se de regras emitidas pelas jurisdições nacionais, elas não vinculam o TCJA. Não obstante estes problemas, ainda assim se optou por esta via.

No entendimento de alguns autores, deste Aviso resulta que quando os Estados Partes aderiram à OHADA essa adesão implicou uma *"renúncia implícita à manutenção da sua ordem pública interna, em prol da segurança jurídica e judiciária dos negócios"*[120].

Joseph Issa-Sayegh também se pronunciou acerca do Aviso do TCJA de 30 de Abril de 2001, tendo manifestado a sua concordância com o mesmo. Tal mudança de orientação terá tido, porventura, como fundamento, as dificuldades resultantes da aplicação da tese da revogação global, a que não foi alheio o problema do aparecimento de lacunas. Com efeito, este autor era um dos principais defensores da tese da uniformização, designadamente em sede de garantias, a propósito das quais afirmava que *"...l'Acte uniforme sur les sûretés (AUS) abroge toutes les dispositions antérieures contraires, c'est à dire toutes les dispositions antérieures ayant le même objet, c'est à dire les mêmes sûretés"*[121]. Assim sendo, o seu entendimento era no sentido de que a emissão do AUG tinha produzido a revogação automática de todo o Direito interno anterior dos Estados membros da OHADA sobre as garantias reguladas pelo próprio AUG, tal como claramente resultava dos seus textos, onde defendia que: *"Sauf à vouloir priver l'uniformisation de toute efficacité, c'est manifestement, la première interprétation (abrogation large) qu'il faut préférer"*[122]. Isto é, inicialmente, considerava que a menos que se pretendesse privar a uniformização de toda a sua eficácia, se deveria adoptar a tese da revogação global.

Actualmente, porém, Issa-Sayegh considera que o art. 10.º do TOHADA contém o princípio segundo o qual para que os AU entrem em vigor na ordem jurídica dos Estados membros da OHADA não é necessário nenhuma norma de aplicação interna e que nenhuma disposição interna,

---

[120] Cf. BROU KOUAKOU MATHURIN, *Bilan de l'interprétation des actes uniformes d'arbitrage par la cour commune de justice et arbitrage*, ob. cit., p. 5.

[121] Cf. JOSEPH ISSA-SAYEGH, *Le nouveau droit des garanties de l'OHADA*, Communication faite au premier colloque de l'Association ivoirienne Henri Capitant, Abidjan, 2 avril 2002, Actes du colloque, p. 159, disponível em www.ohada.com.

[122] Cf. JOSEPH ISSA-SAYEGH, *Le nouveau droit des garanties...*, ob. cit., p. 159.

anterior ou posterior, se pode opor àqueles AU. Assim, acoplado à supranacionalidade, há um outro efeito, que consiste na revogação do Direito interno contrário aos actos uniformes.

Em todo o caso, mesmo quando era adepto da tese da revogação global, Issa-Sayegh admitia que os textos de Direito interno destinados a concretizar as modalidades especiais de certas garantias não eram afectados pelo AUG. Seria esse o caso da fiança ou do aval prestado pelo Estado[123].

Hoje em dia, em consonância com a nova orientação preconizada pelo TCJA, Issa-Sayegh admite ainda que os Estados Partes não estão proibidos de legislar sobre matérias do mesmo domínio que as tratadas pelos AU, com a condição de tal legislação não entrar em contradição com esses textos. Por exemplo, Issa-Sayegh refere que os Estados membros podem criar novas garantias, como a antiga figura da fidúcia, assim como podem regular as sociedades civis[124]. Com efeito, tanto se mantém em vigor o Direito interno anterior não contrário aos AU, como se admite a legislação interna futura com o mesmo objecto mas desde que não contrária.

Neste ponto, afigura-se que parece existir aqui alguma confusão entre duas questões diferentes. De facto, quando se diz que os Estados Partes podem legislar em matérias tratadas nos AU, parece que não é bem isso que resulta dos exemplos dados, ou seja, afigura-se que os exemplos não ilustram a afirmação. Com efeito, parece que o que se quer dizer é que os Estados membros podem ainda legislar, mas desde que tal legislação não interfira no objecto dos AU, o que reforça a defesa da revogação global, ao contrário do que parece ser o objectivo actual. Daí que os exemplos avançados por Issa-Sayegh sejam a fidúcia e as sociedades civis, que são matérias que não constam dos Actos Uniformes, pelo que nenhum obstáculo existe à sua regulação pela lei interna. Por um lado, porque não pertencem ao objecto dos AU, logo não se poderia falar em revogação global. Por outro lado, porque como não tratam de matérias reguladas nos AU também não poderia haver revogação devido a incompatibilidade de conteúdo. Parece-nos, pela nossa parte, que a aplicação da tese da revogação individualizada e tácita tem de ir muito mais longe, de modo a determinar a "sobrevivência" à revogação de todas as normas de Direito interno sobre os institutos regulados nos actos uniformes, mas desde que não entrem em contradição com as normas neles contidas.

---

[123] Cf. JOSEPH ISSA-SAYEGH, *Le nouveau droit des garanties...*, ob. cit., p. 159.
[124] Cf. JOSEPH ISSA-SAYEGH, *Le nouveau droit des garanties...*, ob. cit., p. 159.

4. CONCLUSÃO

Uma vez analisada a controvérsia existente acerca da compatibilização entre o Direito interno e os Actos Uniformes da OHADA, importa tomar uma posição. À partida, a OHADA é uma organização vocacionada para a harmonização do Direito dos negócios, cuja finalidade primordial consiste na obtenção da segurança jurídica e da segurança judiciária bastantes para permitir o investimento estrangeiro nos países que a constituem. É por esse motivo que se designa Organização para a *Harmonização*, e não para a uniformização do Direito dos Negócios. E, a verdade é que tendo em conta estes objectivos – segurança jurídica e judiciária – a harmonização é um método suficiente, não se revela necessário uniformizar.

Não obstante estas considerações, verifica-se que o método que tem vindo a ser aplicado pela OHADA contraria o seu objectivo originário, revelado desde logo pela designação atribuída a esta organização. O método é claramente um método que visa não a harmonização, mas antes a uniformização do Direito de todos os países que compõem a OHADA. De tudo isto, podemos, então, retirar algumas conclusões.

Em primeiro lugar, constata-se que o objectivo primário da OHADA consiste em atingir os níveis de segurança jurídica e judiciária suficientes para atrair os investimentos estrangeiros no espaço OHADA.

Em segundo lugar, apesar de se tratar de uma organização que visa a harmonização, a OHADA adoptou um método tendente à uniformização do Direito, por meio da emissão de Actos Uniformes, o que de certo modo contraria a postura inicial desta organização.

Pensamos que estas considerações podem auxiliar na resolução da questão que ora se coloca, isto é, em que termos devemos considerar revogado o Direito interno dos Estados partes da OHADA e em que termos é que estes podem continuar a emitir regras jurídicas relativamente a matérias tratadas em Actos Uniformes? A solução deste problema encontra-se, necessariamente, contida no disposto no artigo 10.º do TOHADA, bem como nas normas (pelo menos, pretensamente) revogatórias do Direito interno existentes em cada Acto Uniforme.

Com efeito, na maioria dos actos uniformes podemos encontrar, normalmente nas últimas disposições, algumas normas referentes à revogação do Direito interno. No Acto Uniforme Para a Organização dos Processos Colectivos de Apuramento do Passivo (AUOPCAP), o artigo 257.º dispõe que *"São revogadas todas as disposições anteriores contrárias às do presente Acto Uniforme. Este só é aplicável aos processos colectivos abertos depois da sua entrada em vigor."*.

Já no Acto Uniforme Relativo ao Contrato de Transporte Rodoviário de Mercadorias não se vislumbra nenhuma disposição revogatória específica. Com efeito, determina-se, simplesmente, no art. 1.º, que *"O presente Acto uniforme aplica-se a todo o contrato de transporte rodoviário de mercadorias em que o lugar de carregamento da mercadoria e o lugar previsto para a sua entrega, tal como se encontram indicados no contrato, se encontrem situados no território de um Estado membro da OHADA ou no território de dois Estados diferentes, sendo, pelo menos, um deles membro da OHADA."*. Além disso, o artigo 30.º deste acto uniforme ressalva que *"Os contratos de transporte rodoviário de mercadorias celebrados antes da entrada em vigor do presente Acto uniforme continuam a ser regulados pelo direito aplicável no momento da sua formação."*, donde podemos retirar uma declaração tácita de pretensão de revogação do Direito que era aplicável antes da entrada em vigor do acto uniforme.

No Acto Uniforme Relativo ao Direito da Arbitragem, o artigo 35.º determina que *"O presente Acto Uniforme serve de lei relativa à arbitragem nos Estados-partes."*, donde se pode igualmente retirar um intuito revogatório da lei que anteriormente vigorava sobre esta matéria.

No Acto Uniforme Relativo à Organização dos Processos Simplificados de Cobrança e de Execução, o artigo 336.º estabelece que *"O presente Acto revoga todas as disposições em vigor nos Estados Partes sobre as matérias nele reguladas."*.

Também no AUG se pode encontrar o artigo 150.º, nos termos do qual *"São revogadas todas as disposições anteriores contrárias ao presente Acto Uniforme. Ele só será aplicável às garantias consentidas ou constituídas após a sua entrada em vigor."*.

No Acto Uniforme Relativo ao Direito das Sociedades Comerciais e ao Agrupamento de Interesse Económico, o artigo 919.º determina que: *"São revogadas todas as disposições legais contrárias ao presente Acto Uniforme, sem prejuízo da sua aplicação transitória, durante um período de dois anos, a contar da data da sua entrada em vigor, às sociedades que não hajam adaptado os seus estatutos às disposições daquele."*. Todavia e não obstante o previsto no artigo 10.º deste Acto Uniforme, cada Estado parte pode manter em vigor a legislação nacional para a forma de elaboração dos estatutos, durante um período transitório de dois anos a contar da entrada em vigor do mesmo (cf. art. 919.º, § 2).

O Acto Uniforme Relativo ao Direito Comercial Geral não contém nenhuma norma revogatória expressa, limitando-se a determinar, no seu artigo 289.º, o seguinte: *"Após deliberação, o Conselho de Ministros adoptou o presente Acto Uniforme por unanimidade dos Estados Partes presentes e votantes, em conformidade com as disposições do Tratado, de 17 de Outubro de 1993, relativo à Organização para a Harmonização do Direito dos Negócios em África. O presente Acto Uniforme será publicado no Jornal oficial da OHADA e dos Estados Partes e entrará em vigor no dia 1 de Janeiro de 1998."*.

Desta breve análise, podemos retirar que, nalguns casos, o legislador OHADA consagrou em certos actos uniformes normas revogatórias próprias da revogação global, enquanto que noutros actos uniformes a fórmula utilizada denuncia antes a revogação individualizada. São fórmulas típicas da revogação global as que constam do Acto Uniforme Relativo ao Direito da Arbitragem e do Acto Uniforme Relativo à Organização dos Processos Simplificados de Cobrança e de Execução. Por outro lado, são expressões características da revogação meramente individualizada, tácita e parcial as utilizadas no Acto Uniforme Para a Organização dos Processos Colectivos de Apuramento do Passivo, no Acto Uniforme Relativo à Organização das Garantias e no Acto Uniforme Relativo ao Direito das Sociedades Comerciais e ao Agrupamento de Interesse Económico. Entretanto, em certos actos uniformes não se vislumbra nenhuma norma revogatória expressa, mas existem algumas normas que indiciam o intuito de revogação global, sendo este o caso do Acto Uniforme Relativo ao Contrato de Transporte Rodoviário de Mercadorias e do Acto Uniforme Relativo ao Direito Comercial Geral.

Assim sendo, constata-se que, ao que parece, nem o próprio legislador OHADA, aquando da emissão dos actos uniformes, sabia exactamente qual o âmbito da revogação do Direito interno dos Estados membros que queria abarcar. Em todo o caso, julgamos que a interpretação destas normas – artigo 10.º do TOHADA e normas revogatórias de cada Acto Uniforme – deve atender, obrigatoriamente, ao disposto no artigo 9.º do Código Civil, pois as normas emanadas pela OHADA, fazendo parte do acervo jurídico da Guiné-Bissau, devem ser interpretadas como qualquer outra regra. Assim sendo, afigura-se necessário determinar o sentido da letra da lei e do seu espírito, e, em caso de contradição, dar prevalência ao sentido que resulta do espírito da lei, desde que este sentido tenha o mínimo assento na letra da lei – cf. art. 9.º, n.ᵒˢ 1 e 2, do CC. Esta interpretação deve igualmente atender a outros elementos, para além da norma propriamente dita, designadamente ao elemento histórico de interpretação, que, como já se analisou, parece indiciar a tendência para a harmonização, pois era esse o sentido originário da OHADA. Também parece relevante atender ao elemento sistemático, na medida em que essa tendência originária não parece ter sido mantida, uma vez que o método utilizado – emissão de Actos Uniformes – indicia a uniformização.

Somos, assim, de parecer que apenas com uma interpretação global destas normas jurídicas é possível concluir o âmbito da revogação do Direito interno, bem como o espaço que restou aos Estados partes para continuarem a emitir normas sobre assuntos regulados em Actos Uniformes. Observando a diversidade das normas revogatórias constantes de cada acto uniforme, poderia o intérprete ser levado a considerar que o âmbito da revogação seria, ou poderia ser, diferente, consoante cada Acto Uniforme, resultando a revogação do Direito interno do próprio AU, e não do art. 10.º do TOHADA. Nesta ordem de ideias, seria possível, por exemplo, que o AUG produzisse a revogação individualizada do Direito interno sobre as garantias especiais, enquanto que o Acto Uniforme Relativo ao Direito da Arbitragem produziria a revogação global. Nessa hipótese, dir-se-ia que o artigo 10.º do TOHADA não era suficientemente conclusivo, sendo necessário conjugá-lo com as normas revogatórias do Direito interno constantes de todos os Actos Uniformes, de modo a aferir o âmbito exacto desta revogação.

Contudo, tal via de interpretação não se afigura de acolher, simplesmente porque, conforme reconhece o próprio TCJA no Aviso de 30 de Abril de 2001, muito embora as disposições revogatórias constantes dos AU sejam conformes ao art. 10.º do TOHADA, delas não resulta o efeito da revogação. Tal efeito só deriva do art. 10.º do TOHADA, devidamente aceite pelos Estados membros aquando da adesão a esta instituição. Pelo que o recurso às disposições dos AU pode servir apenas como elemento de interpretação, para auxiliar a delimitar as consequências do art. 10.º do TOHADA, mas não para o substituir como norma revogatória. Ou seja, a revogação do Direito interno decorre do artigo 10.º do TOHADA, sendo, de todo em todo, irrelevantes as normas dos actos uniformes para efeitos revogatórios. Tais normas servem apenas para auxiliar o intérprete na busca do âmbito da revogação produzida pelos actos uniformes.

Ora, a verdade é que não se pode negar que o disposto no artigo 10.º do TOHADA contém uma formulação extremamente ambígua. Não fosse assim, não haveria a divergência que hoje subsiste entre a tese da uniformização e a tese da harmonização. Não obstante esta ambiguidade, impõe-se ao jurista uma opção, de modo a trabalhar na base ou da revogação global, ou da revogação parcial. Pela nossa parte, e, relembrando que a revogação global pode ser expressa ou tácita[125], julgamos que devemos

---

[125] Cf. José de Oliveira Ascensão, *O Direito...*, ob. cit., pp. 314 e 315.

concluir que, a existir revogação global decorrente do art. 10.º, tal revogação não é, seguramente, uma revogação global *expressa*. Com efeito, a revogação global apenas poderia ser considerada expressa se tal resultasse, inequivocamente, do texto daquele art. 10.º, o que manifestamente não é o caso[126-127]. Tal revogação global expressa poderia, nalguns casos, resultar das normas revogatórias constantes de alguns actos uniformes, como é o caso do Acto Uniforme Relativo ao Direito da Arbitragem ou do Acto Uniforme Relativo à Organização dos Processos Simplificados de Cobrança e de Execução. Mas, como já se viu, tais normas não possuem força revogatória, pelo que a revogação do Direito interno decorre apenas do disposto no art. 10.º do TOHADA, artigo este cuja formulação não se revela tão clara como a daquelas normas.

Excluída a possibilidade de revogação global expressa, ficam, assim, duas hipóteses: ou o art. 10.º do TOHADA produz a revogação global tácita do Direito interno, ou produz a revogação individualizada, meramente tácita e parcial do Direito interno.

A entender que se trata de revogação global *tácita*, teríamos de concluir que a simples existência do art. 10.º do TOHADA é inútil. Com efeito, a revogação tácita decorre da simples incompatibilidade entre dois textos normativos, donde resulta que o texto mais recente revoga o texto mais antigo. Inicialmente, a revogação global era considerada pela doutrina como uma das situações típicas de revogação tácita, que ocorria quando uma nova lei regulava todo um instituto jurídico ou todo um ramo de Direito[128]. Ora, observando a "lei nova", isto é, os actos uniformes, verificamos facilmente que deles não consta a regulamentação de todo um instituto jurídico, nem tão pouco de todo um ramo de Direito. Se assim fosse, então a doutrina e a jurisprudência da OHADA não se teriam deparado com tantas lacunas ao aplicar apenas as normas constantes dos actos uniformes.

Efectivamente, pese embora a designação de "actos uniformes", é de concluir que estes textos normativos pretendem instituir uma regulamentação uniforme ao nível dos aspectos essenciais de cada instituto jurídico

---

[126] Cf. JOSÉ DE OLIVEIRA ASCENSÃO, *O Direito...*, ob. cit., p. 315. Segundo este autor, um exemplo de revogação global expressa é a situação em que o legislador declara que uma determinada matéria fica revogada.

[127] Contrariamente, por exemplo, ao actual Código Civil de 1966, que revogou global e expressamente toda a legislação civil anterior. Neste sentido, cf. JOSÉ DE OLIVEIRA ASCENSÃO, *O Direito...*, ob. cit., p. 315.

[128] Cf. JOSÉ DE OLIVEIRA ASCENSÃO, *O Direito...*, ob. cit., pp. 314 e 315.

– por exemplo, garantias especiais, sociedades comerciais, arbitragem, etc. – mas não regulam em absoluto a totalidade destes institutos. Ora, retomando o conceito de revogação global tácita, esta só tem lugar quando a nova lei regula todo um ramo de Direito ou todo um instituto jurídico. Não sendo esse o caso dos actos uniformes emitidos pela OHADA, somos tentados a excluir, também, a hipótese da revogação global tácita.

É que, muito embora o art. 10.º do TOHADA estabeleça que *"os actos uniformes são directamente aplicáveis e obrigatórios nos Estados partes, não obstante qualquer disposição contrária de Direito interno, anterior ou posterior"*, tal norma revela-se absolutamente inútil, a partir do momento em que não contém uma indicação expressa de revogação do Direito interno. Ou seja: o artigo 10.º só constituiria novidade se nele existisse uma norma de revogação expressa; não se retirando daqui nenhuma declaração expressa, a própria existência da norma se revela inútil, na medida em que a revogação do Direito interno deriva da adesão dos Estados membros ao TOHADA e da existência de actos uniformes, que constituem leis novas, com normas contrárias ao Direito interno. Portanto, o art. 10.º do TOHADA pode, de certa forma, ser equiparado à fórmula usual adoptada pelo legislador, nos termos da qual *"são revogadas as disposições em sentido contrário"*, na medida em que se trata de uma fórmula vazia, que não diz nada acerca dos preceitos revogados, antes impondo ao intérprete o ónus de averiguar, norma a norma, quais são esses preceitos[129].

Assim sendo, entendemos que sobra apenas a possibilidade de existir uma mera revogação individualizada, tácita e parcial do Direito interno pelos actos uniformes. *Revogação individualizada*, na medida em que, como já procurámos demonstrar, por um lado, não existe revogação global expressa, e, por outro lado, para haver revogação global tácita seria necessário que os actos uniformes regulassem a totalidade de um instituto jurídico ou de um ramo de Direito, o que, no nosso entendimento, não acontece. Assim sendo, como não há dados que sustentem a revogação global, somos de parecer que a revogação é meramente individualizada, por contraposição à revogação global[130]. *Revogação tácita* porque não existe uma norma que inequivocamente determine quais os preceitos do Direito interno que se devem ter por revogados, ou seja, porque impõe ao intérprete aplicador do Direito o ónus de averiguar quais desses preceitos

---

[129] Cf. JOSÉ DE OLIVEIRA ASCENSÃO, *O Direito...*, ob. cit., pp. 313 e 314.
[130] Cf. JOSÉ DE OLIVEIRA ASCENSÃO, *O Direito...*, ob. cit., pp. 313 e 314.

é que são revogados. E, por último, *revogação parcial*, uma vez não é atingida a totalidade do Direito interno no seu conjunto, mas apenas uma parte deste.

Assim, adoptamos um entendimento que se revela consonante com a mais recente orientação assumida no espaço OHADA, quer ao nível da jurisprudência, quer ao nível da doutrina, considerando por isso que a base de trabalho em matérias reguladas ao mesmo tempo pelo Direito interno e pelos actos uniformes deve ser a revogação individualizada, tácita e parcial.

4.1. Caso particular das garantias: a liberdade contratual

À primeira vista, o âmbito de regulação da OHADA é o Direito dos negócios, com vista a obter um ambiente de segurança económica, jurídica e judiciária propício ao investimento das empresas. Por isso o art. 2.º do TOHADA é meramente indicativo, permitindo assim abranger uma multiplicidade de áreas, isto é, todas as que se revelem importantes para o desenvolvimento dos negócios.

Issa-Sayegh considera que a OHADA apenas interfere no Direito dos negócios, pelo que se mantém o Direito privado comum, no qual se insere o Direito das Obrigações. Até porque muitas vezes são os próprios Actos Uniformes que remetem para o regime de Direito privado comum dos Estados Partes, o que pressupõe que estas regras se mantêm plenamente em vigor.

Tendencialmente, o Direito das Garantias é um Direito de ordem pública e plenamente regulado na lei[131]. No entanto, a matéria das garantias das obrigações insere-se no Direito privado, sendo ainda marcada pela liberdade contratual e pela autonomia privada das partes, revelada nas garantias de natureza contratual, as quais constituem, aliás, a maioria.

No que especificamente concerne ao Direito das Garantias na Guiné-Bissau, mantém-se em vigor o regime especial de garantias legais criadas pelo Direito interno. Para além disso, os Estados membros da OHADA continuam a poder criar novas garantias legais[132], pois trata-se de matérias

---

[131] Cf. JOSEPH ISSA-SAYEGH, *La liberté contractuelle dans le droit des sûretés OHADA*, disponível em www.ohada.com, com a referência D-05-06, p. 2.

[132] Cf. JOSEPH ISSA-SAYEGH, *Quelques aspects techniques de l'intégration juridique...*, p. 5.

em que se manteve intocada a soberania legislativa, já que é impossível impedir os Estados de criar novas garantias legais. É por isso que o próprio AUG prevê expressamente essa possibilidade a respeito dos privilégios creditórios, no art. 106.º, bem como a propósito da hipoteca legal, no art. 132.º.

Caso um Estado Parte venha a consagrar, na sua lei interna, novas garantias legais, isso não terá consequências em termos de graduação dos credores, na medida em que a prioridade da garantia está sempre sujeita ao registo e o critério deverá ser o da prioridade da inscrição em relação a outras garantias. Tratando-se de privilégio creditório, o credor privilegiado é pago no lugar determinado pelo próprio AUG[133].

Contudo, as partes não podem constituir garantias legais. A única coisa que é permitida é a substituição de um credor privilegiado por meio de cessão do seu crédito a terceiro. Às partes é igualmente vedado escolher uma garantia judiciária. Nestes dois casos não se pode falar em autonomia privada.

À parte as garantias legais e judiciais, credor e devedor têm todo o interesse e legitimidade para negociar as garantias do crédito. Esta autonomia privada revela-se, desde logo, na liberdade de escolha da garantia, dentro do leque de garantias existentes[134].

Com efeito, em matéria de garantias pessoais, as partes têm plena liberdade de escolha da garantia que mais lhes convém, podendo, designadamente, optar entre a fiança (garantia acessória), a carta de garantia ou qualquer outra garantia autónoma[135]. Com efeito, a autonomia privada das partes revela-se com especial acuidade na escolha de qualquer garantia autónoma, pois hoje em dia o comércio internacional conhece uma gama mais ou menos ampla deste tipo de garantias: *stand by letters*, crédito documentário, etc.

Já em sede de escolha de garantias reais a liberdade das partes é mais limitada, pois em matéria de Direitos reais vigora o princípio da tipicidade. Por isso, é vedada às partes a criação de novas garantias reais para além do elenco tipificado na lei. A liberdade contratual resume-se, no caso das garantias reais, à escolha de um tipo de garantia real previsto na lei, na medida em que apenas a lei pode criar novas garantias reais.

---

[133] Cf. JOSEPH ISSA-SAYEGH, *Quelques aspects techniques de l'intégration juridique...*, p. 5.

[134] Cf. JOSEPH ISSA-SAYEGH, *La liberté contractuelle dans le droit des sûretés OHADA*, p. 3.

[135] Cf. JOSEPH ISSA-SAYEGH, *La liberté contractuelle dans le droit des sûretés OHADA*, p. 4.

Além disso, as garantias reais encontram-se intimamente conexas com o tipo de bem objecto da garantia. Por essa razão, não se pode constituir uma garantia mobiliária sobre um bem imóvel, nem vice-versa[136]. Acresce que no novo Direito das Garantias instituído pelo AUG não existe a categoria das garantias mistas, ou seja, aquelas que tanto podem incidir sobre um bem móvel como sobre um bem imóvel. Segundo Issa-Sayegh, o único caso é constituído pela fiança real, que nem sequer se pode considerar propriamente uma garantia mista[137].

A autonomia privada também não prima em matéria de forma, pois na grande maioria das garantias (pessoais e reais) previstas pelo AUG é preciso obedecer, pelo menos, à forma escrita. Essa exigência assenta na necessidade de qualificar, com exactidão, a garantia contratada, assim como de identificar o crédito garantido e o bem afecto à garantia, representando ainda o melhor meio de prova e permitindo a publicidade em face de terceiros.

No entanto, em regra é suficiente o mero escrito particular, não sendo necessária a intervenção de notário. A única excepção é a hipoteca, em que as partes só podem recorrer ao documento particular se o Estado Parte tiver legislado no sentido de criar um formulário padrão, caso contrário deverão celebrar o negócio por meio de documento autêntico[138-139].

Nas garantias reais, a autonomia privada admite a possibilidade de permuta do grau de preferência. Dois credores podem trocar os seus lugares, mantendo o montante dos respectivos créditos, com a condição de tal operação não prejudicar os interesses dos credores já inscritos posteriormente ao credor mais bem colocado. Estes devem manter a mesma situação em que se encontravam antes da permuta, não sendo prejudicados pela mesma. Relativamente aos credores com registo posterior a permuta é sempre plenamente eficaz, já que estes não podem ser prejudicados pela alteração de prioridade de pagamento de credores anteriores, que em todo o caso seriam pagos antes.

---

[136] Cf. JOSEPH ISSA-SAYEGH, *La liberté contractuelle dans le droit des sûretés OHADA*, p. 6.

[137] Cf. JOSEPH ISSA-SAYEGH, *La liberté contractuelle dans le droit des sûretés OHADA*, p. 6.

[138] Cf. o disposto no artigo 132.º do AUG.

[139] Contudo, como será analisado adiante, no caso da Guiné-Bissau existe uma possibilidade de aplicação do disposto no art. 714.º do CC com vista a flexibilizar as exigências de forma em relação à hipoteca.

CAPÍTULO III
GARANTIA GERAL

1. GENERALIDADES

O conceito de garantia pode ser entendido de dois modos diferentes: como garantia em geral ou como garantia das obrigações. Neste sentido, diz-se que *"A garantia, se é um elemento essencial de qualquer relação jurídica, é também um elemento essencial da relação jurídica de obrigação"*[140].

Segundo António Menezes Cordeiro, a garantia geral pode ser definida como *"o conjunto de normas destinado a proporcionar, ao credor, a cobertura das obrigações, à custa do património do devedor"*[141]. No entanto, o conceito de garantia geral abarca duas realidades diversas, nomeadamente:

1) A possibilidade de o credor ressarcir o seu crédito com recurso ao património do devedor;
2) A possibilidade de o credor exercer os meios de conservação da garantia patrimonial que a lei coloca à sua disposição.

Em qualquer uma destas perspectivas, fala-se em garantia geral para toda e qualquer obrigação a que o devedor se vincule, salvo, naturalmente, tratando-se de obrigação natural, à qual o art. 402.º do CC retira a tutela coerciva. Tratando-se de obrigação civil, desde o momento da sua constituição que paira sobre o património do devedor a eventualidade de

---

[140] Cf. ORLANDO COURRÈGE, *Direito das obrigações*, ob. cit., p. 2.
[141] Cf. ANTÓNIO MENEZES CORDEIRO, *Direito das obrigações*, Volume II, ob. cit., p. 468.

responsabilidade pelas dívidas assumidas, bem como a possibilidade de sofrer a acção do credor em sede de meios de conservação da garantia patrimonial.

Por contraposição, entende-se por garantias especiais *todas as que não são gerais*[142], na medida em que traduzem um reforço à segurança do credor.

Como se disse, a garantia geral das obrigações confere ao credor certas faculdades para actuar a responsabilidade patrimonial. Em concreto, implica as faculdades de recurso a meios de conservação e a meios de agressão. Os meios de conservação da garantia patrimonial têm em vista evitar a saída ilícita de bens do património do devedor, ou a reposição destes bens no património do devedor, após terem de lá saído indevidamente. Por sua vez, os meios de agressão correspondem à instauração da acção executiva propriamente dita, cujo objectivo último é a penhora e a venda forçada dos bens do devedor, com vista ao ressarcimento do credor.

A garantia geral corresponde, assim, a uma situação jurídica activa em que o credor se encontra investido, que ele é livre de exercer ou não. Alguns autores caracterizam esta situação jurídica como um poder potestativo do credor. Segundo alguma doutrina, o poder pode ser definido como *"a disponibilidade de meios para a obtenção de um fim"*[143] e configura uma situação jurídica analítica e simples[144]. Por seu turno, a faculdade é uma situação jurídica activa mais abrangente do que o poder, sendo por isso compreensiva e não analítica[145]. Em face desta caracterização, julgamos ser preferível falar em faculdade, na medida em que a possibilidade disponibilizada ao credor de recorrer aos meios de conservação da garantia patrimonial consubstancia uma situação jurídica complexa, isto é, que abrange um conjunto de possibilidades de acção para o credor.

António Menezes Cordeiro entende que não se trata de um direito potestativo, na medida em que não se admite a existência de direitos sobre direitos, e neste caso o direito do credor teria de ter como objecto o património do devedor, logo, direitos. Este autor considera antes que o

---

[142] Cf. ANTÓNIO MENEZES CORDEIRO, *Direito das obrigações*, Volume II, ob. cit., p. 468.

[143] Cf. ANTÓNIO MENEZES CORDEIRO, *Tratado de direito civil português*, I – Parte geral, Tomo I – Introdução. Doutrina geral. Negócio Jurídico, 3.ª edição, Coimbra, Almedina, 2007, p. 344.

[144] Cf. ANTÓNIO MENEZES CORDEIRO, *Tratado de direito civil...*, ob. cit., p. 344.

[145] Cf. ANTÓNIO MENEZES CORDEIRO, *Tratado de direito civil...*, ob. cit., p. 345.

poder do credor de actuar a responsabilidade patrimonial consubstancia uma *"permissão normativa genérica de actuação das regras de responsabilidade patrimonial"*[146].

No entanto, certo é que a partir do momento em que a obrigação se constitui o devedor se encontra numa posição de sujeição, ou seja, nada pode fazer para obstar a que o credor actue a responsabilidade patrimonial. Daí que, a nosso ver, o direito do credor se possa caracterizar como uma *"faculdade potestativa"*[147].

2. NOÇÃO. PATRIMÓNIO DO DEVEDOR

O conceito de património é muito discutido na doutrina civil[148]. O património tem a ver com a classificação dos direitos ou das situações jurídicas em patrimoniais ou não patrimoniais. Em geral, considera-se que uma situação jurídica é patrimonial quando seja avaliável numa quantia pecuniária e não patrimonial no caso inverso.

Noutra perspectiva, considera-se que a situação jurídica só é patrimonial quando o Direito permite a sua "troca" ou correspondência por uma quantia em dinheiro, isto é, quando à luz dos princípios e valores do Direito seja admissível equivaler uma quantia monetária a uma situação jurídica.

Segundo a tese clássica, o património consiste no *"conjunto de bens de uma pessoa considerado abstractamente"*[149].

Noutra perspectiva mais finalista ou utilitária, o património de uma pessoa consistiria no *"conjunto de riquezas afecto a um certo fim"*[150].

Para aferir da noção de património relevante para efeitos de garantias das obrigações, importa atentar nas seguintes características deste.

---

[146] Cf. ANTÓNIO MENEZES CORDEIRO, *Direito das obrigações*, Volume II, ob. cit., p. 474.
[147] Cf. ANTÓNIO MENEZES CORDEIRO, *Direito das obrigações*, Volume II, ob. cit., p. 473.
[148] Cf. ANTÓNIO MENEZES CORDEIRO, *Direito das obrigações*, Volume I, ob. cit., p. 166.
[149] Cf. ANTÓNIO MENEZES CORDEIRO, *Direito das obrigações*, Volume I, ob. cit., p. 166.
[150] Cf. ANTÓNIO MENEZES CORDEIRO, *Direito das obrigações*, Volume I, ob. cit., p. 167.

Em primeiro lugar, um sujeito pode não ter nenhum património e isso não impede que seja apto a vincular-se a obrigações. Com efeito, a constituição válida de uma obrigação não tem como requisito a existência de património na esfera jurídica do devedor. Qualquer pessoa pode vincular-se a obrigações, antes e independentemente da titularidade de direitos sobre quaisquer bens.

O património não é algo de essencial ao Homem, ou seja, pode haver pessoas que não possuam nenhum património, sem que esse facto as impeça de livremente celebrarem contratos, assumirem obrigações, praticarem factos ilícitos e culposos e consequentemente terem a obrigação de indemnizar, etc.

Em segundo lugar, um mesmo sujeito pode ter mais do que um património, na medida em que nalguns casos uma pessoa tem dois ou mais patrimónios, autónomos e separados entre si. É este o caso da herança, em relação ao património dos herdeiros, enquanto subsistirem dívidas do *de cujus* para ressarcir.

Com base nestas duas ideias, Paulo Cunha conclui que o factor que melhor permite identificar o património consiste no facto de estar sujeito a um mesmo regime jurídico de responsabilidade pelo cumprimento de obrigações[151]. Património, segundo esta concepção, consiste no conjunto de situações jurídicas que são avaliáveis em dinheiro (e em que o Direito admite a sua equivalência por uma quantia monetária) e que o Direito considera como unitário para efeitos de responsabilidade pelo pagamento de débitos, sendo, por esse motivo, submetido a um mesmo regime jurídico.

Esta é precisamente a noção de património que interessa para a garantia das obrigações, uma vez que não olha abstractamente para o património duma pessoa (como fazia a tese clássica), sendo antes uma perspectiva dinâmica, direccionada para a funcionalização do património ao serviço do pagamento das dívidas do seu titular. É, pois, essa a perspectiva que interessa a esta área do Direito: o património enquanto garantia patrimonial e enquanto meio de ressarcimento dos créditos.

---

[151] Cf. ANTÓNIO MENEZES CORDEIRO, *Direito das obrigações*, Volume I, ob. cit., p. 167 e PAULO CUNHA, *Direito das Obrigações. Apontamentos das aulas da 2.ª cadeira de Direito Civil da Faculdade de Direito da Universidade de Lisboa*, Tomo II, Capítulo II – O Objecto, Lisboa, Imprensa Baroeth, 1938-1939, pp. 381 e seguintes, em especial a p. 384.

3. A GARANTIA GERAL É GARANTIA?

Nos termos supra definidos, a garantia geral do credor abrange duas realidades totalmente diferentes[152]:

1. Responsabilidade patrimonial, que consiste na possibilidade de o credor ressarcir o seu crédito com recurso ao património do devedor;
2. Possibilidade de recurso aos meios de conservação da garantia patrimonial.

Apesar de englobar estas duas realidades, a doutrina discute, porém, se a garantia geral se pode incluir, em sentido próprio, no conceito de garantia. Segundo uma concepção mais restrita, garantia do credor seriam apenas e tão só as garantias especiais, mas já não integraria este conceito a garantia geral, inerente a todas as obrigações a que o devedor se vinculou[153]. É esse o entendimento dominante no Direito alemão, assim como em França.

Com efeito, como salienta Guilherme Moreira, sempre que uma pessoa se vincula a uma obrigação, não vincula a essa obrigação bens certos e determinados dentro do seu património, mas antes uma "quota-parte" do seus bens, cujo valor será o correspondente ao necessário para a satisfação do interesse do credor, e é nesse sentido que se considera limitado o poder que o devedor tem de dispor dos seus bens, na parte em que o seu valor está ligado a obrigações por ele constituídas[154]. Neste sentido, pode legitimamente afirmar-se que, com a constituição da obrigação, constitui-se igualmente uma relação entre os bens do devedor e o credor[155], ainda que tal relação não respeite a bens determinados, e sim a bens no valor a que o credor tem direito com vista ao ressarcimento do seu crédito.

---

[152] Neste sentido, cf. também ORLANDO COURRÈGE, *Direito das obrigações*, ob. cit., p. 4.

[153] Neste sentido, cf. LUÍS MANUEL TELES DE MENEZES LEITÃO, *Garantias das obrigações*, ob. cit., p. 59.

[154] Cf. GUILHERME MOREIRA, *Patrimónios autónomos nas obrigações segundo o direito civil português*, em *Boletim da Faculdade de Direito da Universidade de Coimbra*, Ano VII, 1921-1923, Coimbra, Imprensa da Universidade, p. 47.

[155] Cf. GUILHERME MOREIRA, *Patrimónios autónomos...*, ob. cit., p. 48.

Nesta óptica, Guilherme Moreira considera, à semelhança dos entendimentos dominantes na Alemanha e em França, que o património do devedor não constitui, em bom rigor, uma *garantia* do direito do credor, pois para haver garantia tem que ocorrer uma das seguintes situações[156]:

1) O credor tem que poder atingir mais bens do que os do devedor. É este o caso da fiança, em que para além do património do devedor, o credor pode atingir o património do fiador.
2) O credor tem que ser titular de um direito sobre bens determinados ou sobre certas categorias de bens, decorrente da natureza do seu crédito. É este o caso, por exemplo, do privilégio creditório, em que o credor privilegiado pode atingir o ou os bens particularmente afectos ao estabelecimento da garantia.
3) O credor tem que ser titular de um direito sobre bens determinados decorrente da constituição de uma garantia real. É este o caso da hipoteca e do penhor, em que o credor goza de preferência de pagamento em relação ao produto da venda do bem hipotecado ou empenhado.

Por seu turno, Luís Menezes Leitão, na senda de Paulo Cunha, considera justificada a integração do património do devedor no conceito de garantia do credor[157]. Com efeito, entende que o património do devedor surge como um elemento obrigatório da garantia do credor, podendo embora este adicionar-lhe outras garantias, ditas *especiais*, mas que não põem em causa a garantia geral de que todos os credores beneficiam. Assim mesmo se explica que, por esse património ser garantia do credor, este possa recorrer aos meios de conservação da sua *garantia patrimonial*[158].

No mesmo sentido, também Paulo Mendes afirma que *"o poder facultado ao credor de fazer apreender e executar quaisquer bens do devedor inadimplente susceptíveis de penhora, sem prejuízo dos regimes especialmente previstos em consequência da separação de patrimónios, representa a mais importante e eficaz garantia das obrigações. De facto, como vimos, a execução específica é, na grande maioria dos casos, impos-*

---

[156] Cf. GUILHERME MOREIRA, *Patrimónios autónomos...*, ob. cit., p. 48.
[157] Cf. LUÍS MANUEL TELES DE MENEZES LEITÃO, *Garantias das obrigações*, ob. cit., pp. 59 e 60.
[158] Neste sentido, cf. LUÍS MANUEL TELES DE MENEZES LEITÃO, *Garantias das obrigações*, ob. cit., p. 60.

sível de pôr em prática (...) Por isso diz-se que o património do devedor é a garantia comum dos credores."[159].

Concordamos que a garantia geral consubstancia, ainda, uma efectiva garantia das obrigações, disponível para todo e qualquer credor civil. Com efeito, mesmo que o credor não assegure especialmente o seu crédito, ele poderá sempre lançar mão ao património do devedor, o que não seria possível se não existisse uma norma como o artigo 601.º do CC, bem como actuar os meios de conservação da garantia patrimonial, faculdade esta que igualmente não lhe seria permitida se não fosse o disposto nos artigos 605.º e seguintes do CC.

Retomando que a garantia geral comporta tanto a responsabilidade patrimonial do devedor, como a possibilidade de o credor recorrer aos meios de conservação da sua garantia patrimonial, vejamos agora, em separado, cada uma destas situações.

4. RESPONSABILIDADE PATRIMONIAL

A possibilidade que qualquer credor tem de executar os bens do seu devedor consubstancia uma faculdade potestativa[160], à qual o devedor fica sujeito aquando da constituição da obrigação, mas cujo exercício se encontra na plena disponibilidade do credor. Esta faculdade não é, porém, imediata, estando dependente da verificação de uma espécie de condição suspensiva na medida em que o credor apenas a pode exercer se e quando o devedor entrar em incumprimento da sua obrigação.

A acção do credor sobre o património do devedor opera através da acção executiva, que, no Direito Guineense, se encontra regulada, por um lado, no Código de Processo Civil, e, por outro lado, no Acto Uniforme da OHADA Relativo à Organização dos Processos Simplificados de Cobrança e de Execução. Com efeito, em consonância com o entendimento atrás sustentado, consideramos que a OHADA produz meramente a revogação individualizada, tácita e parcial do Direito interno, o que justifica a necessidade de conciliar os dois textos normativos de molde a aferir do regime jurídico aplicável à acção executiva.

---

[159] Cf. PAULO MANUEL MELO DE SOUSA MENDES, *A garantia geral...*, ob. cit., p. 126.
[160] Cf. PAULO MANUEL MELO DE SOUSA MENDES, *A garantia geral...*, ob. cit., p. 126.

5. MEIOS DE CONSERVAÇÃO DA GARANTIA PATRIMONIAL

Em muitos casos, a garantia patrimonial decorrente do art. 601.º do CC acaba por constituir uma garantia muito precária para o credor. O credor pode atingir todos os bens do devedor susceptíveis de penhora, mas por vezes essa faculdade é inútil, porque o devedor pode sempre alhear-se dos seus bens, dissipando-os e impedindo o credor de agir.

Por isso, a lei concede ao credor algumas faculdades, que se inserem ainda na garantia geral, com vista a que ele não perca a sua garantia patrimonial por meio de actos do devedor lesivos desta garantia. Estes actos lesivos podem ser de índole muito variada, e vão desde o aumento do passivo até à redução do activo ou ao não aumento patrimonial do devedor.

A redução do activo pode resultar, por exemplo, da alienação dum direito, ou da constituição dum direito a favor de um terceiro que vem restringir o direito dum credor pré-existente. Por exemplo, o facto de o devedor constituir uma hipoteca a favor de alguém restringe o direito do credor comum anterior, na medida em que, à luz do disposto no artigo 604.º do CC e do art. 148.º do AUG, o credor hipotecário será pago com prioridade em relação àquele credor comum. Do mesmo modo, o cumprimento duma dívida perante um credor também é susceptível de prejudicar os restantes credores. Muitas outras possibilidades contribuem para a menor consistência do direito do credor de atacar os bens do devedor com vista a ressarcir, coercivamente, o seu direito de crédito, de entre as quais se destacam, sem dúvida, todas aquelas situações em que o devedor doa a totalidade dos seus bens a outra pessoa, ou simplesmente muda a titularidade sobre os seus bens para outra pessoa. Por seu turno, exemplo típico do aumento do passivo é a constituição de novas dívidas por parte do devedor. Para além disso, pode ainda referir-se a possibilidade de o devedor optar por fazer um não aumento do seu activo, ou uma não diminuição do seu passivo. Por exemplo, se o devedor tiver sido contemplado numa herança mas tiver renunciado à mesma[161]. Muito frágil seria, de facto, a garantia geral, se o credor não pudesse reagir contra este tipo de comportamentos do seu devedor, conformando-se e aguardando pelo dia em que já não houvesse nenhum bem para ressarcir o seu direito de crédito.

---

[161] Cf. ANTÓNIO MENEZES CORDEIRO, *Direito das obrigações*, Volume II, ob. cit., p. 477.

Há, então, três hipóteses de actuação do devedor susceptíveis de prejudicar o credor:

1) Diminuição do activo

A situação normal em que o credor pretende reagir contra actos do seu devedor através do recurso aos meios de conservação da garantia patrimonial é aquela em que o devedor reduziu o seu activo. A redução do activo pode decorrer, por sua vez, de três tipos de actos:
   a) Alienação de bens, que tem lugar, por exemplo, quando o devedor faz a doação de todos ou de alguns dos seus bens, ou simplesmente quando simula a transferência do património para terceiro;
   b) Oneração de bens, como por exemplo a constituição de uma hipoteca, de um penhor, ou de outra garantia especial, seja ela efectiva ou simulada. Este acto constitui uma redução do activo na medida em que cria uma preferência a favor de outros credores. Assim, embora não haja, em termos próprios, a redução dos bens do devedor, existe a redução dos bens que contribuem para a garantia geral, na medida em que parte desses bens passam a estar onerados com garantias especiais, o que significa que o seu valor servirá, em primeira linha, para a satisfação do direito do credor preferencial, e apenas em segunda linha, para a satisfação dos credores comuns;
   c) Cumprimento selectivo: entende-se por cumprimento selectivo o cumprimento pelo devedor de determinadas obrigações, dolosamente, com vista a impossibilitar o cumprimento de outras. Aqui há uma redução do activo na medida em que o devedor usa bens que se encontravam no seu património para cumprir perante outros credores, de modo que esses bens deixam de pertencer à garantia geral dos restantes credores.

2) Aumento do passivo

O aumento do passivo decorre, em primeira instância, da constituição de novas obrigações por parte do devedor, ou também chamado endividamento.

3) Não aumento do activo ou não diminuição do passivo

Pode também acontecer que o devedor, em vez de actuar, fique na inacção, isto é, omita um comportamento que, a ter sido praticado, iria beneficiar o seu património e, indirectamente, os seus credores. É este o caso que se verifica na renúncia a heranças ou na não invocação da prescrição duma dívida.

Em face de todas estas possibilidades de acção e de omissão do devedor, a lei concede ao credor faculdades de ordem preventiva e de ordem repressiva, consoante este pretenda actuar antes do acto do devedor que prejudica a garantia patrimonial, ou apenas o faça num momento *a posteriori*. Como principal meio preventivo destaca-se o arresto, por via do qual o credor pode actuar contra um acto que o devedor, muito provavelmente, está em vias de praticar e donde resultará a diminuição da sua garantia patrimonial. Por outro lado, como meios repressivos, o Direito oferece ao credor a acção de nulidade, a sub-rogação e a impugnação pauliana.

Os meios de conservação da garantia patrimonial podem também considerar-se como *"efeitos indirectos das obrigações"*[162]. Ou seja, o credor pode recorrer a estes meios de conservação da garantia patrimonial precisamente porque é credor e o património do seu devedor constitui a garantia geral do seu crédito. No entendimento de Vaz Serra, podemos considerar que são efeitos indirectos das obrigações, mas são também meios de conservação da garantia patrimonial dos credores.

Por outro lado, deve entender-se que se trata de meios de conservação da garantia patrimonial, e não de meios de conservação *do património* do devedor propriamente dito, na medida em que esta conservação só interessa aos credores se e enquanto os bens do devedor servirem de garantia aos seus direitos de crédito[163]. Com efeito, ao credor não interessa que o devedor fique com muito património, ou que enriqueça, mas tão só que possua o património suficiente para ressarcir os seus créditos e honrar as suas obrigações. No mais, não cabe ao credor interferir.

Segundo Paulo Mendes, a partir do momento em que o devedor se constitui nessa qualidade tem o dever específico de *"manter a solvabilidade*

---

[162] Era este o entendimento de Guilherme Moreira. Cf. ADRIANO PAES DA SILVA SERRA, *Responsabilidade patrimonial*, ob. cit., p. 146.

[163] Cf. ADRIANO PAES DA SILVA SERRA, *Responsabilidade patrimonial*, ob. cit., p. 147.

do seu património"[164], ainda que não haja um direito actual do credor ao património do devedor. Nesta óptica, é o facto de o devedor atentar contra a solvabilidade que deveria manter que justifica a possibilidade de os credores reagirem através dos meios de conservação da garantia patrimonial, bem como o facto de ser preciso agir o mais rápido possível, isto é, sem ter de esperar previamente pelo incumprimento da obrigação.

Em face deste entendimento, torna-se legítimo questionar, se, efectivamente, existe o dever de o devedor manter a solvabilidade do seu património? Este entendimento afigura-se, no mínimo, discutível. É que para a constituição da obrigação não é preciso, como se sabe, que o devedor tenha quaisquer bens. Assim sendo, se a existência de património não é requisito da constituição válida de obrigações, como aceitar que, uma vez constituída a obrigação, o devedor tem o dever de manter a solvabilidade de tal património, que pode nem sequer existir?

À primeira vista, poderíamos dizer que não, que o devedor não é onerado com este dever específico, entendimento este que fica reforçado com o facto de ser possível constituir várias obrigações incompatíveis entre si. Efectivamente, uma pessoa pode constituir várias obrigações incompatíveis entre si, sendo todas elas perfeitamente válidas e sujeitando--se o devedor à responsabilidade patrimonial em relação àquelas que vier a incumprir. Ora, para a válida constituição da segunda obrigação, incompatível com a primeira, não é necessário que o devedor apresente bens suficientes para o eventual ressarcimento do credor que não receberá a sua prestação, pelo que nos parece que de igual modo não se justifica um dever de conservação de um património que não foi necessário para a constituição da obrigação.

Até porque, se assim não fosse, poderíamos ser tentados a dizer que, se o devedor não tinha nenhuns bens quando, constituiu a obrigação, então ele tem o *dever* de os adquirir e de os conservar, com vista ao eventual ressarcimento do credor, hipótese esta que parece ainda mais absurda do que a anterior.

Assim sendo, somos da opinião de que o devedor, apesar de o ser, não tem nenhum dever de manter a sua solvabilidade, mantendo a liberdade de acção sobre os seus bens. O que acontece é que essa liberdade fica prejudicada com a constituição da obrigação, na medida em que a lei autoriza aos credores que interfiram nos actos do devedor que possam

---

[164] Cf. PAULO MANUEL MELO DE SOUSA MENDES, *A garantia geral...*, ob. cit., p. 128.

prejudicar a garantia patrimonial. Isto é, o devedor pode agir como bem entender, mas os credores, se assim o quiserem, poderão reagir contra os actos que considerem ser aptos a prejudicá-los. Mas não existe, da parte do devedor, a violação de um qualquer dever. Portanto, a possibilidade de reacção dos credores não resulta, na nossa opinião, da violação do dever de manter a solvabilidade, mas antes do facto de o património do devedor constituir a garantia geral dos credores, sendo plenamente justificado que eles possam agir no sentido de impedir que tal garantia seja dissipada.

Acresce que podem haver casos em que ao credor seja legítimo o recurso à *acção directa* como meio de tutela dos seus créditos e para evitar a saída ilegítima de bens do património do devedor, desde que se preencham os requisitos constantes do artigo 336.º do CC.

Ainda sobre os meios de conservação da garantia patrimonial, é de notar que Vaz Serra propôs que neste capítulo do Código Civil fosse também consagrada a acção de simulação, na medida em que os negócios jurídicos simulados são, normalmente, os meios mais utilizados pelos devedores com vista a dissiparem ilicitamente o seu património, defraudando a garantia dos credores[165]. Porém, tal proposta não chegou a ser acolhida na versão definitiva do Código Civil. Parece-nos que bem, pois a acção de simulação tem um âmbito de aplicação maior, que não abarca somente a simulação de negócios jurídicos por parte do devedor com vista à dissipação do seu património, mas também muitos outros actos, que por vezes nem sequer têm em vista prejudicar terceiros, mas apenas enganar, criando uma aparência ilusória.

6. DECLARAÇÃO DE NULIDADE

6.1. Noção. Requisitos

Artigo 605.º
(Legitimidade dos credores)
1. Os credores têm legitimidade para invocar a nulidade dos actos praticados pelo devedor, quer estes sejam anteriores, quer posteriores à constituição do crédito, desde que tenham interesse na declaração da

---

[165] Cf. ADRIANO PAES DA SILVA SERRA, *Responsabilidade patrimonial*, ob. cit., pp. 148 e seguintes.

nulidade, não sendo necessário que o acto produza ou agrave a insolvência do devedor.

2. A nulidade aproveita não só ao credor que a tenha invocado, como a todos os demais.

A declaração de nulidade é o primeiro meio de conservação da garantia patrimonial consagrado no Código Civil de 1966. Porém, em bom rigor, não se trata de um meio de reacção exclusivo dos credores, na medida em que, verificando-se a celebração de um negócio jurídico nulo pelo devedor, qualquer interessado, nos termos do art. 286.º do CC, se encontra desde logo habilitado a requerer a respectiva declaração de nulidade. Portanto, o art. 605.º não constitui verdadeiramente uma novidade no elenco de meios conservatórios à disposição do credor, pois sempre este poderia agir nos termos gerais, com base no art. 286.º. Neste sentido, também António Menezes Cordeiro refere que *"Na verdade, o dispositivo constante do artigo 605.º do Código Civil nada veio acrescentar ao que já resultava do artigo 286.º do mesmo Código"*[166].

Em todo o caso, o disposto no art. 605.º tem relevância prática na medida em que os requisitos enunciados pelo legislador de 1966 permitiram elucidar algumas dúvidas que a doutrina do Código de Seabra colocava em relação a este instituto. Com efeito, esta acção tem os seguintes requisitos:

1. Actos do devedor anteriores ou posteriores à constituição do crédito;
2. Interesse do credor na declaração de nulidade.

Conforme resulta da parte final do n.º 1 do artigo 605.º, não é preciso que do acto praticado pelo devedor tenha resultado a sua insolvência, nem o agravamento desta. Assim, por exemplo, se o devedor tiver simulado negócios jurídicos com vista a dissipar o seu património, o credor pode intentar uma acção de nulidade com base no art. 605.º do CC, na medida em que terá interesse em que esses actos sejam considerados, judicialmente, nulos. Mas note-se que, neste caso, o credor pode também recorrer à invocação da nulidade do negócio nulo, nos termos gerais do art. 240.º do CC.

---

[166] Cf. António Menezes Cordeiro, *Direito das obrigações*, Volume II, ob. cit., p. 479.

Ora, retomando a questão anterior, isto é, a utilidade prática do art. 605.º em face do art. 286.º, importa saber que no âmbito do Código de Seabra a lei associava a simulação à declaração de nulidade, o que levava a doutrina a debater essencialmente dois problemas[167].

Em primeiro lugar, discutia-se se a declaração de nulidade podia abranger também os actos cuja constituição fosse anterior à constituição do próprio crédito, ou se o credor apenas podia requerer a nulidade dos actos praticados após a constituição do seu direito de crédito.

A nova solução legal expressamente constante do art. 605.º significa que o credor tanto pode invocar a nulidade de actos praticados pelo devedor antes de ele ser seu devedor, como de actos posteriores à constituição da obrigação. Portanto, não é preciso que o devedor tenha praticado o acto com o intuito de causar um dano ao credor, uma vez que se ele realizar o acto antes da constituição do crédito, ainda nem sequer existe credor para prejudicar[168].

Em segundo lugar, a doutrina do Código de Seabra colocava também o problema de saber se o credor só tinha legitimidade para requerer a nulidade quando o acto tivesse provocado a insolvência do devedor. Guilherme Moreira sustentava que apenas no caso de insolvência do devedor é que devia ser dada ao credor legitimidade para invocar a nulidade[169]. Assim, só se o devedor não possuísse meios suficientes para cobrir o seu passivo é que o credor poderia recorrer a esta acção, pois só nesse caso é que haveria o risco de o credor não ver ressarcido o seu crédito. Caso o devedor ainda tivesse muito património para cumprir as suas dívidas, não haveria já interesse do credor em requerer a nulidade.

Actualmente, o Código Civil também dispensa este requisito, limitando-se a exigir que o credor tenha um interesse na declaração de nulidade, não restringindo a existência desse interesse ao facto de o devedor estar

---

[167] Cf. Luís MENEZES LEITÃO, *Direito das obrigações*, 5.ª edição, Volume II – Transmissão e extinção das obrigações. Não cumprimento e garantias do crédito, Coimbra, Almedina, 2007, p. 297.

[168] Cf. Luís MENEZES LEITÃO, *Direito das obrigações*, Volume II, ob. cit., p. 297.

[169] Cf. GUILHERME ALVES MOREIRA, *Instituições do Direito Civil Português*, Volume II – Das obrigações, 2.ª edição, Coimbra, Coimbra editora, 1925, p. 148. Segundo este autor, *"O direito que aos credores se deve atribuir de fazer anular os actos por que o devedor, tornando-se insolvente, agravando a sua insolvência, ou obstando a que esta deixe de subsistir, os vai prejudicar, resulta da própria obrigação em que o devedor se constituiu, pela relação que há entre esta e o seu património. Deve, portanto, considerar--se êsse direito como sendo um dos efeitos das obrigações."*.

insolvente. Sendo assim, o credor não tem que alegar nem demonstrar a insolvência do seu devedor, podendo, em qualquer caso, invocar a nulidade dos actos por este praticados. Prevaleceu, assim, na orientação do actual Código Civil, a tese que sustentava que o prejuízo para o credor decorria do risco de desaparecimento de todos os bens do devedor, que era propugnada por Cunha Gonçalves[170]. O credor tem interesse na declaração de nulidade porque o art. 601.º determina que o património do devedor constitui a garantia geral das suas obrigações e se este património for dissipado através da celebração de negócios jurídicos nulos, desaparece também a correspondente garantia que ele representa para o credor.

Perante esta explicação histórica podemos afirmar que o disposto no artigo 605.º não se apresenta, efectivamente, inútil em face do regime jurídico geral da nulidade, uma vez que a lei vem esclarecer dúvidas que existiam no Direito anterior e por isso acrescenta algo ao regime jurídico geral da nulidade[171]. Com efeito, actualmente desvaneceram-se em absoluto as dúvidas que se podiam colocar em relação ao direito anterior. Subscrevendo Luís Menezes Leitão, podemos afirmar que hoje em dia a lei permite ao credor a invocação da nulidade de qualquer acto do devedor, seja ele anterior ou posterior à constituição do crédito, mesmo que dele não tenha resultado uma consequência danosa para o património do devedor[172]. Estamos em face duma acção de nulidade, pelo que basta o mero interesse em agir, não sendo preciso que se verifiquem requisitos suplementares.

---

[170] Cf. LUÍS DA CUNHA GONÇALVES, *Tratado de Direito Civil. Em comentário ao Código Civil Português*, Volume V, Coimbra, Coimbra editora, 1932, p. 742. Segundo este autor, é de notar que *"Nos termos do art. 1030.º, os actos ou contratos celebrados em prejuízo de terceiro podem ser rescindidos «a requerimento dos interessados»; mas, o art. 1031.º, diz que a rescisão pode ser feita «a requerimento dos prejudicados». Portanto, «todos os prejudicados» têem interêsse na rescisão. Mas não é forçoso que o prejuízo seja efectivo e realizado; basta o prejuízo provável, o «justo receio» das consequências nocivas da simulação, isto nos raros casos em que o acto simulado não produz efeitos imediatos."*

[171] Cf. PIRES DE LIMA e ANTUNES VARELA, *Código Civil Anotado*, Volume I, ob. cit., p. 621.

[172] Cf. LUÍS MENEZES LEITÃO, *Direito das obrigações*, Volume II, ob. cit., p. 297.

6.2. Objecto da declaração de nulidade

O pressuposto fundamental desta acção é que se esteja perante um acto do devedor que padeça de nulidade, por qualquer uma das causas estabelecidas na lei. Por exemplo, são feridos de nulidade os negócios simulados (cf. art. 240.º, n.º 2, do CC), os negócios formalmente nulos (cf. art. 220.º do CC)[173], os negócios celebrados com falta de consciência da declaração ou mediante coacção física (cf. art. 246.º do CC), etc.

Segundo António Menezes Cordeiro, os credores não podem reagir contra os actos anuláveis[174], em relação aos quais se mantém a regra geral constante do artigo 287.º do CC, ou seja, a de que só tem legitimidade para requerer a anulabilidade a pessoa no interesse da qual o vício foi determinado pela lei.

É de salientar que o simples facto de o negócio jurídico prejudicar o credor não faz com que seja automaticamente nulo. O devedor tem liberdade de celebrar qualquer negócio, nos termos da sua autonomia privada, que não é prejudicada pelo facto de ele já ser devedor de alguém. Pode constituir outras dívidas, sem que esses negócios sejam inválidos. Isso não significa, porém, que o credor não possa reagir a este endividamento, porque a lei lhe confere meios de reacção, como por exemplo a impugnação pauliana. Mas o acto não é nulo, pelo que não poderá ser atacado por meio da acção de nulidade, o que não impede que haja outros meios de conservação adequados a reagir contra este tipo de actos. Por conseguinte, o art. 605.º só pode ser aplicado quando o acto realizado pelo devedor se apresente, à luz da lei, ferido de nulidade.

O problema pode ainda colocar-se relativamente aos actos do devedor que padeçam de invalidades mistas ou atípicas, isto é, em que a lei comina a sanção da nulidade mas determina para a mesma um regime jurídico que num ou em mais aspectos difere do regime geral da nulidade decorrente do art. 286.º do CC. Nesta hipótese, António Menezes Cordeiro defende a adopção de uma solução casuística, isto é, considera que se deve aferir, caso a caso, se o credor pode ou não invocar a nulidade pelo art. 605.º, consoante a *ratio* que tenha implicado a criação dessa invalidade atípica ou mista[175]. Assim, se essa razão de ser se aproximar dos motivos

---

[173] Cf. Mário Júlio de Almeida Costa, *Direito das obrigações*, ob. cit., p. 849.
[174] Cf. António Menezes Cordeiro, *Direito das obrigações*, Volume II, ob. cit., p. 480.
[175] Cf. António Menezes Cordeiro, *Direito das obrigações*, Volume II, ob. cit., pp. 480 e 481.

de ordem pública que impõem a nulidade, parece que se deve admitir a acção de nulidade do acto. Diferentemente, se se tratar duma invalidade mista próxima das anulabilidades, por identidade de razão, não deverá ser admitida a acção de nulidade.

Vamos imaginar que o devedor celebrou com um terceiro um negócio nos termos do qual lhe comprou um bem, mas que o terceiro não tinha nem legitimidade directa nem legitimidade indirecta. Nessa hipótese, haverá uma venda de bens alheios, em que o comprador (devedor), se encontra, em princípio, de boa fé subjectiva ética, uma vez que não conhece nem tem obrigação de conhecer a falta de legitimidade do vendedor. A venda de bens alheios é um dos exemplos de nulidade atípica, isto é, em que a lei comina a sanção da nulidade mas o regime jurídico estabelecido difere do regime jurídico da nulidade previsto no art. 286.º. Com efeito, nos termos gerais, a nulidade pode ser invocada por todos os interessados, mas, tratando-se de venda de bens alheios, a lei determina, na parte final do art. 892.º do CC, que o vendedor não pode opor a nulidade ao comprador de boa fé, nem mesmo nos casos em que o próprio vendedor se encontre de boa fé. Supondo, então, que aquele negócio se verificou, pode acontecer que o comprador (devedor) não invoque a nulidade da venda de bens alheios. Neste caso, há duas hipóteses:

1) Pode entender-se que o próprio credor pode invocar a nulidade, nos termos do art. 605.º do CC. Para este efeito, pode argumentar-se que a razão de ser da atipicidade da nulidade da venda de bens alheios reside na necessidade de proteger a boa fé do comprador perante o vendedor, mas não parece obstar a que o credor do comprador, enquanto interessado na declaração de nulidade, a requeira.

2) Ou, em alternativa, pode entender-se que o sistema de ininvocabilidades estabelecido no art. 892.º é excepcional, pelo que apenas os sujeitos aí referidos podem invocar a nulidade, ou seja, a lei não reconhece outros interessados na nulidade para além do comprador de boa fé ou do vendedor, tratando-se de comprador doloso. Assumindo esta posição, isso significa que o credor não poderia invocar a nulidade ao abrigo do art. 605.º do CC.

A favor da segunda hipótese pode argumentar-se com o facto de grande parte da doutrina negar ao próprio titular do direito a possibilidade de invocar a nulidade da venda de bens alheios, permitindo-lhe exclusivamente o recurso à acção de reivindicação[176]. Ora, quem pode ser mais

---

[176] Neste sentido, cf. PIRES DE LIMA e ANTUNES VARELA, *Código Civil Anotado*, Volume II, 4ª ed., Coimbra, Coimbra editora, 1997, p. 184 e LUÍS MENEZES LEITÃO, *Direito*

interessado na nulidade da venda de bens alheios do que o próprio titular do direito? Se, nesse caso, a doutrina considera que o titular do direito não pode arguir a nulidade, devido ao sistema de ininvocabilidades constante do artigo 892.º, por maioria de razão também não poderá o credor do comprador arguir a nulidade, nos termos do artigo 605.º do CC.

Diversamente, porém, para aqueles que sustentem que a nulidade da venda de bens alheios pode ser arguida por qualquer interessado, e não apenas pelo vendedor e/ou pelo comprador, há a possibilidade de defender a primeira solução, isto é, de admitir a legitimidade do credor do devedor (comprador) afim de obter a conservação da sua garantia patrimonial.

No sentido de que a nulidade da venda de bens alheios pode ser arguida por qualquer interessado, e não apenas pelas partes, bem como que pode ser conhecida oficiosamente, pronunciou-se o Supremo Tribunal de Justiça Português no seu Acórdão de 13 de Dezembro de 1984[177]. Nos termos deste aresto, *"... a circunstância de, no preceito, apenas se fazer referência específica, ao vendedor e ao comprador, não significa que, ao abrigo do disposto no artigo 286.º do Código Civil, não possa a nulidade ser invocada por qualquer outro interessado (designadamente o verdadeiro dono, ou titular, do bem ou direito alienado), ou não possa ser mesmo declarada oficiosamente pelo tribunal. Significa antes que, tratando-se de ser o vendedor, ou o comprador, a querer invocar – um contra o outro – a nulidade ... o preceito do artigo 892.º apenas quis limitar, àquele dos dois que não estivesse de má fé, a possibilidade de o fazer"*[178].

Não obstante, mesmo que se entenda que apenas o comprador (devedor) pode invocar a nulidade, o credor não está totalmente desprotegido. Com efeito, se o devedor não o fizer, estará numa situação de inacção, perante a qual o credor poderá reagir através de outro meio de conservação da garantia patrimonial, que é a sub-rogação. Com efeito, como veremos, a sub-rogação é o meio adequado para o credor se substituir ao devedor na invocação de anulabilidades, pelo que, por maioria de razão, poderá também fazê-lo quanto à invocação de nulidades atípicas ou mistas, como será o caso da nulidade por venda de bens alheios nos termos do artigo 892.º do CC.

---

das obrigações, 4.ª edição, Volume III – Contratos em Especial, Coimbra, Almedina, 2006, p. 98. Em sentido diferente, porém, cf. PEDRO ROMANO MARTINEZ, *Direito das obrigações (Parte especial). Contratos*, 2.ª edição, Coimbra, Almedina, 2003, p. 113.

[177] Disponível no *Boletim do Ministério da Justiça*, N.º 342, pp. 361 e seguintes.
[178] Cf. *Boletim do Ministério da Justiça*, N.º 342, pp. 371 e 372.

Outro exemplo de nulidade atípica é o previsto no artigo 956.º do CC, a propósito da doação de bens alheios, que, à partida, deverá merecer um tratamento jurídico idêntico ao da venda de bens alheios.

António Menezes Cordeiro refere também, a título de exemplo, a nulidade atípica prevista no n.º 2 do artigo 580.º do CC, referente à cessão de créditos litigiosos, aplicável também ao contrato de compra e venda por força da remissão da parte final do n.º 1 do artigo 876.º do CC. Esta nulidade não pode ser invocada pelo cessionário ou pelo comprador na medida em que o objectivo da lei é a protecção do cedente ou do vendedor. Com efeito, o que se pretende é evitar a especulação dos preços, ou seja, impedir que o comprador, pela posição especial que assume no processo em que se discute aquele direito, se procure aproveitar disso para obter para si a coisa a um preço inferior ao preço real. Por isso, apenas o vendedor/cedente pode invocar a nulidade, e não já o comprador//cessionário. Ora, supondo que o devedor é o vendedor/cedente, segundo este autor, nada obsta a que os seus credores possam, de igual modo, na qualidade de interessados, invocar a nulidade daquele negócio jurídico[179]. Ao invés, se o devedor for o comprador/cessionário, então como ele próprio não pode invocar a nulidade devido à proibição do art. 580.º, n.º 2, parece lógico que igualmente não poderão os seus credores fazê-lo, na medida em que esta nulidade é estabelecida pela lei *a favor do vendedor//cedente*.

A lei refere claramente que se trata de uma *acção de nulidade*, e não, por hipótese, de uma *acção de invalidade*, o que poderia admitir, por ser mais vago, a reacção do credor contra qualquer acto inválido. Não sendo assim, parece que se deve interpretar o espírito da lei no sentido de restringir este meio de conservação da garantia patrimonial à prática de actos efectivamente nulos por parte do devedor ou afectada com uma invalidade mista próxima da nulidade.

6.3. Efeitos

Nos termos do artigo 289.º, a declaração de nulidade produz efeito retroactivo, isto é, destrói o acto praticado pelo devedor desde o momento do seu nascimento, daí que esta nulidade aproveite a todos os restantes

---

[179] Cf. ANTÓNIO MENEZES CORDEIRO, *Direito das obrigações*, Volume II, ob. cit., p. 481.

credores, para além daquele que invocou a nulidade. Estamos, de resto, perante o regime jurídico geral da nulidade – cf. artigos 286.º e 289.º do CC.

Assim sendo, os bens que por força do negócio jurídico nulo tenham saído da esfera jurídica do devedor devem regressar para o património deste; por outro lado, o devedor também deve restituir à contraparte aquilo que tenha recebido por tais bens, no caso de ter recebido alguma coisa – cf. artigo 289.º do CC.

O credor que invoca a nulidade continua, no entanto, a ser um mero credor comum ou quirografário, ou seja, não adquire, por força da acção de nulidade, preferência de pagamento em relação aos demais[180]. O credor mantém a qualidade que detinha antes de intentar a acção de nulidade: se era credor comum, continua a sê-lo; se era credor preferencial, conserva essa qualidade.

Isto significa que todos os credores beneficiam com a declaração de nulidade que tenha sido solicitada por apenas um deles. Em consequência da declaração de nulidade, os bens regressam à esfera jurídica do devedor, nos termos do art. 289.º, onde podem ser objecto de penhora por qualquer dos seus credores, sem que aquele que tenha intentado a acção de nulidade beneficie de qualquer vantagem adicional por esse facto.

6.4. Registo da acção de nulidade

Quando se trate da nulidade dum acto do devedor relativo a bens imóveis ou a bens móveis sujeitos a registo, a acção será, em princípio, sujeita a registo (cf. artigo 3.º, *alínea a)*, do Código de Registo Predial[181]). Com efeito, neste caso, o credor deverá acautelar-se com vista a que a eventual sentença de nulidade que consiga obter do tribunal possua eficácia contra os terceiros adquirentes. Sendo feito o registo da acção os direitos

---

[180] Cf. Luís MENEZES LEITÃO, *Direito das obrigações*, Volume II, ob. cit., p. 298.

[181] O Código de Registo Predial foi aprovado pelo Decreto-Lei n.º 47.611, de 28 de Março de 1967, publicado no Diário do Governo, I Série, N.º 74, de 28 de Março de 1967, e tornado extensivo às então Províncias Ultramarinas pela Portaria n.º 23.088, de 26 de Dezembro de 1967, publicada no Suplemento ao Boletim Oficial n.º 6, de 12 de Fevereiro de 1967. O Código foi recebido na Ordem Jurídica Guineense pela Lei n.º 1/ /73, de 24 de Setembro, por não estar em contradição com a soberania nacional, a Constituição da República, as suas leis ordinárias, nem com os princípios e objectivos do Partido Africano da Independência da Guiné e Cabo Verde (P.A.I.G.C.).

do credor ficam melhor salvaguardados pois o terceiro que negoceie a coisa posteriormente ao registo da acção terá que proceder à sua restituição, nos termos gerais dos artigos 289.º e 291.º do CC. Por exemplo, suponha--se que o devedor, A, simulou uma doação de um bem a B, seu amigo. Posteriormente, o credor, C, intentou uma acção de nulidade da referida doação, por simulação absoluta. Se, entretanto, B alienar o bem a D, terceiro, por compra e venda, este ficará protegido, ou seja, mesmo que o tribunal venha a declarar a nulidade da doação realizada por A a B, por simulação, por força do art. 291.º o terceiro subadquirente, D, estará protegido, por ter adquirido a título oneroso. No entanto, se o credor C registar a acção, a sentença de nulidade produzirá efeitos *erga omnes*, atingindo também o subadquirente D. Com efeito, a partir do registo da acção de nulidade, a sentença tornará ineficazes todos os actos posteriores realizados sobre o bem.

Na verdade, a possibilidade de efectuar o registo da acção de nulidade constitui uma das principais vantagens desta acção, na medida em que o credor adquire a absoluta segurança da oponibilidade da decisão aos terceiros adquirentes do bem. Essa vantagem não se verifica em todos os meios de conservação da garantia patrimonial, pois, como veremos adiante, é debatida pela doutrina a possibilidade de registo da acção de impugnação pauliana, que parte da doutrina e da jurisprudência considera uma acção pessoal, sendo, por esse motivo, insusceptível de registo.

7. SUB-ROGAÇÃO DO CREDOR AO DEVEDOR

7.1. Noção

Artigo 606.º
(Direitos sujeitos à sub-rogação)
1. Sempre que o devedor o não faça, tem o credor a faculdade de exercer, contra terceiro, os direitos de conteúdo patrimonial que competem àquele, excepto se, por sua própria natureza ou disposição da lei, só puderem ser exercidos pelo respectivo titular.
2. A sub-rogação, porém, só é permitida quando seja essencial à satisfação ou garantia do direito do credor.

Outro meio de conservação da garantia patrimonial é a sub-rogação, prevista nos artigos 606.º e seguintes do CC. Neste caso, ao contrário da acção de nulidade, não temos um acto do devedor, mas sim uma falta de acção da parte deste, ou seja, uma situação em que o devedor podia ter agido de maneira a beneficiar a sua situação patrimonial ou a evitar a produção de um prejuízo e não o fez, pelo que a lei consente que o credor se substitua ao devedor, actuando no seu lugar.

Por exemplo, supondo que A é credor de B de um milhão de FCFA, e, por sua vez, B é credor de C no valor de 500.000 FCFA, só que B não exige de C o pagamento. A, na qualidade de credor de B, pode sub-rogar-se a este e exigir de C o pagamento da quantia em dívida. Contudo, na sequência do exercício da sub-rogação, o terceiro (C) deve ainda cumprir perante o seu credor, isto é, B, e não perante o credor sub-rogante, na medida em que, como veremos, a sub-rogação não constitui a favor do credor que a exerce nenhuma preferência de pagamento. O que acontece é que aquela prestação efectuada pelo terceiro vai beneficiar o património do devedor, aumentando o seu activo, e, nessa altura, qualquer dos seus credores pode exercer os seus direitos contra esse património.

A sub-rogação do credor ao devedor é uma das fórmulas atribuídas por lei ao credor para reagir contra a inacção do devedor, que, como resulta do exemplo acima, também é susceptível de causar prejuízo ao credor. Assim, a acção sub-rogatória *"consiste em o credor se substituir ao devedor no exercício de direitos que a este competem"*[182].

Convém recordar que a sub-rogação não é o único meio colocado à disposição do credor para reagir contra certas omissões do devedor no exercício de direitos. Por exemplo, se o devedor for titular de um direito de crédito contra terceiro que não exerce, o credor pode recorrer à penhora ou ao arresto do direito de crédito, nos termos do Código de Processo Civil, o que faz com que o devedor deixe de ter direito a receber a prestação. Neste caso, o terceiro deverá cumprir à ordem do próprio tribunal, o que constitui uma segurança ainda maior para o credor, na medida em que como a prestação não chega a entrar na esfera de acção do devedor, este nem sequer tem a possibilidade de a dissipar[183]. Não obstante, nem sempre o credor poderá recorrer à penhora ou ao arresto pois, por um lado, pode acontecer que o direito que o devedor não exerce não seja um direito de crédito contra terceiro, e, por outro lado, podem não se verificar os pressupostos para o arresto ou para a penhora.

---

[182] Cf. ADRIANO PAES DA SILVA VAZ SERRA, *Responsabilidade patrimonial*, ob. cit., p. 153.

[183] Cf. ADRIANO PAES DA SILVA VAZ SERRA, *Responsabilidade patrimonial*, ob. cit., p. 158.

7.2. Modalidades

A acção sub-rogatória pode ser directa ou indirecta.

Na sub-rogação directa o credor age em substituição do devedor e os resultados da sua acção apenas o beneficiam a ele. Aqui o credor actua no lugar do devedor, exigindo directamente a um terceiro que cumpra a obrigação perante ele, credor, em vez de cumprir perante o devedor, o que lhe permite pagar-se directamente do seu crédito. Nesta ordem de ideias, o credor que actua em sub-rogação directa tem uma espécie de preferência de pagamento sobre os restantes pelos bens que receber do terceiro, pois tais bens servem para ressarcir directamente o seu direito[184].

As hipóteses de sub-rogação directa são, segundo o entendimento generalizado da doutrina, excepcionais, pelo que dependem de consagração legal. É o caso do art. 794.º do CC (*commodum* de representação), bem como o previsto no art. 1181.º, n.º 2, do CC, para o mandato sem representação. Todavia, o exemplo mais ilustrativo consiste na possibilidade de o senhorio exigir ao subarrendatário o pagamento de rendas devidas ao arrendatário, quando, tanto um como o outro, se encontrem em mora relativamente à sua obrigação. No caso da Guiné-Bissau, esta possibilidade encontra-se prevista no artigo 69.º da Lei do Inquilinato[185-186]. Neste caso, o devedor da renda (arrendatário) é também credor de renda em relação ao subarrendatário. Se ambos (arrendatário e subarrendatário) estiverem em mora quanto ao pagamento da renda, o senhorio, na qualidade de credor do arrendatário, tem a faculdade de se sub-rogar a este na exigência ao subarrendatário do pagamento da renda que este deve, podendo exigir que esse pagamento lhe seja feito directamente, em vez de ser feito ao arrendatário.

A sub-rogação directa visa a satisfação do direito do credor, sendo nessa medida que constitui uma preferência de pagamento, isto é, pelo simples facto de o credor se pagar directamente a partir da prestação do terceiro, que não chega sequer a entrar na esfera jurídica do devedor, ou

---

[184] Cf. Luís Manuel Teles de Menezes Leitão, *Garantias das obrigações*, ob. cit., p. 62.

[185] Aprovada pelo Decreto n.º 13-A/89, de 9 de Junho, publicado no 2.º Suplemento ao Boletim Oficial n.º 23, de 9 de Junho de 1989.

[186] "Artigo 69.º da LI: Se tanto o arrendatário como o subarrendatário estiverem em mora quanto às respectivas dívidas de renda, o senhorio pode exigir do sublocatário o que este dever até ao montante do seu próprio crédito."

melhor, que apenas entra na esfera jurídica do devedor após a satisfação do direito do credor sub-rogante e se sobrar alguma coisa depois dessa satisfação. Por exemplo, supondo que a renda devida pelo arrendatário é de 300.000 FCFA e que a renda devida pelo subarrendatário é de 200.000 FCFA, o senhorio pode exigir ao subarrendatário, por sub-rogação ao arrendatário, seu devedor, sendo que nesse caso as quantias pagas pelo subarrendatário devem ser entregues directamente ao senhorio, não passando pela esfera jurídica do arrendatário.

Ao invés, na sub-rogação indirecta ou oblíqua o credor age na qualidade de *substituto processual* do devedor, pelo que todos os demais credores beneficiam dos resultados da acção, na medida em que a prestação efectuada pelo terceiro é recebida directamente no património do devedor, onde pode ser atingida pela acção de qualquer um dos seus credores. É esta segunda modalidade que está consagrada no art. 606.º do CC, nos termos da qual o resultado da acção sub-rogatória consiste no benefício da situação patrimonial do devedor, a qual pode ser alvo de acção por parte de qualquer credor. Assim, a sub-rogação indirecta visa meramente a conservação da garantia patrimonial do credor, mas, em termos práticos, a acção do credor sub-rogante poderá servir para atribuir vantagem a qualquer outro credor daquele mesmo devedor.

As vantagens da sub-rogação directa em relação à sub-rogação indirecta são essencialmente duas: em primeiro lugar, não podem ser invocadas contra o credor as excepções pessoais do devedor; e, em segundo lugar, os efeitos decorrentes da sub-rogação aproveitam apenas e directamente ao credor sub-rogante, e não aos demais credores[187]. Por ser mais gravosa, Vaz Serra considerava que apenas era de admitir a sub-rogação directa nos casos especialmente consagrados na lei, pois aí tratar-se-á de situações em que manifestamente existe uma relação especial entre o direito de crédito do credor sub-rogante e o direito do devedor em relação ao terceiro, sendo que apenas então se justifica a atribuição do privilégio ao credor[188].

---

[187] Cf. ADRIANO PAES DA SILVA VAZ SERRA, *Responsabilidade patrimonial*, ob. cit., p. 189.

[188] Cf. ADRIANO PAES DA SILVA VAZ SERRA, *Responsabilidade patrimonial*, ob. cit., p. 190.

7.3. Razão de ser

Pode questionar-se a legitimidade dos credores para actuar no lugar do devedor, quando este não o quis fazer. É que as pessoas, no âmbito do comércio jurídico, têm o direito de abdicar ou renunciar a situações de vantagem, bem como a prejudicar o seu activo, sem que tenham de dar satisfações a ninguém. Não obstante, actualmente o Código Civil adoptou o entendimento que dá prevalência à posição do credor e ao seu interesse em ressarcir o seu crédito.

Acerca deste problema, parece-nos pertinente citar uma passagem dos ensinamentos de Vaz Serra, para demonstrar a legitimidade da acção sub-rogatória[189]:

"Se o património do devedor é, como se usa dizer, garantia comum dos seus credores, parece razoável que os credores possam defender-se contra a inacção do seu devedor, de que resulte perder-se, diminuir ou deixar de aumentar o seu património. O devedor pode não ter interesse em praticar actos destinados a evitar a diminuição do seu património ou a acrescentá-lo, por saber que com isso apenas lucrarão os seus credores; ou pode ser só negligente, com prejuízo para estes. As consequências da sua inacção serão suportadas mais pelos credores do que por ele mesmo ou serão, em todo o caso, suportadas por eles e é, por isso, justo que os credores sejam autorizados a substituir-se ao devedor, praticando, no lugar dele, os actos de que depende a conservação ou até o aumento do património.".

Com efeito, as pessoas são livres de exercer ou não os seus direitos e de não aumentar o seu património. No entanto, o credor também tem, em contrapartida, o direito de actuar com vista à conservação da sua garantia patrimonial, na medida em que é aí que ele pode actuar para satisfazer os seus direitos contra o devedor, uma vez que não pode, hoje em dia, atingir a própria pessoa deste.

Todavia, o direito do credor deve ser cuidadosamente cerceado pela lei por limites que salvaguardem a liberdade do devedor. Com efeito, não pode a acção sub-rogatória *"conduzir a uma excessiva restrição da liber-*

---

[189] Cf. ADRIANO PAES DA SILVA VAZ SERRA, *Responsabilidade patrimonial*, ob. cit., p. 157.

dade do devedor, a uma invasão abusiva da sua esfera de actividade"[190]. De modo que, *"Há, pois, que, firmando embora o princípio de que os credores podem exercer, pelo devedor, os direitos deste, excluir aqueles direitos cujo exercício se traduziria numa insuportável imiscuição dos credores na vida do seu devedor"*[191].

A lei procede a um equilíbrio entre os interesses em conflito: por um lado, o interesse do devedor em não querer agir, e, por outro, o interesse do credor em satisfazer o seu crédito. O credor pode agir, substituindo-se ao devedor, desde que não se trate de actos que consubstanciem o exercício de uma actividade pessoal, reservada exclusivamente ao devedor por ser inerente à esfera íntima da sua pessoa.

7.4. Âmbito de aplicação. Requisitos

No Direito Francês e no Direito Italiano diz-se que, através da sub-rogação, o credor pode exercer todos os direitos e acções do seu devedor[192]. Segundo Vaz Serra, à primeira vista, não há necessidade de falar em direitos e acções, na medida em que só quem tem o direito tem acção, pelo que, se tem direito exerce sempre o direito, e não tanto a acção[193].

Mesmo quando se trata de uma obrigação plural do lado passivo, parece de admitir a sub-rogação do credor ao devedor. Era esse o entendimento plasmado no n.º 5 do artigo 3.º do Anteprojecto do Código Civil de Vaz Serra, que consagrava expressamente que o credor se podia sub-rogar ao devedor solidário, ainda que os restantes devedores solidários fossem solventes[194]. Tal possibilidade justifica-se porque o património geral daquele devedor solidário também constitui garantia patrimonial do credor, até porque os outros devedores podem, entretanto, ficar insolventes.

---

[190] Cf. ADRIANO PAES DA SILVA VAZ SERRA, *Responsabilidade patrimonial*, ob. cit., pp. 157 e 158.

[191] Cf. ADRIANO PAES DA SILVA VAZ SERRA, *Responsabilidade patrimonial*, ob. cit., p. 158.

[192] Cf. ADRIANO PAES DA SILVA VAZ SERRA, *Responsabilidade patrimonial*, ob. cit., p. 162.

[193] Cf. ADRIANO PAES DA SILVA VAZ SERRA, *Responsabilidade patrimonial*, ob. cit., p. 162.

[194] Cf. ADRIANO PAES DA SILVA VAZ SERRA, *Responsabilidade patrimonial*, ob. cit., p. 192.

A acção sub-rogatória (indirecta) tem uma função conservativa da garantia patrimonial na medida em que os seus efeitos se produzem directamente no património do devedor, através da entrada ou da recondução de bens ao seu património, ou ainda da não diminuição deste. Só depois de os bens se encontrarem no património do devedor é que o credor pode instaurar a acção executiva[195], mas, tal como o credor sub-rogante o pode fazer, também qualquer outro credor é livre de atingir esses bens pela via executiva, na medida em que a partir do momento em que entram na esfera patrimonial do devedor constituem garantia geral das suas dívidas – cf. art. 601.º do CC.

A faculdade de o credor agir por meio de sub-rogação depende do preenchimento de três requisitos cumulativos, nomeadamente:

1) Omissão do exercício de direitos de conteúdo patrimonial;
2) O direito em causa não pode ter um carácter pessoal;
3) Essencialidade da sub-rogação.

Relativamente ao *primeiro requisito*, o credor pode reagir contra a inacção do devedor relativamente ao exercício dum direito cujo conteúdo seja patrimonial, isto é, passível de avaliação pecuniária. Este requisito é exigido porque também a responsabilidade do devedor é meramente patrimonial, nos termos do art. 601.º do CC. Portanto, o credor não tem interesse em agir relativamente a direitos do devedor que não lhe tragam um efectivo benefício do ponto de vista económico, nem tão pouco em relação a bens impenhoráveis, que são insusceptíveis de responder pelo cumprimento da obrigação.

A lei delimita ainda este direito do credor, determinando que ele não pode exercer os direitos do devedor que sejam de carácter pessoal, isto é, não pode agir quando se trate de situações cuja natureza só admite a acção do próprio titular, ou em que a lei vede a actuação por parte de outra pessoa (segundo requisito).

Este primeiro requisito impede que os credores possam administrar os bens do devedor. Esta é uma faculdade que compete em exclusivo ao próprio devedor, titular do seu património, e na qual os credores não podem interferir, salvo nos casos extremos de acção executiva ou de falência, em que a apreensão forçada dos bens põe em causa o poder de

---

[195] Cf. ADRIANO PAES DA SILVA VAZ SERRA, *Responsabilidade patrimonial*, ob. cit., p. 159.

administração do devedor. Isto, apesar de já em meados do século XX a jurisprudência francesa admitir, sem grande dificuldade, que os credores podiam hipotecar ou arrendar bens do devedor[196], considerando mesmo que, nalguns casos, essa administração poderia ser bastante benéfica para a garantia patrimonial. Não obstante, aqui estamos no campo da plena liberdade do devedor, pois a acção do credor só é permitida na medida em que o comportamento do devedor, activo ou omissivo, prejudique a sua garantia patrimonial, o que em princípio não acontece na administração dos bens.

Este requisito era já discutido por Vaz Serra, que distinguia a acção sub-rogatória consoante através desta o credor:

a) Tirasse consequências de um acto já praticado pelo devedor ou exercesse um direito já adquirido por ele; ou

b) Celebrasse actos jurídicos em nome do devedor, fazendo-o adquirir novos direitos.

Vaz Serra não admitia a sub-rogação pelos credores em relação aos actos dispostos na alínea b), antes considerando que a acção sub-rogatória teria de consistir sempre no exercício dum direito pré-existente na esfera jurídica do devedor. Neste sentido, os credores apenas poderiam actuar quanto aos *"direitos e às acções do devedor contra terceiros"*[197].

Tem, portanto, que estar em causa o exercício de um direito pré-existente, isto é, que o devedor já tenha adquirido na sua esfera jurídica, pelo que o credor não pode agir com vista à constituição duma situação jurídica nova na esfera jurídica do devedor. Assim, por exemplo, não pode através da sub-rogação aceitar uma proposta contratual que tenha sido dirigida ao devedor, porque isso daria azo à constituição de uma situação absolutamente nova, não se podendo falar aqui num direito pré-existente mas sim de um direito a adquirir[198]. Por isso, supondo que A dirige a B, devedor de C, uma proposta contratual de doação (cf. art. 940.º do CC) de 200.000 FCFA, o credor C está impedido de se sub-rogar ao seu devedor na aceitação de tal proposta. Com efeito, neste

---

[196] Cf. ADRIANO PAES DA SILVA VAZ SERRA, *Responsabilidade patrimonial*, ob. cit., p. 161.

[197] Cf. ADRIANO PAES DA SILVA VAZ SERRA, *Responsabilidade patrimonial*, ob. cit., p. 162.

[198] Cf. MÁRIO JÚLIO DE ALMEIDA COSTA, *Direito das obrigações*, ob. cit., p. 783.

caso, o devedor B não é ainda titular do direito sobre os 200.000 FCFA, pelo que a aceitação da proposta por sub-rogação iria fazer entrar na sua esfera jurídica um direito absolutamente novo, o que não é admissível neste meio de conservação da garantia patrimonial.

Por esta razão, entende-se que os credores só podem actuar quando se trate do exercício dum direito pré-existente na esfera jurídica do devedor, como é o caso, por exemplo, da aceitação de uma herança, mas não podem *"criar uma situação inteiramente nova"*, estando-lhes vedado, por esse motivo, actos como a aceitação duma proposta contratual[199]. Relativamente à aquisição de direitos não se admite a sub-rogação, pois são actos que só o devedor pode protagonizar, que é titular duma esfera *"completamente livre"*[200]. O devedor tem capacidade de exercício, não se encontra sujeito à representação ou tutela de ninguém, nem dos seus credores em particular.

Contudo, Vaz Serra já admite que o credor se sub-rogue ao devedor no exercício de direitos potestativos, isto é, que geram a aquisição dum direito *novo*, quando estes direitos decorram duma relação jurídica anterior. O autor exemplifica esta situação com o exercício do direito de requerer a declaração de anulabilidade[201], na medida em que aqui está em causa um direito potestativo que vai gerar uma situação nova – constitui a anulabilidade duma situação jurídica – mas decorre dum acto pré-existente, que foi a celebração do negócio jurídico anulável por parte do devedor.

Outro caso de sub-rogação para o exercício de um direito potestativo consiste na resolução unilateral de um contrato. Por exemplo, suponhamos que o devedor tem uma casa arrendada, mas que o arrendatário há já vários meses que não cumpre a sua obrigação de pagar a renda. Neste caso, o senhorio tem direito de resolver o contrato, nos termos da *alínea a)* do n.º 1 do artigo 45.º da Lei do Inquilinato. Este direito tem conteúdo patrimonial, uma vez que a resolução do contrato permitirá que a casa deixe de estar onerada com o arrendamento. O arrendamento consubstancia, em termos práticos, um ónus, já que se for vendido judicialmente um

---

[199] Cf. ADRIANO PAES DA SILVA VAZ SERRA, *Responsabilidade patrimonial*, ob. cit., p. 162.

[200] Cf. ADRIANO PAES DA SILVA VAZ SERRA, *Responsabilidade patrimonial*, ob. cit., p. 162.

[201] Cf. ADRIANO PAES DA SILVA VAZ SERRA, *Responsabilidade patrimonial*, ob. cit., pp. 164 e seguintes.

bem arrendado o seu valor é bastante inferior ao que teria se tal arrendamento não existisse. Por outro lado, o facto de o senhorio se conformar com a falta de pagamento de rendas pode suscitar um problema de boa fé, decorrente da tutela da confiança do arrendatário, e impedir que aquele contrato possa ser mais tarde resolvido unilateralmente pelo senhorio. Sendo assim, o credor tem todo o interesse em exercer este direito de resolução, que, apesar de ser um direito potestativo, decorre de uma relação jurídica pré-existente, que é o contrato de arrendamento.

Outro caso poderá ser a sub-rogação para o exercício do direito de resolução do contrato de mútuo, em caso de incumprimento da obrigação de pagamento dos juros pelo mutuário, nos termos do artigo 1150.º do CC, ou no caso geral de incumprimento de outras obrigações do mutuário, nos termos gerais do n.º 2 do artigo 801.º do CC. Outra situação pode ser ainda a resolução do contrato de mandato ao abrigo do disposto no n.º 2 do artigo 1170.º ou no n.º 2 do art. 801.º do CC. Por hipótese, suponhamos que se trata de um mandato oneroso em que o mandatário incumpriu os seus deveres, havendo, assim, justa causa para extinguir unilateralmente o contrato de mandato. Neste caso, o credor terá interesse em sub-rogar-se ao devedor/mandante no exercício do direito de resolução na medida em que a resolução tem eficácia retroactiva (cf. artigos 433.º e 289.º) e daí resulta que o devedor/mandante não será obrigado a pagar a retribuição, além de que terá direito a uma indemnização por parte do mandatário em virtude do incumprimento das suas obrigações contratuais.

Através da sub-rogação o credor pode também exercer o direito de resolução do contrato de compra e venda a prestações, ao abrigo da 1.ª parte do artigo 934.º do CC, bem como invocar a exigibilidade antecipada das prestações vincendas, nos termos da 2.ª parte do mesmo preceito.

À partida, outra situação em que se admite a sub-rogação é o exercício do direito de contestar uma acção judicial. Se bem que, neste caso, mais se poderia falar no exercício de um ónus, do que propriamente de um direito, uma vez que, não contestando, o réu se sujeita aos efeitos cominatórios resultantes do disposto nos artigos 483.º e seguintes do Código de Processo Civil. Imagine-se, por exemplo, que foi intentada contra o devedor uma acção declarativa de condenação no cumprimento de uma dívida, por hipótese, o pagamento do preço num contrato de compra e venda, e que aquele não contestou, apesar de o contrato ser nulo ou anulável, ou apesar de ser legítima a invocação da excepção de não cumprimento. Neste caso, o credor poderá sub-rogar-se ao devedor, contestando no seu lugar e invocando os meios de defesa que vão impedir a diminuição da garantia patrimonial decorrente de uma sentença condenatória. Este, porém, será um dos casos em que o credor não deverá poder agir logo no início do prazo da contestação, suponhamos, logo no primeiro dia, na medida em que é preciso dar ao devedor/réu a oportunidade de ele próprio se defender. Mas se o prazo estiver prestes a esgotar-se, já parece legítimo atribuir ao credor esse direito, sob pena de prejuízo para a sua garantia patrimonial.

Também a este respeito, coloca-se a questão de saber se o credor só pode actuar por via da sub-rogação no caso de inacção do devedor, ou se também o poderá fazer em caso de negligência da parte deste no exercício dos seus direitos de conteúdo patrimonial.

A questão da negligência do devedor no exercício de um direito tem particular relevância nos casos em que esse direito deve ser exercido dentro de um determinado prazo, findo o qual o direito caduca. É que, nesta hipótese, o devedor tem até ao último dia do prazo para exercer o direito. Porém, se não se conceder ao credor a possibilidade de se sub--rogar antes do fim do prazo, após o decurso deste já será tarde demais. Ora, a partir do momento em que o exercício do direito corre perigo, pela demora por parte do devedor em fazê-lo, parece que se justifica admitir ao credor o recurso à acção sub-rogatória.

Do mesmo modo, se o devedor começar a exercer um direito, mas depois for negligente, é defensável que o credor se possa ainda aqui sub-rogar. Por exemplo, supondo que o devedor intentou uma acção judicial exigindo a condenação do réu no pagamento de uma dívida e que este contestou, mas o devedor/autor depois não replicou, apesar de existirem razões para tal.

Todavia, segundo Vaz Serra, o credor só pode exercer a acção sub--rogatória se estivermos perante a pura inacção do devedor, e já não no caso de este actuar com negligência[202], a não ser que se trate de uma negligência *"suficientemente grave para pôr em perigo sério a realização prática do direito do credor"*. Assim, havendo acção do devedor, mesmo que com falta de diligência, não pode o credor agir, salvo quando seja uma negligência susceptível de pôr em causa *"a realização prática"* da satisfação do crédito. Do mesmo modo, considera que se o devedor tem um prazo para agir, e se esse prazo ainda não expirou, o credor só pode actuar a sub-rogação depois de findo o prazo sem acção do devedor,

---

[202] Cf. ADRIANO PAES DA SILVA VAZ SERRA, *Responsabilidade patrimonial*, ob. cit., p. 180.

desde que haja ainda a possibilidade de praticar o acto uma vez findo o prazo.

Diversamente, Almeida Costa equipara à inacção aqueles actos em que o devedor exerce negligentemente um direito, de maneira que isso causa um risco para a sua garantia patrimonial[203]. Este autor acaba, porém, por não se afastar propriamente do entendimento propugnado por Vaz Serra, uma vez que entende que, para agir quando haja negligência do devedor, e não mera inacção, o credor tem de demonstrar o seu interesse na sub-rogação.

No que diz respeito ao *segundo requisito*, determina-se que o credor pode exercer um direito do devedor que este não esteja a exercer, *salvo se, pela sua natureza ou por disposição legal, aquele direito só puder ser exercido pelo seu titular.*

A ressalva final do n.º 1 do art. 606.º consubstancia o limite legal para o credor se imiscuir no exercício de direitos do devedor, uma vez que ele não pode exercer aqueles direitos cuja natureza implique que só podem ser exercidos pelo seu titular, ou em que a própria lei estabelece que apenas o titular do direito o pode exercer. Ficam, portanto, imunes à acção sub-rogatória, o exercício de, por um lado, *direitos de natureza pessoal*, e, por outro, de *direitos cujo exercício seja reservado por lei ao respectivo titular.*

Já Vaz Serra se pronunciava acerca da necessidade de excluir da sub-rogação certos direitos, apesar de patrimoniais, nos casos em que estes devessem ser exclusivamente exercidos pelo titular do direito[204], considerando abrangidas por esta ressalva as seguintes situações:

1) Acções relativas ao estado das pessoas;

São acções relativas ao estado das pessoas o divórcio, a separação judicial de pessoas e bens, a interdição, a anulação do casamento, a impugnação de paternidade, a anulação do reconhecimento dum filho natural, a revogação da doação entre casados, etc. Porém, em relação às duas últimas, Vaz Serra não deixava de admitir a possibilidade, excepcional, da sub-rogação, quando não houvesse um interesse superior da família

---

[203] Cf. MÁRIO JÚLIO DE ALMEIDA COSTA, *Direito das obrigações*, ob. cit., p. 854.
[204] Cf. ADRIANO PAES DA SILVA VAZ SERRA, *Responsabilidade patrimonial*, ob. cit., pp. 166 e seguintes.

que se opusesse à sub-rogação. Assim, se os herdeiros do filho podem intentar a acção de reconhecimento da paternidade, parece que o devem igualmente poder fazer os credores do filho[205].

Em regra, o credor também não pode revogar uma doação por ingratidão do donatário, porque se trata de um acto reservado ao doador[206].

2) *Acções que pressupõem a apreciação dum interesse moral digno de consideração;*

Inserem-se nesta categoria, por exemplo, a revogação da doação, a separação judicial de bens, etc.

Uma questão debatida pela doutrina é a de saber se, tendo o devedor sido vítima da prática de um facto ilícito, sem que tenha exigido do autor desse facto a indemnização a que tem direito nos termos do n.º 1 do art. 483.º do CC, pode o credor sub-rogar-se a ele nesse pedido. Para esta questão, Vaz Serra avança a seguinte distinção:

– Se a indemnização tiver como fundamento a violação de bens morais do devedor, não se permite a sub-rogação;
– Se se tratar de indemnização devido a ofensas na integridade física (entendida, aqui, em sentido amplo) *"aqui, não parece haver qualquer melindre em admitir a acção sub-rogatória"*[207], mas neste caso tal indemnização somente poderá abranger os danos patrimoniais.

Todavia, mesmo nesta segunda possibilidade, Vaz Serra acaba por demonstrar relutância em aceitar a sub-rogação, na medida em que o devedor lesado pode não querer ver a sua vida discutida no tribunal, ou pode querer perdoar o agressor, caso em que este seu interesse é legítimo e deveria, em princípio, prevalecer sobre o interesse do credor[208]. Por

---

[205] Cf. ADRIANO PAES DA SILVA VAZ SERRA, *Responsabilidade patrimonial*, ob. cit., p. 167.

[206] É discutível a admissibilidade da revogação da doação no caso de ingratidão com fundamento na *alínea a)* do art. 2034.º do CC, na medida em que neste caso a lei permite aos herdeiros do doador a revogação da doação. Sendo assim, este direito não é exclusivamente reservado ao doador, admitindo-se o seu exercício pelos herdeiros, mas apenas nesta hipótese. Cf. o disposto no n.º 3 do artigo 976.º do CC.

[207] Cf. ADRIANO PAES DA SILVA VAZ SERRA, *Responsabilidade patrimonial*, ob. cit., p. 169.

[208] Cf. ADRIANO PAES DA SILVA VAZ SERRA, *Responsabilidade patrimonial*, ob. cit., p. 170.

isso, Vaz Serra acaba por concluir que caberá à jurisprudência decidir o problema, casuisticamente[209]. Aderimos, pela nossa parte, a este segundo entendimento no sentido de vedar a sub-rogação do credor no pedido de indemnização por responsabilidade civil nos termos do art. 483.º, n.º 1, do CC, pelos motivos indicados, isto é, pela necessidade de salvaguardar interesses legítimos do devedor, destacando-se, entre estes, o interesse em não ver a sua vida discutida em tribunal.

Em todo o caso, e indo mais longe neste raciocínio, parece duvidoso que o credor possa agir contra a inacção do devedor relativamente a qualquer pedido de indemnização por responsabilidade civil, e não apenas em relação à responsabilidade pela prática de facto ilícito. Com efeito, o devedor tem o interesse legítimo de não querer ver a sua vida discutida em tribunal, e pode mesmo recusar-se a colaborar na acção. Sendo assim, pensamos que, em regra, não deve ser admitida ao credor a acção de sub-rogação nestes casos. Não obstante, excepcionalmente, podem surgir situações que admitam a sub-rogação do credor, desde que em qualquer hipótese fiquem devidamente salvaguardados os legítimos interesses do devedor. Neste ponto, terá de ser a jurisprudência, como defendia Vaz Serra, a determinar quais as situações excepcionais em que tal poderá acontecer.

Outra questão que se coloca é a de saber se o credor se pode sub-rogar ao devedor para requerer a anulabilidade de um negócio jurídico. Em relação à nulidade, os credores podem requerer a sua declaração, pois são *interessados*, nos termos do artigo 286.º do CC. Relativamente à anulabilidade, como já se viu, o direito de a requerer é um direito potestativo que resulta de uma relação jurídica pré-existente, pelo que se admite ao credor a sub-rogação dentro dos prazos previstos no artigo 287.º do CC[210].

O problema está em saber se o credor pode requerer a anulabilidade quando esteja em causa um interesse moral do devedor digno de consideração, ou que ele tenha interesse em não ver discutido[211]. Com efeito,

---

[209] Cf. ADRIANO PAES DA SILVA VAZ SERRA, *Responsabilidade patrimonial*, ob. cit., p. 170.

[210] É de salientar que se o devedor confirmar o negócio jurídico já não estaremos perante uma omissão, mas sim uma efectiva actuação da sua parte, a qual é, em princípio, susceptível de impugnação pauliana nos termos dos artigos 610.º e seguintes do CC.

[211] Cf. ADRIANO PAES DA SILVA VAZ SERRA, *Responsabilidade patrimonial*, ob. cit., p. 170.

por hipótese, supondo que o negócio jurídico se encontra viciado de coacção moral, por o terceiro ter ameaçado o devedor de contar a terceiros algo que o envergonha, ele pode ter um interesse legítimo em que tais factos não venham a público. Neste caso, apesar de estar em causa o exercício de um direito potestativo resultante de relação jurídica pré-existente, o que permite o preenchimento do primeiro requisito, não parece que se possa preencher o segundo requisito, na medida em que há que salvaguardar o interesse legítimo do devedor em não debater o assunto na praça pública. Nesta ordem de ideias, deverá entender-se que está em causa o exercício de um direito que, pela sua natureza, está reservado ao respectivo titular.

Da análise dos dois primeiros requisitos podemos estabelecer os seguintes critérios para aferir da legitimidade do credor para a sub-rogação:

1.º Tem que se estar perante o exercício de direitos com valor patrimonial, isto é, susceptíveis de avaliação pecuniária e em relação aos quais a ordem jurídica permita a sua equivalência por uma quantia monetária;
2.º Esse direito com valor patrimonial tem de ser susceptível de reverter em benefício dos credores, nomeadamente, têm que estar em causa bens penhoráveis;
3.º Tem que se tratar de direitos que podem ser exercidos por pessoa diferente do seu titular, isto é, em que a lei não exclui o seu exercício por outras pessoas, ou em que da própria natureza do direito não decorre a inviabilidade do seu exercício por outrem.

Por fim, o *terceiro requisito* estabelece que a sub-rogação só pode ser exercida pelo credor quando isso seja essencial para a sua satisfação ou para a sua garantia.

Neste sentido, a sub-rogação tem de ser relevante ou indispensável para assegurar o direito do credor, que tem de ter um interesse efectivo na sub-rogação por si encetada. Este requisito é particularmente importante uma vez que, enquanto na declaração de nulidade o credor reage contra actos de diminuição patrimonial, em que é mais fácil discernir o interesse do credor, na sub-rogação o credor actua perante a inacção do devedor, com vista a assegurar que o património deste não vai diminuir ou de modo a aumentar este património. Portanto, não há aqui um acto do devedor contra o qual alguém se insurge, mas sim uma omissão do devedor, no sentido de que este nada fez, mas, se tivesse feito, daí decorreria um benefício para o seu património e, por essa via, também para o credor. Há, então, maior incerteza do tribunal para poder dar razão ao credor, daí a necessidade de o credor demonstrar o seu interesse na procedência da sub-rogação.

Por esta razão, Vaz Serra considera que não há interesse legítimo do credor se o devedor estiver solvente: *"... se o devedor está manifestamente solvente, a acção sub-rogatória deve ser rejeitada"*[212]. Note-se, contudo, que este autor não exige como requisito para a sub-rogação a insolvência do devedor. Antes parece que se pretende é evitar uma repressão desnecessária da esfera jurídica do devedor, pois aqui existe sempre latente o conflito entre o interesse do devedor em não praticar um certo acto e o interesse do credor em conservar a sua garantia patrimonial. Nestes termos, a sub-rogação só deverá ser autorizada quando as vantagens resultantes do seu exercício sejam suficientes para se sobrepor ao prejuízo para a liberdade do devedor.

Em todo o caso, a exigência deste terceiro requisito denota uma maior exigência da sub-rogação em relação à declaração de nulidade, embora se considere que o mesmo é preenchido, por exemplo, com o risco de insolvência do devedor.

Uma vez que o art. 606.º não exige que se verifique a insolvência do devedor, o credor não tem de demonstrar que da ausência do exercício do direito resulta este estado de insolvência. No entanto, ele deve demonstrar que tem interesse na procedência da sub-rogação, na medida em que daí resulta um benefício para a esfera patrimonial do seu devedor e que o património do devedor constitui a garantia geral do cumprimento das suas obrigações – cf. art. 601.º do CC. Assim, mesmo que a acção seja intentada por um credor com garantia especial, este pode ainda exercer a acção sub-rogatória, porque mesmo nesse caso o património do devedor constitui a sua garantia geral nos termos gerais do art. 601.º do CC.

7.4.1. *Credor a prazo ou condicional*

Tratando-se de credor a prazo ou cujo crédito se encontra dependente da verificação de condição, os requisitos da sub-rogação assumem algumas especialidades.

---

[212] Cf. ADRIANO PAES DA SILVA VAZ SERRA, *Responsabilidade patrimonial*, ob. cit., p. 173.

Já segundo Vaz Serra, a sub-rogação *"não deve ser recusada em absoluto aos credores cujos créditos ainda não estejam vencidos"*, pois trata-se de créditos certos não exigíveis, desde que revelem um interesse efectivo na acção[213].

Actualmente, o Código Civil resolve o problema no artigo 607.º:

Artigo 607.º
(Credores sob condição suspensiva ou a prazo)
O credor sob condição suspensiva e o credor a prazo apenas são admitidos a exercer a sub-rogação quando mostrem ter interesse em não aguardar a verificação da condição ou o vencimento do crédito".

A lei adoptou o entendimento propugnado anteriormente por Vaz Serra, que afirmava que *"... só deve considerar-se legítima* [a acção de sub-rogação] *quando o credor tem um interesse bastante sério para a justificar"*[214]. Nestes termos, só não se admite a sub-rogação por parte dos credores meramente eventuais, mas admite-se no caso de credores cuja direito ainda não se venceu e, bem assim, nos casos em que o seu direito ainda não se constituiu por se encontrar subordinado a uma condição suspensiva.

O exercício da sub-rogação não depende da data de constituição do crédito, que tanto pode ser anterior como posterior à aquisição do direito do devedor que o credor pretende exercer[215].

7.5. Sub-rogação em primeiro grau e sub-rogação em segundo grau

Coloca-se a questão de saber se, para além da sub-rogação em primeiro grau, deve ou não ser admitida a sub-rogação em segundo grau. Fala-se na sub-rogação em primeiro grau quando o credor se sub-roga ao devedor com vista a exercer um direito deste contra um terceiro. Por sua

---

[213] Cf. ADRIANO PAES DA SILVA VAZ SERRA, *Responsabilidade patrimonial*, ob. cit., p. 175.
[214] Cf. ADRIANO PAES DA SILVA VAZ SERRA, *Responsabilidade patrimonial*, ob. cit., p. 176.
[215] Cf. ADRIANO PAES DA SILVA VAZ SERRA, *Responsabilidade patrimonial*, ob. cit., p. 176.

vez, a sub-rogação em segundo grau ocorre quando o credor se sub-roga não ao seu devedor, mas sim ao devedor do seu devedor, com vista ao exercício de um direito que este tem contra terceiro.

Por exemplo, supondo que A é credor de B pelo montante de 500.000 FCFA e que, por sua vez, C deve a B 300.000 FCFA, correspondentes a uma dívida já vencida mas que o credor B ainda não reclamou. Além disso, A contraiu perante D um empréstimo que não pagou na data do seu vencimento.

Não há dúvida que A pode, por meio da acção sub-rogatória, exigir de C os 300.000 FCFA. A questão que aqui se coloca é de saber se pode D, credor de A, exercer a acção sub-rogatória, e, em nome de B, exigir de C aqueles 300.000 FCFA. Note-se que neste caso D é credor de A, mas não é credor de B. Por esse motivo, se D se sub-rogar a A na exigência de pagamento a B, temos sub-rogação em primeiro grau. Diferentemente, se D se sub-rogar a B na exigência de pagamento a C temos já sub-rogação em segundo grau uma vez que o credor não se substitui ao devedor, mas antes ao devedor do seu devedor.

Relativamente a este problema, Vaz Serra admite que o credor do credor pode também recorrer a este direito, de carácter patrimonial[216], exemplificando com a situação das sublocações sucessivas, em que o senhorio está autorizado a substituir-se ao locatário e aos sublocatários que existam na interpelação para o pagamento de rendas.

Pensamos que deve ser esta a resposta a dar a este problema, até porque a lei não coloca restrições ao exercício da sub-rogação nestes termos. Se, no exemplo acima, A é devedor de D, pode este (D) exercer os direitos que lhe assistem na qualidade de credor de B. Um desses direitos é a possibilidade de A se substituir a B na exigência do cumprimento da obrigação a C. Ora, se A não exercer este seu direito de se sub-rogar ao seu devedor, parece que nada obsta a que D, seu credor, actue, na inacção de A, seu devedor, nos termos gerais do art. 606.º do CC.

---

[216] Cf. ADRIANO PAES DA SILVA VAZ SERRA, *Responsabilidade patrimonial*, ob. cit., p. 171.

7.6. Citação do devedor

O artigo 608.º determina o seguinte:

Artigo 608.º
(Citação do devedor)
Sendo exercida judicialmente a sub-rogação, é necessária a citação do devedor.

Por meio da sub-rogação, o credor pode exercer, quer por via judicial, quer extrajudicialmente, os direitos do devedor. A possibilidade de sub-rogação extrajudicial resulta implicitamente da interpretação *a contrarium sensu* do disposto no art. 608.º, onde a lei refere a necessidade de citação do devedor *"no caso de a sub-rogação ser exercida judicialmente"*, donde se retira, por interpretação contrária, que pode dar-se o caso do exercício extrajudicial da sub-rogação.

A razão de ser da exigência de citação do devedor no caso de sub-rogação judicial reside no facto de o credor estar a exercer um direito do seu devedor, pelo que se pretende assegurar que a decisão será processualmente eficaz em relação a este, bem como que este poderá vir ao processo dizer o que lhe convier[217]. Porém, tal como já foi assinalado, nem sempre o credor tem de recorrer aos meios judiciais para operar a sub-rogação[218]. Assim, apenas em caso de recurso aos meios judiciais para o exercício da sub-rogação é que será obrigatória a citação do devedor.

Se depois de o credor intentar a acção de sub-rogação o devedor resolver exercer, ele mesmo, o direito em questão, esse facto faz suspender ou cessar a acção do credor, uma vez que deixa de se preencher um dos requisitos, que é a própria inacção do devedor[219]. Contudo, tenha-se em consideração a possibilidade de o credor agir em sub-rogação no caso de exercício negligente do direito por parte do devedor, conforme anteriormente referido.

Perante o exercício da sub-rogação, o terceiro demandado pelo credor em substituição do devedor omisso, pode naturalmente invocar em sua

---

[217] Cf. ADRIANO PAES DA SILVA VAZ SERRA, *Responsabilidade patrimonial*, ob. cit., p. 178.

[218] Neste sentido, cf. ADRIANO PAES DA SILVA VAZ SERRA, *Responsabilidade patrimonial*, ob. cit., p. 179.

[219] Cf. ADRIANO PAES DA SILVA VAZ SERRA, *Responsabilidade patrimonial*, ob. cit., p. 179.

defesa todos os meios que pudesse arguir perante o próprio devedor[220]. Assim, este não é prejudicado pelo facto de não ser o seu credor, mas antes um credor do seu credor a exercer o direito, uma vez que o credor actua em substituição do seu devedor, isto é, como se fosse o próprio titular do direito.

7.7. Efeitos da sub-rogação

Os efeitos da sub-rogação encontram-se previstos no artigo 609.º do CC. Desta disposição resulta que a sub-rogação aproveita a todos os credores, não atribuindo qualquer preferência de pagamento ao credor sub-rogante. O exercício do direito por parte deste permite uma entrada patrimonial na esfera jurídica do devedor, da qual se pode aproveitar qualquer credor através de instauração da competente acção executiva, na medida em que o património do devedor constitui garantia comum de todos os credores – cf. artigo 601.º do CC.

Assim o estabelece o artigo 609.º:

Artigo 609.º
(Efeitos da sub-rogação)
A *sub-rogação exercida por um dos credores aproveita a todos os demais.*

O credor exerce um direito do devedor, e não um direito próprio, daí que a consequência do exercício deste direito seja a mesma que haveria se tivesse sido o próprio devedor a actuar[221]. Assim, a sub-rogação beneficia, do mesmo modo, todos os credores. Havendo, no entanto, justo receio de que o devedor possa dissipar esses bens, é legítimo ao credor recorrer a outros meios conservatórios, tal como o arresto.

---

[220] Cf. Luís Manuel Teles de Menezes Leitão, *Garantias das obrigações*, ob. cit., p. 65.

[221] À data de elaboração do Código Civil, não era essa a única solução ponderada. Com efeito, chegou-se a considerar que, uma vez que o credor sub-rogante fez um esforço acrescido relativamente aos outros credores, se justificaria a atribuição de uma preferência de pagamento resultante daquela sub-rogação. Sobre este assunto, cf. Adriano Paes da Silva Vaz Serra, *Responsabilidade patrimonial*, ob. cit., p. 187, onde conclui, a páginas 189, que se afigura mais justo que o efeito da acção aproveite sempre a todos os credores.

Poderia, não obstante, questionar-se se o regime da sub-rogação estabelecido pelo art. 606.º é, efectivamente, o da sub-rogação indirecta, e não também o da sub-rogação directa. A dúvida pode resultar da leitura do n.º 2 deste artigo, onde se diz que *"a sub-rogação, porém, só é permitida quando seja essencial à satisfação ou garantia do direito do credor"*. Com efeito, se o intuito da lei fosse meramente o de referir a sub-rogação indirecta, bastaria, nesse caso, dizer que a sub-rogação teria de ser essencial à garantia do direito do credor, na medida em que por essa via este seria um mero meio conservatório da garantia patrimonial. No entanto, ao falar aqui também na satisfação do direito do credor, suscita-se a dúvida sobre se não se está a abranger também a sub-rogação directa, em que o credor obtém o ressarcimento imediato do seu crédito com o exercício do direito do seu devedor.

Uma possibilidade de interpretação podia ser a de considerar que, no art. 606.º a lei se ocupou do instituto da sub-rogação, em geral, abrangendo quer a sub-rogação directa, quer a sub-rogação indirecta ou oblíqua. Todavia, tal seria contraditório com o restante regime jurídico constante desta subsecção II, na medida em que o artigo 609.º determina expressamente que a sub-rogação aproveita a todos os credores, e não apenas ao credor sub-rogante. Parece, pois, que o artigo 606.º abarca exclusivamente a sub-rogação indirecta, e não já a sub-rogação directa.

Existe, nesta medida, alguma incoerência entre o n.º 2 do art. 606.º, quando refere a satisfação do direito do credor sub-rogante, e o disposto no art. 609.º, quando esclarece que a sub-rogação não cria nenhuma preferência a favor do credor sub-rogante. Julgamos no entanto que ambas as normas devem ser objecto de uma interpretação sistemática, de modo a serem compatibilizadas, entendendo que, quando o n.º 2 do art. 606.º refere a satisfação do direito do credor, essa expressão significa que o credor, com os bens que entram ou deixam de sair do património do devedor, pode obter a satisfação do seu crédito, sem prejuízo de os demais credores o poderem igualmente fazer, nos termos do art. 609.º.

Como o devedor é citado na acção (no caso de sub-rogação judicial), o caso julgado produz efeitos contra este, e, consequentemente, também em relação aos seus credores[222].

Uma questão colocada pela doutrina é a de saber o que acontece se, depois de o credor se sub-rogar, o devedor celebrar com o terceiro uma

---

[222] Cf. ADRIANO PAES DA SILVA VAZ SERRA, *Responsabilidade patrimonial*, ob. cit., p. 186.

transacção. Segundo Vaz Serra, uma vez que a acção sub-rogatória não retira ao devedor a liberdade de dispor sobre os seus bens, esta transacção pode acontecer e é oponível ao credor[223]. Se o credor considerar que aquele acto do devedor o prejudica, poderá atacá-lo por meio de impugnação pauliana, nos termos dos artigos 610.º e seguintes do CC.

7.8. Questões duvidosas

A doutrina questiona se é legítimo ao credor renunciar à acção sub-rogatória. O exercício da acção sub-rogatória consubstancia um direito patrimonial[224], pelo que, nesta matéria, nada obsta à possibilidade de renúncia. Note-se, porém, que o credor não poderá fazer uma renúncia antecipada a este direito, por esta se encontrar proibida nos termos gerais do artigo 809.º do CC.

Outra questão que se debate é a de saber se o devedor pode autorizar o credor a exercer a acção sub-rogatória nos casos ressalvados pela lei? Nomeadamente, se o pode fazer nas situações em que o exercício do direito, pela sua natureza ou pela própria lei, se encontra reservado ao titular.

Em princípio, nestas situações estamos perante interesses de ordem pública, pelo que fica inviabilizada a possibilidade de o devedor autorizar o credor a sub-rogar-se no seu lugar. Até porque, se esta situação fosse admitida, poderia o credor, aproveitando-se da sua situação de superioridade, pressionar o devedor a autorizar esta acção, o que seria de todo contrário aos objectivos e aos valores tutelados pelo ordenamento jurídico[225]. A autonomia privada é, neste caso, sacrificada em prol da tutela do devedor, que poderia ser pressionado a entrar num acordo prejudicial aos seus interesses.

---

[223] Cf. ADRIANO PAES DA SILVA VAZ SERRA, *Responsabilidade patrimonial*, ob. cit., p. 182.

[224] Cf. ADRIANO PAES DA SILVA VAZ SERRA, *Responsabilidade patrimonial*, ob. cit., p. 172.

[225] No mesmo sentido, cf. ADRIANO PAES DA SILVA VAZ SERRA, *Responsabilidade patrimonial*, ob. cit., pp. 172 e 173.

7.9. Previsão geral e previsões especiais de sub-rogação

Muito embora a sub-rogação indirecta seja uma figura geral nos termos do art. 606.º, ou seja, que é aplicável em qualquer situação que preencha os requisitos aí exigidos, nalguns casos, a própria lei determinou a possibilidade de o credor se sub-rogar indirectamente ao seu devedor, exercendo um direito que lhe assiste.

Assim, no artigo 305.º do CC permite-se que os credores invoquem a prescrição de um débito do devedor, mesmo nos casos em que o próprio devedor tenha renunciado à prescrição. A invocação da prescrição é um direito que assiste ao devedor e cujo exercício lhe traz um benefício patrimonial, na medida em que a dívida deixa de ser judicialmente exigível – cf. art. 304.º, n.º 2, do CC. Se, porém, o devedor não invocar a prescrição da dívida, podem os seus credores fazê-lo no seu lugar, por meio da sub-rogação.

Se o devedor, para além de não ter invocado a prescrição, tiver renunciado a esta, pode ainda o credor reagir, só que não por meio de sub-rogação e sim por via da impugnação pauliana. É que nesta hipótese não há uma mera inacção do devedor, há uma efectiva actuação da sua parte, que consiste na declaração de renúncia. Ao renunciar à prescrição o devedor faz com que a dívida continue a ser civil e não possa ser transformada em dívida natural por via da invocação da prescrição. Ora, perante esta renúncia do devedor, o credor pode reagir desde que demonstre que se preenchem os requisitos para a procedência da impugnação pauliana (cf. artigos 610.º e seguintes do CC), fazendo com que aquela renúncia seja ineficaz em relação à sua pessoa.

Outra previsão legal específica de sub-rogação consta do artigo 2067.º do CC, que estabelece que, se o devedor repudiar a herança, os seus credores podem aceitá-la, em seu nome, nos termos dos artigos 606.º e seguintes. O art. 2067.º contém uma remissão para o regime jurídico da acção sub-rogatória[226], donde resulta, desde logo, que o credor do repu-

---

[226] A maioria dos ordenamentos jurídicos reconhece ao credor a possibilidade de se sub-rogar ao devedor afim de aceitar a herança. É apenas de destacar o sistema alemão, onde a sub-rogação não é permitida, por se entender que o direito de aceitar ou repudiar a herança é exclusivamente pessoal do devedor, não podendo este ser substituído por outra pessoa no seu exercício. Sustentando solução diversa, cf. ADRIANO PAES DA SILVA VAZ SERRA, *Responsabilidade patrimonial*, ob. cit., pp. 163 e 164. e n.r. 605. Vaz Serra

diante só se pode sub-rogar a este para aceitar a herança desde que se preencha o requisito da essencialidade contido no n.º 2 do artigo 606.º. Com efeito, relativamente aos outros dois requisitos exigidos naquele artigo, parece ser de dispensar a sua análise, na medida em que é a própria lei que determina que o credor tem o direito de se sub-rogar. Isto significa que o direito de aceitar a herança é um direito de conteúdo patrimonial que o devedor não exerceu (primeiro requisito) e que não se trata de um direito inseparável, pela lei ou pela sua natureza, do seu titular (segundo requisito). Sendo assim, resta apenas aferir do preenchimento do terceiro requisito, isto é, compete ao credor demonstrar que a aceitação da herança é essencial para o ressarcimento futuro do seu direito de crédito[227].

Regime jurídico algo parecido era consagrado no âmbito do Código de Seabra, cujo artigo 2040.º admitia um pedido de autorização judicial de aceitação, donde se concluía que, para poder haver aceitação da herança, era necessário primeiro a anulação do repúdio[228]. A norma actualmente constante do artigo 2067.º do CC afasta-se, no entanto, da proposta feita por Inocêncio Galvão Telles, onde se estabelecia que ao credor competia intentar uma acção de impugnação pauliana do repúdio, com o que se produzia a aceitação da herança. Nestes termos, esta outra alternativa dava mais relevância à destruição do repúdio, pois com essa destruição, automaticamente, produzia-se a aceitação da herança pelos credores. Diversamente, o actual regime põe a tónica na sub-rogação para aceitar, sem ser preciso uma prévia destruição do repúdio antes da aceitação da herança[229].

Estamos perante uma excepção ao princípio da pessoalidade, na medida em que, normalmente, apenas o próprio herdeiro é que pode aceitar ou repudiar a herança[230].

---

realça que, de facto, o devedor podia ter morrido antes do autor da sucessão, mas, se não foi assim que aconteceu, e se a herança constitui um valor patrimonial que poderia auxiliar a cumprir perante os credores, não se justifica falar aqui em direito exclusivamente pessoal do devedor.

[227] Cf. José de Oliveira Ascensão, *Direito civil. Sucessões*, 5ª ed., Coimbra, Coimbra editora, 2000, p. 434.

[228] Neste sentido, cf. Rabindranath Capelo de Sousa e José António de França Pitão, *Código Civil e legislação complementar*, Volume II, Coimbra, Almedina, 1979, p. 1136.

[229] Cf. Rabindranath Capelo de Sousa e José António de França Pitão, *Código Civil e legislação complementar*, Volume II, ob. cit., p. 1136.

[230] Neste sentido, cf. Rabindranath Capelo de Sousa e José António de França Pitão, *Código Civil e legislação complementar*, Volume II, ob. cit., p. 1134.

A sub-rogação do credor afim de aceitar a herança em substituição do repudiante opera nos termos do artigo 1469.º do Código de Processo Civil, que determina que esta aceitação deve ter lugar na *"acção em que, pelos meios próprios, os aceitantes deduzam o pedido dos seus créditos contra o repudiante e contra aqueles para quem os bens passaram por virtude do repúdio"*.

A aceitação da herança não é equivalente ao acto de aceitação de uma doação, por exemplo, na medida em que a herança entra automaticamente na esfera jurídica dos herdeiros por força do falecimento do *de cujus*. Diferentemente, como já referimos, o credor não se pode sub-rogar ao devedor para aceitar uma proposta contratual de doação. A situação é diversa da aceitação da herança, uma vez que a aceitação por parte do herdeiro vem apenas *confirmar* aquela entrada patrimonial que já se produziu na esfera jurídica do devedor[231]. Diferentemente, no caso de proposta de doação, o bem não entra directamente na esfera jurídica do destinatário da proposta, que é antes titular de um direito potestativo de aceitar ou não a proposta que recebeu.

A qualificação legal constante do art. 2067.º do CC em relação à sub-rogação suscita, no entanto, sérias dúvidas à doutrina, na medida em que neste caso falha um dos pressupostos essenciais da acção sub-rogatória, que consiste na inacção do devedor. Com efeito, ao invés, temos aqui um acto do devedor donde resultou um prejuízo patrimonial, que foi precisamente o repúdio da herança, o qual, à partida, deveria ser susceptível de impugnação pauliana, e não de acção sub-rogatória. Não obstante, não é essa a determinação legal, ao admitir ao credor a sub-rogação e ao remeter para os artigos 606.º e seguintes. Esta remissão afigura-se absolutamente necessária pois, a não ser assim, não se poderiam aplicar aqueles artigos devido ao não preenchimento do primeiro requisito (inacção do devedor).

Além disso, outro aspecto do regime instituído pelo artigo 2067.º que não se coaduna com o regime geral da sub-rogação reside no n.º 3 daquele preceito, nos termos do qual, após serem pagos os credores do devedor repudiante, os bens remanescentes não vão para a esfera jurídica do devedor, mas sim para os herdeiros imediatos. Este regime colide com o disposto no art. 609.º, donde resulta que tais bens deveriam entrar e permanecer na esfera jurídica do devedor. Portanto, em sede de aceitação da herança, o acto da aceitação só é eficaz perante os credores, mas não

---

[231] Neste sentido, cf. ADRIANO PAES DA SILVA VAZ SERRA, *Responsabilidade patrimonial*, ob. cit., pp. 162 e 163.

perante o devedor/herdeiro repudiante. Para este, é como se não houvesse aceitação, daí que nada receba na sua esfera jurídica, mesmo que sobrem bens depois do pagamento aos credores sub-rogantes. A razão de ser deste regime parece ser o direito que o devedor tem de dizer que não quer receber a herança de uma determinada pessoa, por motivos que são exclusivamente pessoais dele. Por isso, não pode ser obrigado a receber a herança, mas já lhe pode ser imposto que a parte dessa herança que seja suficiente para pagar aos credores seja afecta a estes, se estes a aceitarem, por meio de sub-rogação[232].

Uma questão que deve ser colocada é a de saber se o artigo 2067.º se aplica somente aos casos de repúdio, previstos nos termos dos artigos 2062.º e seguintes, ou também ao caso de caducidade do direito de aceitar a herança, consagrado no artigo 2059.º. Julgamos que o artigo 2067.º se aplica, de igual modo, a ambas as situações, isto é, quer ao repúdio, quer à caducidade de exercício do direito de aceitar a herança, até porque esta caducidade pode em si mesma ser considerada uma forma de repúdio[233]. Por outro lado, mesmo que assim se não entendesse, essa solução impor-se-ia segundo um argumento de maioria de razão. De facto, se o credor se pode sub-rogar ao devedor no caso de este repudiar a herança, o que consubstancia um negócio jurídico unilateral nos termos do qual o devedor//herdeiro declara que não pretende suceder, por maioria de razão o deve também poder fazer quando o devedor nada faz, isto é, quando nem sequer repudia, mas essa sua inacção tem as mesmas consequências que o repúdio. Assim, quem pode o mais (aceitar por meio de sub-rogação em caso de repúdio), pode o menos (aceitar por meio de sub-rogação em caso de inacção que gera a caducidade do direito).

O artigo 2067.º do Código Civil tem semelhanças com outras disposições de Direito comparado, que consagram soluções idênticas. O art. 779.º do *Code Civil* Francês determina que[234]:

---

[232] Cf. ADRIANO PAES DA SILVA VAZ SERRA, *Responsabilidade patrimonial*, ob. cit., p. 164, n.r. 605.

[233] Parece ir no mesmo sentido o entendimento propugnado por JOSÉ DE OLIVEIRA ASCENSÃO, *Direito civil. Sucessões*, ob. cit., p. 431. A dada altura, refere este autor que: *"Do repúdio se distinguem outras formas de «caducidade do direito de suceder», determinadas por lei em consequência de certos actos do sucessível. Já nos não referimos evidentemente à caducidade do direito de suceder pelo não exercício prolongado, nos termos do art. 2059.º."*. Portanto, a caducidade do exercício do direito de aceitar a herança deve ser equiparada ao repúdio.

[234] Disponível em: http://www.legifrance.gouv.fr.

"Les créanciers personnels de celui qui s'abstient d'accepter une succession ou qui renonce à une succession au préjudice de leurs droits peuvent être autorisés en justice à accepter la succession du chef de leur débiteur, en son lieu et place.

L'acceptation n'a lieu qu'en faveur de ces créanciers et jusqu'à concurrence de leurs créances. Elle ne produit pas d'autre effet à l'égard de l'héritier".

Nestes termos, os credores do herdeiro que tiver renunciado à herança ou se tenha abstido de aceitar, em prejuízo dos seus direitos de crédito, podem pedir uma autorização judicial com vista a aceitar a sucessão, na vez e no lugar que cabia ao devedor. Neste caso, porém, o segundo parágrafo determina que a renúncia não é anulada a não ser no que for necessário a favor dos credores e apenas na medida suficiente para ressarcir os seus créditos, não beneficiando, em caso algum, o próprio património do herdeiro. Quer dizer, directamente o herdeiro que renunciou não receberá os bens no seu património, mas pelo menos indirectamente esses bens vão alterar aquele património, uma vez que vão provocar a redução do passivo através do pagamento aos credores.

Por sua vez, o *Codice* Italiano estabelece no artigo 524.º o seguinte[235]:

"Se taluno rinunzia, benché senza frode, a un'eredità con danno dei suoi creditori, questi possono farsi autorizzare ad accettare l'eredità in nome e luogo del rinunziante, al solo scopo di soddisfarsi sui beni ereditari fino alla concorrenza dei loro crediti.

Il diritto dei creditori si prescrive in cinque anni dalla rinunzia."

Nos mesmos termos, este artigo confere ao credor do herdeiro que não aceitou a herança a possibilidade de se fazer autorizar a aceitá-la, na medida do possível para ressarcir o seu crédito, desde que o faça no prazo de cinco anos a contar da renúncia.

Por sua vez, o art. 1001.º do Código Civil Espanhol consagra que[236]:

"Si el heredero repudia la herencia en perjuicio de sus propios acreedores, podrán estos pedir al Juez que los autorice para aceptarla en nombre de aquél.

---

[235] Disponível em http://www.jus.unitn.it/Cardozo/Obiter_Dictum/codciv/Lib2.htm.
[236] Disponível em http://civil.udg.es/normacivil/estatal/CC/3T3C5.htm.

La aceptación sólo aprovechará a los acreedores en cuanto baste a cubrir el importe de sus créditos. El exceso, si lo hubiere, no pertenecerá en ningún caso al renunciante, sino que se adjudicará a las personas a quienes corresponda según las reglas establecidas en este Código."

Também aqui a aceitação da herança por parte dos credores carece de autorização judicial e opera na estrita medida do necessário para o ressarcimento dos respectivos créditos.

Finalmente, o Código Civil Brasileiro determina, em norma idêntica às anteriores, no artigo 1813.º[237]:

"Quando o herdeiro prejudicar os seus credores, renunciando à herança, poderão eles, com autorização do juiz, aceitá-la em nome do renunciante.
§ 1.º ...
§ 2.º Pagas as dívidas do renunciante, prevalece a renúncia quanto ao remanescente, que será devolvido aos demais herdeiros."

Sendo assim, o disposto no artigo 2067.º do Código Civil de 1966 encontra-se em consonância com as soluções de Direito comparado, sendo certo que em nenhum dos artigos anteriores é imposto ao credor o recurso prévio à impugnação pauliana.

A doutrina divide-se quanto à explicação da solução consagrada no artigo 2067.º, nomeadamente quanto à aparente qualificação legal deste regime como sendo uma sub-rogação. Segundo José de Oliveira Ascensão, o que se verifica é que, mesmo com o repúdio, os credores do repudiante não ficam impedidos de se pagarem dos seus créditos com as forças da herança. Todavia, discorda da descrição legal constante do artigo 2067.º, sustentando, em contrapartida, que não há aqui, em sentido próprio, uma aceitação da herança por parte dos credores do repudiante. Com efeito, os credores já não podem aceitar a herança em nome do repudiante, pois esse direito caducou a partir do momento em que se verificou o repúdio[238]. Diferentemente, considera que o que acontece aqui é uma adesão à herança, ou seja, o aparecimento de uma nova dívida que é necessário pagar com as forças da herança, que é a dívida do repudiante ao seu credor.

---

[237] Disponível em http://www.planalto.gor.br/ccivil_03/LEIS/2002/L10406.htm.
[238] Cf. JOSÉ DE OLIVEIRA ASCENSÃO, *Direito civil. Sucessões*, ob. cit., pp. 432 e seguintes.

De acordo com um outro entendimento, a explicação deste regime está numa aceitação tácita e parcial da herança protagonizada pelos credores do repudiante, que apenas opera na medida dos bens suficientes para pagar a estes credores[239]. A aceitação é acompanhada da impugnação do repúdio do devedor, uma vez que apenas a partir dessa impugnação é que é possível a aceitação da herança; impugnação essa que é também parcial, ou seja, apenas na medida suficiente para a satisfação dos credores[240]. Neste caso, subentende-se que os credores, aceitando a herança, estão, ao mesmo tempo, a impugnar o repúdio[241].

Não obstante, apesar de o art. 2067.º remeter para os artigos 606.º e seguintes, é de notar que daí não resulta necessariamente que aqui estejamos perante sub-rogação indirecta, ou, pelo menos, que se trate de um caso de sub-rogação exactamente igual à situação prevista no art. 606.º. Com efeito, o que se diz é apenas que os credores do devedor repudiante podem aceitar a herança em nome deste. Ora, em termos normais, o repúdio da herança constitui um acto passível de impugnação pauliana, na medida em que daí resulta uma diminuição do património do devedor. Mas, em vez de determinar que o repúdio é passível de impugnação pauliana, o art. 2067.º determina que o credor pode aceitar a herança, sem ter que primeiro atacar o acto de repúdio do devedor. Neste sentido, afigura-se que, aos olhos da lei, o repúdio feito pelo devedor não produz quaisquer efeitos perante os seus credores: é como se o devedor não tivesse feito nenhum repúdio. Assim sendo, estamos perante uma ficção legal de que o devedor não repudiou, assim se justificando que o credor se possa ainda substituir ao devedor no acto de aceitação da herança, sem ter primeiro que impugnar aquele repúdio.

O credor pode sub-rogar-se, independentemente da boa ou má fé do próprio repudiante. Com efeito, está em causa a circunstância objectiva de o repúdio prejudicar a garantia patrimonial, pois aquela vantagem patrimonial que podia servir para pagar aos credores vai ser entregue aos herdeiros imediatos. A lei só se interessa pela circunstância objectiva do prejuízo para a garantia do credor, independentemente de haver boa ou má fé do devedor.

---

[239] Cf. RABINDRANATH CAPELO DE SOUSA e JOSÉ ANTÓNIO DE FRANÇA PITÃO, *Código Civil e legislação complementar*, Volume II, ob. cit., p. 1135.
[240] Cf. RABINDRANATH CAPELO DE SOUSA e JOSÉ ANTÓNIO DE FRANÇA PITÃO, *Código Civil e legislação complementar*, Volume II, ob. cit., p. 1135.
[241] Cf. RABINDRANATH CAPELO DE SOUSA e JOSÉ ANTÓNIO DE FRANÇA PITÃO, *Código Civil e legislação complementar*, Volume II, ob. cit., p. 1135.

O credor dispõe somente de seis meses, a contar do conhecimento do repúdio, para aceitar a herança por meio de sub-rogação[242]. Tal prazo justifica-se pela necessidade de certeza nas situações jurídicas, designadamente dos herdeiros imediatos ao repudiante.

Podia questionar-se qual a razão de ser de a lei adoptar uma solução diferente no n.º 2 do art. 305.º e no art. 2067.º do CC? De facto, tratando--se de duas situações análogas, à primeira vista não se compreende muito bem porque é que no caso de renúncia à prescrição o credor tem primeiro que impugnar a declaração de renúncia para depois se sub-rogar na invocação da prescrição, enquanto que em caso de repúdio da herança ele pode, de imediato, sub-rogar-se ao devedor/herdeiro para aceitar a herança, como se aquele repúdio se não tivesse verificado. A razão de ser parece estar no diferente funcionamento da renúncia à prescrição e do repúdio à herança. Com efeito, uma vez decorrido o prazo de prescrição, o devedor pode a todo o tempo renunciar. Diversamente, para aceitar ou não a herança, o herdeiro dispõe de dez anos, a contar do momento em que o sucessível tomou conhecimento de ter sido chamado à sucessão, nos termos do n.º 1 do artigo 2059.º. Ora, daqui se retira que, durante aqueles dez anos, apenas e só o devedor/herdeiro é que pode aceitar a herança, isto é, o credor do devedor não se pode sub-rogar a ele, nos termos gerais, para aceitar a herança antes de decorrido aquele período[243]. Com efeito, enquanto não decorrer o prazo de dez anos, não se pode falar em inacção do devedor, na acepção do artigo 606.º, n.º 1, dado que ele ainda *pode* vir a exercer o direito. Ora, se não se admitisse ao credor a faculdade de se sub-rogar depois de decorridos os dez anos, daí decorreria que ele não seria tutelado se, no fim deste período, caducasse o direito de aceitar a herança, ou se, antes disso, o devedor repudiasse a ela. É nessa sequência que surge, de facto, o disposto no art. 2067.º. Antes de haver repúdio ou caducidade do direito por decurso do prazo de dez anos, o credor nada pode fazer, limitando-se a aguardar pelo comportamento do devedor. Aqui, a liberdade do devedor é plena. Mas, uma vez havendo repúdio ou decurso do prazo, a lei passa a tutelar o credor, admitindo que aquele comportamento do devedor não produza efeitos perante ele, e permitindo a aceitação da herança por meio da sub-rogação.

---

[242] Criticando o prazo excessivamente longo de cinco anos estabelecido no Código Civil Italiano, cf. ADRIANO PAES DA SILVA VAZ SERRA, *Responsabilidade patrimonial*, ob. cit., p. 167, n.r. 205.

[243] Neste sentido, cf. ADRIANO PAES DA SILVA VAZ SERRA, *Responsabilidade patrimonial*, ob. cit., p. 163.

Uma questão discutida pela doutrina é a de saber se é também permitida a sub-rogação do credor na aceitação de um legado, nos termos definidos pelo art. 2067.º. Com efeito, também aqui o credor não se poderá sub-rogar ao devedor para aceitar o legado, devendo aguardar para ver o que o devedor fará, dentro do prazo que lhe é concedido para se pronunciar. Ora, uma vez que aos legados é aplicável o regime jurídico da aceitação e do repúdio da herança, nos termos do art. 2249.º do CC, o credor poderá igualmente recorrer ao regime constante do art. 2067.º em caso de repúdio ou de caducidade por decurso do prazo[244].

No mesmo sentido, Vaz Serra[245] considera que, como a lei admite a sub-rogação para aceitar a herança, deve igualmente permiti-la para os legados. Com efeito, não parece justificar-se a restrição da sub-rogação ao caso da herança. E, mesmo que se entendesse que a remissão do art. 2249.º não abarcava a norma do art. 2067.º, sempre haveria uma lacuna, a integrar por analogia com a solução legal para a aceitação da herança, que é um caso análogo, nos termos dos n.ºs 1 e 2 do artigo 10.º do CC.

Com Vaz Serra, parece que neste caso *"não há inconveniente em autorizar a acção sub-rogatória"*[246], na medida em que a razão de decidir no caso da aceitação da herança por sub-rogação é a mesma que para a aceitação do legado, donde esta última dever ser admitida nos termos gerais dos artigos 2067.º e 606.º e seguintes do CC.

8. IMPUGNAÇÃO PAULIANA

8.1. Noção. Generalidades

Um dos mais importantes meios de conservação da garantia patrimonial é a impugnação pauliana, designada no Direito Romano por *actio pauliana*[247]. Nessa altura, a acção pauliana assumia um carácter penal,

---

[244] Criticando a técnica legal de remissão aplicada no artigo 2249.º, cf. JOSÉ DE OLIVEIRA ASCENSÃO, *Direito civil. Sucessões*, ob. cit., p. 425.
[245] Cf. ADRIANO PAES DA SILVA VAZ SERRA, *Responsabilidade patrimonial*, ob. cit., p. 168.
[246] Cf. ADRIANO PAES DA SILVA VAZ SERRA, *Responsabilidade patrimonial*, ob. cit., p. 168.
[247] A origem da designação *pauliana* deve-se ao facto de esta acção ter sido criada por Paulus, um pretor romano que considerou ser um delito a fraude cometida pelos devedores em relação aos credores quando procediam à dissipação dos seus bens. Cf. LUÍS MENEZES LEITÃO, *Direito das Obrigações*, Volume II, ob. cit., p. 301.

pois a dissipação do património era considerada como um delito por parte do devedor. A consequência da procedência da *actio pauliana* era a obrigação de restituir os bens pelo devedor e pelo terceiro que com este tivesse negociado. O fundamento desta obrigação de restituir era o facto de se entender que o terceiro que negociava com o devedor enriquecia sem causa, à custa do credor desse mesmo devedor. O instituto sobreviveu à evolução histórica, muito embora tenha perdido o seu carácter penal, mantendo-se com efeitos meramente no âmbito civil.

No Código de Seabra esta figura era designada de acção pauliana ou acção revogatória ou rescisória. Diversamente, no Código actual, entendeu-se que aquela segunda denominação podia dar azo a algumas dúvidas, na medida em que a consequência da procedência da impugnação pauliana não é a revogação nem a rescisão do acto praticado pelo devedor, mas apenas a ineficácia deste acto em relação ao credor impugnante, daí que tenha sido utilizada uma expressão diversa.

Hoje em dia, o credor pode reagir por meio de impugnação pauliana quer contra a primeira acção efectuada pelo devedor, quer contra as acções posteriores do terceiro com quem ele tenha negociado em relação a outros terceiros ou subadquirentes, nos termos do art. 613.º do CC.

A impugnação pauliana constitui, nas palavras de Pedro Romano Martinez e de Pedro Fuzeta da Ponte, *"uma acção declarativa desviante, nomeadamente, de um princípio basilar do direito das obrigações: o da responsabilidade patrimonial"*[248]. Com efeito, a lei permite que um acto praticado pelo devedor seja ineficaz em relação ao credor, admitindo que este possa executar bens que entretanto se transmitiram para a esfera jurídica do terceiro. Esta possibilidade justifica-se por um de dois motivos: ou porque o terceiro adquiriu algo a título gratuito, e, em regra, a lei não protege os adquirentes a título gratuito em caso de conflito com titulares de outros interesses legítimos; ou porque, embora tenha adquirido a título oneroso, o fez de má fé, isto é, com a consciência de que esse seu acto iria prejudicar o credor da pessoa com quem negociava.

Portanto, em caso de procedência da impugnação pauliana, o credor pode atingir o património de um terceiro, ao abrigo do disposto na parte final do artigo 818.º do CC[249], na medida em que o acto por via do qual os bens entraram na esfera jurídica do terceiro foi objecto de impugnação.

---

[248] Cf. PEDRO ROMANO MARTINEZ e PEDRO FUZETA DA PONTE, *Garantias de cumprimento*, ob. cit., p. 16.

[249] Não obstante, o artigo 818.º do CC não se restringe aos casos de impugnação pauliana, abrangendo a todo e qualquer meio utilizado pelo credor para pôr em causa a

A razão de ser da admissibilidade da impugnação pauliana reside no facto de os actos do devedor causarem prejuízo ao credor, e não na validade ou invalidade destes actos. Com efeito, das duas uma: ou existe, do ponto de vista objectivo, um prejuízo do credor decorrente do facto de ter saído da esfera jurídica patrimonial do seu devedor um determinado bem *a título gratuito*, ou seja, sem qualquer contrapartida; ou, do ponto de vista subjectivo, existe um prejuízo para o credor resultante do facto de o devedor ter actuado conciliado com o terceiro, que, embora tenha adquirido um bem a título oneroso, se encontrava de *má fé*, sabendo que tal acto iria impedir o ressarcimento do direito de crédito do credor. Como veremos adiante, o âmbito dos efeitos da impugnação pauliana é variável de acordo com o maior ou menor envolvimento que o terceiro tenha tido na diminuição da garantia patrimonial do credor, e, em particular, em atenção à boa ou má fé da sua parte.

A impugnação pauliana não se confunde com a sub-rogação, sendo dois meios de conservação da garantia patrimonial completamente diversos. Conforme refere Mário Júlio de Almeida Costa[250], uma coisa são actos de renúncia do devedor, através dos quais este faz sair do seu património determinados direitos, que são diversos das simples inacções, que se limitam a impedir a entrada de direitos. No primeiro caso o credor deve recorrer à impugnação pauliana, no segundo pode sub-rogar-se ao devedor e actuar, na omissão deste.

Este autor dá o seguinte exemplo: se o devedor não invocar a prescrição duma dívida, o credor pode sub-rogar-se e fazer essa invocação no lugar do devedor; porém, se o devedor renunciar à prescrição, o credor só pode actuar através da impugnação pauliana, na medida em que ocorreu um acto do devedor mediante o qual ele renunciou ao exercício dum direito que lhe assistia.

Nestes termos, a impugnação pauliana consiste numa reacção do credor contra actuações do devedor que, de uma forma ou de outra, diminuem a sua garantia patrimonial. Em regra, embora nem sempre, o credor, através da impugnação pauliana, reage contra actos válidos praticados pelo devedor. O credor apenas é autorizado a reagir contra actos do seu

---

aquisição do bem pelo terceiro. Nessa ordem de ideias, o art. 818.º é igualmente aplicável quando o credor requer a declaração de nulidade de um negócio jurídico celebrado entre o devedor e um terceiro, nos termos do artigo 605.º.

[250] Cf. Mário Júlio de Almeida Costa, *Direito das Obrigações*, ob. cit., p. 857, n.r. 1.

devedor que afectem o seu património *responsável*, uma vez que nem todo o património do devedor responde pela totalidade das suas obrigações. Assim, por exemplo, se o comportamento do devedor prejudicou os bens que pertencem a um património separado e por esse motivo não podem ser chamados a garantir o crédito de um determinado credor, não pode este reagir contra aquele comportamento. A razão de ser é evidente: se o credor não pode agir contra aquele património separado em sede de acção executiva, por maioria de razão também não pode recorrer aos meios de conservação desse património, dado que não faz parte da sua garantia patrimonial. Do mesmo modo, o comportamento do devedor sobre bens impenhoráveis, nos termos da lei adjectiva, não é susceptível de impugnação pauliana.

São exemplos de actos passíveis de impugnação pauliana um contrato de compra e venda, um contrato de doação, a assunção de uma dívida, a renúncia a um direito, entre muitos outros. No caso do contrato de doação, é óbvio o interesse do credor em impugnar o acto, uma vez que se verifica a saída de um activo patrimonial da esfera jurídica do devedor, sem que haja uma contrapartida económica correspondente por parte do terceiro donatário. Não obstante, mesmo tratando-se da celebração de um negócio jurídico oneroso, como é o caso da compra e venda, pode haver interesse do credor em impugnar o acto, quando ele tenha motivos para crer que o devedor apenas pretendeu alhear-se do bem e receber o preço com vista a dissipá-lo. É que, mesmo havendo uma contrapartida económica para a saída de um bem, o certo é que o dinheiro é sempre algo que é mais fácil ao devedor sonegar do que o próprio bem.

A impugnação pauliana é aplicável, quer se trate de actos praticados a título gratuito, quer a título oneroso, e normalmente dirige-se a actos do devedor que se apresentam como válidos. Em princípio, *"não estamos em face de actos nulos ou de inactividades do devedor quanto ao exercício dos seus direitos"*, aos quais se aplicam o recurso à declaração de nulidade ou à sub-rogação[251]. Todavia, como já referimos, nada obsta a que o credor impugne também actos do devedor que sejam nulos. O que sucede é que, no caso de impugnação pauliana de um acto inválido, o tribunal não pode apreciar a validade ou a invalidade de tal acto, podendo apenas pronunciar-se quanto à sua eficácia ou não perante o credor, pois é esse o pedido que este efectua ao tribunal[252]. No mesmo sentido se pronunciou

---

[251] Cf. MÁRIO JÚLIO DE ALMEIDA COSTA, *Direito das Obrigações*, ob. cit., p. 856.

[252] Sobre esta questão, conferir, por exemplo, o acórdão do STJ Português de 24/10/2002, disponível em www.dgsi.pt.

o STJ Português, no seu acórdão de 2 de Março de 2004[253], onde considerou que *"A impugnação pauliana é um meio que a lei faculta ao credor para atacar judicialmente actos, válidos ou nulos, onerosos ou gratuitos, que não sejam de natureza pessoal, celebrados pelo seu devedor com a finalidade de o prejudicar (art.ᵒˢ 610 e 615, do CC)"*.

8.2. Requisitos da impugnação pauliana

Artigo 610.º
(Requisitos gerais)
Os actos que envolvam diminuição da garantia patrimonial do crédito e não sejam de natureza pessoal podem ser impugnados pelo credor, se concorrerem as circunstâncias seguintes:
   a) *Ser o crédito anterior ao acto ou, sendo posterior, ter sido o acto realizado dolosamente com o fim de impedir a satisfação do direito do futuro credor.*
   b) *Resultar do acto a impossibilidade, para o credor, de obter a satisfação integral do seu crédito, ou agravamento dessa impossibilidade.*

Os requisitos da impugnação pauliana não resultam apenas do disposto no artigo 610.º, sendo necessário conciliar esta disposição com o artigo 612.º, de maneira a aferir de todas as condições essenciais para a procedência da acção, que são as seguintes:

1) Acto do devedor que diminui a garantia patrimonial do crédito e que não seja de natureza pessoal;
2) Direito de crédito anterior ao acto, ou, sendo posterior, que o acto tenha sido praticado dolosamente com o intuito de prejudicar o futuro credor;
3) Acto do devedor de natureza gratuita, ou, sendo oneroso, que haja má fé do alienante e do adquirente;
4) É necessário que do acto resulte a impossibilidade de o credor obter a satisfação integral do crédito ou o agravamento dessa impossibilidade.

---

[253] Disponível em www.dgsi.pt.

8.2.1. Acto do devedor que diminua a garantia patrimonial do crédito e que não seja de natureza pessoal

Neste primeiro requisito, a lei expressamente exige que se trate de uma acção, e não de uma omissão do devedor, como no caso da sub-rogação. A acção do devedor pode ser impugnada na medida em que coloque em causa a garantia patrimonial do credor, ou porque aumenta o passivo do devedor, ou porque diminui o seu activo. Assim, a impugnação pauliana aplica-se a quaisquer actos de disposição patrimonial por parte do devedor, ou seja, qualquer acto que este pratique que provoque uma diminuição do seu acervo patrimonial[254].

A referência aos actos de diminuição da garantia patrimonial abrange somente os actos jurídicos, e, dentro destes, os actos de disposição praticados pelo devedor. A doutrina considera que a impugnação pauliana não é o meio adequado para reagir a actos materiais do devedor, tais como a *"destruição, danificação, ou ocultação de bens do património pelo devedor"*[255]. Nestes casos, o credor pode agir através de arresto, por exemplo, actuando preventivamente contra o comportamento do devedor passível de pôr em causa a sua garantia patrimonial. A razão de ser de não se permitir aqui a impugnação pauliana é o facto de esta se encontrar funcionalizada para permitir ao credor atacar certos actos jurídicos negociais praticados pelo devedor, o que exclui, à partida, os actos meramente materiais.

Não obstante, é de referir que, a uma primeira observação, o art. 610.º não parece colocar nenhum obstáculo à impugnação pauliana de actos materiais do devedor, pois refere, amplamente, *"os actos que envolvam diminuição da garantia patrimonial"*. Dito nestes termos, poderíamos ser levados a concluir pelo entendimento contrário, na medida em que, por exemplo, a destruição intencional de um computador ou de um automóvel pelo devedor constitui um acto seu que envolve a diminuição da garantia patrimonial, já que antes daquela destruição, existia um activo, o qual se perdeu por força da actuação do devedor.

---

[254] Cf. Luís Menezes Leitão, *Direito das Obrigações*, Volume II, ob. cit., p. 303. Segundo este autor, são exemplos de actos do devedor que diminuem a garantia patrimonial do credor as seguintes situações: doação de um imóvel, remissão de uma dívida, assunção duma dívida de outra pessoa, prestação duma garantia, constituição de uma hipoteca, dação em pagamento, constituição de um usufruto, etc.

[255] Neste sentido, cf. João Eduardo Cura Mariano Esteves, *Impugnação pauliana*, Lisboa, Universidade Católica Portuguesa, 2004, p. 68.

No entanto, esta conclusão é, de facto, meramente aparente, pois a solução contrária resulta da análise do regime jurídico da impugnação pauliana. Os efeitos desta acção constam do art. 616.º, nos termos do qual se estabelece que, sendo procedente a impugnação, o credor tem direito *"à restituição dos bens na medida do seu interesse, podendo executá-los no património do obrigado à restituição e praticar os actos de conservação da garantia patrimonial autorizados por lei"*. Assim, é de notar que a consequência resultante da procedência da impugnação pauliana é que o negócio jurídico celebrado entre o devedor e o terceiro é ineficaz em relação à pessoa do credor, de forma que tudo se passa como se os bens ainda se encontrassem na esfera jurídica do devedor e aí pudessem ser atingidos pelo credor. Ora, tratando-se já de um acto material, tal efeito não pode produzir-se na medida em que o bem já não existe como tal – por exemplo, no caso de ter sido destruído ou escondido pelo devedor, em que não é possível ao credor exigir a sua restituição. Sendo assim, verifica-se que a principal consequência desta acção é tornar o acto jurídico praticado pelo devedor ineficaz perante o credor, pelo que tal efeito não é adequado à reacção contra actos materiais do devedor, ainda que susceptíveis de prejudicar o credor. Assim sendo, por força de uma interpretação sistemática dos artigos 610.º e 616.º, deve fazer-se uma interpretação restritiva dos actos susceptíveis de impugnação pauliana, sendo estes apenas os actos jurídicos, e não também os actos materiais.

Por outro lado, mesmo em relação aos actos jurídicos praticados pelo devedor, há que delimitar quais os que são objecto de impugnação pauliana e quais os que não o são. Com efeito, em regra, os actos jurídicos de mera administração praticados pelo devedor não afectam a substância do seu património, pelo que também eles não são passíveis de impugnação pauliana. Como destes actos não resulta nem o aumento nem a diminuição do património do devedor, pelo menos em termos directos, não se justifica atribuir ao credor o direito de reacção.

Note-se, no entanto, que em termos indirectos os actos de mera administração podem influenciar a garantia patrimonial, como é o exemplo típico da celebração de contratos de locação pelo devedor em relação aos seus bens. Efectivamente, pese embora o n.º 1 do art. 1024.º estabeleça que o contrato de locação constitui, para o locador, um acto de administração ordinária, o certo é que a doutrina tende a considerar que pelo menos a celebração de certos contratos de arrendamento devem ser caracterizados como verdadeiros ónus que incidem sobre os bens do devedor e que contribuem para a sua desvalorização, pelo que consubstanciam actos de administração extraordinária susceptíveis de impugnação pauliana[256]. Encontram-se nesse âmbito os arrendamentos urbanos que se prorrogam automaticamente nos termos do art. 52.º da Lei do Inquilinato por força da lei, sem que para tal seja necessário a concorrência da vontade das partes[257]. Efectivamente, quando o devedor celebra com um terceiro um contrato por via do qual se obriga a proporcionar-lhe o gozo de uma casa de que é proprietário, por exemplo, pelo período de um ano, o que vai acontecer é que, findo o decurso deste prazo, e, a menos que o senhorio disponha de algum dos motivos que lhe permitem denunciar unilateralmente o contrato[258], este vai automaticamente prorrogar-se[259]. Ora, tendo em consideração que o valor de um bem imóvel arrendado pode ser manifestamente inferior ao de um bem imóvel "livre", justifica-se que a celebração do contrato de arrendamento sujeito a prorrogação automática, pese embora a qualificação legal como acto de mera administração ordinária[260], possa ser susceptível de prejudicar o credor, aquando da venda judicial desse mesmo bem, que constitui garantia geral do seu crédito – cf. artigo 601.º do CC. Nesses termos, a doutrina propende para admitir a impugnação pauliana de certos actos de administração, nomeadamente a celebração de contratos de arrendamento sujeitos a prorrogação automática, na medida em que por essa via podem ser caracterizados como actos de administração extraordinária, susceptíveis de influir negativamente na garantia patrimonial do credor. Acresce que, quando tais arrendamentos tenham sido celebrados com o exclusivo intuito de prejudicar o credor,

---

[256] Nestes termos, conforme também o disposto na Lei do Inquilinato, aprovada pelo Decreto n.º 13-A/89, de 9 de Junho de 1989, publicada no 2.º Suplemento ao Boletim Oficial n.º 23, de 9 de Junho de 1989.

[257] Cf. João Eduardo Cura Mariano Esteves, *Impugnação pauliana*, ob. cit., pp. 84 e 85.

[258] Segundo o disposto no artigo 53.º da Lei do Inquilinato, o senhorio só pode obstar à prorrogação automática, denunciando o contrato de arrendamento, quando necessite do prédio para sua habitação ou para nele construir a sua residência, ou quando se proponha ampliá-lo ou construir novos edifícios em termos de aumentar o número de locais arrendáveis.

[259] O prazo da prorrogação é discutível, uma vez que, no caso do contrato de arrendamento urbano, não existe norma paralela ao disposto no art. 1054.º do Código Civil. Sobre este problema, cf. Rui Ataíde, Mónica Freitas, Cláudia Madaleno, Juliano Fernandes e Fodé Abulai Mané, *Código Civil e Legislação Complementar*, 2.ª ed., Lisboa, Centro de Estudos e Apoio às Reformas Legislativas, Faculdade de Direito de Bissau, 2007, pp. 284 e 285.

[260] Cf. também o art. 13.º da Lei do Inquilinato.

poderá dar-se ainda a simulação, perante a qual o credor também poderá reagir, quer por meio da declaração de nulidade, quer por meio da impugnação pauliana.

Faremos de seguida a análise de alguns actos do devedor susceptíveis de impugnação pauliana.

A primeira situação consiste na constituição de garantias reais sobre os seus bens pelo devedor, a favor de um ou de alguns dos seus credores[261-262]. A constituição de uma garantia real implica a oneração dos bens do devedor, que são a garantia geral dos credores, o que faz com que o devedor esteja a privilegiar um credor em detrimento dos restantes. Por exemplo, supondo que A, devedor de B e de C, constitui a favor de C uma hipoteca sobre a sua casa sita em Bissau, a constituição desta garantia real prejudica, indirectamente, o outro credor. Com efeito, antes da constituição da garantia real, ambos concorriam em posição de igualdade em relação àquele bem do devedor, enquanto que a partir da hipoteca o credor C passou a ter preferência de pagamento, o que significa que será pago preferencialmente pelo valor do bem hipotecado, o qual apenas poderá beneficiar o credor B no caso de sobrar algum valor depois do pagamento ao credor hipotecário.

A impugnação da constituição de garantias reais não é, porém, automática, na medida em que é preciso que se preencham os outros requisitos, designadamente o último, ou seja, que daquele acto resulte a impossibilidade de satisfação do direito do credor, ou o agravamento dessa impossibilidade.

A constituição de garantias reais é uma situação diferente do cumprimento de dívidas existentes e vencidas, que, como veremos adiante, não é passível de impugnação pauliana precisamente por ser um acto juridicamente devido. Inversamente, a constituição da garantia real não corresponde ao cumprimento de um dever jurídico, sendo antes um acto "livre" do devedor, na medida em que ele não se encontra obrigado a realizá-lo.

---

[261] Cf. Acórdão do Supremo Tribunal de Justiça Português de 17 de Janeiro de 1990, disponível no *Boletim do Ministério da Justiça*, N.º 293, pp. 235 e seguintes.

[262] Na mesma linha do Acórdão referido na nota anterior, embora na vigência do Código de Seabra, cf. também o Acórdão do Supremo Tribunal de Justiça Português de 7 de Março de 1972, onde se decidiu igualmente que a constituição de uma hipoteca e um penhor mercantil a favor de um determinado credor era um acto do devedor passível de ser atacado por via de impugnação pauliana. Cf. *Boletim do Ministério da Justiça*, N.º 215, pp. 209 e seguintes.

Questão diversa será a de saber se a constituição da garantia real assume um carácter gratuito ou oneroso, o que tem a ver com o terceiro requisito de procedência da acção pauliana. Sobre esta questão, a jurisprudência diverge, embora haja uma tendência no sentido de que o carácter gratuito ou oneroso depende do contexto negocial em que a garantia tenha sido constituída e da dívida que se pretende garantir[263]. Neste sentido, também Vaz Serra parece considerar que, se a garantia tiver sido prestada ao mesmo tempo que se constituiu a dívida por ela garantida, se deve entender que o foi a título oneroso, porque se afigura que a constituição da garantia terá sido a contrapartida da concessão do crédito. Por outro lado, se o crédito tiver sido concedido gratuitamente, então a garantia constituída terá também carácter gratuito[264]. Já se a garantia tiver sido constituída posteriormente à constituição da dívida garantida, será onerosa se for contrapartida de algum acto do credor (por exemplo, a redução de um juro), e gratuita no caso contrário[265]. Como veremos adiante, caso se conclua que a garantia real foi um acto oneroso, a sua realização só será passível de impugnação pauliana no caso de haver má fé do devedor e do terceiro.

A segunda situação que merece uma atenção especial diz respeito à impugnação pauliana de actos anuláveis. Assim como o credor pode impugnar um acto nulo, por determinação expressa do n.º 1 do art. 615.º, pode, de igual modo, impugnar um acto anulável. Para além de poder arguir a anulabilidade, nos termos do art. 606.º, pode optar pela impugnação pauliana desse acto, se entender que este prejudica a sua garantia patrimonial[266].

Será esse o caso se, por exemplo, o devedor tiver sido coagido por um terceiro a doar-lhe algum dos seus bens. Neste caso, o credor pode optar quer pela arguição da anulabilidade, nos termos dos artigos 255.º, 256.º e 606.º, assim como poderá, se preferir, impugnar o negócio jurídico da doação nos termos dos artigos 610.º e 612.º, uma vez que se trata de um acto passível de prejudicar a sua garantia patrimonial.

---

[263] Neste sentido, cf. Acórdão do STJ Português de 7 de Março de 1972, disponível em *Boletim do Ministério da Justiça*, N.º 215, pp. 209 e seguintes.

[264] Cf. ADRIANO PAES DA SILVA VAZ SERRA, *Responsabilidade patrimonial*, ob. cit., p. 267.

[265] Cf. ADRIANO PAES DA SILVA VAZ SERRA, *Responsabilidade patrimonial*, ob. cit., p. 268.

[266] Cf. JOÃO EDUARDO CURA MARIANO ESTEVES, *Impugnação pauliana*, ob. cit., p. 84.

Ainda em relação ao primeiro requisito da impugnação pauliana, convém atentar na sua parte final, donde consta uma delimitação negativa. Com efeito, mesmo que o acto praticado pelo devedor tenha prejudicado a garantia patrimonial dos seus credores, a impugnação pauliana não é admissível em relação a actos de natureza pessoal.

A lei impõe alguns limites à faculdade de o credor impugnar os actos praticados pelo devedor. O credor não pode reagir contra todo e qualquer acto do devedor do qual resulte a diminuição da garantia patrimonial, uma vez que há certos actos que são de natureza pessoal, em relação aos quais os credores não se podem imiscuir. Do mesmo modo que o credor não se pode sub-rogar ao devedor na prática de actos com carácter pessoal, não pode impugnar paulianamente aqueles actos que o devedor pratique no âmbito da sua esfera íntima privada. Portanto, mesmo que o devedor pratique actos pessoais que afectem, gravemente, a garantia patrimonial do credor, contra este tipo de actos o credor não pode reagir.

A razão de ser da inadmissibilidade da impugnação pauliana de actos de natureza pessoal é o facto de a solução inversa implicar o retorno a um sistema de responsabilidade pessoal do devedor[267]. De facto, admitir a imiscuição do credor em comportamentos da esfera íntima do devedor significa uma restrição inadmissível da sua liberdade pessoal. Estamos assim perante um conflito de valores, entre a liberdade pessoal do devedor e o interesse do credor na conservação da sua garantia patrimonial, afigurando-se preferível dar prevalência ao interesse do devedor, em nome da dignidade da pessoa humana.

São exemplos de actos de natureza pessoal insusceptíveis de impugnação pauliana a celebração, pelo devedor, de casamento com comunhão de bens, a perfilhação, a adopção plena, o pedido de reconhecimento judicial de paternidade ou maternidade, o divórcio, a separação judicial de bens, entre outros. Através da prática destes actos pode acontecer que decorram efeitos, por vezes até bastante graves, na esfera jurídica patrimonial do devedor, mas mesmo assim a lei obsta em absoluto ao exercício da impugnação pauliana. O devedor poderá fazer o que entender na sua esfera privada, sem que ao credor seja permitido reagir através desta acção.

Não obstante, imaginando uma hipótese em que um devedor, com o único e exclusivo intuito de prejudicar os credores, celebre, por exemplo, um casamento com outra pessoa sem nenhumas posses no regime de

---

[267] Neste sentido, cf. JOÃO EDUARDO CURA MARIANO ESTEVES, *Impugnação pauliana*, ob. cit., p. 70.

comunhão geral de bens, apenas com vista a que os credores não possam ser integralmente pagos, nesse caso afigura-se que a posição jurídica dos credores não estará de todo desprovida de tutela jurídica. Com efeito, em tal caso, haverá sempre a possibilidade de declarar a nulidade deste acto com base em simulação absoluta, nos termos dos artigos 240.º e 605.º do CC. Não queremos com esta afirmação dizer que se admite a responsabilidade pessoal do devedor, nem que ao credor é legítimo imiscuir-se na vida privada do devedor. Na verdade, é necessário distinguir duas situações completamente diferentes. Uma coisa é o devedor casar com uma pessoa sem rendimentos, no regime da comunhão geral de bens, porque pretende constituir família mediante a comunhão plena de vida com essa pessoa (cf. artigo 1576.º do CC). Neste caso, o credor nada pode fazer, mesmo que este acto o prejudique, como de facto prejudica, uma vez que os rendimentos do devedor vão ter que suportar duas pessoas, em vez de uma só, logo, as despesas vão seguramente aumentar, além de que os bens passarão a ser comuns. Mas nada pode o credor fazer para reagir contra essa situação, simplesmente porque se trata da liberdade pessoal do devedor, que tem o direito fundamental de contrair casamento com quem entender, no regime de bens que quiser, independentemente da situação financeira do outro cônjuge. Situação totalmente diversa da anterior é aquela em que o devedor decide casar em comunhão geral de bens com uma pessoa desprovida de rendimentos, com o exclusivo intuito de subtrair parte dos seus bens à acção dos credores. Nesta hipótese a finalidade do devedor não consiste na comunhão plena de vida, mas antes na fuga às regras injuntivas que impõem a sua responsabilidade patrimonial, pelo que, nessa medida, se justifica de pleno direito admitir ao credor reagir contra tal comportamento, designadamente através do pedido de declaração de nulidade por simulação.

O mesmo se diga relativamente a outros actos de natureza pessoal que o devedor pratique, quando o seu intuito seja apenas o de prejudicar os credores. A ordem jurídica pauta-se pelo Princípio da boa fé e pelo Princípio da primazia da materialidade subjacente e estes princípios impõem-se também à actuação do devedor. Por um lado, o devedor tem o direito de praticar todos os actos de natureza pessoal que bem entenda sem que o credor possa interferir, mesmo que destes actos resulte um grave dano para a garantia patrimonial dos credores. Mas há limites, e um desses limites resulta da boa fé e da primazia da materialidade subjacente, pois uma pessoa não pode usar uma "capa" com vista a defraudar a lei, criando uma aparência duma realidade inexistente, com o exclusivo intuito de causar dano a outrem. Nesses casos, o credor pode agir, recorrendo ao instituto da boa fé, nos termos gerais, e, sendo caso disso, ao pedido de declaração de nulidade por simulação absoluta.

De salientar é que, muito embora a lei proíba a impugnação pauliana de actos de natureza pessoal, a doutrina e a jurisprudência têm entendido que são passíveis de impugnação os actos do devedor adjacentes a actos de natureza pessoal. É esse o caso da partilha de bens na sequência do divórcio[268]. Com efeito, uma coisa é o processo de divórcio, que terá natureza pessoal e no âmbito do qual o credor não se poderá imiscuir. O credor não pode, por exemplo, intervir para demonstrar que a culpa do divórcio não é do seu devedor, mas do outro cônjuge, pois aí estaremos na plena esfera pessoal do devedor. Situação diferente é a partilha, pois aí o acto é puramente de carácter patrimonial, apesar de surgir no decurso dum acto pessoal que é o divórcio. Na partilha, os ex-cônjuges limitam-se a distribuir entre eles os bens do casal, quando haja bens comuns, pelo que os credores podem intervir neste processo para averiguar se tudo está a decorrer com respeito pela legalidade ou se o devedor está a aproveitar a partilha dos bens para salvaguardar os bens mais valiosos e que oferecem melhores garantias para o ex-cônjuge, reservando para si os bens mais facilmente sonegáveis. Por conseguinte, os credores podem impugnar o acto da partilha quando se consiga demonstrar que, através dele, as partes procuraram simplesmente sonegar os bens de maior valor da titularidade do devedor, transferindo-os para a titularidade do outro cônjuge, visando deste modo obstar ao ressarcimento dos créditos existentes.

Em relação à convenção antenupcial, Pedro Romano Martinez e Pedro Fuzeta da Ponte admitem igualmente a impugnação pauliana[269], na medida em que embora sendo um acto adjacente a outro de carácter exclusivamente pessoal – o casamento – possui um âmbito patrimonial e pode ser utilizado pelos nubentes com vista a prejudicar os credores.

---

[268] Cf. PEDRO ROMANO MARTINEZ e PEDRO FUZETA DA PONTE, *Garantias de cumprimento*, ob. cit., p. 17.

[269] Cf. PEDRO ROMANO MARTINEZ e PEDRO FUZETA DA PONTE, *Garantias de cumprimento*, ob. cit., p. 17.

a) Actos duvidosos

Vejamos agora algumas situações em que a doutrina e a jurisprudência debatem a possibilidade de impugnação pauliana em virtude do preenchimento ou não da ressalva final do primeiro requisito, que consubstanciam uma categoria de actos duvidosos. O primeiro caso refere-se aos actos do devedor sobre bens comuns do casal. Na Guiné-Bissau vigora o regime jurídico da moratória estabelecido no n.º 1 do art. 1696.º do CC[270-271], o que significa que o credor pode reagir contra actos do seu devedor que incidam sobre bens comuns do casal através da impugnação pauliana, mas, ao nomear à penhora o bem comum, tem que citar o cônjuge, nos termos do art. 825.º do CPC, para que este possa vir a juízo requerer a separação de bens. Entretanto, também o Acto Uniforme da OHADA Relativo à Organização dos Processos Simplificados de Cobrança e de Execução determina, no seu artigo 53.º, o seguinte:

Artigo 53.º
Na penhora ou apreensão de uma conta, ainda que conjunta, proveniente dos proventos e salários de cônjuges casados em regime de comunhão de bens, para pagamento ou garantia de uma dívida contraída por um dos cônjuges, fica imediatamente disponível, à escolha do cônjuge do executado, o valor equivalente aos proventos e salários depositados durante o mês anterior à apreensão ou ao montante médio mensal dos proventos e salários depositados nos doze meses precedentes.

Portanto, pode haver impugnação pauliana de actos que incidem sobre bens comuns, desde que seja observado o artigo 825.º do CPC e o artigo 53.º do AUOPSCE.

Outro acto consiste na alienação de um bem pelo devedor para fazer face a despesas de saúde. Maria Paz Ferreira[272] consideram que se o devedor alienar um bem com vista a realizar uma despesa de saúde, este acto tem natureza pessoal, logo não é passível de impugnação. Diferente-

---

[270] Contrariamente a Portugal, onde este regime foi modificado pelo DL n.º 329--A/95, de 12 de Dezembro.

[271] Neste sentido, cf. JOÃO EDUARDO CURA MARIANO ESTEVES, *Impugnação pauliana*, ob. cit., p. 66.

[272] Cf. JOÃO EDUARDO CURA MARIANO ESTEVES, *Impugnação pauliana*, ob. cit., p. 69, n.r. 176 e MARIA DO PATROCÍNIO BALTAZAR DA PAZ FERREIRA, *Impugnação Paulina. Aspectos gerais do regime*, Lisboa, 1987, p. 55.

mente, outros autores consideram que tais actos devem ser excluídos da acção pauliana, mas por outra razão, que é o facto de a acção do credor em sede de meios conservatórios ter sempre como limite *"o direito do devedor a uma sobrevivência condigna"*[273].

Esta questão é discutível, uma vez que a alienação do bem por parte do devedor pode constituir um efectivo prejuízo para a garantia patrimonial do credor. Por hipótese, supondo que o devedor é proprietário de um automóvel e que decide aliená-lo de modo a adquirir dinheiro para comprar medicamentos essenciais à sua saúde. Neste caso, pode acontecer que o automóvel seja vendido a um preço inferior ao preço de mercado, em virtude da urgência da obtenção de meios financeiros para fazer face àquela despesa, o que naturalmente prejudica o credor. Mas aqui não parece justificar-se a acção pauliana na medida em que, mais uma vez, neste conflito de interesses há que dar prevalência ao interesse do devedor na salvaguarda da sua saúde, em detrimento do interesse do credor na conservação da sua garantia patrimonial.

Também se discute a possibilidade de impugnação pauliana relativamente a actos de terceiros. Pode acontecer, por exemplo, uma acessão de terceiro de um bem do devedor, ou pode um terceiro constituir uma hipoteca judicial sobre um bem do devedor ou expropriar um bem do devedor. Segundo João Eduardo Cura Mariano Esteves[274], o Código Civil tem apenas em vista os actos próprios do devedor, não abrangendo por isso estas situações, até porque aqueles actos dos terceiros não estão dependentes de nenhum tipo de colaboração ou conhecimento por parte do devedor. Contudo, Vaz Serra admitia, excepcionalmente, a impugnação pauliana de garantias constituídas por terceiros sem a concorrência da vontade do devedor[275].

Certo é que, pelo menos nalguns destes casos, o credor também poderia ter agido, preventivamente, por meio de sub-rogação; será pelo menos esse o caso da acessão. Mas, em contrapartida, pode dizer-se que o credor pode não estar em condições de conhecer toda a situação patrimonial do devedor, nem ter capacidade de investigar, sendo exigir demasiado que o faça. No entanto, uma vez consumado o acto do terceiro, não parece justo admitir-se a impugnação pauliana, na medida em que aqui

---

[273] Cf. João Eduardo Cura Mariano Esteves, *Impugnação pauliana*, ob. cit., p. 69.
[274] Cf. João Eduardo Cura Mariano Esteves, *Impugnação pauliana*, ob. cit., p. 71.
[275] Cf. Adriano Paes da Silva Vaz Serra, *Responsabilidade patrimonial*, ob. cit., p. 34.

merece mais tutela o interesse do terceiro. Com efeito, tais situações obedecem a requisitos apertados, pelo que não seria justo que, depois do seu preenchimento, o terceiro ainda estivesse sujeito à acção do credor.

Em relação à impugnação pauliana de decisões judiciais, há também questões doutrinárias a resolver, uma vez que uma decisão judicial condenatória do devedor também pode implicar uma redução do património deste. No entanto, neste caso, entende-se que tal decisão judicial também não é susceptível de impugnação pauliana[276], uma vez que não está em causa um acto do devedor.

Outra questão é a de saber se pode haver impugnação pauliana de actos do devedor que só produzem efeitos *mortis causa*. Através da impugnação pauliana o credor pode reagir apenas aos actos que produzem efeitos *inter vivos*, mas não aos actos com efeitos *mortis causa*. A razão de ser é o facto de o Código Civil já proteger suficientemente o credor nos artigos 2070.º, 2068.º e 2277.º, em sede de Direito das Sucessões[277].

Alguma doutrina e jurisprudência entende que a celebração pelo devedor de um contrato-promessa não é susceptível de impugnação pauliana, a menos que se trate de contrato-promessa com eficácia real, caso em que o outro promitente será titular de um direito real de aquisição. Nos restantes casos, não se chega a operar uma diminuição do património do devedor.

Porém, segundo João Eduardo Cura Mariano Esteves[278], o contrato-promessa é susceptível de acção pauliana, pois o cumprimento deste não o pode ser, por ser o cumprimento de um dever jurídico. Assim, sustenta que devemos analisar o contrato-promessa e o contrato prometido como uma situação jurídica complexa, ou como uma unidade negocial complexa, o que justifica admitir a impugnação do contrato-promessa, apesar de este não produzir logo um prejuízo para a garantia patrimonial dos credores, mas porque implica este prejuízo a longo prazo, quando chegar o momento do cumprimento da promessa.

Julgamos que assiste razão a este entendimento. De facto, em si mesma, a celebração de um contrato-promessa de compra e venda, por exemplo, não implica de imediato a redução do património do devedor. O requisito exigido no artigo 610.º é que o devedor pratique um acto que

---

[276] Cf. João Eduardo Cura Mariano Esteves, *Impugnação pauliana*, ob. cit., p. 72.
[277] Cf. João Eduardo Cura Mariano Esteves, *Impugnação pauliana*, ob. cit., p. 75.
[278] Cf. João Eduardo Cura Mariano Esteves, *Impugnação pauliana*, ob. cit., pp. 94 e seguintes.

envolva a diminuição da garantia patrimonial, mas isso não significa que essa diminuição deva ocorrer de imediato. No caso do contrato-promessa, a diminuição patrimonial vai produzir-se no futuro, por ocasião do seu cumprimento. Mas, considerando que o cumprimento da promessa consubstancia o cumprimento duma obrigação juridicamente devida, logo, insusceptível de impugnação pauliana, parece justo admitir-se a impugnação do contrato-promessa que o antecede, fonte daquela obrigação jurídica. Acresce que, mesmo que se não entenda deste modo, sempre a celebração de um contrato-promessa se assemelha aos outros actos de endividamento do devedor, também estes passíveis de impugnação, pois a existência de mais credores contribui para a redução da garantia patrimonial, que passará a garantir todos eles. Portanto, quanto mais não seja, considerando que a celebração do contrato-promessa constitui um acto de endividamento do devedor, deve admitir-se a possibilidade da sua impugnação.

Porém, veja-se, em sentido diferente, o Acórdão do STJ Português de 15 de Maio de 2003[279], onde se decidiu que *"I – A obrigação emergente de contrato-promessa, também dito contrato preliminar ou pré-contrato, é apenas, consoante o n.º 1 do art. 410.º C. Civ., a de celebrar o contrato prometido. II – Só, por conseguinte com este último, também dito contrato definitivo, se efectiva ou consuma o prejuízo que o art. 610.º C. Civ. visa impedir."*, concluindo ainda que apenas se começa a contar o prazo de caducidade da acção a partir da data da celebração do contrato prometido, e não do contrato-promessa.

Discute-se também a possibilidade de impugnar paulianamente o acto de renúncia a uma herança. A renúncia à herança consiste num acto *sui generis*, uma vez que com a abertura da sucessão a herança é logo adquirida pelos sucessores por força da lei. Portanto, não é necessário nenhum acto do herdeiro devedor porque a herança passa de imediato da esfera jurídica do *de cujus* para a esfera jurídica do herdeiro, o qual pode, mais tarde, repudiá-la. O repúdio implica, nessa ordem de ideias, uma diminuição patrimonial, contra a qual o credor pode reagir por meio de impugnação pauliana.

Em relação a este ponto, podemos então concluir que se admite a impugnação pauliana contra *"actos pelos quais o devedor obsta a que fiquem definitivamente no seu património direitos em relação aos quais já existia nele, pelo menos, um princípio de aquisição"*[280].

---

[279] Disponível em www.dgsi.pt.
[280] Cf. ADRIANO PAES DA SILVA VAZ SERRA, *Responsabilidade patrimonial*, ob. cit., p. 256.

Saliente-se que, contrariamente ao que se poderia pensar, o disposto no artigo 2067.º do CC não constitui obstáculo a este entendimento. Com efeito, perante o repúdio da herança, os credores estão autorizados pela lei a considerarem esse acto ineficaz perante as suas pessoas, e a sub--rogarem-se ao devedor na aceitação da herança, na medida do necessário para a satisfação dos seus créditos. Mas, querendo, uma vez que o repúdio constitui um acto de redução da garantia patrimonial, poderão igualmente recorrer à acção pauliana, fazendo com que o repúdio não produza efeitos perante eles. Em termos práticos, a solução será idêntica, pois isso significa que os credores impugnantes poderão exigir ao terceiro (que, neste caso, é o sucessor imediato) a restituição dos bens na medida do suficiente para o ressarcimento do seu crédito. Assim sendo, em princípio, não haverá interesse do credor em optar pela impugnação pauliana, uma vez que o mecanismo do artigo 2067.º se configura mais eficaz na salvaguarda dos seus interesses.

Além dos actos ora referidos, há certas categorias de actos duvidosos cuja susceptibilidade de impugnação pauliana ficou desde logo resolvida pela lei.

Em primeiro lugar, relativamente aos actos nulos, o n.º 1 do art. 615.º estabelece o seguinte:

Artigo 615.º
(Actos impugnáveis)

1. Não obsta à impugnação a nulidade do acto realizado pelo devedor.
2. O cumprimento de obrigação vencida não está sujeito a impugnação; mas é impugnável o cumprimento tanto da obrigação ainda não exigível como da obrigação natural.

Quando o devedor pratica um acto nulo, na maioria das vezes, um negócio jurídico simulado, a consequência é a de que, nos termos gerais do art. 286.º do CC, esse acto não produz qualquer efeito. Consequentemente, como o acto não produz efeitos, não se pode afirmar que dele resulte uma *diminuição da garantia patrimonial do credor*, facto que põe em causa o preenchimento da primeira condição da impugnação pauliana. Sendo nulo, basta ao credor requerer a declaração de nulidade para os bens regressarem à esfera jurídica do devedor, com eficácia retroactiva[281].

---

[281] Cf. Luís MENEZES LEITÃO, *Direito das Obrigações*, Volume II, ob. cit., p. 304.

Não obstante, no n.º 1 do art. 615.º a lei admite que os credores reajam contra os actos nulos do devedor por meio da impugnação pauliana, como forma de reforçar a garantia patrimonial e devido aos problemas que os credores podem enfrentar em matéria de prova da prática do acto nulo, sendo certo que na impugnação pauliana a prova a fazer pelo credor é mais facilitada[282]. Com efeito, nos termos do art. 611.º, ao credor cabe somente provar a existência e o montante do seu crédito, para além dos requisitos de procedência da acção.

Poderia, no entanto, questionar-se acerca da necessidade de recurso à impugnação pauliana para o credor reagir contra actos nulos, em face do regime geral dos artigos 286.º e seguintes do CC. Em primeiro lugar, essa necessidade resulta das vantagens ao nível da prova, que, conforme já se referiu, fica bastante mais facilitada do que em caso de prova da celebração de um acto nulo. Em segundo lugar, os efeitos da impugnação pauliana são mais favoráveis ao credor do que os efeitos da declaração de nulidade, pois, como veremos, a procedência da acção apenas beneficia o credor impugnante, e não também os restantes credores daquele devedor. Além disso, em terceiro lugar, sempre se poderia argumentar em defesa da solução legal o entendimento de Almeida Costa, segundo o qual se a lei permite a impugnação pauliana de actos válidos, mais facilmente ainda tem que permitir a impugnação pauliana de actos nulos, por maioria de razão: *"não faria sentido que se protegessem menos os credores em relação aos actos nulos do que em relação aos actos válidos"*[283]. Neste sentido, cite-se ainda Vaz Serra: *"Parece preferível não excluir a acção pauliana só porque o negócio é nulo"*[284], pois não faz sentido que os credores fiquem menos defendidos em relação a actos inválidos do que em relação a actos válidos. No mesmo sentido se pronunciam ainda Pedro Romano Martinez e Pedro Fuzeta da Ponte[285].

Assim, em face dum acto do devedor nulo, fica nas mãos do credor a opção entre a acção de nulidade e a impugnação pauliana. Porém, se o credor optar por impugnar paulianamente um acto nulo, não compete ao tribunal averiguar da validade ou invalidade de tal acto, ainda que se

---

[282] Cf. Luís MENEZES LEITÃO, *Direito das Obrigações*, Volume II, ob. cit., p. 304.
[283] Cf. MÁRIO JÚLIO DE ALMEIDA COSTA, *Direito das Obrigações*, ob. cit., p. 788.
[284] Cf. ADRIANO PAES DA SILVA VAZ SERRA, *Responsabilidade patrimonial*, ob. cit., p. 230.
[285] Cf. PEDRO ROMANO MARTINEZ e PEDRO FUZETA DA PONTE, *Garantias de cumprimento*, ob. cit., pp. 20 a 22.

constate que se trata de acto manifestamente nulo. Neste caso, o tribunal está inibido de declarar oficiosamente a nulidade desse acto, pois prevalece o interesse do credor na ineficácia decorrente da impugnação pauliana[286], uma vez que se assim não fosse estaria a decidir com base em valores não tutelados pelo ordenamento jurídico. Se o credor pede a impugnação pauliana, deve prevalecer o interesse do credor manifestado no seu pedido. É que, a não ser assim, isto é, se o tribunal pudesse declarar a nulidade *ex officio*, a consequência seria o retorno dos bens ao património do devedor, onde tais bens constituem garantia geral do cumprimento de todas as obrigações do devedor e onde podem ser penhorados por quaisquer credores, quando a impugnação pauliana é uma acção de carácter pessoal, que vem beneficiar apenas o credor impugnante. Sendo assim, se o credor tiver escolhido a impugnação pauliana, o tribunal tem de aceitar essa opção e encontra-se impedido de declarar oficiosamente a nulidade do acto jurídico em questão, até porque, se assim não fosse, não seria apenas violado o Princípio do pedido, como o próprio art. 615.º do CC perderia a sua utilidade prática.

Neste sentido, pode consultar-se o Acórdão do Supremo Tribunal de Justiça Português de 24/10/2002[287], onde se afirma que mesmo que os factos provados integrem uma simulação, se o credor optar pela acção pauliana, fica o tribunal impedido de declarar oficiosamente a nulidade:

"... uma vez que o negócio simulado é nulo (art. 240.º, n.º 2), e não obstante a simulação ser [invocável] a todo o tempo por qualquer interessado e podendo ser declarada oficiosamente pelo tribunal (art. 286.º), o tribunal não poderá sobrepor-se ao pedido efectivamente formulado, decretando tal nulidade, se o autor-credor acabou por optar pelo pedido de impugnação que inicialmente deduzira a título meramente subsidiário relativamente ao pedido de declaração de nulidade do negócio."

Segundo a tese deste acórdão, o que se verifica na impugnação pauliana é a reacção contra actos do devedor por via dos quais aquele faz sair certos bens do seu património, em violação do Princípio da responsabilidade patrimonial. Nesta ordem de ideias, do art. 616.º resulta que

---

[286] Cf. Pedro Romano Martinez e Pedro Fuzeta da Ponte, *Garantias de cumprimento*, ob. cit., p. 20.

[287] Disponível em www.dgsi.pt.

esta é uma acção pessoal, em que o autor invoca o seu direito de crédito, sendo ainda uma *"acção de responsabilidade ou indemnizatória, na medida em que os bens de terceiro podem ser atingidos na exacta medida do ressarcimento do prejuízo sofrido pelo credor impugnante".*

Por conseguinte, não faria sentido que, se o acto por via do qual o devedor fez sair os bens do seu património foi um acto nulo, o credor tivesse que se conformar com uma sanção (declaração de nulidade), que não lhe aproveita tanto como a ineficácia do acto praticado pelo devedor nos termos do art. 616.º. Assim, também se afirmou no referido acórdão que:

> *"É que os efeitos da impugnação pauliana são normalmente mais severos para o adquirente do que os resultantes da acção de nulidade – artigos 290.º e 617.º. Ora, o que o ordenamento jurídico quer prosseguir é a melhor defesa do credor do alienante. Assim, havendo causa, pode o credor optar entre a acção de nulidade e a acção de impugnação ou mera ineficácia pessoal. E, em face da dificuldade de prova da causa de nulidade, não faria sentido que o credor ficasse menos protegido perante um acto nulo do que perante um acto válido. Acrescentaremos, a propósito do artigo 615.º, n.º 1, o seguinte: trata-se de uma norma especial, própria do instituto da impugnação pauliana e cuja razão de ser radica nos interesses que, primordialmente, a acção de impugnação visa acautelar, ou seja, os interesses do credor impugnante. E esses interesses prevalecem mesmo sobre o interesse subjacente à declaração oficiosa de nulidade do negócio jurídico simulado, nos termos dos artigos 240.º, 242.º, 286.º e 289.º. Os interesses do credor impugnante prevalecem mesmo sobre os do adquirente do bem com base em negócio jurídico que também é nulo, porque simulado, sendo certo que, pela declaração de nulidade, o adquirente ver-se-ia restituído das quantias desembolsadas e juros de mora, o que não ocorre na impugnação."*

Fica, assim, reforçada a caracterização da impugnação pauliana como uma acção pessoal, de carácter indemnizatório do credor impugnante, carácter este que prevalece mesmo sobre os interesses de ordem pública na declaração de nulidade.

No entanto, apesar de o credor poder optar entre o pedido de nulidade e a impugnação pauliana, é de aludir a uma importante desvantagem que pode decorrer da opção do credor pela segunda alternativa. É que enquanto a acção de nulidade é registável, produzindo a sentença eficácia *erga omnes*, o mesmo não é pacífico relativamente à acção pauliana, em que doutrina e jurisprudência debatem a susceptibilidade de registo. A impugnação pauliana consiste, como veremos, numa acção pessoal, daí as hesitações em permitir o registo desta acção. Perfilhando-se a tese da não registabilidade da impugnação pauliana o credor pode ficar menos protegido quanto a actos do devedor ou do terceiro que com ele negociou, que pode transmitir os bens a um terceiro que não será atingido pela sentença.

Outra questão directamente resolvida pela lei é a possibilidade de impugnação pauliana do cumprimento de dívidas vencidas. Se o devedor cumprir uma obrigação vencida perante um ou alguns dos seus credores, estaremos perante uma situação que a doutrina chama de cumprimento selectivo, por haver a opção de cumprir perante uns, deixando outros credores à espera da prestação a que têm direito. Contudo, apesar de este acto do devedor reduzir a garantia patrimonial destes credores, eles não estão autorizados a reagir, pois se a dívida já se venceu, o devedor tem efectivamente o dever de cumprir, logo, ao fazê-lo, está apenas a cumprir um dever jurídico – cf. art. 615.º, n.º 2, do CC. O facto de o devedor ter vários deveres jurídicos em simultâneo e optar por cumprir, voluntariamente, apenas alguns deles, não é susceptível de impugnação pauliana, até porque sempre é preferível que ele cumpra parte dos seus deveres, do que não os cumpra de todo. O credor perante o qual o devedor cumpre recebe apenas e tão só aquilo a que tem direito, pelo que não se compreenderia que tivesse de restituir a outro credor aquilo que recebeu devidamente[288]. Era já esta a orientação de Vaz Serra, que considerava que *"... o devedor, pagando uma dívida vencida, não faz mais do que cumprir o seu dever e o credor, recebendo o pagamento, se limita a exercer um direito"*[289].

Assim sendo, o credor não pode, por meio da impugnação pauliana, reagir contra actos do devedor que têm efeitos negativos na garantia patrimonial, quando a prática de tais actos corresponde ao cumprimento dum dever jurídico da sua parte. Não obstante este regime, o próprio Vaz Serra admitia a *injustiça* de tal solução, pois, em bom rigor, quando o

---

[288] Cf. Luís MENEZES LEITÃO, *Direito das Obrigações*, Volume II, ob. cit., pp. 304 e 305.

[289] Cf. ADRIANO PAES DA SILVA VAZ SERRA, *Responsabilidade patrimonial*, ob. cit., p. 231.

devedor cumpre perante um dos credores os outros ficam prejudicados, bem como a regra geral da igualdade dos credores vigente no n.º 1 do art. 604.º do CC[290]. Assim, admitiu, a certa altura, que[291]:

> *"Pode, todavia, acontecer que o devedor pague a um credor com a intenção de prejudicar os outros credores. O pagamento faz-se menos para satisfazer o direito daquele credor, do que para iludir os direitos dos outros. Havendo aqui um concerto fraudulento, não parece justo que o pagamento escape à acção pauliana. Cessam, com efeito, em tal caso quaisquer considerações com que pudesse considerar-se legítimo o pagamento."*

Portanto, Vaz Serra acaba por reconduzir esta questão ao Princípio da boa fé. Aqui parece estar em causa a primazia da materialidade subjacente, pois as partes (neste caso, o devedor e o credor que recebeu a prestação) não devem poder adoptar um comportamento aparentemente conforme ao Direito quando na verdade a sua única intenção seja a de causar um dano ilícito a outrem. O Direito pressupõe que a actuação dos sujeitos seja conforme aos objectivos por ele prosseguidos, e não apenas conforme às regras em si. As regras prosseguem determinados fins, pelo que para a actuação humana ser conforme ao Direito não basta que seja uma actuação conforme às regras, devendo ser, antes de mais, uma actuação conforme aos fins das regras. Ora, o cumprimento da obrigação é um dever imposto pelo Direito, que tem em vista a satisfação do interesse do credor. Mas se para o devedor e para o credor é indiferente essa finalidade, e se, por um lado, o devedor faz a prestação àquele credor com o objectivo exclusivo de se alhear de certos bens do seu património, afim de os salvaguardar da acção de outros credores em sede de responsabilidade patrimonial, e, por outro lado, o credor recebe a prestação não como forma de satisfação do seu direito e apenas como um meio para prejudicar os restantes credores do seu devedor, então não se pode afirmar que aquele cumprimento seja conforme ao Direito. Embora do ponto de vista meramente formal haja concordância com o Direito, tal concordância restringe-se ao respeito das regras, mas não das finalidades que elas pros-

---

[290] Cf. ADRIANO PAES DA SILVA VAZ SERRA, *Responsabilidade patrimonial*, ob. cit., p. 232.

[291] Cf. ADRIANO PAES DA SILVA VAZ SERRA, *Responsabilidade patrimonial*, ob. cit., p. 236.

seguem. Nesse sentido, concorda-se com o entendimento de Vaz Serra, considerando que aqui pode, excepcionalmente, haver impugnação pauliana do cumprimento da dívida vencida, tendo em atenção o intuito fraudulento das partes. Reconhece-se, porém, que esta situação será rara. Com efeito, do lado do devedor é perfeitamente possível que cumpra perante um dos seus credores com o intuito de prejudicar outros, mas já da parte do credor que recebe a prestação é difícil que essa aceitação tenha em vista o prejuízo de outros credores. O credor tem interesse em receber a prestação, pelo que, em princípio, será essa, e não outra, a motivação que o orienta na recepção da prestação.

Diferentemente, se o devedor tiver cumprido uma dívida vencida mas relativamente à qual podia invocar um meio de defesa para obstar à eficaz exigência do direito do credor, esse cumprimento é já susceptível de impugnação pauliana[292]. Ou seja, a acção do credor só é inviabilizada quando, para além de a obrigação em causa já se encontrar vencida, não houver motivos para o devedor se defender da exigência da prestação por parte daquele credor. Ao invés, havendo meios de defesa, já não existe o dever jurídico de cumprir, mas antes o direito de invocar essas excepções em sua defesa. Nessa hipótese o cumprimento da obrigação é passível de impugnação. Será este o caso de a obrigação derivar de um negócio jurídico nulo (por exemplo, por inobservância da forma legal), ou anulável (por exemplo, viciado de coacção moral).

Outro problema é o de saber se, tendo o devedor alienado algum bem seu afim de cumprir perante certo credor, ou tendo ele contraído uma dívida para esse fim, podem os restantes credores recorrer à impugnação pauliana de tais actos. João Esteves considera que embora o cumprimento de uma obrigação vencida não possa, em si mesmo, ser alvo de impugnação pauliana[293], o mesmo não acontece se o devedor tiver alienado um bem ou contraído uma dívida afim de com esse bem cumprir uma outra dívida que já se venceu. Nesta hipótese, entende que aquele acto de alienação ou de endividamento se encontra naturalmente sujeito à impugnação pauliana[294]. Nenhumas dúvidas se suscitam a este respeito: uma coisa é o devedor utilizar o seu património para cumprir perante certo credor, caso em que a acção pauliana é vedada por estarmos em face do cum-

---

[292] Cf. JOÃO EDUARDO CURA MARIANO ESTEVES, Impugnação pauliana, ob. cit., p. 92.
[293] Cf. JOÃO EDUARDO CURA MARIANO ESTEVES, Impugnação pauliana, ob. cit., p. 88.
[294] Cf. JOÃO EDUARDO CURA MARIANO ESTEVES, Impugnação pauliana, ob. cit., p. 90.

primento dum dever jurídico; situação diversa é o devedor praticar actos de diminuição da sua garantia patrimonial, ainda que tais actos visem o cumprimento duma dívida vencida, estando já estes actos sujeitos à impugnação pauliana, independentemente dos fins que o devedor visa prosseguir. Portanto, se o devedor alienou um bem seu afim de, com o produto da venda, cumprir uma obrigação sua que já se venceu, encontra-se tal acto de alienação sujeito a que os credores contra ele reajam. Assim como, se o devedor contrair um mútuo com terceiro, afim de, com as quantias mutuadas, cumprir perante o credor, poderá haver acção pauliana.

Ao cumprimento de dívidas vencidas é equiparada, por alguma doutrina, a sua extinção por outras vias, tais como a dação em cumprimento ou a novação[295]. É este o entendimento propugnado por João Eduardo Cura Mariano Esteves[296]. Para esta orientação, quer o devedor cumpra a dívida vencida, quer extinga a obrigação por outro meio, tal acto não é susceptível de impugnação.

Em sentido divergente, Pires de Lima e Antunes Varela[297] entendem que, uma vez que o n.º 2 do artigo 615.º se refere somente ao cumprimento da obrigação, ficam excluídas as restantes formas de extinção da dívida, tais como a dação em cumprimento ou a novação. Assim, o credor apenas está impedido de reagir por meio de impugnação pauliana contra o cumprimento, mas não contra as outras formas de extinção da obrigação já vencida, as quais são, assim, passíveis de acção pauliana. No mesmo sentido, Vaz Serra considerava que pagamento e dação em cumprimento eram coisas completamente distintas e que a dação não constava desta previsão legal, pois aqui a expressão pagamento estaria a ser utilizada em sentido técnico. Portanto, o credor não pode, em regra, impugnar o pagamento de dívidas vencidas, mas pode, em regra, impugnar a dação em cumprimento ou outras causas de extinção de dívidas vencidas, que já são passíveis de fraude[298].

---

[295] Em sentido diferente, cf. MÁRIO JÚLIO DE ALMEIDA COSTA, *Direito das Obrigações*, ob. cit., p. 859, n.r. 2.
[296] Cf. JOÃO EDUARDO CURA MARIANO ESTEVES, *Impugnação pauliana*, ob. cit., p. 93.
[297] Cf. PIRES DE LIMA e ANTUNES VARELA, *Código Civil Anotado*, Volume I, ob. cit., p. 633.
[298] Cf. ADRIANO PAES DA SILVA VAZ SERRA, *Responsabilidade patrimonial*, ob. cit., p. 242.

Além disso, a lei apenas refere o cumprimento feito pelo próprio devedor, mas se for um terceiro a cumprir uma dívida vencida no lugar do devedor e se daí advierem consequências para este, então o credor pode recorrer à impugnação pauliana.

Pode acontecer que o devedor realize o cumprimento de uma dívida ainda não exigível, caso em que a lei permite ao credor, na 2.ª parte do n.º 2 do artigo 615.º, a impugnação pauliana, pois aqui pode já haver um favorecimento desse credor. Com efeito, se a dívida ainda não se venceu à luz do art. 805.º é porque ainda não é exigível, não se vislumbrando por isso motivos para que o credor receba antes de outros[299], dado que não existe, ainda, o dever jurídico de cumprir.

Ao cumprimento de dívidas ainda não exigíveis Vaz Serra equipara, em primeiro lugar, o cumprimento pelo devedor de uma dívida anulável: ao cumprir a dívida anulável o devedor está, em princípio, a confirmar o negócio jurídico nos termos do artigo 288.º do CC, pelo que o credor pode reagir contra este acto de confirmação por meio da impugnação pauliana[300]. Trata-se dum caso em que o devedor cumpre, mas gozava de uma excepção que podia ter invocado em sua defesa, de modo que, em boa verdade, não se pode falar de dever jurídico de cumprir.

Em segundo lugar, é equiparado ao cumprimento de dívida ainda não exigível o cumprimento de uma obrigação nos casos em que a lei permitia a invocação da excepção de não cumprimento, na medida em que nesta hipótese haverá uma renúncia à invocação desta excepção, e, sendo um acto que prejudica a garantia patrimonial do credor pois o devedor vai cumprir sem receber a contraprestação sinalagmática em troca, o credor deve poder recorrer à impugnação pauliana.

Coloca-se também a questão de saber se o credor pode reagir contra o cumprimento de obrigações naturais. Precisamente porque se trata de obrigações cujo cumprimento não é exigível judicialmente (cf. art. 402.º), a parte final do n.º 2 do art. 615.º optou por dar prevalência ao interesse do credor civil em face do credor natural, considerando que este acto é passível de impugnação pauliana.

---

[299] Cf. João Eduardo Cura Mariano Esteves, *Impugnação pauliana*, ob. cit., p. 89.
[300] Cf. Adriano Paes da Silva Vaz Serra, *Responsabilidade patrimonial*, ob. cit., p. 240.

De facto, ao cumprir uma obrigação natural verifica-se uma saída de bens da esfera jurídica do devedor, mas mesmo que a dívida natural já se encontre vencida, a verdade é que o credor natural não poderia nunca ter exigido judicialmente o seu cumprimento. Nesse sentido, o cumprimento do devedor poderia ter sido dispensado, e, tendo ele cumprido espontaneamente, a lei adopta o entendimento segundo o qual daí resulta um prejuízo para os credores civis, que podem exigir judicialmente os seus direitos. Esta regra reforça o entendimento de que, quando o devedor possa invocar em sua defesa alguma excepção que obste ao cumprimento, não o fazendo, aquele cumprimento consubstancia um acto passível de impugnação.

Também se discute a admissibilidade de impugnação pauliana de actos de constituição de obrigações. O devedor tem a liberdade, decorrente da sua autonomia privada, de contrair novas dívidas, as quais, em bom rigor, não diminuem o seu património, que fica igual ao que estava, embora aumentem o seu passivo. Contudo, como passa a haver mais credores com a constituição de obrigações, isso significa que se reduz a possibilidade de os credores anteriores receberem aquilo a que têm direito, pois a regra é a da igualdade dos credores, nos termos do artigo 604.º, daí que Vaz Serra admita a impugnação pauliana neste caso[301].

Também João Esteves considera que o endividamento é um acto do devedor susceptível de impugnação pauliana porque vai fazer com que o património do devedor, garantia geral de todos os seus credores, tenha de "esticar" para fazer face a mais dívidas[302].

De facto, no Direito das Obrigações não vigora a regra da prioridade temporal, donde resulta que os credores mais antigos não podem invocar essa anterioridade para receberem os seus créditos antes dos restantes credores. Todos são tratados de igual modo, independentemente da data de constituição dos seus créditos, daí que se deva entender que a constituição de novas dívidas prejudica os credores já existentes.

Por hipótese, vamos supor que o devedor perdeu o seu telemóvel, que muito apreciava, e decidiu fazer uma promessa pública, obrigando-se a pagar um milhão de FCFA a quem o encontrasse. A promessa

---

[301] Cf. ADRIANO PAES DA SILVA VAZ SERRA, *Responsabilidade patrimonial*, ob. cit., p. 231.

[302] Cf. JOÃO EDUARDO CURA MARIANO ESTEVES, *Impugnação pauliana*, ob. cit., p. 97.

pública consubstancia um negócio jurídico unilateral, nos termos do art. 459.º do CC, que implica que o promitente fica desde logo vinculado ao cumprimento da promessa, mesmo sem haver ainda determinação da pessoa do credor. Trata-se, portanto, da constituição de uma nova obrigação, não por meio de contrato, mas sim por meio de negócio jurídico unilateral, e pergunta-se se os credores podem reagir contra a promessa pública por meio de impugnação pauliana. No que se refere ao primeiro requisito, que agora está em causa, parece claro que se trata dum acto de diminuição da garantia patrimonial, pois o devedor vinculou-se ao cumprimento duma nova obrigação, pelo que os credores poderão impugná-lo.

Outra situação, talvez mais comum, será o caso de o devedor contrair um mútuo com terceiro. Neste caso, embora o primeiro requisito se encontre preenchido, poderá haver problemas quanto ao terceiro, pois, tratando-se, como normalmente se trata, de mútuo oneroso, deverá existir má fé quer da parte do devedor mutuário, quer da parte do terceiro mutuante.

Contudo, não se admite a impugnação pauliana em relação a actos do devedor relativos a bens impenhoráveis[303], na medida em que, mesmo que ocorra uma diminuição do *património* do devedor, não ocorre uma diminuição da *garantia patrimonial*, que é constituída apenas pelos bens do devedor susceptíveis de serem penhorados e vendidos forçadamente em sede de acção executiva.

8.2.2. Crédito anterior ao acto, ou, sendo posterior, que o acto tenha sido praticado dolosamente com o intuito de prejudicar o futuro credor

Em regra, o credor só pode impugnar um acto posterior à constituição do seu crédito. Com efeito, muito embora o património relevante para efeitos de garantia seja o actual, isto é, o existente no momento da execução, a verdade é que quando o credor contrata com o devedor analisa a sua situação patrimonial naquele momento, observando se poderá ou não contar com o cumprimento. Por isso, o credor não vai contar com o património que o devedor tinha antes de constituir a dívida, mas sim com o património que tem no momento da constituição do débito. Daí este

---

[303] Cf. ADRIANO PAES DA SILVA VAZ SERRA, *Responsabilidade patrimonial*, ob. cit., p. 262.

requisito de que o acto do devedor seja posterior à constituição do crédito, até porque, se é um acto que reduz a garantia patrimonial, temos de ter em conta que esta garantia patrimonial só existe a partir do momento em que existe já uma dívida.

Com efeito, conforme salientava já Vaz Serra, *"A razão está em que os credores só podem contar com os bens existentes no património do devedor à data da constituição do crédito e com os posteriormente nele entrados"*[304].

A *ratio* da exigência da anterioridade da constituição do crédito atende também a razões de segurança do comércio jurídico, que ficaria perturbada se o credor pudesse impugnar actos anteriores[305].

Não obstante, excepcionalmente, o credor pode impugnar um acto anterior à constituição do seu crédito, quando haja dolo do devedor e do terceiro – cf. o disposto na *alínea a)* do art. 610.º do CC. Neste caso, em atenção ao Princípio da boa fé, o credor pode reagir contra um acto anterior à constituição do crédito, na medida em que aquando da prática de tal acto pelo devedor este actuou com o objectivo de lesar o credor, que ainda não o era, mas que o seria no futuro.

A *ratio* da admissibilidade da impugnação pauliana nesta hipótese é o facto de o devedor fazer crer ao credor *"que os bens ainda lhe pertencem na data da constituição do crédito, quando já os tinha alienado"*[306]. Por isso, a solução da lei é tratar a situação *"como se os bens não tivessem de facto saído da esfera jurídica do devedor, porque tal alienação é considerada, por meio da impugnação pauliana, como ineficaz em face do credor futuro"*.

No entanto, o dolo deve ser bilateral, quer dizer, tanto do devedor como do terceiro, conquanto a doutrina admita que o dolo do terceiro consista apenas no conhecimento, por parte deste, da intenção fraudulenta do devedor[307]. Por dolo deve entender-se a intenção de enganar o credor, criando nele um erro acerca da situação patrimonial do devedor, ou dissimulando o erro em que o credor já se encontra – conforme o disposto no

---

[304] Cf. ADRIANO PAES DA SILVA VAZ SERRA, *Responsabilidade patrimonial*, ob. cit., p. 204.

[305] Cf. MÁRIO JÚLIO DE ALMEIDA COSTA, *Direito das Obrigações*, ob. cit., p. 861.

[306] Cf. ADRIANO PAES DA SILVA VAZ SERRA, *Responsabilidade patrimonial*, ob. cit., p. 207.

[307] Cf. PEDRO ROMANO MARTINEZ e PEDRO FUZETA DA PONTE, *Garantias de cumprimento*, ob. cit., p. 25.

artigo 253.º do CC – por hipótese, fazendo crer ao credor que os bens ainda existem no património do devedor à data da constituição do crédito, quando na verdade isso já não é assim[308]. Porém, já quanto ao dolo do terceiro, a doutrina é menos exigente e não requer que ele actue com dolo no sentido do art. 253.º, na medida em que seria excessiva esta exigência quando, normalmente, o terceiro nem sequer conhece ou contacta com o credor. Por isso, em relação ao terceiro a doutrina contenta-se com o conhecimento, por parte deste, da intenção fraudulenta do devedor, ou seja, é suficiente que o terceiro saiba que as intenções do devedor são defraudar as expectativas legítimas do credor, mas não é preciso que partilhe dessas intenções.

8.2.3. Acto do devedor de natureza gratuita, ou, sendo oneroso, que haja má fé do alienante e do adquirente

Artigo 612.º
(Requisito da má fé)
1. O acto oneroso só está sujeito à impugnação pauliana se o devedor e o terceiro tiverem agido de má fé; se o acto for gratuito, a impugnação procede, ainda que um e outro agissem de boa fé.
2. Entende-se por má fé a consciência do prejuízo que o acto causa ao credor.

Do terceiro requisito resulta que, das duas uma: ou se trata de um acto gratuito do devedor, caso em que o requisito se encontra automaticamente preenchido, ou se trata de um acto oneroso e por isso a lei exige, a título suplementar, a má fé do devedor e do terceiro adquirente.

A razão de ser da diferença de regime é que, se o acto praticado pelo devedor for um acto gratuito, entende-se que há sempre prejuízo para o credor porque sai do património do devedor um valor sem que haja uma contrapartida. Inversamente, se o acto for oneroso, em regra nunca há prejuízo para o credor porque em troca da saída do bem haverá um retorno equivalente[309]. Daí que, nesta segunda hipótese, a lei exija que

---
[308] Cf. PIRES DE LIMA e ANTUNES VARELA, *Código Civil Anotado*, Volume I, ob. cit., p. 627.
[309] Cf. PIRES DE LIMA e ANTUNES VARELA, *Código Civil Anotado*, Volume I, ob. cit., p. 628.

tanto o devedor como o terceiro se encontrem de má fé para a procedência da impugnação pauliana.

No que se refere aos actos gratuitos, a opção da lei pela protecção de alguém quando perante o seu direito está o de outrem que adquiriu algo a título gratuito é manifestada em diversas disposições legais. A título de exemplo, veja-se o disposto no art. 291.º do CC, em que se estabelece que um dos requisitos da protecção do terceiro é que este tenha adquirido o seu direito a título oneroso. Outro exemplo reside na responsabilidade do autor da liberalidade pela doação de bens alheios, prevista no art. 956.º do CC em termos muito mais leves do que os estabelecidos para a venda de bens alheios, que é já um acto oneroso. Em paralelo com estes casos, também na impugnação pauliana a lei estabelece que se o terceiro que negociou com o devedor adquiriu um direito a título gratuito, então isso basta para que a acção proceda, devendo o terceiro restituir ao credor aquilo que recebeu do devedor, afim daquele ressarcir o seu direito de crédito.

Assim, se o acto do devedor foi praticado a título gratuito, há lugar à impugnação pauliana, mesmo que devedor e terceiro estivessem de boa fé, porque aqui a lei não se interessa pela circunstância *subjectiva* das partes, dando prevalência à circunstância *objectiva* de o credor ter ficado prejudicado na sua garantia patrimonial. Com efeito, mesmo que tanto o terceiro como o devedor se encontrassem de boa fé, o que está em causa é que o direito adquirido pelo terceiro merece menos tutela do que o direito do credor, que tem à partida um prejuízo[310]. Com efeito, não se tutelando o credor ele vai ter um prejuízo, enquanto que não se tutelando o terceiro ele vai apenas deixar de beneficiar duma vantagem. Neste conflito de interesses, é dada prevalência ao interesse do credor sobre o interesse do adquirente a título gratuito.

Em relação ao cumprimento das obrigações naturais, a doutrina diverge quanto à questão de saber se se trata ou não de um acto gratuito do devedor, na medida em que o seu cumprimento corresponde ao cumprimento dum dever de justiça, mas não de um verdadeiro dever jurídico. À partida, devemos entender que quando o devedor cumpre a obrigação natural ele não está a fazer uma liberalidade ao credor natural, no sentido de que não lhe está a doar a prestação, mas sim efectivamente a cumprir

---

[310] Cf. ADRIANO PAES DA SILVA VAZ SERRA, *Responsabilidade patrimonial*, ob. cit., p. 196.

algo a que se encontra obrigado, embora tal não lhe possa ser judicialmente exigido. A lei entendeu tomar posição quanto à admissibilidade da impugnação pauliana, por considerar que os interesses dos credores civis, que podem recorrer aos meios judiciais para executarem o devedor, deveriam prevalecer sobre o interesse dos credores naturais (cf. art. 615.º, n.º 2). A questão presente, porém, não incide sobre o primeiro requisito, mas sim sobre o terceiro, que agora se analisa, ou seja, reside em aferir se para a procedência da acção se deve exigir ou não a má fé do credor e do devedor naturais. Esta questão não pode deixar de estar conectada com a qualificação do cumprimento da obrigação natural enquanto um acto gratuito ou oneroso.

Sobre este assunto, Mário Júlio de Almeida Costa considera que este acto do devedor se aproxima mais de uma liberalidade do que de um acto oneroso, porque se trata de *"um acto de livre disposição"*. Consequentemente, assumindo também este entendimento, não é necessário haver má fé, nem do devedor, nem do terceiro, bastando que se verifique o cumprimento duma obrigação natural para que o credor possa reagir[311].

Tratando-se de celebração pelo devedor e o terceiro de uma doação mista[312], isto é, quando haja a transmissão de um bem ou de um direito mediante uma contraprestação que só cobre parcialmente o valor desse bem ou direito, é também preciso aferir se o acto é gratuito ou oneroso. Desde logo, esta caracterização implica a interpretação da vontade das partes, para aferir se efectivamente existe ou não *animus donandi*, caso em que se trata de uma efectiva liberalidade – cf. artigo 236.º do CC. Normalmente, é isso que acontece, isto é, há uma doação que se apresenta formalmente como uma compra e venda, mas em que não se pode falar verdadeiramente deste tipo negocial devido ao reduzido preço estabelecido pelas partes. Considerando-se que há liberalidade, não será preciso a má fé dos contraentes. No caso inverso, isto é, se o verdadeiro intuito das partes foi o de alienar a título oneroso um direito, ainda que não pelo seu valor real, deve ser demonstrada a má fé das partes.

---

[311] Cf. MÁRIO JÚLIO DE ALMEIDA COSTA, *Direito das Obrigações*, ob. cit., pp. 865 e 866.

[312] É de notar que qualquer modalidade de doação deve ser considerada como um acto gratuito, pois é o ânimo de fazer a liberalidade que motiva o seu autor. Assim, quanto às doações remuneratórias, e bem assim quanto às doações modais e outras doações com cláusulas acessórias típicas ou atípicas, há sempre possibilidade de reagir por meio de impugnação pauliana.

Note-se que a interpretação das declarações negociais deve ser complementada com elementos objectivos, retirados do próprio negócio jurídico celebrado, designadamente o valor da contrapartida, pois, segundo uma regra de probabilidade, se esse valor se aproxima manifestamente do preço de mercado do direito alienado, parece provável que se trate de um acto oneroso. Diversamente, se esse valor se afasta em grande medida do valor de mercado, é mais provável que o acto seja gratuito.

No que concerne aos actos onerosos, a lei exige já a má fé do devedor e do terceiro, que consiste no chamado *consilium fraudis*[313]. São exemplos de actos onerosos a celebração de um contrato de compra e venda, de permuta ou de mútuo oneroso, o pagamento, a partilha, a constituição de garantias ou dum direito real menor a título oneroso, a dação em cumprimento, etc.

Havendo um acto oneroso, se tanto o devedor como o terceiro estiverem de boa fé, isso quer dizer que há uma efectiva entrada patrimonial na esfera jurídica do devedor, pelo que não se justifica a impugnação pauliana. Com efeito, nesta hipótese, seguindo Almeida Costa, *"nada aconselha a que se afectem as legítimas expectativas do devedor e do terceiro, bem como a segurança do comércio jurídico"*[314].

Acresce que, mesmo que apenas uma das partes esteja de boa fé, quer se trate do devedor, quer do terceiro, ainda assim não se justifica, aos olhos da lei, o recurso à impugnação pauliana. Por conseguinte, apenas no caso de ambos estarem de má fé é que é permitido o recurso do credor a este meio de conservação da garantia patrimonial. A lei exige, portanto, a má fé bilateral. Ambos, devedor e terceiro que com ele negoceia, têm que ter pelo menos a consciência de que o acto por eles praticado é susceptível de causar prejuízo ao credor.

A lei define má fé no n.º 2 do art. 612.º como a consciência do prejuízo que o acto causa ao credor. Neste caso, é adoptado um entendimento de boa fé subjectiva psicológica, ou seja, o mero desconhecimento de que se está a lesar um direito alheio, independentemente do cumprimento de deveres de diligência, caso em que se atenderia à boa fé subjectiva ética[315].

---

[313] Cf. Luís MENEZES LEITÃO, *Direito das Obrigações*, Volume II, ob. cit., p. 307.
[314] Cf. MÁRIO JÚLIO DE ALMEIDA COSTA, *Direito das Obrigações*, ob. cit., p. 864.
[315] Sobre o conceito de boa fé subjectiva ética e psicológica, consultar ANTÓNIO MENEZES CORDEIRO, *Tratado de Direito Civil Português*, I – Parte geral, Tomo I, ob. cit., pp. 404 e seguintes.

Sobre este conceito, Luís Menezes Leitão considera que a má fé exigida na impugnação pauliana *"deve abranger tanto os casos de dolo como os de negligência consciente em relação à verificação do prejuízo"*, mas não a negligência inconsciente, ainda que pudesse ser consciente se tivessem sido cumpridos todos os deveres de diligência impostos pela boa fé[316]. Portanto, sustenta que o devedor e o terceiro têm que ter, pelo menos, a consciência de que o acto por eles praticado impossibilita ou dificulta, do ponto de vista prático, a satisfação do direito do credor. Assim sendo, para haver dolo, o devedor e o terceiro têm que prever o resultado do seu acto – prejuízo do credor – e têm que desejar esse resultado de forma directa (dolo directo), necessária (dolo necessário) ou eventual (dolo eventual). Tratando-se de negligência consciente o que acontece é que se preenche o elemento intelectual, ou seja, o devedor e o terceiro prevêem como resultado possível da sua acção o prejuízo do credor, mas do ponto de vista interior esse resultado é afastado. Esta orientação vai de encontro com o conceito de boa fé subjectiva psicológica, pois atende somente ao estado subjectivo do devedor e do terceiro, isto é, a saber se eles prevêem ou não que daquele acto pode advir prejuízo para o credor, e não às situações em que eles não prevêem, mas, se tivessem sido diligentes, poderiam ter previsto (negligência inconsciente). No mesmo sentido se pronunciam Mário Júlio de Almeida Costa[317], Pedro Romano Martinez e Pedro Fuzeta da Ponte[318]. Num sentido um pouco mais exigente se pronunciou o STJ Português no seu acórdão de 23 de Janeiro de 1992[319], onde se concluiu que *"Embora a previsão seja compatível com uma forma de negligência – a inconsciente – não basta para a exigência de má fé a negligência consciente, porque a lei exige a adesão dos agentes ao resultado, a título de dolo directo, necessário ou eventual"*. Segundo o tribunal, a exigência de dolo é retirada da expressão legal da necessidade da *"consciência de que o acto querido causa prejuízo ao credor"*.

A consciência do prejuízo causado ao credor pode, portanto, traduzir-se na chamada *scientia fraudis*, ou seja, no simples conhecimento por parte do terceiro da intenção fraudulenta do devedor, sem que lhe seja

---

[316] Cf. LUÍS MENEZES LEITÃO, *Direito das Obrigações*, Volume II, ob. cit., p. 307.

[317] Cf. MÁRIO JÚLIO DE ALMEIDA COSTA, *Direito das Obrigações*, ob. cit., pp. 866 e 867.

[318] Cf. PEDRO ROMANO MARTINEZ e PEDRO FUZETA DA PONTE, *Garantias de cumprimento*, ob. cit., p. 23.

[319] Em *Boletim do Ministério da Justiça*, N.º 413, 1992, pp. 548 e seguintes.

exigido o intuito de prejudicar o credor. Portanto, é suficiente que o terceiro esteja consciente de que o acto poderá causar prejuízo ao credor, embora não o querendo, porque previu o prejuízo como consequência possível do acto praticado com o devedor. Assim sendo, o terceiro que desconheça, com culpa, ou seja, porque não cumpriu os seus deveres de diligência, que o acto causa prejuízo ao credor, fica imune à impugnação pauliana. Efectivamente, nessa hipótese, estamos perante boa fé subjectiva psicológica do terceiro, mas não perante boa fé subjectiva ética. Contudo, neste caso, a lei excepcionalmente protege o terceiro pelo facto de ele se encontrar de boa fé, ainda que essa seja uma boa fé meramente subjectiva psicológica.

Como salienta Pedro Romano Martinez, não se deve entender por má fé *"o simples conhecimento de dificuldades económicas e financeiras do devedor ou de o negócio realizado vir a dificultar o pagamento do crédito"*[320]. Para que haja má fé do terceiro ele deverá ter um conhecimento minimamente concreto, e não apenas a vaga ideia de que há ou podem haver credores. Mesmo que o terceiro não tenha de conhecer exactamente a identidade dos credores e os montantes dos seus créditos, ele tem de ter a mínima noção da existência efectiva de credores, e não a simples suspeita desse facto.

Embora a doutrina tenha uma posição bastante defensiva do credor impugnante relativamente ao conceito de má fé, nem sempre este entendimento é seguido pela jurisprudência, que por vezes adopta um conceito muito restrito de má fé. Neste sentido, veja-se o Acórdão do STJ Português de 21 de Janeiro de 1988[321], onde se discutiu a venda, pelos devedores, do seu último prédio. De acordo com o Tribunal, *"Houve, assim, com a venda deste prédio uma diminuição do património dos réus (...) que agravou a sua possibilidade de satisfazer na íntegra os créditos do autor."*, sendo ainda certo que quanto à ré adquirente do prédio *"é evidente ter ela agido com má fé, visto se ter provado que sabia que a compra por ela feita causava prejuízo ao autor"*. Concluiu, porém, ao invés, que não se verifica a mesma má fé dos réus devedores, alienantes do prédio, por não se ter provado que os mesmos tenham celebrado o contrato com dolo e com o fim de impedir a satisfação do direito do autor. Assim, considerou que *"Não se provou, assim, que os réus (...) tenham agido, ao celebrar*

---

[320] Cf. Pedro Romano Martinez e Pedro Fuzeta da Ponte, *Garantias de cumprimento*, ob. cit., p. 24.
[321] Em *Boletim do Ministério da Justiça*, N.º 373, 1983, pp. 514 e seguintes.

a venda do prédio, com a consciência de que tal venda causaria prejuízo ao autor". Neste caso, a decisão do tribunal acaba por ser surpreendente, por considerar que existe má fé do terceiro adquirente, mas não dos devedores alienantes, o que parece ser, no mínimo, bizarro. Com efeito, o terceiro adquirente é chamado ao negócio pelo devedor alienante e não se percebe muito bem como pode ficar provada a má fé do adquirente sem, ao mesmo tempo, se demonstrar igualmente a má fé do devedor alienante. A agravar esta situação está o facto de se ter provado que um dos sócios da sociedade adquirente do prédio prometera aos devedores alienantes que não lhes entregaria o preço remanescente na data da escritura de compra e venda. Acresce, por fim, que parece existir alguma confusão entre o segundo e o terceiro requisitos da impugnação pauliana nesta decisão judicial. Isto na medida em que se conclui que não ficou provado que os devedores tenham actuado com dolo e com o fim de impedir a satisfação do direito do credor. Ora, essa exigência faz-se no segundo requisito, quando o acto tenha sido realizado anteriormente à constituição do direito do credor impugnante, e não no terceiro requisito, onde se exige apenas a má fé, isto é, a consciência do prejuízo causado ao credor com o acto.

Mais recentemente, o Acórdão do STJ Português de 16 de Março de 2004[322] decidiu que não se verificava o requisito da má fé da parte do comprador do imóvel, pois não tinha fica demonstrado que este *"tivesse representado a possibilidade de com este acto estar a prejudicar o credor, estivesse a comprometer a cobrança da dívida dos 1.ᵒˢ réus."*. Com efeito, considerou-se apenas ter ficado provado que *"O réu, comprador do imóvel, apenas tinha conhecimento de que o co-réu, vendedor, devia uma importância que de modo algum se pode considerar elevada, ao autor. E tinha ainda o conhecimento dos negócios deste, mas desconhece-se se esses negócios lhe corriam ou não de feição"*. Esta decisão parece ir ao encontro do entendimento de Pedro Romano Martinez e de Pedro Fuzeta da Ponte, por não ser suficiente o conhecimento da existência de dívidas do devedor, em termos vagos, sendo necessário ter uma ideia mais concreta acerca do estado patrimonial do devedor e da existência de credores que podem ficar prejudicados com o negócio[323].

---

[322] Disponível em www.dgsi.pt.
[323] No mesmo sentido, cf. também o Acórdão do STJ Português de 1 de Junho de 2006, disponível em www.dgsi.pt

A prova da má fé compete ao credor impugnante – cf. art. 342.º, n.º 1 – mas pode ser efectuada por meio de prova testemunhal. Admite-se a prova com recurso a regras de experiência, nomeadamente nos casos de negócios jurídicos onerosos celebrados entre familiares próximos, caso em que se entende, sem muitas dúvidas, que as partes sabiam que com aquele acto iriam necessariamente prejudicar os credores[324], o que consubstancia a sua má fé. Deve, pois, recorrer-se às regras de experiência e ao critério do bom pai de família[325].

8.2.4. *É necessário que do acto resulte a impossibilidade de o credor obter a satisfação integral do crédito ou o agravamento dessa impossibilidade*

O último requisito é exigido na *alínea b)* do art. 610.º e consiste no *eventus damni*, isto é, o prejuízo causado ao credor, que tem de ser *"nítido e palpável"*[326]. A expressão actualmente utilizada na lei corresponde precisamente à que foi proposta por Vaz Serra no Anteprojecto do Código Civil.

O Código de Seabra, no seu art. 1033.º, só admitia a impugnação pauliana se do acto resultasse a insolvência do devedor, solução esta que não se manteve no actual Código, que é menos exigente ao referir a impossibilidade de satisfação do crédito.

Esta impossibilidade pode consistir, por exemplo, no facto de o devedor ter transmitido, a título oneroso, todos os seus bens, e de haver sonegado o dinheiro recebido, de maneira que, apesar de ter esse dinheiro na sua mão, o credor está impossibilitado de o penhorar[327]. Ou pode também resultar simplesmente da alienação gratuita do património do devedor, ou de qualquer outro acto que se integre nos requisitos da impugnação pauliana já estudados. Portanto, a ideia é que, antes da prática do acto impugnado era possível ao credor ressarcir-se do seu crédito, e, depois desse acto, isso tornou-se muito difícil ou mesmo impossível.

---

[324] Cf. Pedro Romano Martinez e Pedro Fuzeta da Ponte, *Garantias de cumprimento*, ob. cit., p. 24.

[325] Cf. Pedro Romano Martinez e Pedro Fuzeta da Ponte, *Garantias de cumprimento*, ob. cit., p. 27.

[326] Cf. Adriano Paes da Silva Vaz Serra, *Responsabilidade patrimonial*, ob. cit., p. 200.

[327] Cf. Mário Júlio de Almeida Costa, *Direito das Obrigações*, ob. cit., p. 863.

8.2.5. Créditos não exigíveis ou sujeitos a condição suspensiva

Artigo 614.º
(Créditos ainda não exigíveis ou sujeitos a condição suspensiva)

1. Não obsta ao exercício da impugnação o facto de o direito do credor não ser ainda exigível.

2. O credor sob condição suspensiva pode, durante a pendência da condição, verificados os requisitos da impugnabilidade, exigir a prestação de caução.

Se o credor que pretende recorrer à impugnação pauliana ainda não tem um crédito exigível a acção é permitida, mesmo antes da exigibilidade. Esta solução é próxima da estabelecida em matéria de sub-rogação, justificando-se que o credor possa recorrer à impugnação, quer o seu direito já se tenha vencido, quer não, na medida em que em qualquer dos casos ele já é credor, pelo que tem legitimidade para actuar com vista à conservação da sua garantia patrimonial. Contudo, neste caso, o credor não tem que demonstrar ter interesse em não aguardar o vencimento do crédito.

A solução é diversa se o crédito se encontrar sujeito a condição suspensiva. Aqui a lei não admite a impugnação pauliana, mas somente que o credor possa exigir a prestação de caução (cf. artigos 623.º e seguintes), na medida em que o seu direito ainda não está constituído. Ainda assim, para poder exigir a prestação da caução, o credor terá de provar os requisitos exigidos por lei para a impugnação pauliana, só que acontece que a verificação desses requisitos não produz os efeitos próprios desta acção, apenas o legitima a requerer a prestação de caução.

Esta solução afigura-se justa uma vez que o credor ainda não o é, de facto, pois a verificação da condição ainda não ocorreu e nem sequer se sabe se se vai verificar ou não. Assim sendo, a única segurança que o credor pode exigir consiste na prestação da caução, que poderá ser activada no caso de a condição se verificar. Não se justificaria, de resto, que o credor condicional pudesse exigir ao terceiro a restituição dos bens recebidos do devedor, numa altura em que ainda nem sequer a condição se verificou e por isso o crédito ainda não se constituiu.

8.3. Prova da impugnação pauliana

Artigo 611.º
(Prova)
Incumbe ao credor a prova do montante das dívidas, e ao devedor ou a terceiro interessado na manutenção do acto a prova de que o obrigado possui bens penhoráveis de igual ou maior valor.

Nos termos do art. 611.º, o devedor ou o terceiro é que têm o ónus da prova de que o credor tem a possibilidade de satisfazer o crédito por outras vias que não a acção pauliana. A lei operou aqui uma inversão do ónus da prova na medida em que seria muito difícil para o credor fazer a prova negativa de que o devedor não tem bens suficientes para satisfazer o crédito.

Contudo, o credor tem que provar não apenas a existência da dívida, como o seu montante efectivo.

8.4. Transmissões posteriores a subadquirentes

Artigo 613.º
(Transmissões posteriores ou constituição posterior de direitos)
1. Para que a impugnação proceda contra as transmissões posteriores, é necessário:
  a) Que, relativamente à primeira transmissão, se verifiquem os requisitos da impugnabilidade referidos nos artigos anteriores;
  b) Que haja má fé tanto do alienante como do posterior adquirente, no caso de a nova transmissão ser a título oneroso.

2. O disposto no número anterior é aplicável, com as necessárias adaptações, à constituição de direitos sobre os bens transmitidos em benefício de terceiro.

O credor impugnante pode reagir contra a transmissão efectuada pelo devedor para um terceiro adquirente, mas pode igualmente impugnar a transmissão feita por este terceiro adquirente a outros subadquirentes, desde que para o efeito sejam respeitados os requisitos exigidos pelo artigo 613.º. Assim, há que distinguir consoante a segunda transmissão tenha sido feita a título gratuito ou a título oneroso: tendo sido efectuada a título gratuito, é suficiente o requisito da *alínea a)*, ou seja, que relativamente à primeira transmissão (entre o devedor e o terceiro) se preencham os requisitos exigidos para a procedência da impugnação pauliana; sendo já uma transmissão a título oneroso, o credor só a pode impugnar se houver má fé do terceiro alienante e do subadquirente. O conceito de má fé é o que resulta do disposto no n.º 2 do art. 612.º, isto é, consiste na consciência do prejuízo causado ao credor com a transmissão. Assim sendo, se a segunda transmissão tiver sido gratuita, o acto fica automaticamente sujeito à impugnação pauliana, pelo simples facto de se preencherem os requisitos desta acção relativamente à primeira transmissão. Já se a segunda transmissão tiver sido onerosa a lei é mais exigente, precisamente porque o subadquirente terá pago uma efectiva contrapartida ao terceiro alienante, daí que só se justifique abalar a sua aquisição caso tenha havido má fé.

Para além de o credor poder impugnar as transmissões subsequentes levadas a cabo pelo terceiro adquirente, ele pode igualmente impugnar outros actos praticados por este terceiro que se traduzam na constituição de direitos sobre o bem que recebeu do devedor. Com efeito, ao abrigo do n.º 2 do art. 613.º, a impugnação pauliana também se aplica à constituição de direitos sobre os bens transmitidos em benefício de terceiro. Encontram-se aqui abrangidos os casos em que o terceiro adquirente constitui uma hipoteca sobre o bem obtido do devedor, ou um usufruto, uma servidão, etc. Assim, esses actos também poderão ser considerados ineficazes perante o credor impugnante

8.5. Efeitos da impugnação pauliana

Os efeitos da impugnação pauliana encontram-se previstos no artigo 616.º:

Artigo 616.º
(Efeitos em relação ao credor)
1. Julgada procedente a impugnação, o credor tem direito à restituição dos bens na medida do seu interesse, podendo executá-los no património do obrigado à restituição e praticar os actos de conservação da garantia patrimonial autorizados por lei.
2. O adquirente de má fé é responsável pelo valor dos bens que tenha alienado, bem como dos que tenham perecido ou se hajam deteriorado por caso fortuito, salvo se provar que a perda ou a deterioração se teriam igualmente verificado no caso de os bens se encontrarem no poder do devedor.

3. *O adquirente de boa fé responde só na medida do seu enriquecimento.*
4. *Os efeitos da impugnação aproveitam apenas ao credor que a tenha intentado.*

No entanto, este artigo apenas respeita, directamente, às situações de alienação de direitos a terceiros, assim estabelecendo a ineficácia relativa da alienação em relação ao credor impugnante. Todavia, como se referiu, a impugnação pauliana pode ter em vista outros actos do devedor, igualmente prejudiciais para o credor, como é o caso da celebração de contrato de arrendamento, da constituição de novas garantias reais ou da constituição de novas obrigações. Nessas situações, a admitir a acção e sendo esta procedente pela verificação dos requisitos necessários, a consequência deverá ainda ser a ineficácia de tais actos perante o credor impugnante. Nestes termos, o credor poderá atingir os bens objecto desses actos como se os mesmos não tivessem sido praticados, na medida em que são actos ineficazes relativamente ao credor. Por conseguinte, o bem será vendido sem o arrendamento impugnado ou sem a garantia real constituída, desde que a impugnação tenha sido julgada procedente. Concluindo, a consequência da procedência da acção será sempre a ineficácia do acto praticado pelo devedor em relação ao credor impugnante.

8.5.1. *Relações entre o credor impugnante e o terceiro adquirente*

A impugnação pauliana é uma acção pessoal, pelo que a consequência da sua procedência é que o terceiro fica com a obrigação de restituir ao credor impugnante os bens que tenha adquirido do devedor, na medida do seu interesse. Ao contrário do que se verifica com a declaração de nulidade e com a sub-rogação, na impugnação pauliana os bens não regressam ao património do devedor para serem executados pelos credores, são antes directamente encaminhados para o credor impugnante, com vista ao ressarcimento do seu crédito[328]. Neste sentido, veja-se o Acórdão do STJ Português de 2 de Março de 2004[329], onde se determinou que: *"impugnado*

---

[328] Não era assim no Código de Seabra, em que o efeito da procedência da acção pauliana era a reversão dos bens alienados para o património do devedor. Neste sentido, cf. ORLANDO COURRÈGE, *Direito das obrigações*, ob. cit., p. 24.

[329] Disponível em www.dgsi.pt.

triunfantemente o acto do devedor em causa, os bens não têm que sair do património do obrigado à restituição; ficam lá não obstante o obrigado ser um terceiro a quem o devedor os transmitiu, e é aí – nesse património – que o credor os executa, praticando os actos que a lei autoriza (art.º 616, do CC)". Veja-se ainda o Acórdão do STJ Português de 20 de Março de 2003[330], onde se concluiu o seguinte: *"1. O acto impugnado pela acção pauliana não tem nenhum vício genérico, sendo, em si, totalmente válido e eficaz, pois que o devedor, mesmo que carregado de dívidas, não está impedido de dispor dos seus bens: o que ele não pode fazer é, conscientemente, de má fé, prejudicar os credores. 2. Por isso, mesmo que triunfantemente impugnado, não deixa esse acto de manter a sua validade e eficácia, apenas sofrendo um certo enfraquecimento: os bens transmitidos respondem pelas dívidas do alienante, na medida do interesse do credor, falando-se, a propósito, de uma ineficácia relativa, uma ineficácia em relação ao credor"*. Nesta ordem de ideias, o devedor continua a ser perfeitamente livre de dispor do seu património, mesmo que tenha uma multiplicidade de credores, simplesmente sujeita-se a ver esses actos tornados ineficazes sempre que os mesmos ponham em causa o ressarcimento dos direitos desses credores.

Era diferente a solução do art. 1044.º do Código de Seabra, de acordo com o qual os bens regressavam ao património do devedor, beneficiando assim a generalidade dos credores, tal como acontece com os outros meios de conservação da garantia patrimonial. A nova solução resultante do art. 616.º do CC opera uma nítida diferenciação entre a impugnação pauliana e os demais meios conservatórios, precisamente ao nível dos seus efeitos.

O credor só tem direito à restituição dos bens *na medida do seu interesse*, pelo que o poder do credor se limita a executar os bens no património do terceiro e a praticar actos relativos à conservação da sua garantia patrimonial, na medida em que tais actos sejam relevantes para a satisfação do seu direito de crédito[331]. De facto, o art. 616.º concede três direitos ao credor impugnante, a saber:

1.º Direito à restituição dos bens, na medida do seu interesse;
2.º Direito a recorrer aos meios de conservação da garantia patrimonial contra os bens que se encontram na esfera jurídica do terceiro;

---

[330] Disponível em www.dgsi.pt.
[331] Cf. Luís MENEZES LEITÃO, *Direito das Obrigações*, Volume II, ob. cit., p. 310.

3.º Direito de execução do património do obrigado à restituição. Neste sentido, veja-se também a parte final do art. 818.º.

Relativamente ao segundo e ao terceiro direitos reconhecidos ao credor impugnante, é essencial a sua consagração legal na medida em que o credor não é, em sentido próprio, credor do terceiro. O seu direito de crédito existe em relação ao devedor, mas como o devedor transmitiu ao terceiro um direito e esta transmissão foi impugnada, a lei estabelece que o terceiro tem de restituir ao credor os bens recebidos. Mas, em bom rigor, o terceiro não é devedor do credor, ele encontra-se é sujeito à acção pauliana do credor, pelo facto de ter celebrado um negócio com aquele devedor, relativamente ao qual se preencheram os requisitos da impugnação pauliana. Assim sendo, estamos em face de uma situação excepcional em que uma pessoa, que não é, em sentido próprio, credora de outra, pode recorrer aos meios conservatórios ou à acção executiva contra esta afim de satisfazer o seu direito de crédito.

Por exemplo, supondo que A é credor de B do montante de 500.000 FCFA e que B doou o seu único bem, um automóvel MERCEDES, a C, o credor A pode impugnar paulianamente este acto. Neste caso, sendo a impugnação julgada procedente, o credor passa a poder executar o referido automóvel na esfera jurídica de C, bem como a poder recorrer aos meios de conservação da garantia patrimonial em relação a este. Contudo, C não é devedor de A, simplesmente celebrou um negócio jurídico de doação com B, que é devedor de A, em razão do que passou a estar sujeito à impugnação pauliana.

Pode acontecer que o terceiro adquirente tenha, por seu turno, alienado os bens a um terceiro subadquirente, ou pode também acontecer que esses bens se tenham perdido em virtude de caso fortuito. Neste caso, já não é possível o credor exigir ao terceiro a restituição dos bens na medida do seu interesse, uma vez que já não existem bens para restituir, ou porque foram entretanto alienados, ou porque pereceram. Esta solução resulta de uma interpretação *a contrarium sensu* do disposto na 1.ª parte do n.º 2 do art. 616.º.

Neste caso, os direitos do credor vão variar consoante a boa ou má fé do terceiro. Com efeito, se o terceiro se encontrar de boa fé, ele apenas responde perante o credor na medida do enriquecimento que obteve – cf. art. 616.º, n.º 3. Note-se que esta norma é exclusivamente aplicável quando a transmissão feita pelo devedor ao terceiro tenha sido a título gratuito, pois só aqui a impugnação pauliana pode proceder ainda que o terceiro estivesse de boa fé. Ao invés, como já se analisou, se a transmissão tiver sido feita a título oneroso, a impugnação só procede se tanto o terceiro como o devedor estiverem de má fé. O n.º 3 deste artigo opera uma remissão para o regime do enriquecimento sem causa, por via do qual deve ser calculado o montante da obrigação de restituição. Esta remissão faz sentido na medida em que o terceiro obteve do devedor uma aquisição a título gratuito, isto é, sem qualquer contrapartida, pelo que se enriqueceu, sendo que a lei considera que falta uma causa legítima a este acréscimo patrimonial, na medida em que dele resultou um prejuízo para um credor do devedor que fez a liberalidade. No entanto, como o terceiro se encontrava de boa fé, ele não terá de restituir todo o valor que recebeu do devedor, mas apenas a medida do seu enriquecimento.

Por outro lado, se o terceiro se encontrar de má fé, ele responde perante o credor pelo valor dos bens que tiver alienado, bem como pelo valor dos bens que tenham perecido ou se tenham deteriorado por caso fortuito – cf. art. 616.º, n.º 2. Ou seja, nesta hipótese o terceiro é obrigado a indemnizar o credor impugnante, entregando-lhe o valor das coisas que foram alienadas ou que se perderam por caso fortuito. Esta disposição abrange tanto os casos em que o terceiro tenha adquirido o direito a título gratuito como a título oneroso, porque pode haver má fé em qualquer das hipóteses. Quer isto dizer que, mesmo quando a transmissão tenha sido a título gratuito, *o credor pode ter interesse em provar a má fé da parte do terceiro*, para efeitos da aplicação do n.º 2 do art. 616.º. Neste caso justifica-se plenamente a desprotecção do terceiro, na medida em que, estando ele de má fé, tinha a consciência do prejuízo causado ao credor e mesmo assim agiu. Por conseguinte, tratando-se de terceiro de má fé, verifica-se um acréscimo de responsabilidade do terceiro em virtude da sua posição subjectiva, que lhe impõe o dever de indemnizar o credor impugnante mesmo que a coisa já não se encontre em seu poder.

A única possibilidade que o terceiro de má fé tem ao seu dispor para se exonerar desta obrigação de indemnizar o credor consiste, nos termos da parte final do n.º 2 do art. 616.º, na hipótese de ele conseguir provar que a perda ou deterioração se teriam igualmente verificado se os bens estivessem no poder do devedor. Trata-se da consagração, a título excepcional, de uma situação de relevância negativa da causa virtual, na medida em que o terceiro se pode liberar da sua obrigação demonstrando que a sua aquisição não foi relevante para o prejuízo que o credor teve, pois, mesmo que esta aquisição não se tivesse verificado, o bem ter-se-ia perdido por outra causa ainda na esfera jurídica do devedor.

Da conjugação entre o disposto no n.º 1 do art. 613.º e o n.º 2 do art. 616.º resulta que, havendo uma transmissão subsequente por parte do terceiro adquirente de má fé a um subadquirente, o credor pode escolher entre uma de duas vias:

- Ou intenta uma acção contra o terceiro alienante, nos termos do n.º 2 do art. 616.º, com vista a pedir uma indemnização correspondente ao valor da coisa que ele alienou;
- Ou intenta uma acção de impugnação pauliana contra o subadquirente, com vista a obter a restituição dos bens na medida do seu interesse, nos termos do n.º 1 do art. 613.º, conjugado com o n.º 1 do art. 616.º[332].

Por exemplo, supondo que o devedor A doou a B o seu automóvel BMW, que constituía o seu único bem e que tanto o devedor como o terceiro se encontravam de má fé, estando conscientes do prejuízo que aquele acto causava ao credor de A, sendo que, posteriormente, o adquirente B veio a alienar o referido automóvel a C. Neste caso, o credor de A pode optar entre intentar uma acção contra o terceiro alienante, ou seja, B, nos termos do n.º 2 do art. 616.º, com vista a pedir uma indemnização correspondente ao valor do bem alienado, ou, em alternativa, pode intentar uma acção de impugnação pauliana contra o subadquirente C, nos termos gerais do n.º 1 do art. 613.º e do n.º 1 do art. 616.º, exigindo a restituição do bem recebido na medida do seu interesse.

Acresce que por força da procedência da impugnação pauliana o credor adquire o direito a executar os bens no património do terceiro, e pode, como qualquer credor, praticar actos de conservação da garantia patrimonial em relação a esses bens. É neste sentido que dispõem o n.º 1 do artigo 616.º e a parte final do artigo 818.º. É de salientar que o credor só tem direito aos bens adquiridos pelo terceiro *na exacta medida do necessário ao ressarcimento do prejuízo sofrido*, até porque o acto praticado pelo devedor e pelo terceiro pode ser perfeitamente válido. Como se viu, em regra a impugnação pauliana serve para o credor reagir perante actos válidos praticados pelo seu devedor, mas dos quais resulta

---

[332] Cf. PIRES DE LIMA e ANTUNES VARELA, *Código Civil Anotado*, Volume I, ob. cit., p. 603.

um prejuízo para a sua garantia patrimonial. Assim, os princípios da equidade, razoabilidade, oportunidade e boa fé implicam que o credor não possa exigir mais do que aquilo a que tem direito em consequência dos danos sofridos[333].

Verifica-se, por força da impugnação pauliana, uma ineficácia relativa dos actos praticados pelo devedor em relação ao credor impugnante. É como se os bens nem sequer tivessem saído da esfera jurídica do devedor, de tal forma que o credor os pode executar na esfera jurídica do terceiro que os recebeu. Esta ineficácia reforça o facto de estes actos não serem inválidos e de a sua ineficácia se restringir ao necessário para satisfazer o interesse do credor impugnante. No mais, tais actos são perfeitamente válidos e eficazes.

Por fim, convém notar que nem sempre o efeito da procedência da impugnação pauliana será o direito à restituição dos bens na medida do interesse do credor, pois, em boa medida, tal efeito depende do tipo de acto impugnado. Nestes termos, se o acto impugnado for, por exemplo, a constituição de uma dívida (para quem o admita), o resultado da acção será a destruição da mesma; se se tratar da constituição de uma preferência a favor de certo credor, a consequência será a exclusão desta; se o devedor tiver feito uma renúncia, será a inoperância desta, e daí por diante[334]. Em todos os casos, a procedência a acção pauliana terá como efeito *"um aumento da consistência positiva do património"*[335], beneficiando assim o credor impugnante.

8.5.2. Relações entre o credor impugnante e os credores do terceiro adquirente

O credor pode ter de concorrer o seu crédito com os direitos de outros credores do terceiro adquirente. Sobre esta hipótese a doutrina divide-se quanto a saber se assiste ou não ao credor impugnante alguma preferência de pagamento.

Alguns autores consideram que o credor impugnante tem uma preferência legal, derivada da impugnação pauliana, ou, noutros termos,

---

[333] Cf. PEDRO ROMANO MARTINEZ e PEDRO FUZETA DA PONTE, *Garantias de cumprimento*, ob. cit., p. 21.
[334] Cf. ORLANDO COURRÈGE, *Direito das obrigações*, ob. cit., pp. 24 e 25.
[335] Cf. ORLANDO COURRÈGE, *Direito das obrigações*, ob. cit., p. 25.

que o credor tem o seu crédito garantido por um património separado na esfera jurídica do terceiro adquirente. Neste sentido, os bens que o terceiro obtém do devedor constituiriam um património separado do seu restante património, de forma que os outros credores do terceiro não poderiam exercer os seus direitos contra aquele património separado, o qual só poderia ser atingido pelo credor impugnante. Neste sentido, Pedro Romano Martinez e Pedro Fuzeta da Ponte consideram que *"... o credor, ao executar o bem no património do adquirente, nem sequer sofre a concorrência dos credores deste, tudo se passando como se o acto de alienação não existisse perante o impugnante"*[336]. Apesar de os bens continuarem a pertencer ao terceiro adquirente, *"... no artigo 616.º, n.º 1, do Código Civil ficciona--se o retorno dos bens ao património do devedor alienante, como se nenhuma transmissão houvesse operado, precisamente para afastar a concorrência dos credores do terceiro a quem foram transmitidos"*[337]. Nesta ordem de ideias, estes autores sustentam a criação duma preferência legal a favor do credor impugnante sobre os bens transmitidos, em detrimento dos restantes credores do terceiro adquirente.

Não obstante, é de notar que, apesar deste entendimento, Pedro Romano Martinez admite que não pode haver preferência do credor impugnante nos casos em que o terceiro transmitiu os bens e o direito do credor impugnante se limita ao pedido de indemnização até ao limite ao do valor dos bens alienados[338]. Nessa hipótese, ele deve concorrer com todos os credores que o terceiro tenha, na medida em que não há, em bom rigor, direito à restituição de *um bem*, mas apenas do seu valor. Solução esta que será idêntica à dos casos em que os bens adquiridos com má fé tenham perecido ou se hajam deteriorado por caso fortuito. Com efeito, nestes casos o credor não terá direito à restituição dos bens, mas à indemnização pelo facto de os bens se terem perdido, daí a diversidade da solução.

Diversamente, Luís Menezes Leitão considera que o credor não possui qualquer preferência em relação aos outros credores[339]. Também Mário

---

[336] Cf. PEDRO ROMANO MARTINEZ e PEDRO FUZETA DA PONTE, *Garantias de cumprimento*, ob. cit., p. 40.
[337] Cf. PEDRO ROMANO MARTINEZ e PEDRO FUZETA DA PONTE, *Garantias de cumprimento*, ob. cit., p. 40.
[338] Cf. PEDRO ROMANO MARTINEZ e PERO FUZETA DA PONTE, *Garantias de cumprimento*, ob. cit., p. 41.
[339] Cf. LUÍS MENEZES LEITÃO, *Direito das Obrigações*, Volume II, ob. cit., p. 311.

Júlio de Almeida Costa entende que é preferível sujeitar o credor à concorrência com os demais credores do terceiro, com vista a obter *"uma equilibrada conciliação dos interesses dos credores do devedor alienante com a segurança do tráfico jurídico, que tem de estar muito presente na disciplina da impugnação pauliana"*[340]. Este autor entende que quando a lei estabelece que o credor tem direito à restituição dos bens na medida do seu interesse não está a criar aqui qualquer preferência legal. Até porque, se o credor pretender reforçar a garantia do seu crédito, pode requerer ao tribunal um arresto sobre os bens[341].

Entendemos também que do disposto no artigo 616.º do CC não pode resultar a criação de uma preferência de pagamento a favor do credor impugnante. Com efeito, a segurança no comércio jurídico não parece compatível com tal solução, na medida em que há uma grande diferença entre o credor concorrer com os demais nos termos do art. 604.º ou ser pago antes de outros devido a alguma preferência de pagamento. Não tendo sido a lei suficientemente explícita na consagração de uma preferência a favor do credor impugnante, julgamos que a solução que melhor serve este problema é a que permite a segurança nas relações jurídicas. O credor impugnante não beneficia de nenhuma preferência e deve antes concorrer em posição igual com os restantes credores do terceiro.

Por outro lado, mesmo para aqueles que admitam a criação duma preferência legal por via *tácita*, sempre persistiria a questão de determinar a graduação legal do credor impugnante perante os outros credores preferenciais. Por exemplo, no confronto com um credor hipotecário do terceiro adquirente, a quem deveria ser dada a preferência, isto é, ao credor impugnante ou ao credor hipotecário? Tal graduação só pode resultar de determinação legal, e não parece que do art. 616.º do CC se possa retirar que o credor impugnante deve ser pago antes de todos os restantes credores do terceiro adquirente, mesmo os credores titulares de outras causas legítimas de preferência. Isso só poderia acontecer através da consagração legal destes bens como um património separado, o que não nos parece ser o caso.

---

[340] Cf. MÁRIO JÚLIO DE ALMEIDA COSTA, *Direito das Obrigações*, ob. cit., p. 871.

[341] Não obstante a possibilidade de o credor impugnante requerer o arresto, veremos adiante que é discutível que este meio de conservação da garantia patrimonial continue a constituir, em face do AUG, uma preferência de pagamento para o credor arrestante. A afirmação do autor é, naturalmente, feita em relação ao Direito Português, não abrangendo o Caso Guineense, prejudicado pela entrada em vigor de um Acto Uniforme da OHADA Relativo à Organização das Garantias.

Entretanto, no caso da Guiné-Bissau, mesmo que se entendesse que o art. 616.º do CC consagra uma causa legítima de preferência a favor do credor impugnante, essa orientação ficaria prejudicada com a entrada em vigor do Acto Uniforme da OHADA Relativo à Organização das Garantias. Com efeito, por um lado, essa preferência de pagamento não resulta nem expressa nem tacitamente deste acto uniforme, o que indicia que o legislador da OHADA não a considerou como garantia especial. Por outro lado, independentemente da opção pela tese da uniformização ou da harmonização[342], o certo é que os artigos 148.º e 149.º do AUG, que procedem à graduação legal dos credores, não mencionam em lugar algum a preferência de pagamento do credor impugnante em sede de acção pauliana. Assim sendo, mesmo que à luz do Direito interno se pudesse sustentar aquele entendimento, tal preferência de pagamento deveria acabar por se considerar revogada pelo acto uniforme.

8.5.3. Relações entre o devedor e o terceiro adquirente

Artigo 617.º
(Relações entre devedor e terceiro)
1. Julgada procedente a impugnação, se o acto impugnado for de natureza gratuita, o devedor só é responsável perante o adquirente nos termos do disposto em matéria de doações; sendo o acto oneroso, o adquirente tem somente o direito de exigir do devedor aquilo com este se enriqueceu.
2. Os direitos que terceiro adquira contra o devedor não prejudicam a satisfação dos direitos do credor sobre os bens que são objecto da restituição.

Por último, vamos analisar quais os efeitos da procedência da acção pauliana entre o devedor e o terceiro adquirente, os quais também variam de acordo com a natureza do acto. Se se tratou de um acto gratuito, o devedor é responsável perante o terceiro adquirente nos mesmos termos em que o doador responde perante o donatário. Temos aqui uma remissão para os artigos 956.º e 957.º do CC, nos termos dos quais só há responsabilidade perante o terceiro adquirente no caso de ter havido expressa

---

[342] Sobre esta questão, consultar o Capítulo II, pp. 45 e seguintes.

responsabilização nesse sentido ou ainda quando o devedor tenha actuado com dolo.

Tratando-se já de um acto oneroso, o terceiro adquirente só pode exigir do devedor aquilo com este se tiver enriquecido, tendo em consideração que em relação aos actos onerosos a impugnação pauliana só procede se houver má fé de ambas as partes. Assim, como também houve má fé por parte do terceiro, a lei como que o penaliza devido a esta sua actuação, permitindo-lhe apenas exigir ao devedor alienante a restituição nos termos do enriquecimento sem causa, mas não uma indemnização pelos danos sofridos.

8.6. Extinção do direito à impugnação pauliana

O art. 1040.º do Código de Seabra determinava que o direito do credor à impugnação pauliana se extinguia logo que o devedor cumprisse a dívida ou adquirisse bens que lhe permitissem cumpri-la. Sobre a primeira questão, isto é, em relação ao cumprimento da dívida, o Código Civil actual nada diz, mas faz sentido que o direito à impugnação pauliana se extinga quando o devedor cumpre a dívida, pois estamos em face de um meio de conservação da garantia patrimonial e apenas os credores têm acesso a estes meios. Logo, se ocorrer o cumprimento da dívida, ou a sua extinção por qualquer outro modo, o credor deixa de o ser, deixando de ser permitido o recurso aos meios de conservação da garantia patrimonial porque simplesmente deixa de haver responsabilidade patrimonial nos termos do artigo 601.º do CC.

Sobre o segundo ponto referido no Código de Seabra, isto é, se o devedor vier a adquirir novos bens, parece que também não se justifica a impugnação pauliana, pois nessa hipótese não há risco quanto ao ressarcimento do crédito, ficando prejudicado o preenchimento do quarto requisito desta acção (art. 610.º, *alínea b)*)[343]. No mesmo sentido, o art. 611.º permite que o devedor ou o terceiro obstem à impugnação pauliana desde que demonstrem que o devedor tem património suficiente para cumprir as suas obrigações perante o credor.

---

[343] Cf. Luís MENEZES LEITÃO, *Direito das Obrigações*, Volume II, ob. cit., p. 313.

8.7. Prazo de caducidade para intentar a impugnação pauliana

No Código de Seabra o credor podia recorrer à impugnação pauliana no prazo máximo de um ano a partir do conhecimento do acto do devedor, sendo que se tratava de um prazo prescricional. Actualmente o prazo passou a ser de caducidade e é de cinco anos, que se contam a partir da realização do acto pelo devedor, independentemente do seu conhecimento pelo credor. Em regra, nos termos do art. 328.º do CC, os prazos de caducidade não se suspendem nem interrompem.

Não obstante, atente-se que quando o credor pretenda reagir contra um acto do devedor que seja nulo, ele pode ainda fazê-lo, mesmo que decorram mais de cinco anos após a sua celebração, através da acção de nulidade, nos termos gerais ou por meio do art. 605.º do CC. Ao invés, tratando-se de acto válido ou meramente anulável, o direito de acção do credor extingue-se impreterivelmente após o decurso de cinco anos sobre a sua prática.

No caso de o acto ter sido praticado por gestão de negócios, o prazo de cinco anos só começa a partir da ratificação da gestão por parte do devedor *dominus*[344].

8.8. Natureza jurídica da impugnação pauliana

Alguma doutrina qualifica a impugnação pauliana como uma acção de indemnização. Contudo, em bom rigor, o credor não pede ao terceiro adquirente nenhuma indemnização por danos sofridos, até porque estes ainda podem ser meramente eventuais ou potenciais na data da propositura da acção. Por outro lado, não se pode dizer que o terceiro tenha praticado um facto ilícito, nem em termos de responsabilidade delitual, e muito menos em termos de responsabilidade obrigacional, o que torna difícil sustentar a tese da indemnização.

Outros autores consideram que se trata duma acção de nulidade. Porém, em princípio, os actos do devedor são válidos, o que acontece é que são declarados relativamente ineficazes em relação ao credor impugnante. Com efeito, a impugnação pauliana tanto permite ao credor reagir

---

[344] Cf. PEDRO ROMANO MARTINEZ e PEDRO FUZETA DA PONTE, *Garantias de cumprimento*, ob. cit., p. 30.

contra actos inválidos praticados pelo devedor, como igualmente perante actos que se apresentam perfeitamente válidos, simplesmente é permitido ao credor atingi-los porque a sua realização prejudica a sua garantia patrimonial nos termos do art. 601.º do CC.

Outros ainda entendem que esta é uma acção de anulação. Não obstante, se fosse assim isso significaria que os bens alienados pelo devedor teriam de regressar ao seu património na sequência da procedência da acção, o que de facto não sucede. Inversamente, o artigo 616.º confere ao credor o direito de executar estes bens no património do terceiro, não sendo necessário fazê-los regressar à esfera jurídica do devedor.

Por estas razões, o entendimento mais aceitável parece ser aquele que sustenta que se trata duma acção de declaração de ineficácia de certo acto do devedor em relação ao credor. Neste sentido, Luís Menezes Leitão salienta que esta é uma *"acção pessoal"*, ou seja, de natureza individual, que beneficia apenas o credor que a ela recorre. A procedência da acção de impugnação pauliana tem como efeito o direito do credor à restituição, que é um direito de crédito, cujo âmbito varia consoante a boa ou má fé do devedor e do terceiro.

O problema que suscita a ineficácia do acto praticado pelo devedor reside na causa de aquisição do terceiro, que não é legítima por uma de duas vias. Em primeiro lugar, quando este tenha adquirido o bem a título gratuito, a situação é análoga à prevista no n.º 2 do art. 289.º e no art. 481.º do CC, porque consiste numa *causa minor* de aquisição na medida em que foi realizada à custa de outrem, isto é, do credor. Assim, segundo Luís Menezes Leitão[345], a pretensão do credor contra o terceiro adquirente parece fundar-se *"na consideração de que a aquisição pelo terceiro não constitui uma legítima «causa retentionis», a partir do momento em que se verifica a impugnação pauliana do negócio, o que permite ao credor o uso da acção de enriquecimento por desconsideração de património."*.

Por seu turno, em segundo lugar, quando o terceiro tenha adquirido a título oneroso, essa aquisição é, à partida, uma causa legítima do seu direito[346]. Todavia, nos casos de aquisição onerosa o problema reside na má fé, quer do devedor, quer do terceiro, consistente na consciência de que aquele acto causa um prejuízo ao credor. Nesta hipótese, a impugnação pauliana explica-se enquanto *"um desvio de bens de uma função que*

---

[345] Cf. Luís Menezes Leitão, *Direito das Obrigações*, Volume II, ob. cit., p. 314.
[346] Cf. Luís Menezes Leitão, *Direito das Obrigações*, Volume II, ob. cit., p. 315.

legalmente lhes é atribuída: a de servirem de garantia patrimonial dos créditos"[347]. Está-se então no âmbito de actuação do Princípio da boa fé, na sua vertente da primazia da materialidade subjacente. O devedor e o terceiro, ao celebrarem um determinado negócio, estão a exercer livremente a sua autonomia privada, o que é perfeitamente legítimo. Contudo, através desse seu acto pretendem ou sabem que estão a causar um prejuízo ao credor e, mesmo assim, não deixam de actuar. Portanto, há um desequilíbrio no exercício de direitos, que é vedado pela lei, por força do qual se impõe ao terceiro a obrigação de restituição. Neste sentido, pode dizer-se que *"a má fé simultânea do devedor e do terceiro (...) leva a que essa aquisição não se possa considerar fundada numa causa legítima."*[348].

Em sentido próximo, já Vaz Serra defendia que no caso de a impugnação pauliana atentar contra um acto oneroso o seu fundamento seria a prática de um facto ilícito, e, no caso de atentar contra um acto gratuito, o fundamento seria o princípio do não locupletamento à custa alheia[349]. O primeiro caso consubstancia a prática de um facto ilícito na medida em que ambas as partes actuam com vista a deteriorar a garantia patrimonial do credor e agem culposamente, porque a lei requer a má fé bilateral. Portanto, *"a acção pauliana é dada aos credores somente para obterem contra um terceiro, que procedeu de má fé ou se locupletou, a eliminação do prejuízo que sofreram com o acto impugnado"*[350]. Está em causa o direito de crédito do credor a ver eliminado o seu prejuízo com os actos praticados pelo devedor e por terceiros, daí que o âmbito da acção pauliana seja limitado à eliminação deste prejuízo, e, no remanescente, os bens fiquem para o terceiro adquirente.

Também Pedro Romano Martinez e Pedro Fuzeta da Ponte entendem que a acção pauliana consiste numa acção com carácter pessoal ou obrigacional, por meio da qual o credor exerce o seu direito de crédito à eliminação do prejuízo causado pela actuação de má fé das partes ou pelo enriquecimento do terceiro às suas custas[351]. Contudo, os bens trans-

---

[347] Cf. Luís MENEZES LEITÃO, *Direito das Obrigações*, Volume II, ob. cit., p. 315.
[348] Cf. Luís MENEZES LEITÃO, *Direito das Obrigações*, Volume II, ob. cit., p. 315.
[349] Cf. ADRIANO PAES DA SILVA VAZ SERRA, *Responsabilidade patrimonial*, ob. cit., p. 195.
[350] Cf. ADRIANO PAES DA SILVA VAZ SERRA, *Responsabilidade patrimonial*, ob. cit., p. 286.
[351] Cf. PEDRO ROMANO MARTINEZ e PEDRO FUZETA DA PONTE, *Garantias de cumprimento*, ob. cit., p. 39.

mitidos ao terceiro apenas respondem perante o credor *até à medida do seu interesse*, ficando o remanescente para o seu titular, isto é, o terceiro adquirente. Além disso, o negócio jurídico celebrado entre o devedor e o terceiro é, em regra, perfeitamente válido, sendo que esta validade não é posta em causa pela impugnação pauliana.

É também este o entendimento por nós adoptado, uma vez que só assim se explica a possibilidade de o credor agir contra a esfera jurídica do terceiro adquirente *como se ele fosse o seu devedor, quando, na realidade, não o é*. O devedor do credor é o alienante e a esfera jurídica deste não é de modo algum atingida pela procedência da impugnação pauliana. Inversamente, o terceiro adquirente sujeita-se a que o credor impugnante execute os bens adquiridos na sua esfera jurídica, bem como a que pratique actos de conservação da garantia patrimonial em relação a tais bens, sem que exista nenhuma dívida entre o terceiro adquirente e o credor. Estas faculdades só se explicam pelo facto de o acto celebrado entre o devedor e o terceiro ser ineficaz em relação ao credor impugnante, daí que ele possa agir contra a esfera jurídica do terceiro como se este fosse o seu devedor, isto é, como se os bens alienados ainda se encontrassem na esfera jurídica do seu devedor, constituindo, por essa via, garantia geral das suas dívidas nos termos do artigo 601.º do CC.

8.8.1. *O problema do registo da acção de impugnação pauliana*

Em Portugal, a doutrina e a jurisprudência discutem a admissibilidade do registo da acção de impugnação pauliana. A questão reside no facto de se tratar duma acção pessoal[352], pelo que à partida não seria susceptível de registo. De facto, na acção pauliana não se discute nenhuma pretensão real sobre um bem, mas tão só a eficácia ou não do acto praticado pelo devedor perante o credor impugnante, em função do prejuízo que resulta desse acto para a respectiva garantia patrimonial. A consequência da procedência desta acção é, pois, meramente obrigacional, ou seja, consiste no direito de crédito do credor impugnante à restituição dos bens na medida do seu interesse (cf. artigo 616.º do CC).

Apesar disso, isto é, embora se trate de uma acção de carácter obrigacional e não de carácter real, há quem considere que há necessidade

---

[352] Cf. PEDRO ROMANO MARTINEZ e PEDRO FUZETA DA PONTE, *Garantias de cumprimento*, ob. cit., p. 31.

de efectuar o registo de maneira a garantir a publicidade sobre a situação jurídica em que os bens objecto da impugnação pauliana se encontram, ou seja, em situação de litigiosidade. Considerando que o registo é necessário, Pedro Romano Martinez e Pedro Fuzeta da Ponte entendem que o credor ficaria menos protegido se não pudesse ser feito o registo, porque então bastaria ao terceiro alienar os bens para outro terceiro, de boa fé, de maneira que este segundo acto já não seria passível de impugnação pauliana[353]. Se for feito o registo da impugnação pauliana, os bens sobre os quais há litígio continuam a pertencer ao terceiro adquirente, só que estão sujeitos à acção do credor impugnante. Mas se o valor destes bens exceder o montante do crédito daquele, o remanescente fica para o terceiro.

No mesmo sentido, já Vaz Serra considerava que a impugnação pauliana devia ser admitida a registo, com vista a que o credor pudesse opor o seu direito aos adquirentes posteriores[354].

A finalidade do registo da acção de impugnação pauliana é a de fazer prevalecer o direito do credor impugnante sobre o direito dos subadquirentes[355]. Com efeito, havendo registo a acção é eficaz contra os terceiros subadquirentes, pois nesse caso estes não se podem defender invocando a sua eventual boa fé. Contudo, é de salientar que o registo da acção de impugnação pauliana não confere ao credor impugnante qualquer direito de preferência a ser pago antes de outros credores. Ele continua, ao invés, a ser um mero credor comum, que concorre com os demais.

Em Portugal, o Acórdão do STJ de Uniformização de Jurisprudência de 27/05/2003[356] concluiu que a impugnação não podia ser inscrita no registo predial, não obstante o mesmo Tribunal haver decidido, anteriormente, em sentido contrário. Em sentido contrário decidiram também por mais do que uma vez os Tribunais da Relação Portugueses. Naquele aresto de 2003, invocou-se, a favor da registabilidade, o fim visado pela acção pauliana, não obstante a sua natureza manifestamente pessoal, uma vez que a procedência atribui ao credor um direito de sequela sobre os bens que se encontram no património do adquirente, apesar de este não

---

[353] Cf. PEDRO ROMANO MARTINEZ e PEDRO FUZETA DA PONTE, *Garantias de cumprimento*, ob. cit., p. 32.
[354] Cf. ADRIANO PAES DA SILVA VAZ SERRA, *Responsabilidade patrimonial*, ob. cit., p. 222.
[355] Cf. PEDRO ROMANO MARTINEZ e PEDRO FUZETA DA PONTE, *Garantias de cumprimento*, ob. cit., p. 33.
[356] Disponível em www.dgsi.pt.

ser o devedor. Acresce que a procedência da acção implica uma restrição ou enfraquecimento do direito do adquirente, uma vez que o negócio que celebrou com o devedor não é eficaz perante o credor impugnante. Outro argumento consistia na própria necessidade de protecção dos terceiros subadquirentes, que teriam mais facilidade em conhecer a real situação jurídica do bem se a impugnação pauliana pudesse ser registada. Nesse sentido, seria mais fácil fazer a prova da sua boa ou má fé, consoante tivesse havido ou não consulta do registo. Por fim, apenas o registo permite assegurar a plena eficácia e utilidade da procedência da impugnação pauliana contra os posteriores adquirentes a título oneroso do bem que se apresentem de boa fé.

Não obstante os argumentos invocados, o sentido prevalente no STJ Português foi o de não admitir o registo da acção pauliana, com fundamento no carácter pessoal desta acção, o que justifica que a sua procedência produza efeitos apenas em relação ao credor impugnante. Acresce que, apesar de a proposta feita por Vaz Serra no Anteprojecto do Código Civil de 1966 ter sido no sentido da sujeição desta acção ao registo, é conclusivo que o legislador não foi neste sentido, não estabelecendo tal registabilidade, nem no Código Civil, nem ainda no Código de Registo Predial. O Tribunal pronunciou-se ainda contra a tese de Manuel de Andrade, para quem a responsabilidade patrimonial a que o devedor se encontra sujeito configura uma espécie de direito real de garantia ou penhor geral do credor sobre todo o seu património, o qual constituiria um autêntico direito real. Todavia, para o STJ, há que rejeitar a atribuição da natureza real a este direito ou poder de execução do património do devedor precisamente por não se tratar nem de direito inerente, nem de direito com sequela. A falta de inerência resulta, segundo o tribunal, do facto de o artigo 613.º proteger da acção do credor os terceiros adquirentes de boa fé. Por seu turno, também não há sequela porque, se surgir um segundo credor a impugnar o mesmo facto, o primeiro credor não tem preferência sobre o segundo. Assim sendo, o STJ concluiu que a impugnação pauliana não podia ser objecto de registo. De notar porém que, entretanto, o Decreto-Lei n.º 116/2008, de 4 de Julho, alterou o Código de Registo Predial Português, conferindo uma nova redacção à *alínea a)* do n.º 1 do artigo 3.º, nos termos da qual passaram a estar sujeitas a registo *"As acções que tenham por fim, principal ou acessório, o reconhecimento, a modificação ou a extinção de algum dos direitos referidos no artigo anterior, bem como as acções de impugnação pauliana."*, pondo assim definitivamente termo ao debate doutrinário e jurisprudencial que até então existia.

Como seria de esperar, o referido acórdão do STJ Português não produz quaisquer efeitos na Ordem Jurídica Guineense, podendo, contudo, ser analisado como fonte para a resolução do problema nesta sede. Com efeito, verifica-se que o Código de Registo Predial vigente na Guiné--Bissau é ainda o de 1967, aprovado pelo Decreto-Lei n.º 47.611, de 28 de Março[357], cujo artigo 1.º determina que *"O registo predial tem essencialmente por fim dar publicidade aos direitos inerentes às coisas imóveis"*. De referir é ainda a *alínea a)* do artigo 3.º, nos termos da qual *"Estão igualmente sujeitas a registo: a) As acções que tenham por fim, principal ou acessório, o reconhecimento, a constituição, a modificação ou a extinção de algum dos direitos referidos no artigo anterior"*. Este regime contrasta, em certa medida, com o actualmente vigente em Portugal, onde o artigo 1.º do novo Código determina que *"O registo predial destina-se essencialmente a dar publicidade à situação jurídica dos prédios, tendo em vista a segurança do comércio jurídico."*. Esse contraste resulta do facto de o Código Guineense mencionar a publicidade dos "direitos" inerentes às coisas imóveis, enquanto o Código Português refere a publicidade da "situação jurídica" dos prédios. Apesar da maior amplitude do conceito de registo predial na ordem jurídica portuguesa, o STJ, decidiu, como já foi analisado, num Acórdão Uniformizador de Jurisprudência, que a impugnação pauliana não se encontrava sujeita a registo. No caso da Guiné-Bissau, essa decisão pode ser apenas utilizada como um elemento de interpretação, a conjugar com outros elementos, desde logo o disposto no artigo 1.º do Código de Registo Predial. Com efeito, embora se fale nos direitos inerentes às coisas imóveis, o certo é que este artigo diz que o registo predial tem essencialmente em vista dar publicidade a estes direitos, mas não quer dizer que não possa também conferir publicidade a outras situações jurídicas. Assim sendo, o facto de o credor não ser titular de um direito sobre os bens adquiridos pelo terceiro não obsta à registabilidade da acção, pois o registo pode ter por finalidade a publicidade

---

[357] Publicado no Diário do Governo, I Série, N.º 74, de 28 de Março de 1967. O Código de Registo Predial foi tornado extensivo às então Províncias Ultramarinas pela Portaria n.º 23.088, de 26 de Dezembro de 1967, publicada no Suplemento ao Boletim Oficial N.º 6, de 12 de Fevereiro de 1968. O Código foi ainda recebido pela Lei n.º 1//73, de 24 de Setembro, na medida em que, nos termos do artigo 1.º desta Lei, não é contrário à soberania nacional, à Constituição da República, às leis ordinárias da Guiné--Bissau, nem aos princípios e objectivos do Partido Africano da Independência da Guiné e Cabo Verde (P.A.I.G.C.).

de outras situações jurídicas para além de direitos, embora essencialmente tenha em vista publicitar direitos. O problema está na *alínea a)* do artigo 3.º, que permite registar a acção quando nela seja discutido algum direito referido no artigo 2.º, pois não consta desse elenco o direito do credor impugnante.

Todavia, parece-nos que mesmo assim se deve concluir pela registabilidade da acção, apesar da taxatividade dos factos sujeitos a registo, por se estar diante de uma lacuna, a integrar por analogia, como sustenta desde logo o Conselheiro do STJ Português, Ferreira de Almeida, em voto de vencido ao mencionado Acórdão Uniformizador de Jurisprudência. Nas suas palavras, *"Deparar-se-nos-ia assim, e quando muito, uma lacuna de regulamentação registral, a integrar com recurso à analogia com as demais restrições ou encargos relativos ao direito de propriedade tipicamente sujeitos por lei a registo, tendo em atenção a unidade e o espírito do sistema – art. 10.º do C. Civil.".* Com efeito, a sujeição do terceiro adquirente à impugnabilidade do acto por parte do credor constitui um encargo ou ónus que atinge o seu direito de propriedade e as faculdades dele derivadas (cf. artigo 1305.º do CC), donde, nesses termos, deve ser admitida a respectiva registabilidade. Isto porque em caso de procedência da impugnação pauliana os subadquirentes do bem serão atingidos pela acção do credor, o que comprova que desta acção resulta uma restrição ao direito de propriedade do adquirente. Além disso, o registo permite assegurar a plena eficácia da acção contra os subadquirentes, contribuindo ainda para os proteger, pois havendo registo poderão consultar a situação jurídica do bem. Em contrapartida, não o fazendo, isso facilitará a prova da má fé por parte do credor impugnante. É, pois, do interesse de todos, que se proceda ao registo da acção pauliana. Assim sendo, somos de parecer que apesar de não se encontrar expressamente referido no Código de Registo Predial Guineense, a impugnação pauliana deve ser sujeita a registo, quando incida, naturalmente, sobre actos respeitantes a bens imóveis ou a bens móveis sujeitos a registo (cf. também o disposto na *alínea a)* do artigo 6.º do Decreto-Lei n.º 47.952, de 22 de Setembro de 1967). Contudo, seria preferível que essa registabilidade fosse objecto de uma futura modificação do Código, com vista a dissipar quaisquer dúvidas que possam surgir.

9. ARRESTO

9.1. Noção

O arresto é o quarto meio conservatório previsto nos artigos 619.º e seguintes do Código Civil e nos artigos 402.º e seguintes do Código de Processo Civil. Consiste numa providência cautelar especificada através da qual se procede à apreensão judicial dos bens do devedor ou de um terceiro, com base no fundado receio do credor de perder a sua garantia patrimonial. A apreensão dos bens implica que o seu titular fica inibido de praticar actos de disposição em relação a estes bens, salvaguardando, desse modo, a garantia patrimonial do credor arrestante.

O arresto não é apenas um meio de conservação da garantia patrimonial, como também um meio de prevenção da dissipação dos bens pelo devedor. Com efeito, o credor que suspeite que o devedor está prestes a dissipar algum bem do seu património pode agir preventivamente, requerendo o arresto, evitando assim a consumação da dissipação, em vez de actuar somente após a realização desse acto. O arresto é, efectivamente, o único meio conservatório através do qual o credor se pode antecipar à acção do devedor, impedindo-o de sonegar os seus bens. Em contrapartida, quer na declaração de nulidade, quer na impugnação pauliana, o credor vai agir *a posteriori*, impugnando ou requerendo a declaração de nulidade de um acto levado a cabo pelo devedor que prejudicou a sua garantia patrimonial. Nem mesmo a sub-rogação permite obter os mesmos resultados que o arresto, na medida em que nesta há uma omissão do devedor e o credor actua em sua substituição, mas sem requerer ao tribunal a apreensão de bens. Assim, mais do que um meio de conservação da garantia patrimonial, o arresto consubstancia um meio de prevenção contra actos do devedor susceptíveis de prejudicar a sua garantia.

Contudo, convém notar que só podem ser arrestados os bens que também puderem ser penhorados, pois o arresto encontra-se direccionado para a conversão em penhora e posterior venda judicial do bem. Neste sentido, veja-se também o disposto no n.º 2 do art. 822.º do CC. Por conseguinte, o arresto propende para a conversão em penhora e culmina na venda executiva do bem com vista ao pagamento ao credor arrestante, o que implica que apenas pode ser requerido o arresto em relação a bens que sejam, à luz do Direito processual civil, susceptíveis de penhora.

9.2. Requisitos

Artigo 619.º
(Requisitos)
1. O credor que tenha justo receio de perder a garantia patrimonial do seu crédito pode requerer o arresto de bens do devedor, nos termos da lei de processo.
2. O credor tem o direito de requerer o arresto contra o adquirente dos bens do devedor, se tiver sido judicialmente impugnada a transmissão.

O arresto é decretado desde que se preencham os seguintes requisitos[358]:

1) Prova sumária do direito do credor ou *fumus boni iuris*;

O arresto é uma providência cautelar, pelo que o credor não tem que provar de imediato a sua qualidade, bastando-lhe fazer uma prova sumária da existência do seu crédito. Assim, cabe-lhe apenas demonstrar a probabilidade da existência do seu crédito, isto é, que é provável que seja credor. Mais tarde, na acção principal, é que terá que provar efectivamente que o seu crédito existe. Nestes termos, para Miguel Teixeira de Sousa, basta ao requerente demonstrar que é provável ou verosímil que seja credor[359].

Não é preciso também que o credor tenha receio da insolvência do devedor nem que objectivamente exista este risco de insolvência.

O arresto é permitido mesmo quando o crédito ainda não se encontra vencido, mas não quando se trate de crédito meramente eventual. Assim, pode acontecer que o crédito do requerente do arresto não se encontre vencido, na medida em que esse facto não obsta à procedência do arresto. O que é essencial é que haja um direito de crédito actual e não meramente futuro ou eventual[360], pois neste caso o arrestante não conseguirá fazer a prova sumária do seu direito, falhando, assim, o primeiro requisito desta providência cautelar.

---

[358] Acerca dos requisitos do arresto, consultar, entre outros, o Acórdão do STJ Português de 08/02/2001, disponível em www.dgsi.pt.
[359] Cf. MIGUEL TEIXEIRA DE SOUSA, *Estudos sobre o novo processo civil*, 2.ª edição, Lisboa, LEX, 1997, p. 233.
[360] Cf. SALVADOR DA COSTA, *O concurso de credores*, 3.ª edição, Coimbra, Almedina, 2005, p. 11.

O crédito do arrestante pode também ser ilíquido, sem que tal obste à procedência do arresto.

2) Justo receio de perda da garantia patrimonial do seu crédito ou *periculum in mora*;

Em segundo lugar, o arresto só pode ser decretado se efectivamente se demonstrar o risco de o devedor sonegar ou ocultar os seus bens por qualquer forma. Fala-se em justo receio da perda da garantia patrimonial desde que o credor demonstre que há séria probabilidade de o devedor ou o terceiro dissipar os seus bens, com o que vai tornar muito difícil o ressarcimento do crédito.

Como ainda não se trata da acção principal, entende-se que o *periculum in mora "decorre do prejuízo que a demora na decisão da causa e na composição definitiva provocaria na parte cuja situação jurídica merece ser acautelada ou tutelada"*[361].

Não é preciso que o prejuízo do credor com a demora na decretação do arresto seja efectivo, basta que ele demonstre que é um prejuízo que provavelmente terá lugar se o arresto não for decretado.

O credor pode, por exemplo, justificar o seu justo receio devido aos bens que compõem o património do devedor, por se tratar de bens facilmente sonegáveis ou ocultáveis. É esse o caso de o devedor ser titular de certos bens móveis dos quais se pode desfazer com grande facilidade, havendo necessidade de obstar a essa dissipação[362], como por exemplo jóias, dinheiro, acções ao portador, objectos de arte, etc. Na verdade, pode acontecer que o devedor tenha bens em quantidade mais do que suficiente para ressarcir os seus credores, mas tratar-se bens de que ele facilmente se pode desfazer ou que pode esconder, fazendo-os escapar à garantia patrimonial. Neste caso justifica-se o receio fundado do credor, quando ele saiba, por exemplo, que o devedor encetou contactos com vista a alhear-se de tais bens.

---

[361] Cf. MIGUEL TEIXEIRA DE SOUSA, *Estudos sobre o novo processo civil*, ob. cit., p. 232.

[362] Cf. PIRES DE LIMA e ANTUNES VARELA, *Código Civil Anotado*, Volume I, ob. cit., p. 637.

3) Interesse processual;

Segundo Miguel Teixeira de Sousa, este requisito justifica o recurso ao arresto como forma de tutelar o interesse do requerente, de tal forma que se entende que não existe interesse processual sempre que seja possível recorrer a outro meio mais adequado para tutelar o interesse do requerente[363].

Ao encontro dos requisitos enunciados na lei substantiva vem o disposto no n.º 1 do artigo 402.º do CPC, proposto pelo Ajustamento entre o Direito interno Guineense e o Acto Uniforme da OHADA Relativo à Organização dos Processos Simplificados de Cobrança e de Execução, nos termos do qual: *"O credor cujo direito aparente ser fundado pode, mediante requerimento, solicitar ao tribunal do domicílio ou residência habitual do devedor autorização para que sejam arrestados os bens móveis corpóreos ou incorpóreos deste, sem prévia interpelação para cumprimento, desde que justifique a existência de circunstâncias que possam ameaçar a garantia patrimonial do seu crédito."*.

Porém, a acrescer ao disposto no Código Civil, o n.º 3 deste artigo estabelece que a autorização do tribunal ao arresto é dispensada em duas situações, a saber: 1) quando o credor estiver munido de um título executivo; 2) Em caso de falta de pagamento, devidamente comprovado, de letra aceite, livrança ou cheque, bem como de renda vencida após interpelação do arrendatário, quando o contrato de arrendamento haja sido celebrado por escrito.

Em caso de decretação por meio de despacho judicial, o art. 405.º proposto pelo Ajustamento determina que tal decisão deve, sob pena de nulidade, indicar o montante das quantias para cuja garantia a providência é decretada e a natureza dos bens sobre que recai.

De salientar que deste Acto Uniforme resulta a limitação do arresto aos bens móveis, corpóreos e incorpóreos (cf. o disposto no art. 54.º do AUOPSCE), sem que se compreenda a razão da exclusão do arresto de bens imóveis.

---

[363] Cf. MIGUEL TEIXEIRA DE SOUSA, *Estudos sobre o novo processo civil*, ob. cit., p. 234.

9.3. Arresto contra o devedor ou contra terceiro

O artigo 619.º do CC permite ao credor o arresto, tanto de bens do seu devedor, como do terceiro adquirente, quando o devedor tenha realizado a transmissão dos bens. Neste segundo caso, o arresto não produzirá uma antecipação do credor à acção do devedor, mas é ainda um meio conservatório na medida em que impedirá que o terceiro adquirente possa, por sua vez, transmitir os bens a outros terceiros subadquirentes.

Tratando-se de arresto de bens de terceiro é necessário um requisito adicional, que consiste na exigência de o requerente do arresto já ter impugnado judicialmente a transmissão feita entre o devedor e o terceiro (cf. o disposto no artigo 403.º do CPC e nos artigos 619.º, n.º 2 e 818.º do CC). Não é preciso que tenha já ocorrido a sentença que declara procedente a impugnação da transmissão dos bens para o terceiro, mas é preciso que o credor tenha já impugnado essa transmissão, o que significa que ele já deve ter intentado a correspondente acção.

A impugnação a que a lei se refere parece ser, em primeira instância, a impugnação pauliana, mas nada obsta a que se trate de outros modos de impugnação, como por exemplo, a declaração de nulidade[364-365]. Se o devedor tiver celebrado, por exemplo, um negócio jurídico absolutamente simulado, por via do qual transferiu a titularidade de um direito para outrem, faz sentido que o credor possa requerer o arresto do bem na esfera jurídica do adquirente, desde que já tenha intentado a correspondente acção de nulidade. Neste sentido se pronunciou também o STJ Português, no seu Acórdão de 8/02/2001[366], nos seguintes termos: *"O arresto pode ser requerido contra o adquirente de bens do devedor, se a respectiva transmissão tiver sido judicialmente impugnada, seja quando essa transmissão for objecto de impugnação pauliana seja quando for arguida de nulidade ao abrigo do artigo 605 CCIV."*.

Quanto a saber se o credor pode requerer o arresto de bens do terceiro quando ainda não tenha impugnado judicialmente a transmissão, importa dizer o seguinte. Nos termos gerais, o arresto é uma providência cautelar, e, em regra, a lei processual permite que se intentem providências cautelares antes da acção principal, atribuindo depois ao requerente da

---

[364] Cf. Pires de Lima e Antunes Varela, *Código Civil Anotado*, Volume I, ob. cit., p. 637.

[365] Cf. também o Acórdão do STJ Português de 08/02/2001, disponível em www.dgsi.pt.

[366] Disponível em www.dgsi.pt.

providência um prazo para propor a acção principal – cf. o disposto na *alínea a)* do n.º 1 do artigo 382.º do CPC. No entanto, o art. 818.º do CC e, bem assim, o n.º 2 do art. 403.º do CPC exigem claramente que, tratando-se do arresto de bens de terceiro (que não o devedor), o requerente tem que ter já intentado a acção de impugnação da transmissão. Tal constitui, por conseguinte, uma excepção ao regime geral das providências cautelares, que se justifica plenamente na medida em que estão em causa bens de terceiro, e não do devedor, pelo que se compreende que seja menor o âmbito da intromissão que é permitido ao credor. Com efeito, ele não é credor daquele terceiro, ele é credor de alguém que negociou com o terceiro, daí as maiores cautelas da lei substantiva e adjectiva ao exigir que o requerente do arresto tenha já intentado a acção de impugnação da transmissão. Portanto, deve ser rejeitado o requerimento de arresto nos casos em que a transmissão ainda não tenha sido impugnada judicialmente.

A situação era idêntica no Direito Português até à alteração ao Código de Processo Civil decorrente do Decreto-Lei n.º 180/96, de 25 de Setembro, que veio dar uma nova redacção ao número 2 do artigo 407.º, nos termos da qual, actualmente, *"Sendo o arresto requerido contra o adquirente de bens do devedor, o requerente, se não mostrar ter sido judicialmente impugnada a aquisição, deduzirá ainda os factos que tornem provável a procedência da impugnação."*. Já ao abrigo do novo regime, o STJ Português decidiu no seu Acórdão de 23/01/2001[367] que, *"Para poder ser decretado o arresto de bens adquiridos por terceiro ao devedor é indispensável que o requerente, ao instaurar o respectivo procedimento cautelar, demonstre já ter sido judicialmente impugnada essa aquisição ou, se ainda o não tiver feito, que alegue e prove os factos que tornam provável a procedência da impugnação."*. Portanto, de acordo com o novo n.º 2 do artigo 407.º do CPC português, admite-se que seja decretado o arresto de bens de terceiro mesmo que o requerente ainda não tenha impugnado a aquisição do bem por parte deste, desde que alegue e demonstre factos que tornam provável a procedência da impugnação[368]. Para que tal sistema vigorasse na Guiné-Bissau seria necessário uma evolução legislativa semelhante à ocorrida em Portugal, o que, até ao momento, se não verificou.

De salientar, por fim, que embora os artigos 54.º e seguintes do AUOPSCE refiram apenas a apreensão cautelar de bens do devedor,

---

[367] Disponível em www.dgsi.pt.
[368] Neste sentido, cf. também o Acórdão do STJ Português de 8/02/2001, disponível em www.dgsi.pt.

pensamos que o termo "devedor" deve ser entendido de forma ampla, abrangendo também o terceiro, nos termos da lei substantiva (cf. artigos 619.º, n.º 2 e 818.º do CC).

9.4. Audiência prévia do devedor ou do terceiro

O arresto pode ser judicialmente decretado sem audiência prévia do devedor ou do terceiro, ou seja, sem que ao requerido seja dada a possibilidade de contraditório, uma vez que esse contraditório pode pôr em causa a utilidade do arresto. Com efeito, em certos casos, se o requerido for chamado ao tribunal pode logo, imaginando do que se trata, dissipar o bem, antecipando-se e inutilizando a decretação do arresto.

Em regra, pode mesmo afirmar-se que a situação mais comum é a de o arresto ser decretado sem prévia audiência do requerido, pois, a não ser assim, estará em risco a utilidade prática desta providência cautelar. Se o devedor ou o terceiro supuserem que pode haver um arresto instaurado contra eles, mais depressa irão proceder à sonegação do seu património, antes que a decretação do arresto tenha lugar. Neste sentido dispõe o art. 404.º do Código de Processo Civil (cf. também o disposto no n.º 1 do artigo 402.º do CPC, proposto pelo ajustamento entre o AUOPSCE e o CPC).

9.5. Limites ao arresto

Nem todos os bens podem ser arrestados, assim como nem todos os bens podem ser objecto de penhora. Neste sentido, não podem ser arrestados os bens estritamente indispensáveis ao sustento do devedor ou do terceiro requerido.

A lei impõe alguns limites ao arresto, entre os quais a impossibilidade de arrestar os rendimentos estritamente indispensáveis ao devedor ou ao terceiro e ao sustento da sua família, nos termos do n.º 2 do art. 404.º do CPC. Relativamente a estes bens – por exemplo, a parcela do salário que é impenhorável, ou uma pensão de alimentos que o requerido recebe – o credor nada pode fazer, mesmo que os actos do devedor ponham em causa a sua garantia patrimonial. Com efeito, há limites para a invasão da esfera jurídica do devedor pelo credor e um deles é que não se admite esta intromissão quando estejam em causa bens que são estritamente essenciais para a sua subsistência, ou para a subsistência da sua família.

9.6. Decretação do arresto

Os artigos 409.º e seguintes do CPC, decorrentes do Ajustamento entre o Direito interno Guineense e o Acto Uniforme da OHADA Relativo à Organização dos Processos Simplificados de Cobrança e de Execução, determinam o procedimento de decretação do arresto e as actuações que se lhe podem seguir.

Neste sentido, o n.º 1 do art. 409.º determina que o agente de execução tem que lembrar o devedor de que este se encontra obrigado a indicar os bens que tenham sido objecto de penhora ou de arresto anteriores, devendo transmitir-lhe também o auto de arresto, contendo os elementos constantes das alíneas *a)* a *j)* do n.º 1 deste artigo. Porém, se o devedor estiver presente no momento da apreensão, o agente de execução lembra-lhe verbalmente os conteúdos das alíneas *f)* e *g)* do n.º 1 do artigo 409.º, entregando-lhe logo uma cópia do auto de arresto (cf. art. 410.º, n.º 1, do CPC, resultante do Ajustamento).

Sendo decretado o arresto, podem haver oposições ao mesmo, nos termos dos artigos 844.º a 853.º do CPC, para os quais remete o artigo 411.º-B do CPC, resultante do Ajustamento.

O arresto, enquanto providência cautelar, propende para a conversão em penhora, para o que deve ser observado o regime disposto nos artigos 411.º-C e seguintes do CPC, resultantes do Ajustamento. Esta conversão é feita por iniciativa do credor, que deverá ter em seu poder um título executivo que demonstre a titularidade do seu direito e que deve notificar o devedor da conversão do arresto em penhora (cf. art. 411.º-C, n.º 1, do CPC). Se os bens se encontrarem em poder de terceiro, a este deve ser entregue uma cópia do auto de conversão (cf. art. 411.º-C, n.º 3, do CPC).

Passados oito dias sobre a conversão em penhora, o agente de execução procede à verificação dos bens penhorados, devendo lavrar auto no caso de alguns faltarem ou se encontrarem deteriorados (cf. o disposto nos números 1 e 2 do artigo 411.º-D do CPC). Nesse auto, o agente informa o devedor de que pode, no prazo de um mês, optar pela venda voluntária dos bens penhorados; não sendo assim, os bens são objecto de venda executiva (cf. os números 3 e 4 do artigo 411.º-D do CPC). A venda voluntária obedecerá aos termos previstos no artigo 411.º-H do CPC, enquanto a venda executiva se encontra regulada no artigo 411.º--I do CPC.

Havendo mais do que um arresto sobre os mesmos bens, o agente de execução deve entregar uma cópia do auto de arresto aos credores arrestantes anteriores (cf. art. 411.º-G, n.º 1, do CPC).

Tratando-se de arresto de direitos de crédito, o n.º 1 do artigo 411.º--J do CPC determina que deve ser feita uma notificação ao terceiro devedor, devendo esta integrar o conteúdo obrigatório previsto no n.º 2 deste artigo. Também o devedor tem direito a ser notificado do arresto, nos termos do artigo 411.º-M do CPC. Ocorrendo a conversão em penhora, tal deve ser igualmente notificado pelo credor ao terceiro devedor (cf. art. 411.º-P do CPC). Neste caso, a conversão em penhora *"implica a atribuição imediata do crédito ao exequente"*, nos termos do n.º 2 do artigo 411.º-P do CPC. A notificação deve ser ainda feita ao devedor, pelo agente de execução, mediante entrega de cópia do acto de conversão (cf. art. 411.º-Q, n.º 1, do CPC), dispondo aquele de quinze dias para se opor. Não havendo oposição, o n.º 3 deste artigo determina que *"o terceiro efectuará o pagamento ao credor ou ao seu mandatário, mediante a apresentação de certidão da secretaria atestando a falta de oposição."*.

Um caso especial é o arresto de direitos de participações sociais e de valores mobiliários, que obedece ao regime previsto nos artigos 411.º-S e seguintes do CPC, propostos pelo Ajustamento. O n.º 1 do art. 411.º-S do CPC estabelece que neste caso a apreensão *"é feita por meio de auto notificado pelo agente de execução às pessoas referidas no n.º 1 do artigo 884.º"*. Deve ser igualmente notificado o devedor (cf. art. 411.º-T do CPC). Sendo feita a conversão em penhora, cabe realizar nova notificação ao devedor, nos termos do artigo 411.º-V do CPC, desta feita pelo próprio credor exequente. Relativamente ao terceiro devedor, também ele tem direito a ser notificado da conversão em penhora, mas por parte do agente de execução, que lhe deve entregar uma cópia do acto de conversão (cf. artigo 411.º-X do CPC).

9.7. Responsabilidade do requerente

Nos termos do n.º 4 do art. 406.º do CPC e do art. 621.º do CC, o devedor ou o terceiro cujos bens são arrestados podem ter direito a uma indemnização por parte do credor arrestante. O disposto no Código de Processo Civil tem, neste ponto, que ser conciliado com o Código Civil, nos termos do qual o devedor também tem direito a indemnização em certas situações. Assim, há direito a indemnização nas seguintes hipóteses:

1) Quando o arresto caduca;

O arresto caduca quando se verifique alguma das circunstâncias previstas no n.º 1 do art. 382.º do CPC, designadamente, se o requerente não intentar a acção principal no período de 30 dias (*alínea a*)), se a acção for julgada improcedente (*alínea b*)) ou se o réu for absolvido da instância e o arrestante não intentar nova acção no prazo fixado nos termos do n.º 2 do art. 289.º do CPC (*alínea c*)).

Neste sentido, conforme também o disposto no art. 387.º, n.º 1, do CPC.

2) *Quando se declare que o arresto foi decretado injustificadamente e o credor não actuou com a prudência normal*[369];

Esta segunda situação vem prevista no n.º 1 do art. 387.º do CPC. Como em todos os casos, a lei exige ao requerente que actue com a prudência normal, o que corresponde à diligência de um bom pai de família – cf. art. 487.º, n.º 2, do CC – e que a sua actuação seja conforme aos ditames da boa fé. Sempre que se entenda que não se verificou o cumprimento destes deveres de diligência por parte do credor, deve este indemnizar os danos causados ao devedor ou ao terceiro com o arresto.

O credor deve, então, procurar informar-se acerca da verdadeira situação em que os bens do devedor ou do terceiro se encontram, de molde a evitar incómodos desnecessários. No entanto, se se aferir que o credor cumpriu os seus deveres de diligência mas, apesar disso, o arresto for considerado infundado, não há responsabilidade da parte dele. É que aqui há sempre uma margem de risco e de desconfiança da parte do credor que tem de ser tolerada pelo devedor ou pelo terceiro requeridos.

De acordo com o Acórdão do STJ Português de 27 de Março de 2003[370], a responsabilidade do requerente carece da verificação dos requisitos do n.º 1 do artigo 483.º do CC, pelo que não basta demonstrar que o arresto foi injustificado ou infundado. Nesta decisão se realçou ainda a necessidade de prova da culpa do arrestante nos termos do n.º 2 do artigo 487.º do CC.

Havendo direito a indemnização, esta há-de corresponder aos prejuízos que o arresto tenha causado ao devedor ou ao terceiro.

Nos termos do art. 620.º do CC, o credor pode ser chamado pelo tribunal a prestar caução antes de ser decretado o arresto e como condição para a sua decretação. Nesta hipótese, o tribunal visa assegurar ao devedor

---

[369] Cf., por exemplo, o Acórdão do STJ Português de 6 de Junho de 2000, disponível em www.dgsi.pt.

[370] Disponível em www.dgsi.pt.

ou ao terceiro que irá receber a competente indemnização caso o arresto venha a caducar ou a ser julgado injustificado. Portanto, é um caso de caução de um direito de existência incerta ou eventual, pois no momento em que o credor arrestante presta a caução ainda não se sabe se o arresto irá caducar ou se será decretado injustificadamente e sem que o credor tenha agido com a prudência normal (cf. também o artigo 387.º, n.º 3, do CPC, proposto pelo Ajustamento).

9.8. Substituição do arresto por caução do devedor ou do terceiro

O arresto também pode ser substituído por uma caução do devedor ou do terceiro requeridos. Neste caso, os bens arrestados passam a estar livres, mas o direito de crédito do credor fica também assegurado uma vez que a prestação de caução lhe garante o devido ressarcimento.

Veja-se, sobre esta questão, o n.º 3 do art. 404.º do CPC, que remete para o n.º 3 do art. 401.º do mesmo diploma legal (cf. também o n.º 3 do artigo 382.º do CPC, proposto pelo Ajustamento).

9.9. Efeitos do arresto

O arresto produz os mesmos efeitos que a penhora, conforme resulta da remissão que é feita pelo n.º 1 do artigo 622.º para o artigo 819.º do CC.

O primeiro efeito derivado do art. 819.º consiste na ineficácia dos actos de disposição praticados sobre os bens arrestados pelo devedor ou pelo terceiro requeridos. Assim, todos os actos de disposição realizados sobre tais bens são válidos (desde que os respectivos pressupostos se verifiquem), mas são também ineficazes em relação ao credor arrestante, ou seja, ficam desprovidos dos seus efeitos enquanto não for levantado o arresto. Isto quer dizer que o devedor ou o terceiro continuam titulares do direito que detinham sobre o bem arrestado, mas este passa a ser um direito vazio de conteúdo, pois os actos que eles venham a praticar não são eficazes em relação ao credor arrestante, sendo apenas eficazes *inter partes*. Apenas quando e se for levantado o arresto é que esses actos readquirem toda a sua eficácia. Por outro lado, se o arresto não vier a ser levantado, esses actos caducam.

Por exemplo, suponha-se que, mediante requerimento do credor A, foi judicialmente decretado o arresto do automóvel X, pertencente ao devedor B. Depois disso, B vendeu o referido automóvel X a C. À partida, B continua a ser o titular do direito de propriedade sobre o automóvel, pelo que, por conseguinte, tem legitimidade (directa) para vender. O arresto decretado sobre o automóvel não põe em causa a titularidade do direito sobre o bem arrestado, pelo que a celebração de um contrato de compra e venda é perfeitamente legítima e válida. Acontece, porém, que o efeito principal da compra e venda, a transmissão do direito (cf. artigos 874.º, 879.º, *alínea a)* e 408.º, n.º 1, do CC) não se pode produzir na medida em que o arresto impede a eficácia dos actos de disposição sobre os bens arrestados. É que, se aquela compra e venda pudesse produzir efeitos, o terceiro adquirente (C) passaria a ser o titular do direito, caso em que o credor A já não poderia exercer os seus direitos sobre o bem, por este ter deixado de pertencer ao património do seu devedor (B). Para evitar este desenlace, o art. 819.º do CC determina a ineficácia dos actos de disposição praticados sobre os bens arrestados enquanto o arresto não for levantado. Se o arresto nunca vier a ser levantado, ou seja, quando se converta em penhora, os actos de disposição que entretanto tiverem sido praticados não produzirão qualquer efeito na medida em que o bem arrestado será vendido judicialmente. Todavia, se, ao invés, o arresto vier a ser levantado, tais actos readquirirão de pleno direito a sua eficácia, pelo que, no nosso exemplo, C passaria a ser o titular do direito de propriedade sobre o automóvel X a partir do momento do levantamento do arresto.

Relativamente a este efeito, nenhuma particularidade há a observar no Direito Guineense, pois a remissão do n.º 1 do art. 622.º para o art. 819.º do CC continua a vigorar na Ordem Jurídica Guineense para efeitos do regime jurídico do arresto. O mesmo não se pode afirmar, como veremos de seguida, a respeito do segundo efeito do arresto.

O segundo grande efeito reside na preferência de pagamento criada a favor do credor arrestante, quando o arresto venha a ser convertido em penhora, com eficácia desde a data do arresto. À luz do Código Civil, o arresto pode então traduzir-se numa *"garantia real das obrigações"*[371] a partir do momento em que seja convertido em penhora, sendo que a partir desta data o credor arrestante tem o direito de ser pago com preferência relativamente aos credores comuns, nos termos do n.º 1 do art. 822.º do CC.

Importa porém aferir se este efeito pode continuar ou não a produzir--se de acordo com as novas regras adoptadas no Acto Uniforme da OHADA

---

[371] Cf. SALVADOR DA COSTA, *O concurso de credores*, ob. cit., p. 13.

Relativo à Organização das Garantias. Antes da adopção deste acto uniforme a sede das garantias especiais era o próprio Código Civil, mas actualmente a situação alterou-se com a entrada em vigor deste instrumento normativo, sendo discutível a manutenção ou não do sistema de garantias delineado pelo Direito interno.

O primeiro problema que deve ser abordado para aferir da manutenção ou não desta preferência de pagamento decorrente do arresto tem a ver com o âmbito da regra que estabelece que são revogadas todas as disposições em sentido contrário – art. 10.º do TOHADA. Sobre este ponto existem, como sabemos já, duas teses possíveis, desde logo a tese da uniformização, que sustenta a revogação de todas as disposições do Direito interno que tenham o mesmo objecto que o Direito uniformizado, independentemente de haver ou não incompatibilidade de conteúdo entre elas; e a tese da harmonização, que sustenta a revogação das disposições do Direito interno que contenham regras contrárias ao Direito uniforme, mantendo-se embora as restantes na medida em que não contrariem os textos uniformes[372].

Como é natural, a revogação global afigura-se uma solução muito mais simples do que a revogação individualizada, na medida em que basta surgir um acto uniforme da OHADA para a matéria nele regulamentada passar a ser exclusivamente tratada pela OHADA, nada restando do Direito interno nesse âmbito. Não obstante, poder-se-ia contestar que, na verdade, a OHADA é uma organização internacional que visa a harmonização das legislações, e não a sua uniformização, de maneira que se deve optar pela segunda tese, que é a menos gravosa para os Estados partes. Com efeito, a harmonização consiste na mera aproximação das legislações, ou seja, na redução das disparidades que existam entre elas, e por isso a solução mais adequada parece ser a de considerar que os actos uniformes apenas põem em causa o Direito interno contrário – revogação tácita, individualizada e parcial, por força da incompatibilidade de conteúdo – e não a globalidade do Direito interno que tenha o mesmo objecto. Contudo, este género de revogação é bastante mais trabalhosa, uma vez que obriga o intérprete a analisar, disposição a disposição, se existe contradição ou não entre os actos uniformes da OHADA e o Direito interno, pois apenas ocorre revogação na medida em que se verifique essa contradição. Somos, como já tivemos oportunidade de explicar, do entendimento de que a segunda tese é a preferível.

---

[372] Sobre este ponto, ver o Capítulo II, pp. 45 e seguintes.

Em qualquer caso, relativamente à matéria das garantias, o AUG apenas abrange as garantias especiais das obrigações, mantendo-se, por conseguinte, o disposto no Direito interno relativamente à garantia geral. No que diz respeito à garantia geral nem se coloca a questão da adopção da tese da uniformização ou da harmonização na medida em que o objecto do AUG são as garantias especiais, pelo que, qualquer que seja a tese adoptada, a garantia geral regulada no Direito interno não fica prejudicada[373].

Importa por isso determinar o que se deve entender por garantia especial na acepção do AUG. E, nesses termos, aferir se a preferência de pagamento atribuída pelo artigo 822.º do CC à penhora, e, por essa via, ao credor arrestante após a conversão do arresto na penhora, deve continuar ou não a ser considerada garantia especial na acepção adoptada pelo AUG.

Nos termos do art. 1.º do AUG, garantias são os meios conferidos ao credor pela lei de cada Estado ou pela convenção das partes com vista a garantir o cumprimento das obrigações, qualquer que seja a sua natureza jurídica. Este artigo adopta um conceito bastante amplo de garantia, mas no qual se encontra desde logo presente o carácter acessório das garantias relativamente à obrigação cujo cumprimento visam assegurar, na medida em que a sua *finalidade* consiste em garantir o cumprimento duma determinada obrigação. Não obstante, em bom rigor, o art. 1.º não restringe, por si só, o acto uniforme às garantias especiais, pois bem se poderia dizer que esta definição tanto abrange a garantia geral como igualmente as garantias especiais. No entanto, a circunscrição do AUG à matéria das garantias especiais decorre não só do facto de nele não se fazer qualquer alusão à garantia geral, como também das definições contidas no seu art. 2.º, referentes à garantia pessoal e à garantia real. O legislador da OHADA preocupou-se apenas em definir o conceito geral de garantia, mas não adoptou nenhuma noção de garantia especial, limitando-se a definir o que se deve entender por garantia e depois a enumerar as diversas garantias especiais e a regular o seu regime jurídico. Deste modo, verifica-se que o AUG passa da definição de garantia do art. 1.º para a definição de garantia pessoal e real no art. 2.º, deixando em branco as noções de garantia especial e de garantia geral, que seriam naturalmente prévias às de garantia pessoal e real.

---

[373] No mesmo sentido do texto, cf. LEON MESSANVI FOLI, *Présentation de l'acte uniforme portant organisation du droit des sûretés*, disponível em www.ohada.com, p. 3.

De acordo com o 2.º parágrafo do art. 2.º, que por ora nos interessa, a garantia real consiste no direito de o credor se fazer pagar preferencialmente pelo preço de venda de um bem móvel ou imóvel afecto à garantia de uma obrigação. O conceito de garantia real adoptado no AUG é, pois, convergente com o vigente no Direito interno, que pode ser retirado, designadamente, do disposto no n.º 2 do art. 604.º do CC. A garantia real atribui ao credor uma causa legítima de preferência, que é o mesmo que dizer que a garantia real confere ao credor o direito de se pagar preferencialmente pelo produto da venda de certos bens, do devedor ou de terceiro. O credor com garantia real distingue-se, assim, dos credores quirografários ou comuns.

Para o problema ora em análise, isto é, de saber se a preferência de pagamento resultante da penhora em termos de Direito interno pode ou não se manter-se em face do AUG, e, tendo em conta que a noção de garantia real apresentada pelo Direito interno e pelo AUG são idênticas, temos que concluir que, das duas, uma:

– Ou se envereda por uma perspectiva de revogação global, caso em que deve entender-se que a penhora fica prejudicada quanto a esta parte, ou seja, deixa de poder funcionar como preferência de pagamento uma vez que não foi contemplada pelo elenco de garantias especiais contido no AUG, conforme claramente resulta do disposto nos artigos 148.º e 149.º deste acto uniforme;

– Ou se opta pela alternativa oposta, isto é, pela revogação individualizada, tácita e parcial, caso em que deve igualmente ter-se por revogado o efeito da preferência de pagamento derivado da penhora, na medida em que existe incompatibilidade entre os dois regimes jurídicos. Esta incompatibilidade não é manifesta, ou seja, não existe nenhuma norma no AUG que determine, expressamente, que a penhora não constitui causa legítima de preferência. Se essa norma existisse, poderíamos falar numa oposição directa entre tal norma e o n.º 1 do art. 822.º do CC, o qual se teria por essa via como revogado. Mas, na verdade, em lugar algum o acto uniforme refere que a penhora não constitui preferência de pagamento, ou, pelo menos, não o faz de modo expresso. Tal contradição deve, no entanto, retirar-se dos artigos 148.º e 149.º do AUG, que são os artigos que procedem à graduação dos credores relativamente à venda dos bens imóveis e móveis, respectivamente. Nos termos da parte final de cada um destes artigos, em último lugar são pagos os *"credores quirografários munidos de um título executivo, desde que tenham intervindo por via de penhora ou de oposição ao processo".* Daqui se retira que, nestas disposições, o AUG caracterizou o credor que obteve a penhora como um credor quirografário, quando, à luz do Direito interno, ele era tido por credor com garantia real – cf. art. 822.º do CC, do qual resultava igualmente a preferência de pagamento do arrestante quando o arresto fosse convertido em penhora. Assim, conclui-se que o AUG recusa expressamente que o credor penhorante ou arrestante possa ser considerado um credor preferencial, caracterizando-o claramente como credor quirografário, o que implica um forte argumento no sentido da tese segundo a qual o arresto deixou de poder funcionar como garantia real, embora possa ainda, no nosso entendimento, ser requerido por qualquer credor, como forma de conservação da sua garantia patrimonial. Por conseguinte, existe incompatibilidade de conteúdo entre os artigos 148.º e 149.º do AUG e o artigo 822.º, n.º 1, do CC, devendo dar-se prevalência ao disposto no acto uniforme, por força do princípio da primazia decorrente do artigo 10.º do TOHADA.

Nestes termos, afigura-se que, quer se opte pela revogação global, quer se prefira a tese da revogação meramente individualizada, a conclusão será sempre a de se ter por revogada a preferência de pagamento derivada da penhora no Direito interno. Tal efeito deixou de poder ser produzido na Ordem Jurídica Guineense, passando o credor com penhora a ser qualificado como mero credor quirografário, bem como o credor arrestante, após a conversão do arresto em penhora.

Não obstante, consideramos que o regime jurídico do arresto e da penhora não se deve considerar revogado, ou seja, deve entender-se que se mantém a possibilidade de o credor agir por via do arresto, enquanto providência cautelar, por um lado, e enquanto meio de conservação da sua garantia patrimonial, por outro. Nos mesmos termos, mantém-se igualmente o regime da penhora, enquanto apreensão judicial de bens no âmbito de uma acção executiva. A única particularidade é o facto de o efeito da preferência de pagamento deixar de se produzir, mas isso não obsta a que os outros efeitos da penhora e do arresto se possam verificar, com particular interesse para a ineficácia dos actos de disposição praticados sobre os bens, nos termos do art. 819.º do CC.

Relativamente ao arresto, conclui-se que passa a funcionar como os demais meios de conservação da garantia patrimonial – declaração de nulidade, sub-rogação e impugnação pauliana – ou seja, como mera garantia geral, possuindo ainda a vantagem de permitir ao credor a antecipação em relação à acção do devedor ou do terceiro. O arresto mantém-se como simples, mas importante, meio de prevenção com vista à conservação da garantia patrimonial, ficando prejudicado o seu regime jurídico relativamente à preferência de pagamento decorrente da sua conversão em penhora. Portanto, os credores podem ainda lançar mão do arresto enquanto forma de se precaverem contra os actos do devedor ou do terceiro, impedindo assim a dissipação dos bens por parte destes, mas não podem invocar uma preferência de pagamento a seu favor desde a data da decretação do arresto uma vez que, mesmo depois da conversão em penhora, continuam a ser meros credores comuns ou quirografários. O arresto servirá, assim, apenas para garantir a indisponibilidade do devedor ou do terceiro arrestado para agir sobre os bens, mas não influirá na ordem de pagamento aos credores fixada nos artigos 148.º e 149.º do AUG.

A circunstância de o arresto passar a ser um mero meio de conservação da garantia patrimonial desprovido da possibilidade de atribuir ao credor uma causa legítima de preferência tem como consequência o facto de dificilmente vir a ocorrer a decretação de mais do que um arresto sobre o mesmo bem. Esta situação podia acontecer no sistema do Código Civil, na medida em que a conversão do arresto em penhora permitia a conservação da anterioridade de grau advinda da data de decretação do arresto, o que significava que o credor mais antigo seria pago antes dos restantes (cf. artigo 822.º, n.º 2, do CC). Actualmente, porém, não parece haver muito interesse em requerer um segundo arresto sobre o bem, na medida em que essa preferência de pagamento deixou de se verificar. Logo, para efeitos de indisponibilidade do requerido para dispor dos bens, um arresto será suficiente.

CAPÍTULO IV

ACORDOS PARA FACILITAR O PAGAMENTO DE DÍVIDAS

Na prática e na lei tem vindo a aparecer a figura dos acordos entre devedor e credor com vista a facilitar o cumprimento da obrigação. Nalguns pontos, a doutrina, ou mesmo a própria lei, qualificam estes acordos como verdadeiras garantias especiais, donde resulta, no caso guineense, a necessidade de conciliação com o AUG, nos termos supra definidos.

Em bom rigor, porém, estes acordos constituem escapatórias das partes aos esquemas normais de garantia do crédito e, na maioria das vezes, permitem simplificar as relações entre elas, reforçando a segurança do credor sem no entanto chegar ao ponto de constituírem para este uma verdadeira garantia especial na acepção das garantias pessoais ou das garantias reais. Contudo, isso não significa que, de certa maneira, não haja nos acordos para facilitar o pagamento de dívidas um acréscimo da segurança do credor, tal como se verifica também nas garantias pessoais e reais. O que se poderia dizer é que, a aceitar que estes acordos consubstanciam verdadeiras garantias especiais, teria de se reformular o conceito de garantia especial, fazendo-o desligar-se da bipolaridade entre garantia pessoal e real em que se encontra assente.

1. CONSIGNAÇÃO DE RECEITAS

A consignação de receitas consiste num negócio jurídico *atípico*, permitido nos termos do Princípio da autonomia privada – cf. art. 405.º do CC – que traduz uma *"mera garantia obrigacional"*, e não real, pelo que não é oponível aos outros credores[374].

---

[374] Cf. PEDRO ROMANO MARTINEZ e PEDRO FUZETA DA PONTE, *Garantias de cumprimento*, ob. cit., p. 49.

Na consignação de receitas, o devedor, por acordo com o credor, determina que as receitas que ele aufere por força de certa situação jurídica ficam afectas ao pagamento de uma determinada dívida. Normalmente este acordo tem lugar quando as partes sabem que o devedor aufere uma receita continuamente durante um certo período de tempo, pelo que o seu pressuposto consiste na previsibilidade de o devedor auferir receitas com certa continuidade[375]. Por exemplo, é o caso da empresa que realiza um concerto e decide afectar uma percentagem das receitas ao pagamento do aluguer do espaço para realizar esse concerto, ou da empresa que tem um cinema e decide afectar uma parte da receita decorrente da venda dos bilhetes ao pagamento do aluguer do gerador, ou, num plano menor, do vendedor de pão que afecta uma parte das suas receitas de venda ao pagamento do fornecedor de farinha. Tratando-se de negócio jurídico atípico, nada obsta que seja celebrado entre o credor e um terceiro, que decide afectar as receitas de certa actividade ao pagamento de uma dívida alheia.

A consignação de receitas tem como vantagem o facto de o credor poder ser ressarcido do seu crédito sem ter que recorrer aos meios judiciais. Com efeito, o devedor compromete-se a direccionar para o credor uma receita cujo recebimento constitui um facto seguro, o que permite ao credor ressarcir o seu direito com muito maior facilidade do que se fosse necessário instaurar uma acção em tribunal. No entanto, daqui derivam também alguns inconvenientes, nomeadamente o facto de se tratar de um mero acordo entre as partes, o que significa que o credor não pode invocar este acordo perante outros credores – cf. art. 406.º, n.º 2, do CC. Por outras palavras, o credor que obtém a consignação das receitas não é um credor preferencial, pelo que estas receitas podem ser objecto de penhora por parte de outros credores com vista ao respectivo pagamento. Como se trata de um contrato entre o devedor e o credor, tem mera eficácia *inter partes*.

Para além disso, este acordo implica para o credor um maior esforço, pois tem que passar a controlar as receitas do devedor. Por exemplo, supondo que o devedor consignou ao credor 50% das suas receitas mensais, o credor passa a ter de controlar as entradas de receitas do devedor, afim de poder saber se as quantias que este lhe entrega correspondem efecti-

---

[375] Cf. Pedro Romano Martinez e Pedro Fuzeta da Ponte, *Garantias de cumprimento*, ob. cit., p. 49.

vamente a metade dos valores obtidos naquele mês. Ora, isto pode ter desvantagens para ambos: para o credor, devido ao trabalho acrescido de controlo que implica; para o devedor, na medida em que pode não querer partilhar com o credor todos os pormenores da contabilidade das suas actividades. Se o credor e o devedor tiverem uma relação de confiança e de proximidade, é muito natural que enveredem por este género de acordo sem que haja problemas de comunicação do conteúdo das actividades por parte do devedor. Contudo, tal será certamente uma situação excepcional.

A consignação de receitas não é, em nada, prejudicada pela entrada em vigor do Acto Uniforme da OHADA Relativo à Organização das Garantias. Com efeito, tratando-se de mero negócio jurídico atípico, permitido pela autonomia privada nos termos do art. 405.º do CC, dele advém uma garantia com eficácia *inter partes*, pelo que não se coloca nenhum problema de prevalência do credor com consignação de receitas em face de outros credores, os quais, sem dúvida, podem a todo o tempo penhorar essas receitas, sem que o credor que obteve a consignação tenha forma de se opor a tal penhora.

2. CONSIGNAÇÃO DE RENDIMENTOS

2.1. Noção. Generalidades

A consignação de rendimentos consiste num negócio jurídico típico e nominado, previsto e regulado nos artigos 656.º e seguintes do CC. Apesar de esta figura ser abordada como um acordo que permite facilitar o pagamento das dívidas, à luz da qualificação legal trata-se duma garantia real, pelo que pode ser discutida a sua manutenção à luz do AUG, pelo menos nesta vertente de garantia real.

A uma primeira vista, a consignação de rendimentos assemelha-se à consignação de receitas, mas, como veremos, são figuras diversas. Para além de estar em causa um negócio jurídico típico e nominado que constitui, no regime instituído pelo Código Civil, uma garantia real das obrigações nos termos do n.º 2 do art. 604.º, enquanto a consignação de receitas é um negócio atípico, aqui o credor pode ressarcir o seu crédito a partir dos frutos civis de uma coisa, que pode pertencer ao devedor ou a terceiro. Ao invés, na consignação de receitas não está em causa a afectação dos frutos civis de uma coisa mas antes a afectação das receitas provenientes do exercício de certa actividade. Por conseguinte, na consignação de rendimentos existe uma perspectiva estática, na medida em que o credor aufere os frutos civis produzidos por um bem, enquanto na consignação de receitas se pode falar de uma perspectiva dinâmica, pois a receita é resultado de uma actividade humana, designadamente do exercício de certa actividade pelo devedor ou por terceiro.

A consignação de rendimentos confere ao credor o direito de se pagar pelos rendimentos de certos bens imóveis ou móveis sujeitos a registo, pertencentes ao devedor ou a um terceiro. Nos bens móveis sujeitos a registo incluem-se ainda os rendimentos dos títulos de crédito nominativos – cf. art. 660.º, n.º 2, do CC – como é o caso das acções de sociedades anónimas, que dão direito aos dividendos sociais.

No Direito Romano, a consignação de rendimentos era denominada de anticrese, permitindo-se então ao credor pagar-se a partir dos rendimentos de certa coisa do devedor. A anticrese surgia por vezes ligada ao penhor e outras vezes com autonomia em relação a esta figura. Actualmente, para o Código Civil, quando ao credor pignoratício seja concedida a possibilidade de se pagar com os rendimentos da coisa empenhada, a doutrina fala ainda de penhor com pacto de anticrese. No domínio do Código de Seabra, para além do penhor, era também admitida a hipoteca com anticrese, ou seja, a situação em que o credor hipotecário podia ressarcir o seu crédito através dos rendimentos produzidos pela coisa hipotecada.

No AUG, a OHADA consagrou também a figura do penhor com pacto de anticrese, no n.º 1 do seu artigo 58.º. Este artigo estabelece, supletivamente, que o credor pignoratício não pode ficar com os frutos da coisa empenhada. No entanto, se as partes afastarem a regra supletiva legal, esses frutos podem ser imputados no cumprimento da dívida. Diversamente, em sede de hipoteca o acto uniforme não contém nenhuma menção à possibilidade de os rendimentos do bem hipotecado serem afectos ao ressarcimento do credor, mas parece que nada obsta a que as partes, no exercício da sua autonomia privada, acordem a consignação de rendimentos da coisa hipotecada.

Relativamente à situação prevista no n.º 1 do art. 58.º do AUG, é de salientar que, mesmo que se admita um penhor com consignação de rendimentos de bens móveis não registáveis, não se admite, isoladamente, a consignação de rendimentos deste tipo de bens. É que no penhor há a publicidade decorrente da entrega da coisa ao credor, enquanto na consignação de rendimentos a publicidade deriva apenas do registo da garantia, exigindo-se, por isso, que a consignação incida sempre sobre bens registáveis.

Nos termos do n.º 2 do art. 656.º do CC, a consignação de rendimentos pode estar afecta ao cumprimento de uma obrigação, ao pagamento dos juros ou ainda simultaneamente ao cumprimento da obrigação e ao pagamento dos juros. Assim sendo, este acordo deverá ter por finalidade pelo menos uma destas três situações previstas na lei.

2.2. Modalidades

O art. 657.º do CC determina que a consignação tanto pode ser acordada pelas partes nos termos do Código Civil, como pode ser declarada pelo tribunal nos termos do Código de Processo Civil. No primeiro caso estamos perante consignação convencional ou voluntária, no segundo trata-se de consignação judicial.

A consignação é voluntária quando seja constituída pelo devedor ou por terceiro por meio de negócio jurídico *inter vivos* com o credor ou por meio de testamento. Por sua vez, será judicial quando seja constituída pela decisão judicial que a decreta.

2.3. Legitimidade

A consignação de rendimentos convencional ou voluntária tanto pode ser constituída pelo devedor, como também por um terceiro que assim o entenda fazer em favor do devedor, isto é, com vista a cumprir uma dívida alheia.

Neste ponto, o artigo 657.º do CC começa por determinar quem tem legitimidade para constituir a consignação de rendimentos, considerando que só possui tal legitimidade aquele que tiver poder de disposição dos rendimentos consignados. O poder de disposição sobre um bem não quer necessariamente dizer que a pessoa tenha igualmente poder de disposição sobre os seus rendimentos, nem vice-versa. Devemos, por isso, observar em cada caso concreto se a pessoa tem ou não legitimidade para consignar os rendimentos de um determinado bem.

Em regra, tem legitimidade para consignar os rendimentos o proprietário do bem, assim como o seu representante. No entanto, havendo já um usufruto, quem terá legitimidade para consignar os rendimentos do bem será, em princípio, o usufrutuário. Portanto, há que averiguar, perante cada situação, a existência de legitimidade ou não para dispor dos rendimentos de um bem.

Não se admite a subconsignação, ou seja, o credor a quem os rendimentos dos bens são consignados, não pode, por sua vez, consignar esses mesmos rendimentos a outrem[376]. O credor consignatário tem apenas poder para ficar com os rendimentos que lhe foram afectos, imputando-os no cumprimento da obrigação, mas não possui legitimidade para afectar esses rendimentos ao cumprimento de dívidas que ele próprio, credor, tenha perante outrem. Nessa ordem de ideias, embora o credor consignatário tenha direito aos rendimentos, não tem poder de disposição sobre eles.

O n.º 2 do art. 657.º do CC contém ainda uma remissão para o art. 717.º. Nos termos deste último artigo, a consignação constituída por terceiro extingue-se se, por facto do credor, este terceiro não puder ficar subrogado na posição do credor. Este artigo coloca-nos, no entanto, algumas dificuldades. Com efeito, o art. 717.º situa-se na Secção V, relativa à hipoteca, cuja vigência é controversa em face da entrada em vigor do Acto Uniforme da OHADA Relativo à Organização das Garantias. Neste caso, afiguram-se, em abstracto, *duas possibilidades*:

– Ou se considera que a remissão do n.º 2 do art. 657.º para o art. 717.º deixou de poder operar, na medida em que este último artigo terá sido revogado pelo AUG;
– Ou se entende que, muito embora o artigo 717.º trate de uma matéria regulada pelo AUG, ele se deve considerar ainda em vigor, embora apenas para efeitos da remissão prevista neste artigo 657.º, n.º 2.

A uma primeira vista, dir-se-ia que a resolução deste problema dependerá da solução a que se chegar em sede de revogação do Direito interno pelos actos uniformes da OHADA. Pela nossa parte, porém, consideramos que, independentemente da resposta que venha a ser dada ao problema da compatibilização do art. 717.º do CC com o AUG, ou seja, quer se entenda que este artigo foi revogado, quer não, somos de parecer que se mantém perfeitamente válida e eficaz a remissão feita pelo n.º 2 do art. 657.º para o regime constante daquele artigo. Passemos à justificação deste nosso entendimento.

O legislador do Código Civil remeteu, em sede de consignação de rendimentos, para outra parte do sistema, apropriando-se assim do disposto em sede de hipoteca para o aplicar à consignação de rendimentos. A

---

[376] Cf. PIRES DE LIMA e ANTUNES VARELA, *Código Civil Anotado*, Volume I, ob. cit., p. 645.

remissão é uma técnica legislativa que permite evitar a repetição de normas num mesmo diploma legal, de forma que o legislador opta por estabelecer as regras apenas uma vez, a propósito de uma certa figura, e depois remete para essas disposições com vista a não ter que formular novamente as mesmas regras. Assim, dir-se-á que o n.º 2 do art. 657.º se "apropriou" do conteúdo do art. 717.º para aplicar o regime aí estatuído também em sede de consignação de rendimentos. Nesta ordem de ideias, mesmo que se venha a considerar que o art. 717.º foi revogado em sede de hipoteca, somos de parecer que essa eventual revogação não pode prejudicar a vigência deste mesmo artigo para a consignação de rendimentos, enquanto parte do tecido normativo relativo a esta figura, na medida em que o Acto Uniforme não a prejudica. Assim, a entender-se que o AUG revogou o art. 717.º do CC, deve também considerar-se que tal revogação apenas atinge o art. 717.º no âmbito do regime jurídico da hipoteca, mas não já no âmbito do regime jurídico da consignação de rendimentos, ao qual aquele artigo se aplica por via de remissão[377].

Esta situação é, aliás, paralela à que se verifica quando uma norma remete para uma lei que já se encontra revogada[378]. Neste outro caso considera-se que o sentido da remissão não é o de colocar a lei revogada novamente em vigor, mas sim o de que a norma remissiva visa a apropriação material do conteúdo do diploma revogado, o qual passa a integrar o texto do diploma donde provém a remissão. No mesmo sentido, afigura-se que a remissão do n.º 2 do art. 657.º para o art. 717.º se deverá manter, mesmo que o art. 717.º se deva ter por revogado, uma vez que a remissão implica a apropriação material do texto do art. 717.º por parte da secção relativa à consignação de rendimentos. Ora, mesmo que o Acto Uniforme tenha revogado o art. 717.º do CC, não se pode pretender que tenha igualmente revogado o disposto quanto à consignação de rendimentos constituída por terceiro, só porque a regra estabelecida num e noutro lado é igual.

Um argumento que pode ser aduzido para sustentar este entendimento resulta do ponto 4.º da Portaria n.º 22.869, de 25 de Setembro, que operou a extensão do Código Civil de 1966 às então Províncias Ultra-

---

[377] Pese embora este nosso entendimento, reconhecemos que outra hipótese é considerar, simplesmente, que tendo o art. 717.º do CC sido revogado pelo AUG, caduca a remissão feita pelo n.º 2 do art. 657.º do CC.

[378] Cf. JOSÉ DE OLIVEIRA ASCENSÃO, *O Direito...*, ob. cit., pp. 517 a 519.

marinas e que pode ser considerado um lugar paralelo ao problema ora em análise. Aquele ponto 4.º determina que todas as remissões feitas para o Código Civil de 1867 constantes de quaisquer preceitos legais se devem considerar feitas para as disposições do Código Civil de 1966, a partir da entrada em vigor deste diploma. Com efeito, o legislador do novo Código Civil sentiu necessidade de determinar, por via legislativa, que o sentido das remissões para o Código Civil passava a entender-se para o Código actual, e não para o Código anterior, embora no momento em que essas normas foram elaboradas a remissão fosse dirigida ao Código de Seabra. Se não existisse este ponto 4.º da portaria de extensão, as remissões continuariam a considerar-se feitas para o Código anterior. Do mesmo modo, afigura-se que as remissões do regime da consignação de rendimentos para a hipoteca continuam a ser para o regime constante do actual Código Civil, ainda que este tenha sido objecto de revogação pelo Acto Uniforme, pois nada na lei nos diz o contrário e ainda porque a remissão é uma técnica por meio da qual um certo regime jurídico é *apropriado* por um outro instituto, que nele não é regulado directamente e antes por via da remissão.

Em conclusão, somos de parecer que o n.º 2 do art. 657.º do CC se mantém em vigor, bem como que o texto do art. 717.º continua a ser aplicável à consignação de rendimentos, independentemente da sua vigência ou não em sede de hipoteca.

2.4. Constituição

Tratando-se de consignação de rendimentos convencional, a fonte desta figura é o negócio jurídico. Em termos de constituição, o n.º 1 do art. 660.º faz uma distinção consoante se trate da consignação de bens móveis ou de bens imóveis. No caso de serem consignados os rendimentos de bens imóveis, o negócio deve ser celebrado por meio de escritura pública, sob pena de nulidade (cf. artigo 220.º do CC). Diferentemente, sendo consignados os rendimentos de bens móveis[379], deve a consignação ser celebrada apenas mediante documento escrito.

Uma vez celebrado validamente o negócio, importa ainda proceder ao registo da consignação, para que ela possa produzir os seus efeitos

---

[379] Nos termos do n.º 1 do artigo 656.º do CC, só podem ser consignados os rendimentos de bens móveis sujeitos a registo.

perante terceiros. Nos termos do n.º 2 do art. 660.º, como o bem se encontra sujeito a registo, a consignação apenas produz efeitos *erga omnes* quando tenha sido cumprido o ónus de a registar. Este artigo tem que ser conjugado com o disposto no art. 656.º, na medida em que apenas é admitida a consignação de rendimentos de bens registáveis. A única excepção em que a lei abdica do registo é o caso de a consignação incidir sobre títulos de crédito nominativos, em que há lugar ao averbamento da consignação de rendimentos no próprio título (por exemplo, acções de sociedades anónimas).

No caso dos bens imóveis, o registo da consignação é efectuado ao abrigo da *alínea m)* do n.º 1 do art. 2.º do Código de Registo Predial. Tratando-se de automóvel, esse registo é feito nos termos da *alínea i)* do n.º 1 do art. 5.º do Decreto-Lei n.º 47.952, de 22 de Setembro de 1967[380].

2.5. Regime jurídico da consignação de rendimentos voluntária

2.5.1. *Prazo*

O artigo 659.º do CC admite duas hipóteses para o estabelecimento do prazo da consignação de rendimentos: ou as partes convencionam que a consignação é efectuada por certo período de tempo, ou determinam que a consignação se mantém até que a dívida seja integralmente paga.

Trata-se de duas situações autónomas, sendo que, no primeiro caso não é importante saber se os bens produzem ou não rendimentos, uma vez que a consignação se mantém durante o período convencionado. Na segunda situação, a manutenção da consignação depende dos rendimentos que o bem produz e apenas se extingue quando se extinguir a obrigação subjacente.

Normalmente, quando as partes convencionam a consignação de rendimentos por certo período de tempo isso significa que pretendem que ela se extinga uma vez decorrido esse prazo. No entanto, pode ser convencionado o contrário[381].

---

[380] Publicado no Diário do Governo, I Série, n.º 222, de 22 de Setembro de 1967.
[381] Cf. PIRES DE LIMA e ANTUNES VARELA, *Código Civil Anotado*, Volume I, ob. cit., p. 647.

Tratando-se da consignação de rendimentos de bens imóveis, o n.º 2 do art. 659.º do CC consagra um limite injuntivo de quinze anos. Aqui intervêm interesses de ordem pública, na medida em que os bens imóveis, pela sua natureza, são duradouros, e há um interesse público em impedir que os seus rendimentos fiquem, *ad eternum*, afectos ao cumprimento de certa obrigação. Esta restrição assemelha-se ao limite máximo pelo qual as partes podem celebrar um contrato de locação ou de arrendamento de prédio urbano (cf. art. 1025.º do CC e art. 20.º da Lei do Inquilinato).

Se as partes estipularem um prazo superior há lugar à redução legal, independentemente da sua vontade presumível. Assim sendo, a consignação não é inválida se as partes acordarem um prazo superior a quinze anos, simplesmente este prazo é reduzido, por força da lei, ao limite máximo permitido.

2.5.2. Modalidades

Do artigo 661.º podemos retirar as seguintes modalidades de consignação, consoante a pessoa que fica com a titularidade da coisa cujos rendimentos são consignados. Com efeito, a coisa pode continuar em poder do concedente (devedor ou terceiro), caso em que deve conjugar-se a *alínea a)* do n.º 1 do art. 661.º com o artigo 662.º, nos termos do qual o credor pode exigir a prestação de contas anual. Esta medida justifica-se na medida em que o credor tem que se salvaguardar contra a possibilidade de usura do devedor. Assim, o credor deve poder controlar os rendimentos que a coisa dá, pois esses rendimentos encontram-se afectos à satisfação do seu direito de crédito. Diversamente, se as partes acordarem que o credor tem direito a receber periodicamente uma determinada quantia fixa, não haverá já a possibilidade de este exigir a prestação de contas, na medida em que nesse caso não se justifica tal poder de ingerência. Com efeito, aqui o credor vai receber sempre a mesma quantia fixa, pelo que lhe são indiferentes os rendimentos acima dessa quantia que a coisa dá ou possa dar.

Pode também acontecer que a detenção da coisa passe para o poder do credor consignatário, sendo a sua posição jurídica equiparada à do locatário[382]. Neste sentido, o credor só pode locar a coisa, mas não pode

---

[382] Cf. Pires de Lima e Antunes Varela, *Código Civil Anotado*, Volume I, ob. cit., p. 680.

sublocar. Por outro lado, o credor só tem legitimidade para celebrar o contrato de locação enquanto durar a consignação, pois é esse o limite temporal de duração dos seus poderes, no âmbito dos quais é equiparado ao locatário[383]. Acresce que, nesta hipótese, é já o devedor que tem direito à prestação de contas, de forma a poder controlar o estado da sua dívida para com o credor.

Ficando a coisa em poder do credor consignatário deve ainda atender-se ao disposto no artigo 663.º, donde se retira que aquele tem o dever de administrar o bem como um proprietário diligente, devendo pagar impostos e outros encargos que sobre ele incidam, bem como proceder às reparações que sejam necessárias. Não sendo cumpridas estas obrigações, é aplicável o regime geral do incumprimento, designadamente a possibilidade de o devedor resolver o contrato de consignação de rendimentos, nos termos gerais (cf. artigos 798.º e seguintes)[384-385]. O credor não pode demitir-se destes deveres, salvo se decidir renunciar à consignação de rendimentos (cf. artigo 663.º, n.º 2). Como o n.º 3 do art. 663.º remete para o art. 731.º, em sede de hipoteca, aplicam-se aqui as observações feitas a respeito do n.º 2 do artigo 657.º[386], considerando-se que tal remissão continua plenamente válida. Nesta medida, nos termos do n.º 1 do art. 731.º, a renúncia deve obedecer à forma exigida para a constituição da consignação de rendimentos – escritura pública ou escrito particular – e deve expressa. A renúncia não carece de aceitação pelo devedor nem pelo terceiro concedente da consignação de rendimentos, na medida em que consubstancia um negócio jurídico unilateral (cf. também o disposto no próprio artigo 731.º, n.º 1, *in fine*).

---

[383] Tratando-se de arrendamento de prédio urbano, o n.º 1 do art. 14.º da Lei do Inquilinato determina que, se os poderes do locador têm duração determinada, o contrato de arrendamento só pode vigorar enquanto esses poderes se mantiverem. Caso a duração dos poderes do locador não seja previamente determinável, o n.º 2 deste artigo determina que o contrato se mantém pelo prazo acordado, o que não deixa de ser uma solução algo criticável por permitir ao senhorio a celebração de um contrato de arrendamento por um período de tempo superior àquele em que ele goza de poderes para esse efeito.

[384] Cf. PIRES DE LIMA e ANTUNES VARELA, *Código Civil Anotado*, Volume I, ob. cit., p. 682.

[385] O direito de resolução existe nos contratos sinalagmáticos, segundo o disposto no n.º 2 do art. 801.º do CC. Não se pode, no entanto, considerar, que a obrigação de suportar os encargos com o bem seja, em bom rigor, sinalagmática de uma outra, pelo que este será um dos casos em que a doutrina admite a extensão daquele direito de resolução ao incumprimento de obrigações secundárias pelas partes. Cf., sobre este problema, PEDRO ROMANO MARTINEZ, *Da cessação do contrato*, Coimbra, Almedina, 2005, pp. 144 e 145.

[386] Ver supra, pp. 215 e seguintes.

Também pode acontecer que a coisa cujos rendimentos são objecto de consignação fique em poder de terceiro, isto é, de alguém que não é nem o credor consignatário nem o concedente. Por exemplo, as partes podem acordar que o bem será arrendado ou alugado a um terceiro e que este será o administrador. Neste caso, de acordo com o n.º 2 do artigo 662.º, o devedor também tem direito à prestação de contas.

Se a consignação de rendimentos incidir sobre o capital e sobre os juros, os rendimentos serão imputados, em primeiro lugar, aos juros, e só depois é que vão ser imputados ao capital (cf. art. 662.º, n.º 2).

2.5.3. *Extinção*

A consignação de rendimentos voluntária consubstancia um negócio jurídico bilateral, pelo que a sua extinção obedece ao regime geral da extinção dos contratos. Assim, se as partes acordaram que a consignação vigorava por certo período de tempo, uma vez decorrido este prazo a consignação extingue-se por caducidade. Podem ainda as partes sujeitar a consignação a uma condição resolutiva ou a um termo final, caso em que a sua verificação produz igualmente a sua extinção. Sendo que a consignação é um contrato, pode ainda extinguir-se por meio de revogação (cf. artigo 406.º, n.º 1), embora esta forma de extinção seja pouco relevante devido ao facto de o credor poder extinguir a consignação pela simples renúncia.

Não obstante, para além disso, nos termos do artigo 664.º, a consignação extingue-se pelos mesmos modos por que se extingue a hipoteca. Temos, então, nova remissão para o regime jurídico da hipoteca, desta feita para o art. 730.º, excluindo-se apenas a causa de extinção prevista na *alínea b)* deste artigo.

Relativamente à remissão para o regime jurídico da hipoteca, somos de parecer, em consonância com o sustentado atrás, que tal remissão se mantém perfeitamente válida, independentemente de haver ou não revogação deste regime em sede de hipoteca[387]. Assim sendo, a consignação pode extinguir-se por um dos seguintes modos:

– *Extinção da obrigação "garantida"* (art. 730.º, *alínea a)*)

A expressão "garantida" encontra-se entre aspas uma vez que, como veremos adiante, é discutível que a consignação de rendimentos constitua

---

[387] Ver supra, pp. 215 e seguintes.

uma verdadeira garantia especial, pese embora a qualificação resultante do n.º 2 do art. 604.º do CC. Extinguindo-se a dívida que os rendimentos visam ressarcir deixa, naturalmente, de haver causa para a sua afectação àquele credor, que, em boa verdade, deixa de o ser.

– *Perecimento da coisa cujos rendimentos foram consignados* (art. 730.º, alínea c))

Perecendo a coisa, deixa esta de produzir quaisquer rendimentos, daí a necessária extinção da consignação. Pode, contudo, acontecer que o credor fique sub-rogado legalmente no recebimento de indemnização a que haja lugar pela perda da coisa (cf. art. 692.º), ou que o credor tenha direito a exigir a substituição ou o reforço da consignação, sob pena de exigibilidade antecipada do cumprimento (cf. art. 701.º).

– *Renúncia do credor consignatário* (art. 730.º, alínea d))

Nos termos já assinalados, o credor consignatário pode renunciar à consignação. Este é um dos casos especiais em que, embora esteja em causa um contrato, este pode ser extinto por vontade exclusiva de uma das partes, que é a única beneficiária. Nesse sentido, não pode o devedor ou o terceiro concedente opor-se à renúncia do credor, entendendo-se que prevalece aqui o interesse deste.

2.6. Consignação de rendimentos judicial

A consignação de rendimentos judicial encontra-se prevista nos artigos 879.º e seguintes do Código de Processo Civil. Enquanto os bens penhorados não forem vendidos judicialmente, o credor exequente pode requerer que os rendimentos desses bens sejam afectos ao ressarcimento do seu crédito. Pressuposto do requerimento do credor é que os bens penhorados sejam bens imóveis ou bens móveis sujeitos a registo, nos termos do n.º 1 do art. 879.º do CPC, ou ainda que se trate de títulos de crédito nominativos, segundo o n.º 4 do artigo 881.º.

No entanto, apesar de a sua fonte ser a decisão do tribunal, ainda existe aqui alguma base convencional para a consignação, pois o executado tem que ser ouvido antes de ser decretada a consignação de rendimentos e esta não pode ser deferida pelo tribunal se o executado declarar que prefere que os bens sejam vendidos judicialmente – cf. artigo 879.º, n.º 2, do CPC.

A consignação de rendimentos judicial utiliza-se, nomeadamente, quando o bem penhorado se encontra arrendado ou alugado, caso em que a consignação é feita através de simples notificação aos locatários, para que estes saibam que devem entregar as rendas ou os alugueres ao credor exequente (cf. art. 880.º, n.º 1, do CPC). Se os bens não se encontrarem locados, procede-se à celebração deste contrato mediante proposta ou negociação particular, com respeito pelas formalidades exigidas para os bens penhorados (cf. art. 880.º, n.º 2, do CPC).

A consignação judicial é ainda objecto de registo, por averbamento à penhora, nos termos do n.º 2 do artigo 881.º.

Importa, entretanto, aferir da vigência do regime jurídico instituído pelo Código de Processo Civil para a consignação de rendimentos judicial, em face da entrada em vigor do Acto Uniforme da OHADA Relativo à Organização dos Processos Simplificados de Cobrança e de Execução (AUOPSCE). Este acto uniforme faz apenas duas menções à consignação de rendimentos, ambas a propósito dos bens imóveis penhorados. Em primeiro lugar, o art. 263.º determina que, depois do registo da penhora de um bem imóvel, os rendimentos deste são retidos para serem distribuídos com o preço da venda do imóvel. De seguida, no art. 265.º, se o devedor demonstrar que os rendimentos dos bens imóveis do devedor durante dois anos são suficientes para ressarcir o direito de crédito, a penhora pode ser suspensa (cf. também o disposto no art. 900.º do CPC, proposto pelo Ajustamento).

Tendo em consideração que o acto uniforme apenas refere a possibilidade de consignação de rendimentos judicial a respeito dos bens imóveis, para aqueles que adoptem a tese da revogação global, isso quererá dizer, em princípio, que nos restantes casos (bens móveis sujeitos a registo e títulos de crédito nominativos) deixou de ser viável a constituição desta figura por via judicial. Com efeito, segundo a tese da revogação global, o disposto no Código de Processo Civil em sede de processo executivo encontra-se totalmente revogado pelo acto uniforme, independentemente da eventual incompatibilidade de conteúdo entre os dois diplomas. Sendo assim, o único diploma vigente será o AUOPSCE, o qual apenas menciona a consignação de rendimentos judicial a respeito dos bens imóveis, deixando por esse motivo de ser viável a sua constituição relativamente a bens móveis sujeitos a registo e a títulos de crédito nominativos.

Adoptando, por outro lado, uma perspectiva de harmonização entre o Direito interno e o acto uniforme, é possível compatibilizar os dois regimes de maneira diversa e menos gravosa. Nesta medida, poderá afirmar-se que, uma vez que o AUOPSCE refere a consignação judicial dos rendimentos de bens imóveis, então este regime passou a vigorar em detrimento do que estava instituído para estes bens nos artigos 879.º e seguintes do CPC. Contudo, nada se dizendo no acto uniforme sobre a consignação dos rendimentos dos bens móveis sujeitos a registo e dos títulos de crédito nominativos, tal não implica a revogação do Direito interno, pois, em bom rigor, não se verifica incompatibilidade de normas. O que acontece é que o acto uniforme não contém normas sobre esta questão, logo, não contraria o Direito interno, e, nessa medida, não se verifica a revogação tácita deste. Assim sendo, embora com algumas dúvidas, admitimos a vigência dos artigos 879.º a 882.º do CPC, na sua redacção originária, para efeitos de constituição da consignação de rendimentos judicial sobre bens móveis registáveis e títulos de crédito nominativos.

Outro ponto de relevo consiste no próprio regime instituído pelo acto uniforme nos seus artigos 263.º e 265.º, em sede de consignação judicial de rendimentos de bens imóveis. Verifica-se que, contrariamente ao disposto no n.º 1 do art. 879.º do CPC, a consignação não depende de requerimento do credor exequente, sendo antes automaticamente efectuada pelo tribunal no momento imediatamente a seguir ao registo da penhora de um bem imóvel. Com efeito, a expressão utilizada é que *"os rendimentos deste [do bem imóvel penhorado] são retidos para serem distribuídos com o preço da venda do imóvel"*, donde se deduz que tal deverá acontecer em todos os casos, independentemente de iniciativa do credor e da audição do devedor. Por outro lado, o art. 265.º impõe ao devedor executado o ónus de demonstrar que os rendimentos dos bens penhorados são suficientes para ressarcir os créditos, pois, nesse caso, o tribunal pode decidir pela suspensão da penhora. Não era bem esse o regime do artigo 881.º do CPC, onde, efectuada a consignação e pagas as custas judiciais, a execução era julgada extinta. Actualmente, porém, a execução manter-se-á, embora suspensa, assim como a própria penhora.

2.7. Natureza jurídica

Ao nível da natureza jurídica desta figura, pergunta-se se a consignação de rendimentos é uma garantia ou uma forma de cumprimento da obrigação? Esta é uma questão que era já debatida no âmbito do Código de Seabra. Actualmente, o art. 656.º do CC qualifica a consignação de rendimentos como uma garantia, o que, pelo menos aparentemente[388],

---

[388] Como é sabido, as qualificações legais não são vinculativas.

parece resolver aquela discussão. Porém, não obstante esta qualificação legal, é de notar que a consignação funciona como forma de satisfação do direito de crédito, uma vez que dá azo ao cumprimento total ou parcial da obrigação – cf. art. 659.º, n.º 1 e art. 661.º, n.º 2, do CC, bem como o supra referido artigo 58.º, n.º 1, do AUG, que estabelece que, havendo direito aos frutos da coisa empenhada, estes podem ser imputados na dívida.

Assim sendo, verifica-se que apesar da qualificação como garantia, por via da consignação de rendimentos o credor pode obter o ressarcimento do seu crédito num momento anterior ao incumprimento da obrigação supostamente garantida... Ora, este funcionamento da consignação parece pôr definitivamente em crise as características próprias das garantias, dado que funciona antes e independentemente do incumprimento do devedor, o que contraria o normal processamento das garantias das obrigações. Na consignação as partes antecipam-se a qualquer incumprimento, o que configura um acordo mediante o qual se facilita o ressarcimento do credor. Para além disso, a consignação de rendimentos pode ser efectivada de forma voluntária, sem que seja preciso o recurso à via judicial.

Não obstante estas considerações, sempre é certo que não se pode convencionar a consignação autonomamente, mas apenas acoplada a uma determinada obrigação. Este negócio jurídico surge então num contexto específico, que é a existência prévia duma relação obrigacional, da qual depende. Nesta ordem de ideias, poderia dizer-se que na consignação existe, ainda, acessoriedade, embora num grau menor, ou seja, para haver consignação tem que existir uma obrigação por cumprir, mas a consignação funcionaria antes e independentemente do incumprimento dessa obrigação e como antecipação deste momento.

Não obstante estas considerações, no Código Civil de 1966 a consignação de rendimentos é tratada como uma garantia real. Havendo registo, isso significa que o credor consignatário é um credor preferencial, com direito a ser pago antes dos demais (cf. art. 604.º, n.º 2). Mesmo que o concedente venha a alienar o bem cujos rendimentos estão afectos ao credor, este continua a ter o direito de ser pago nos termos acordados para a consignação. Isto porque, com o registo, a consignação de rendimentos traduz-se num ónus jurídico que se impõe ao adquirente do direito sobre a coisa. A solução será, contudo, diferente, se a venda do bem for efectuada em sede de venda executiva, pois aplicar-se-á então o n.º 2 do art. 824.º do CC, nos termos do qual os bens são vendidos livres dos direitos reais de garantia que os onerem.

A qualificação do Código Civil contende com o funcionamento típico das garantias, pois aqui a consignação é efectivada antes e em substituição do próprio cumprimento, embora não se trate nem de novação nem tão pouco de dação em cumprimento[389]. A obrigação, de facto, não se extingue havendo consignação, o que acontece é que ela vai sendo *gradualmente amortizada* com os rendimentos consignados ao credor[390].

Para além disso, o credor não tem que recorrer aos meios judiciais para obter o pagamento do seu crédito, na medida em que ele tem a colaboração do devedor (pelo menos na consignação de base convencional)[391].

Em face destas particularidades, alguns autores consideram que a consignação de rendimentos não pode ser qualificada, em sentido próprio ou técnico, como uma efectiva garantia das obrigações. Em bom rigor, o credor consignatário não pode executar nem os bens cujos rendimentos lhe estão consignados, nem tão pouco os próprios rendimentos, com base na sua garantia. O credor apenas pode executar, nos termos gerais do processo executivo, os bens do seu devedor, mas não pode invocar a garantia representada pela consignação de rendimentos para requerer a penhora dos bens ou dos rendimentos que lhe estão consignados. Nesta óptica, Pedro Romano Martinez e Pedro Fuzeta da Ponte optaram por qualificar a consignação como um acordo que permite facilitar o pagamento da dívida[392].

Não podemos deixar de concordar com este entendimento, na medida em que, para se poder falar em garantia real, é necessário que o credor seja titular de um direito sobre um bem. Ora, no caso da consignação, o credor não tem qualquer direito sobre o bem, propriamente dito, mas

---

[389] Em sentido divergente, considerando que por meio da consignação de rendimentos se produz a dação em cumprimento, cf. SALVADOR DA COSTA, *O concurso de credores*, ob. cit., p. 29. Consideramos, ao invés, que a consignação não se confunde com a dação pois esta tem como característica a extinção imediata da obrigação, por força da substituição da prestação devida por uma prestação diversa. Já na consignação, a prestação devida não é substituída por outra prestação diferente, antes pelo contrário, a consignação permite o cumprimento da obrigação que efectivamente o devedor tem para com o credor.

[390] Cf. PEDRO ROMANO MARTINEZ e PEDRO FUZETA DA PONTE, *Garantias de cumprimento*, ob. cit., p. 51.

[391] Cf. PEDRO ROMANO MARTINEZ e PEDRO FUZETA DA PONTE, *Garantias de cumprimento*, ob. cit., p. 52.

[392] Cf. PEDRO ROMANO MARTINEZ e PEDRO FUZETA DA PONTE, *Garantias de cumprimento*, ob. cit., p. 52.

somente sobre os rendimentos desse bem, pelo que não consubstancia, rigorosamente, um direito real de garantia. Por outro lado, nem é bem de causa legítima de preferência, na acepção do n.º 2 do art. 604.º, que se trata, pois em boa verdade o credor consignatário não sofre concorrência. Os rendimentos do bem encontram-se exclusivamente afectos ao pagamento de determinada dívida, pelo que não podem ser alvo da acção de outros credores. Tudo funciona como se os rendimentos constituíssem uma espécie de património autónomo do concedente, justificando-se a sua reserva exclusiva ao credor consignatário.

Tudo reside, porém, no conceito de garantia especial que venha a ser adoptado. Se entendermos que só há garantia especial quando se atribui ao credor uma preferência no ressarcimento do seu crédito, parece que não podemos admitir que a consignação seja uma garantia, pois, como se disse, a consignação não confere ao credor nenhum direito sobre o bem cujos rendimentos são consignados, mas apenas sobre esses mesmos rendimentos.

Contudo, para quem defenda que a garantia especial consiste apenas num *reforço* da garantia geral, isto é, algo que acresce ao direito que o credor já tem, nos termos gerais, de recorrer ao património comum do seu devedor nos termos do artigo 601.º do CC, então neste sentido podemos admitir que a consignação seja uma garantia especial[393], pois há qualquer coisa que acresce ao direito de o credor executar o património do devedor. Não obstante, este é um conceito demasiado amplo de garantia real e que foge à principal característica desta, consistente no facto de atribuir ao credor a possibilidade de ser pago em primeiro lugar pelo património do devedor[394].

Neste sentido, e, subscrevendo uma das teses supra referidas, propendemos para entender que a consignação não consubstancia uma efectiva garantia real, devendo antes ser qualificada como um acordo que visa facilitar o cumprimento da obrigação, dado que o credor não pode executar o bem cujos rendimentos lhe foram consignados com base na consignação, não se tratando, nessa medida, de uma garantia em sentido técnico.

---

[393] Cf. PEDRO ROMANO MARTINEZ e PEDRO FUZETA DA PONTE, *Garantias de cumprimento*, ob. cit., p. 52.

[394] Cf. PEDRO ROMANO MARTINEZ e PEDRO FUZETA DA PONTE, *Garantias de cumprimento*, ob. cit., p. 52: *"Apesar de normalmente identificada como garantia real, a consignação de rendimentos apresenta similitudes com a dação «pro solvendo» (artigo 840.º, n.º 1, do Código Civil), visando ambas conferir ao credor meios que lhe facilitam a satisfação do seu crédito."*.

2.8. Conciliação com o regime jurídico do AUG

Admitindo que a consignação de rendimentos constitui um mero acordo que visa facilitar o cumprimento da obrigação, nem se afigura propriamente necessário confrontar esta figura com o AUG, pois, tratando este apenas das garantias especiais, não prejudicaria de modo algum a vigência da consignação. Por outro lado, o facto de o AUG referir o penhor com anticrese não se opõe a este entendimento, apenas servindo para reforçar a admissibilidade da figura no âmbito da OHADA.

No entanto, para aqueles que sustentem que da consignação resulta uma preferência de pagamento para o credor consignatário (cf. art. 604.º, n.º 2, do CC), deve tal efeito ter-se por revogado pelo AUG, isto qualquer que venha a ser o entendimento adoptado em sede de revogação do Direito interno. Por força da tese da revogação global, pois a matéria das garantias especiais passa a ser exclusivamente regulada no AUG; e, para a tese da revogação individualizada, na medida em que existe incompatibilidade de conteúdo com os artigos 148.º e 149.º do AUG, donde não decorre a atribuição de nenhuma preferência de pagamento ao credor consignatário.

Pelo que, no nosso entendimento e salvo melhor opinião, no que diz respeito à consignação de rendimentos, são aplicáveis os argumentos referidos anteriormente para demonstrar a manutenção do arresto no Direito interno como simples meio de conservação da garantia patrimonial, mas não já como causa legítima de preferência de pagamento. Em termos paralelos, mantêm-se vigentes os artigos 656.º e seguintes do Código Civil, sendo que a consignação de rendimentos se apresenta actualmente apenas como um negócio jurídico típico e nominado que tem em vista facilitar o cumprimento duma obrigação, não conferindo já ao credor um reforço qualitativo do seu crédito.

Contudo, não foi esta a opção tomada em resultado do Ajustamento entre o Direito interno e o AUG, uma vez que se deu por revogado todo o regime jurídico da consignação de rendimentos constante dos artigos 656.º e seguintes do CC. Porém, pela nossa parte e salvo melhor entendimento, julgamos que tal posição contraria a opção pela revogação individualizada, tácita e parcial, uma vez que de acordo com a técnica preconizada apenas há que considerar revogadas as disposições de Direito interno que contrariem disposições constantes do AUG. Ora, nem todo o regime da consignação de rendimentos contraria o AUG, existindo apenas esta contrariedade quanto à causa legítima de preferência que o Direito interno atribui ao credor consignatário e que com a entrada em vigor do

AUG deixou de se poder verificar, sendo certo que mesmo esta qualificação como causa legítima de preferência é, como vimos, discutível. Porém, no mais, nada obsta ao funcionamento da consignação de rendimentos, que consubstancia um negócio jurídico típico e nominado, ao qual as partes podem recorrer para facilitar o cumprimento da obrigação. Ao nível dos efeitos obrigacionais da consignação de rendimentos não há, pois, contradição com o AUG, donde sustentarmos a vigência do regime jurídico constante dos artigos 656.º e seguintes do CC.

Aliás, mesmo que se entenda de modo diverso, sempre a celebração da consignação de rendimentos será permitida ao abrigo do princípio da autonomia privada (cf. artido 405.º do CC).

3. CESSÃO DE BENS AOS CREDORES

3.1. Noção. Generalidades

A cessão de bens aos credores tem origem na figura da *cessio bonorum* do Direito Romano. O aparecimento da cessão naquele período deveu-se a razões humanitárias, tendo em vista diminuir os efeitos então estabelecidos para o não cumprimento voluntário duma obrigação[395]. Como já se viu, em certos casos, o credor podia mesmo encarcerar o devedor, fazendo dele seu escravo, chegando a poder vendê-lo em feiras ou, em última instância, a executá-lo como forma de reacção ao incumprimento de uma obrigação.

Através da cessão, os credores podiam requerer que, após o incumprimento da obrigação, os bens do devedor passassem para a sua posse. Uma vez nessa posse, os credores podiam proceder à venda dos bens e distribuir entre si o produto obtido, com o qual o seu crédito era ressarcido. No entanto, em paralelo, mantinha-se a possibilidade de responsabilidade pessoal do devedor, tudo dependendo da escolha do credor. Para fazer face a esta situação, em que o credor até já tinha obtido o ressarcimento do seu crédito, mas continuava com o direito de humilhar o devedor, surgiu a *cessio bonorum*, em que esta segunda possibilidade (responsabilidade pessoal) deixou de existir. Inicialmente não se admitia, contudo, a cessão de bens aos credores relativamente aos devedores que o fossem devido à prática de insolvência fraudulenta[396]. A iniciativa da cessão

---

[395] Cf. Luís MENEZES LEITÃO, *A cessão de bens aos credores*, Lisboa, AAFDL, 1987, p. 22.

[396] Cf. Luís MENEZES LEITÃO, *A cessão de bens aos credores*, ob. cit., p. 24.

competia ao devedor e não tinha de ser aceite pelo credor, mas apenas aprovada pelo pretor. Por outro lado, até que os credores procedessem à venda dos bens cedidos, o devedor mantinha a possibilidade de pagar as dívidas, recuperando os bens.

Em muitos sistemas jurídicos, a abolição do princípio da responsabilidade pessoal levou a que a cessão de bens aos credores passasse a ter uma importância reduzida, ou praticamente nula, devido à origem histórica do seu surgimento. Isto porque a utilidade da cessão residia em impedir os efeitos da responsabilização pessoal do devedor, pelo que essa utilidade deixaria de ser necessária a partir do momento em que tal responsabilização pessoal fosse abolida. Mesmo assim, no Direito Guineense, apesar da extinção da responsabilidade pessoal do devedor, expressamente decorrente do art. 601.º do CC, manteve-se, em paralelo, a figura da cessão de bens aos credores prevista nos artigos 831.º e seguintes, tendo inspiração na figura análoga prevista nos artigos 1977.º e seguintes do Código Civil Italiano[397]. Apesar de se poder discutir a utilidade da sua previsão num sistema de responsabilidade meramente patrimonial, o certo é que tal consagração permite procurar outras finalidades para a cessão, para além de funcionar como alternativa à responsabilização pessoal, enriquecendo a figura.

A cessão de bens aos credores, tal como a consignação de rendimentos, tem como fonte a celebração de um negócio jurídico entre o credor (ou os credores) e o devedor. Trata-se dum negócio jurídico bilateral ou contrato típico e nominado. Por essa razão, mesmo que a cessão não se encontrasse consagrada na lei, sempre seria de admitir esta figura nos termos do Princípio da autonomia privada (art. 405.º do CC).

Porém, pode acontecer que a cessão seja realizada por terceiro, que não o devedor. Nesse caso, tratar-se-á de um negócio jurídico atípico, permitido nos termos da liberdade de estipulação prevista pelo artigo 405.º do CC.

Algo contraditoriamente com a sua natureza manifestamente convencional, verifica-se que o regime jurídico da cessão de bens aos credores é maioritariamente injuntivo. Tal deriva da função da cessão, que consiste em efectivar a responsabilidade patrimonial do devedor, em termos paralelos à própria acção executiva[398], o que justifica, em grande medida, a ausência de liberdade de estipulação das partes.

---

[397] Cf. PIRES DE LIMA e ANTUNES VARELA, *Código Civil Anotado*, Volume II, ob. cit., p. 115.
[398] Cf. LUÍS MENEZES LEITÃO, *A cessão de bens aos credores*, ob. cit., p. 70.

Através da cessão de bens aos credores as partes convencionam um *remédio* para a prática do facto ilícito, que é o incumprimento da obrigação, remédio este que, quer para o credor, quer para o devedor, é menos gravoso do que a acção executiva na medida em que a venda extrajudicial dos bens é em regra mais proveitosa em termos de preço do que a venda judicial. Portanto, é pressuposto da cessão a existência prévia duma relação jurídica obrigacional, uma vez que a cessão é acessória dessa obrigação, facto que justifica de igual modo a extinção da cessão quando o devedor cumpre, por outra forma, a sua obrigação – cf. art. 836.º do CC. No entanto, para a cessão não é necessário que o devedor se encontre em estado de insolvência.

Por meio deste acordo o devedor encarrega o credor ou os credores cessionários de *"procederem à liquidação do seu património, ou de parte dele"*, sendo que estes podem pagar os seus créditos com o preço obtido na venda dos bens. A finalidade da cessão consiste no ressarcimento do direito de crédito, pois, uma vez vendidos os bens do devedor, os credores podem utilizar o preço da venda para ressarcir os seus créditos, extinguindo-se, nessa medida, a correspondente obrigação. Normalmente, a obrigação é cumprida através da adopção de uma conduta por parte do devedor, limitando-se o credor a receber a prestação oferecida por aquele. Diferentemente, na cessão, os credores participam activamente na obtenção da prestação por serem eles que procedem à venda dos bens do devedor afim de angariar meios económicos para extinguir a obrigação.

3.2. Oportunidade da cessão

É discutível na doutrina se a cessão só pode ter lugar no momento do incumprimento da obrigação ou se pode ser activada antes e independentemente de este se verificar. Alguns opinam que é necessário o prévio incumprimento na medida em que a função da cessão é efectivar a responsabilidade patrimonial, e, por definição, esta só tem lugar uma vez incumprida a obrigação (cf. artigo 798.º do CC). No entanto, observando as exigências legais, parece que a cessão de bens aos credores também pode ser convencionada como meio preventivo do incumprimento, ou seja, antes de se verificar o facto ilícito[399]. Até porque, muito embora a noção

---

[399] Cf. PEDRO ROMANO MARTINEZ e PEDRO FUZETA DA PONTE, *Garantias de cumprimento*, ob. cit., p. 53.

de cessão referida no art. 831.º pareça induzir no sentido de que é necessário haver incumprimento, o certo é que sempre pode ter lugar antes e independentemente deste incumprimento nos termos permitidos pela autonomia privada. Com efeito, a cessão de bens aos credores resulta do acordo entre as partes e esse acordo pode ter lugar em qualquer altura: pode ocorrer no momento de constituição da obrigação, durante a sua "vida", assim como antes ou depois do incumprimento.

Em sentido aparentemente divergente, atente-se no entendimento de Luís Menezes Leitão, para quem não se deve partir do princípio de que os credores renunciam ao seu direito à prestação, a não ser quando sabem que só muito dificilmente o devedor conseguirá cumprir. Sendo assim, entende que a acção executiva e a cessão de bens aos credores são dois meios com a mesma finalidade, ou seja, a efectivação da responsabilidade patrimonial do devedor, pelo que será de exigir, como pressuposto para a cessão, o incumprimento da obrigação, tal como se exige para a instauração da acção executiva. Aliás, a acrescer a esta tese, poderia invocar-se a *"inserção sistemática"* desta figura no capítulo referente ao cumprimento e ao não cumprimento das obrigações, precisamente após a matéria relativa à realização coactiva da prestação[400].

Dissemos, porém, que se trata de um entendimento aparentemente divergente, pois o mesmo autor considera que a cessão de bens aos credores *"... basta-se no entanto, com a previsibilidade do incumprimento porque é feita com o acordo do devedor"*, contrariamente ao que sucede na acção executiva. Nesta ordem de ideias, acaba por admitir que as partes acordem uma cessão *preventiva*, antes e independentemente do incumprimento da obrigação, fundada na sua autonomia privada.

Pensamos que exigir a previsibilidade do incumprimento como pressuposto da cessão acaba por não ser relevante quando se permite que esta tenha lugar antes do incumprimento da obrigação, isto é, a possibilidade de acordar uma cessão preventiva. Quer dizer, se o credor pode obter a cessão em data anterior ao incumprimento, pouco parece importar que haja previsibilidade desse incumprimento acontecer, sendo certo, porém, que se o credor se dispõe a assumir o encargo de vender os bens do devedor, é seguro que esse incumprimento está próximo ou é relativamente provável, caso contrário o credor não se disporia a fazê-lo.

---

[400] Cf. Luís Menezes Leitão, *A cessão de bens aos credores*, ob. cit., p. 73.

Sendo assim, o elemento a destacar parece antes dever ser o acordo entre as partes, que justifica a possibilidade de efectivação da responsabilidade patrimonial em momento anterior ao incumprimento propriamente dito e como forma de evitar a responsabilidade patrimonial coactiva.

3.3. Regime jurídico

3.3.1. *Encargo de liquidação do património do devedor*

A cessão não confere aos credores cessionários nenhum direito ou titularidade sobre os bens cedidos pelo devedor (cf. art. 831.º do CC). Antes pelo contrário, os credores assumem o encargo de proceder à venda dos bens cedidos, isto é, de liquidar o património do devedor. Não se trata, pois, do direito de liquidar o património do devedor, mas antes da obrigação de o fazer, o que configura uma situação jurídica passiva para os credores. Esta circunstância leva grande parte da doutrina a qualificar a cessão como um mandato, devido ao facto de o credor actuar por conta e no interesse do devedor, sendo reconduzido a um mandato de interesse comum em que os principais interessados são os próprios credores, embora o devedor também tenha interesse em extinguir a sua dívida.

Enquanto na consignação de rendimentos só podem ser objecto de consignação os bens imóveis, os bens móveis registáveis e os títulos de crédito nominativos, na cessão podem ser cedidos aos credores quaisquer bens, independentemente da sua registabilidade. Exige-se somente que se trate de bens determinados e não de um complexo de relações jurídicas patrimoniais.

Normalmente, o objecto da cessão são os direitos reais do devedor. Relativamente aos direitos de crédito, a doutrina considera que também podem ser cedidos, devendo observar-se o regime da cessão de créditos, de modo a que o devedor do cedente saiba que deve cumprir perante o credor cessionário (cf. artigos 577.º e 583.º, n.º 1, do CC)[401].

Uma vez que a finalidade da cessão é vender património afim de saldar dívidas, não podem, naturalmente, ser objecto de cessão, dívidas ou outras situações jurídicas passivas. Também não podem ser cedidos os bens futuros porque ainda não fazem parte do património do devedor,

---

[401] Cf. Luís MENEZES LEITÃO, *A cessão de bens aos credores*, ob. cit., p. 78.

assim como os bens inalienáveis, porque nesse caso o credor não os poderia alienar afim de ressarcir o seu crédito. Admite-se, no entanto, a cessão de certos bens impenhoráveis, quando isso não contenda com nenhum princípio fundamental da ordem jurídica.

3.3.2. Forma

O n.º 1 do art. 832.º estabelece uma excepção ao art. 219.º, na medida em que a celebração da cessão de bens aos credores deve sempre obedecer a uma forma especial. Em regra, a cessão deve ser realizada mediante documento escrito. Mas, se os bens que o devedor transmite para o credor forem bens para cuja transmissão a lei requer outras formalidades mais exigentes do que o documento escrito, então, para que a cessão seja válida, deve ser observada a mesma forma que é necessária para a transmissão desses bens. Caso contrário, verifica-se a nulidade nos termos do artigo 220.º do CC. Será o caso de cessão de bens imóveis, para cuja transmissão o art. 875.º requer a escritura pública, devendo por isso a cessão ser celebrada igualmente com recurso a esta forma.

Tratando-se de cessão de direitos de crédito do devedor a cessão fica sujeita ao respectivo regime jurídico[402].

3.3.3. Efeitos

Conforme já foi referido, contrariamente à consignação de rendimentos, a cessão pode abranger quaisquer bens do devedor, tanto bens sujeitos a registo, como bens não registáveis. Contudo, se os bens cedidos se encontrarem sujeitos a registo, a cessão só produz efeitos *erga omnes* se e quando for efectuado o respectivo registo, nos termos do n.º 2 do artigo 832.º do CC.

Sendo cedido um bem não sujeito a registo, surge um problema análogo ao disposto no n.º 2 do art. 409.º do CC, em que se admite a eficácia contra terceiros da cláusula de reserva de propriedade no caso de ser acordada em negócios de alienação de bens imóveis ou móveis sujeitos

---

[402] Cf. PIRES DE LIMA e ANTUNES VARELA, *Código Civil Anotado*, Volume II, ob. cit., p. 116.

a registo, nada sendo dito quanto aos bens móveis não registáveis. Também no caso da cessão parece que se deve ter em consideração a doutrina maioritária, admitindo a eficácia *erga omnes* da cessão de bens não registáveis, independentemente de qualquer formalidade. Nestes termos, considera-se que a cessão de um bem não sujeito a registo é oponível a terceiros, ainda que estes não pudessem ter conhecimento da sua celebração, o que permite tutelar o credor cessionário em detrimento dos terceiros. A razão de ser desta tutela é o facto de o credor não ter possibilidade de dar a conhecer a cessão aos terceiros, precisamente porque o bem em causa não é registável, além de que permite protegê-lo de eventuais conluios do devedor com terceiros.

Outro entendimento possível seria tutelar os terceiros de boa fé subjectiva ética, isto é, aqueles que desconhecessem sem culpa a existência da cessão[403]. Não obstante, consideramos que neste caso a cessão deve produzir efeitos contra todos os terceiros, independentemente da sua boa ou má fé. Estamos aqui perante um eventual conflito de interesses, entre o credor cessionário e os terceiros, sendo preferível dar prevalência à posição jurídica do credor, que, na verdade, não tinha hipóteses de dar a conhecer a cessão aos terceiros.

3.3.4. *Posição jurídica dos credores cessionários relativamente aos bens cedidos*

A análise da posição jurídica dos credores relativamente aos bens cedidos varia de acordo com a qualidade destes credores, e, nomeadamente, consoante se trate de credores cessionários, de credores anteriores à cessão ou de credores cujo crédito se constituiu posteriormente à cessão, tudo nos termos do artigo 833.º do CC.

Tratando-se de *credores cujo direito é anterior à cessão*, entende-se que o seu direito de crédito não é afectado por esta. Por esta razão, estes credores podem executar os bens cedidos a outros credores, desde que o façam antes de os credores cessionários procederem à sua alienação. Para os credores anteriores à cessão é, pois, completamente indiferente que

---

[403] É este o entendimento de Pedro Romano Martinez a propósito da reserva de propriedade. Cf. PEDRO ROMANO MARTINEZ, *Direito das Obrigações* (Parte Especial). Contratos, Compra e Venda. Locação. Empreitada, 2.ª edição, Coimbra, Almedina, 2003, pp. 38 e seguintes.

tenha havido ou não uma cessão, até porque não faria sentido que pudessem ser prejudicados pela cessão, isto é, por um negócio em que não tomaram parte (cf. art. 406.º, n.º 2, do CC). Como os bens cedidos fazem parte do património do devedor e não são transmitidos para os credores cessionários, nos termos do artigo 601.º do CC, o credor anterior à cessão pode, naturalmente, executá-los.

Por hipótese, suponha-se que A deve a B um milhão de FCFA, relativos ao pagamento de um automóvel, crédito este que se constituiu em 01/01/2007. Por sua vez, A deve também a C dois milhões de FCFA, relativos a um mútuo que ambos celebraram em 01/07/2006 e que A deveria ter restituído em 31/12/2006. Não o tendo feito, em 10/01/2007 A acordou com C em ceder-lhe o seu automóvel MERCEDES, com vista a que o credor proceda à sua venda e se pague com o produto realizado. A cessão foi celebrada mediante documento escrito e registada em 12/01/2007. Entretanto, em 15/01/2007, B nomeou à penhora o referido automóvel MERCEDES. Neste caso, deve entender-se que a cessão não prejudica o direito de o credor B penhorar o automóvel cedido. A justificação para esta solução reside no facto de o direito de crédito de B ser anterior à cessão (01/01/2007 é anterior a 12/01/2007), pelo que, mesmo tendo sido registada, essa circunstância em nada afecta a possibilidade de atingir os bens do devedor, nos termos do art. 601.º do CC. Nestes termos, C não pode opor a cessão ao credor B.

Da análise desta hipótese pode concluir-se que o registo da cessão é absolutamente indiferente para a posição jurídica dos credores anteriores à cessão. Com efeito, o registo permite apenas aos credores cessionários invocar a cessão contra os credores posteriores à sua celebração, mas não relativamente aos credores anteriores, os quais podem sempre executar os bens cedidos, desde que o façam antes de os credores cessionários procederem à respectiva alienação. Assim sendo, os credores anteriores podem executar tais bens até ao momento em que estes deixem de pertencer à esfera jurídica do devedor[404].

---

[404] Em regra, os bens cedidos deixam de pertencer à esfera jurídica do devedor no momento em que os credores cessionários os transmitem a terceiros, nos termos do n.º 1 do art. 408.º do CC, que consagra o Princípio da consensualidade. Contudo, a configuração do negócio jurídico celebrado entre o credor cessionário e o terceiro pode ser diversa, podendo acontecer que o negócio se encontre, por exemplo, dependente de condição suspensiva ou sujeito a uma cláusula de reserva de propriedade, caso em que se deverá atender ao respectivo regime jurídico afim de determinar se o credor anterior à cessão tem ainda o direito de executar os bens.

Do disposto no art. 833.º do CC resulta ainda a demonstração de que a cessão de bens aos credores não consubstancia uma garantia especial das obrigações, pois, se assim fosse, os credores cessionários prevaleceriam, mesmo sobre os credores anteriores à cessão, na qualidade de credores preferentes[405]. Por exemplo, na hipótese acima, se em vez de ceder o automóvel ao credor C o devedor A tivesse constituído com este credor uma hipoteca sobre a sua casa, C passaria a ser credor preferencial, preferência esta que prevaleceria quer perante os credores anteriores à constituição da hipoteca (caso do credor B), quer em face dos futuros credores que viessem a existir.

Em segundo lugar, tratando-se agora dos *credores cessionários*, estes não podem executar os bens que são objecto da cessão, mas podem executar outros bens do devedor. Com efeito, embora Vaz Serra pretendesse a transposição para o Código Civil da disposição do *Codice* Italiano (cf. artigo 1980.º deste código) que veda que os credores cessionários possam executar outros bens do devedor enquanto não liquidarem os bens cedidos, esta proposta não foi aceite[406]. Assim, acaba por se perder em grande parte a eficácia e a utilidade da cessão, na medida em que o devedor continua sujeito à acção executiva dos credores cessionários em relação a outros bens de que seja titular, pelo que dificilmente aceitará acordar a cessão.

Se os credores cessionários executarem os bens cedidos, esse acto não produz quaisquer efeitos[407], sendo nulo por força do artigo 294.º do CC. Como não podem executar os bens cedidos, deve entender-se que também lhes é vedado o requerimento de falência do devedor ou qualquer outro género de execução colectiva[408]. Acresce que os credores cessionários também não podem intentar uma acção pauliana contra o devedor relativamente aos bens cedidos, na medida em que os efeitos da impugnação pauliana, nos termos do artigo 616.º do CC, são os de permitir ao credor executar os bens objecto da transmissão para o terceiro.

Finalmente, no que diz respeito aos *credores cujo direito se constitui num momento posterior à cessão*, é necessário distinguir consoante o bem cedido seja ou não registável.

---

[405] Cf. PEDRO ROMANO MARTINEZ e PEDRO FUZETA DA PONTE, *Garantias de cumprimento*, ob. cit., p. 53.
[406] Cf. PIRES DE LIMA e ANTUNES VARELA, *Código Civil Anotado*, Volume II, ob. cit., p. 117.
[407] Cf. LUÍS MENEZES LEITÃO, *A cessão de bens aos credores*, ob. cit., p. 80.
[408] Cf. LUÍS MENEZES LEITÃO, *A cessão de bens aos credores*, ob. cit., p. 80.

Tratando-se de bem não sujeito a registo a cessão é sempre oponível aos credores posteriores, o que significa que estes não podem penhorar os bens cedidos.

Por exemplo, suponha-se que em 01/01/2007, A, devedor, cedeu a B, credor, um computador, com vista a que o credor procedesse à sua venda afim de, com os resultados obtidos, ressarcir o seu direito de crédito. Entretanto, em 05/01/2007 A comprou a C um automóvel, ficando a dever-lhe metade do preço, correspondente a 500.000 FCFA. Não tendo cumprido a obrigação de pagamento do preço, C intentou uma acção executiva (supondo que tem um título executivo) e nomeou à penhora o computador. Neste caso, o credor B pode invocar a cessão do bem que lhe foi feita, com vista a obstar à penhora daquele bem. Tal oponibilidade justifica-se na medida em que, no caso dos bens não sujeitos a registo, a cessão é sempre eficaz perante os credores posteriores, impedindo-os de agir judicialmente sobre tais bens.

Diversamente, se os bens cedidos forem bens registáveis, para que a cessão produza efeitos perante terceiros tem que se proceder ao respectivo registo. Se a cessão for registada, ela é oponível aos credores cujos créditos se tenham constituído posteriormente nos termos do n.º 2 do artigo 832.º do CC. A oponibilidade da cessão implica que os credores posteriores não podem executar nem penhorar o bem cedido anteriormente à constituição dos seus créditos. Inversamente, se não tiver sido registada a cessão, o incumprimento deste ónus legitima aos credores posteriores a execução dos bens cedidos. Com efeito, se houvesse registo eles poderiam saber que sobre o bem incidia o ónus da cessão de bens aos credores. Contudo, não tendo sido registada a cessão, esta não os pode atingir, como terceiros que são em relação ao negócio (cf. artigo 406.º, n.º 2, do CC).

A possibilidade de invocar a cessão contra os credores posteriores, no caso de incidir sobre bens móveis não sujeitos a registo ou no caso de incidir sobre bens registáveis e ter sido registada, não implica para os credores cessionários a constituição de uma preferência de pagamento. Neste sentido, não existe nenhuma incompatibilidade entre o regime instituído para a cessão de bens aos credores no Código Civil e o regime das garantias especiais do AUG. Tal oponibilidade perante os credores posteriores decorre simplesmente do funcionamento das regras do registo e da consequente eficácia *erga omnes* que por essa via é atribuída ao contrato de cessão de bens aos credores.

Portanto, a oponibilidade da cessão releva apenas para saber se os credores podem ou não executar os bens cedidos pelo devedor; porém, relativamente aos bens cedidos, os credores cessionários não gozem de nenhuma preferência de pagamento, sendo meros credores comuns ou quirografários.

Acresce que os credores cujo direito seja posterior à cessão, quando não possam executar os bens objecto da cessão porque esta lhes é oponível, podem sempre executar quaisquer outros bens do devedor que não sejam objecto de nenhuma cessão anterior à constituição do seu direito. Para além disso, os credores posteriores à cessão podem também requerer a falência do devedor, muito embora esta situação implique uma colisão com a cessão de bens aos credores, pois leva a que os bens cedidos sejam apreendidos para a massa falida.

Não obstante, a principal vantagem da cessão reside precisamente na possibilidade da sua invocação perante os credores posteriores, e, especialmente, quando não haja credores anteriores ao acordo, na medida em que nesse caso os credores cessionários asseguram que o bem cedido não será executado pelos credores posteriores, a menos que seja requerida a falência do devedor. Com efeito, nos termos do artigo 75.º do Acto Uniforme para a Organização dos Processos Colectivos de Apuramento do Passivo, *"A decisão de abertura do processo suspende ou impede todas as acções individuais para reconhecimento de direitos e de créditos bem como todas as acções executivas para obtenção de pagamento, intentadas pelos credores que compõem a massa, sobre os bens móveis ou imóveis do devedor."*. Apesar de a norma se dirigir, aparentemente, apenas à suspensão das acções executivas, deve entender-se que ela abrange de igual modo a cessão de bens aos credores, que, como é sabido, é outro modo de efectivação da responsabilidade patrimonial do devedor, paralelo à própria acção executiva. Assim, os bens do devedor são chamados, em bloco, ao processo colectivo de apuramento do passivo, pelo que os credores cessionários ficam impedidos de os liquidar e sujeitam-se ao que decorrer daquele processo.

Observando o regime estatuído no art. 833.º do CC, pode concluir-se que a cessão de bens aos credores não tem, actualmente, grande relevo prático. A razão de ser para esta situação reside no facto de o art. 833.º não obstar a que outros credores instaurem acções executivas contra o devedor, o qual acaba por continuar sujeito à exposição pública[409]. Para além disso, a cessão nem sequer obsta a que o próprio credor cessionário intente contra o devedor cedente uma acção executiva e nela nomeie à

---

[409] Cf. Luís MENEZES LEITÃO, *A cessão de bens aos credores*, ob. cit., p. 98.

penhora outros bens do devedor, que não os bens cedidos. Com efeito, a limitação do art. 833.º do CC restringe-se aos bens cedidos, mas nada impede os credores cessionários de executar outros bens do devedor, que, deste modo, deixa de ter interesse em acordar a cessão. Embora inspirado pelo Código Civil Italiano, não foi transcrita para o Código Civil de 1966 a norma que naquele diploma legal veda a execução do devedor pelos credores cessionários[410]. Ora, dificilmente o devedor aceitará ceder os bens ao credor sabendo que ele continuará a poder executar o seu património. Com efeito, o interesse que o devedor pode ter na cessão é o de evitar a exposição pública decorrente da execução judicial dos seus bens, interesse esse que não é tutelado pelo art. 833.º do CC, ao permitir que os credores cessionários executem os bens do devedor que não tenham sido objecto de cessão. Assim sendo, serão muito raros os casos de cessão de bens aos credores, acabando a figura por ter uma reduzida aplicação prática, pelo que a utilidade que dela poderia resultar acaba por ser pouco significativa.

3.3.5. Poderes dos credores cessionários e do devedor

Importa agora averiguar quais os poderes dos credores cessionários e do devedor cedente relativamente aos bens cedidos. Nos termos do n.º 1 do art. 834.º, enquanto se mantiver a cessão o devedor cedente continua a ser o titular do direito sobre os bens cedidos, mas, por efeito da cessão, os poderes de administração e disposição sobre eles são transferidos para os credores. O devedor tem apenas o direito de fiscalizar a gestão levada a cabo pelos credores e o direito à prestação de contas, uma vez terminada a liquidação dos bens, ou à prestação anual de contas, no caso de a cessão durar mais do que um ano.

Assim sendo, os bens cedidos continuam na titularidade do devedor, ou seja, a cessão não transfere a titularidade do direito do devedor para o credor. Não se trata, pois, de um negócio jurídico de alienação. No entanto, muito embora o devedor continue a ser o titular dos bens, os poderes de administração e de disposição (cf. artigo 1305.º do CC) são transferidos, por força da cessão, para os credores cessionários. Esta transferência é necessária precisamente porque os bens continuam na

---

[410] Seguimos, neste ponto, Luís MENEZES LEITÃO, *A cessão de bens aos credores*, ob. cit., pp. 98 e seguintes.

esfera jurídica do devedor e há necessidade de impedir que este, violando a cessão, os transmita a outrem.

Contudo, os credores ficam na posição de simples detentores ou detentores precários, não exercendo a posse dos bens cedidos em nome próprio. Segundo o STJ Português, no seu Acórdão de 30/11/82[411], os credores apenas têm os poderes necessários para alienar os bens, com vista a poderem cumprir a sua missão. Acresce que, por não serem possuidores em nome próprio, não gozam da protecção conferida em termos possessórios pelo Código Civil.

Os actos de disposição praticados pelo devedor em relação aos bens cedidos são considerados inválidos, precisamente porque este carece de legitimidade para os realizar – cf. art. 294.º do CC. Segundo Luís Menezes Leitão, a tais actos deve aplicar-se, por analogia, o regime jurídico da venda de bens alheios (cf. artigos 892.º e seguintes do CC)[412], de modo que o credor poderá invocar a nulidade decorrente deste acto, nos termos gerais – cf. artigo 605.º do CC.

Pela nossa parte, concordamos com este entendimento. O regime da venda de bens alheios não pode ser aplicado directamente, na medida em que aqui temos uma situação particular de alguém (devedor cedente) que é titular do direito sobre o bem, mas não tem legitimidade, nem directa, nem indirecta, para alienar esse mesmo bem. A inexistência de legitimidade decorre do próprio n.º 1 do art. 834.º, que transfere essa legitimidade, em exclusivo, para o credor cessionário. Portanto, este regime deve ser aplicado por analogia.

Importa também analisar a posição do credor cessionário no contexto do contrato de mandato. Nos termos do art. 1157.º do CC, o mandatário assume a obrigação de praticar um acto jurídico por conta do devedor, pelo que, no caso em apreço, os credores cessionários assumem a obrigação de proceder à liquidação do património do mandante. Isto significa que devem alienar esses bens a título oneroso, nos termos da *alínea a)* do art. 1161.º, não tendo legitimidade para os alienar a outro título, designadamente a título gratuito. O credor tem somente a possibilidade de vender os bens, devendo fazê-lo com a diligência de um bom pai de família e em consonância com o Princípio da boa fé, o que implica que deve actuar de acordo com as regras de lealdade e correcção vigentes na Ordem Jurídica Guineense[413].

---

[411] Disponível em www.dgsi.pt.
[412] Cf. Luís MENEZES LEITÃO, *A cessão de bens aos credores*, ob. cit., p. 83.
[413] Apesar de o art. 1161.º não determinar expressamente a obrigação de o mandatário proceder conforme à boa fé e com a diligência de um bom pai de família, a doutrina retira

Nestes termos, se a actuação do credor violar algum destes deveres, ou se ele praticar actos não compreendidos no mandato, por exemplo, doando os bens do mandante em vez de os vender, o devedor poderá reagir com base no regime geral do mandato estabelecido nos artigos 1157.º e seguintes do CC.

3.3.6. *Exoneração do devedor*

O art. 835.º do CC parece confirmar a existência de uma relação de mandato entre o devedor e o credor cessionário, cujo objecto será a obrigação de o credor proceder à liquidação do património do devedor. Nos termos do art. 1157.º, o mandato é o contrato pelo qual o mandante encarrega o mandatário da prática de um ou mais actos jurídicos, por sua conta. Aplicando este conceito à cessão de bens aos credores, o devedor cedente assume a qualidade de mandante que encarrega os credores cessionários, mandatários, da venda de um ou mais dos seus bens, por sua conta.

Na relação de mandato verifica-se a compensação entre o direito de crédito do credor cessionário e a obrigação que este, na qualidade de mandatário, tem de entregar ao mandante (devedor cedente) as quantias recebidas na execução do mandato – cf. artigo 1161.º, *alínea e*), do CC. Curiosamente, porém, esta compensação não obedece ao regime comum dos artigos 847.º e seguintes, uma vez que parece produzir-se automaticamente e não mediante declaração. Com efeito, segundo o n.º 1 do art. 848.º, a compensação só se torna efectiva quando uma das partes a declare à outra parte, mas, no caso do art. 835.º, não parece ser necessária a emissão desta declaração de compensação, funcionando automaticamente como modo de ressarcir o credor. Isto significa que no momento em que o credor receba do terceiro o valor da alienação dos bens do devedor ele pode, automaticamente, compensar com essas quantias o seu direito de crédito, sem ser preciso declarar tal compensação ao devedor.

Caso as partes, no âmbito da sua autonomia privada, afastem o disposto no art. 835.º e estabeleçam que a obrigação do devedor se extingue com a entrega dos bens aos credores cessionários, tal significa que não teremos uma cessão de bens aos credores mas antes um outro negócio,

---

estes deveres do regime geral das obrigações disposto nos artigos 762.º, n.º 2, e 487.º, n.º 2, do CC, respectivamente.

que será, em princípio, uma dação em cumprimento[414]. Contrariamente ao que se verifica na dação, na cessão de bens aos credores o devedor não se exonera logo no momento em que cede os bens, mas somente quando o credor obtém o ressarcimento efectivo do seu crédito com o produto da venda dos bens cedidos.

Se o ressarcimento for total, a obrigação extingue-se. Isto acontecerá quando o montante recebido do terceiro adquirente dos bens do devedor for suficiente para cobrir os direitos de crédito dos credores cessionários. Tratando-se de pagamento meramente parcial, mantém-se a obrigação do devedor cedente na parte que não for satisfeito o correspondente direito de crédito. Se depois de ressarcido o credor ainda sobrar alguma coisa do produto da venda, o remanescente deve ser entregue ao devedor, o que denota mais uma diferença em face do regime da dação em cumprimento.

Por exemplo, supondo que A cede a B, a quem deve um milhão XOF, o seu computador, com vista a que B proceda à respectiva venda e com o produto da venda possa ressarcir o seu direito de crédito. Admitindo que B vende o computador por exactamente um milhão XOF, a compensação é total, na medida em que se extingue totalmente a obrigação de A, devedor, pagar a B, credor, um milhão XOF, extinguindo-se igualmente a obrigação de B, credor mandatário, entregar a A, devedor mandante, os resultados da execução do mandato nos termos do art. 1161.º, *alínea e*), do CC. Por outro lado, supondo que B vende o computador por 800.000 XOF, a compensação é parcial, pois extingue-se a obrigação de B entregar a A os resultados da execução do mandato, mas mantém-se, parcialmente, a obrigação de A pagar a B um milhão XOF. Neste caso, esta obrigação é reduzida, por compensação, para 200.000 XOF. Supondo que B vende o computador por 1.200.000 XOF, a compensação é também parcial, na medida em que se extingue totalmente a obrigação de A pagar a B um milhão XOF, mas mantém-se, parcialmente, a obrigação de B, como mandatário, entregar a A, mandante, os resultados da execução do mandato. Neste caso, esta obrigação é de entregar os 200.000 XOF remanescentes.

Havendo vários credores cessionários, a distribuição do preço da venda por todos eles deve ser feita proporcionalmente, salvo se outra coisa tiver sido convencionada ou se algum dos credores cessionários for preferencial[415]. Era este o entendimento de Vaz Serra que aparentemente

---

[414] Cf. PIRES DE LIMA e ANTUNES VARELA, *Código Civil Anotado*, Volume II, ob. cit., pp. 118 e 119.

[415] Cf. PIRES DE LIMA e ANTUNES VARELA, *Código Civil Anotado*, Volume II, ob. cit., p. 118.

foi mantido no Código Civil, na medida em que, mesmo que os credores preferenciais aceitem entrar na cessão, isso não significa que estejam a abdicar da preferência de pagamento constituída a seu favor. Portanto, no momento em que o produto da venda for distribuído pelos credores, vamos atender à sua posição de credor comum ou especial, nos termos gerais definidos pelo AUG, uma vez que nesta sede o regime do Código Civil foi revogado pelos artigos 148.º e 149.º do Acto Uniforme.

3.4. Extinção da cessão de bens aos credores

A cessão de bens aos credores, sendo caracterizada como um contrato, extingue-se pelos mesmos modos que qualquer outro contrato, designadamente, por meio de revogação (cf. art. 406.º, n.º 1, do CC) e de caducidade (quando as partes tenham fixado um termo final ou uma condição resolutiva). Segundo Luís Menezes Leitão, qualificando a cessão como um mandato, são igualmente aplicáveis os modos próprios de cessação deste contrato, embora com as particularidades estabelecidas no regime da cessão[416]. Assim, entende este autor que se aplica o regime da caducidade do mandato, assim como a possibilidade de resolução do mandato por justa causa, nos termos do n.º 2 do art. 1170.º.

Para além disso, a cessão pode também extinguir-se quando um credor anterior a ela nomear à penhora os bens cedidos, nos termos do artigo 833.º, pois, neste caso, a cessão não lhe é oponível.

A cessão extingue-se ainda por efeito da declaração de falência. A mera abertura do processo colectivo suspende a possibilidade de os credores cessionários liquidarem os bens cedidos.

Acresce que a cessão pressupõe a existência de uma obrigação do devedor cedente para com o credor cessionário, donde, extinguindo-se esta obrigação por qualquer meio, se extingue igualmente a cessão. Há um traço de acessoriedade, típico das garantias, que caracteriza igualmente a cessão. Poderia dizer-se que, em caso de extinção da obrigação, a cessão caduca por facto superveniente, por ser pressuposto desta figura que exista uma dívida entre o cedente e o cessionário. A cessão encontra-se assim como que sujeita a uma condição resolutiva tácita, nos termos da qual se o devedor cumprir a sua obrigação perante o credor cessionário a cessão se extingue por caducidade.

---

[416] Cf. Luís MENEZES LEITÃO, *A cessão de bens aos credores*, ob. cit., p. 84.

A cessão de bens aos credores também se apaga com o cumprimento do encargo por parte dos credores, isto é, quando estes liquidam os bens cedidos e satisfazem os respectivos direitos de crédito.

Finalmente, de acordo com o artigo 836.º, há ainda uma causa específica de extinção da cessão, que é a desistência do devedor. Apesar de ser constituída mediante contrato, a cessão pode cessar, unilateralmente, por vontade apenas do devedor cedente, que, a todo o momento, pode desistir dela. Trata-se de um direito potestativo que é atribuído ao devedor, pelo que à partida este nem sequer ficará obrigado a indemnizar o credor cessionário pela sua desistência, no caso de isso trazer danos ao credor. Porém, o exercício deste direito depende do preenchimento duma condição essencial: é que o devedor só pode desistir da cessão se, ao mesmo tempo, cumprir a obrigação que o liga ao credor cessionário. Neste caso, a extinção da cessão já decorreria do próprio regime geral dado que, como se disse, uma vez cumprida a obrigação existente entre o cedente e o cessionário, a cessão deixa de fazer sentido e caduca por facto superveniente ou por verificação de condição resolutiva tácita.

Acresce que, nos termos do n.º 2 do artigo 836.º, a desistência só vale para o futuro, não possuindo nunca eficácia retroactiva. Isto significa que, se os credores já tiverem liquidado os bens cedidos, o devedor não pode desistir. Este direito só pode ser exercido se e enquanto o credor não executar a cessão. Por outro lado, como só há eficácia para o futuro, os actos de administração e de disposição que os credores cessionários tenham efectuado antes da desistência são plenamente válidos e eficazes. A continuidade da sua vigência depende, porém, do tipo de acto em causa.

3.5. Natureza jurídica

Existem várias teses sobre a natureza jurídica da cessão de bens aos credores[417]. Enquanto uns propendem para considerar que a cessão tem natureza adjectiva ou processual, outros adoptam a qualificação feita no Código Civil, admitindo que se trata efectivamente duma figura de Direito substantivo.

Para os defensores da primeira tese, alguns sustentam que se trata duma espécie de concordata extrajudicial celebrada entre o devedor e os

---

[417] Seguimos, neste ponto, Luís MENEZES LEITÃO, *A cessão de bens aos credores*, ob. cit., pp. 39 e seguintes.

credores, na medida em que os bens são entregues aos credores para efeitos de liquidação. Mas sempre se dirá, contra este entendimento, que a concordata implica o acordo de todos os credores, pressupondo ainda a insuficiência dos bens para ressarcir todos os créditos, enquanto na cessão pode somente intervir um ou alguns credores e não se verifica, necessariamente, uma situação de insuficiência do património do devedor.

Outra possibilidade consiste em recorrer à ideia de arresto convencional, considerando que a cessão seria uma espécie de providência cautelar levada a cabo pelas próprias partes, sem necessidade de intervenção do tribunal. Através da cessão os credores assegurar-se-iam de que os bens não seriam dissipados pelo devedor. Em relação a este entendimento, não se nega que a cessão permita ao credor impedir a dissipação do bem pelo devedor, mas, por outro lado, afigura-se que a cessão é bem mais do que isso, pois para além de o devedor não poder dispor validamente do seu direito sobre o bem cedido, o próprio credor pode alienar este direito e ressarcir directamente o seu crédito. Ora, este efeito não decorre do arresto, mas decorre da cessão, donde não se poder inserir esta figura naquela outra.

Segundo Luís Menezes Leitão, no regime jurídico do Código Civil, a cessão de bens aos credores não possui um cariz processual[418] mas sim um carácter substantivo, que resulta da configuração legal como um contrato entre devedor e credor. Julgamos também que é esta a melhor orientação. No entanto, mesmo entre os defensores da natureza substantiva existe divisão quanto à caracterização da cessão.

Há quem considere que a cessão deve ser reconduzida à dação em cumprimento ou à dação *pro solvendo*. O problema é que, relativamente à dação em cumprimento, o art. 835.º do CC parece vedar esta reconduçao ao determinar que a dívida não se considera cumprida no momento do acordo de cessão dos bens aos credores, como resultaria da aplicação do art. 837.º do CC, mas apenas quando tais bens forem efectivamente vendidos e o produto da venda for suficiente para a satisfação dos credores. Portanto, não se verifica a substituição duma prestação por outra prestação (entrega dos bens aos credores), não ocorrendo a liberação imediata do devedor com a entrega dos bens, além de que nem sequer se transmite para os credores o direito sobre estes[419].

---

[418] Cf. Luís Menezes Leitão, *A cessão de bens aos credores*, ob. cit., pp. 44 e seguintes.

[419] Cf. Luís Menezes Leitão, *A cessão de bens aos credores*, ob. cit., p. 45.

Em contrapartida, há alguma afinidade entre a cessão e a dação *pro solvendo*, na medida em que também aqui a obrigação fica como que "em suspenso", à espera de saber o que vai acontecer com o que foi entregue ao credor e também aqui o credor deve desenvolver certa actividade com vista a obter o ressarcimento do seu crédito. Contudo, segundo Luís Menezes Leitão, há características da cessão que não se verificam na dação, designadamente:

1) Nos termos do artigo 834.º, o devedor cedente deixa de poder dispor dos bens cedidos, o que não sucede na dação *pro solvendo*;
2) O artigo 833.º admite a possibilidade de invocar a cessão registada em relação aos credores posteriores, o que também não acontece na dação *pro solvendo*.

Neste sentido, pode dizer-se que a dação *pro solvendo* e a cessão de bens aos credores são figuras afins, duas espécies do mesmo género, já que em ambas se verifica um mandato de interesse comum ao credor (mandatário) e ao devedor (mandante). Mas, sendo embora idênticas quanto aos seus efeitos, seguem regimes jurídicos diferentes.

Dentro da corrente substantiva, alguns autores consideram que a cessão não transmite para o credor o direito sobre os bens mas transmite as faculdades de administração e de disposição – cf. artigo 1305.º do CC. Luís Menezes Leitão discorda[420], lembrando que, na verdade, os credores não têm meramente uma faculdade, pois, à luz do disposto no art. 831.º, eles assumem uma efectiva obrigação de liquidar o património do devedor. Neste sentido, a cessão parece aproximar-se mais do contrato de mandato. O que está em causa na cessão não é tanto uma posição jurídica activa, mas antes uma posição jurídica passiva em que os credores se colocam.

Por isso, a tese maioritária é a que subscreve o entendimento de Betti, para quem tanto a dação *pro solvendo*, como a cessão de bens aos credores, podem ser configuradas como mandatos de interesse comum. O regime jurídico da cessão é extremamente semelhante ao regime do mandato, destacando-se desde logo o próprio conceito deste contrato, uma vez que na cessão o devedor contrata com o credor para que este pratique, por sua conta, determinados actos jurídicos, nomeadamente, a liquidação do seu património (cf. art. 831.º do CC). Por outro lado, o credor cessionário não adquire o direito a liquidar o património do devedor, mas antes

---

[420] Cf. Luís Menezes Leitão, *A cessão de bens aos credores*, ob. cit., p. 50.

o encargo de o fazer. Nesta ordem de ideias, o devedor mandante tem o direito de exigir o cumprimento desta obrigação ao credor mandatário, o que implica para este último uma situação jurídica passiva e não activa, como se poderia pensar à primeira vista.

Este será sempre um mandato de interesse comum, dado que o credor mandatário tem interesse na execução do mandato, visto que com o produto da venda dos bens pode ressarcir o seu crédito sobre o mandante.

A favor da caracterização como mandato invoca-se também o facto de o direito sobre o bem cedido não se transmitir para o credor (cf. art. 834.º, n.º 1), o que vai de encontro com o regime do mandato sem representação. Assim, o credor aliena os bens do devedor por conta deste, mas no seu próprio nome, uma vez que não goza de poderes de representação. Nada obsta, porém, a que as partes acordem a concessão de poderes de representação ao credor, e, nestes termos, passará a haver uma cessão de bens aos credores com procuração.

O devedor mandante pode exigir ao credor mandatário a prestação de contas (cf. art. 834.º, n.º 2), o que também aproxima a cessão do mandato, que igualmente estabelece esta obrigação na *alínea d)* do art. 1161.º.

O credor mandatário tem a obrigação de entregar ao devedor mandante os resultados da execução do mandato, obrigação esta que se extingue mediante compensação, nos termos do artigo 835.º, e que se aproxima da obrigação do mandatário estabelecida na *alínea e)* do art. 1161.º.

Todos estes factores conduzem à qualificação da cessão como mandato, mas, a ser assim, surgem alguns problemas derivados de certos pontos do regime jurídico delineado para a cessão, os quais contrariam regras do mandato. Assim, embora se admita um mandato no interesse comum do mandante e do mandatário, ou mesmo no interesse de terceiro, o certo é que, em qualquer das hipóteses, o interesse principal deveria ser o do próprio mandante. No caso da cessão, contudo, parece que o principal interessado é o credor, ou seja, o mandatário[421]. Para além disso, o n.º 1 do art. 834.º determina que o devedor deixa de poder dispor dos bens cedidos, o que não sucede no mandato, onde o mandante continua a poder alienar o direito sobre a coisa, mesmo tendo conferido mandato a alguém para esse efeito.

---

[421] Cf. Luís MENEZES LEITÃO, *A cessão de bens aos credores*, ob. cit., p. 51.

Em terceiro lugar, nos termos do art. 836.º, o devedor não pode desistir da cessão a menos que cumpra as obrigações a que está adstrito perante os credores cessionários. Ora, este regime contraria a liberdade de revogação do mandato consagrada no n.º 1 do artigo 1170.º. Mesmo tratando-se de mandato de interesse comum, deveria ser aplicável o n.º 2 do art. 1170.º, donde resultaria que o mandante poderia resolver o contrato se tivesse justa causa. No entanto, no caso da cessão é discutível que, mesmo havendo justa causa, o devedor mandante possa extinguir unilateralmente a cessão mediante resolução. Neste caso, poderia dizer-se que o devedor mandante só poderia extinguir a cessão através do cumprimento das suas obrigações perante os credores cessionários, com base no regime do art. 836.º.

Pela nossa parte, contudo, propendemos para aplicar subsidiariamente o regime do n.º 2 do art. 1170.º, admitindo ao devedor mandante a resolução com justa causa (cf. também o art. 801.º, n.º 2, do CC). Pense-se, por exemplo, no caso em que o credor doou um bem que o devedor lhe cedeu, em vez de o vender, conforme resultava do mandato resultante da cessão. Nesta hipótese, o credor mandatário não cumpriu a obrigação imposta pela *alínea a)* do art. 1161.º, pelo que o devedor mandante tem mais do que razoes para resolver o contrato com justa causa. Não faz sentido que num caso destes o devedor só possa extinguir a cessão por desistência ao abrigo do art. 836.º, ficando à mercê dos actos do credor cessionário.

Apesar dos obstáculos acima referidos contra a caracterização como mandato, segundo Luís Menezes Leitão[422] a cessão de bens aos credores é um meio de efectivação da garantia geral das obrigações que se traduz num contrato de mandato sem representação e no interesse comum das partes, muito embora o interesse prevalente possa ser o do mandatário, porque o regime do mandato não o impede, e apesar de o mandante não poder livremente revogá-lo. Do mesmo modo, também Pires de Lima e Antunes Varela consideram que o regime legal da cessão de bens aos credores se aproxima do contrato de mandato[423], ainda que se trate de um mandato que, segundo estes autores, apresenta especialidades derivadas da função particular da cessão, que é a efectivação da responsabilidade patrimonial do devedor.

---

[422] Cf. Luís Menezes Leitão, *A cessão de bens aos credores*, ob. cit., pp. 60 e seguintes.
[423] Cf. Pires de Lima e Antunes Varela, *Código Civil Anotado*, Volume II, ob. cit., p. 116.

Pela nossa parte, parece-nos também que esta é a melhor posição, isto é, a de considerar que o mandato é um tipo contratual geral, sendo a cessão de bens aos credores uma das suas espécies. Essa especialidade implica que certos aspectos do regime jurídico da cessão contrariem o regime geral do mandato, de forma a que seja possível prosseguir as finalidades próprias da cessão. Neste sentido, justifica-se que, contrariamente ao que sucede no mandato, o devedor cedente deixe de poder dispor dos bens cedidos, na medida em que se assim não fosse o credor ficaria sujeito a que o devedor se pudesse aproveitar da cessão para o impedir de executar os bens cedidos, podendo depois o próprio devedor aliená-los a terceiro sem que o credor tivesse modo de reagir. Por outro lado, o regime do art. 836.º também se explica na óptica da função da cessão, pois, a não ser assim, não se poderia caracterizar esta figura como uma alternativa à acção executiva. Contudo, em todos os aspectos em que o regime da cessão seja omisso, julgamos que são aplicáveis as regras constantes dos artigos 1157.º e seguintes, precisamente porque a cessão é uma modalidade especial de mandato, donde, não havendo regime especial, será de aplicar o disposto no regime geral.

Por fim, alguns autores consideram que, em certa medida, a cessão consiste numa garantia especial das obrigações, uma vez que reforça a posição dos credores cessionários. Estamos, mais uma vez, perante um conceito amplo de garantia, na medida em que se trata de algo que acresce à garantia geral constituída pelo património do devedor nos termos do art. 601.º do CC. Acontece que, caso se qualifique a cessão como garantia especial, isso implica a conciliação entre o seu regime jurídico e o AUG.

Pensamos, porém, que este entendimento é excessivo e atende a um conceito demasiado amplo de garantia especial, que não coincide com o conceito de garantia especial decorrente do AUG[424]. A cessão de bens aos credores, por não caber no âmbito de aplicação delineado pelos artigos 1.º e 2.º do AUG, deve considerar-se plenamente em vigor. No caso da cessão temos um acordo – negócio jurídico bilateral – mediante o qual as partes assumem, reciprocamente, obrigações. Pelo menos esse efeito deve permanecer intacto, pois, em termos de autonomia privada, continua a vigorar o art. 405.º do CC.

---

[424] Isto, sem prejuízo de se considerar que o conceito de garantia especial carece de uma "revolução", isto é, que não pode continuar aprisionado na bipolaridade entre garantia pessoal e garantia real.

4. OUTROS ACORDOS

O credor e o devedor podem convencionar outros acordos, correspondentes a negócios jurídicos típicos ou atípicos, com vista a facilitar o pagamento das dívidas.

Encontra-se neste âmbito a dação em cumprimento, prevista nos artigos 837.º e seguintes do CC, que também visa facilitar o cumprimento da dívida na medida em que consiste na substituição da prestação originariamente devida por uma prestação diversa. Neste caso, o devedor, por não estar em condições de efectuar a prestação a que inicialmente se obrigou, propõe ao credor a substituição desta por uma outra, que ele pode realizar. A entrega de coisa diversa da devida libera automaticamente o devedor da prestação a que estava obrigado, extinguindo a obrigação originária.

A dação *pro solvendo*, consagrada no art. 840.º do CC, é também um acordo que facilita o cumprimento, e que é análogo à cessão de bens aos credores. Aqui o devedor realiza uma prestação diversa da devida e o credor procura obter, através desta prestação, o valor da prestação devida. Todavia, a obrigação só se extingue na medida em que o credor obtenha, efectivamente, o ressarcimento do seu crédito.

Igualmente a novação, prevista nos artigos 857.º e seguintes do CC, permite facilitar o cumprimento, pois através dela o devedor e o credor acordam em extinguir a obrigação e constituir uma nova obrigação, em substituição da primeira. Por meio da novação tanto pode ser substituído o credor como o devedor (novação subjectiva), como ainda a própria obrigação por uma obrigação diversa (novação objectiva).

Finalmente, também a assunção de dívida, constante dos artigos 595.º e seguintes do CC, constitui um modo de facilitação do cumprimento nas situações em que o devedor não esteja em condições de efectuar a prestação, permitindo-se a um terceiro assumir a dívida deste, em regime de assunção liberatória ou cumulativa, por acordo ou com o consentimento do credor.

Para além destas figuras, é legítimo às partes a celebração de negócios jurídicos atípicos, nos termos do Princípio da autonomia privada (cf. art. 405.º do CC), por via dos quais procedam à facilitação do cumprimento duma obrigação.

CAPÍTULO V
GARANTIAS APARENTES

1. NOÇÃO

As garantias aparentes são situações em que o devedor apresenta ao credor um reforço da garantia geral, sem que tal constitua, em bom rigor, uma verdadeira garantia especial no sentido do reforço quantitativo ou qualitativo do crédito. Trata-se de negócios jurídicos que fortalecem, de uma maneira ou de outra, a garantia geral, sem que cheguem ao ponto de criar a favor do credor uma garantia pessoal ou uma garantia real. Sendo meros negócios jurídicos, típicos ou atípicos, não podem ser invocados contra os restantes credores, na medida em que a sua eficácia é apenas *inter partes* – cf. art. 406.º, n.º 2, do CC.

Veremos de seguida algumas destas figuras.

2. CARTA DE CONFORTO, DE PATROCÍNIO OU DE INTENÇÕES

2.1. Noção

A carta de conforto é uma carta que normalmente é subscrita por um terceiro que mantém uma relação especial com o devedor, na qual o terceiro reforça moralmente a perspectiva de que o credor será ressarcido do seu crédito. Trata-se duma mera declaração que não é oponível *erga omnes* nem constitui preferência de pagamento para o credor confortado. Assim sendo, a carta de conforto visa, tal como o próprio nome anuncia, *confortar* o credor, isto é, dar-lhe alguma segurança de que outros confiam no cumprimento por parte do devedor.

Esta figura surgiu no Direito bancário, possuindo uma origem consuetudinária[425]. Como realça António Menezes Cordeiro, a figura é muito

---

[425] Cf. Pedro Romano Martinez e Pedro Fuzeta da Ponte, *Garantias de cumprimento*, ob. cit., p. 154.

antiga, remontando aos casos em que o pai escreve ao estabelecimento comercial para tranquilizar o seu proprietário relativamente às dívidas do filho[426]. Segundo este autor, no mundo da finança, a carta de conforto tem origem norte-americana, traduzindo, em larga medida, o fenómeno da internacionalização do Direito comercial[427].

Em regra, a carta de conforto surge no contexto dos grupos de empresas, em que é comum a sociedade mãe, com base na relação de domínio sobre a sociedade filha devedora, enviar uma carta de conforto a uma instituição bancária, assegurando que aquela será capaz de saldar a sua dívida. A finalidade da carta de conforto é o financiamento da sociedade filha, isto é, visa facilitar a obtenção de crédito por parte desta. Assim, a carta de conforto surgiu a propósito da criação de novas empresas no mercado, que ainda não tinham a sua reputação formada e por isso enfrentavam alguma dificuldade na obtenção de crédito. Quando tais empresas se inserem em grupos mais vastos é lógico que tal deva poder valer como garantia da futura solvabilidade e suscite maior confiança por parte da entidade bancária. Contudo, por outro lado, nem sempre há interesse da parte da sociedade que emite a carta de conforto em prestar uma garantia formal, ou pode até acontecer que a lei proíba essa prestação de garantias. Até porque, na maioria dos casos, a prestação formal da garantia vai originar encargos económicos acrescidos, designadamente a nível fiscal. Assim, a carta de garantia permite, de uma só vez, trazer alguma segurança acrescida ao credor, por saber que a empresa se integra dentro de determinado grupo reputado, e também assegurar a participação do grupo da empresa, sem que haja a constituição formal de uma garantia.

Não obstante, a carta de conforto pode também ser emitida por entidades bancárias, por outras empresas que não se encontrem em grupo, pelo próprio Estado, por exemplo, por meio do Governo, ou ainda por particulares (por exemplo, um pai em relação ao débito de um filho), assim como em muitas outras circunstâncias.

Acontece que, regra geral, o texto da carta de conforto é propositadamente ambíguo, o que suscita diversos problemas ao nível da sua interpretação, a qual obedece, necessariamente, ao disposto no art. 236.º do CC[428]. Por exemplo, é comum o emitente da carta declarar que conhece

---

[426] Cf. ANTÓNIO MENEZES CORDEIRO, *Das cartas de conforto no Direito Bancário*, Lisboa, LEX, 1993, p. 15.

[427] ANTÓNIO MENEZES CORDEIRO, *Das cartas de conforto...*, ob. cit., p. 16.

[428] Cf. PEDRO ROMANO MARTINEZ e PEDRO FUZETA DA PONTE, *Garantias de cumprimento*, ob. cit., p. 156.

e/ou aprova a concessão de crédito que o credor irá fazer a determinada pessoa, ou afirmar ter interesse em que o credor venha a conceder o crédito a certa pessoa. Pode ainda o emitente da carta declarar que tem influência sobre o devedor, ou que tem uma participação importante no capital social do devedor, com vista a fazer o credor confiar na capacidade de cumprimento deste. Por vezes, diz-se que se tem confiança plena na gestão dos administradores do devedor. Noutros casos, o confortante assegura a solvência do devedor, por exemplo, mediante a transferência de fundos para este sempre que tal se revele necessário.

O Código Civil Guineense não consagra a figura da carta de conforto em nenhum dos seus artigos. No entanto, a emissão desta carta é permitida nos termos gerais da autonomia privada, ao abrigo do art. 405.º do CC. Já em França, o Código Civil sofreu uma alteração com vista a acolher a figura da *lettre d'intention*, no âmbito do seu artigo 2322.º, cuja redacção é a seguinte[429]: *"La lettre d'intention est l'engagement de faire ou de ne pas faire ayant pour objet le soutien apporté à un débiteur dans l'exécution de son obligation envers son créancier."*. Assim, nos termos deste artigo, a carta de intenção ou de patrocínio consiste na obrigação de fazer ou de não fazer, que tenha por objecto o compromisso de um devedor na execução da sua obrigação para com o credor. O *Code* não contém, porém, nenhum regime jurídico específico para a carta, limitando-se a defini-la neste artigo, o que não deixa de constituir um avanço ao nível do reconhecimento legal da figura.

2.2. Caracterização

Embora seja emitida apenas pelo devedor ou por um terceiro, a carta de conforto não consubstancia um negócio jurídico unilateral, até porque, se assim fosse, seria discutível a possibilidade da sua emissão devido ao Princípio da tipicidade que a maioria da doutrina retira do art. 457.º[430].

---

[429] Disponível em http://www.legifrance.gouv.fr.
[430] Cf. João De Matos Antunes Varela, *Direito das obrigações*, Volume I, ob. cit., pp. 438 e seguintes; cf. Luís Manuel Teles de Menezes Leitão, *Direito das obrigações*, Volume I, ob. cit., p. 274; cf. Pedro Romano Martinez, *Direito das Obrigações. Programa 2004/2005. Apontamentos*, 2.ª edição, Lisboa, AAFDL, 2004, p. 43. A favor desta solução são invocados alguns argumentos, de entre os quais se destacam os principais: 1) princípio do contrato, pois para constituir uma obrigação é necessário o acordo do credor, não sendo suficiente a vontade do devedor; 2) irrazoabilidade da constituição da obrigação

O certo é que, apesar da designação de "carta", esta figura consiste num efectivo contrato, pressupondo por isso a existência de um acordo entre o emitente e o destinatário da carta, acordo este que até pode anteceder a própria emissão da carta. Não havendo um acordo prévio, quando o destinatário recebe a carta e se comporta em consonância com o seu conteúdo, a doutrina considera que se verifica a aceitação tácita deste acordo – cf. art. 217.º do CC[431].

Nesse sentido, apesar de ser apenas formalizada uma declaração de vontade, entende-se que se trata de um negócio jurídico bilateral, funcionando em pleno o Princípio da autonomia privada – cf. art. 405.º do CC.

2.3. Figuras afins

A carta de conforto não se confunde com os acordos de cavalheiros, na medida em que a carta possui jurisdicidade, o que não acontece naqueles acordos. Essa jurisdicidade é retirada pela doutrina do facto de ser emitida e destinada a entidades que actuam no mercado financeiro, e por ser com base na confiança suscitada por esta carta que é concedido o crédito. Neste sentido, a carta de conforto produz efeitos no mundo de Direito.

Por outro lado, também não pode haver confusão entre a carta de conforto e as garantias reais, que se caracterizam pelo facto de atribuírem ao credor beneficiário uma preferência de pagamento pelo produto da venda de certos bens, o que não sucede na carta de conforto. Quanto muito, da carta de conforto poderá retirar-se o dever de prestar, mas nada mais[432].

Finalmente, também a fiança se diferencia da carta de conforto. O fiador compromete-se expressamente, em sentido próprio, a assumir a responsabilidade por uma dívida de outrem. Ao invés, na carta de conforto a assunção da obrigação é mais ténue, dir-se-á mesmo propositadamente

---

quando o beneficiário ainda não deu o seu acordo ou quando tal é contrário à sua vontade; 3) perigo de proliferação de obrigações constituídas por vontade unilateral do devedor devido a precipitação ou decisão imponderada.

[431] Cf. PEDRO ROMANO MARTINEZ e PEDRO FUZETA DA PONTE, *Garantias de cumprimento*, ob. cit., p. 157.

[432] Cf. PEDRO ROMANO MARTINEZ e PEDRO FUZETA DA PONTE, *Garantias de cumprimento*, ob. cit., pp. 157 e seguintes.

ambígua. Daí que a carta de conforto seja incluída na chamada contratação mitigada, precisamente porque ainda se integra numa fase inicial de contratação e de vinculação. Para além disso, a fiança caracteriza-se pela sua acessoriedade a uma dívida garantida – a dívida principal – o que não acontece na carta de conforto.

2.4. Modalidades

A enumeração das modalidades da carta de garantia varia consoante os autores, mas adoptamos aqui a orientação que se nos afigura preferível. Assim, fala-se nas *cartas de conforto fraco*, em que há um nível de compromisso muito leve, daí que normalmente o texto da carta seja apenas uma simples informação, por exemplo, relativa à relação de grupo existente entre o emitente e o devedor, ou à intenção de lhe dar apoio financeiro, empenhando os seus esforços para que o devedor consiga pagar.

Neste primeiro caso, Pedro Romano Martinez e Pedro Fuzeta da Ponte referem a existência de um mero compromisso moral, pois é muito difícil assacar qualquer tipo de responsabilidade ao emitente[433].

Em segundo lugar, existem as *cartas de conforto forte*, onde já se verifica um nível de compromisso acrescido, em que, de certo modo, o emitente se vincula a uma obrigação de meios ou de resultado, isto é, obriga-se a empenhar esforços com vista a que o destinatário da carta seja ressarcido. Também pode o emitente obrigar-se a uma actuação concreta, como por exemplo a manter o devedor em condições de poder pagar.

Aqui, como há vinculação do emitente, em caso de incumprimento, o destinatário da carta pode accioná-lo nos termos da responsabilidade obrigacional (cf. artigos 798.º e seguintes do CC). Em todo o caso, tudo depende de saber se a obrigação assumida pelo emitente da carta é apenas de meios, ou efectivamente de resultado[434]. Tratando-se de obrigação de

---

[433] Cf. PEDRO ROMANO MARTINEZ e PEDRO FUZETA DA PONTE, *Garantias de cumprimento*, ob. cit., p. 162.

[434] É de notar que nem todos os autores aceitam esta classificação. Sobre este assunto, cf. LUÍS MANUEL TELES DE MENEZES LEITÃO, *Direito das Obrigações*, Volume I, ob. cit., p. 140; cf. ANTÓNIO MENEZES CORDEIRO, *Direito das Obrigações*, Volume I, ob. cit., pp. 358 e 359; cf. NUNO MANUEL PINTO OLIVEIRA, *Direito das obrigações*, Volume I – Conceito, estrutura e função das relações obrigacionais. Elementos das relações obrigacionais. Direitos de crédito e direitos reais, Coimbra, Almedina, 2005, p. 159.

meios, o credor terá de provar que o emitente da carta não empreendeu todos os esforços que estavam ao seu alcance com vista a obter o fim pretendido. Já no caso de ser uma obrigação de resultado, bastará ao credor demonstrar que o fim não foi alcançado, presumindo-se, então, a culpa do emitente da carta.

Por último, a carta de conforto pode esconder uma *fiança encapotada*, caso em que o emitente da carta de conforto se obriga, realmente, a pagar ao destinatário da carta, caso o devedor não o faça. A doutrina hesita em qualificar esta garantia como uma fiança encapotada, uma garantia autónoma, uma convenção *del credere* ou um reconhecimento de dívida[435]. Pode também acontecer que esteja em causa um mandato de crédito, nos termos do art. 629.º do CC. Já para aqueles que considerem tratar-se de fiança, deve tal fiança ser considerada nula quando não haja declaração expressa do fiador nesse sentido, isto quer ao abrigo do n.º 1 do art. 628.º do CC, quer ainda nos termos do § 1 do art. 4.º do AUG.

2.5. Acção contra o emitente da carta

O emitente da carta tem o dever de prestar informações verdadeiras. Todavia, de acordo com o n.º 1 do art. 485.º do CC, as simples informações não responsabilizam quem as dá, mesmo que tais informações sejam prestadas com negligência. Excepcionalmente, o n.º 2 deste preceito admite a responsabilização pela prestação de informações nas seguintes situações: 1) quando o agente tenha assumido a responsabilidade pelos danos; 2) quando haja o dever jurídico de dar a informação e o agente tenha procedido com negligência ou intenção de prejudicar; 3) quando o procedimento do agente constitua facto punível.

No caso em apreço, afigura-se que apenas pode ser chamada à colação a segunda situação, isto é, quando haja o dever jurídico de dar a informação e se tenha agido de forma negligente ou dolosa. Este dever de prestar informação pode ser retirado, no nosso entender, do Princípio geral da boa fé, particularmente do art. 227.º do CC, na medida em que a carta de conforto é condição da concessão de crédito a um terceiro. Nessa medida, o credor aceitou conceder o crédito porque confiou na informação que

---

[435] Cf. PEDRO ROMANO MARTINEZ e PEDRO FUZETA DA PONTE, *Garantias de cumprimento*, ob. cit., p. 163.

lhe foi concedida por alguém que estava em situação privilegiada para conhecer o devedor. Se, depois, se vier a saber que tal informação era falsa, o emitente da carta deve poder ser responsabilizado nos termos do art. 227.º. É claro que reconhecemos que o art. 227.º do CC impõe os deveres de lealdade, segurança e informação entre as próprias partes, no momento prévio à emissão das respectivas declarações negociais, não se aplicando, pelo menos à primeira vista, a actuações de terceiros. O princípio da boa fé é aplicável às próprias partes, sendo esse o seu núcleo básico. Não obstante, no caso da carta de conforto, o elemento que despoleta a negociação entre as partes é a declaração do terceiro, que faz com que o credor tenha confiança no negócio, pelo que, estando o terceiro ciente desse facto, faz sentido que se lhe apliquem as mesmas exigências de lealdade que se aplicam ao próprio devedor. Tal implicará, seguramente, um aumento da esfera de aplicação do princípio da boa fé, mas, considerando as consequências da emissão da carta de conforto, parece-nos que tal ampliação é plenamente justificável.

Entretanto, nas cartas de conforto forte o emitente é responsável no caso de não cumprir as obrigações a que se vinculou perante o destinatário, o que, como já se viu, varia consoante ele tenha assumido uma obrigação de meios ou uma obrigação de resultado.

Nas cartas de conforto de terceiro grau, o emitente responderá como garante, nos termos em que se vinculou, desde que se possa considerar que essa garantia foi constituída validamente.

3. CONTRATO-PROMESSA DE GARANTIAS ESPECIAIS

O Código Civil Guineense prevê o contrato-promessa como figura geral nos artigos 410.º e seguintes, contrariamente ao regime jurídico instituído no Código de Seabra, que apenas o permitia para o contrato de compra e venda[436]. Por conseguinte, é possível celebrar um contrato-promessa de garantias especiais, desde que se trate de garantias que possam ser constituídas mediante a celebração de um negócio jurídico, como no caso da fiança, da hipoteca, do penhor, etc. Assim, por hipótese,

---

[436] Pese embora a aparente limitação legal, a doutrina de então estendia este instituto à promessa de outros negócios jurídicos, com fundamento no princípio da autonomia privada.

A pode prometer a B que irá afiançar a dívida de C perante B. Neste caso, a promessa pode ainda ser monovinculante, consoante apenas A, promitente-fiador, fique vinculado, ou também B, promitente-credor[437].

Em regra, os contratos-promessa produzem meramente efeitos entre as partes, nos termos do n.º 2 do art. 406.º. No entanto, o art. 413.º admite a eficácia real de contratos-promessa por via dos quais se prometa a alienação de bens imóveis ou de móveis sujeitos a registo, ou a constituição de encargos sobre este tipo de bens. Por conseguinte, pode por exemplo ser atribuída eficácia real ao contrato-promessa de hipoteca, e, de acordo com o regime instituído pelo AUG, também ao contrato-promessa de penhor, na medida em que se trata da promessa de constituição de encargo sobre bens imóveis ou móveis sujeitos a registo. Neste caso, os promitentes acautelam a possibilidade de ser celebrado o negócio prometido com um terceiro.

Por exemplo, suponha-se que A prometeu a B e este prometeu àquele que iriam celebrar um contrato de hipoteca da casa de A, em garantia da dívida que C tem para com B. Depois disso, A hipotecou a referida casa a D. Neste caso, embora ainda seja possível hipotecar uma segunda vez, o promitente B tem interesse em que a sua hipoteca seja registada em primeiro lugar, na medida em que a hipoteca consubstancia uma garantia real, onde vigora o Princípio da prioridade temporal da constituição dos direitos. Caso contrário, primeiro será pago o crédito de D, e só depois o de B, se ainda restar algo do produto da venda da casa. Diferentemente, se as partes tiverem atribuído a eficácia real ao contrato-promessa de hipoteca, B pode invocar o seu direito registado e eficaz *erga omnes*, designadamente contra D, fazendo a sua hipoteca ter prioridade relativamente à deste.

---

[437] No Acórdão do Supremo Tribunal de Justiça Português de 18 de Dezembro de 1959, disponível em *Boletim do Ministério da Justiça*, N.º 92, p. 435, adoptou-se, contudo, uma solução algo controversa. Trata-se dum caso em que foi realizada uma escritura pública na qual os particulares constituíram, a favor do Banco, uma hipoteca que abrangia *"...o reembolso de quaisquer quantias pagas pelo Banco por motivo das duas empreitadas"*. Neste caso, o tribunal considerou que havia contrato-promessa de hipoteca, mas, um pouco contraditoriamente, entendeu que aquela escritura constituía título bastante para a acção executiva. Ora, afigura-se que não estaria em causa a simples promessa, mas já a constituição da hipoteca propriamente dita, como contrato definitivo, embora sujeita a uma condição. Nesta medida, o credor hipotecário só poderia accionar a garantia se tivesse de pagar alguma quantia derivada das duas empreitadas mencionadas. É, pois, criticável, a solução adoptada.

Resulta da própria natureza deste contrato-promessa que, em regra, não é prestado sinal. Em caso de incumprimento, apesar de não haver sinal, nada impede o promitente fiel de exercer o direito de resolução contratual, com direito à respectiva indemnização, nos termos do n.º 2 do art. 801.º do CC.

Em regra, nada obsta também à execução específica da promessa, o que constitui aliás um reforço dos direitos do credor[438]. Relembre-se que não existe nenhuma ligação entre a eficácia real do contrato-promessa e a susceptibilidade de requerer a execução específica, isto é, esta acção tanto pode ser solicitada no caso de contrato-promessa com eficácia meramente obrigacional como no de contrato-promessa com eficácia real. No entanto, como salienta Pedro Romano Martinez, a execução específica *"não prejudicará os direitos de outros credores"* que entretanto tenham registado uma hipoteca ou outra garantia real sobre os mesmos bens, pois, de acordo com o princípio da prioridade do registo, tais credores deverão ser pagos antes do promitente. Isto, naturalmente, a menos que ao contrato-promessa tenha sido atribuída a eficácia real, conforme resulta da análise que acima foi feita.

4. CLÁUSULA *NEGATIVE PLEDGE*

A cláusula *negative pledge*, também designada de garantia negativa, consiste na declaração do devedor ao credor no sentido de que não irá mais onerar o seu património[439]. O devedor, no âmbito da sua autonomia privada, compromete-se perante o credor ao não exercício desta autonomia, vinculando-se a não constituir garantias especiais sobre o seu património. Trata-se assim da constituição de uma obrigação de *non facere* por parte do devedor.

Na prática contratual, destacam-se as seguintes modalidades de *negative pledge*:

1) O devedor obriga-se a não constituir garantias sobre os seus bens a favor de outros credores;

---

[438] Cf. PEDRO ROMANO MARTINEZ e PEDRO FUZETA DA PONTE, *Garantias de cumprimento*, ob. cit., p. 63.

[439] Cf. PEDRO ROMANO MARTINEZ e PEDRO FUZETA DA PONTE, *Garantias de cumprimento*, ob. cit., p. 58.

2) O devedor obriga-se a conceder ao credor a garantia mais alta atribuída a qualquer credor;
3) O devedor obriga-se a não dar garantias a outros credores, a menos que conceda idêntica garantia ao credor.

Como se trata dum simples acordo, esta cláusula produz efeitos meramente *inter partes*, pelo que os restantes credores não podem ser afectados pela sua convenção. Por outro lado, se o devedor violar este compromisso, as consequências serão as definidas pelos artigos 798.º e seguintes do CC, *maxime* a obrigação de indemnizar o credor pelos danos resultantes do incumprimento. Portanto, o incumprimento confere ao credor apenas o direito a indemnização, daí que se trate de mera garantia aparente, não constituindo nem um reforço quantitativo, nem um reforço qualitativo do seu crédito.

Por conseguinte, pode afirmar-se que *"esta figura não acrescenta nada à garantia geral"*[440]. Com efeito, o máximo que o credor beneficiário da *negative pledge* poderá fazer é incluir no acordo uma cláusula nos termos da qual se o devedor desrespeitar o compromisso assumido haverá a exigibilidade antecipada do cumprimento das suas obrigações.

Pode também acontecer que estas garantias aparentes, encontrando-se inseridas no âmbito mais alargado de outros contratos, por exemplo, o contrato de mútuo, impliquem o incumprimento desse contrato por violação de deveres secundários e justifiquem o exercício do direito de resolução do contrato (cf. art. 801.º, n.º 2, do CC)[441].

Situação parecida com esta é aquela em que o devedor se obriga perante o credor a não alienar os seus bens, ou determinados bens, os quais deverão assim manter-se no seu património. Do mesmo modo, trata-se de um negócio jurídico atípico, com meros efeitos entre as partes, de forma que o credor não poderá reagir contra o terceiro que tenha vindo a adquirir tais bens, podendo simplesmente pedir ao devedor uma indemnização pelo incumprimento da obrigação por ele assumida.

---

[440] Cf. PEDRO ROMANO MARTINEZ e PEDRO FUZETA DA PONTE, *Garantias de cumprimento*, ob. cit., p. 59.

[441] Neste sentido, cf. PEDRO ROMANO MARTINEZ e PEDRO FUZETA DA PONTE, *Garantias de cumprimento*, ob. cit., p. 60.

5. CLÁUSULA *PARI PASSU*

Por meio da cláusula *pari passu* o devedor assegura ao credor que o seu crédito se manterá privilegiado em relação a outros créditos que venham a ser constituídos, ou, tratando-se de mero credor quirografário, que não serão constituídos créditos preferenciais[442]. A cláusula consubstancia uma declaração de conhecimento de que não existem credores mais privilegiados do que o credor beneficiário da cláusula, bem como que tais credores não existirão.

Tal como na hipótese anterior, o acordo produz meros efeitos *inter partes* – cf. art. 406.º, n.º 2, do CC – e, quanto muito, a sua violação pode constituir violação dos deveres secundários inseridos no âmbito de um outro contrato.

Novamente, trata-se de garantia aparente uma vez que não constitui verdadeira garantia especial, isto é, não ocorre nem reforço quantitativo, nem reforço qualitativo, embora a cláusula tenha o objectivo de tranquilizar o credor, fazendo-o considerar reforçado o seu crédito. E, de certo modo, do ponto de vista do Princípio da boa fé, há um reforço expresso neste compromisso assumido pelo devedor.

Esta cláusula teve origem nos Ordenamentos Jurídicos Anglo-Saxónicos, onde é possível a graduação dos credores de acordo com a vontade do próprio devedor. Tal regime jurídico não é compatível com o instituído no Código Civil Guineense, nem tão pouco no AUG (cf. artigos 148.º e 149.º do AUG), pois de ambos os normativos resulta uma graduação imperativa dos credores, de modo que não se pode senão considerar a mera eficácia relativa da cláusula *pari passu*.

6. DECLARAÇÃO DE CAPACIDADE FINANCEIRA

Muitas vezes é exigido a alguém uma declaração de capacidade financeira, emitida por terceiro, por exemplo, por uma entidade bancária onde o devedor tem as suas contas bancárias. Essa declaração, usualmente emitida por entidades bancárias, não constitui, naturalmente, nenhuma garantia especial, e, em regra, também não permite responsabilizar a

---

[442] Cf. PEDRO ROMANO MARTINEZ e PEDRO FUZETA DA PONTE, *Garantias de cumprimento*, ob. cit., p. 60.

entidade emitente no caso de o devedor se revelar inadimplente. Neste sentido, a declaração de capacidade financeira assemelha-se a uma simples carta de conforto, isto é, visa assegurar ao credor que existem sérias possibilidades de o devedor ser capaz de cumprir as suas obrigações.

Por esta razão, a declaração de capacidade financeira, seja emitida pelo próprio devedor, seja por terceiro, não consubstancia uma garantia especial. Com efeito, o credor que recebe esta declaração não é titular de nenhuma preferência de pagamento, assim como também não goza de acção especial contra o emitente da declaração, no caso de esta ser emitida por terceiro. Quanto muito, no caso de a declaração de capacidade financeira conter uma informação falsa, o credor poderá agir contra o seu emitente nos termos previstos pelo n.º 2 do art. 485.º do CC. Por exemplo, será esse o caso de o banco onde o devedor tem contas bancárias declarar a outra entidade bancária que tais contas têm saldos positivos regulares, quando na realidade as mesmas apresentam constantemente saldos negativos.

CAPÍTULO VI
OUTRAS GARANTIAS

1. GENERALIDADES

As garantias especiais das obrigações traduzem para o credor uma maior segurança do seu crédito, por um de dois motivos: ou porque, para além da garantia geral do património do devedor, conferem ao credor um direito real de garantia sobre um determinado bem, do devedor ou de terceiro, o que lhe permite o pagamento preferencial pelo produto da venda desse bem (reforço qualitativo); ou porque, para além da garantia geral constituída pelo património do devedor, o credor tem uma outra garantia geral constituída pelo património de um terceiro (reforço quantitativo).

Relativamente às garantias pessoais e reais, estas consubstanciam duas vias completamente diferentes e inconfundíveis para reforçar a garantia geral. Na garantia pessoal verifica-se a junção de uma nova massa patrimonial à massa patrimonial do devedor, de modo que o credor pode exercer os seus direitos, nos termos do artigo 601.º do CC, contra um terceiro que se assumiu como devedor a título subsidiário, isto é, no caso de o devedor não cumprir. Já no caso da garantia real ocorre a criação de uma preferência especial de pagamento do credor pelo valor de certos bens do património do devedor ou de terceiro, o que significa que o seu valor servirá para pagar certos credores com prioridade sobre os restantes.

O Código Civil de 1966 consagra, ao nível das garantias especiais, tanto a garantia pessoal como a garantia real. No quadro das garantias pessoais, apenas é expressamente admitida e regulada a fiança, nos artigos 627.º e seguintes[443]. Não obstante, a doutrina sempre admitiu que, ao

---

[443] O art. 629.º do CC regula o mandato de crédito, que, para alguns autores, configura uma garantia pessoal própria e diferente da fiança. Veremos esta questão infra, pp. 457 e seguintes.

abrigo do Princípio da autonomia privada (cf. artigo 405.º do CC), as partes são livres de estipular e celebrar negócios jurídicos que configurem outras garantias pessoais diversas das consagradas na lei, desde que, naturalmente, o façam com respeito pelos princípios e regras legais injuntivas.

Diversamente, em sede de garantias reais o Código Civil prevê e regula as seguintes:

1) Consignação de rendimentos (artigos 656.º e seguintes);
2) Penhor (artigos 666.º e seguintes);
3) Hipoteca (artigos 686.º e seguintes);
4) Privilégios creditórios (artigos 733.º e seguintes);
5) Direito de retenção (artigos 754.º e seguintes);
6) Penhora (artigos 822.º e seguintes).

Destas, apenas a penhora não é referida como causa legítima de preferência no n.º 2 do art. 604.º. No entanto, como já vimos, tal preferência deriva directamente do próprio artigo 822.º, ainda que seja discutível a qualificação desta figura como garantia real.

No regime jurídico instituído pelo AUG, as garantias especiais são também classificadas em garantias pessoais e reais no art. 2.º. À luz do acto uniforme, são garantias pessoais a fiança (artigos 3.º e seguintes) e a carta de garantia (artigos 28.º e seguintes). Por seu turno, em sede de garantias reais, o acto uniforme distingue consoante as garantias sejam mobiliárias (sobre bens móveis) ou imobiliárias (sobre bens imóveis). As garantias mobiliárias reconhecidas pelo AUG constam do artigo 39.º e são as seguintes:

1) Direito de retenção (artigos 41.º e seguintes);
2) Penhor (artigos 44.º e seguintes);
3) Penhor sem entrega (artigos 63.º e seguintes);
4) Privilégios creditórios (artigos 106.º e seguintes).

Em contrapartida, a única garantia imobiliária expressamente admitida no AUG é a hipoteca, regulada nos artigos 117.º e seguintes. Não obstante, como veremos, o acto uniforme admite também a existência de privilégios creditórios imobiliários, conforme resulta da enumeração constante do artigo 148.º, relativo à distribuição do produto da venda deste tipo de bens.

É de salientar que a divisão feita no AUG entre garantias reais mobiliárias e imobiliárias diverge muito do regime vigente no Código Civil, pois, no Direito interno, tanto a consignação de rendimentos, como os privilégios creditórios e o direito de retenção podiam incidir quer sobre bens móveis, quer sobre bens imóveis. Nestes termos, o AUG restringiu fortemente o âmbito de aplicação do direito de retenção, limitando--o aos bens móveis. Como veremos, a questão não é tão grave no caso dos privilégios creditórios, na medida em que o artigo 148.º admite a sua constituição também sobre bens imóveis, apesar do disposto no art. 39.º supra citado. Já a consignação de rendimentos não funciona como causa legítima de preferência à luz do AUG, sendo discutido na doutrina que o fosse, mesmo à luz do Direito interno[444].

Ainda antes de analisar cada uma destas garantias especiais, vamos proceder à análise de certas figuras híbridas que são consideradas, por alguma doutrina, garantias especiais.

2. A CAUÇÃO

2.1. Noção. Generalidades

A caução é considerada uma figura híbrida ou intermédia entre a garantia geral e a garantia especial, podendo ser definida como *"as garantias que, por lei, decisão judicial ou negócio jurídico, são impostas ou autorizadas para assegurar o cumprimento de obrigações eventuais ou de amplitude indeterminada"*[445].

Diz-se que é uma figura híbrida na medida em que *"pode resultar de uma qualquer garantia considerada idónea"*[446]. Assim, a caução tanto pode revestir a natureza de garantia pessoal, como de garantia real, bem como a natureza civil ou comercial[447].

Esta figura é regulada nos artigos 623.º e seguintes do Código Civil, sendo o processo judicial regulado nos artigos 428.º e seguintes do Código de Processo Civil.

---

[444] Ver supra o ponto 2 do Capítulo IV, relativo à consignação de rendimentos.
[445] Cf. MÁRIO JÚLIO DE ALMEIDA COSTA, *Direito das obrigações*, ob. cit., p. 884.
[446] Cf. ANTÓNIO MENEZES CORDEIRO, *Direito das obrigações*, Volume II, ob. cit., p. 502.
[447] Pedro Romano Martinez e Pedro Fuzeta da Ponte também concordam que, por poder ser constituída quer por meio de garantia pessoal, quer por meio de garantia real, a caução constitui uma garantia mista entre estas duas categorias. Cf. PEDRO ROMANO MARTINEZ e PEDRO FUZETA DA PONTE, *Garantias de cumprimento*, ob. cit., pp. 74 e 75.

Do conceito de caução resulta que esta figura pode derivar da lei, de uma decisão do tribunal ou da autonomia privada, por meio da celebração dum negócio jurídico. Por outro lado, em qualquer dos casos, a caução pode ser imposta, caso em que a sua prestação é obrigatória, ou pode ser autorizada, caso em que não é obrigatória, sendo simplesmente permitida.

A finalidade da caução pode variar, podendo ser prestada quer afim de assegurar o cumprimento de obrigações eventuais, isto é, que ainda não é certo se irão constituir-se ou não, quer para assegurar o cumprimento de obrigações que existem mas cujo montante é ainda indeterminado. Por exemplo, relativamente às obrigações eventuais, pode exigir-se a prestação de caução a pessoas que ocupam determinada função ou que estão obrigadas a entregar bens ou valores alheios[448], em garantia do eventual incumprimento da obrigação de entrega dessas coisas. Outro caso frequente ocorre no contrato de empreitada, onde é usual exigir ao empreiteiro uma caução que garanta a eventual obrigação de reparação da obra ou outros direitos que decorram da existência de defeitos na mesma. No caso de a caução garantir uma obrigação de montante indeterminado, pode dar-se o exemplo da indemnização em renda prevista no n.º 1 do art. 567.º do CC, em que há uma obrigação continuada, havendo por isso necessidade de assegurar o seu cumprimento futuro.

2.2. Modalidades

A caução pode ser convencional, judicial ou legal, consoante a sua fonte seja o acordo das partes, uma decisão judicial ou uma norma legal que autoriza ou impõe a sua prestação.

Vejamos de seguida cada uma destas modalidades em particular.

2.2.1. *Caução legal*

Existem muitas disposições dispersas no Código Civil que estabelecem a necessidade de prestação de caução, destacando-se, entre outras, os artigos 93.º (curador provisório), 107.º (curador definitivo), 567.º, n.º 1 (caução em garantia da indemnização em renda), 614.º, n.º 2 (o credor sob condição suspensiva não pode requerer a impugnação pauliana mas

---

[448] Cf. Mário Júlio de Almeida Costa, *Direito das obrigações*, ob. cit., p. 884.

tão só a prestação de caução), 1233.º, 1465.º, 1468.º a 1470.º, 2236.º a 2238.º e 2246.º. Além disso, muitos outros diplomas legais também impõem a caução em garantia de determinadas obrigações.

Como se referiu, a lei pode conferir apenas uma autorização ao credor para exigir a caução, como é, por exemplo, o caso do n.º 2 do art. 614.º do CC, ou pode efectivamente impor, com carácter obrigatório, a prestação de caução. Nesta segunda hipótese, a caução surge como condição legal para o exercício de direitos[449]. É este o caso, por exemplo, do artigo 93.º do CC.

Normalmente a lei exige ou impõe a necessidade de prestar caução como forma de tutelar a posição jurídica de alguém a quem podem vir a ser exigidos certos sacrifícios patrimoniais, de existência e montante ainda incertos[450]. O beneficiário desse sacrifício eventual tem que prestar caução com vista a salvaguardar a posição jurídica daquela pessoa, no caso de se constatar que o sacrifício foi inútil ou excessivo.

Nos termos do n.º 1 do art. 623.º do CC, a caução legal não pode ser prestada de qualquer modo, isto é, por meio de qualquer garantia, antes se fazendo aqui uma restrição legal ao modo da sua constituição. Com efeito, a caução legal só pode ser prestada por uma das seguintes formas:

1) Através de depósito de dinheiro, de títulos de crédito, pedras ou metais preciosos;
2) Através da constituição de penhor;
3) Através da constituição de hipoteca;
4) Ou, por fim, através da prestação de fiança bancária.

Contudo, o facto de não se permitir a prestação de caução legal por meio de qualquer garantia não retira a esta figura o carácter híbrido ou misto que foi acima afirmado. Com efeito, mesmo nos termos do n.º 1 do art. 623.º, a caução assume um carácter misto na medida em que tanto pode ser prestada por meio de garantia real (por exemplo, penhor ou hipoteca), como por meio de garantia pessoal (fiança bancária). É neste sentido que se fala no carácter misto da caução, assente na possibilidade de caucionar uma obrigação tanto por meio da constituição de uma garantia real, como através da prestação de uma garantia pessoal, pelo que esta

---

[449] Cf. Luís MENEZES LEITÃO, *Direito das obrigações*, Volume II, ob. cit., p. 320.
[450] Cf. ANTÓNIO MENEZES CORDEIRO, *Direito das obrigações*, Volume II, ob. cit., p. 503.

caracterização continua a aplicar-se ainda à fiança legal, apesar das restrições ao modo da sua constituição.

É necessário conciliar o disposto no n.º 1 do artigo 623.º do CC com o artigo 46.º do AUG, de acordo com o qual o penhor pode ser constituído pelas quantias ou valores depositados, a título de caução. Neste caso previsto pelo AUG, a caução é absorvida pelo regime do penhor, numa situação análoga à existente na vigência do n.º 2 do art. 666.º do Código Civil. Com efeito, também neste artigo 46.º do AUG se estabelece que a caução prestada por meio de depósito de dinheiro ou de títulos de crédito *"é havida como penhor"*. No mesmo sentido, a entrega de pedras ou de metais preciosos pelo obrigado à caução ao beneficiário da caução é havida como penhor, nos termos gerais – cf. o disposto na 1.ª parte do art. 46.º do AUG, que estabelece que qualquer bem móvel, corpóreo ou incorpóreo, é susceptível de ser dado em penhor.

Por outro lado, importa notar que a limitação da caução legal à fiança bancária atende a razões de segurança jurídica. É que se foi a própria lei a autorizar ou a impor a prestação de caução, é porque existe algum valor de ordem pública que merece ser devidamente assegurado, donde se entende que a fiança prestada por um qualquer particular não é suficiente para esse efeito, devendo antes ser prestada por uma entidade bancária, o que oferece maior segurança ao credor.

Subsidiariamente, ou seja, não sendo possível prestar a caução por algum dos meios enunciados no n.º 1 do art. 623.º do CC, a caução pode ser prestada por meio de fiança (e não apenas a fiança bancária), nos termos do n.º 2 do mesmo artigo. Todavia, neste caso a lei obriga a que o fiador renuncie ao benefício da excussão prévia, ou seja, ao benefício que a lei concede ao devedor acessório – fiador – de apenas ser executado pelo credor depois de este esgotar o património do devedor principal. É importante salientar que só no caso de nenhum dos meios previstos no n.º 1 do artigo 623.º ser viável é que se admite como lícito o recurso à fiança prestada por outra entidade que não um banco, a qual é, nesta medida, absolutamente subsidiária. Segundo Pires de Lima e Antunes Varela, o facto de a lei apenas admitir a fiança a título subsidiário deve-se ao *"carácter precário"* da fiança, que facilmente perde o seu valor no caso de falência do fiador[451]. Daí que, sendo a caução imposta por lei, apenas se admita, em princípio, que ela seja prestada por meio de garantia real ou de fiança bancária.

---

[451] Cf. Pires de Lima e Antunes Varela, *Código Civil Anotado*, Volume I, ob. cit., p. 641.

A exigência de que o fiador renuncie ao benefício da excussão prévia faz sentido no regime instituído pelo Código Civil, cujo n.º 1 do artigo 638.º estabelece, a título supletivo, que a fiança é simples, isto é, que o fiador se pode recusar a cumprir enquanto o credor não esgotar as vias de acção contra o património do devedor. A *alínea a)* do art. 640.º admite, no entanto, que o fiador renuncie ao benefício da excussão prévia, caso em que não fala já de fiança simples mas antes de fiança solidária. Daí que o n.º 2 do art. 623.º exija a renúncia ao benefício da excussão prévia, como modo de reforçar a segurança do credor que beneficia da caução, pois assim não terá que esgotar os bens do devedor antes de accionar o fiador, podendo demandá-lo logo que se verifique o incumprimento por parte do devedor principal.

Neste ponto, importa agora avaliar da manutenção em vigor deste regime em face da adopção do AUG. No regime jurídico instituído pelo § 1 do art. 10.º do AUG, a fiança é, em regra, solidária, o que exclui à partida o benefício da excussão prévia. Isto significa que o credor pode accionar o fiador a partir do momento em que o devedor principal não cumprir, sem ter primeiro de esgotar o património deste. Todavia, esta é uma regra supletiva, que as partes podem afastar por meio de declaração expressa, de acordo com o § 2 do mesmo artigo 10.º. Para além disso, o mesmo artigo admite que os Estados membros adoptem uma regra supletiva diversa, isto é, no sentido da fiança simples. O regime jurídico da fiança a que se deverá atender, na Guiné-Bissau, no caso de a caução ser prestada por meio da fiança, é o constante dos artigos 3.º e seguintes do AUG, sem prejuízo da eventual aplicação de algumas normas de Direito interno que tenham "sobrevivido" à revogação pelo AUG[452]. Contudo, como veremos adiante, em princípio deve entender-se que o disposto no artigo 638.º do CC se manteve em vigor por força da remissão para o Direito interno constante do § 2 do artigo 10.º do AUG, pelo que a regra supletiva continua a ser a da fiança simples. Nessa medida, continua também plenamente vigente o regime do n.º 2 do art. 623.º do CC, nos termos do qual, sendo prestada uma caução legal por meio de fiança, o fiador terá que renunciar ao benefício da excussão prévia.

Uma vez prestada a caução, é sempre necessário apreciar a sua idoneidade. Esta apreciação pode ser feita pelas próprias partes – cf. art. 621.º, n.º 3 – por acordo, ou, na falta deste acordo, pelo tribunal.

---

[452] Voltaremos a esta questão adiante, a propósito da classificação entre fiança simples e fiança solidária.

Vamos agora supor que uma pessoa obrigada por lei a prestar caução, não o faz, ou porque não pode, ou porque não o quer fazer. Nos termos do artigo 625.º do CC, se alguém estiver obrigado a prestar caução e não o fizer, voluntariamente, o beneficiário da caução tem a possibilidade de constituir uma hipoteca legal a seu favor, ou seja, uma hipoteca coerciva, ou outra *"cautela idónea"*, quando não exista disposição especial da lei que consagre solução diversa. Sendo a hipoteca uma garantia especial, importa também aferir da manutenção ou não desta disposição em face do AUG.

O art. 132.º do AUG admite a figura da hipoteca coerciva quando seja constituída uma hipoteca por força de determinação legal ou judicial. Assim, a hipoteca referida no art. 625.º do CC consubstancia, na terminologia do AUG, uma hipoteca coerciva, cuja fonte é a própria lei. O mesmo art. 132.º estabelece que a hipoteca coerciva só pode incidir sobre imóveis determinados e deve ser feita para garantia de créditos individualizados pela sua origem e pela sua causa, devendo ainda ser realizada por um montante determinado. Acresce que, no terceiro parágrafo deste artigo, o legislador da OHADA admite que *"podem existir outras hipotecas coercivas para além das previstas no AUG"*, sendo que, neste caso, tais hipotecas serão reguladas pelas disposições especiais de cada Estado Parte.

Assim sendo, afigura-se que nada obsta à manutenção em vigor da hipoteca legal prevista no art. 625.º do CC, na medida em que é o próprio AUG que vem admitir a constituição de hipotecas legais com base nas disposições internas no terceiro parágrafo do seu artigo 132.º. Aliás, afigura-se que esta conclusão se impõe, quer se opte pela tese da uniformização, quer ainda para aqueles que propugnem a tese da harmonização. Com efeito, para aqueles que considerem que a revogação produzida pelo AUG foi uma revogação tácita e parcial, como não há incompatibilidade de conteúdo, o art. 625.º do CC mantém-se de pleno direito em vigor. Por outro lado, mesmo para aqueles outros que sustentem a revogação global, por substituição, ainda assim não parece funcionar a revogação na medida em que é o próprio AUG que ressalva as hipotecas legais criadas pelos Estados partes. Nestes termos, não se pode falar em incompatibilidade de conteúdo, na medida em que é o próprio acto uniforme que remete para o Direito interno, admitindo que ele estabeleça hipotecas legais.

Não obstante esta conclusão, reconhecemos que a mesma é discutível na medida em que o AUG não concretiza se a ressalva é dirigida às hipotecas legais que venham a ser constituídas no futuro, isto é, apenas em momento posterior à sua adopção, ou se abrange igualmente as que constavam já do Direito interno, isto é, as hipotecas legais anteriores. No nosso entendimento, deve ser adoptada a segunda orientação, que é menos gravosa para o ordenamento jurídico interno e também porque não se vislumbram motivos para ser de outra forma. De facto, se admitirmos que a norma é exclusivamente dirigida às hipotecas legais posteriores, então bastaria ao Estado Guineense emitir uma regra legal com exactamente o mesmo conteúdo que o artigo 625.º do CC para repor em vigor esta disposição. Isso levaria apenas a uma duplicação de actos legislativos sem real utilidade.

Por conseguinte, o terceiro parágrafo do art. 132.º do AUG admite expressamente a possibilidade de haver outras hipotecas coercivas que não as consagradas no próprio AUG, pelo que, à partida, é de admitir a hipoteca legal prevista pelo artigo 625.º do CC, contanto que sejam respeitadas as disposições do Acto Uniforme. Designadamente, a hipoteca só poderá produzir os seus efeitos se for devidamente registada e apenas poderá incidir sobre bens imóveis, contrariamente ao regime de Direito interno, que admitia a hipoteca de bens móveis sujeitos a registo, desde logo no caso do automóvel[453].

O resultado do processo de ajustamento entre o Direito interno e o AUG parece ter ido também neste sentido, uma vez que se propõe a manutenção em vigor do disposto no art. 625.º do CC, donde a plena vigência da hipoteca legal aí estabelecida, independentemente do novo regime jurídico a aplicar dever ser o constante do AUG.

2.2.2. Caução judicial e voluntária

A caução judicial e a caução voluntária podem ser prestadas por meio de qualquer garantia, seja ela real ou pessoal, sem quaisquer restrições, contrariamente ao que sucede na caução legal. A lei é, neste caso, menos exigente, pois são de menor relevo os valores e os interesses a salvaguardar. Assim, a prestação de caução pode ser feita por qualquer forma, nomeadamente, por meio de garantia pessoal, de garantia real, ou por meio de qualquer outra forma que satisfaça o beneficiário da caução ou que o tribunal considere satisfatório.

---

[453] É neste sentido que se pronunciam igualmente FRANÇOIS ANOUKAHA, JOSEPH ISSA--SAYEGH, AMINATA CISSE-NIANG, ISAAC YANKHOBA NDIAYE, MESSANVI FOLI e MOUSSA SAMB, *OHADA. Sûretés*, Bruxelas, Bruylant, 2002, p. 208.

Exemplos de situações em que o tribunal pode exigir a caução são os artigos 107.º (curador definitivo), 620.º (requerente do arresto) e 1898.º do CC.

No caso da caução voluntária, ela pode ser acordada pelas partes no âmbito de qualquer negócio jurídico, nos termos gerais da autonomia privada (cf. art. 405.º do CC).

Normalmente, a caução judicial ou voluntária apresenta-se como um ónus que o obrigado deve cumprir, sob pena de sofrer uma desvantagem se não o fizer.

Também aqui é necessário apreciar a idoneidade da caução. De igual modo, na falta de acordo entre os interessados acerca da idoneidade da caução, esta deve ser apreciada pelo tribunal – cf. art. 624.º, n.º 3, do CC.

A caução voluntária ou judicial pode ainda ser prestada por meio de conta bancária caucionada. A conta bancária caucionada pode garantir uma dívida do seu próprio titular ou de terceiro, caso em que vale como fiança ou como penhor. Considera-se que a conta caucionada é um depósito irregular ou um contrato de mútuo, sujeito ao regime do penhor de direitos porque é como se fosse empenhado o direito de crédito sobre uma certa quantia monetária – cf. o disposto nos artigos 679.º e seguintes do CC e também no artigo 46.º do AUG.

Outra forma comum de prestar caução consiste na assinatura de uma livrança em branco. A livrança é um título de crédito que consubstancia uma promessa de pagamento de determinada quantia, em certa data, ao titular da livrança. A livrança em branco para garantia das dívidas do subscritor da livrança não é uma garantia especial, pertencendo ainda ao núcleo da garantia geral. Com efeito, aquele montante em dinheiro pertence ao património do devedor e, como tal, pode ser penhorado por qualquer credor. Só se for assinada uma livrança em branco para garantir dívidas de terceiro é que podemos caracterizá-la como uma garantia especial, sendo, então, uma fiança.

À partida, a Lei Uniforme das Letras e Livranças (LULL), aprovada e ratificada pelo Decreto-Lei n.º 23.721, de 29/03/1934[454], encontra-se em vigor na Guiné-Bissau na medida em que faz parte do elenco de legislação portuguesa recebida por força da Lei n.º 1/73, de 24 de Setembro[455].

---

[454] Publicado no 2.º Suplemento ao Boletim Oficial n.º 1, de 1960, e no Diário do Governo n.º 73, de 1934.

[455] Publicada no Boletim Oficial n.º 1, de 4 de Janeiro de 1975.

Poderia, contudo, questionar-se a vigência desta convenção internacional em face da Lei n.º 12/97, de 2 de Dezembro[456], que instituiu uma Lei Uniforme sobre os instrumentos de pagamento. No entanto, parece que a entrada em vigor deste novo regime não prejudica a LULL, por dois motivos:

Em primeiro lugar, uma vez que a convenção internacional se encontra hierarquicamente acima da lei interna, pelo que esta não pode revogar aquela, nem mesmo no caso de a lei interna ser adoptada na sequência de uma directiva de uma organização internacional, como é o caso da Lei n.º 12/97, que surgiu na sequência de uma indicação da UEMOA nesse sentido.

Em segundo lugar, na medida em que o art. 1.º da referida Lei n.º 12//97 determina que a mesma é aplicável aos bancos, aos centros de cheques postais, ao Tesouro Público ou a qualquer outro organismo habilitado por lei, pelo que a LULL poderá continuar a aplicar-se fora do âmbito fixado neste diploma interno.

Nos termos da LULL, a livrança deve conter, obrigatoriamente, certas indicações – cf. artigos 1.º, 10.º e 77.º da LULL. Não obstante, ainda nos termos da LULL, é possível entregar uma livrança em branco, isto é, em que esses espaços não se encontrem todos preenchidos, desde que seja acompanhada de um acordo de preenchimento. Assim, a livrança em branco apenas será válida se existir este acordo de preenchimento, que pode ser entendido como um *"protocolo complementar ou acessório"*[457] cujo objecto consiste em regular o conteúdo do contrato base, que é o preenchimento da livrança em branco. Como normalmente o subscritor da livrança contesta o preenchimento que o beneficiário faz, é conveniente as partes levarem a documento escrito o acordo de preenchimento[458]. A excepção do preenchimento abusivo só pode ser oposta pelo subscritor ao primeiro adquirente da livrança, ou seja, no domínio das relações imediatas, não podendo já ser invocada contra os posteriores adquirentes, que se situam no âmbito das relações mediatas, o que resulta das regras cambiárias.

---

[456] Publicada no Suplemento ao Boletim Oficial n.º 48, de 2 de Dezembro de 1997.

[457] Cf. PEDRO ROMANO MARTINEZ e PEDRO FUZETA DA PONTE, *Garantias de cumprimento*, ob. cit., p. 81.

[458] Cf. PEDRO ROMANO MARTINEZ e PEDRO FUZETA DA PONTE, *Garantias de cumprimento*, ob. cit., p. 82.

De salientar é o facto de a livrança em branco não constituir nenhuma preferência de pagamento a favor do credor. O credor beneficiário duma livrança em branco não possui qualquer preferência de pagamento, sendo mero credor quirografário – cf. art. 601.º do CC. Nesta medida, diz-se que a livrança em branco constitui uma *"garantia aparente"*[459], na medida em que o seu titular é um mero credor comum, não tendo qualquer garantia especial em seu benefício. Não obstante, pelo menos à luz do Direito interno o credor possui uma indiscutível vantagem, pelo facto de, ao abrigo da *alínea c)*, do artigo 46.º do CPC, a livrança ser um título executivo, o que dispensa o credor de intentar a competente acção declarativa. Contudo, esta vantagem encontra-se hoje em dia prejudicada pelo artigo 33.º do Acto Uniforme Relativo à Organização dos Processos Simplificados de Cobrança e de Execução, o qual, de acordo com o artigo 10.º do TOHADA, prevalece sobre o CPC nos termos do Princípio da primazia do Direito uniformizado. Com efeito, verifica-se que o art. 33.º do AUOPSCE contém uma nova enumeração de títulos executivos, considerando como tal, os seguintes:

1) As decisões judiciais dotadas de força executiva e as que se tornam executivas mediante requerimento;
2) Os actos e decisões judiciais estrangeiros, bem como as sentenças arbitrais declaradas exequíveis por sentença judicial não passível de recurso suspensivo, do Estado no qual o título é invocado;
3) As actas de conciliações orais homologadas pelo juiz e assinadas pelas partes;
4) Os actos notariais dotados de força executiva;
5) Os despachos aos quais a lei nacional de cada Estado Parte confira os efeitos de uma decisão judicial.

Esta disposição não contém uma regra semelhante à *alínea c)* do artigo 46.º do CPC, pelo que a livrança deve deixar de ser considerada título executivo, quer se opte pela tese da revogação global, quer pela da revogação individualizada. Com efeito, mesmo para esta última, a revogação da *alínea c)* do artigo 46.º do CPC resulta necessariamente da incompatibilidade de conteúdo com o artigo 33.º do AUOPSCE, uma vez que a livrança não é reconhecida como título executivo à luz deste Acto Uniforme.

---

[459] Cf. PEDRO ROMANO MARTINEZ e PEDRO FUZETA DA PONTE, *Garantias de cumprimento*, ob. cit., p. 82.

Não obstante, tratando-se de títulos de crédito, o art. 2.º do AUOPSCE permite ao credor um outro meio de acção, que é o processo de injunção. Por conseguinte, embora o modo de actuação do credor seja diverso, o certo é que ele continua a beneficiar no caso de ser portador de um título de crédito, pois poderá recorrer a um processo especial, que é o processo de injunção.

2.3. Reforço ou redução da caução

Em qualquer das suas modalidades, o regime jurídico aplicável à caução deve resultar do regime jurídico da figura através da qual ela seja prestada. Portanto, se a caução for prestada por meio de fiança, é ao regime jurídico da fiança que devemos atender; se for prestada por meio de hipoteca, devemos atender ao regime jurídico da hipoteca, e assim por diante.

Numa disposição análoga à existente a respeito de outras garantias, a lei estabelece, no art. 626.º do CC, que o beneficiário da caução tem a possibilidade de exigir o seu reforço ou a prestação de outra caução quando se verifiquem cumulativamente os seguintes requisitos:

1) Insuficiência ou impropriedade da caução;
2) Por causa não imputável ao próprio credor.

Este artigo aplica-se a todas as modalidades de caução[460].

Contudo, da mesma forma que o credor tem o direito a exigir o reforço ou a substituição da caução, quando ela se revele insuficiente ou imprópria para garantir o seu direito, também o devedor tem a possibilidade de requerer a redução da caução, no caso inverso[461].

A possibilidade de reforço, substituição ou redução da caução atende à ideia de proporcionalidade, sendo mediada por critérios de justiça material[462].

---

[460] Cf. PIRES DE LIMA e ANTUNES VARELA, *Código Civil Anotado*, Volume I, ob. cit., p. 643.
[461] Cf. HÉLDER MARTINS LEITÃO, *Da prestação de caução*, Porto, Almeida & Leitão, Lda., 2004, p. 36.
[462] Cf. HÉLDER MARTINS LEITÃO, *Da prestação de caução*, ob. cit., p. 36.

2.4. Processo judicial

A dinâmica do instituto da caução encontra-se prevista no Direito adjectivo, onde é regulada a sua constituição, modificação e extinção nos artigos 428.º e seguintes do CPC. A caução consta do Capítulo V do Livro III, sendo regulada logo a seguir aos procedimentos cautelares. Tal inserção sistemática era justificada por Alberto dos Reis do seguinte modo:

> "A matéria das cauções foi colocada sob a inscrição dos processos preventivos e conservatórios pelo facto de as cauções exercerem função conservatória. Não se atentou, porém, em que o processo de prestação de caução, se é conservatório, não é rigorosamente processo cautelar, no sentido técnico em que esta expressão deve empregar-se; daí resultou que as cauções foram colocadas ao lado de processos com os quais não têm afinidades funcionais (...).
>
> Ao passo que estes processos pressupõem como causa principal, cujos efeitos se propõem antecipar, o processo da prestação autónoma de caução é independente de qualquer outra causa."[463]

Isto significa que a prestação de caução constitui um processo especial que, pela sua natureza conservativa, foi colocado sistematicamente junto dos processos cautelares, sem que assuma, no entanto, essa natureza.

O interessado na caução tem o ónus de requerer ao tribunal a prestação de caução pela outra parte, indicando o motivo por que a pede e o valor a caucionar – cf. art. 429.º, n.º 1, do CPC. De seguida, o requerido é citado para se opor ao pedido e aqui há várias hipóteses, a saber:

1) Pode não haver oposição do requerido, caso em que o tribunal condena de imediato o réu a prestar caução – cf. art. 429.º, n.º 2 e art. 430.º do CPC. Se o requerido não declarar o modo como pretende prestar caução o requerente pode recorrer ao art. 625.º do CC (hipoteca legal), nos termos do n.º 3 do art. 430.º do CPC.
2) O requerido pode também opor-se ao requerimento de prestação de caução, de uma de duas formas:
   – Oposição à prestação de caução, caso em que é dada ao autor a possibilidade de responder e depois o tribunal decide se deve ou não ser prestada a caução – cf. art. 431.º do CPC. Se o

---

[463] Cf. Hélder Martins Leitão, *Da prestação de caução*, ob. cit., p. 43.

tribunal concluir que o requerido deve prestar caução, é este notificado para impugnar ou aceitar o valor e oferecer a caução. Se não o fizer, é aplicável o n.º 3 do art. 430.º do CPC, para o qual remete o n.º 3 do art. 431.º do CPC, tendo o requerente o direito de exigir a hipoteca legal.
– Não oposição à caução mas antes impugnação do respectivo valor. Assim, pode acontecer que o requerido admita que deve prestar caução, mas discorde do valor que foi avançado pelo requerente – cf. art. 432.º do CPC. Nesse caso, simultaneamente à impugnação, deve declarar o modo pelo qual pretende prestar caução, sob pena de não ser admitida a impugnação. A razão de ser deste regime é a necessidade de impedir a prática de expedientes dilatórios pelo requerido. De seguida, é dada ao requerente a possibilidade de responder, posto o que o juiz decide sobre o valor da caução.

Nos termos do art. 433.º do CPC, a caução judicial também pode ser prestada espontaneamente, por iniciativa do próprio obrigado. Ainda aqui pode haver lugar à oposição da contraparte, isto é, daquele em favor do qual será prestada caução, designadamente em razão do valor da caução.

O art. 435.º do CPC estende a aplicação dos artigos 428.º a 433.º à prestação de caução no âmbito de uma causa pendente.

Acresce que, sendo oferecida caução por meio de hipoteca ou consignação de rendimentos, é necessário apresentar certidão do registo provisório da mesma (cf. artigo 428.º, n.º 1, do CPC). Esta exigência prende-se com a necessidade de impedir que os bens oferecidos em garantia possam ser entretanto onerados com outras garantias, a favor de outrem.

Em todos os casos de prestação de caução é necessário apreciar a idoneidade da caução – cf. art. 428.º, n.º 2, do CPC – no âmbito da qual se deverá ter em consideração a depreciação do valor dos bens na venda forçada e as despesas da venda.

Os artigos 437.º e seguintes do CPC referem a possibilidade de reforçar ou substituir a caução, em consonância com o disposto no artigo 626.º do Código Civil. Compete ao requerente justificar o seu pedido, sendo depois disso o requerido citado para contestar.

3. EXCEPÇÃO DE NÃO CUMPRIMENTO

3.1. Noção. Generalidades

A excepção de não cumprimento consiste na chamada suspensão do contrato por inexecução[464]. Trata-se da possibilidade afirmada, no âmbito dos contratos sinalagmáticos, de uma das partes se recusar a realizar a sua prestação enquanto a outra parte não se dispuser, em simultâneo, a cumprir a sua própria obrigação, correspectiva daquela.

A razão de ser da admissibilidade da excepção de não cumprimento reside na interdependência existente entre ambas as obrigações, decorrente do nexo sinalagmático que as une. A excepção visa assegurar que a relação contratual se desenvolve de forma equilibrada. Para além disso, está em causa a própria ideia de justiça, pois se a razão de ser de uma das obrigações é a outra obrigação, não seria justo que uma parte tivesse de cumprir quando a outra não o faz, atribuindo assim vantagens à contraparte, sem que nenhuma vantagem possa auferir para si.

A excepção de não cumprimento não se confunde com o direito de resolução por incumprimento (cf. artigo 801.º, n.º 2, do CC), muito embora se trate de figura próxima. A diferença principal entre estes dois institutos reside nos seus efeitos: enquanto a resolução tem uma eficácia definitiva, a excepção visa somente suspender, temporariamente, os efeitos do contrato. Deste modo, aquele que invoca a excepção de não cumprimento não entra em mora relativamente à sua obrigação, precisamente porque se suspendem os efeitos do contrato até que a contraparte se disponha a cumprir a sua própria obrigação.

A excepção de não cumprimento tem cabimento, desde logo, nos contratos bilaterais ou sinalagmáticos, em virtude da necessidade de assegurar o nexo de reciprocidade existente entre ambas as prestações, razão pela qual devem ser realizadas ao mesmo tempo. Assim, fala-se em sinalagma genético, derivado do facto de as obrigações terem nascido ao mesmo tempo porque se equivalem reciprocamente, e também de sinalagma funcional, na medida em que a sua execução deve ser também simultânea.

O principal efeito decorrente da invocação deste instituto consiste na não aplicação do regime da mora ao contraente que suspende a execução

---

[464] Cf. INOCÊNCIO GALVÃO TELLES, *Direito das obrigações*, 7.ª edição, Coimbra, Coimbra editora, 1997, p. 452.

da sua prestação enquanto a outra parte não executar a sua própria prestação, sinalagmática daquela. Nestes termos, mesmo que a outra parte faça a interpelação para o cumprimento, não se aplica ao contraente que invocou a excepção o regime da mora, nem o regime do incumprimento definitivo[465]. O contrato fica, então, como que "em suspenso", à espera que a contraparte efectue a sua prestação, ou que ofereça o cumprimento simultâneo.

3.2. Requisitos da excepção de não cumprimento

A doutrina retira do artigo 428.º do CC alguns requisitos para a operacionalidade da excepção de não cumprimento, a saber:

1) Contrato bilateral ou sinalagmático

Em primeiro lugar, decorre do texto do n.º 1 do art. 428.º que a excepção é um instituto essencialmente pensado para actuar nos contratos bilaterais ou sinalagmáticos. Sendo ambas as obrigações recíprocas uma da outra, faz sentido que devam ser cumpridas ao mesmo tempo, sob pena de se criar uma situação injusta em que uma das partes vê satisfeito o seu interesse, sem que a outra parte, que já fez o sacrifício de realizar a sua prestação, tenha igualmente satisfeito o seu próprio interesse.

Não obstante o texto do n.º 1 do art. 428.º, a doutrina coloca a questão de saber se se admite a invocação da excepção relativamente ao cumprimento duma obrigação secundária. À partida, os autores entendem que tal é admissível, o que vai de encontro a um alargamento da letra da lei. Por exemplo, se alguém vender um carro e for cumprida a obrigação de entrega do carro mas não dos documentos – cf. art. 882.º, n.º 2, do CC – entende-se que o comprador pode invocar a excepção de não cumprimento para não ter que pagar o preço enquanto os documentos não lhe forem entregues. Neste caso trata-se da invocação da excepção afim de suspender o cumprimento duma obrigação principal, enquanto não se verificar o cumprimento de uma obrigação secundária, funcionando assim como forma de pressão sobre o outro contraente.

---

[465] Cf. Luís MENEZES LEITÃO, *Direito das obrigações*, Volume II, ob. cit., p. 263.

2) Cumprimento simultâneo;

O n.º 1 do art. 428.º refere ainda que as prestações devem ter de ser cumpridas em simultâneo. À partida, esta limitação implica que só seria possível invocar a excepção de não cumprimento quando o prazo de cumprimento de ambas as obrigações fosse exactamente igual. No entanto, nem sempre esse prazo é igual, assim como nem sempre esse prazo existe, como é o caso das obrigações puras.

Portanto, temos que distinguir várias situações antes de aferir da invocabilidade da excepção de não cumprimento:

Em primeiro lugar, vamos atentar nas obrigações com o mesmo prazo certo de cumprimento, por exemplo, supondo que ambas as partes devem cumprir no dia 1 de Janeiro de 2008. Esta é a situação mais óbvia de aplicação da excepção, em que as prestações devem ser cumpridas exactamente na mesma data. Nesta hipótese, na data do vencimento qualquer um dos contraentes pode suspender a execução da sua prestação para pressionar o outro a cumprir.

Em segundo lugar, podemos estar diante de obrigações puras ou sem prazo. Com efeito, pode acontecer que as obrigações em questão não tenham nenhum prazo, ou que tenham um prazo incerto (cf. decorre da interpretação *a contrarium sensu* da *alínea a)* do n.º 2 do artigo 805.º do CC). Tratando-se deste tipo de obrigações, a excepção de não cumprimento é sempre invocável por qualquer dos contraentes e não pode ser afastada mediante a apresentação de garantias – cf. art. 428.º, n.º 2[466]. Aqui não há nenhum prazo para cumprir, o que significa que a obrigação só se vence mediante interpelação – cf. art. 805.º, n.º 1. Sendo obrigações sinalagmáticas, continua a ser viável a excepção, pois a qualquer momento pode ser exigido a qualquer uma das partes o cumprimento.

Por último, pode acontecer que se trate de obrigações com prazos diferentes. Actualmente, a jurisprudência e a doutrina portuguesas admitem a invocação da excepção de não cumprimento mesmo quando as obrigações devam ser cumpridas em prazos diferentes, desde que a excepção seja invocada apenas pelo contraente que deve cumprir em segundo lugar, quando o contraente que devia ter cumprido em primeiro lugar não o tenha feito. Isto significa que o contraente que aceita cumprir a sua obrigação em primeiro lugar renuncia, tacitamente, à possibilidade de invocar a excepção de não cumprimento[467], pois nesse momento não se

---

[466] Cf. Luís MENEZES LEITÃO, *Direito das obrigações*, Volume II, ob. cit., p. 263.
[467] Cf. Luís MENEZES LEITÃO, *Direito das obrigações*, Volume II, ob. cit., p. 263.

pode recusar a realizar a prestação enquanto o outro contraente não cumprir, uma vez que a sua própria obrigação já se encontra vencida e a do outro contraente ainda não, logo, não é, ainda, exigível. Diversamente, o contraente que tem de cumprir em segundo lugar tem sempre a possibilidade de invocar a excepção no caso de o outro contraente não ter ainda cumprido a sua obrigação, vencida anteriormente. Neste caso, o Direito Guineense não assume nenhuma particularidade, pelo que se justifica a aceitação desta tese.

Esta conclusão resulta da própria interpretação lógica do preceito. Efectivamente, se ambas as obrigações devem ser cumpridas ao mesmo tempo, é natural que se possa invocar a excepção de não cumprimento. Claro que, se alguém deve cumprir em primeiro lugar, não poderá, logicamente, invocar a excepção de não cumprimento, porque a outra parte não tem a obrigação de cumprir na mesma data, mas apenas em data posterior. O problema que se pode colocar é se há prazos diferentes mas aquele que devia ter cumprido em primeiro lugar não o fez. Aqui, verifica-se a razão de ser que impõe a excepção de não cumprimento, *por maioria de razão*, pois se a excepção podia ser invocada quando a outra parte devia cumprir ao mesmo tempo, por maioria de razão deve poder ser invocada se a outra parte já devia ter cumprido anteriormente e não o fez. Assim, a limitação do n.º 1 do art. 428.º é apenas aplicável ao contraente que deveria cumprir em primeiro lugar, mas não ao contraente que se obriga a cumprir em segundo lugar. Esta solução deriva ainda da interpretação do art. 429.º, onde se atribui ao contraente que deve cumprir em primeiro lugar um meio de defesa específico, que não é atribuído àquele que deve cumprir em segundo lugar, precisamente porque este pode invocar a excepção de não cumprimento e aquele não.

Relativamente ao contraente que deve cumprir em primeiro lugar, o seu eventual meio de defesa consta do art. 429.º, que lhe atribui a *"faculdade de recusar a respectiva prestação enquanto o outro não cumprir ou não der garantias de cumprimento, se, posteriormente ao contrato, se verificar alguma das circunstâncias que importam a perda do benefício do prazo"*. Nestes termos, mesmo o contraente que se obrigou a cumprir em primeiro lugar pode invocar a excepção de não cumprimento, só que para este efeito a lei é mais exigente, ou seja, para além dos requisitos do n.º 1 do art. 428.º é necessário que se verifique, em relação ao outro contraente, alguma das circunstâncias que importam a perda do benefício do prazo em momento posterior à celebração do contrato. Aquele que devia cumprir em segundo lugar goza, em princípio, do benefício do prazo (cf. artigo 779.º do CC), não podendo o credor exigir-lhe o cumprimento antes do vencimento. No entanto, ele pode perder o benefício do prazo, nos termos gerais do artigo 780.º do CC, nas seguintes situações: 1) se ficar insolvente, mesmo que não haja declaração judicial dessa insolvência; 2) se diminuírem as garantias do crédito por causa imputável ao devedor; 3) ou ainda se não forem prestadas as garantias prometidas. Surgindo uma circunstância superveniente que põe em causa o recebimento da prestação por parte daquele que tem de cumprir em primeiro lugar é permitida e invocação da excepção de não cumprimento, como garantia de que irá efectivamente receber a prestação a que tem direito.

Note-se, porém, que o art. 429.º não constitui nenhuma cedência relativamente à regra contida no n.º 1 do artigo 428.º. Antes pelo contrário, o art. 429.º limita-se a enunciar uma regra que, mesmo que não existisse expressamente no Código Civil, deveria ser retirada da aplicação conjugada dos artigos 428.º, 779.º e 780.º do CC. Com efeito, verificando-se alguma das circunstâncias que importam a perda do benefício do prazo em relação ao contraente que devia cumprir em segundo lugar, isso implica que a sua obrigação se transforma numa obrigação pura, isto é, em que o outro contraente pode exigir o cumprimento a qualquer momento e, portanto, antes de decorrido aquele prazo. Assim sendo, a obrigação que devia ser cumprida em segundo lugar já não o é, pois o seu cumprimento pode ser exigido a todo o momento, e, não sendo efectuado, é legítima a invocação da excepção de não cumprimento pela contraparte.

Nos termos do mesmo art. 429.º, e, contrariamente ao que se verifica no n.º 2 do art. 428.º, a excepção de não cumprimento cessa se a contraparte oferecer garantias suficientes de que pode cumprir. Neste caso, a invocação da excepção não é tão forte como no art. 428.º, precisamente porque aqui estamos perante uma extensão daquele regime. Assim sendo, não há aqui motivos tão fortes como ali, de forma que, se a contraparte oferecer garantias suficientes de cumprimento, deixa de se justificar que o contraente que deve cumprir em primeiro lugar possa invocar a excepção.

É de salientar que a invocação da excepção não permite apenas salvaguardar o cumprimento da obrigação pela contraparte, como também a perfeição e a integralidade desse cumprimento. O art. 763.º consagra o Princípio da integralidade do cumprimento, nos termos do qual a prestação efectuada pelo devedor deve respeitar os limites quantitativos e qualitativos acordados pelas partes e resultantes da boa fé. Caso contrário, haverá um problema de incumprimento parcial ou de cumprimento defeituoso, perante o qual é ainda legítima a invocação da excepção de não cumprimento. Nesta hipótese, a excepção é designada de *exceptio non rite adimpleti contractus*.

Acresce que a doutrina admite que, depois de o credor aceitar a prestação, se ele constatar que existem defeitos, pode ainda recorrer à excepção de não cumprimento, suspendendo a execução da sua própria prestação, enquanto a outra parte não suprir os defeitos, se esses defeitos puserem em causa a integral satisfação do interesse do credor[468]. Diversamente, se os defeitos tiverem escassa importância, não pode recorrer à excepção de não cumprimento devido ao disposto no n.º 2 do art. 802.º do CC e em consequência do próprio Princípio da boa fé e da regra do equilíbrio no exercício de direitos.

Prescrito um dos direitos, o respectivo titular continua a gozar da excepção de não cumprimento, excepto quando se trate de prescrição presuntiva (cf. artigo 430.º do CC). Assim, mesmo que um dos direitos de crédito tenha prescrito, tal não obsta à invocação da excepção, na medida em que a obrigação prescrita continua a ser uma obrigação civil enquanto não for invocada a sua prescrição (cf. art. 303.º). A solução só não se pode aplicar quando se trate duma prescrição presuntiva, na medida em que o fundamento desta presunção é o cumprimento pelo devedor – cf. artigo 312.º.

Relativamente aos efeitos da invocação da excepção de não cumprimento, cumpre dizer que se trata de um meio de defesa oponível a terceiros que venham a substituir qualquer uma das partes originárias nos respectivos direitos e obrigações. Não é, portanto, um meio de defesa invocável somente contra a pessoa que ocupa a posição contratual originária, mas sim contra qualquer um que detenha essa mesma posição – cf. artigo 431.º do CC.

3.3. Natureza jurídica

O problema que se pode suscitar a propósito da excepção de não cumprimento reside na sua natureza jurídica, podendo questionar-se se se trata apenas de um meio de defesa, ou, efectivamente, de uma garantia das obrigações.

Para a determinação da natureza jurídica desta figura é relevante o disposto no n.º 2 do art. 428.º do CC, onde se estabelece que a prestação de garantias não afasta a excepção de não cumprimento. Esta regra quer

---

[468] Cf. Luís Menezes Leitão, *Direito das obrigações*, Volume II, ob. cit., p. 264.

dizer que a excepção de não cumprimento é de tal forma importante que a contraparte não a pode afastar, nem mesmo prestando uma garantia pessoal ou uma garantia real, como por exemplo uma fiança ou uma hipoteca. Este regime parece, entretanto, contrariar os próprios interesses do credor, pois se ele obtiver uma garantia especial o seu direito de crédito ficará melhor salvaguardado, nomeadamente se lhe for oferecida uma garantia real, por via da qual ele obterá uma preferência de pagamento. No entanto, ainda assim, a lei deixa essa decisão ao critério do próprio credor: se ele quiser, pode abdicar da excepção de não cumprimento e aceitar a garantia que a contraparte lhe oferece. Nesse caso, porém, ele ficará obrigado a realizar a sua própria prestação, pois já não se suspenderão então os efeitos da mora. Mas terá, em contrapartida, a garantia que lhe tiver sido oferecida pelo devedor. Contudo, como esta decisão depende em exclusivo do próprio credor, o mais provável é que ele rejeite a garantia e opte por manter a invocação da excepção de não cumprimento. E, assim sendo, nos termos do n.º 2 do art. 429.º, o devedor não pode obrigar o credor a aceitar a garantia de modo a afastar a excepção de não cumprimento, mesmo que essa garantia que ele pretende prestar seja a que melhor grau de preferência oferece ao credor. Na verdade, poder-se--ia perguntar: que melhor garantia tem aquele que invoca a excepção de não cumprimento de que o seu direito de crédito vai ser satisfeito, do que suspender a sua própria prestação e recusar-se a efectuá-la enquanto a outra parte não o fizer[469]?

Pode dizer-se que do n.º 2 do artigo 428.º resulta, de forma indirecta, a natureza jurídica da excepção, que constitui uma verdadeira garantia do cumprimento da obrigação. Não será, porém, uma garantia especial, na medida em que não constitui nem um reforço de ordem quantitativa (garantia pessoal), nem um reforço qualitativo (garantia real). Porém, como tivemos oportunidade de realçar, talvez isso seja porque existe necessidade de revolucionar o próprio conceito de garantia especial, que já não cabe no binómio entre a garantia pessoal e a garantia real. Com efeito, muitas outras situações garantísticas emergem na prática e no Direito e oferecem ao credor tanta ou mesmo maior segurança do que as clássicas garantias especiais. É este, sem dúvida, o caso da excepção de não cumprimento, em que o obrigado suspende a sua prestação como forma de se assegurar da realização da prestação da contraparte a que tem direito. Ele não chega, por isso, a ter que realizar nenhum sacrifício.

---

[469] No mesmo sentido, cf. INOCÊNCIO GALVÃO TELLES, *Direito das obrigações*, ob. cit., p. 454.

A razão de ser para não se permitir aqui o afastamento da excepção de não cumprimento através da prestação de garantias reside no facto de a própria excepção ser já, por si só, uma garantia mais do que suficiente e porventura mais eficaz do que uma garantia real ou pessoal. É que, não realizando a prestação, o credor não faz nenhum sacrifício económico, e pode ainda resolver o contrato, nos termos do n.º 2 do art. 801.º do CC, exigindo a competente indemnização. Mas já não terá que pedir a restituição do que tenha prestado, pois nada terá efectivamente sido entregue à parte faltosa. Assim, este crédito à restituição nem sequer se chega a constituir, o que é sem dúvida preferível a ser credor com garantias de restituição, onde terá de concorrer com os demais credores.

Assim se reforça, pois, a ideia de que é necessário modificar o conceito de garantia especial, na medida em que nem todas as situações que permitem um reforço da garantia geral do credor se circunscrevem na garantia pessoal ou na garantia real.

4. COMPENSAÇÃO

4.1. Noção. Generalidades

A compensação consiste numa forma de extinção da obrigação que opera quando duas pessoas sejam reciprocamente credoras e devedoras uma da outra e estejam obrigadas a entregar uma à outra coisas fungíveis da mesma natureza. Ambas as obrigações se podem extinguir, total ou parcialmente, mediante declaração à contraparte. A compensação dispensa o devedor de efectuar a prestação devida, por isso se diz que é uma forma de extinção da obrigação diferente do próprio cumprimento.

Segundo Luís Menezes Leitão, a compensação funciona ainda como forma de garantia das obrigações, na medida em que permite ao credor extinguir a sua obrigação, mesmo que não tenha qualquer possibilidade de satisfazer o seu direito de crédito por o seu devedor estar completamente insolvente ou impossibilitado, por outro motivo, de cumprir[470]. Efectivamente, segundo este autor[471]:

---

[470] Cf. Luís MENEZES LEITÃO, *Direito das obrigações*, Volume II, ob. cit., pp. 199 e 200.

[471] Cf. Luís MENEZES LEITÃO, *Direito das obrigações*, Volume II, ob. cit., pp. 199 e 200.

"*A extinção das obrigações por compensação assegura duas importantes vantagens: a primeira é a de que se produz a extinção das obrigações dispensando a realização efectiva da prestação devida (...); a segunda é a de que a compensação permite ao seu declarante extinguir a sua obrigação, mesmo que não tenha qualquer possibilidade de receber o seu próprio crédito por insolvência do seu devedor, funcionando assim a compensação como garantia dos créditos*"

A compensação consagrada no Código Civil da Guiné-Bissau segue o sistema do BGB Alemão, segundo o qual este instituto não opera automaticamente, sendo necessário uma declaração à contraparte, embora os seus efeitos se produzam a partir do momento em que se verificaram os requisitos da compensação; ou seja, depois de haver a declaração, os efeitos retroagem ao momento em que os seus pressupostos se verificaram, nos termos dos artigos 848.º, n.º 1 e 854.º do CC. Como existe esta retroactividade, se, depois do momento em que se verificaram os requisitos da compensação, mas antes de se fazer a declaração, o crédito do declaratário for cedido a terceiro, arrestado ou penhorado, a declaração de compensação continua a ser invocável contra este terceiro, o que resulta de uma interpretação *a contrarium sensu* do disposto no n.º 2 do artigo 853.º.

A declaração de compensação à contraparte é receptícia (cf. art. 224.º) e pode ser feita judicial ou extrajudicialmente, sendo-lhe aplicáveis as regras constantes dos artigos 217.º e seguintes. No entanto, nos termos do n.º 2 do art. 848.º, não se pode apor à compensação uma condição nem um termo, o que traduz uma excepção ao regime geral dos artigos 270.º e seguintes.

4.2. Requisitos da compensação

Para que a compensação possa operar é necessário que se reúnam, cumulativamente, os requisitos exigidos na lei, a saber:

1) Créditos recíprocos;

Nos termos do artigo 847.º, a compensação opera desde que existam créditos recíprocos. Neste sentido, cada parte deve ter um crédito sobre a contraparte, de forma que a compensação vai permitir extinguir a própria dívida daquele que compensa. Não pode, contudo, utilizar-se a compensação com vista a extinguir os créditos de outras pessoas[472].

2) Prestações fungíveis e de coisas do mesmo género;

Como segundo requisito, é necessário que as prestações sejam fungíveis e que as coisas que são objecto de ambas as prestações sejam do mesmo género. Daqui decorre que, em regra, a compensação ocorre nas obrigações de entrega de coisa do mesmo género e qualidade (por exemplo, dinheiro, arroz, feijão, etc.). Em contrapartida, não pode haver lugar à compensação quando a obrigação de entrega incidir sobre coisas cuja natureza é diferente. Acresce ainda que não é admissível a compensação nas prestações de facto, mesmo que a actividade a que ambos os devedores estejam obrigados seja semelhante[473], dado que aqui nunca se pode falar em prestações fungíveis.

Não obstante, embora do ponto de vista qualitativo a prestação deva ser idêntica, já não se exige que o seja do ponto de vista quantitativo. Nesta ordem de ideias, a compensação pode ser meramente parcial.

Nos termos do n.º 3 do artigo 847.º, também não se exige que haja liquidez, ou seja, pode ser compensada uma dívida mesmo que o seu montante ainda não esteja determinado.

3) Crédito existente, válido e exigível judicialmente;

Em terceiro lugar, o crédito do declarante tem que existir, ser válido e exigível judicialmente. Para o efeito, tem que já ter ocorrido o vencimento do direito de crédito do declarante e não podem haver excepções que a outra parte pudesse invocar relativamente a ele. A situação do crédito do declarante deve ser, pois, equivalente à exigida para instaurar a competente acção executiva[474].

Por força deste requisito, o declarante não pode compensar a sua dívida civil com um crédito natural que tenha sobre a contraparte. A inversa é, porém, permitida, ou seja, pode compensar-se uma dívida natural com um crédito civil da contraparte, caso em que há lugar à *solutio retentio* nos termos do artigo 403.º[475].

---

[472] Cf. Luís Menezes Leitão, *Direito das obrigações*, Volume II, ob. cit., pp. 200 e 201.
[473] Cf. Luís Menezes Leitão, *Direito das obrigações*, Volume II, ob. cit., p. 202.
[474] Cf. Luís Menezes Leitão, *Direito das obrigações*, Volume II, ob. cit., p. 202.
[475] Cf. Pires de Lima e Antunes Varela, *Código Civil Anotado*, Volume II, ob. cit., p. 133.

O art. 850.º estabelece que a contraparte só se pode defender invocando a prescrição quando esta se tenha verificado antes do momento a partir do qual os créditos se tornaram compensáveis.

Entretanto, importa notar que o crédito que o declaratário tem sobre o declarante também deve existir e ser juridicamente válido. No entanto, a lei aqui é menos exigente pois não pressupõe que haja a possibilidade de recorrer ao processo executivo para o exigir.

Para além dos requisitos exigidos, o artigo 853.º consagra uma delimitação negativa do âmbito de aplicação do instituto da compensação, ao determinar que, mesmo que os requisitos se encontrem preenchidos, não podem ser compensados os seguintes créditos:

a) Créditos provenientes de factos ilícitos;

A inviabilidade de compensação no caso de se tratar de um direito de crédito proveniente da prática de um facto ilícito tem a ver com os objectivos legais do estabelecimento da obrigação de indemnização por responsabilidade civil. Com efeito, pretende-se reprimir certos comportamentos, sancionando-os com o esforço económico da obrigação de indemnizar, esforço este que não aconteceria se se permitisse a compensação.

b) Créditos impenhoráveis;

A insusceptibilidade de compensação deve-se, neste caso, a motivos humanitários, que são os mesmos que justificam a impenhorabilidade destes direitos.

c) Créditos do Estado ou de outras pessoas colectivas públicas;

A impossibilidade de compensar créditos com o Estado é normalmente justificada com a ideia de que a compensação iria provocar dificuldades contabilísticas.

d) Créditos cuja compensação implica a lesão dos direitos de terceiro;

Esta circunstância resulta do n.º 2 do artigo 853.º e tem em vista salvaguardar os terceiros que possam vir a ser afectados pela compensação. Por exemplo, se o direito foi objecto de arresto ou de penhora, ou se foi constituído um usufruto sobre ele antes de se verificar a compensação, pois neste caso a extinção desse direito irá prejudicar, conforme os casos, o terceiro arrestante, penhorante ou usufrutuário. Neste sentido, normalmente também não se admite a compensação quando se inicia o processo de falência.

   e) Créditos em que o devedor renunciou à compensação ou quando tenha assumido o compromisso de efectuar imperativamente a prestação a que se vinculou;

Por fim, se o devedor tiver renunciado à compensação então esse será um meio de defesa a que não será legítimo recorrer. Trata-se da invocação de uma excepção com vista a extinguir a obrigação, pelo que, sendo uma situação jurídica activa, pode haver renúncia ao respectivo exercício.

Além disso, se o devedor tiver assumido perante o credor o compromisso de realizar, obrigatoriamente, a prestação a que se obrigou, isso significa que foi criada no credor uma expectativa de recebimento efectivo da prestação, o que justifica a impossibilidade de invocar a compensação.

4.3. Modalidades

A compensação que tem vindo a ser analisada consiste na compensação legal, isto é, que permite ao devedor a sua invocação desde que se preencham os requisitos legais. Porém, nos termos do Princípio da autonomia privada admite-se também a compensação convencional, isto é, por força da celebração de negócio jurídico entre as partes, que é o designado contrato de compensação[476]. Neste caso, os limites da compensação legal constantes dos artigos 847.º e seguintes não se aplicam, estando as partes apenas limitadas pelas regras injuntivas legais.

Assim, tratando-se de compensação convencional os créditos não têm de ser recíprocos, ou seja, pode estar em causa um crédito do declarante sobre terceiro ou um crédito do declaratário sobre terceiro. Além disso, é possível compensar créditos provenientes de factos ilícitos e dolosos ou créditos do Estado. Diferentemente, continua a não ser admitida a compensação de créditos impenhoráveis porque aqui interferem motivos de ordem pública, os quais nem mesmo a autonomia das partes pode afastar.

---

[476] Cf. PIRES DE LIMA e ANTUNES VARELA, *Código Civil Anotado*, Volume II, ob. cit., p. 133.

A compensação convencional está, como é natural, mais sujeita às fraudes e aos conluios, nomeadamente com vista a prejudicar os outros credores. Nesta medida, é susceptível quer de declaração de nulidade, quer de impugnação pauliana, nos termos gerais previstos pelos artigos 605.º e seguintes do CC.

4.4. Natureza jurídica

A compensação, em qualquer das suas modalidades, consubstancia um reforço da garantia geral dos credores, em situação análoga à excepção de não cumprimento. Com efeito, trata-se de garantia especial em sentido lato, na medida em que não podemos falar aqui nem da existência de uma garantia pessoal, nem tão pouco de uma garantia real. Não obstante, verifica-se um reforço da garantia geral, isto é, algo que acresce ao que resulta do disposto no artigo 601.º do CC.

Como se disse a respeito da excepção de não cumprimento, também a perspectivação da compensação como uma efectiva garantia das obrigações atende a um conceito novo de garantia especial, que não se contende nos limites do binómio entre a garantia pessoal e a garantia real. Contudo, o certo é que a perspectiva da compensação como garantia permite alargar os meios de opção de que os credores dispõem com vista ao efectivo ressarcimento do seu direito de crédito, razão pela qual, a nosso ver, se justifica a sua admissibilidade nessa qualidade.

CAPÍTULO VII

GARANTIAS ESPECIAIS. O ACTO UNIFORME DA OHADA RELATIVO À ORGANIZAÇÃO DAS GARANTIAS

1. GENERALIDADES

O Acto Uniforme da OHADA Relativo à Organização das Garantias contém um elenco de garantias pessoais e de garantias reais, fixando, quanto a estas últimas, a respectiva ordem de pagamento aos credores. A determinação do regime jurídico das garantias especiais ao nível da OHADA assume uma extrema importância para o fomento do investimento estrangeiro em África, não só por constituir um factor de clareza, como também pelo facto de permitir projectos extensivos a vários países com Direito idêntico[477]. Todavia, é de salientar que, apesar da concepção do Acto Uniforme atender particularmente às actividades dos agentes económicos, ele aplica-se igualmente às garantias prestadas entre particulares, no âmbito do Direito Civil[478].

Ao nível das garantias pessoais, o AUG admite e prevê a fiança e a carta de garantia. Em contrapartida, são regulados como garantia real o direito de retenção, o penhor, os privilégios creditórios e a hipoteca. Pode colocar-se o problema de saber se este elenco de garantias especiais

---

[477] Neste sentido, cf. BORIS MARTOR, *Comparaison de deux sûretés personnelles: le cautionnement et la lettre de garantie*, em *La semaine juridique*, n.º 5, Supplément à La semaine juridique n.º 44 du octobre 2004, p. 21: *"Ces différentes formes de sûretés sont en effet essentielles pour faciliter les opérations de crédit liées aux grands projets et aux financements structurés liées aux investissements en matière d'énergie, d'infrastructures, de télécommunications ou de transports en Afrique"*.

[478] Neste sentido, cf. também BORIS MARTOR, *Comparaison de deux sûretés personnelles: le cautionnement et la lettre de garantie*, ob. cit., p. 21.

constante do Acto Uniforme tem ou não uma natureza taxativa. A resolução desta questão importará desde logo para aferir da validade e eficácia de garantias especiais que possam vir a ser reconhecidas ou consagradas pelos Estados membros e que não tenham paralelo no AUG[479].

Relativamente às garantias pessoais, afigura-se que o elenco é meramente indicativo, na medida em que as partes, no âmbito da sua autonomia privada (cf. art. 405.º do CC), poderão indiscutivelmente celebrar um negócio jurídico atípico tendente à constituição duma garantia pessoal que não se enquadre nem nos moldes da fiança nem nos da carta de garantia.

Já que no diz respeito às garantias reais o problema é mais complicado, na medida em que, nesta sede, vigora o Princípio do *numerus clausus*, resultante do facto de se tratar da constituição de direitos reais de garantia. Por isso, deve entender-se que as partes não podem, através de acordo, estabelecer garantias reais diversas das admitidas pela lei. Não obstante, em contrapartida, nada no AUG permite concluir que os Estados membros renunciaram à sua soberania no sentido de abdicarem da criação de novas garantias reais, pelo que, à partida, a lei interna poderá, de forma inovadora, consagrar novas figuras para além das que constam do AUG. A única particularidade é que, em face da graduação dos credores feita nos artigos 148.º e 149.º do AUG, a lei interna não poderá estabelecer em sentido diverso do aí previsto, o que em última instância significa que as garantias reais que possam vir a ser criadas internamente serão sempre graduadas depois das garantias reais previstas no Acto Uniforme, isto é, em último lugar, o que reduz substancialmente a importância da eventual criação destas novas garantias.

---

[479] Boris Martor pronuncia-se no sentido da admissibilidade de novas garantias criadas por iniciativa dos Estados membros. Cf. BORIS MARTOR, *Comparaison de deux sûretés personnelles: le cautionnement et la lettre de garantie*, ob. cit., p. 21: "... on peut se poser la question de savoir si des sûretés non visées par l'Acte Uniforme et préexistants ou crées postérieurement par les lois des États membres dans le futur seraient reconnues. L'Acte Uniforme ne semble pas exclure cette possibilité. On pourrait donc imaginer que certains États membres créent ou reconnaissent de nouvelles sûretés".

2. GARANTIAS ESPECIAIS PREVISTAS NO AUG

2.1. Conceito de garantia

Vamos agora entrar na análise das garantias especiais no Ordenamento Jurídico Guineense. Esta matéria é regulada pelo Acto Uniforme da OHADA Relativo à Organização das Garantias (AUG), sem prejuízo da aplicabilidade de algumas normas do Direito interno guineense, não contrárias àquele dispositivo normativo[480].

O § 1 do art. 1.º do AUG começa por definir as garantias como os meios concedidos aos credores, pela lei ou pela convenção das partes, que visam assegurar o cumprimento das obrigações, independentemente da sua natureza jurídica. Desta noção podemos retirar os elementos constitutivos do conceito de garantia. Em primeiro lugar, a fonte da garantia tanto pode ser uma disposição legal como a convenção das partes, no âmbito da sua autonomia privada. Portanto, podemos ter garantias legais ou convencionais, de acordo com a respectiva fonte. Em segundo lugar, a finalidade inerente à constituição de garantias reside em assegurar ou reforçar o cumprimento das obrigações. Finalmente, diz-se que as garantias podem assegurar obrigações de diversa natureza jurídica, sem que tal obste ao seu carácter garantístico. Podem, assim, estar em causa obrigações civis, assim como obrigações comerciais, ou obrigações com conteúdo positivo ou negativo, etc., sem que tal afecte o conceito de garantia.

O disposto neste primeiro parágrafo do art. 1.º do AUG foi transposto para o n.º 1 do novo artigo 622.º-A do CC, resultado do trabalho de ajustamento realizado entre o Direito interno e o Acto Uniforme. De notar, porém, que enquanto o primeiro parágrafo do art.º 1.º do AUG refere o conceito de "garantia", o novo art. 622.º-A, n.º 1, refere o conceito de "garantia especial", o que de certo modo parece restringir o disposto no AUG. Em contrapartida, poderia dizer-se que o conceito de garantia, em sentido amplo, abrange quer a garantia geral, quer a garantia especial, e que o certo é que o AUG se dirige exclusivamente à regulação das garantias especiais, daí a razão de ser da restrição constante do n.º 1 do art. 622.º--A do CC.

---

[480] Acerca da manutenção em vigor de normas internas, de acordo com a tese da harmonização, ver o que se disse supra no Capítulo II.

Assim, a noção de garantia constante deste artigo apresenta-se excessivamente ampla, na medida em que nela tanto se pode enquadrar, em sentido lato, a garantia geral das obrigações, como, em sentido estrito, a garantia especial propriamente dita. Não obstante a amplitude da noção legal, a utilização da expressão *"sûreté"* no texto em francês do acto uniforme leva a considerar que o seu âmbito é, exclusivamente, a garantia especial. De facto, no Direito de matriz francesa faz-se uma distinção entre *"garantie"* e *"sûreté"*, sendo que se entende pela primeira uma espécie de garantia em sentido amplo, ou seja, integram este conceito todas as medidas destinadas a assegurar a execução das transacções; já no caso da *"sûreté"*, trata-se duma garantia em sentido estrito, entendida como os meios destinados a evitar os inconvenientes da insolvência do devedor e que visam atribuir ao credor um reforço da sua garantia geral, através da constituição duma garantia pessoal ou real[481]. As garantias em sentido estrito, ou também ditas *"sûretés"*, surgem normalmente associadas a uma operação de crédito. Acresce que a utilização da expressão *"sûreté"* constitui mais um argumento a favor do texto proposto para o novo n.º 1 do art. 622.º-A do CC, isto é, para a referência ao conceito de garantia especial, em vez de se falar simplesmente em garantia.

Por outro lado, nota-se no AUG a ausência duma noção expressa de garantia especial. Com efeito, apesar de o objecto deste acto uniforme ser, precisamente, a garantia especial, não há nele nenhuma regra directamente dirigida à definição desta. O art. 1.º começa por definir as garantias, em geral, passando, no art. 2.º, a definir a garantia pessoal e a garantia real. Como já referimos, a inexistência de um conceito de garantia especial deve-se à dificuldade derivada do binómio entre a garantia pessoal e a garantia real que é inerente a esta realidade. Assim sendo, não é possível chegar a um conceito unitário de garantia especial, pois todas as noções hão-de sempre desdobrar-se em garantia pessoal, com base na ideia de reforço quantitativo, e em garantia real, fundada no reforço qualitativo do crédito.

2.2. Conceito de garantia pessoal e de garantia real

Nos termos do primeiro parágrafo do art. 2.º do AUG, a garantia pessoal verifica-se quando um terceiro assume, perante o credor, a

---

[481] Cf. François Anoukaha, Joseph Issa-Sayegh, Aminata Cisse-Niang, Isaac Yankhoba Ndiaye, Messanvi Foli e Moussa Samb, *OHADA. Sûretés*, ob. cit., p. 1.

obrigação de cumprir, no caso de incumprimento do devedor principal, *ou* à primeira solicitação por parte do credor[482]. Esta definição abrange as duas únicas garantias pessoais reguladas no Acto Uniforme, que são, respectivamente, a fiança e a carta de garantia. Desta definição resulta também a demonstração do que já foi anteriormente afirmado, isto é, que o conceito de garantia pessoal está muito ligado a uma ideia clássica, o que impede que se consiga chegar a um conceito unitário da própria garantia pessoal. Assim, para que este conceito abrangesse as duas garantias pessoais reguladas no AUG, foi necessário adoptar uma definição bipolar, que, em bom rigor, acaba por nada definir, pois faltam-lhe os elementos essenciais do conceito de garantia pessoal. Portanto, em vez de cumprir a função própria de uma definição, que é a de reunir os elementos comuns, acaba por diferenciar as duas garantias pessoais consagradas, perante as quais adopta uma perspectiva essencialmente descritiva.

Na verdade, teria sido preferível destacar o elemento comum à fiança e à carta de garantia, que consiste no facto de em ambas ocorrer um *reforço quantitativo* da garantia do credor[483], por se acrescentar à garantia geral constituída pelo património do devedor a garantia geral constituída pelo património de outra pessoa, que se pode assume como fiador ou como garante pessoal da dívida. Em bom rigor, é esse o único elemento comum a ambas as figuras, pois, de resto, fiança e carta de garantia são substancialmente opostas em termos de regime jurídico, sendo que, desde logo, a fiança se caracteriza pela sua acessoriedade, enquanto a carta de garantia exprime a autonomia da garantia em relação à obrigação garantida.

Entretanto, o § 2 do art. 2.º do AUG define a garantia real, considerando que através da sua constituição o credor adquire o direito de se pagar preferencialmente pelo preço de venda de um bem móvel ou imóvel particularmente afecto à garantia da obrigação do seu devedor. Esta definição foi também objecto de transposição para o n.º 1 do novo artigo 622.º-C do CC, resultante do ajustamento entre o AUG e o Direito interno. Neste caso, o conceito de garantia real já reúne o elemento comum a todas as garantias reais, que reside na ideia de reforço qualitativo, pois, apesar de quantitativamente o património responsável ser o mesmo, o credor adquire uma preferência de pagamento relativamente a um dos

---

[482] O disposto no primeiro parágrafo do art. 2.º do AUG foi transposto para os números 1 e 2 do novo artigo 622.º-B do CC, em resultado do trabalho de ajustamento entre o AUG e o Direito interno.

[483] Cf. MÁRIO JÚLIO DE ALMEIDA COSTA, *Direito das obrigações*, ob. cit., p. 889.

bens que integram esse património, o que lhe permite ser pago antes de outros credores que não possuam garantias reais melhor graduadas[484]. As garantias reais consubstanciam, em regra, efectivos direitos reais de garantia.

2.3. Âmbito de aplicação do AUG

Apesar de o AUG revogar substancialmente grande parte do Direito interno em sede de garantia especial, importa notar que nele não se regula totalmente este instituto. Com efeito, o próprio AUG delimitou, positiva e negativamente, o seu âmbito de aplicação, o que significa que quando se conclua que uma determinada garantia especial se não enquadra no âmbito de aplicação do Acto Uniforme, deverá ser aplicado, subsidiariamente, o Direito interno.

Em primeiro lugar, do ponto de vista territorial, o AUG é aplicável aos actuais Estados membros da OHADA, bem como aos futuros Estados que venham a aderir a esta organização internacional. Neste sentido, para aferir da aplicabilidade do AUG é necessário, previamente, determinar qual é a lei aplicável a uma determinada garantia. Quando haja elementos de ligação de uma garantia a mais do que um Estado, a determinação da lei aplicável é efectuada com base nas regras de Direito internacional privado consagradas pela legislação interna, que, no caso guineense, constam dos artigos 25.º e seguintes do Código Civil. Como a garantia é um acessório duma obrigação, é aplicável à garantia a mesma lei que é aplicável ao cumprimento da obrigação (cf. o disposto nos artigos 41.º e 42.º do CC)[485]. No entanto, esta regra só se aplica quando estejam em causa garantias pessoais. Diversamente, tratando-se de garantias reais, a lei aplicável é a lei do Estado onde se encontram os bens onerados com a garantia, isto é, a *lex rei sitae* (cf. o disposto no artigo 46.º do CC).

Em segundo lugar, do ponto de vista material, o § 1 do art. 1.º estabelece que o AUG é aplicável qualquer que seja a natureza da obrigação garantida, isto é, quer se trate de obrigação civil, quer comercial, quer qualquer outro tipo de obrigação[486]. Por conseguinte, muito embora a

---

[484] Cf. Mário Júlio de Almeida Costa, *Direito das obrigações*, ob. cit., pp. 908 e 909.

[485] Cf. François Anoukaha, Joseph Issa-Sayegh, Aminata Cisse-Niang, Isaac Yankhoba Ndiaye, Messanvi Foli e Moussa Samb, *OHADA. Sûretés*, ob. cit., p. 4.

[486] Cf. François Anoukaha, Joseph Issa-Sayegh, Aminata Cisse-Niang, Isaac Yankhoba Ndiaye, Messanvi Foli e Moussa Samb, *OHADA. Sûretés*, ob. cit., p. 4.

OHADA seja uma organização internacional essencialmente direccionada para o Direito dos negócios, em sede de garantias das obrigações procedeu-se à uniformização dos regimes jurídicos independentemente da área concreta em que a garantia seja emitida. Contudo, apesar da ampla formulação do § 1 do art. 1.º, o § 2 deste mesmo artigo contém uma delimitação negativa do âmbito de aplicação do Acto Uniforme, considerando que as suas regras não são aplicáveis às garantias do Direito fluvial, do Direito marítimo e do Direito aéreo[487]. Esta restrição deve-se às especialidades destes ramos de Direito, nos quais há necessidade de dar atenção a aspectos que não se verificam nas garantias comuns. O AUG remete, nestas hipóteses, para a legislação especial adoptada pelos Estados contratantes ou para as convenções internacionais existentes.

Para além disso, em termos de delimitação negativa, o AUG estabelece a propósito de cada garantia especial certas situações concretas em que o mesmo não se aplica, como veremos posteriormente.

Nos termos do artigo 150.º do AUG e do art. 10.º do TOHADA, o AUG procedeu à revogação de todas as disposições de Direito interno em sentido contrário. Como sabemos já, duas teses se perfilam acerca do âmbito desta revogação[488]. Em primeiro lugar, segundo a teoria da *harmonização*, mantêm-se em vigor as disposições nacionais que versam sobre o mesmo objecto tratado pela OHADA, contanto que não contrariem as disposições consagradas em actos uniformes. Já de acordo com a teoria da *uniformização*, todas as disposições internas cujo objecto coincida com matérias reguladas pelos actos uniformes da OHADA deixam de estar em vigor, mesmo que em concreto algumas delas não contrariem as disposições destes, bastando a mera identidade de objecto para implicar a revogação do Direito interno.

Neste sentido, o TCJA decidiu, no seu Acórdão n.º 18/2003, de 19 de Outubro de 2003[489], que o AUG era de aplicação directa e obrigatória nos Estados membros da OHADA, não obstante toda a disposição contrária de Direito interno, anterior ou posterior, aplicando-se às fianças constituídas após a sua entrada em vigor. Acresce que, segundo o Tribunal, deve entender-se que uma norma de Direito interno por via da qual as partes

---

[487] Cf. também o disposto no n.º 2 do novo artigo 622.º-A do CC, resultante do ajustamento entre o AUG e o Direito interno.

[488] Para mais desenvolvimentos acerca da revogação do Direito interno em consequência da adopção de Actos Uniformes, consultar supra o Capítulo II.

[489] Disponível em www.ohada.com, com a referência J-04-119.

podem renunciar à aplicação do referido acto uniforme, viola os artigos 4.º e 150.º do AUG. Por esse motivo, o Tribunal declarou nula a fiança constituída nesses termos, já que do documento não constava a assinatura do credor nem a indicação manuscrita pelo fiador do montante máximo garantido, conforme é exigido pelo artigo 4.º do AUG.

A principal consequência prática resultante deste aresto é, desde logo, a consideração de que o AUG tem uma natureza injuntiva, quer para os Estados membros, quer para os sujeitos particulares, de modo que não é possível que estes renunciem à aplicação das suas normas. Trata-se, pois, de uma matéria excluída da autonomia privada das partes. O AUG vigora necessariamente, mesmo que as partes declarem que não pretendem a sua aplicação.

Em terceiro lugar, do ponto de vista temporal, o AUG entrou em vigor no dia 1 de Janeiro de 1998, pelo que, a partir deste momento, passou a ser aplicável na sua plenitude a todos os Estados membros da OHADA, com prejuízo das regras de Direito interno que lhe sejam contrárias. Acresce que, nos termos do § 2 do art. 150.º do AUG, que é uma regra de direito transitório, este é aplicável de imediato às novas garantias constituídas a partir de 1/1/98. Relativamente às garantias constituídas, consentidas ou criadas antes desta data e que se encontrem em conformidade com a legislação então em vigor, mantêm-se submetidas a esta até à sua extinção[490].

Neste sentido, pode consultar-se o Acórdão do TCJA n.º 29, de 15 de Julho de 2004[491], onde se determinou que o Acto Uniforme Relativo à Organização das Garantias não era aplicável senão às garantias consentidas ou constituídas após a sua entrada em vigor. Neste sentido, decidiu-se que a obrigação de informação anual do fiador não se aplicava à fiança consentida anteriormente à sua entrada em vigor, a qual se mantinha sujeita, até à sua extinção, à legislação que estava em vigor aquando da sua constituição. Estava precisamente em causa uma fiança constituída em 11 de Dezembro de 1990, portanto, muito antes da adopção do AUG, sendo certo que nem o contrato de fiança previa qualquer obrigação de informação anual do fiador, nem a lei anterior previa tal obrigação. Assim sendo, concluiu-se que essa obrigação de informação não se podia retirar

---

[490] Cf. também o artigo 3.º proposto para o diploma de aprovação das alterações ao Código Civil em consequência da adopção do AUG, resultante do ajustamento entre este e o Direito interno.

[491] Disponível em www.ohada.com, com a referência J-04-387.

da aplicação da lei nova, pelo que o credor não se encontrava vinculado ao seu cumprimento.

Noutro Acórdão[492], o Tribunal de Apelação de Abidjan adoptou esta mesma solução, sendo que aqui se colocava um problema idêntico, relativo a uma fiança constituída aquando da vigência do Código Civil da Costa do Marfim, tendo decidido que a mesma se mantinha sujeita ao regime de Direito interno[493].

Ainda de destacar é a decisão em que o Tribunal de Apelação de Centre concluiu que um mútuo com garantia hipotecária constituído em 1982, na vigência dos artigos 2114.º e seguintes do Código Civil dos Camarões, se mantinha sujeito à disciplina desse mesmo Código quanto à realização da garantia hipotecária[494]. O Tribunal considerou ainda que a execução hipotecária continuava a obedecer ao Código de Processo Civil vigente à data da constituição da garantia, embora a esta solução se tenha oposto Joseph Issa-Sayegh, em observação a este aresto. Segundo este autor, o art. 337.º do AUOPSCE dispõe expressamente que o mesmo é aplicável às medidas cautelares, acções executivas e processos de cobrança iniciados após a sua entrada em vigor, ou seja, 10 de Julho de 1998[495].

---

[492] Disponível em www.ohada.com, com a referência J-04-487.

[493] Consulte-se ainda o Acórdão do Tribunal de Primeira Instância de Cotonou com a referência J-04-292, disponível em www.ohada.com, onde o Tribunal considerou válido um penhor constituído antes da entrada em vigor do AUG, à luz do Direito interno do Benin. Estava em causa uma modalidade especial de penhor, designada de *"gage du permis d'habiter"*. Segundo Joseph Issa-Sayegh, que fez uma observação a este acórdão, *"Cette décision présente la particularité de se prononcer sur la réalisation d'une sûreté particulière, non régie par l'Acte uniforme de l'OHADA sur les sûretés mais par le droit interne béninois."*.

[494] Disponível em www.ohada.com, com a referência J-04-202.

[495] No mesmo sentido, cf. os Acórdãos com as referências J-04-193 e J-05-34, disponíveis em www.ohada.com.

Secção 1

GARANTIAS PESSOAIS

1. FIANÇA

1.1. Generalidades

A fiança é a primeira garantia pessoal prevista no AUG[496]. Era esta a única garantia pessoal consagrada no Código Civil de 1966, muito embora a doutrina e a jurisprudência admitissem então a constituição de outras garantias pessoais, em atenção ao Princípio da autonomia privada (cf. artigo 405.º do CC). Para além disso, parte da doutrina autonomizava ainda dentro do sistema do Código Civil uma outra garantia pessoal, que seria o mandato de crédito (artigo 629.º do CC).

A fiança é considerada por muitos autores como a *rainha das garantias*, devido à sua fácil constituição e efectivação. Trata-se de uma garantia de fácil constituição na medida em que normalmente se admite como válida a prestação de fiança através da assinatura do chamado "termo de fiança" por parte do fiador. A fiança é também de fácil efectivação, principalmente no caso de o credor ser um banco, porque a realização da responsabilidade do fiador pode ser efectuada mediante débito directo na conta bancária deste, no caso de o devedor principal não cumprir.

A fiança pode assumir diversas modalidades, designadamente: fiança bancária ou fiança prestada pelo banco; fiança de amigo ou de parente (a chamada fiança de *favor*); fiança profissional (normalmente prestada por sócios de sociedades comerciais), entre outras. Contudo, não obstante a multiplicidade de situações susceptíveis de originar um contrato de fiança, normalmente, o regime jurídico estabelecido para esta figura é unitário. A fiança pode ainda ser prestada a título gratuito ou oneroso, sendo que neste último caso o fiador recebe, como contrapartida da responsabilidade por si assumida, uma prestação do devedor ou do credor[497].

---

[496] No Código de Seabra, a fiança era definida como a garantia pela qual um terceiro assegurava ao credor o cumprimento de uma obrigação resultante de contrato, responsabilizando-se no caso de o devedor a não cumprir. Cf. ADRIANO PAES DA SILVA VAZ SERRA, *Fiança e figuras análogas*, em Boletim do Ministério da Justiça, N.º 71, Dezembro, 1957, p. 19.

[497] Cf. ADRIANO PAES DA SILVA VAZ SERRA, *Fiança e figuras análogas*, ob. cit., p. 27.

O AUG utiliza a expressão *"cautionnement"* para designar a fiança e a palavra *"caution"* para designar o fiador. Estas expressões que, literalmente, correspondem a caução e a caucionante, não admitem a tradução literal no Direito Guineense. Com efeito, a figura da caução corresponde a uma garantia híbrida, mista, prevista pelos artigos 623.º e seguintes do CC, inconfundível com a fiança, muito embora a caução também possa ser prestada por meio de fiança, assim como por meio da constituição de outras garantias. Portanto, o *cautionnement* do Direito Francês corresponde, do ponto de vista substancial, à fiança prevista nos Direitos Português e Guineense.

Em termos gerais, o regime instituído para a fiança pelo AUG caracteriza-se por ser fortemente inspirado no Direito Francófono, contrariamente ao que sucede no Código Civil de 1966, de matriz essencialmente alemã e italiana[498], sem prejuízo de manter alguma inspiração no Código de Napoleão. Não obstante, é de notar que o regime do Acto Uniforme traz também algumas inovações, dando resposta a problemas colocados na doutrina e jurisprudência recentes, como é o caso da fiança geral ou *omnibus*.

1.2. Figuras afins

A fiança é uma figura que apresenta proximidade com outras, sendo de destacar a solidariedade passiva e a assunção cumulativa de dívida.

A solidariedade passiva encontra-se prevista nos artigos 512.º e seguintes do CC e consiste na existência de dois ou mais devedores responsáveis pelo pagamento integral da mesma dívida ao credor. No âmbito das relações externas, qualquer um dos co-devedores solidários pode ser obrigado a cumprir integralmente perante o credor, sendo certo que esse cumprimento libera o outro devedor (cf. artigos 512.º, n.º 1, 518.º e 519.º do CC). Já no âmbito das relações internas, o devedor solidário que tenha cumprido integralmente perante o credor comum tem direito de regresso contra o outro co-devedor, relativamente à sua quota-parte na dívida (cf. art. 524.º do CC).

---

[498] Cf. MANUEL JANUÁRIO DA COSTA GOMES, *O regime da fiança no Acto Uniforme sobre Garantias da Organização para a Harmonização em África do Direito dos Negócios; alguns aspectos*, Separata do Boletim da Faculdade de Direito de Bissau, N.º 6, Bissau, 2004, p. 3.

Na fiança, assim como na solidariedade passiva, há dois devedores. Contudo, na fiança, um devedor é principal e o outro (fiador) é um devedor acessório e subsidiário[499]. Nesta medida, a fiança é acessória uma vez que a obrigação a que o fiador está vinculado apresenta as mesmas características e sofre as mesmas vicissitudes que afectam a obrigação garantida. Por outro lado, o fiador é um devedor que só pode ser chamado a responder em "segunda linha", isto é, apenas depois de se verificar o incumprimento por parte do devedor principal, o que significa que se trata de um devedor subsidiário. Diferentemente, na solidariedade passiva, qualquer um dos co-devedores solidários pode ser chamado a cumprir integralmente a obrigação pelo credor, independentemente de qualquer incumprimento dos outros. Aliás, na solidariedade passiva, se o credor interpelar um dos devedores solidários para cumprir, em princípio não pode de seguida interpelar outro – cf. art. 519.º do CC. Não se confundem, portanto, ambas as situações, tomando em consideração que na fiança o credor deverá, em primeiro lugar, exigir ao devedor principal, e, apenas se ocorrer o incumprimento por parte deste é que poderá accionar o fiador, na qualidade de devedor subsidiário[500].

Assim, na solidariedade passiva, todos são devedores a título principal, enquanto que na fiança há um devedor principal (devedor garantido ou afiançado) e um devedor secundário (fiador), porque só aparece numa segunda fase, após o incumprimento do devedor principal e porque a sua obrigação se assume como um reflexo da obrigação principal.

Em segundo lugar, a fiança também não se confunde com a assunção cumulativa de dívida, figura prevista nos artigos 595.º e seguintes do CC. Nesta hipótese, um terceiro assume a dívida de outrem, mas assume-a a título principal. Diversamente, como já vimos, na fiança, o fiador é um devedor que surge a título acessório e secundário[501].

---

[499] Será analisada, infra, a diferença entre acessoriedade e subsidiariedade.

[500] Acresce que, nas fianças em que haja o benefício da excussão prévia, o credor só poderá accionar o fiador após esgotar todas as possibilidades de acção contra o património do devedor principal.

[501] Sobre a distinção entre fiança e assunção de dívida, consultar o Acórdão do STJ Português de 6 de Maio de 2004, disponível em www.dgsi.pt. Nos termos desta decisão, *"... sob o aspecto funcional, há uma apertada semelhança entre as figuras da fiança e da assunção de dívida. Ambas se destinam a reforçar a existência prática do crédito, através da associação ao património do devedor de um outro, pertencente ao fiador ou ao assuntor. Só que o fiador pretende responsabilizar-se acessória e, em geral, subsidiariamente, ao passo que o chamado assuntor assume, chama a si, a obrigação do*

Na assunção cumulativa existe uma solidariedade imperfeita, na medida em que o "verdadeiro" devedor é o assuntor, ou seja, a pessoa que assumiu a dívida e para quem o devedor originário pretendia transmitir a sua posição jurídica. Assim sendo, se o assuntor cumprir perante o credor, não terá direito de regresso contra o devedor originário. Se, ao invés, for o devedor originário a cumprir, já haverá direito de regresso integral deste contra o terceiro assuntor, na medida em que a manutenção da posição debitória do devedor originário se deveu exclusivamente à necessidade de garantir o ressarcimento do credor. Mas, de facto, aquele que realmente deve ao credor é o assuntor e não o devedor originário, que já transmitiu a sua dívida àquele, pelo que se o devedor originário tiver de cumprir terá, naturalmente, direito de regresso integral contra o assuntor. Ainda assim, apesar de não se tratar de solidariedade *perfeita*, porque só há solidariedade nas relações externas, mas não já nas relações internas, o certo é que o credor pode interpelar qualquer um dos seus devedores para cumprir, a título principal, isto é, tanto o devedor originário como o terceiro assuntor. A razão de ser da imperfeição da solidariedade reside nas relações internas, isto é, no facto de nem sempre operar o direito de regresso, pois nas relações externas nada há a acrescentar ao regime comum dos artigos 512.º e seguintes do CC.

Nesta ordem de ideias, também aqui não há confusão possível com a fiança, na medida em que nesta o fiador não responde a título principal, mas antes a título subsidiário. Não obstante, há uma proximidade mais acentuada com a assunção cumulativa de dívida do que com a solidariedade passiva na medida em que a manutenção do devedor originário como devedor "solidário" se justifica pela necessidade de garantir o direito do credor, facto que também acontece com o fiador. Por outro lado, o devedor originário tem direito de regresso contra o assuntor, assim como o fiador, se cumprir perante o credor, pode exigir ao devedor principal o reembolso das quantias que tenha entregue ao credor, situação que alguma doutrina designa também de "direito de regresso". A diferença entre ambas as figuras reconduz-se, assim, ao facto de na fiança o devedor principal responder em primeira linha e o fiador apenas após o incumprimento daquele, enquanto que na assunção cumulativa de dívida qualquer um dos devedores, isto é, quer o devedor originário, quer o assuntor, pode ser chamado pelo credor a cumprir integralmente.

---

devedor, tomando-a como própria.". O Tribunal acabou por concluir que se tratava de assunção de dívida, de acordo com a interpretação da declaração negocial emitida, nos termos do artigo 236.º do CC.

1.3. Conceito de fiança

Curiosamente, o Código Civil de 1966, rico em definições e conceitos, não contém nenhuma noção de fiança. Com efeito, a Secção II do Capítulo VI (garantias especiais das obrigações) começa apenas, no n.º 1 do artigo 628.º, com uma noção e uma referência à acessoriedade, limitando-se a enunciar que *"O fiador garante a satisfação do direito de crédito, ficando pessoalmente obrigado perante o credor"*, acrescentando o n.º 2 deste artigo que *"a obrigação do fiador é acessória da que recai sobre o principal devedor"*. Deste artigo podemos retirar a ideia de que o fiador é um devedor pessoal, que responde por uma dívida própria perante o credor, que é a dívida fidejussória, bem como que a fiança se pauta pela regra da acessoriedade.

Pelo seu lado, o AUG define a fiança no artigo 3.º como *"o contrato pelo qual uma pessoa, o fiador, se compromete perante o credor, que aceita, a cumprir a obrigação do devedor se este a não cumprir"*[502]. O 2.º parágrafo deste artigo realça ainda que a fiança pode ser prestada com o acordo do devedor ou sem ele, destacando-se o facto de o contrato de fiança ser celebrado entre o fiador e o credor, daí poder ser acordado mesmo contra a vontade do devedor principal.

Contrariamente ao Código Civil, o AUG sublinha o facto de o fiador apenas poder ser chamado a cumprir perante o credor se o devedor não cumprir a obrigação a que está vinculado. Esta ideia é ausente da redacção originária do art. 627.º do CC, muito embora se possa retirar do seu espírito, na medida em que, sendo a fiança uma garantia das obrigações, naturalmente que essa garantia só pode ser actuada após falhar o cumprimento da obrigação garantida. Por outro lado, a definição do art. 3.º do AUG é mais restrita do que a do Código Civil, por ser circunscrita à fiança contratual. Com efeito, enquanto a noção originária do art. 627.º do CC é aplicável, por igual, a todas as modalidades de fiança, o art. 3.º do AUG é restrito à fiança proveniente da autonomia privada, sublinhando, ainda, o carácter contratual desta garantia[503].

---

[502] Cf. também o texto proposto para o novo artigo 627.º do CC, resultado do ajustamento entre o AUG e o Direito interno.

[503] Veremos, adiante, que nem toda a doutrina reconduz a fiança a um contrato, sendo que alguns autores admitem a sua constituição por meio de negócio jurídico unilateral.

A noção de fiança constante do art. 3.º do AUG é claramente inspirada no artigo 2288.º do Código Civil Francês[504-505]. O disposto no art. 3.º do AUG aproxima-se, em certa medida, do artigo 2288.º do *Code* Civil, nos termos do qual *"Celui qui se rend caution d'une obligation se soumet envers le créancier à satisfaire à cette obligation, si le débiteur n'y satisfait pas lui-même"*. Nota-se apenas que o AUG salienta o carácter contratual da fiança, ao afirmar que se trata do *"contrato pelo qual uma pessoa, o fiador, se compromete perante o credor, que aceita..."*, o que não sucede no Código Civil Francês, que não parece tomar partido sobre a natureza contratual ou não da fiança, uma vez que se limita a referir como fiador aquele que se compromete perante o credor a satisfazer uma determinada obrigação, se o devedor não a cumprir.

Resulta claramente do segundo parágrafo do art. 3.º do AUG que para a constituição da fiança contratual é totalmente irrelevante a posição do devedor garantido, pelo que a fiança pode ser prestada sem o seu conhecimento ou mesmo contra a sua vontade. No mesmo sentido, o artigo 2291.º do Código Civil Francês estabelece que uma pessoa se pode constituir fiadora sem ordem daquele por quem se obriga, ou mesmo sem que este saiba[506].

De facto, mesmo que o devedor principal não concorde com a constituição da fiança[507], ele nada pode fazer para impedir a sua formação. Esta solução assenta no facto de a razão de ser da garantia visar favorecer o credor, o que justifica que este possa aceitar todas as garantias que bem entender. Se o devedor quiser impedir a actuação do fiador, terá apenas de cumprir a dívida, mas não poderá evitar que alguém preste fiança à sua obrigação[508]. A fiança tanto pode ser prestada com o seu conhecimento, como na sua ignorância ou mesmo contra a sua vontade. Nesta ordem de ideias, não se pode afirmar que esta regra constitua uma ofensa ao Princípio *in vito non datur beneficium*, na medida em que não é o devedor que é beneficiado com a fiança, mas sim o credor. Em termos abstractos, o

---

[504] Cf. BORIS MARTOR, *Comparaison de deux sûretés personnelles...*, ob. cit., p. 21.
[505] Cf. ALICE TISSERAND-MARTIN, GEORGES WIEDERKEHR, FRANÇOIS JACOB, XAVIER HENRY, GUY VENANDET, FRANÇOIS BARATON, *Code Civil*, cent-septième édition, Paris, Dalloz, 2008, p. 2274.
[506] Cf. ALICE TISSERAND-MARTIN, GEORGES WIEDERKEHR, FRANÇOIS JACOB, XAVIER HENRY, GUY VENANDET, FRANÇOIS BARATON, *Code Civil*, ob. cit., p. 2282.
[507] Cf. também o n.º 2 do originário artigo 628.º do Código Civil.
[508] Cf. MÁRIO JÚLIO DE ALMEIDA COSTA, *Direito das obrigações*, ob. cit., p. 892.

devedor não ganha nem perde com o facto de alguém ter afiançado a sua obrigação, na medida em que ele sempre terá de cumprir, ou perante o credor, ou perante o fiador, por meio do exercício da acção sub-rogatória ou do direito de regresso[509].

Não obstante, é de assinalar que na maior parte das vezes a fiança surge na sequência de um pedido por parte do devedor principal, o qual muitas vezes se enquadra no contexto de um contrato de mandato entre o devedor principal e o fiador.

Por outro lado, embora se trate de um contrato, é de salientar que a sua estrutura é monovinculante, na medida em que dele provêm essencialmente obrigações para o fiador. Com efeito, o credor assume algumas obrigações, desde logo de informação do fiador, mas trata-se de obrigações meramente secundárias, que não constituem um sinalagma relativamente à obrigação assumida pelo fiador de cumprir em caso de incumprimento do devedor principal.

Tanto no âmbito do Código Civil, como no AUG, o fiador fica pessoalmente obrigado ao cumprimento da dívida garantida, o que quer dizer que ele responde, com todos os seus bens, nos termos gerais do art. 601.º do CC, pelo cumprimento da obrigação perante o credor (dívida fidejussória). Daí a afirmação de que a fiança consubstancia um reforço quantitativo da garantia do credor: ele continua a ser um mero credor comum, mas pode investir os seus direitos contra dois patrimónios: o património do devedor principal e o património do fiador. Por essa razão a doutrina considera que a dívida do fiador é uma dívida própria, resultante do próprio contrato de fiança por si celebrado, e não uma dívida alheia do devedor principal.

Neste mesmo sentido decidiu o Tribunal do Mfoundi no Acórdão com a referência J-04-214[510], tendo determinado que o fiador assume uma dívida própria, e não uma dívida alheia (supostamente do devedor principal). Daí que o credor possa requerer providências cautelares sobre os bens móveis do próprio fiador, nos termos do artigo 54.º do AUOPSCE, na medida em que pode demonstrar ser titular de um direito de crédito *"aparente e fundado"* sobre o requerido (fiador)[511].

---

[509] Depois de cumprir a obrigação, a lei permite ao fiador exigir ao devedor principal o reembolso das quantias entregues ao credor. Cf. o disposto nos artigos 20.º e seguintes do AUG.

[510] Disponível em www.ohada.com.

[511] No mesmo sentido, veja-se o Acórdão do Tribunal de Niamey, com a referência J-03-249, disponível em www.ohada.com.

Não obstante o fiador responder pelo cumprimento da obrigação com todo o seu património, ele pode limitar a sua responsabilidade perante o credor nos termos gerais do art. 602.º do CC. Efectivamente, assim como a lei permite ao devedor principal, por contrato com o credor, limitar a sua responsabilidade, igual possibilidade se abre ao fiador. O fiador, obtendo o acordo do credor, pode limitar a sua responsabilidade a alguns dos seus bens, nos termos previstos no Direito interno, com base no artigo referido.

A fiança pode apresentar-se como um contrato gratuito, em que o fiador assume um sacrifício, sem que tenha qualquer vantagem como contrapartida. No entanto, nada impede que a fiança apareça também como negócio oneroso, recebendo o fiador uma remuneração, que pode ser paga pelo devedor principal, pelo credor ou ainda por terceiro.

1.4. Características da fiança

A doutrina costuma apontar à fiança duas importantes características, designadamente a acessoriedade e a subsidiariedade. Vejamos de seguida cada uma delas em particular.

1.4.1. *Acessoriedade*

Nos termos do n.º 2 do art. 627.º do CC, a fiança é acessória da obrigação principal[512]. A acessoriedade significa que a fiança é moldada tendo em conta as características da obrigação principal, ou seja, que a dívida fidejussória aparece como um reflexo da obrigação principal e com os mesmos contornos que a caracterizam. No âmbito do Código Civil, a acessoriedade tem importantes implicações, nomeadamente:

1) Nos termos do art. 628.º, n.º 1, a fiança deve obedecer à mesma forma exigida por lei para a constituição da dívida principal.
2) O art. 631.º estabelece que a fiança não pode exceder o montante da dívida principal nem ser contraída em condições mais onerosas, sendo que, se isso acontecer, haverá lugar à redução da fiança.

---

[512] Cf. ADRIANO PAES DA SILVA VAZ SERRA, *Fiança e figuras análogas*, ob. cit., p. 21: *"Destinando-se a obrigação do fiador a garantir o resultado do cumprimento da obrigação principal, é a sua obrigação uma obrigação acessória: a existência e conteúdo da obrigação principal condicionam a obrigação do fiador."*.

3) Segundo o disposto no art. 632.º, a anulabilidade da dívida principal implica a anulabilidade da dívida acessória. A única excepção a esta regra reside no caso de a fiança ser anulável devido a incapacidade do devedor ou a vício da vontade deste e o fiador ter assumido a sua obrigação com conhecimento dessa causa de anulabilidade, caso em que se entende que assumiu o risco de a obrigação principal vir a ser anulada, devendo por isso manter-se ainda válida a fiança[513].
Diferentemente, sendo a dívida principal nula, é igualmente nula a fiança, independentemente de o fiador conhecer ou não a causa de nulidade aquando da constituição da fiança.
4) Nos termos do n.º 1 do art. 637.º, o fiador pode invocar contra o credor as mesmas excepções que o devedor principal.
5) De acordo com o disposto no art. 651.º, a extinção da dívida principal faz extinguir também a fiança.
6) Por último, a natureza civil ou comercial da fiança depende da natureza da obrigação assumida. Neste último caso, esta questão deixou de ter relevância com a adopção do AUG, cujo primeiro parágrafo do art. 1.º determina que o regime é o mesmo, independentemente da natureza da obrigação garantida.

A acessoriedade é uma *característica essencial*, sem a qual não é possível falar em fiança. Ao invés, a subsidiariedade, característica que normalmente também é apontada à fiança, não é essencial, podendo em certos casos o fiador ser chamado a cumprir antes do próprio devedor principal (é, ou era, o caso do disposto no artigo 640.º do CC)[514-515].

O Tribunal de Apelação de Dacar emitiu já uma decisão que vai ao encontro da acessoriedade da fiança[516], num caso em que havia duas dívidas: uma primeira dívida, que se encontrava garantida por uma fiança hipotecária, por um penhor sem entrega e por uma fiança pessoal e solidária; a segunda dívida tinha por garantia um penhor sem entrega e

---

[513] Se o fiador pagar a dívida nos termos do n.º 2 do art.º 632.º do CC e se, depois disso, o devedor principal ressarcir o fiador, entende-se que estamos em face do cumprimento duma obrigação natural.

[514] Cf. Pires de Lima e Antunes Varela, *Código Civil Anotado*, Volume I, p. 613.

[515] Sobre esta questão, consultar o Acórdão do STJ Português de 6 de Maio de 2004, disponível em www.dgsi.pt.

[516] Disponível em www.ohada.com, com a referência J-05-96.

uma fiança pessoal e solidária. A decisão do tribunal foi no sentido de que as fianças tinham sido prestadas por pessoas diferentes, e para dívidas diversas, pelo que o credor não podia accionar, indiferentemente, um ou outro fiador. Só poderia accionar o fiador relativamente à dívida que ele garantiu, e não relativamente a outras dívidas, pois é da dívida garantida que a fiança é acessória.

1.4.2. Subsidiariedade. O problema da fiança simples ou solidária

A subsidiariedade significa que o fiador só pode ser chamado a cumprir a obrigação no caso de esta não ser cumprida pelo devedor principal, isto é, apenas numa segunda linha de acção do credor. Este é o ponto fulcral de distinção entre a fiança e a solidariedade passiva, na medida em que o credor não pode escolher entre accionar o devedor principal ou o devedor fidejussório. Em princípio, ao credor só é legítimo accionar o fiador depois de se ter verificado o incumprimento por parte do devedor principal, precisamente porque a fiança consubstancia uma garantia e as garantias só devem ser accionadas após o incumprimento do dever de prestar.

Esta característica da fiança é assumida desde logo no próprio artigo 3.º do AUG, na definição que nos dá de fiança, constando igualmente da proposta para o n.º 1 do novo art. 627.º do CC, resultado do ajustamento entre os dois dispositivos normativos.

A subsidiariedade tem como expressão máxima a possibilidade de o fiador invocar o benefício da excussão prévia[517], que se encontra previsto nos artigos 638.º e 639.º do CC. Nos termos do art. 638.º:

Artigo 638.º
(Benefício da excussão)

1. Ao fiador é lícito recusar o cumprimento enquanto o credor não tiver excutido todos os bens do devedor sem obter a satisfação do seu crédito.

2. É lícita ainda a recusa, não obstante a excussão de todos os bens do devedor, se o fiador provar que o crédito não foi satisfeito por culpa do credor.

---

[517] Cf. MÁRIO JÚLIO DE ALMEIDA COSTA, *Direito das obrigações*, ob. cit., p. 895.

Este benefício implica que o credor só pode investir os seus direitos contra o património do fiador depois de esgotar todas as possibilidades de acção contra o património do devedor principal. Nestes termos, após o incumprimento do devedor principal, o credor deve accioná-lo, procedendo à execução dos seus bens, de forma a ressarcir-se do seu direito de crédito. Apenas depois de esgotadas as vias de acção contra o património do devedor principal é que, se se mantiver algum valor em dívida, o credor pode atingir o património do fiador, exigindo-lhe o cumprimento e executando os seus bens. Enquanto isso não acontecer, o fiador pode opor-se, eficazmente, à execução do seu património por parte do credor[518]. À fiança com benefício de excussão prévia chama-se fiança simples.

No sistema jurídico instituído pelo Código Civil Guineense, o regime supletivo resultante do n.º 1 do art. 638.º é a fiança simples, isto é, a fiança com benefício da excussão prévia. Com efeito, o fiador apenas não tem direito ao benefício da excussão prévia nos casos mencionados no art. 640.º do CC, bem como no caso de se tratar de fiança comercial, na medida em que a regra supletiva estabelecida no artigo 101.º do Código Comercial é a da solidariedade.

Ainda nos termos do n.º 2 do art. 638.º do CC, o fiador pode recusar o cumprimento perante o credor se este só por inércia sua não tiver conseguido obter do devedor principal o cumprimento. Será esta a hipótese de o devedor principal ter bens suficientes aquando do incumprimento da obrigação que podiam ter sido atingidos pela acção do credor, mas este, por descuido seu, nada tenha feito nesse sentido, ou tenha actuado de forma negligente.

É de sublinhar que o benefício da excussão apenas permite ao fiador obstar à execução do seu património pelo credor, mas não pode impedir a sua demanda em tribunal, designadamente, por via de acção declarativa de condenação. Com efeito, uma coisa é o credor adiantar tempo, intentando a acção declarativa de condenação, enquanto não esgotou ainda as possibilidades de execução do património do devedor, sendo que a esta acção o fiador não se pode opor. Situação diversa é a execução dessa sentença, que apenas poderá ter lugar depois de se concluir que o património do devedor principal não é suficiente para saldar a dívida.

O benefício da excussão prévia consubstancia uma das mais importantes manifestações de subsidiariedade da fiança, na medida em que o

---

[518] Cf. PIRES DE LIMA e ANTUNES VARELA, *Código Civil Anotado*, Volume I, ob. cit. p. 655.

fiador não é apenas chamado a cumprir depois do incumprimento do devedor principal, como só será chamado a cumprir depois de o credor esgotar o património daquele.

Ao invés, na fiança solidária o fiador não goza do benefício da excussão prévia, mas existe, ainda assim, subsidiariedade, embora numa feição mais restrita. Com efeito, o fiador solidário só pode ser interpelado pelo credor após o incumprimento do devedor principal, mas aqui o credor não está obrigado a accionar primeiro o devedor principal, nem a excutir todos os bens do seu património. Pode accionar e executar o património do fiador logo que se verifique o incumprimento do devedor principal, ao mesmo tempo que executa os bens deste, ou em alternativa à execução dos bens deste.

Os casos previstos no artigo 640.º do CC de fiança sem benefício da excussão prévia são os seguintes:

1) Situação em que o fiador renunciou ao benefício da excussão, assumindo a obrigação de principal pagador (art. 640.º, *alínea a)*);
2) Situação em que o devedor principal ou o proprietário dos bens onerados com garantia real não pode, em virtude de facto posterior à constituição da fiança, ser demandado no continente ou nas regiões autónomas dos Açores ou da Madeira (art. 640.º, *alínea b)*);

O disposto na *alínea b)* do artigo 640.º está relacionado com o art. 639.º, nos termos do qual, havendo garantia real da dívida constituída por terceiro, o fiador pode igualmente escusar-se à execução do seu património, requerendo a prévia execução dos bens sobre os quais incide a garantia real. Para o efeito, a garantia real tem que ser contemporânea ou anterior à fiança, dado que, sendo posterior, o fiador não podia contar com a sua existência no momento da constituição da fiança. Neste caso, o autor da garantia real não fica sub-rogado nos direitos do credor contra o fiador – cf. art. 639.º, n.º 3, do CC.

Este regime significa que o Código Civil oferece uma maior tutela ao fiador do que ao autor da garantia real, possivelmente porque a execução do bem onerado com a garantia real traz maior segurança ao credor. A razão de ser deste artigo também se prende com o facto de a garantia real ser anterior ou contemporânea da fiança, o que à partida significa que o fiador assumiu a dívida fidejussória na perspectiva de que apenas seria accionado após a execução dos bens onerados com a garantia real, por esta ser anterior à formação da própria fiança. Por isso, a responsabilidade do fiador é subsidiária relativamente à responsabilidade do autor da garantia real[519].

O disposto no art. 639.º é exclusivamente aplicável às garantias constituídas por terceiro, tratando-se, por conseguinte, de garantias contratuais. Não podem, pois, estar em causa garantias legais nem judiciais.

Entretanto, a *alínea b)* do art. 640.º delimita negativamente a invocação do benefício da excussão, referindo que o fiador não goza desta prerrogativa quando o proprietário dos bens onerados com garantia real não puder, em virtude de facto posterior à constituição da fiança, ser demandado no continente ou nas regiões autónomas dos Açores ou da Madeira. Todavia, no caso da Guiné-Bissau, a referência feita na *alínea b)* do artigo 640.º à possibilidade de demanda ou de execução no território continental ou nas ilhas não diz respeito a Portugal, na medida em que o artigo 22.º da Portaria n.º 22.869, de 25 de Setembro de 1967[520], que operou a extensão do Código Civil às então Províncias Ultramarinas, determinou que sempre que algum artigo do Código se referisse ao território continental ou às ilhas adjacentes, se deveria considerar essa referência feita ao território da *província* respectiva. Portanto, onde se diz *"no território continental ou das ilhas adjacentes"* deve ler-se no território da então Província Ultramarina da Guiné Portuguesa.

Acresce ainda que, em consonância com o artigo 1.º da Lei n.º 1//73, de 24 de Setembro, este artigo 22.º da Portaria de extensão deve considerar-se parcialmente prejudicado na medida em que a referência não se pode considerar feita ao território da *província*, mas antes ao território do Estado independente e soberano da Guiné-Bissau, tal como é definido actualmente pelo art. 9.º da Constituição Guineense. Portanto, actualmente, deve entender-se que o artigo se refere à impossibilidade de execução no território do Estado da Guiné-Bissau.

3) Nos termos do art. 101.º do Código Comercial, também não há lugar ao benefício da excussão se o fiador assegurar o cumprimento de obrigações mercantis, na medida em que aqui o fiador se assume, à luz do Direito interno, como fiador solidário.

---

[519] Cf. PIRES DE LIMA e ANTUNES VARELA, *Código Civil Anotado*, Volume I, ob. cit. p. 626.

[520] Publicada no Suplemento ao Boletim Oficial n.º 38, de 25 de Setembro de 1967.

Por seu turno, o AUG acolhe igualmente a classificação da fiança em fiança simples ou fiança solidária, nos termos do disposto no seu art. 10.º[521]:

Artigo 10.º
É solidária a responsabilidade do fiador e do devedor principal.
Porém, é lícito à lei de cada Estado Contratante, ou às partes, mediante declaração expressa, a adopção de um regime nos termos do qual o fiador só responda após excutidos todos os bens do devedor.

A título supletivo, o AUG estabelece o carácter solidário da obrigação do fiador no primeiro parágrafo do art. 10.º. Como na fiança solidária o fiador não pode invocar o benefício da excussão prévia, uma vez incumprida a obrigação principal, o credor poderá escolher entre accionar o devedor ou o fiador, sem que este último se possa defender e exigir que o credor actue previamente contra o devedor principal. Na verdade, na fiança solidária, continua a haver acessoriedade, mas perde-se grande parte da subsidiariedade atrás referida. Não obstante, saliente-se que continua, ainda aqui, a existir subsidiariedade, na medida em que o fiador apenas é chamado a responder numa segunda linha, após o incumprimento do devedor principal[522] – conforme o disposto no artigo 16.º, § 1, do AUG.

A fiança solidária consubstancia ainda uma garantia das obrigações, o que permite delimitar a fronteira entre a obrigação do fiador e a obrigação do devedor solidário prevista nos artigos 512.º e seguintes do CC. No âmbito da solidariedade passiva, uma vez vencida a obrigação, o credor pode escolher entre interpelar qualquer um dos devedores solidários para

---

[521] No texto original, em francês, pode ler-se: *"Le cautionnement est reputé solidaire. Il est simple lorsqu'il en est ainsi decidé, expressément, par la loi de chaque État partie ou la convention des parties."*. Note-se que o segundo parágrafo do artigo 10.º destaca a necessidade de, quer a lei, quer a convenção das partes, ter de estabelecer de modo expresso a fiança simples, ou seja, com o benefício da excussão, enquanto a tradução apenas parece fazer a exigência de declaração expressa à convenção das partes.

[522] No mesmo sentido, cf. FRANÇOIS ANOUKAHA, JOSEPH ISSA-SAYEGH, AMINATA CISSE--NIANG, ISAAC YANKHOBA NDIAYE, MESSANVI FOLI e MOUSSA SAMB, *OHADA. Sûretés*, ob. cit., p. 12: *"... même dans le cautionnement solidaire, l'engagement de la caution reste subsidiaire. La solidarité n'exclut pas la subsidiarité"*. Por conseguinte, a solidariedade não exclui a subsidiariedade na medida em que o fiador só vai ser chamado pelo credor a efectuar o cumprimento no caso de o devedor não cumprir a sua obrigação.

efectuar o cumprimento integral da dívida. Diferentemente, havendo fiança, o credor só pode actuar contra o fiador a título subsidiário, depois de ocorrer o não cumprimento da obrigação por parte do devedor principal. A fiança é, pois, uma garantia efectiva, pelo que só pode ser activada depois de a obrigação não ser cumprida – conforme o art. 13.º do AUG.

A solução supletiva da fiança solidária no AUG afasta-se do regime jurídico anteriormente consagrado no artigo 638.º do CC, bem como do artigo 2298.º do Código Civil Francês[523]. Porém, doutro ponto de vista, aproxima-se da solução que era consagrada no art. 101.º do Código Comercial, aplicável quando a fiança garantia o cumprimento de obrigações mercantis. A razão de ser da consagração da solidariedade como regime regra reside no facto de a OHADA ser uma organização internacional que surge no contexto do Direito dos negócios e cujo núcleo essencial consiste precisamente no Direito comercial ou no Direito dos negócios. Nesta medida, a importância atribuída ao domínio comercial é superior à que é dada ao domínio civil, pois são essas as situações que se têm essencialmente em vista regular, numa óptica de segurança jurídica e judiciária que permita um incremento do investimento nos países que compõem esta organização.

Justifica-se, pois, numa lógica de segurança das transacções, que a regra seja a da solidariedade da fiança, o que vem de encontro às necessidades de celeridade e confiança suscitadas pelo próprio Direito comercial, ao mesmo tempo que se afasta dos princípios que regem o Direito civil[524]. De facto, a solidariedade tutela melhor o credor e beneficia o investimento nos países membros da OHADA, pois aumenta as possibilidades de estes ressarcirem os seus créditos, na medida em que, desde que se encontre não cumprida a obrigação principal, não terão que perder tempo e dinheiro executando o devedor principal para depois poder actuar contra o devedor secundário. Podem, à partida, optar entre accionar o devedor principal ou accionar de imediato o fiador através da garantia por ele prestada.

---

[523] É o seguinte o teor do artigo 2298.º: *"La caution n'est obligée enviers le créancier à le payer qu'à défaut du débiteur, qui doit être préalablement discuté dans ses biens, à moins que la caution n'ait renoncé au bénéfice de discussion, ou au moins qu'elle ne se soit obligée solidairement avec le débiteur; auquel cas l'effet de son engagement se règle par les principes qui ont été établis pour les dettes solidaires"*. Cf. ALICE TISSERAND-MARTIN, GEORGES WIEDERKEHR, FRANÇOIS JACOB, XAVIER HENRY, GUY VENANDET, FRANÇOIS BARATON, *Code Civil*, ob. cit., p. 2290.

[524] Cf. MANUEL JANUÁRIO DA COSTA GOMES, *O regime da fiança...*, ob. cit., p. 12.

Por sua vez, no segundo parágrafo do artigo 10.º do AUG é admitida a fiança simples em duas situações:

1) Existência de convenção expressa das partes;
2) Determinação [expressa] da lei interna de um Estado membro.

Relativamente à convenção de fiança simples, o AUG exige que as partes o façam por meio de *declaração expressa*, na medida em que é necessário ter a certeza que as partes efectivamente pretendem que o fiador apenas responda pelo cumprimento da dívida após a excussão do património do devedor principal. Fica, assim, afastado o regime geral constante do artigo 217.º do CC.

Sobre a circunstância de a lei interna do Estado Contratante poder determinar que a fiança é, supletivamente, simples, podem surgir dois entendimentos diversos:

Numa primeira perspectiva, podemos considerar que o art. 638.º do CC consubstancia uma lei interna de um Estado Contratante (neste caso, a Guiné-Bissau) para efeitos do § 2 do art. 10.º, pelo que fica desde logo afastado o regime constante do primeiro parágrafo do mesmo artigo. De acordo com esta solução, a regra supletiva não consta do Acto Uniforme, mas sim do próprio Direito interno, em virtude de autorização conferida pelo segundo parágrafo do art. 10.º do AUG.

Numa segunda perspectiva, podemos entender que o disposto no art. 638.º do CC se encontra revogado, por força do § 1 do art. 150.º do AUG e do art. 10.º do TOHADA, pelo que apenas uma lei interna posterior poderá dar azo ao afastamento da regra contida no § 1 do art. 10.º, nos termos do segundo parágrafo do mesmo artigo.

É legítima a dúvida de saber se a referência à lei interna é em relação a uma lei anterior ou posterior ao AUG. Tal dúvida tem razão de ser pois, ao admitir que possa ser a própria lei interna a determinar que a fiança não é solidária, o AUG não é exactamente claro, pelo que poderia questionar-se se tal regra de Direito interno pode ser a que consta do art. 638.º do CC, nos termos acima assinalados, ou se deverá resultar apenas de uma manifestação de vontade dos Estados membros da OHADA a ter lugar após a adopção do AUG.

Januário da Costa Gomes considera que tal abertura do AUG se refere apenas a uma lei interna posterior à entrada em vigor do AUG[525],

---

[525] Cf. MANUEL JANUÁRIO DA COSTA GOMES, *O regime da fiança...*, ob. cit., p. 12, n.r. 29.

invocando como argumento o disposto no artigo 150.º, que procede à revogação de todas as disposições internas em sentido contrário ao Acto Uniforme. Tal solução resultaria também, segundo este entendimento, do disposto no próprio Tratado Constitutivo da OHADA, designadamente no seu artigo 10.º. Assim, ao entrar em vigor o AUG, terá sido revogado o artigo 638.º do CC, pelo que não faria sentido que no próprio AUG houvesse outra regra a remeter para o mesmo Direito interno revogado. Assim sendo, por motivos de coerência legal, a regra de Direito interno a que se refere o art. 10.º do AUG será, necessariamente, uma regra proveniente de uma lei posterior a este Acto Uniforme.

A favor desta tese poderia acrescentar-se que a solução oposta não faria sentido tendo em conta o contexto do AUG. Pretende-se harmonizar, ou mesmo, uniformizar o Direito das garantias nos Estados membros. Ora, esta finalidade perderia todo o seu conteúdo e sentido útil se se dissesse que o que consta da lei interna pode continuar a valer, principalmente numa matéria tão importante como os termos em que se efectiva a responsabilidade do fiador. Com efeito, foi em atenção às necessidades específicas do Direito dos negócios que se entendeu que a eficácia das garantias ficaria melhor assegurada com a regra da solidariedade da fiança. Portanto, de acordo com esta perspectiva, o art. 10.º do AUG terá revogado, tacitamente, o disposto no art. 638.º do CC.

Este entendimento pressupõe a interpretação restritiva do disposto no segundo parágrafo do artigo 10.º, na medida em que não será relevante uma qualquer lei interna, mas apenas uma lei interna posterior à entrada em vigor do AUG que poderá determinar a fiança simples a título supletivo. Tal restrição resultará, desde logo, da *ratio* desta disposição, que atende às necessidades comerciais, bem como de um argumento sistemático de articulação com o primeiro parágrafo do artigo 150.º do AUG e com o próprio artigo 10.º do TOHADA.

Ao invés, numa outra via de interpretação, de acordo com a primeira perspectiva proposta, o disposto no art. 638.º do CC constitui lei interna do Estado da Guiné-Bissau, e, sendo certo que o § 2 do art. 10.º do AUG remete para uma disposição de Direito interno, será de considerar que o mesmo não foi revogado pelo § 1 do art. 150.º do AUG nem pelo artigo 10.º do TOHADA. Esta restrição à revogação do Direito interno resulta de uma ressalva do próprio AUG, que, no segundo parágrafo do seu art. 10.º restringe o âmbito dessa revogação, dela excluindo as normas de Direito interno que estabeleçam, a título supletivo, a fiança simples. Nesta ordem de ideias, a revogação do Direito interno produzida pelo AUG foi feita com ressalva das situações em que o próprio Acto Uniforme remeteu para este Direito interno, "salvando", por esse meio, algumas das suas regras da revogação. O art. 10.º, § 2 é um destes casos, nos termos do qual o art. 638.º do CC se deve considerar ressalvado da revogação do Direito interno levada a cabo pelo AUG.

Além do mais, acresce que não faria sentido o AUG revogar o Direito interno e permitir, de seguida, que o Direito interno pudesse prevalecer em relação ao AUG sobre as mesmas matérias em que houve revogação. Isso iria apenas implicar um maior esforço dos Estados partes, que teriam de emitir regras idênticas às que vigoravam no Direito interno antes da adopção do AUG, duplicando assim os esforços e criando dificuldades de concatenação entre os dois textos legais. Se o objectivo do AUG é que o Direito interno se possa pronunciar em sede de determinação do regime supletivo da fiança, não faz sentido que comece por inutilizar o regime vigente para estabelecer um novo e permitir, de seguida, ao Estado, que reponha o regime anterior que foi eliminado. Mais fácil é ressalvar esse regime da revogação, precisamente porque, nos termos do próprio AUG, o Direito interno tem "competência" para regular esta matéria.

Não há, assim, no nosso entender, e, salvo melhor interpretação, necessidade de o Estado da Guiné-Bissau legislar no sentido de estabelecer a título supletivo a regra da fiança simples, pois, neste caso, continua a aplicar-se o art. 638.º do CC. Assim sendo, se as partes não disserem nada, a fiança é simples, apenas sendo solidária nos casos previstos pelo artigo 640.º do CC e no caso da fiança prestada no âmbito das relações comerciais, nos termos supra assinalados, devendo considerar-se igualmente em vigor a regra constante do art. 101.º do Código Comercial, por via da remissão para o Direito interno constante do segundo parágrafo do artigo 10.º do AUG.

No mesmo sentido foi o resultado do trabalho de ajustamento entre o AUG e o Direito interno, considerando que o texto proposto para o novo artigo 638.º prevê a manutenção do n.º 1 originário, nos termos do qual *"Ao fiador é lícito recusar o cumprimento enquanto o credor não tiver excutido todos os bens do devedor sem obter a satisfação do seu crédito"*. Portanto, entendeu-se que a remissão constante do segundo parágrafo do art. 10.º do AUG tanto abrange a lei interna anterior como a lei interna posterior à adopção do Acto Uniforme, donde a manutenção em vigor da regra supletiva da fiança simples constante do artigo 638.º do CC. Neste sentido, pode ler-se no trabalho de ajustamento a propósito do AUG o seguinte: *"... decidiu manter-se o regime tradicional do benefício da excussão, referido nos arts. 638.º e ss., dado que tal é permitido pelo art. 10º do Acto Uniforme, ainda que este supletivamente consagre a regra inversa.".*

Em qualquer caso, seria positiva a existência de jurisprudência sobre este problema, dada a sua sensibilidade e extrema relevância para aferir o momento oportuno para accionar o fiador. Tal constitui, sem dúvida, uma questão fundamental para os credores, pois certamente que não lhes é indiferente saber se terão ou não de perder tempo e dinheiro com a prévia excussão dos bens do devedor principal, ou se poderão logo a partir do incumprimento deste agir contra o património do fiador.

Neste sentido, somos de parecer que, pelo sim, pelo não, mesmo que seja adoptado o entendimento proposto da manutenção em vigor da regra supletiva constante do art. 638.º do CC, sempre será preferível que o contrato de fiança determine, de modo expresso e claro, a natureza simples ou solidária da garantia, consoante a concreta vontade das partes, caso em que nenhuma dúvida subsistirá quanto à possibilidade de invocar ou não o benefício da excussão.

1.4.3. *Modo de funcionamento da fiança simples*

É curioso notar que, mesmo que a fiança seja simples (por via da aplicação da regra supletiva do art. 638.º do CC ou por via da convenção expressa das partes), nada garante ao fiador que o credor não consiga executar os seus bens antes de esgotar as vias de acção contra o património do devedor principal.

Com efeito, neste campo há que conjugar o art. 10.º com o art. 16.º do AUG, que determina o *modus operandi* da activação do benefício da excussão prévia. Nos termos deste artigo 16.º, o benefício da excussão prévia não tem lugar na fiança solidária (cf. art. 10.º, 1.º parágrafo) nem na fiança determinada por decisão judicial[526]. Daqui resulta a conclusão de que a fiança determinada pelo tribunal é, necessariamente, solidária, solução esta que equivale à estabelecida no artigo 2319.º do Código Civil Francês[527]. Por conseguinte, a fiança simples só pode ter lugar na fiança contratual e na fiança legal.

---

[526] Neste sentido, cf. também Boris Martor, *Comparaison de deux sûretés personnelles...*, ob. cit., p. 24.

[527] Cf. Alice Tisserand-Martin, Georges Wiederkehr, François Jacob, Xavier Henry, Guy Venandet, François Baraton, *Code Civil*, ob. cit., p. 2315.

Por sua vez, o § 2 do artigo 16.º determina que, tratando-se de fiança simples, o fiador, na primeira acção em que seja demandado pelo credor, pode exigir que este execute previamente o património do devedor principal. Como o artigo refere a citação do fiador, não especificando o tipo de acção, parece que o fiador tanto pode usar desta faculdade em sede de acção executiva, como em sede de acção declarativa. Porém, esta solução contraria o disposto no regime do Código Civil, em que o benefício da excussão prévia apenas podia ser invocado na acção executiva.

Há alguns requisitos para a eficácia da invocação do benefício da excussão prévia, isto é, para que o fiador possa impedir a acção do credor contra a sua pessoa é necessário que se preencham, cumulativamente, as seguintes condições:

1.º O fiador não pode ter renunciado ao benefício da excussão;
2.º Indicação pelo fiador de bens do devedor que sejam susceptíveis de penhora imediata, situados no território nacional e que tenham valor suficiente para ressarcir a totalidade da dívida;
3.º Depósito, pelo fiador, das quantias necessárias para pagar as despesas da execução ou da quantia arbitrada pela jurisdição competente para esse efeito.

Percebe-se facilmente a primeira exigência, na medida em que, se o fiador renunciou, existe uma expectativa legítima do credor nesse sentido, a qual não pode ser frustrada, sob pena de *venire contra factum proprium*.

Observando o segundo requisito, conclui-se que compete ao fiador indicar ao credor o modo de accionamento do devedor principal, apontando os bens que existem, efectivamente, bem como a sua localização, sendo certo que devem ser bens susceptíveis de penhora imediata e situados no território nacional. Acresce ainda que tais bens devem revelar-se suficientes para ressarcir o credor, pois, a não ser assim, é certo que ele terá de recorrer ao fiador, caso em que, nesse remanescente, não poderá ser invocado o benefício da excussão.

Por fim, o fiador deverá ainda depositar as quantias necessárias para pagar as despesas da execução ou, em alternativa, a quantia que vier a ser arbitrada pela jurisdição competente.

Observando o regime do AUG, nota-se que ele se revela bastante exigente do que o estatuído pelo Código Civil, que não rodeava a invocação do benefício da excussão prévia de tantos cuidados, admitindo simplesmente que o fiador invocasse esta excepção, sem ter de identificar quaisquer bens do devedor principal. Este regime aproxima-se, entretanto, do estabelecido no artigo 2300.º do Código Civil Francês, onde também se exige ao fiador que indique bens do devedor principal situados na jurisdição onde o pagamento deve ser efectuado[528].

A exigência do AUG parece ser justificada, pois tem em vista impedir que o fiador se recuse a pagar ao credor por puro capricho, obrigando-o a intentar outra acção judicial, perdendo tempo e dinheiro com a execução prévia do devedor principal. Esta era uma situação que podia acontecer no âmbito do Código Civil e que agora deixa de poder ter lugar. Com efeito, é importante assegurar que o benefício da excussão prévia não se transforma num mero capricho do fiador, e que este o invoca com seriedade e quando haja, efectivamente, motivos para o fazer[529]. De facto, se a invocação do benefício da excussão prévia constitui um mero pretexto para o fiador ganhar tempo e poder dissipar o seu património, não deve ser admitida a sua arguição. A razão de ser deste benefício reside na necessidade de executar, previamente, o património do devedor principal, evitando eventuais danos para o fiador, cuja dívida é meramente acessória e subsidiária da dívida principal. Por isso, só faz sentido invocá-lo quando exista, de facto, património do devedor principal. Não tendo este quaisquer bens, é perfeitamente inútil obrigar o credor a executar previamente o seu património.

Por outro lado, é de salientar que o AUG exige, para que o benefício da excussão prévia seja operacional, que o fiador proceda ao depósito das despesas da acção. Segundo Januário da Costa Gomes, esta exigência está relacionada com o facto de estarmos perante um benefício concedido pela lei ao fiador, mas não ao credor, pelo que é justo e razoável que seja o fiador a arcar com as custas da execução[530]. Na verdade, o credor vai ter que executar o devedor principal *por causa do fiador*, que invocou o benefício da excussão prévia, pelo que é equitativo que as custas da acção sejam suportadas pelo fiador.

---

[528] O segundo parágrafo do artigo 2300.º determina o seguinte: *"Elle ne doit indiquer ni des biens du débiteur principal situés hors de l'arrondissement de la cour royale [la cour d'appel] du lieu où le paiement doit être fait, ni des biens litigieux, ni ceux hypothéqués à la dette qui ne sont plus en la possession du débiteur"*. Cf. ALICE TISSERAND-MARTIN, GEORGES WIEDERKEHR, FRANÇOIS JACOB, XAVIER HENRY, GUY VENANDET, FRANÇOIS BARATON, *Code Civil*, ob. cit., p. 2294.

[529] Cf. MANUEL JANUÁRIO DA COSTA GOMES, *O regime da fiança...*, ob. cit., p. 13.

[530] Cf. MANUEL JANUÁRIO DA COSTA GOMES, *O regime da fiança...*, ob. cit., p. 15.

Ainda segundo este autor, todos estes requisitos se apresentam como ónus que a lei estabelece sobre o fiador, para que este possa subsidiarizar a sua responsabilidade perante o credor. Não sendo cumpridos, o fiador sofre uma consequência desfavorável, que consiste no facto de o credor poder de imediato executar os seus bens, pois nessa hipótese a invocação do benefício da excussão prévia não será procedente[531]. Nesta ordem de ideias, tal como realça Januário da Costa Gomes, mesmo que a fiança seja simples, ela pode funcionar como se fosse fiança solidária, se o fiador renunciar ao benefício da excussão prévia, bem como nos casos em que ele não logre cumprir todos os requisitos que a lei impõe no artigo 16.º do AUG para a eficácia da invocação desta excepção.

De notar por fim que estes requisitos para a eficaz invocação do benefício da excussão prévia constam da proposta para o n.º 2 do novo artigo 638.º do CC, em resultado do ajustamento entre o AUG e o Direito interno.

Se, encontrando-se preenchidos todos estes pressupostos, o credor não intentar a acção contra o devedor principal, o terceiro parágrafo do art. 16.º do AUG estabelece que o credor responde perante o fiador até ao limite do valor dos bens que este tenha indicado, se o devedor vier a ficar insolvente, em sentido próximo do artigo 2301.º do Código Civil Francês[532]. Portanto, se mesmo depois de o fiador indicar quais os bens que o credor poderá executar, este nada fizer, isto é, se não intentar a competente acção, e se mais tarde o devedor principal vier a ficar insolvente, quem corre o risco desta insolvência é o próprio credor, e não o fiador. Na verdade, o fiador forneceu ao credor todos os elementos para que este pudesse ressarcir o seu crédito, só que este nada fez. Portanto, só não se pagou às custas do património do devedor principal por culpa sua. Sendo assim, pelo menos o valor daqueles bens que o fiador indicou será descontado na dívida que o fiador terá ainda que pagar ao credor, apesar da insolvência do devedor principal, sendo que essa constitui, possivelmente, uma das razões para o § 2 do art. 16.º exigir ao fiador que demonstre o valor dos bens do devedor principal que indica, pois é esse valor que depois será descontado nos termos do § 3. Assim, as consequências do descuido e da negligência do credor são imputadas ao próprio credor e não ao fiador.

---

[531] Cf. MANUEL JANUÁRIO DA COSTA GOMES, *O regime da fiança...*, ob. cit., p. 15.

[532] Idêntico texto pode ser encontrado na proposta para o n.º 3 do novo artigo 638.º do CC, em resultado do ajustamento entre o AUG e o Direito interno.

Esta disposição é muito parecida com o texto originário constante do n.º 2 do art. 638.º do CC, nos termos do qual o fiador podia recusar o cumprimento quando o credor, apesar de ter excutido todos os bens do devedor principal, só por culpa sua não tivesse obtido o respectivo ressarcimento. Esta hipótese, embora formulada em termos mais amplos, mais não era do que a mesma manifestação de preocupação que o terceiro parágrafo do art. 16.º do AUG revela pela negligência do credor, que podia ter obtido o pagamento do devedor principal mas, por não ter tomado as devidas providências, teve de recorrer ao fiador.

A fiança serve para garantir ao credor que receberá o pagamento no caso de incumprimento do devedor principal, mas não no caso em que o credor só não se conseguiu pagar à custa do devedor principal porque foi negligente e descuidado. Nessa hipótese, o fiador tem um efectivo interesse em não ser chamado a cumprir, pois dificilmente poderá recuperar do devedor principal o reembolso das quantias que tiver de entregar ao credor, o que não seria justo tendo em conta que o credor só não se pagou pelos bens do devedor principal por descuido ou negligência própria.

Por fim, é de notar que o fiador solidário não pode invocar o benefício da excussão, mesmo que o credor lhe exija o pagamento sem fazer prova bastante do incumprimento por parte do devedor principal, pois, mesmo nessa hipótese, não se poderá falar em fiança simples[533]. Não obstante, nos termos do art. 13.º do AUG, o fiador poderá sempre recusar-se a cumprir enquanto não se verificar o incumprimento por parte do devedor principal.

1.5. Formação contratual da fiança

A fiança contratual forma-se por meio da celebração de um negócio jurídico entre o credor e o fiador. À luz do AUG, não pode ser constituída uma fiança por meio de negócio jurídico unilateral. Esta solução resolve definitivamente a querela doutrinária e jurisprudencial existente no âmbito do Direito interno acerca da admissibilidade da prestação da fiança por mera declaração unilateral do fiador, nomeadamente por meio da assinatura de um termo de fiança[534]. À luz do AUG isso não é, portanto, permitido,

---

[533] Neste sentido, cf. o Acórdão do Tribunal de Daloua, disponível em www.ohada.com, com a referência J-05-174.

[534] Considerando que a fiança pode ser constituída tanto por meio de contrato, como por negócio jurídico unilateral, cf. os Acórdãos do STJ Português de 8/6/1993 e de 10/

solução esta que corresponde à tese maioritária na doutrina e jurisprudência portuguesas.

A fiança é, então, um contrato celebrado entre o credor e o fiador. No âmbito do Direito interno, a doutrina admitia também que o contrato fosse celebrado entre o fiador e o devedor principal, caracterizando-se nessa hipótese como um contrato a favor de terceiro – o credor[535], caso em que a intervenção deste seria dispensada. À partida, é de considerar que esta possibilidade não é afastada na medida em que o regime jurídico da fiança constante do AUG não põe em causa a figura geral do contrato a favor de terceiro, consagrada nos artigos 443.º e seguintes do CC. Assim sendo, nada obsta a que, nos termos gerais, o fiador celebre com o devedor um contrato de fiança a favor de terceiro, que será o credor. Nesta hipótese, o fiador será o promitente, o devedor o promissário e o credor o terceiro beneficiário.

1.6. Requisitos de constituição da fiança

O AUG coloca requisitos restritos para a válida constituição da fiança, nomeadamente:

1) Declaração expressa do fiador;
2) Documento escrito e assinado por ambas as partes;
3) Menção expressa, no documento da fiança, do montante máximo garantido, manuscrito pelo fiador, em algarismos e por extenso;
4) Anexação do documento constitutivo da obrigação principal.

É de realçar que, por imposição do § 4 do artigo 4.º do AUG, os requisitos de constituição da fiança são aplicáveis não apenas à fiança contratual, como também à fiança legal e judicial.

1.6.1. *Capacidade do fiador*

Antes, porém, da análise destes requisitos, importa referir que a fiança é um negócio de risco, que se assume como um negócio de disposi-

---

/5/1989. Em sentido divergente, considerando que a fiança carece de um contrato entre o fiador e o credor, cf. os Acórdãos do STJ Português de 24/1/1991, de 30/03/1989, de 02/03/1989, de 27/5/2003, de 30/10/2001 e de 27/5/2003.

[535] Cf. Mário Júlio de Almeida Costa, *Direito das obrigações*, ob. cit., p. 892.

ção, pelo que o fiador deve possuir a necessária capacidade de exercício para o acto. Tratando-se de pessoa singular, em princípio a fiança não poderá ser prestada por incapaz, a menos que esteja em causa alguma das excepções admitidas no artigo 125.º do CC, o que será manifestamente raro. No caso de fiança prestada por pessoa colectiva é necessário que a prestação da garantia se inclua entre os seus fins (cf. artigo 160.º do CC).

Se a fiança for prestada por uma sociedade comercial é de atender ao regime jurídico especial previsto no Acto Uniforme Relativo ao Direito das Sociedades Comerciais e ao Agrupamento de Interesse Económico, que proíbe a prestação de fiança em garantia das obrigações dos seus dirigentes, cônjuges, ascendentes ou descendentes, nos termos dos artigos 356.º, 450.º e 507.º. Porém, o segundo parágrafo do art. 450.º admite a prestação de fiança pela sociedade anónima, desde que o beneficiário seja uma pessoa colectiva membro do conselho de administração, e, bem assim, o terceiro parágrafo deste artigo permite a prestação de fiança pela sociedade anónima no caso de esta explorar um estabelecimento bancário ou financeiro, desde que esteja em causa uma operação corrente concluída em condições normais. Além disso, no caso de a sociedade anónima ser um estabelecimento bancário ou financeiro, esta pode conceder uma fiança para garantir as obrigações do seu administrador geral ou do seu administrador geral adjunto, *"desde que se trate de negócios respeitantes a operações correntes concluídos segundo as condições normais"* – cf. o disposto no segundo parágrafo do art. 507.º deste Acto Uniforme.

Por seu turno, a fiança prestada por uma sociedade anónima em garantia das obrigações de um terceiro carece de prévia autorização do conselho de administração ou da assembleia geral ordinária, conforme a estrutura adoptada pela sociedade – cf. artigo 449.º, primeiro parágrafo, e cf. artigo 506.º, primeiro parágrafo, do Acto Uniforme. Não obstante, qualquer destes órgãos pode conferir uma autorização genérica ao presidente director geral ou ao director geral que lhe permita prestar fianças até um determinado montante máximo, ou então em que cada fiança não poderá exceder certo montante (cf. o disposto no segundo e no terceiro parágrafos do art. 449.º). Esta permissão não poderá, contudo, valer por mais de um ano (cf. o disposto no quinto parágrafo do art. 449.º), além de que, sendo este montante máximo ultrapassado, essa circunstância não é oponível aos terceiros que dele não tivessem conhecimento (cf. o disposto no último parágrafo do art. 449.º). De salientar ainda que o artigo 449.º deste Acto Uniforme é aplicável a todas as sociedades comerciais e a todos os agrupamentos de interesse económico, incluindo os bancos e os estabelecimentos financeiros, que, segundo o TCJA, se integram dentro desta definição jurídica. Tal foi a decisão tomada na sequência do pedido de emissão de Aviso n.º 02/2000 efectuado pela República do Senegal[536], onde se concluiu ainda que as disposições do Acto Uniforme Relativo ao Direito das Sociedades Comerciais e ao Agrupamento de Interesse Económico eram de ordem pública. Em anotação, Joseph Issa-Sayegh sugere, contudo, que seria desejável a criação de um regime especial para as entidades bancárias, o qual poderia desde logo provir da UEMOA, o que não prejudicaria a aplicação do Acto Uniforme, tal como resulta do seu artigo 916.º.

1.6.2. Declaração expressa do fiador

O § 1 do artigo 4.º do AUG determina que *"a fiança nunca se presume"* e que *"deve ser expressamente declarada, sob pena de nulidade"*, realçando ainda que este regime jurídico se aplica independentemente da natureza da obrigação garantida. Portanto, quer se trate de obrigação civil, quer de obrigação comercial, a fiança deve ser expressamente declarada pelo fiador.

O § 1 do art. 4.º derroga, em sede de fiança, o disposto no art. 217.º do CC. Com efeito, regra geral, a declaração negocial pode ser expressa ou tácita. Diversamente, no âmbito do contrato de fiança, a declaração negocial do fiador deve ser prestada, obrigatoriamente, de modo expresso, sendo esse o sentido da lei quando determina que a vontade de prestar fiança nunca se pode presumir, devendo ser retirada de uma declaração expressa do fiador, donde resulte, claramente, essa mesma vontade. Portanto, a vontade de prestar fiança não pode ser deduzida das circunstâncias em que a declaração foi emitida, devendo resultar claramente do conteúdo dessa mesma declaração.

O disposto no § 1 do art. 4.º é análogo ao texto originário do n.º 1 do art. 628.º do CC, uma vez que também aqui era exigida a declaração expressa por parte do fiador. É também paralelo ao artigo 2292.º do Código Civil Francês[537]. Também o novo n.º 1 proposto para o art. 628.º

---

[536] Disponível em www.ohada.com, com a referência J-02-03.
[537] É o seguinte o texto do artigo 2292.º: *"Le cautionnement ne se présume point; il doit être exprès, et on ne peut pas l'étendre au-delà des limites dans lesquelles il a été contracté"*. Cf. ALICE TISSERAND-MARTIN, GEORGES WIEDERKEHR, FRANÇOIS JACOB, XAVIER HENRY, GUY VENANDET, FRANÇOIS BARATON, *Code Civil*, ob. cit., p. 2282.

do CC determina, em consonância com o primeiro parágrafo do art. 4.º do AUG, que *"A vontade de prestar fiança deve ser expressamente declarada..."*.

A exigência da declaração expressa deve-se a motivos de segurança jurídica e visa proteger o fiador da assunção de obrigações contra a sua vontade. Pretende-se obstar a que o fiador, de ânimo leve, assuma obrigações que na verdade não pretendia assumir ou sem ter ainda a noção clara do âmbito da vinculação que resulta da fiança.

A consequência da prestação de fiança por meio de declaração tácita resulta do mesmo artigo, sendo que a tradução oficial do AUG estabelece, na parte final do § 1 deste art. 4.º, que a consequência reside na nulidade da fiança. Não obstante, é de salientar que a versão original do AUG determina que o fiador deve declarar expressamente a sua vontade de prestar fiança, *a peine de nullité*. E, no Direito de raiz francófona, a categoria da *nullité* abrange, em sentido amplo, a nulidade absoluta (nulidade) e a nulidade relativa (anulabilidade), em termos análogos ao disposto no anterior Código Civil de Seabra. Neste sentido, poderia discutir-se se a *nullité* estabelecida por esta disposição corresponde à nulidade ou à anulabilidade, no plano do Ordenamento Jurídico Guineense, assim como nos demais em que o AUG é aplicável.

É de salientar que o texto proposto para o art. 628.º do CC não parece resolver este problema, nada dizendo quanto à consequência a aplicar no caso de a fiança ser prestada por meio de declaração tácita do fiador. Com efeito, apenas se determina a necessidade de o fiador declarar a sua vontade por forma expressa, nada se estabelecendo quanto às consequências do incumprimento desta regra. Mesmo assim, tais consequências aplicam-se independentemente de constarem ou não do art. 628.º do CC, ainda que o texto proposto para este artigo em resultado do ajustamento entre o AUG e o Direito interno venha a ser adoptado formalmente pelo Estado Guineense e publicado no Boletim Oficial. Com efeito, a consequência da nulidade não depende da formulação do art. 628.º do CC, mas apenas e tão só do disposto no primeiro parágrafo do art. 4.º do AUG, na medida em que este Acto Uniforme é directamente aplicável aos Estados membros da OHADA independentemente de qualquer acto de transposição e bem assim de qualquer lei interna anterior ou posterior à sua adopção. Por conseguinte, mesmo na ausência de qualquer consequência constante no texto proposto para o novo n.º 1 do art. 628.º do CC, deve entender-se, em consonância com o primeiro parágrafo do art. 4.º do AUG, que a fiança prestada por declaração tácita é nula, por ser este o efeito que resulta do disposto neste artigo.

A questão que se poderá colocar é a de saber se a *nullité* a que se refere este artigo é a nulidade ou a mera anulabilidade. Para a resolução deste problema, vamos primeiro observar o Direito Comparado.

A consequência da falta de declaração expressa do fiador é também alvo de debate no Ordenamento Jurídico Português, no âmbito da vigência do Código Civil de 1966. Segundo um primeiro entendimento, à partida, parece dever aplicar-se a solução que resulta do disposto no art. 294.º do CC, onde a lei comina a nulidade, por não ser cumprido o disposto numa regra injuntiva. No caso em apreço, a norma injuntiva violada seria o disposto no § 1 do art. 4.º do AUG e a nulidade obedeceria aos termos gerais dos artigos 286.º e seguintes do CC. Por conseguinte, nesse caso, a fiança não poderia produzir qualquer efeito, devendo ser restituído pelas partes tudo quanto tivesse sido prestado em cumprimento do negócio jurídico nulo.

Diferentemente, Januário da Costa Gomes entende que no caso de fiança prestada por declaração tácita do fiador estaremos perante inexistência da própria fiança, na medida em que tal declaração será totalmente irrelevante, pelo que não poderá produzir qualquer efeito jurídico. De acordo com este entendimento, o problema coloca-se antes da própria aplicação do art. 220.º do CC, não se podendo falar ainda da nulidade do contrato por nem sequer haver uma aparência de fiança[538].

No âmbito da OHADA, François Anoukaha e outros consideram que, uma vez que a lei uniforme não logrou especificar de que tipo de nulidade se trata, parece tratar-se de nulidade relativa, o que corresponderia, no Direito Guineense, à mera anulabilidade[539]. Segundo estes autores, a fiança tácita é excluída pelo AUG, de maneira que esta não pode derivar nem das circunstâncias, nem do comportamento não expresso das partes. Contudo, como o AUG não especifica que tipo de invalidade está em causa, é possível considerar que se trata duma nulidade relativa, o que equivaleria, no Ordenamento Jurídico Guineense, à mera anulabilidade. Justificam esta solução pelo facto de a exigência do carácter expresso ter em vista proteger os interesses das partes, nomeadamente do fiador. Portanto, se o fiador pretender anular o negócio, terá o direito potestativo

---

[538] Cf. Manuel Januário da Costa Gomes, *Assunção fidejussória de dívida. Sobre o sentido e o âmbito da vinculação como fiador*, Coimbra, Almedina, 2000, pp. 473 e seguintes.

[539] Cf. François Anoukaha, Joseph Issa-Sayegh, Aminata Cisse-Niang, Isaac Yankhoba Ndiaye, Messanvi Foli e Moussa Samb, *OHADA. Sûretés*, ob. cit., p. 15.

de o fazer – cf. art. 287.º, n.º 1, do CC. Caso contrário, isto é, não querendo requerer a anulabilidade, o contrato de fiança será convalidado (cf. art. 287.º do CC) ou poderá ainda ser confirmado (cf. art. 288.º do CC).

Pela nossa parte e salvo melhor entendimento, pensamos que, sendo a fiança um negócio de risco, se deve considerar que a sanção para a ausência de declaração expressa reside efectivamente na nulidade deste contrato. Na verdade, está em causa a necessidade de *"avisar o fiador para os perigos da fiança"*[540] e de o obrigar a ponderar as consequências da assunção da fiança. Assim, *"a lei pretende que o efeito da fiança – ser fiador – só incida sobre aquele que, querendo-o, o revelou directamente, não permitindo que essa qualidade seja imputada a quem teve em vista directamente um efeito diverso"*[541]. É, pois, um interesse de ordem pública que está subjacente a esta protecção conferida pela lei ao fiador, pelo que parece de afastar a tese da mera anulabilidade e dar preferência à solução da nulidade.

Como tal, adoptamos a solução que resulta da tradução oficial do AUG, no sentido de que a falta da declaração expressa do fiador consubstancia a nulidade do contrato de fiança.

Foi também no sentido da nulidade que se pronunciou um Tribunal da Costa do Marfim relativamente a uma fiança constituída verbalmente pela fiadora em presença de testemunhas, tendo considerado que a obrigatoriedade do formalismo instituído no AUG visava não só reforçar os direitos do credor como também a protecção do fiador[542].

1.6.3. *Documento escrito e assinado pelas partes*

A exigência de forma escrita para o contrato de fiança resulta do disposto no segundo parágrafo do artigo 4.º do AUG e consta também do n.º 1 do novo texto proposto para o artigo 628.º do CC, em resultado do

---

[540] Cf. MANUEL JANUÁRIO DA COSTA GOMES, *Assunção fidejussória...*, ob. cit., p. 469.
[541] Cf. MANUEL JANUÁRIO DA COSTA GOMES, *Assunção fidejussória...*, ob. cit., p. 470.
[542] Acórdão do Tribunal de Gagnoa, com a referência J-04-388, disponível em www.ohada.com. Neste caso a "fiadora" comprometeu-se a pagar a dívida do seu sogro, na presença de testemunhas, em caso de incumprimento por parte daquele. De qualquer forma, sempre haveria aqui um problema de abuso de direito por parte da "fiadora", que parece ter ficado por solucionar.

ajustamento entre o AUG e o Direito interno. De acordo com este artigo, todo e qualquer contrato de fiança deve ser obrigatoriamente celebrado por meio de documento escrito e assinado pelas partes, isto é, pelo credor e pelo fiador. Para além disso, desse documento deverá constar, obrigatoriamente, o montante máximo garantido pelo fiador, o qual deve ser expresso em algarismos e também por extenso.

Neste ponto, o AUG afasta-se de um dos reflexos da acessoriedade da fiança que era consagrado no texto originário do n.º 1 do art. 628.º do CC, ora revogado, na medida em que a forma da fiança deixou de depender da forma de constituição da obrigação principal. Verifica-se aqui um sinal de uma certa autonomia da obrigação do fiador, em contraste com a acessoriedade que resultava da redacção originária do Código Civil[543].

A constituição da fiança consubstancia uma excepção ao disposto no art. 219.º do CC, apresentando-se como um negócio formal, cuja celebração deve ser sempre efectuada por meio de documento escrito e assinado por ambas as partes.

Não sendo cumprida a forma legalmente exigida, a fiança é nula nos termos do art. 220.º do CC[544], considerando que se trata da inobservância de uma disposição legal que impõe a adopção de forma *ad substantiam*. No entanto, este entendimento não é completamente uniforme para os doutrinadores da OHADA, pois, segundo François Anoukaha e outros, a fiança apenas será nula se não for prestada de modo expresso, mas será válida mesmo que não obedeça à forma escrita. Segundo estes autores, a fiança conserva o seu carácter de consensualidade, podendo ser prestada por mero acordo entre as partes[545]. Além disso, alguma doutrina discute se a consequência do incumprimento desta exigência dá origem à nulidade do contrato de fiança, ou, em alternativa, à falta de valor probatório do acto, solução defendida na jurisprudência francesa[546].

---

[543] No mesmo sentido, cf. MANUEL JANUÁRIO DA COSTA GOMES, *O regime da fiança...*, ob. cit., p. 8.

[544] Cf. MANUEL JANUÁRIO DA COSTA GOMES, *O regime da fiança...*, ob. cit., p. 8, n.r. 11.

[545] Cf. FRANÇOIS ANOUKAHA, JOSEPH ISSA-SAYEGH, AMINATA CISSE-NIANG, ISAAC YANKHOBA NDIAYE, MESSANVI FOLI e MOUSSA SAMB, *OHADA. Sûretés*, ob. cit., p. 17.

[546] Neste sentido, cf. BORIS MARTOR, *Comparaison de deux sûretés personnelles...*, ob. cit., p. 22: "*La sanction de cette exigence est néanmoins discutée sur le point de savoir s'il s'agit de la nullité du contrat, ou, à l'instar de la solution actuellement retenue par la Cour de cassation française pour les mentions de l'article 1326 du Code civil, de*

Porém, a exigência de forma escrita atende à necessidade de proteger o fiador da assunção de obrigações que pode não ter previsto e ponderado suficientemente. Até porque o AUG não se limita a exigir a forma escrita, como requer ainda a indicação expressa do montante máximo garantido (em algarismos e por extenso), bem como exige que o contrato de fiança seja assinado por ambas as partes. Julgamos, assim, ao contrário daqueles autores, que apenas com o respeito destes requisitos é que se pode constituir validamente a fiança, designadamente, que a fiança deve obrigatoriamente constar de documento escrito, em excepção ao Princípio da consensualidade previsto no artigo 219.º do CC. Aliás, este parece ser o único entendimento viável em face do segundo parágrafo do artigo 4.º do AUG, que se apresenta peremptório ao exigir a observância de forma escrita.

Com efeito, não se compreenderia a imposição legal da forma escrita se depois as partes pudessem celebrar este contrato por via consensual, o que inutilizaria de todo a disposição constante do § 2 do art. 4.º do AUG. Inutilizada ficaria também a exigência de determinação do montante máximo garantido manuscrita pelo fiador, bem como a necessidade de assinatura de ambas as partes, que dependem da feitura da fiança por documento escrito. Por conseguinte, muito embora no § 2 do art. 4.º não se tenha especificado que a inobservância da forma escrita gerava a nulidade, como se fez no § 1, parece que essa solução não pode deixar de ter lugar, nos termos gerais, por força do disposto no art. 220.º do CC e por imposição da própria lógica da solução legal, pois de nada valeria impor a observância de certa forma se não houvesse consequências para o seu incumprimento.

Neste mesmo sentido decidiu um Tribunal na Costa do Marfim[547], num caso em que a "fiadora" assumiu essa qualidade verbalmente, em presença de testemunhas, relativamente a uma dívida do seu sogro. O entendimento do Tribunal foi no sentido do formalismo exigido à declaração do fiador instituído pelo AUG, o qual visa reforçar os direitos do credor, ao mesmo tempo que prossegue a protecção do fiador. Neste sentido, decidiu-se que a fiança era nula, por não ter sido expressamente declarada. Não obstante, essa consequência tem igualmente de se estender ao facto de ter sido prestada verbalmente, muito embora isso não decorra directamente das considerações do Tribunal.

---

la simple absence de valeur probatoire de l'acte. En l'absence de signature des deux parties, l'acte demeure en principe inefficace en vertu de l'Acte Uniforme".

[547] Disponível em www.ohada.com, com a referência J-04-388.

Além da forma escrita, exige-se também que do documento conste a assinatura de ambas as partes, isto é, tanto do fiador como do credor. Esta solução diverge em, absoluto do entendimento dominante na redacção originária do Código Civil de 1966, na medida em que aqui a doutrina e a jurisprudência eram unânimes em considerar que, apesar de a declaração do fiador ter de ser obrigatoriamente expressa, o mesmo não acontecia com a declaração do credor, que poderia ser tácita, nos termos gerais do artigo 217.º do CC. Com efeito, a necessidade de ter a certeza relativamente à declaração do fiador não é a mesma em relação ao credor, pois é o fiador que assume o negócio de risco, enquanto o credor é simplesmente beneficiado com a celebração do mesmo. Por isso, não seria necessário que o credor assinasse o contrato da fiança, sendo suficiente o facto de este o receber e aceitar as condições nele firmadas[548]. Assim, entendia-se que a simples aceitação, por parte do credor, do documento ou termo de fiança assinado pelo fiador, consubstanciava uma declaração tácita de aceitação do contrato, sendo desnecessária a sua assinatura.

Apesar da clareza da solução adoptada pelo segundo parágrafo do art. 4.º do AUG, alguma doutrina contesta a necessidade de assinatura do credor, na medida em que, na verdade, a assinatura que mais releva na fiança é a do fiador, uma vez que do contrato de fiança emergem essencialmente obrigações para este, e não para o credor. Por esse motivo, alguns autores criticam fortemente a solução adoptada no AUG[549]. É o caso de Amadou Kane[550], que se insurgiu vivamente contra a exigência da assinatura do credor no contrato de fiança, bem como contra a sanção da nulidade no caso de esta faltar. Justificou o seu entendimento com base no facto de a constituição de garantias ter em vista reforçar a segurança dos credores, ou seja, ser algo que visa beneficiá-los, pelo que é estranho que a falta da sua própria assinatura acabe por gerar a solução injusta da perda da garantia, por esta ser considerada nula. Para este autor, o formalismo instituído pelo AUG apresenta-se claramente excessivo e dispensável, pois a exigência da formalidade deve-se à necessidade de tutelar o

---

[548] Acerca de admissibilidade da declaração tácita do credor, dispensando, assim, a sua assinatura, cf. os Acórdãos do STJ Português de 02/03/1989, de 27/5/2003, de 30/10//2001 e de 27/5/2003, disponíveis em www.dgsi.pt.

[549] Cf. Manuel Januário da Costa Gomes, *O regime da fiança...*, ob. cit., p. 9.

[550] Cf. Amadou Kane, *Le droit et la pratique des garanties bancaires au regard de l'Acte uniforme portant Organisation des sûretés de l'OHADA*, em *Boletim da Faculdade Direito Bissau*, N.º 6, Bissau, 2004, pp. 408 e seguintes.

próprio fiador e essa tutela resulta já suficiente da exigência da assinatura deste. Assim, a assinatura do credor nada acrescenta a esta tutela. Refere ainda Amadou Kane que, mesmo que esta invalidade fosse meramente *relativa* – portanto, ainda que a sanção fosse apenas a anulabilidade – ela seria desnecessária, na medida em que o único compromisso verdadeiramente relevante e que importa documentar na fiança é o assumido pelo fiador, e não a aceitação por parte do credor garantido.

Com base nestas críticas, é possível procurar uma solução que permita "salvar" a fiança da nulidade no caso de falta de assinatura do credor. Note-se que tal possibilidade de salvação não existe no caso de faltar a assinatura do fiador, que constitui elemento verdadeiramente essencial da certeza da sua vinculação e é uma efectiva exigência de ordem pública. Ao invés, faltando apenas a assinatura do credor, pode questionar-se sobre a possibilidade de o contrato de fiança ser válido com recurso a certos institutos consagrados no Direito interno e que atendem ao Princípio do aproveitamento dos negócios jurídicos, designadamente a conversão e a redução (cf. o disposto nos artigos 292.º e 293.º do CC). Com efeito, à luz do AUG, a fiança é caracterizada como um contrato bivinculante ou bilateral, mas, nos termos gerais de direito, pode proceder-se à sua conversão ou redução num contrato monovinculante, em que apenas o fiador fica vinculado. De facto, faltando a assinatura do credor, a fiança é nula. Mas essa nulidade pode ser tratada, nos termos gerais de direito, de forma a salvar a viabilidade do negócio jurídico. Se se entender que se trata de nulidade meramente parcial, pois parte dos requisitos formais foram cumpridos com a assinatura do fiador, então pode operar a redução do contrato de fiança bivinculante para um contrato de fiança monovinculante, nos termos do art. 292.º do CC. Diversamente, para aqueles que considerem que um contrato bilateral ou bivinculante não é a soma de dois contratos unilaterais ou monovinculantes, então a nulidade devido à ausência da assinatura do credor é total, não podendo reduzir-se o negócio, mas antes convertê-lo num outro negócio diverso, que será a fiança monovinculante[551-552].

---

[551] Assim sendo, a fiança constitui uma situação análoga à do *contrato-promessa unilateral ou monovinculante*, em que a doutrina discute a necessidade de assinatura da outra parte que não o promitente. Com efeito, também no contrato-promessa unilateral ou monovinculante apenas uma das partes é promitente, isto é, apenas uma das partes se vincula à obrigação de contratar o negócio prometido. Não obstante, trata-se verdadeiramente dum contrato, e não dum negócio jurídico unilateral, pelo que se exigem duas declarações contrapostas e harmónicas entre si, sendo embora suficiente que apenas uma

O caso da fiança seria, nestes termos, análogo ao do contrato-promessa bilateral transformado num contrato-promessa unilateral, ou seja, em ambas as situações existiria um contrato, simplesmente esse contrato seria meramente monovinculante, na medida em que dele apenas resultariam obrigações para uma das partes. Assim, embora a fiança configure um contrato – negócio jurídico bilateral – apenas faria sentido exigir a assinatura da parte que fica vinculada, que é precisamente o fiador. Exigem-se duas declarações contratuais, mas apenas a assinatura do fiador deveria constar *formalmente* do documento, em atenção, aliás, ao Princípio do aproveitamento dos negócios jurídicos e à própria estrutura do contrato de fiança, que é substancialmente unilateral por dele apenas resultarem obrigações para o fiador[553-554].

Os argumentos a favor desta eventual redução ou conversão seriam, então, os seguintes. *Em primeiro lugar*, o facto de a fiança ser um contrato estruturalmente unilateral, pois, verdadeiramente, a única parte que assume obrigações é o fiador[555]. Acresce, *em segundo lugar*, que a invalidade

---

dessas declarações se encontre devidamente documentada. Ou seja, basta a assinatura do promitente, dispensando-se a assinatura do beneficiário da promessa, apesar de ser ainda um contrato e de este ter de dar o seu acordo. Controvérsia semelhante se coloca a propósito do contrato-promessa bivinculante em que é necessário obedecer à forma exigida pelo n.º 2 do artigo 410.º do CC mas em que somente um dos promitentes tenha aposto a sua assinatura. Neste ponto, sendo o contrato-promessa manifestamente inválido por não cumprir o formalismo exigido na lei, questiona-se a possibilidade de o reduzir ou converter num contrato-promessa monovinculante.

[552] Sobre este assunto, consultar, entre outros, INOCÊNCIO GALVÃO TELLES, *Direito das obrigações*, ob. cit., pp. 104 e seguintes; LUÍS MANUEL TELES DE MENEZES LEITÃO, *Direito das Obrigações*, Volume I, ob. cit., pp. 219 e seguintes; JOÃO DE MATOS ANTUNES VARELA, *Das obrigações em geral*, Volume I, ob. cit., pp. 322 e seguintes.

[553] Veremos que o credor também assume certas posições jurídicas passivas, por efeito da celebração do contrato de fiança, como é o caso da "obrigação" de informação prevista no artigo 14.º do AUG. Todavia, em termos substanciais, tal situação jurídica pode ser caracterizada como um verdadeiro ónus, em virtude das consequências negativas que resultam do seu incumprimento para o credor.

[554] No mesmo sentido, cf. YVETTE KALIEU, *La mention manuscrite dans le cautionnement OHADA*, p. 5. O texto encontra-se disponível em www.ohada.com, com a referência D-03-02 e nele se refere que: *"L'exigence de la signature des deux parties est aussi singulière car, par nature, le cautionnement est un contrat unilatéral..."*.

[555] Yvette Kalieu questiona se a exigência de assinatura do credor transforma a fiança num contrato bilateral, concluindo, com dúvida, que em princípio tal não acontece. Cf. YVETTE KALIEU, *La mention manuscrite...*, ob. cit., p. 5: *"L'exigence des deux signatures a-t-elle pour effet de changer le contrat unilatéral en engagement synallagmatique? On en doute. Celui qui mérite protection et doit en principe signer, c'est le débiteur qu'est la caution"*.

devido à falta da assinatura do credor não pode ser definitiva, devido ao Princípio do aproveitamento dos negócios jurídicos, isto quer se entenda que se trata de invalidade parcial (que fundamenta a redução), quer de invalidade total (que admite a conversão).

Em contrapartida a esta tese, poderia argumentar-se que, no quadro do AUG, não releva tanto o Princípio do aproveitamento dos negócios jurídicos, na medida em que se entendeu dar prevalência à tutela da posição do fiador. Esta tutela poderá ter sido, porventura, excessiva, tendo a lei chegado ao ponto de proteger o fiador da assunção de obrigações para as quais não estava preparado e de exigir também a assinatura do credor no contrato de fiança. Não obstante, será ainda uma tutela que procura a sua justificação na configuração da fiança como um negócio de risco.

Não obstante, ainda assim, isto é, mesmo tendo em consideração este intuito visivelmente protector do AUG, parece-nos admissível, em abstracto, a redução ou a conversão da fiança para contrato unilateral ou monovinculante. Com efeito, tal regime não é prejudicado pelo art. 220.º do CC, na medida em que este artigo se aplica se as partes não obedecerem à forma escrita. Mas já no que se refere à assinatura do documento de fiança, afigura-se razoável e plausível admitir a constituição deste contrato apenas com a assinatura do fiador, com recurso aos princípios gerais, e, especialmente, ao Princípio do aproveitamento dos negócios jurídicos e aos institutos da redução ou da conversão, conforme se entenda mais adequado.

Apesar de ser esta a perspectiva que adoptamos, reconhecemos que o Tribunal de Primeira Instância de Abidjan parece ter enveredado pelo entendimento oposto no seu Acórdão de 22 de Março de 2001[556]. Estava em causa uma fiança não assinada pelo credor beneficiário, além que, no documento da fiança, não constava a menção, escrita pelo fiador, da soma máxima garantida, de forma que o Tribunal decidiu pela nulidade da fiança. Joseph Issa-Sayegh fez algumas observações a este Acórdão, tendo referido que o segundo parágrafo do artigo 4.º do AUG sanciona com nulidade a falta de assinatura de uma ou de ambas as partes, acrescentando mesmo que a disposição determina a consequência da *"inexistência da fiança, que é considerada como um acto bilateral"*.

Num outro caso, apreciado pelo TCJA no seu Acórdão de 19 de Outubro de 2003[557], decidiu-se que a fiança era nula por não ter sido

---

[556] Disponível em www.ohada.com, com a referência J-02-22.
[557] Disponível em www.ohada.com, com a referência J-04-119.

assinada pelo credor beneficiário e também por não conter a indicação do montante máximo garantido. Este aresto foi comentado por Brou Kunakou Mathurin, que considerou que assim se punha termo às pretensões de alguma doutrina que defendia a aplicação de uma sanção diferente para a violação do primeiro e do segundo parágrafos do artigo 4.º do AUG. Ou seja, ficou assente que, em qualquer das hipóteses, a consequência é a nulidade. Acresce que se determinou que o devedor principal tem legitimidade para requerer a nulidade da fiança por ofensa do artigo 4.º do AUG.

Apesar da orientação do TCJA, na verdade, o Tribunal nunca se pronunciou directamente sobre a possibilidade de aplicação do Princípio do aproveitamento dos negócios jurídicos a este problema, pelo que, em bom rigor, não se pode afirmar que tenha adoptado entendimento contrário ao defendido por nós no texto. Simplesmente, essa possibilidade nunca foi colocada ao Tribunal, mas isso não significa que tal não possa vir a acontecer no futuro. Acresce que é do máximo interesse dos credores a defesa desta tese em Tribunal, com vista a fazer vencer uma perspectiva menos formal de aplicação do Direito emanado da OHADA e mais adequada à tutela dos interesses visados por esta organização, centrados essencialmente na criação das condições necessárias a um clima de investimento e de segurança jurídica e judiciária. Por esse motivo, entendemos que as exigências formais dos actos uniformes não deveriam ser exacerbadas, sob pena de se desvirtuar o seu objectivo, sendo que, no caso em apreço, está em causa a protecção do fiador. Ora, tendo este assinado o contrato, o objectivo da sua protecção está plenamente alcançado, pelo que exigir implacavelmente a assinatura do credor só servirá para empecilhar o comércio jurídico das garantias, e, consequentemente, constituir um obstáculo ao desejado desenvolvimento económico dos países membros da OHADA.

1.6.4. *Indicação do montante máximo garantido, em algarismos e por extenso, manuscrito pelo fiador*

Para que a fiança seja emitida validamente o AUG exige que do contrato de fiança constem certas menções consideradas essenciais, nomeadamente, a indicação do montante máximo garantido pelo fiador. Esta indicação tem de ser escrita pela mão do próprio fiador, por extenso e em algarismos, sendo que, em caso de contradição, prevalece a indicação por extenso, facto que o Acto Uniforme tem o cuidado de salientar na parte final do § 2 do artigo 4.º. Texto idêntico consta do n.º 1 proposto para o novo artigo 628.º do CC, em resultado do ajustamento entre o AUG e o Direito interno. Este requisito resulta de uma questão debatida no Ordenamento Jurídico Francês[558], sendo praticamente desconhecido de outros, como é o caso do Português.

Segundo Yvette Kalieu[559], embora, à primeira vista, esta exigência possa parecer pouco digna de interesse, a verdade é que esta disposição constitui uma "pequena revolução" por ser a primeira vez que a exigência de indicação manuscrita consta de uma regulamentação sobre a fiança.

A exigência de um montante máximo deve-se à importância da determinabilidade da obrigação assumida pelo fiador, nos termos dos artigos 280.º e 400.º do CC, como forma de protecção da sua posição jurídica. Assim, a fiança tem que ser sempre prestada por uma quantia máxima, para que o fiador esteja ciente, desde o momento da celebração do contrato, que nada para além desse limite lhe pode ser exigido pelo credor. Não obstante, a verdade é que a exigência de indicação manuscrita pelo fiador tem pouco em conta o contexto prático de emissão de fianças no espaço OHADA, em que os níveis de analfabetismo são bastantes altos, caso em que esta formalidade não poderá ser respeitada, aplicando-se antes o § 3 do artigo 4.º[560].

Note-se que o artigo 4.º derroga parcialmente, para efeitos da fiança, o disposto no artigo 280.º do CC. Efectivamente, para o Direito interno a obrigação é válida desde que se encontre determinada ou seja determinável em função de um critério eleito pelas partes. Diferentemente, no caso da fiança, o AUG não se contenta com a mera determinabilidade, exigindo a efectiva determinação da obrigação do fiador.

O texto do art. 4.º exige ainda que a indicação do montante máximo garantido seja manuscrita pelo próprio fiador – *"écrite de la main de la caution"*. Esta é mais uma regra que tem em vista a protecção do fiador, pois tanto se pretende que este saiba, de antemão, o montante máximo que poderá ser forçado a desembolsar no caso de incumprimento do devedor principal, que se requer que seja ele próprio a escrever esse montante, para que não haja dúvidas de que sabia o risco que estava a

---

[558] Cf. YVETTE KALIEU, *La mention manuscrite...*, ob. cit., p. 3, n.r. 8.
[559] Cf. YVETTE KALIEU, *La mention manuscrite...*, ob. cit., p. 2.
[560] Neste sentido, cf. YVETTE KALIEU, *La mention manuscrite...*, ob. cit., p. 6.

assumir. Neste caso, apenas o fiador deve manuscrever, contrariamente à assinatura, que deve ser de ambas as partes e não apenas do fiador, como se concluiu acima.

No caso de não constar da fiança a indicação do montante máximo garantido, a consequência é a nulidade, conforme resulta dos Acórdãos do Tribunal de Primeira Instância de Abidjan de 22 de Março de 2001[561], do TCJA de 19 de Outubro de 2003[562] e do Tribunal de Primeira Instância de Yaoundé de 8 de Julho de 2004 (referência J-04-418). Em anotação ao primeiro caso, Joseph Issa-Sayegh fez questão de realçar que a exigência do montante máximo garantido visa pôr termo à questão de saber se o fiador só garante o capital, ou se garante também os acessórios, ao mesmo tempo que tem em vista evitar as surpresas do fiador[563]. Não obstante, note-se que este entendimento deve ser confrontado com o § 1 do artigo 8.º, donde resulta que a fiança só assegura o pagamento dos acessórios da dívida garantida e as despesas de execução quando essa menção se encontre manuscrita pelo fiador no documento da fiança, *"nos termos do artigo 4.º"*. Portanto, não basta haver um montante máximo para o fiador assegurar capital, acessórios e despesas, é necessário que ele declare que a sua garantia cobre todos esses elementos, caso contrário o fiador apenas responderá pelo capital.

Também Yvette Kalieu se pronunciou no sentido da invalidade no caso de não ser cumprida esta exigência, considerando que a indicação manuscrita do fiador é, mais do que um meio de prova, uma condição de validade da fiança[564]. Esta autora faz uma equivalência entre a exigência de manuscrito na fiança e o artigo 1326.º do Código Civil Francês, referente à prova da vinculação unilateral, caso em que se exige que a obrigação seja assumida pelo devedor por meio de manuscrito, no qual deve indicar, em números e por extenso, o respectivo montante por que se vincula[565]. A norma referida parece aproximar-se do artigo 458.º do Código Civil Guineense, muito embora seja pacificamente aceite pela doutrina que este dispositivo não consagra nenhum negócio jurídico unilateral, sendo

---

[561] Referência J-02-22.
[562] Referência J-04-119.
[563] Nas suas observações, este autor refere o seguinte: *"Cette exigence de l'Acte uniforme est motivée par la volonté du législateur OHADA d'éviter les interminables querelles sur le montant de la dette garantie opposant les parties (principal seulement? Principal outre les accessoires? Quels accessoires?) et les surprises fâcheuses por la caution"*.
[564] Cf. YVETTE KALIEU, *La mention manuscrite...*, ob. cit., p. 3.
[565] Cf. YVETTE KALIEU, *La mention manuscrite...*, ob. cit., p. 3.

apenas uma regra sobre prova, que se encontra "deslocalizada"[566]. Com efeito, nos termos do n.º 1 do artigo 458.º do CC, se uma pessoa, por simples declaração unilateral, prometer uma prestação ou reconhecer uma dívida, *"fica o credor dispensado de provar a relação fundamental"*. Contudo, para que a presunção de existência de causa funcione, é necessário, nos termos do n.º 2 do mesmo artigo, que a promessa ou reconhecimento conste de documento escrito, se outras formalidades não forem exigidas para a prova da relação fundamental.

Segundo Yvette Kalieu, *"a menção manuscrita que releva principalmente na teoria geral da prova dos negócios unilaterais tornou-se uma exigência autónoma do contrato de fiança"*[567]. Não podemos, contudo, concordar com este entendimento, pelo menos no caso guineense. Com efeito, o artigo 458.º do CC, embora se encontre inserido na secção relativa aos negócios unilaterais, é uma mera norma de teor processual, tese esta geralmente aceite pela doutrina. Com efeito, reconhece-se que neste caso a fonte da obrigação é um contrato ou qualquer outra fonte permitida na lei, e não um negócio unilateral. O que acontece é que o credor fica dispensado de provar a existência e a validade desta fonte em virtude de o devedor ter prometido realizar a prestação ou ter reconhecido a dívida. Mas a fonte da obrigação não é a promessa de cumprimento nem o reconhecimento da dívida, e sim o facto que os antecede, simplesmente a prova deste facto é dispensada ao credor.

Em segundo lugar, também não podemos concordar com Yvette Kalieu quando coloca a questão de saber se, em face da exigência de indicação manuscrita do fiador, a fiança se mantém consensual ou se passa ser um negócio solene[568]. De facto, a ligação que é feita entre o requisito relativo à declaração expressa do fiador e a exigência de forma escrita não é, no nosso entendimento, uma ligação necessária[569]. A fiança

---

[566] Cf., entre outros, Luís Manuel Teles de Menezes Leitão, *Direito das obrigações*, Volume I, ob. cit., pp. 278 e seguintes; Inocêncio Galvão Telles, *Direito das obrigações*, ob. cit., pp. 181 e seguintes.

[567] Cf. Yvette Kalieu, *La mention manuscrite...*, ob. cit., p. 4.

[568] Cf. Yvette Kalieu, *La mention manuscrite...*, ob. cit., p. 4. Esta autora questiona: *"Autrement dit, le cautionnement devient-il un contrat solennel ou reste-il consensuel?"*. Também, na p. 5: *"La formule (...) est donc susceptible, malgré son apparente précision, de donner lieu à des difficultés d'interprétation quant à la nature du cautionnement, contrat consensuel ou solennel"*.

[569] Cf. Yvette Kalieu, *La mention manuscrite...*, ob. cit., p. 4: *"Par ailleurs, il est admis que «exprès» ne signifie pas formel ou solennel, qu'il n'est pas exigé de formule spécifique. Exprès s'oppose à tacite..."*.

pode ser expressamente declarada, sem que para tanto seja necessário fazer um documento escrito. Uma coisa não tem nada a ver com outra, tanto que, no caso da redacção originária do artigo 628.º do CC, se exigia a declaração expressa, mas, em termos de forma, a fiança devia apenas assumir a forma exigida para a obrigação principal. Assim, supondo que a constituição da obrigação principal era de forma livre, igualmente a fiança seria consensual, sem, no entanto, deixar de se exigir a declaração expressa do fiador.

Yvette Kalieu critica ainda a generalização efectuada pelo art. 4.º do AUG da exigência de indicação manuscrita a todas as fianças, na medida em que, no Direito Senegalês, tal requisito era circunscrito às fianças civis e àquelas que fossem emitidas por meio de acto privado, isto é, sem recurso ao notário[570]. Admite, então, que a exigência de menção manuscrita seja limitada às fianças civis, tendo em consideração a natureza protectora desta disposição, natureza esta que só faz sentido na fiança civil e não já na fiança comercial. Por outro lado, as fianças comerciais estariam submetidas a *"outras regras"*, embora o texto não esclareça, ao certo, quais seriam estas regras[571].

Não podemos, também neste ponto, concordar com este entendimento, que se revela claramente contrário ao disposto no AUG. Concordamos que, tratando-se de fiança civil, se impõe com maior acuidade a tutela do fiador, pois em regra o fiador será uma pessoa física e a assunção da fiança configurará um acto desinteressado. Não obstante, o certo é que o AUG afirma claramente no seu art. 1.º, que é aplicável a todas as garantias, independentemente da respectiva natureza jurídica, o que, inequivocamente, quer dizer que abrange quer as garantias civis, quer ainda as comerciais. Por outro lado, o artigo 4.º do AUG não contém nenhuma ressalva donde se possa concluir que o mesmo seja aplicável exclusivamente às fianças civis. Antes pelo contrário, o regime assume-se claramente como geral, abrangendo todas as espécies de fianças. Isto significa, a nosso ver, que a regulamentação das duas modalidades de fiança, civil e comercial, foi unificada sem que se tivessem em conta as suas particularidades, donde resultou uma consequência insidiosa para as garantias comerciais: é que a protecção do fiador, especialmente necessária no âmbito da fiança civil, foi estendida também às fianças comerciais, aumentando os requisitos exigidos e dificultando, assim, as relações de

---

[570] Cf. YVETTE KALIEU, *La mention manuscrite...*, ob. cit., pp. 6 e 7.
[571] Cf. YVETTE KALIEU, *La mention manuscrite...*, ob. cit., p. 7.

negócios que inicialmente se tinha em vista facilitar[572]. A eventual restrição dos requisitos exigidos pelo artigo 4.º do AUG às fianças civis traria, entretanto, outras consequências graves: por um lado, ficaríamos sem saber que regime aplicar à fiança comercial; e, por outro lado, seriam lesadas as regras de interpretação da lei, na medida em que o n.º 2 e do artigo 9.º do CC determina que o espírito da lei só pode ser tido em conta pelo intérprete se tiver o *"mínimo de correspondência verbal, ainda que imperfeitamente expresso"*, no seu texto. Ora, afigura-se que esta limitação dos requisitos à fiança civil não tem o mínimo de correspondência na letra da lei, pelo que, enveredar por esta via, seria não mais do que fazer uma interpretação ab-rogante.

Yvette Kalieu coloca também a questão de saber se a exigência de indicação manuscrita é ou não aplicável às fianças que sejam contratadas por meio de acto autêntico[573]. A questão, a nosso ver, não tem razão de ser, a partir do momento em que o art. 4.º do AUG requer, como requisito de validade, apenas o documento escrito e assinado pelas partes. Portanto, se basta um mero documento privado, serão em princípio raros os casos em que as partes recorrerão a um documento autêntico. Por outro lado, o facto de se recorrer à intervenção notarial não constitui garantia segura de que o fiador esteja ciente do âmbito da sua vinculação, não sendo, por isso, de dispensar a observância dos requisitos do artigo 4.º. Aliás, é também esta a conclusão a que chega Yvette Kalieu[574].

Podem colocar-se alguns problemas sérios de validade da fiança a respeito deste requisito. Por um lado, quando o fiador não tenha manuscrito o montante pela sua própria mão, e, por outro lado, quando o tenha feito apenas indirectamente, por exemplo, com recurso a uma máquina de escrever ou a um computador. Além dos problemas comuns ao nível da dificuldade de prova, impõe-se determinar se a fiança pode ser válida apesar de o fiador não ter manuscrito o montante máximo garantido, ou quando, apesar de ter cumprido esta exigência, o tenha feito com recurso a máquina de escrever ou a computador.

---

[572] Conforme reconhece, de resto, Yvette Kalieu, *La mention manuscrite...*, ob. cit., p. 8: *"Le danger d'imposer la mention manuscrite comme condition de validité des cautionnements commerciaux est certain car en l'absence de cette mention, on pourra invalider des cautionnements alors que la caution a, par ailleurs, pleinement conscience de la nature et de l'étendue de son engagement"*.

[573] Cf. YVETTE KALIEU, *La mention manuscrite...*, ob. cit., p. 8.

[574] Cf. YVETTE KALIEU, *La mention manuscrite...*, ob. cit., p. 8.

Numa perspectiva formal[575], é de considerar que se o fiador não manuscrever o montante máximo garantido, a fiança será nula. Nesta óptica, mesmo que o documento de fiança seja elaborado pelo credor (por exemplo, tratando-se de uma entidade bancária, poderá ser um formulário tipo escrito a computador), o mesmo deverá apresentar um espaço em branco, onde o fiador poderá escrever, pela sua própria mão, o montante máximo garantido, em algarismos e por extenso. O AUG não requer que o documento da fiança seja, todo ele, manuscrito, mas somente a parte referente ao montante máximo garantido, pois é esse elemento que interessa particularmente ao fiador, e, se for ele a escrevê-lo, é seguro que conhecerá o âmbito da sua vinculação. Pode ser o credor, ou um terceiro, a elaborar o documento, desde que depois haja uma parte destinada a ser preenchida pelo fiador relativa à indicação do montante máximo garantido.

Questão mais delicada é a de saber se o fiador pode escrever, em vez de "manuscrever". Com efeito, a exigência literal, feita no AUG, é que o fiador escreva à mão. Mas, imagine-se que o fiador elabora ele mesmo o documento, numa máquina de escrever ou num computador, deverá ainda assim exigir-se que a indicação do montante máximo garantido seja manuscrita por ele mesmo, o autor do documento? A exigência de ser o fiador a manuscrever o montante máximo parece fazer sentido nos casos em que o documento da fiança seja preparado pelo credor ou por terceiros, mas não já se tiver sido o próprio fiador a elaborá-lo, caso em que, seguramente, ele conhece o montante máximo garantido. Será que, nesses casos, se pode admitir como válida a fiança? Uma resposta afirmativa a esta questão levará a uma interpretação extensiva do segundo parágrafo do art. 4.º do AUG, admitindo assim que o fiador tanto possa escrever como manuscrever o montante máximo garantido. É este o entendimento para o qual propendemos, considerando que a exigência é satisfeita desde que o fiador tenha escrito, por algum modo, seja à mão, à máquina, ao computador, ou por qualquer outro meio, o montante máximo garantido. É também esta a perspectiva que julgamos ser mais conforme com as exigências práticas de hoje em dia, em que raramente os documentos são escritos à mão[576].

---

[575] É essa a perspectiva dominante no AUG.

[576] Em todo o caso, para que o credor fique salvaguardado, sempre é preferível que o montante máximo seja escrito à mão, caso em que não haverá dúvidas sobre a validade da fiança. Já se for escrito à máquina ou ao computador, caberá ao credor o ónus da prova de que foi o fiador que digitou o montante máximo garantido, prova esta que pode por vezes revelar-se complicada.

Tratando-se de fiador que não sabe ou não pode escrever, aplica-se o terceiro parágrafo do artigo 4.º do AUG, nos termos do qual o contrato de fiança tem que mencionar que o fiador foi acompanhado por duas testemunhas no acto, cuja identificação deve constar também do contrato de fiança. Neste documento, as testemunhas atestam que o fiador estava presente e que tomou conhecimento e consciência da natureza e dos efeitos da fiança, dispensando-se assim as formalidades do parágrafo anterior, ou seja, dispensando que a indicação do montante máximo garantido tenha de ser manuscrita pelo próprio fiador. O texto deste artigo consta ainda da proposta do n.º 2 do novo artigo 628.º do CC, resultante do processo de ajustamento entre o AUG e o Direito interno.

1.6.5. Anexação do documento que titula a obrigação principal

Finalmente, nos termos do § 2 do art. 8.º do AUG, o documento que constitui a obrigação principal deve ser anexado ao contrato de fiança. No entanto, só é preciso proceder a esta anexação quando a fiança seja prestada num documento diferente daquele em que foi constituída a obrigação principal[577]. Trata-se de uma exigência que não constava da redacção originária do Código Civil, o que explica que no âmbito do ajustamento com o AUG tenha sido proposta a criação de um artigo 631.º-A, de cujo n.º 2 consta a exigência de anexação do documento constitutivo da obrigação principal.

Boris Martor sugere que a anexação do documento donde consta a obrigação principal só será necessária quando o fiador também garanta o cumprimento dos acessórios, para além do capital em dívida[578]. Com efeito, a dúvida parece legítima uma vez que a exigência de anexação do documento que titula a obrigação principal se segue à permissão de que o fiador possa garantir o ressarcimento dos acessórios, para além do capital em dívida. Contudo, julgamos que a inserção destas duas regras no art. 8.º do AUG não constitui factor determinante, até porque o segundo parágrafo não parece fazer necessariamente uma ligação em relação ao

---

[577] Cf. MANUEL JANUÁRIO DA COSTA GOMES, *O regime da fiança...*, ob. cit., p. 10.

[578] Cf. BORIS MARTOR, *Comparaison de deux sûretés personnelles...*, ob. cit., p. 23: *"On ne voit pas clairement s'il s'agit là d'une exigence spéciale au cas où la caution s'est engagée au paiement des accessoires, ou s'il s'agit d'une exigence générale valable pour tous les cautionnements."*.

primeiro. Nesta ordem de ideias, consideramos que o facto de as duas normas se encontrarem previstas no mesmo artigo não constitui factor de ligação material entre elas, sendo antes uma ligação meramente formal, ao nível da inserção sistemática. Pelo que consideramos que a anexação do documento deverá ser exigida em relação a todas as fianças.

Segundo Manuel Januário da Costa Gomes, não sendo cumprida esta anexação, a fiança *não é nula*, contrariamente ao que acontece devido à ausência dos outros requisitos, mas concede-se ao fiador o direito de a todo o momento exigir a anexação ao credor[579].

Esta exigência não pode, no entanto, ser cumprida, quando se trate de fiança geral de obrigações futuras, na medida em que nesse caso, no momento da constituição da fiança, ainda não se encontram constituídas as obrigações principais objecto da garantia.

1.7. Particularidades da constituição da fiança legal e da fiança judicial

Tratando-se de fiança legal ou judicial o AUG estabelece alguns requisitos adicionais para a constituição da fiança no seu artigo 5.º.

Em primeiro lugar, destacam-se as exigências em relação ao domicílio do fiador, uma vez que, nestes casos, o fiador tem que ter o seu domicílio, ou tem que escolher um domicílio, na jurisdição onde a fiança deve ser prestada – cf. art. 5.º, § 1, do AUG. Esta regra é supletiva, na medida em que pode o fiador estar domiciliado numa outra jurisdição, desde que a lei ou o credor o permitam. Portanto, ou bem que a lei dispensa esta exigência, ou é o próprio credor que pode abdicar desta tutela dispensada pelo AUG a seu favor. Caso contrário, o fiador deve estar domiciliado na jurisdição onde presta a fiança.

A razão de ser desta exigência encontra-se relacionada com as facilidades dela decorrentes. Efectivamente, se o fiador estiver domiciliado no mesmo local onde a fiança deve ser prestada, isso permite facilitar a propositura da acção contra este.

Em segundo lugar, nos termos do § 2 do artigo 5.º do AUG, o fiador legal ou judicial deve apresentar solvabilidade suficiente para garantir o cumprimento da obrigação. Essa solvabilidade é aferida de acordo com

---

[579] Cf. MANUEL JANUÁRIO DA COSTA GOMES, *O regime da fiança...*, ob. cit., p. 9.

o património do fiador, que deve ser bastante para cobrir o pagamento da dívida garantida. Esta disposição consubstancia uma regra análoga à consagrada no art. 633.º do CC, igualmente aplicável aos casos em que o devedor está obrigado a prestar fiança, em que se diz que o credor não tem que aceitar como fiador alguém que não tenha capacidade para se obrigar ou não possua bens suficientes para garantir a obrigação. Nos mesmos termos, o texto proposto para o novo n.º 1 do artigo 633.º do CC refere que *"Se algum devedor estiver obrigado a dar fiador não é o credor forçado a aceitar quem não tiver capacidade para se obrigar ou não tiver bens suficientes para garantir a obrigação"*.

Nota-se também alguma similitude entre este regime e o artigo 2295.º do Código Civil Francês, nos termos do qual o devedor obrigado a dar fiança deve apresentar alguém que tenha capacidade para contratar, que possua bens suficientes para responder pelo objecto da obrigação e cujo domicílio se situe nos limites da jurisdição onde deve ser prestada a fiança[580].

O § 3 do art. 5.º do AUG determina ainda que, se o devedor não conseguir dar como fiador alguém que preencha os requisitos dos parágrafos 1.º e 2.º, admite-se que possa, em vez da fiança, constituir uma garantia real, desde que esta nova garantia dê ao credor a segurança do ressarcimento do seu direito de crédito[581]. No mesmo sentido surge a parte final do n.º 1 proposto para o artigo 633.º do CC, em resultado do processo de ajustamento entre o AUG e o Direito interno, nos termos do qual se determina que: *"... podendo o devedor, perante a recusa do credor, oferecer em alternativa uma garantia real idónea"*. Por conseguinte, a substituição da fiança só é permitida por uma garantia que ofereça maior segurança ao credor, como é o caso da garantia real, que lhe confere uma preferência de pagamento. Diversamente, se o devedor quiser substituir uma fiança legal ou judicial por uma carta de garantia, não o poderá fazer, apesar de a carta ter autonomia em relação à obrigação garantida (contrariamente à fiança), porque o legislador entendeu que mesmo assim esse meio não oferecia segurança bastante ao credor. Assim, a prestação da fiança só poderá ser substituída por um penhor ou por uma hipoteca.

---

[580] Cf. ALICE TISSERAND-MARTIN, GEORGES WIEDERKEHR, FRANÇOIS JACOB, XAVIER HENRY, GUY VENANDET, FRANÇOIS BARATON, *Code Civil*, ob. cit., p. 2289.

[581] Este artigo aproxima-se do disposto no artigo 2318.º do Código Civil Francês, nos termos do qual: *"Celui qui peut pas trouver une caution est reçu à donner à sa place un gage en nantissement suffisant"*.

1.8. Insolvência do fiador

O primeiro parágrafo do art. 6.º do AUG constitui uma regra análoga ao disposto na redacção originária do n.º 2 do art. 633.º do CC, segundo o qual se o fiador mudar de fortuna de modo que se verifique o risco de se tornar insolvente, o credor tem a faculdade de exigir o reforço da fiança. Note-se que, no âmbito do Código Civil, a decisão de exigir ou não o reforço da fiança fica nas mãos do credor: ele decidirá se vai ou não exercer a faculdade que aquele artigo lhe confere. Por outro lado, o Direito interno admite a exigência de reforço da fiança com o simples risco de o fiador se tornar insolvente, mesmo que ele ainda não se encontre nessa situação.

De forma ligeiramente diferente, o AUG determina que, no caso de o fiador se tornar insolvente (e não já se houver apenas o risco de isso acontecer), o devedor fica logo obrigado a reforçar a fiança, por exemplo, oferecendo um novo fiador, ou a apresentar uma garantia real idónea à satisfação do interesse do credor. Por conseguinte, por um lado, não se admite o reforço da fiança no caso de ser apenas previsível a insolvência do fiador, mas apenas quando ele já se encontre nesta situação. Por outro lado, não é conferida ao credor a faculdade, mas sim o direito de crédito de exigir o reforço da fiança ou a constituição de uma garantia real idónea, na medida em que o devedor principal se encontra, desde o momento em que o fiador entra em situação de insolvência, vinculado a uma obrigação. Portanto, não tem que aguardar pelo exercício de nenhuma faculdade do credor, ele está desde logo obrigado a fazê-lo, respondendo em caso de incumprimento. Esta é, então, uma obrigação legal, que surge em consequência da insolvência do fiador, não sendo necessário que o credor tome a iniciativa de exigir o reforço da fiança ou a prestação de uma garantia real idónea. Finalmente, acresce que não se permite apenas o reforço da fiança, como que a esta acresça a prestação de outra garantia idónea, que apenas poderá ser uma garantia real. Muito próximo desta disposição está o artigo 2297.º do Código Civil Francês, que também determina que, assim que o fiador se torne insolvente, deve ser constituída uma nova fiança[582].

Por estas razões, salvo melhor entendimento, afigura-se de certo modo discutível a solução proposta em resultado do ajustamento entre o

---

[582] Cf. ALICE TISSERAND-MARTIN, GEORGES WIEDERKEHR, FRANÇOIS JACOB, XAVIER HENRY, GUY VENANDET, FRANÇOIS BARATON, *Code Civil*, ob. cit., p. 2290.

AUG e o Direito interno em relação à manutenção em vigor da redacção originária do n.º 2 do artigo 633.º do CC, nos termos da qual: *"Se o fiador nomeado mudar de fortuna, de modo que haja risco de insolvência, tem o credor a faculdade de exigir o reforço da fiança".* Com efeito, esta solução contraria o disposto no primeiro parágrafo do artigo 6.º do AUG, nos termos do qual: *"Caso o fiador se torne insolvente, fica o devedor obrigado a apresentar outro fiador ou a prestar uma garantia real idónea à satisfação do interesse do credor".*

Em primeiro lugar, essa colisão resulta da situação jurídica em que o devedor se encontra a partir do momento em que ocorra a insolvência do fiador, uma vez que para o AUG ele fica obrigado a apresentar outro fiador ou a prestar uma garantia real idónea, enquanto que para o n.º 2 do art. 633.º do CC o devedor não tem automaticamente esta obrigação, estando dependente do exercício de uma faculdade por parte do credor, que pode ou não exigir o reforço da fiança.

Em segundo lugar, existe contradição em relação aos meios de tutela do credor, uma vez que o n.º 2 do artigo 633.º do CC apenas lhe permite exigir ao devedor o reforço da fiança, enquanto que o primeiro parágrafo do art. 6.º do AUG lhe confere também a possibilidade de ser beneficiário de uma garantia real idónea.

Por fim, essa contradição resulta ainda do facto de o AUG apenas operar no caso de insolvência efectiva, enquanto que o Código Civil admite a tutela do credor no caso de se verificar apenas risco de insolvência do fiador.

Assim sendo, conclui-se, por força do artigo 10.º do TOHADA, que, havendo contrariedade entre o Direito interno, quer anterior, quer posterior, e o Acto Uniforme, deve ser este último a prevalecer. Por conseguinte, as soluções que prevalecem são as que constam do primeiro parágrafo do artigo 6.º do AUG, e, designadamente, que o credor só pode actuar em caso de insolvência efectiva do fiador, e não perante o mero risco de insolvência. Além disso, ocorrendo a insolvência do fiador, o devedor principal fica de imediato obrigado a apresentar outro fiador ou a prestar uma garantia real idónea, independentemente de o credor lho exigir ou não. Finalmente, não haverá somente o direito a um novo fiador, como ainda à prestação de uma garantia real idónea.

Por seu turno, o segundo parágrafo do artigo 6.º do AUG vem delimitar negativamente a disposição constante do primeiro parágrafo, esclarecendo que a mesma não se aplica quando a fiança seja contratual e tenha sido o próprio credor a escolher a pessoa do fiador, em atenção às suas qualidades pessoais. Com efeito, se foi o próprio credor que, atendendo às qualidades especiais apresentadas por certa pessoa, escolheu o fiador, então ele deve correr os riscos da sua própria escolha, com base numa responsabilidade semelhante à culpa *in eligendo*. A não ser assim, poderia mesmo verificar-se *venire contra factum proprium* por parte do credor que, primeiro, exigiu que a fiança fosse prestada por determinada pessoa, para mais tarde concluir que era necessário reforçar a fiança por essa mesma pessoa não oferecer garantias suficientes. A regra é idêntica ao disposto no segundo parágrafo do artigo 2297.º do Código Civil Francês, nos termos do qual: *"Cette règle reçoit exception dans le cas seulement où la caution n'a été donnée qu'en vertu d'une convention par laquelle le créancier a exigé une telle personne pour caution"*[583]. Neste ponto o ajustamento já seguiu o disposto no AUG, daí que o n.º 3 proposto para o novo artigo 633.º do CC contenha a seguinte redacção: *"Exceptuam-se do número anterior os casos em que o credor haja escolhido o devedor, tendo em atenção as qualidades pessoais deste."*.

Entretanto, é de notar que o art. 6.º do AUG não contém uma regra análoga ao disposto no n.º 3 do art. 633.º do CC, pelo que é discutível a manutenção em vigor do disposto neste artigo. O n.º 3 do art. 633.º do CC estabelece que se o devedor não reforçar a fiança nem oferecer outra garantia idónea, o credor tem o direito de exigir o imediato cumprimento da obrigação. Consagra-se, assim, a exigibilidade antecipada da obrigação principal, em atenção à diminuição das garantias do credor decorrente da insolvência do fiador e do facto de o devedor principal não apresentar novo fiador nem prestar uma garantia real idónea. Como sabemos, a vigência desta disposição afigura-se duvidosa, na medida em que, segundo a tese da revogação global (tese da uniformização), a mesma deve ter-se por revogada, enquanto à luz da teoria da revogação parcial, tácita e individualizada (teoria da harmonização), nada obsta à sua manutenção em vigor, uma vez que não contraria nenhuma regra constante do AUG. Julgamos que este segundo entendimento é preferível, sustentando, por isso, que caso o devedor não cumpra a obrigação imposta pelo primeiro parágrafo do artigo 6.º do AUG se verificará a exigibilidade antecipada nos termos do n.º 3 do art. 633.º do CC. Esta é também a solução que consta do ajustamento entre o AUG e o Direito interno, onde se propõe

---

[583] Cf. ALICE TISSERAND-MARTIN, GEORGES WIEDERKEHR, FRANÇOIS JACOB, XAVIER HENRY, GUY VENANDET, FRANÇOIS BARATON, *Code Civil*, ob. cit., p. 2290.

a colocação no n.º 4 do artigo 633.º do CC do texto constante da redacção originária do n.º 3 do mesmo artigo, nos termos do qual: *"Se o devedor não reforçar a fiança ou não oferecer outra garantia idónea dentro do prazo que lhe for fixado pelo tribunal, tem o credor o direito de exigir o imediato cumprimento da obrigação."*.

1.9. Conteúdo da fiança

O § 3 do art. 7.º do AUG, embora inserido no artigo referente à validade, diz respeito ao conteúdo da fiança. Em sede de conteúdo, o AUG estabelece alguns limites para a fiança.

Como primeiro limite, determina-se que a fiança não pode exceder o montante da obrigação principal, nem antes nem depois do vencimento desta. Com efeito, considerando que a obrigação do fiador é acessória, deve conformar-se com os traços que caracterizam a obrigação principal, com destaque para o seu montante[584]. Assim, o montante da fiança não pode exceder o montante da dívida principal, embora possa ser inferior a esta, conforme resulta, desde logo, do disposto no terceiro parágrafo do art. 8.º do AUG. No mesmo sentido, veja-se também o artigo 2290.º do Código Civil Francês e bem assim a redacção originária do n.º 1 do artigo 631.º do CC. Em relação a este último artigo, entende-se que o mesmo continua plenamente em vigor, não sendo prejudicado pela adopção do AUG, precisamente porque ambos os dispositivos estabelecem um regime idêntico.

Em termos de conteúdo, a fiança pode garantir apenas o capital em dívida ou também os acessórios. Contudo, para que isso aconteça é necessário que o fiador declare e manuscreva no contrato de fiança a sua pretensão de garantir igualmente os acessórios, nos termos do primeiro parágrafo do art. 8.º do AUG, e desde que não seja ultrapassado o montante máximo garantido. Esta era uma questão não tratada directamente na redacção originária do Código Civil, daí que, em resultado do ajustamento com o AUG, tenha sido proposta a criação de um artigo 631.º-A, nos termos de cujo n.º 1 se determina o seguinte: *"A fiança pode abranger, para além do montante da dívida afiançada e sempre dentro do limite do montante máximo garantido, os acessórios da mesma e a quantia neces-*

---

[584] Cf. Pires de Lima e Antunes Varela, *Código Civil Anotado*, Volume I, ob. cit., p. 644.

sária ao pagamento das despesas de execução, ainda que tais despesas sejam posteriores à interpelação feita ao fiador; esta amplitude da fiança só é, porém, eficaz, se constar de declaração manuscrita pelo fiador, nos termos previstos no art. 628.º, n.º 1.".

A solução adoptada pelo AUG difere, neste aspecto, da sustentada pela jurisprudência francesa, que reconhece que a garantia dos acessórios opera automaticamente, com base no artigo 2293.º do Código Civil Francês[585].

Como segundo limite, o terceiro parágrafo do artigo 7.º do AUG determina que a fiança não pode ser contratada em condições mais onerosas do que aquelas em que se encontra a obrigação principal, restrição esta que resulta também do Princípio da acessoriedade da fiança. Neste sentido, por exemplo, o fiador não pode obrigar-se a cumprir num prazo mais curto do que aquele em que se obrigou o devedor principal, assim como não pode obrigar-se a cumprir num lugar mais afastado do que o devedor principal se obrigou. O fiador também não pode estar obrigado a cumprir se a dívida principal ainda se encontra dependente da verificação de condição[586].

Em qualquer destas hipóteses, considera-se que a cláusula do contrato de fiança no âmbito da qual o fiador assume uma obrigação mais onerosa do que a que impende sobre o devedor principal, é inválida – nula, nos termos do art. 294.º do CC – sem prejuízo da validade da fiança, através da redução automática do conteúdo da fiança, *ope legis*, aos termos da dívida afiançada – cf. o disposto na parte final do terceiro parágrafo do art. 7.º do AUG.

O regime jurídico instituído pelo AUG é paralelo ao disposto no n.º 1 do art. 631.º do CC, bem como ao já referido artigo 2290.º do Código Civil Francês.

Diversamente, nada obsta à chamada fiança parcial, permitida expressamente pelo terceiro parágrafo do art. 8.º do AUG, ou seja, em relação a apenas uma parte da dívida principal ou acordada em condições menos onerosas do que aquela[587]. Tal solução resultaria sempre da interpretação

---

[585] Neste sentido, cf. BORIS MARTOR, *Comparaison de deux sûretés personnelles...*, ob. cit., p. 23.

[586] Cf. PIRES DE LIMA e ANTUNES VARELA, *Código Civil Anotado*, Volume I, ob. cit., p. 644.

[587] Este regime é idêntico ao estabelecido no artigo 2290.º do Código Civil Francês.

a contrarium sensu do terceiro parágrafo do art. 7.º do AUG, mesmo que o § 3 do art. 8.º não existisse. Com efeito, a fiança não pode ser prestada em condições mais onerosas, mas admite-se a liberdade de estipulação desde que no sentido de tornar a fiança menos onerosa que a dívida principal, sem que tal ofenda o Princípio da acessoriedade. Este princípio visa proteger o fiador, impedindo que a sua situação jurídica seja mais gravosa do que a do devedor principal, mas, se estiver em causa uma posição menos onerosa para o fiador, já não haverá lugar à intervenção da acessoriedade.

Ainda relativamente ao conteúdo da fiança, o quarto parágrafo do art. 7.º do AUG determina que o devedor principal não pode agravar a obrigação do fiador por meio de uma convenção posterior à constituição da fiança. Como esta era uma questão não tratada pelo Código Civil, o ajustamento entre este e o AUG determinou a necessidade de adicionar um n.º 3 ao art. 631.º, nos termos do qual se passou a determinar, em consonância com o quarto parágrafo do artigo 7.º do AUG, que *"O devedor não pode agravar a obrigação do fiador por via de uma convenção posterior à fiança"*.

Podemos colocar algumas dúvidas relativamente a esta disposição. Aparentemente, está em causa uma convenção entre o devedor principal e o credor, de forma que a regra se assume como uma regra de protecção do fiador. O AUG pretende obstar a que o devedor principal, por meio de acordo com o credor, possa aumentar o montante da dívida principal ou estabelecer condições mais onerosas, e que essa modificação produza efeitos no âmbito da responsabilidade do fiador, o que fica assim vedado.

1.10. Validade da fiança

1.10.1. *Validade da própria fiança*

A fiança é um negócio jurídico de risco que pode ser caracterizado como um negócio de disposição, na medida em que apresenta alguma gravidade para o património do fiador[588]. Não obstante, como sabemos, a classificação dos negócios jurídicos em negócios de administração ou de disposição é relativa, uma vez que se encontra à partida dependente

---

[588] Cf. FRANÇOIS ANOUKAHA, JOSEPH ISSA-SAYEGH, AMINATA CISSE-NIANG, ISAAC YANKHOBA NDIAYE, MESSANVI FOLI e MOUSSA SAMB, *OHADA. Sûretés*, ob. cit., p. 21.

da situação jurídica patrimonial da pessoa em causa. Assim, dependendo do património do fiador, bem como do montante da fiança, a fiança poderá ser caracterizada como um negócio de administração ou de disposição, embora, regra geral, se assuma como um negócio jurídico de disposição.

Tratando-se de fiança contratual, os requisitos de validade são os que se impõem a todo e qualquer negócio jurídico, nos termos gerais de direito, acrescidos dos requisitos particulares impostos para a validade da fiança no AUG. Assim, do ponto de vista formal, a fiança deve obedecer à forma exigida no § 2 do artigo 4.º, conter a declaração expressa do fiador, a assinatura de ambas as partes e ainda a indicação, manuscrita pelo fiador, do montante máximo garantido, em algarismos e por extenso. Do ponto de vista substancial, não pode verificar-se nenhum vício que, nos termos do Direito interno aplicável, produza a inexistência, nulidade ou anulabilidade da fiança (cf. o disposto nos artigos 240.º e seguintes do CC).

Acresce que, naturalmente, tem que se verificar a capacidade de exercício das partes intervenientes no negócio, sob pena de anulabilidade. Relativamente aos fiadores que sejam pessoas singulares, o AUG nada vem acrescentar ao Direito interno. Nos termos gerais, essas pessoas têm que ter capacidade de gozo e de exercício de direitos, sob pena de a obrigação fidejussória constituída ser anulável – cf. artigos 125.º, 139.º, 148.º e 156.º do CC.

Podem surgir algumas dificuldades no caso de a fiança ser prestada por uma pessoa colectiva, na medida em que estas se regem pelo Princípio da especialidade (cf. artigo 160.º do CC). As pessoas colectivas têm capacidade para todos os actos que sejam necessários ou convenientes à prossecução dos seus fins, pelo que, para que a pessoa colectiva possa prestar fiança é necessário que esse acto se inclua nos seus fins. Tratando-se de fiança prestada por sociedade comercial, o Acto Uniforme Relativo ao Direito das Sociedades Comerciais e ao Agrupamento de Interesse Económico admite essa possibilidade no seu artigo 139.º, devendo a fiança ser assumida nos termos estabelecidos por este Acto Uniforme, consoante o tipo de sociedade comercial em causa[589].

Quer o fiador seja uma pessoa singular, quer se trate de pessoa colectiva, a falta de capacidade para o acto implica a anulabilidade da fiança.

---

[589] Acerca da prestação de fiança pelas sociedades comerciais, consultar supra o ponto 1.6.1. (Capacidade do fiador), pp. 325 e seguintes.

Sendo o fiador uma pessoa colectiva, é necessário que o seu representante possua os poderes para a vincular perante terceiros. Neste ponto, importa referir a decisão do Tribunal de Dacar[590] que considerou regular a fiança prestada por gerente em virtude de um "mandato" especial conferido pela unanimidade dos sócios, o que equivalia a uma extensão do objecto social da sociedade.

Naturalmente que, invocando o fiador uma determinada excepção, compete-lhe a ele a sua prova, nos termos gerais de direito (cf. art. 342.º, n.º 1, do CC)[591].

1.10.2. Validade da obrigação garantida

Por força do Princípio da acessoriedade, a fiança só é válida se for válida a obrigação principal, afiançada. Nestes termos, se a obrigação principal padecer de algum vício que implique a sua invalidade, a mesma invalidade prejudicará a fiança, enquanto obrigação acessória.

Assim sendo, um dos pressupostos de validade da fiança reside na validade da própria obrigação garantida ou principal, na medida em que, sendo esta inválida, a mesma invalidade que atinge a obrigação principal atinge também a obrigação fidejussória.

Esta circunstância traduz um dos aspectos fundamentais decorrentes do Princípio da acessoriedade da fiança, sendo consagrado, ao nível do AUG, no primeiro parágrafo do art. 7.º, bem como no art. 632.º do Código Civil e no artigo 2289.º do Código Civil Francês[592].

A obrigação assumida pelo devedor principal (afiançado) deve, então, ser válida. Para o efeito, o devedor principal deverá, desde logo, possuir a capacidade necessária para o acto, sob pena de anulabilidade da sua obrigação. Por exemplo, supondo que a dívida afiançada foi assumida por

---

[590] Disponível em www.ohada.com, com a referência J-04-23.

[591] No seu Acórdão com referência J-04-62, o Supremo Tribunal da Costa do Marfim decidiu que o fiador não podia anular a fiança com base no dolo, uma vez que não tinha logrado demonstrar que se tinha vinculado devido a coacção física ou moral, tendo antes ficado provado que o fiador tinha deliberadamente assinado os diferentes documentos que constituíam a garantia.

[592] É o seguinte o teor do artigo 2289.º: *"Le cautionnement ne peut exister que sur une obligation valable. On peut néanmoins cautionner une obligation, encore qu'elle pût être annulée par une exception purement personnelle à l'obligé; par exemple, dans le cas de minorité"*. Cf. ALICE TISSERAND-MARTIN, GEORGES WIEDERKEHR, FRANÇOIS JACOB, XAVIER HENRY, GUY VENANDET, FRANÇOIS BARATON, *Code Civil*, ob. cit., p. 2280.

um menor, interdito ou inabilitado, sem que se verificasse uma das situações excepcionais em que estes gozam de capacidade para o acto (cf. artigo 125.º do CC), verifica-se a anulabilidade da obrigação assumida nos termos gerais de direito. De igual forma, se o devedor principal for uma pessoa colectiva sem capacidade para o acto, também a obrigação por ela constituída será anulável. Em qualquer dos casos de incapacidade do devedor principal, como a dívida principal é anulável, considera-se igualmente prejudicada a fiança, atendendo à característica da acessoriedade. Portanto, uma das condições para a operância da fiança reside na capacidade do devedor na obrigação principal. Caso contrário, imaginando por exemplo que o representante orgânico do devedor principal não tinha poderes suficientes para o vincular, o fiador pode defender-se com base nessa falta de poderes, ou seja, com base na incapacidade do devedor principal, do mesmo modo que se pode defender se o devedor principal for uma pessoa singular incapaz, tudo ao abrigo do disposto no primeiro e no segundo parágrafos do artigo 7.º e no primeiro parágrafo do artigo 18.º do AUG. Entretanto, o segundo parágrafo do artigo 7.º do AUG obteve reflexo na proposta de criação de um número 4 para o artigo 632.º do CC, no qual se dispõe o seguinte: *"Nos casos em que a afiançada é uma pessoa colectiva, a falta de poderes de representação da pessoa que a vinculou é invocável pelo fiador, nos termos previstos nos números anteriores."*.

Esta situação é diversa daquela que analisámos anteriormente, ou seja, aquela em que o incapaz era o próprio fiador. Com efeito, se o fiador for incapaz, o seu meio de defesa reside na anulabilidade da própria fiança. Ao invés, se a incapacidade não atingir o fiador mas sim o devedor principal, o meio de defesa do fiador decorre da acessoriedade da fiança relativamente à dívida garantida. Assim, se a dívida garantida for anulável, é igualmente anulável a fiança desta (cf. artigo 18.º do AUG).

Daqui se conclui que a operacionalidade da fiança depende, em grande parte, da validade da obrigação principal. A invalidade da obrigação principal é mencionada no primeiro parágrafo do artigo 7.º em sentido amplo. Assim, afigura-se que o termo invalidade abrange quer a inexistência, quer a nulidade, quer a anulabilidade da obrigação principal, por qualquer causa. Em todas estas hipóteses, o vício de que enferma a obrigação principal contagia igualmente a obrigação do fiador, constituindo um meio de defesa que este pode invocar para se esquivar ao cumprimento da obrigação – cf. art. 18.º, § 1, do AUG.

Ao invés, se se verificar um mero problema de ineficácia da obrigação principal (por exemplo, por falta de registo), tal não obsta à validade plena da fiança, nem tão pouco da obrigação principal.

Tanto o § 1 do art. 7.º do AUG como a redacção originária do n.º 1 do art. 632.º do CC determinam que a fiança não é válida se o não for a obrigação principal. Já o Código Civil Francês adopta uma formulação ligeiramente diferente, afirmando que a fiança não pode existir senão sobre uma obrigação válida. No primeiro caso (AUG e Código Civil), a perspectiva adoptada é a de que a invalidade da obrigação principal contamina a fiança, a qual, mesmo que tenha sido constituída validamente, será inválida em consequência do vício que atinge a dívida garantida. Já no Direito Francês parece que o problema é que se a obrigação a garantir não for válida nem sequer é possível existir uma fiança a garantir o seu cumprimento.

A existir a fiança, a sua eventual invalidade decorre, como já referimos, do Princípio da acessoriedade e do facto de existir unidade entre a dívida principal e a dívida fidejussória[593]. No entanto, a doutrina não é unânime em concordar com a lei quando refere que a invalidade da dívida principal deve contagiar também a própria fiança, tornando-a inválida. Com efeito, alguns autores insurgem-se contra esta perspectiva, optando por entender que o problema não é tanto de validade da fiança, mas antes de operância desta em face de uma dívida principal inválida.

Assim, no entendimento de François Anoukaha e outros, a dívida do fiador não é inválida, antes caduca devido à invalidade da dívida principal[594]. Aliás, é no sentido da caducidade com eficácia retroactiva da fiança que se pronuncia grande parte da doutrina francesa[595]. De acordo com esta perspectiva, a invalidade da obrigação principal, possuindo eficácia retroactiva, provoca por essa via a caducidade da fiança. Acresce ainda que, segundo estes autores, a mesma consequência, isto é, a caducidade da fiança, resulta da própria resolução do contrato principal, pois, como se sabe, a resolução produz os mesmos efeitos que a invalidade (cf. o disposto no artigo 433.º, que remete para os artigos 289.º e seguintes do CC).

Em sentido próximo, segundo Manuel Januário da Costa Gomes, a fiança é, apesar de tudo, um negócio independente do negócio donde

---

[593] Cf. FRANÇOIS ANOUKAHA, JOSEPH ISSA-SAYEGH, AMINATA CISSE-NIANG, ISAAC YANKHOBA NDIAYE, MESSANVI FOLI e MOUSSA SAMB, *OHADA. Sûretés*, ob. cit., p. 23.

[594] Cf. FRANÇOIS ANOUKAHA, JOSEPH ISSA-SAYEGH, AMINATA CISSE-NIANG, ISAAC YANKHOBA NDIAYE, MESSANVI FOLI e MOUSSA SAMB, *OHADA. Sûretés*, ob. cit., p. 24.

[595] Cf. MANUEL JANUÁRIO DA COSTA GOMES, *Assunção fidejussória...*, ob. cit., p. 339, n.r. 230.

provém a obrigação principal, pelo que admite causas de invalidade próprias, decorrentes de vícios na formação do próprio contrato de fiança[596]. Nesta ordem de ideias, pode acontecer que a obrigação principal seja perfeitamente válida mas a fiança seja anulável por incapacidade do fiador, caso em que este poderá igualmente defender-se, nos termos gerais de direito. Este autor também considera que não podemos falar, em sentido próprio, de invalidade da fiança, nos casos em que a dívida principal seja inválida. Entende, em vez disso, que a validade da obrigação principal constitui um pressuposto de eficácia da fiança, pelo que, sendo inválida a dívida principal, a fiança não é idónea para produzir os seus efeitos[597]. Segundo este entendimento, não há nenhum vício intrínseco da própria fiança, há antes um obstáculo exterior à produção dos seus efeitos. A situação é, então, de ineficácia *strictu sensu* da fiança porque, em si mesma, a fiança é válida, só que está impedida de produzir os seus efeitos em virtude da invalidade da obrigação principal.

A propósito do disposto no art. 632.º do CC, Januário da Costa Gomes argumenta que:

> "... *se o negócio principal padece de um vício genético que determina a sua invalidade, lógico é que tal vá impedir a operacionalidade da fiança, repercutindo-se na sua eficácia – não se vendo o porquê da contaminação da fiança, ou seja, o porquê da extensão de tal invalidade à obrigação fidejussória. Assim, a validade da obrigação principal é um pressuposto da eficácia da fiança, já que não faria sentido que, por um lado, o ordenamento jurídico sancionasse com a nulidade a ocorrência de um determinado vício e, por outro lado, permitisse a operatividade de uma garantia ligada ao crédito, em total contradição com a sanção estabelecida; no entanto, a invalidade da obrigação principal já não poderá determinar recta via a invalidade da obrigação do fiador que, quando muito, passa a ser inidónea à produção dos seus efeitos típicos.*"[598].

---

[596] Cf. MANUEL JANUÁRIO DA COSTA GOMES, *Assunção fidejussória...*, ob. cit., p. 338: "*A fiança, como negócio "a se", está sujeita às regras estabelecidas pelo ordenamento para os negócios jurídicos em geral, podendo conhecer causas de invalidade próprias, decorrentes de perturbações genéticas da própria fiança, as quais não se comunicam obviamente ao negócio principal. (...)*".

[597] Cf. MANUEL JANUÁRIO DA COSTA GOMES, *Assunção fidejussória...*, ob. cit., pp. 338 e 339.

[598] Cf. MANUEL JANUÁRIO DA COSTA GOMES, *Assunção fidejussória...*, ob. cit., pp. 338 e 339.

Aderimos também a este entendimento, considerando que não se trata tanto de uma questão de validade da fiança, mas antes de um pressuposto da sua operância, sendo que tal só pode acontecer quando a obrigação principal se tenha constituído validamente. Caso contrário, a declaração de invalidade da obrigação principal por inexistência, nulidade ou anulabilidade determinará para as partes (credor e devedor principal) a obrigação de restituir tudo quanto tenha sido prestado (cf. artigo 289.º do CC), não subsistindo, assim, a obrigação que anteriormente incumbia ao devedor principal. Ora, a partir do momento em que a obrigação garantida deixa de existir em virtude da declaração de invalidade, não se vê como possa funcionar a garantia que a afiançava. Não que tal garantia seja inválida, simplesmente fica sem objecto, isto é, sem obrigação para garantir, uma vez que a obrigação que era garantida se extinguiu, deixando, por isso, de produzir quaisquer efeitos.

Em relação às consequências do disposto no primeiro parágrafo do artigo 7.º do AUG no Direito interno, particularmente no artigo 632.º do CC, importa notar que o ajustamento entre os dois dispositivos propõe a manutenção em vigor do n.º 1 deste artigo, que dispõe que *"A fiança não é válida se o não for a obrigação principal"*. Em termos substanciais, não existem grandes diferenças com o texto constante do AUG, notando-se apenas que o AUG fala na inexistência da fiança, enquanto o Código Civil refere a invalidade desta, no caso de invalidade da obrigação principal. Como se referiu, trata-se de uma questão doutrinária de âmbito teórico mas que, em termos práticos, acaba por não ter muita relevância, sendo que o importante é realçar que ocorrendo a invalidade da obrigação principal a fiança não é apta a garantir aquela dívida, seja porque se considera que a fiança é inexistente, seja porque se entende que é inválida, seja ainda porque se entende que é inoperante ou ineficaz.

a) Consequências da inexistência, nulidade ou anulabilidade da obrigação principal. Legitimidade do fiador para invocar a anulabilidade da obrigação principal

Se o vício que afecta a obrigação principal for a nulidade ou a inexistência, à partida, esse vício é um obstáculo absoluto à eficácia da dívida fidejussória – cf. art. 7.º, primeiro parágrafo, do AUG. O fiador tem o direito de invocar a nulidade ou a inexistência da obrigação principal com vista a demonstrar que não está obrigado a cumprir, na medida em que ele é interessado, para efeitos do art. 286.º do CC e também nos termos do § 1 do art. 18.º do AUG.

Já no caso de a obrigação principal ser anulável, existe algum debate na doutrina quanto a saber se o fiador pode ou não invocar esse vício como meio de defesa, bem como sobre o destino da dívida fidejussória. No âmbito do Código Civil, alguns autores consideravam que a fiança só seria anulável (ou antes ineficaz devido a anulabilidade da obrigação principal) se e quando fosse declarada, com eficácia retroactiva (cf. art. 289.º do CC), a anulabilidade da dívida principal.

Parece ser este o entendimento de Pires de Lima e de Antunes Varela a respeito do art. 632.º do CC[599]. Segundo esta perspectiva, a obrigação fidejussória só será considerada inválida (ou ineficaz) se o for a obrigação principal. Caso contrário, tanto a dívida principal como a fiança serão perfeitamente válidas e operacionais. O fiador, tem, portanto, que aguardar, para ver o que vai acontecer à obrigação principal: se for declarada anulada, o credor nada poderá exigir ao fiador, em consequência do Princípio da acessoriedade; mas, havendo confirmação ou convalidação, manter-se-á a fiança. Contudo, o fiador não poderá ele mesmo invocar a anulabilidade da obrigação principal, por falta de legitimidade para tanto, nos termos do n.º 1 do art. 287.º do CC. Não obstante, ele poderá recusar-se a cumprir a dívida fidejussória nos termos do n.º 2 do art. 642.º do CC, *"enquanto o devedor tiver o direito de impugnar o negócio donde provém a sua obrigação"*. Portanto, enquanto não houver confirmação ou convalidação do negócio jurídico anulável e desde que esteja em curso o prazo para arguir a anulabilidade, o fiador poderá recusar-se a cumprir perante o credor, com fundamento nesta disposição.

Outros autores sustentam que, embora a anulabilidade não possa ser invocada por qualquer pessoa, mas apenas por aquele no interesse de quem foi estabelecida – cf. art. 287.º, n.º 1, do CC – excepcionalmente, é concedida ao fiador a legitimidade para invocar esta anulabilidade como meio de defesa perante o credor. A legitimidade excepcional do fiador decorreria da própria acessoriedade da fiança, estendendo-se ao fiador os meios de defesa do devedor principal[600].

Diversamente, Januário da Costa Gomes considera que o fiador não tem legitimidade para invocar a anulabilidade[601]. No entendimento deste

---

[599] Cf. Pires de Lima e Antunes Varela, *Código Civil Anotado*, Volume I, ob. cit., p. 649.

[600] Cf. Manuel Januário da Costa Gomes, *Assunção fidejussória...*, ob. cit., p. 346, n.r. 260.

[601] Cf. Manuel Januário da Costa Gomes, *Assunção fidejussória...*, ob. cit., p. 350.

autor, não faria sentido que o fiador pudesse invocar a anulabilidade da obrigação principal uma vez que tal invocação ofenderia o fim de garantia visado pela fiança. Em segundo lugar, argumenta que o art. 632.º do CC não afecta o disposto no art. 287.º do CC, ou seja, a legitimidade para invocar a anulabilidade compete sempre ao devedor principal, mas não ao fiador. Por último, afirma que tal possibilidade de invocação do vício pelo fiador viola a teoria da invalidade, que postula a geneticidade do vínculo: isto é, se a dívida principal for anulável, é também anulável a fiança, e, nesse caso, não faz sentido que a fiança só seja anulável se for invocada a anulabilidade... Portanto, o fiador tem que aguardar pelo comportamento do devedor principal, pois apenas se este invocar a anulabilidade da dívida é que isso consubstanciará um meio de defesa do fiador.

No que concerne ao AUG, o art. 7.º não indica, claramente, a quem compete a legitimidade para invocar a anulabilidade da dívida principal, limitando-se a determinar que *"A fiança só existe se a obrigação principal garantida tiver sido validamente constituída"*. E, no art. 18.º, estabelece-se que o fiador pode deduzir contra o credor todas as excepções inerentes à obrigação garantida susceptíveis de reduzir, extinguir ou de diferir o respectivo cumprimento. Daqui não resulta, à partida, nenhuma regra sobre a legitimidade do fiador para arguir a anulabilidade da obrigação principal. Perante isto, duas soluções podem ser admitidas.

Podemos, *em primeiro lugar*, considerar que a legitimidade para invocar a anulabilidade da dívida principal pertence tanto ao devedor principal, como ao devedor fidejussório. Ou podemos, *em segundo lugar*, considerar que apenas o devedor principal pode arguir a anulabilidade, devendo o fiador aguardar pelo comportamento deste de molde a saber qual será o destino da dívida fidejussória. A discussão travada no âmbito do Código Civil pode então ser transposta para o regime do AUG, uma vez que também aqui o art. 7.º não é absolutamente líquido.

No entanto, apesar de o AUG não regular directamente o problema da legitimidade do fiador para arguir a anulabilidade da obrigação principal, julgamos que tal questão parece estar resolvida indirectamente, na parte final do § 1 do art. 7.º. Nos termos deste artigo, se a anulabilidade da dívida principal se extinguir por confirmação do devedor principal, o fiador pode ainda defender-se contra o credor com fundamento naquela anulabilidade que, entretanto, foi sanada. O que se diz é que se o devedor principal confirmar o negócio principal, sanando a anulabilidade, o fiador pode ainda invocar esse vício a seu favor, desde que não tenha expressamente renunciado a essa invocação. Ora, esta norma dá-nos a entender que o fiador tem legitimidade para invocar a anulabilidade, aliás, tanto tem esta legitimidade que pode fazê-lo mesmo depois de o devedor principal efectuar a confirmação. Portanto, se o fiador pode lançar mão à anulabilidade da obrigação principal depois de esta se ter extinto, por confirmação, por maioria de razão a pode também arguir antes de haver qualquer confirmação.

Outro argumento que milita, claramente, a favor da legitimidade do fiador para invocar a anulabilidade resulta do § 2 do mesmo art. 7.º, onde se refere que *"a falta de poderes de representação da pessoa que vinculou o devedor principal (pessoa colectiva) é invocável pelo fiador ..."*. Portanto, no caso em que o representante do devedor principal carece de poderes para o vincular é expressamente concedida ao fiador a possibilidade de arguir esse vício (anulabilidade), em sua defesa. Ora, se assim é, deverá acontecer do mesmo modo nas demais situações em que haja anulabilidade por outras causas.

Portanto, embora à partida nos pareça mais razoável não atribuir ao fiador legitimidade para arguir a anulabilidade, não se afigura ter sido essa a opção tomada pelo AUG, particularmente na parte final do primeiro parágrafo do art. 7.º, bem como no segundo parágrafo do mesmo artigo. Por conseguinte, apesar de concordarmos com a tese acima referida que vedava ao fiador a invocação da anulabilidade, admitimos que esse regime não é o instituído pelo AUG, no âmbito do qual o fiador poderá, naturalmente, arguir em seu benefício a anulabilidade da dívida principal, esquivando-se, por esta via, ao cumprimento.

b) Convalidação ou confirmação da anulabilidade da obrigação principal

A anulabilidade não é um vício definitivo nem que se imponha necessariamente ao negócio jurídico. Sendo assim, o interessado na anulabilidade (devedor principal) tem três opções:

1) Invocar o vício nos termos do n.º 1 do art. 287.º do CC;
2) Confirmar o negócio, caso em que se produz a convalidação, com eficácia retroactiva, nos termos do art. 288.º do CC;
3) Nada fazer, caso em que, passado um ano sobre a cessação do vício, o negócio jurídico se convalida, nos termos do n.º 1 do art. 287.º do CC.

Nos termos acima definidos, para alguma doutrina, e, ao que parece, no regime instituído pelo § 1 do art. 7.º do AUG, o fiador pode, como interessado, invocar a anulabilidade da obrigação principal, possibilidade que resulta desde logo do carácter acessório da dívida fidejussória[602].

Pode no entanto suscitar-se a dúvida de saber o que acontece no caso de o devedor principal confirmar o negócio anulável ou de este se convalidar pelo decurso do tempo. Tratando-se de confirmação, de acordo com a parte final do primeiro parágrafo do art. 7.º, o fiador só pode invocar a anulabilidade se não tiver renunciado expressamente a tal invocação.

A confirmação produz a sanação da anulabilidade, com eficácia retroactiva, nos termos do art. 288.º do CC. À partida, essa sanação devia inviabilizar a invocação, por parte do fiador, da anulabilidade da dívida principal, por força do próprio Princípio da acessoriedade: de facto, se a obrigação principal é anulável, a fiança não pode operar; mas, sendo sanada a anulabilidade, a fiança deveria recuperar plenamente a sua operância. Porém, segundo o art. 7.º, § 1, *in fine*, mesmo depois de ter havido a confirmação, o fiador pode valer-se da anulabilidade, desde que não tenha renunciado expressamente a invocá-la. Portanto, se não houve renúncia expressa, o fiador pode invocar a anulabilidade que inquinava a dívida principal para se exonerar, mesmo depois de este vício já se encontrar sanado por confirmação do devedor principal[603]. O fiador pode continuar a "fazer cair" a fiança, pois, no momento da sua constituição, havia um vício que contaminava a dívida principal, e, por arrastamento, a dívida fidejussória dela acessória, mesmo que posteriormente esse vício se tenha extinto por confirmação.

A solução consagrada no AUG não é isenta de críticas. Com efeito, a anulabilidade é um vício originário da dívida principal, que obsta à própria eficácia da fiança. No entanto, esse obstáculo não é, no caso da anulabilidade, um obstáculo definitivo. De facto, se este raciocínio parece correcto no caso de nulidade ou de inexistência, já o mesmo não se pode afirmar relativamente à anulabilidade, que é um vício bastante diverso daqueles outros, embora também afecte o negócio logo à partida, no momento da sua constituição. Contudo, o seu regime jurídico apresenta particularidades que não podemos descurar.

---

[602] Cf. FRANÇOIS ANOUKAHA, JOSEPH ISSA-SAYEGH, AMINATA CISSE-NIANG, ISAAC YANKHOBA NDIAYE, MESSANVI FOLI e MOUSSA SAMB, *OHADA. Sûretés*, ob. cit., p. 24.

[603] Cf. FRANÇOIS ANOUKAHA, JOSEPH ISSA-SAYEGH, AMINATA CISSE-NIANG, ISAAC YANKHOBA NDIAYE, MESSANVI FOLI e MOUSSA SAMB, *OHADA. Sûretés*, ob. cit., p. 24.

Supondo, por exemplo, que alguém assumiu uma dívida estando em erro, através da celebração de uma compra e venda. Imagine-se que o comprador quer adquirir a casa X porque pensa, erradamente, que foi aí que os seus pais viveram em tempos passados. Verificando-se todos os requisitos, o negócio jurídico será anulável nos termos do n.º 1 do art. 252.º do CC. Imagine-se ainda que alguém prestou fiança ao comprador, responsabilizando-se pelo cumprimento da obrigação de pagar o preço, no caso de este não o efectuar. Supondo que o comprador vem, posteriormente, a tomar conhecimento do vício, ou seja, de que afinal os seus pais jamais residiram naquela casa, mas sim numa outra, ele pode continuar a querer ser proprietário dela. Isto é, ele não é obrigado a anular o negócio, podendo optar por o confirmar, ou nada fazer, sendo que em ambos os casos se verificará a convalidação. Nesta hipótese, não se vislumbram motivos para que a obrigação do fiador seja declarada inválida. Com efeito, de acordo com o Princípio da acessoriedade, só faz sentido que a obrigação do fiador seja inválida se e na medida em que seja declarada anulada a obrigação principal com base no erro. Caso contrário, não se produzindo o efeito retroactivo da declaração de anulação, a fiança deveria manter-se, no nosso entendimento, plenamente válida e eficaz.

Não foi, porém, esta a solução adoptada pelo AUG. Optou-se antes por tutelar o fiador, numa perspectiva, que se afigura um pouco excessiva, na medida em que a fiança permanece inoperante devido ao vício originário que inquinava a dívida principal, mesmo depois de se produzir a convalidação desse vício. Tal solução atende, por outro lado, à necessidade de proteger o fiador de eventuais conluios entre o credor e o devedor principal com vista a prejudicá-lo. Imagine-se, por exemplo, que sendo a obrigação principal anulável, o credor convence o devedor principal a confirmar, comprometendo-se, em contrapartida, a não o executar, ou a ajudá-lo a dissipar os seus bens, sobrecarregando assim o fiador com o cumprimento. Isso seria manifestamente contrário à boa fé e criaria uma situação de difícil defesa para o fiador. Assim, optou-se por protegê-lo destes possíveis acordos fraudulentos, abrindo uma excepção à acessoriedade no caso de confirmação da anulabilidade pelo devedor principal.

Como esta era uma questão não regulada directamente na redacção originária do Código Civil, sendo apenas discutida pela doutrina nos termos acima assinalados, actualmente o ajustamento com o AUG levou à proposta de criação de um novo n.º 3 para o artigo 632.º do CC, nos termos do qual é adoptado o regime constante da parte final do primeiro parágrafo do art. 7.º do AUG, com o seguinte texto: *"Se o devedor afiançado confirmar o negócio anulável, o fiador só pode invocar a anulabilidade caso não haja expressamente renunciado a tal invocação."*.

O regime constante da parte final do § 1 do artigo 7.º do AUG coloca a dúvida de saber o que acontece à fiança em caso de convalidação pelo decurso do prazo de um ano a contar da cessação do vício, nos termos do n.º 1 do art. 287.º do CC. A letra do artigo parece restrita aos casos de confirmação por parte do devedor principal, precisamente, como vimos, devido à necessidade de proteger o fiador contra os conluios entre o credor e o devedor principal. Mas nada obsta a que tais conluios possam também dar-se afim de o devedor principal não arguir a anulabilidade, deixando caducar o prazo para essa invocação. E, nessa hipótese, será que a convalidação atinge a fiança, ou será que o fiador pode continuar a invocar a anulabilidade mesmo depois de operar a convalidação da obrigação principal?

Sendo seguro que o AUG não se pronuncia directamente sobre o problema, parece-nos que a solução deve resultar da aplicação do próprio Princípio da acessoriedade. Com efeito, regra geral a fiança sofre as vicissitudes que atingem a obrigação principal, pelo que se esta se convalidar, tal facto deverá atingir igualmente a fiança. Neste sentido, o fiador só pode arguir a anulabilidade enquanto não se produzir a convalidação, pois, depois dessa data, a fiança será plenamente eficaz. A parte final do § 1 do artigo 7.º, constituindo uma excepção à acessoriedade, não pode, no nosso entender, ser aplicada analogicamente ao caso da convalidação, para cuja resolução retoma plena vigência o Princípio da acessoriedade.

c) Cláusulas de sobrevivência

Outro problema que pode ser colocado a propósito da subsistência da fiança em caso de invalidade da obrigação principal tem a ver com as cláusulas de sobrevivência. Por vezes as partes acordam certas cláusulas de sobrevivência da fiança, mesmo no caso de ser inválida a obrigação principal, ou então, no caso de o contrato donde provém a dívida principal ser unilateralmente resolvido por uma das partes. Estas cláusulas significam que a fiança sobrevive à extinção da dívida principal, seja por motivos de invalidade, seja por motivos de resolução do contrato. Destas cláusulas resultariam essencialmente dois efeitos:

Em primeiro lugar, a fiança sobreviveria à invalidade ou à extinção da obrigação principal por qualquer outra via, passando o fiador a responder pela garantia da obrigação de restituição que resulta dessa extinção, nos termos do n.º 1 do art. 289.º do CC.

Em segundo lugar, o fiador renunciaria à invocação do vício que inquina o contrato principal[604].

No entanto, segundo uma corrente jurisprudencial italiana, a chamada *"cláusula de renúncia preventiva a invocar a invalidade do negócio principal seria nula por contrária a normas imperativas"*[605]. A razão de ser desta nulidade seria o facto de a renúncia violar normas imperativas, sendo que, no caso guineense, poderia ser chamado à colação o artigo 809.º do CC.

Não obstante este entendimento, parte da doutrina considera que, existindo essa predisposição da parte do fiador, não estaremos já propriamente em face de uma fiança, mas antes de um *"contrato atípico de garantia"*, motivo pelo qual não haverá que falar em nulidade da mencionada cláusula[606]. Ou seja, num contrato em que as partes apusessem a cláusula de sobrevivência já não poderíamos falar verdadeiramente de fiança, mas sim de outra garantia pessoal, atípica, permitida nos termos da autonomia privada.

Relativamente a este problema no Direito Português, Januário da Costa Gomes considera que a cláusula de sobrevivência permite confirmar que o fiador fica vinculado a cobrir a obrigação de restituição que recai sobre o devedor principal, quer em caso de invalidade, quer no caso de resolução – cf. o disposto nos artigos 433.º e 289.º do CC[607]. Porém, isso não deverá implicar de forma alguma a autonomia da fiança em relação à obrigação principal, pois, se assim for, não haverá então fiança, mas sim uma garantia autónoma ou uma outra garantia, atípica, muito semelhante à fiança mas que com ela não se confunde porque a fiança é acessória.

Pela nossa parte, importa averiguar, no âmbito do AUG, se as cláusulas de sobrevivência são admissíveis ou não. Na verdade, o art. 7.º não é absolutamente claro quanto a este ponto, dele não resultando, nem expressa nem implicitamente, que o seu regime seja necessariamente

---

[604] Cf. MANUEL JANUÁRIO DA COSTA GOMES, *Assunção fidejussória...*, ob. cit., p. 340, n.r. 232.

[605] Cf. MANUEL JANUÁRIO DA COSTA GOMES, *Assunção fidejussória...*, ob. cit., p. 340, n.r. 232.

[606] Cf. MANUEL JANUÁRIO DA COSTA GOMES, *Assunção fidejussória...*, ob. cit., p. 341, n.r. 232.

[607] Cf. MANUEL JANUÁRIO DA COSTA GOMES, *Assunção fidejussória...*, ob. cit., p. 341, n.r. 232.

injuntivo. Trata-se de uma regra que deriva da acessoriedade inerente à fiança, mas, em princípio, nada obsta a que a vontade do fiador seja a de garantir o cumprimento, mesmo no caso de não subsistência da obrigação principal em virtude de invalidade ou de resolução contratual.

Aliás, a possibilidade de o fiador continuar nessa qualidade é expressamente admitida na ressalva constante do 1.º parágrafo deste artigo, em relação aos casos de incapacidade do devedor principal que seja conhecida do fiador ao tempo de constituição da fiança, como veremos adiante. Sendo assim, uma vez que o próprio AUG consente pelo menos um caso em que a fiança é válida apesar de ser inválida a obrigação principal, pensamos que nada obsta à convenção deste género de cláusulas. A cláusula de sobrevivência é uma figura muito próxima da situação ressalvada nesta disposição em que o fiador conhece a incapacidade do devedor principal. Com efeito, nesse caso, ele indirectamente quis assumir o risco de a obrigação principal vir a ser declarada inválida. Pelo que, por maioria de razão, devemos admitir que ele queira igualmente continuar como fiador, mesmo que a obrigação principal seja declarada inválida ou que o contrato seja unilateralmente resolvido. Nessa hipótese, relembrando a expressão de Januário da Costa Gomes, o fiador confirma que quer garantir a obrigação de restituição que ficará a cargo do devedor principal, por força da declaração de invalidade ou da resolução (cf. artigos 289.º e 433.º do CC).

A cláusula de sobrevivência é, no fundo, uma cláusula contratual que sujeita a obrigação do fiador a uma alternativa: ou garante a obrigação principal, ou garante a obrigação de restituição nos termos do n.º 1 do art. 289.º ou do art. 433.º do CC, no caso de o contrato donde emana a obrigação principal ser, respectivamente, declarado inválido ou resolvido unilateralmente por uma das partes. Se não houver declaração de invalidade nem resolução contratual, a dívida fidejussória garante a obrigação principal originária que emana do contrato. Diferentemente, se houver declaração de invalidade ou resolução contratual, o fiador passa a garantir uma obrigação diferente, que é a de restituir tudo quanto houver sido prestado pelo credor ao devedor principal.

Naturalmente que, tendo o fiador cumprido a obrigação de restituição (que impendia sobre o devedor principal por força da invalidade ou da resolução), ele terá o direito de exigir ao devedor principal o reembolso das quantias entregues ao credor[608], nos termos gerais previstos no regime jurídico da fiança.

---

[608] Cf. Manuel Januário da Costa Gomes, *Assunção fidejussória...*, ob. cit., p. 345.

d) Validade da fiança prestada a um incapaz, para garantia de obrigações contraídas por este, quando o fiador conheça, aquando da prestação da fiança, a causa da incapacidade

De acordo com a regra enunciada na segunda parte do §1 do art. 7.º do AUG, se o obrigado principal for incapaz (por menoridade, interdição ou inabilitação, ou por incapacidade acidental), a obrigação contraída é anulável. Assim sendo, anulável ou inoperante deveria ser também a fiança, em decorrência do Princípio da acessoriedade. Contudo, excepcionalmente, a lei admite como válida a fiança, apesar de ser inválida a obrigação principal, contanto que se preencha um requisito: o conhecimento, por parte do fiador, da incapacidade do devedor principal, aquando da prestação da fiança.

Diferentemente, se o vício da obrigação principal for a nulidade ou a inexistência, a fiança será sempre nula ou ineficaz, mesmo que o fiador conhecesse a nulidade ou a inexistência da obrigação principal no momento da sua vinculação como fiador. Do mesmo modo, se o vício for a anulabilidade da obrigação principal por outra causa que não a incapacidade do devedor principal, a fiança será inválida ou ineficaz, mesmo que o fiador conhecesse a causa desta anulabilidade no momento de constituição da fiança. Ou seja, o âmbito da excepção restringe-se, exclusivamente, aos casos de anulabilidade da obrigação principal com fundamento na incapacidade do devedor, não se estendendo nem a outros vícios, nem a situações de anulabilidade com fundamentos diversos da incapacidade.

Normalmente, nas relações de negócios, esta excepção terá aplicação aos casos de anulabilidade devido a falta de poderes do representante de uma pessoa colectiva devedora principal[609].

A justificação para esta ressalva reside no facto de o fiador ter assumido a obrigação fidejussória com pleno conhecimento de que o afiançado era incapaz. Ora, se assim foi, então foi porque quis assumir o risco de a obrigação principal vir a ser declarada anulada em virtude da incapacidade. Neste sentido, a respeito de regra idêntica consagrada na redacção originária do n.º 2 do art. 632.º do CC, Almeida Costa refere que *"... se o fiador se obrigou, sabendo que a dívida principal estava afectada por algo que produzia a sua anulabilidade, foi porque se quis responsabilizar não só para o caso de vir a produzir-se essa anulação,*

---

[609] Neste sentido, cf. BORIS MARTOR, *Comparaison de deux sûretés personnelles...*, ob. cit., p. 22.

mas também para a hipótese inversa"[610]. Assim sendo, entende-se que o fiador quer garantir a dívida *"em quaisquer circunstâncias"*[611]. Num sentido próximo, embora ainda no domínio do Código de Seabra, Guilherme Moreira considerava que esta excepção era reconhecida porque o fiador garantia ao credor não apenas a solvabilidade do devedor principal, mas também a sua capacidade para se obrigar[612].

Não obstante, temos de reconhecer, com François Anoukaha e outros, que esta excepção *"não se concilia facilmente com o carácter acessório da fiança"*. Efectivamente, encontrando-se viciada a obrigação principal, e sendo esta anulável, o mesmo destino deveria, qualquer que fosse o caso, afectar a fiança, dela acessória[613]. A explicação para a regra parece ser então, por um lado, a necessidade de tutela do credor, e, por outro, o facto de o fiador ter assumido a sua obrigação com pleno conhecimento de causa. Assim se produz a tutela da confiança legítima do credor, e, para além disso, penaliza-se o comportamento do fiador, que assumiu a obrigação fidejussória conhecendo os riscos que ela implicava e sabendo de elementos desconhecidos pelo próprio credor.

O disposto neste artigo 7.º do AUG corresponde, parcialmente, à regra contida na redacção originária do n.º 2 do artigo 632.º do CC. Igualmente aqui se prescreve uma excepção idêntica àquela que agora estamos a analisar. Todavia, enquanto no AUG a excepção diz apenas respeito ao caso de conhecimento por parte do fiador da incapacidade do devedor principal aquando da constituição da fiança, no Código Civil admite-se também a excepção quando o fiador assume a sua obrigação com conhecimento de qualquer falta ou vício da vontade por parte do devedor principal.

É, pois, mais restrito, o âmbito da excepção no AUG, na medida em que somente abrange os casos de incapacidade do devedor principal que fosse conhecida do fiador no momento da constituição da fiança, mas já não a falta ou os vícios da vontade relativos ao devedor principal, mesmo que o fiador deles tivesse conhecimento no momento da sua vinculação.

---

[610] Cf. MÁRIO JÚLIO DE ALMEIDA COSTA, *Direito das obrigações*, ob. cit., p. 894.

[611] Cf. PIRES DE LIMA e ANTUNES VARELA, *Código Civil Anotado*, Volume I, ob. cit., p. 649.

[612] Cf. MANUEL JANUÁRIO DA COSTA GOMES, *Assunção fidejussória...*, ob. cit., p. 348 e GUILHERME ALVES MOREIRA, *Instituições do Direito Civil Português*, Volume II, ob. cit. p. 305.

[613] Cf. FRANÇOIS ANOUKAHA, JOSEPH ISSA-SAYEGH, AMINATA CISSE-NIANG, ISAAC YANKHOBA NDIAYE, MESSANVI FOLI e MOUSSA SAMB, *OHADA. Sûretés*, ob. cit., p. 25.

Por essa razão, é, de certo modo, criticável, a proposta de manutenção do disposto no n.º 2 do artigo 632.º do CC, resultante do ajustamento entre o AUG e o Direito interno. Com efeito, neste ponto existe contradição entre o n.º 2 do artigo 632.º do CC e a segunda parte do primeiro parágrafo do AUG, pelo que, quer se adopte a revogação global, quer a revogação individualizada, sempre se há-se concluir pela revogação do n.º 2 do art. 632.º do CC e pela sua substituição pela segunda parte do primeiro parágrafo do artigo 7.º do AUG. Assim sendo, por força do artigo 10.º do TOHADA, o AUG prevalece mesmo sobre o Direito interno posterior que lhe seja contrário, donde, a ser aprovado e publicada no Boletim Oficial a manutenção em vigor do n.º 2 do artigo 632.º do CC, consideramos, salvo melhor entendimento, que o mesmo deverá ser considerado inaplicável, por contrariar uma regra de um Acto Uniforme. Deste modo, consideramos que o âmbito da excepção ao Princípio da acessoriedade se restringe aos casos em que o fiador contrata a fiança com pleno conhecimento da incapacidade do devedor principal, tal como resulta da segunda parte do primeiro parágrafo do AUG. Diversamente, a fiança não poderá subsistir no caso de o fiador assumir essa qualidade com conhecimento de falta ou vício da vontade do devedor principal, na medida em que tal situação não foi admitida no AUG, devendo, nesta parte, considerar-se revogado o disposto no n.º 2 do artigo 632.º do CC, em resultado da primazia do Acto Uniforme sobre o Direito interno.

Para que funcione a excepção, é necessário que o fiador conheça efectivamente a incapacidade do devedor principal, exigência que resulta também do Código Civil. Portanto, ou bem que o fiador sabe, ou bem que não sabe que o devedor principal é incapaz: se sabe e mesmo assim assumiu a fiança, então a sua obrigação mantém-se mesmo que a obrigação principal seja anulada por incapacidade; se não sabe, então pode invocar em sua defesa a anulabilidade da obrigação principal em virtude de incapacidade do devedor garantido. É perfeitamente irrelevante, por isso, que o fiador tenha ou não a obrigação de conhecer a incapacidade, isto é, que ele se encontre de boa ou má fé subjectiva ética. Para este efeito, a excepção apenas funciona se ele a conhecia efectivamente (má fé subjectiva psicológica), pois só nessa hipótese podemos afirmar que a sua vontade foi a de assumir o risco de a dívida principal ser declarada anulada. Assim, se o fiador não sabia que o devedor principal era incapaz, mas podia ter-se apercebido disso se tivesse sido diligente, não se pode aplicar a excepção: a fiança será, pois, inválida ou inoperante.

Compete ao credor o ónus da prova de que o fiador efectivamente sabia que o devedor era incapaz aquando da constituição da fiança, nos termos do n.º 1 do art. 342.º do CC, na medida em que se trata de um facto constitutivo do seu direito.

O AUG refere, genericamente, a incapacidade do devedor principal. Neste sentido, é necessário recorrer ao Direito interno para saber quando se verifica incapacidade. A incapacidade aqui mencionada consiste na incapacidade de exercício, pois é essa que torna anuláveis as obrigações assumidas pelo incapaz. Assim, o devedor principal é incapaz quando se verifique menoridade (sem emancipação), interdição, inabilitação ou incapacidade acidental. Poderiam colocar-se algumas dúvidas relativamente à incapacidade acidental, mas pensamos que estas devem ser ultrapassadas. Com efeito, na menoridade, na interdição e na inabilitação estamos em face de incapacidades que derivam da idade ou de um facto que afecta aquela pessoa de forma permanente. Na incapacidade acidental, a pessoa normalmente tem capacidade de exercício. Simplesmente, naquela específica circunstância, encontra-se incapaz de entender e de querer o sentido da sua declaração. Essa incapacidade é meramente temporária, mas não deixa de ser uma incapacidade à luz do Ordenamento Jurídico Guineense, daí estatuir-se que o negócio jurídico celebrado pelo incapaz acidental é anulável. Por isso, se alguém constituir uma dívida estando nesse momento em situação de incapacidade acidental, e se outrem, com conhecimento dessa incapacidade acidental, prestar fiança, a fiança será excepcionalmente válida e eficaz, apesar da anulabilidade da obrigação principal[614]. O mesmo se diga em relação às outras incapacidades de exercício mencionadas.

Uma questão que se levanta na doutrina é a de saber se há ainda acessoriedade da fiança no caso em que a obrigação principal é anulada mas sobrevive a obrigação do fiador, como é o caso, designadamente, da situação do fiador que assume a dívida fidejussória com pleno conhecimento da incapacidade do devedor principal. Este é um caso expressamente permitido pelo AUG de sobrevivência da fiança à obrigação principal, sendo certo que, como já foi sustentado, tal sobrevivência pode também resultar da convenção de uma cláusula nesse sentido pelas partes.

Segundo Almeida Costa, continua a haver acessoriedade, só que, neste caso, a fiança deixa de ser uma fiança da dívida principal para passar a ser uma fiança que garante a obrigação de restituição que resulta

---

[614] É necessário, naturalmente, que a declaração de vontade do próprio fiador não se encontre viciada por qualquer motivo. Por exemplo, se houver declaração não séria, a declaração do fiador será inexistente, nos termos do artigo 245.º do CC.

da anulação da dívida principal – cf. artigo 289.º, n.º 1, do CC[615]. Assim, o fiador só pode ser chamado a responder pelo cumprimento da dívida depois de ser declarada anulada a obrigação principal com base na incapacidade. Com efeito, com a declaração de anulabilidade, a obrigação principal vai ser considerada de nenhum efeito, possuindo a declaração eficácia retroactiva – cf. art. 289.º do CC.

Contudo, a maioria da doutrina considera que esta situação consubstancia uma excepção à acessoriedade. Neste sentido, ao constituir a fiança mesmo conhecendo a incapacidade do devedor principal, o fiador assumiu um risco acrescido de proporcionar ao credor a obtenção do resultado, ou seja, o ressarcimento do seu direito de crédito, mesmo no caso de anulação da dívida principal[616].

Uma vez anulada a obrigação principal, a fiança sobrevivente deixa de ser considerada, em sentido próprio, uma fiança. Segundo Januário da Costa Gomes, podemos falar aqui da conversão da fiança numa *"garantia específica sui generis, mas que se comporta (...) como acessória da obrigação principal defunta"*[617-618]. Com efeito, apesar de deixar de existir dívida principal, o fiador pode ainda invocar como meios de defesa todos os resultantes da fiança, bem como todos os derivados da obrigação principal, à excepção da incapacidade que conhecia aquando da constituição da fiança. O mesmo se diga a propósito da cláusula de sobrevivência em caso de resolução unilateral, a qual não impede que, uma vez resolvido o contrato, o fiador recuse o cumprimento com fundamento na invalidade formal do contrato principal, por exemplo.

Nos casos de sobrevivência, o fiador mantém-se vinculado perante o credor, mas não poderá exigir ao devedor principal o reembolso das quantias que entregou ao credor. Segundo Almeida Costa, se depois de o

---

[615] Cf. MÁRIO JÚLIO DE ALMEIDA COSTA, *Direito das Obrigações*, ob. cit., p. 894, n.r. 2.
[616] Cf. MANUEL JANUÁRIO DA COSTA GOMES, *Assunção fidejussória...*, ob. cit., p. 353.
[617] Cf. MANUEL JANUÁRIO DA COSTA GOMES, *Assunção fidejussória...*, ob. cit., pp. 356 e 357.
[618] Neste sentido parece pronunciar-se também ADRIANO PAES DA SILVA VAZ SERRA, *Fiança e figuras análogas*, ob. cit., p. 68, ao afirmar que: *"Simplesmente, é duvidoso se haverá, então, em rigor, a fiança. Esta supõe uma obrigação principal, pois a sua função é garantir ao credor o resultado de que esta será cumprida; portanto, se a obrigação principal não existe ou desaparece, não pode haver fiança, que não garantiria qualquer outra obrigação. O que há nesses casos, como dizem, conforme se viu, Enneccerus-Lehmann, é uma doação ou uma promessa de garantia ou uma adesão à dívida, consoante as circunstâncias."*.

fiador efectuar a prestação ao credor o devedor principal incapaz ressarcir o fiador em sede de direito de regresso, estaremos em face do cumprimento de uma obrigação natural[619]. Com efeito, a obrigação do devedor principal foi anulada, pelo que este deixa de ser devedor da obrigação originária. O único devedor passa a ser o fiador, mas sem que haja um devedor principal, pelo que à partida não há direito de regresso por parte do fiador contra o devedor garantido. No entanto, há um dever de justiça que se impõe ao devedor principal de satisfazer o direito de regresso do fiador. Se ele efectuar esta prestação aplicam-se as regras dos artigos 402.º e seguintes do CC, pelo que, ao abrigo do artigo 403.º, não poderá exigir a repetição do indevido.

1.11. *Fiança real*

O artigo 12.º do AUG consagra a figura da fiança real, referindo no seu 1.º parágrafo, que o fiador pode garantir a sua obrigação através da constituição duma garantia real. O 2.º parágrafo do mesmo artigo permite-lhe ainda limitar a sua obrigação ao valor de venda de um certo bem que tenha dado em garantia real.

A fiança ou *cautionnement réel* consagrada no primeiro parágrafo do artigo 12.º do AUG corresponde à situação em que o fiador constitui uma garantia real a favor do credor. Esta é considerada uma situação mista, porque apresenta elementos de garantia pessoal, resultantes do facto de haver um outro património responsável, para além do património do devedor (reforço quantitativo), e também elementos de garantia real, pois a garantia reside num determinado bem, o que implica um reforço não apenas quantitativo mas também qualitativo.

A fiança real consiste então na garantia real prestada pelo fiador, que, normalmente, se traduz na constituição de uma hipoteca ou de um penhor. O fiador, por meio da constituição de uma garantia real, assegura ao credor o cumprimento da sua obrigação acessória, mas sem deixar de ser fiador. Modo geral, a garantia do credor relativamente ao cumprimento da obrigação do fiador reside na garantia geral – cf. art. 601.º do CC – uma vez que o credor pode actuar sobre todo o património do fiador,

---

[619] Cf. Mário Júlio de Almeida Costa, *Direito das obrigações*, ob. cit., p. 894, n.r. 3.

embora não goze de qualquer preferência de pagamento. Todavia, a lei permite que as partes reforcem essa garantia, constituindo a favor do credor uma garantia real, que consiste na fiança real, caso em que, dentro do património do fiador, há um bem específico que responde preferencialmente pelo cumprimento, para além dos restantes bens do fiador.

A fiança real não se confunde com a garantia real prestada por terceiro. Com efeito, o penhor ou a hipoteca podem ser constituídos pelo próprio devedor, mas podem também ser constituídos por um terceiro, sobre um dos seus bens, em garantia duma dívida alheia. Neste caso, o terceiro não é fiador, ou seja, não se assume como devedor acessório (fidejussório) de uma determinada obrigação. Ele é simplesmente um terceiro que onerou um dos seus bens em garantia do cumprimento de uma dívida de outrem. Havendo garantia real prestada por terceiro, são aplicáveis as regras próprias dessa garantia real, não sendo aplicável o regime jurídico da fiança precisamente porque este terceiro não é fiador.

Diferentemente, no caso da chamada fiança real, o fiador mantém-se devedor a título acessório, pelo que as regras aplicáveis são, primariamente, as regras da fiança. Enquanto a garantia real prestada por terceiro se encontra dependente do que suceder à dívida principal, na fiança real a garantia real depende do que suceder à dívida acessória, entre fiador e credor[620].

Na fiança real, o credor pode optar por efectivar a garantia real oferecida pelo fiador, como pode também atingir quaisquer outros bens do património deste, nos termos gerais do artigo 601.º do CC. Não obstante, normalmente a lei processual exige que, havendo garantia real, a execução comece pelos bens onerados (é o caso do artigo 835.º do CPC).

É ilustrativo o exemplo dado por Januário da Costa Gomes para diferenciar a fiança real da garantia real prestada por terceiro[621]: se alguém presta uma fiança com prazo certo e depois constitui uma garantia real para melhor assegurar ao credor o ressarcimento do crédito fidejussório, essa garantia real apenas subsiste enquanto subsistir a fiança. Quando chegar o prazo acordado, cessa a fiança e caduca a garantia real constituída pelo fiador. Diversamente, se a garantia real tivesse sido simplesmente prestada por um terceiro não fiador, esta garantia real apenas se podia extinguir mediante as formas previstas na lei.

---

[620] Cf. MANUEL JANUÁRIO DA COSTA GOMES, *O regime da fiança...*, ob. cit., p. 17.
[621] Cf. MANUEL JANUÁRIO DA COSTA GOMES, *O regime da fiança...*, ob. cit., p. 17.

A fiança real também é diferente da situação em que o credor e o fiador limitam a responsabilidade fidejussória a um ou mais bens do património do fiador, nos termos permitidos pelo artigo 602.º do Código Civil. A limitação prevista no art. 602.º do CC não concede ao credor uma preferência de pagamento pelo valor dos bens aos quais a responsabilidade do fiador fica limitada. Antes pelo contrário, esta limitação acaba por diminuir as garantias do credor, pois, em vez de poder atingir todo o património do fiador, apenas poderá atingir os bens aos quais ficou limitada a responsabilidade deste.

Regra geral, a constituição da fiança real não produz a limitação da responsabilidade do fiador ao bem dado em garantia (cf. o disposto no 1.º parágrafo do artigo 12.º do AUG). O fiador é devedor do credor, só que a sua dívida não é a principal mas sim uma dívida acessória. Todavia, pelo facto de constituir uma garantia real, ele não restringe a sua responsabilidade ao valor do bem dado em garantia. O que sucede é que, para além do património geral do fiador – reforço quantitativo representado pela garantia pessoal – o credor passa a ter também uma garantia real – reforço qualitativo representado por uma preferência de pagamento relativamente a certo bem do fiador. Assim, em regra, por meio da constituição da fiança real o fiador não limita a sua responsabilidade ao valor do bem dado em garantia real[622]. Não sendo cumprida voluntariamente a dívida fidejussória, o credor pode pagar-se preferencialmente pelo valor do bem dado em garantia. Se depois disso ainda persistir algum crédito fidejussório, o credor pode, naturalmente, recorrer ao restante património geral do fiador, nos termos gerais do artigo 601.º do CC.

A única situação excepcional é a prevista no 2.º parágrafo do artigo 12.º do AUG, nos termos do qual a convenção das partes pode limitar a responsabilidade do fiador ao valor de venda do bem dado em garantia, ou ao próprio valor do bem dado em garantia. Nesse caso, a fiança real aproxima-se mais da garantia real prestada por terceiro, embora a garantia real constituída pelo fiador continue dependente da dívida fidejussória e sejam aplicáveis, primordialmente, as regras relativas à fiança e não as da garantia real constituída. O garante é ainda um fiador, cuja garantia se rege pelo Princípio da acessoriedade. Simplesmente, nesta hipótese, o credor apenas pode atingir uma parte do património do fiador, correspondente ao bem dado em garantia. Não obstante, o modo de funcionamento

---

[622] Cf. MANUEL JANUÁRIO DA COSTA GOMES, *O regime da fiança...*, ob. cit., p. 17.

da garantia é ainda regulado nos termos do regime jurídico da fiança, só que aqui o devedor fidejussório limitou a sua responsabilidade, nos termos do art. 602.º do CC, ao valor de um determinado bem que deu em garantia e sobre o qual o credor tem uma preferência de pagamento. Porém, esta continua a ser, ainda, uma garantia pessoal.

De notar é o facto de o disposto no artigo 12.º do AUG não constar da proposta de alteração ao Código Civil resultante do ajustamento entre o Direito interno e o AUG. Não se encontra no articulado proposto nenhuma norma especialmente dirigida à fiança real. Contudo, isso não tem nenhuma implicação ao nível da vigência deste regime, aplicável directamente por força do artigo 10.º do TOHADA.

1.12. Subfiança

O artigo 11.º do AUG prevê a subfiança ou abonação, que é a situação em que a dívida fidejussória é garantida por um outro fiador[623]. Pode, na verdade, existir uma cadeia de fianças e de subfianças consecutivas a garantir o direito do credor. O segundo fiador diz-se subfiador ou abonador. Se o primeiro fiador não cumprir a sua obrigação, o credor pode exigir o cumprimento ao segundo fiador, que assegura pessoalmente o cumprimento da primeira obrigação fidejussória, e assim por diante.

A redacção originária do Código Civil também prevê a subfiança nos artigos 630.º e 643.º. Nos termos do artigo 630.º, subfiador é aquele que afiança o fiador perante o credor. Neste sentido, o subfiador é o fiador do fiador, o que quer dizer que na subfiança o devedor principal é o próprio fiador afiançado.

Trata-se de um efectivo contrato de fiança, cuja única particularidade reside precisamente no facto de o devedor principal ser, ele próprio, também um fiador. Mas, em todo o caso, à subfiança é aplicável o regime jurídico da fiança[624].

---

[623] Cf. MANUEL JANUÁRIO DA COSTA GOMES, *O regime da fiança...*, ob. cit., p. 18. Segundo este autor, era preferível ter mantido a expressão abonação, na medida em que a expressão subfiança induz a pensar que se trata de um subcontrato, quando não é isso que se verifica.

[624] Cf. PIRES DE LIMA e ANTUNES VARELA, *Código Civil Anotado*, Volume I, ob. cit., p. 648.

Na subfiança passamos então a ter um credor com três devedores: um devedor principal e dois devedores acessórios (dois fiadores, em que primeiro responde o que se constituiu como fiador do devedor principal; não sendo a sua obrigação cumprida, o credor pode actuar contra o segundo fiador, subfiador ou abonador).

Fiador e subfiador não respondem ao mesmo tempo, mas sim sucessivamente: primeiro o fiador e depois o subfiador. Por isso, como o subfiador é um fiador do fiador, a sua dívida é duplamente acessória, quer relativamente ao devedor principal, quer relativamente ao fiador.

No âmbito da redacção originária do Código Civil, o art. 643.º estabelecia que o subfiador gozava do benefício da excussão prévia tanto em relação ao fiador, como em relação ao devedor principal. Assim sendo, o subfiador apenas podia ser chamado a responder pela dívida depois de o credor excutir o património do devedor principal e do fiador. Também o Acto Uniforme se aproxima deste regime, estabelecendo, a título supletivo, que a subfiança é em regra simples, o que significa que o subfiador goza do benefício da excussão. Trata-se de uma regra legal que afasta a aplicação do regime da solidariedade, nos termos do segundo parágrafo do artigo 10.º do AUG.

Nestes termos, a proposta resultante do ajustamento entre o Direito interno e o AUG propõe, logicamente, a manutenção em vigor do disposto no artigo 630.º do CC, por se tratar de norma idêntica ao primeiro parágrafo do artigo 11.º do AUG. Porém, relativamente ao artigo 643.º, cujo texto se propõe igualmente manter, há alguns aspectos a considerar. Com efeito, este artigo determina que *"O subfiador goza do benefício da excussão, tanto em relação ao fiador como em relação ao devedor"*, enquanto o segundo parágrafo do artigo 11.º do AUG estabelece que: *"Salvo declaração em contrário, o ou os subfiadores gozam do benefício da excussão."*. Isto significa, a nosso ver, que a norma constante do artigo 643.º do CC deveria realçar a respectiva natureza supletiva, tal como resulta do disposto no AUG. Além disso, enquanto o Código Civil destaca a possibilidade de invocar o benefício da excussão tanto em relação ao fiador como em relação ao devedor, o AUG apenas refere a existência do benefício da excussão, deixando em aberto a questão de saber se é somente em relação ao fiador ou também em relação ao devedor. Assim sendo, pode dizer-se que o Direito interno acaba por ir um pouco mais longe do que o AUG, esclarecendo um ponto que neste se deixou, propositadamente ou não, em aberto, mas que pode dar origem a soluções diversas nos vários Estados membros. Por esse motivo, julgamos que teria sido preferível adoptar a redacção do segundo parágrafo do artigo 11.º do AUG, do que manter o texto originário do artigo 643.º do CC.

1.13. Retrofiança

Outra figura enunciada pela doutrina é a retrofiança, que consiste numa fiança constituída com vista a garantir o eventual crédito de que o fiador pode vir a ser titular perante o devedor principal por ter pago a dívida ao credor.

O cumprimento pelo fiador faz com que este fique legalmente sub-rogado nos direitos que o credor tinha contra o devedor principal[625], podendo, assim, exigir-lhe a restituição de tudo quanto tenha pago àquele. Por essa razão, o fiador pode exigir ao devedor principal que preste a retrofiança, ou seja, que apresente um fiador para assegurar esta dívida eventual, no caso de ter de cumprir perante o credor.

Apesar de a doutrina lhe chamar retrofiança, trata-se duma fiança como qualquer outra, sendo-lhe aplicável o respectivo regime jurídico[626].

Nem o AUG nem o Código Civil estabelecem um regime especial para esta modalidade, pelo que será de aplicar aqui o regime comum da fiança.

1.14. Fiança geral

1.14.1. *Noção. Generalidades*

Vamos agora analisar uma modalidade especial de fiança, que consiste na fiança geral, genérica ou *omnibus*.

A fiança *omnibus* é uma das figuras mais discutidas pela doutrina[627-628]. Trata-se de uma figura que se desenvolveu essencialmente na

---

[625] Em certos casos, o fiador tem um direito de regresso próprio que lhe permite agir contra o devedor.

[626] Cf. Luís MENEZES LEITÃO, *Direito das obrigações*, Volume II, ob. cit., p. 339.

[627] A expressão fiança geral é de raiz francesa, enquanto a expressão fiança *omnibus* é de raiz italiana.

[628] Cf. PEDRO ROMANO MARTINEZ e PEDRO FUZETA DA PONTE, *Garantias de cumprimento*, ob. cit., p. 96, n.r. 221.

prática bancária, com vista a facilitar a concessão de crédito, por não ser muito prático para os bancos, na qualidade de credores, estarem constantemente a exigir a prestação de garantias aos seus clientes. Por outro lado, é complicado prestar a garantia num momento *ex ante*, pois dificilmente o banco credor saberá de antemão qual será o montante final que a dívida vai atingir.

A solução para estas dificuldades foi encontrada com o recurso à prestação de fianças genéricas, gerais, ou *omnibus*, por via das quais uma pessoa presta fiança de todas as obrigações que o devedor principal tenha ou venha a ter para com o credor, qualquer que seja a sua origem ou o seu montante, devido a quaisquer operações em Direito permitidas.

O recurso à fiança geral permite flexibilizar o recurso ao crédito e bem assim a concessão de garantias. Para além disso, é mais simples e menos custoso constituir uma garantia pessoal do que uma garantia real, o que contribuiu para o incremento desta figura no tráfico jurídico[629].

A redacção originária do Código Civil não contém nenhuma regra particularmente dirigida à fiança *omnibus*, sendo apenas de referir o artigo 654.º, que consente a fiança de obrigação futura, nos termos do qual: *"Sendo a fiança prestada para garantia de obrigação futura, tem o fiador, enquanto a obrigação se não constituir, a possibilidade de liberar-se da garantia, se a situação patrimonial do devedor se agravar em termos de pôr em risco os seus direitos eventuais contra este, ou se tiverem decorrido cinco anos sobre a prestação da fiança, quando outro prazo não resulte da convenção."*. Contudo, este artigo não refere somente a fiança geral, antes abrangendo um género mais amplo, relativo a toda e qualquer fiança de obrigação futura. Ora, a fiança de obrigação futura tanto pode ser geral, isto é, para uma generalidade de dívidas, como específica para uma determinada dívida. Por outro lado, o artigo 654.º não se pronuncia sobre os principais problemas colocados por este tipo de fiança, apenas conferindo ao fiador a possibilidade de se desvincular em duas situações: se a situação patrimonial do devedor se agravar ou quando tiverem decorrido cinco anos sobre a prestação da fiança, ou, em alternativa, o prazo que tenha sido convencionado na fiança. Importa ainda notar que o regime constante deste artigo se deve considerar revogado, precisamente por contrariar o disposto no artigo 9.º do AUG, razão pela qual a proposta resultante do ajustamento entre o Direito interno e o Acto Uniforme se pronunciou no sentido da sua eliminação.

---

[629] Cf. PEDRO ROMANO MARTINEZ e PEDRO FUZETA DA PONTE, *Garantias de cumprimento*, ob. cit., p. 97.

1.14.2. Modalidades. O problema da determinabilidade da fiança geral

A fiança geral pode assumir uma de três modalidades:

1) *Fiança geral de todas as obrigações constituídas pelo devedor principal perante o credor até à data da fiança, isto é, de obrigações presentes;*

Esta fiança geral refere-se às obrigações constituídas no passado, o que coloca um problema que a doutrina designa de determinabilidade horizontal.

2) *Fiança geral de todas as obrigações que o devedor venha a constituir perante o credor no futuro, isto é, de obrigações futuras;*

Nesta hipótese, o problema será já de determinabilidade vertical.

3) *Fiança geral de obrigações condicionais, isto é, cuja constituição depende da verificação de um evento futuro e incerto.*

O principal problema da fiança geral reside na sua determinabilidade – cf. o disposto nos artigos 280.º e 400.º do CC – pois, partindo do princípio de que é geral, a fiança visa garantir uma generalidade de obrigações, o que pode suscitar a questão de saber se o montante da obrigação fidejussória é ou não determinável.

Em Portugal, a jurisprudência começou por considerar que as fianças gerais eram, simplesmente, válidas. Porém, numa segunda fase, veio a considerar-se que havia nulidade por indeterminabilidade do objecto, nos termos do art. 280.º do CC[630]. Actualmente, numa terceira fase, admite-se que nem sempre se verifique a indeterminabilidade da fiança, atendendo à concreta posição que o fiador detém relativamente ao desenvolvimento da dívida principal e à possibilidade de este controlar o aumento desta dívida. Logo, nem sempre haverá nulidade de uma fiança genérica[631-632].

---

[630] No Acórdão do STJ Português de 19/12/2006 determinou-se o seguinte: *"Daí que se adira à jurisprudência do citado Acórdão de 30/9/99, também acompanhando o Prof. Vaz Serra (RLJ – 107-255) ao defender que a determinabilidade deve existir no momento da constituição da fiança, no documento em que é estipulada."*.

[631] Veja-se ainda o Acórdão do STJ Português de 29/04/1999, disponível em www.dgsi.pt.

[632] No Acórdão de 09/12/1999, disponível em www.dgsi.pt, o STJ Português decidiu que *"Os sócios ou administradores ou controladores de sociedades podem assumir*

Noutros casos, considera-se relevante, para efeitos de validade da fiança *omnibus*, o contexto de prestação da garantia, de molde a aferir da sua determinabilidade[633].

Revelou-se particularmente importante para a evolução destas concepções o Acórdão de Uniformização de Jurisprudência n.º 4/2001, que determinou o seguinte:

"É nula, por indeterminabilidade do seu objecto, a fiança de obrigações futuras, quando o fiador se constitua garante de todas as responsabilidades provenientes de qualquer operação em direito consentida, sem menção expressa da sua origem ou natureza e independentemente da qualidade em que o afiançado intervenha."

Neste acórdão discutia-se o caso de três sócios (A, B e C) que constituíram uma sociedade e, para o efeito, pediram crédito ao Banco D. O Banco D concedeu o crédito, tendo exigido que tanto os sócios, como as respectivas esposas (E, F, e G), prestassem fiança, o que veio a acontecer. Nos termos da fiança, todos eles se constituíram fiadores solidários de *"todas as importâncias"* que a sociedade *"devesse ou viesse a dever"* ao Banco D, fosse de que origem fosse, designadamente, as provenientes do desconto de letras, extractos de factura, livranças ou aceites bancários, em que a referida sociedade interviesse, em qualquer qualidade, fossem ou não prestadas e contivessem ou não a cláusula "sem despesas". Obrigaram-se ainda a pagar ao Banco D no prazo de 8 dias e renunciaram a qualquer benefício, prazo ou direito que de alguma forma pudesse limitar ou anular as obrigações assumidas.

Entretanto, um dos fiadores desvinculou-se da sociedade, cedendo as suas quotas a terceiro, tendo declarado, unilateralmente, que a fiança se extinguia.

---

interessadamente o risco da empresa social, assim promovendo o acesso ao crédito por parte da sociedade – assim, na fiança omnibus por eles prestada, o risco assumido é limitado ao tempo em que essa situação perdure.".

[633] No Acórdão do STJ Português de 19/12/2006, disponível em www.dgsi.pt, decidiu-se que: *"Só que, a possibilidade de determinação tem de ser vista no contexto, isto é, se existe algum negócio jurídico contemporâneo a garantir, se a origem, o prazo, os montantes e as relações entre os outorgantes, permitem inferir, com segurança, se há possibilidade, ou não, de enquadrar esses créditos futuros na fiança prestada. Na ponderação destes pressupostos, é indubitável a validade da fiança quanto ao crédito ("contrato de abertura de crédito em conta corrente") até ao limite de 6.000.000$00 e todas as responsabilidades dele resultantes.".*

Mais tarde, numa altura em que a sociedade afiançada nada devia ao Banco D, os sócios comunicaram ao banco que pretendiam que aquela fiança fosse dada sem efeito e que a sua responsabilidade passasse a ser feita por meio de aval. O Banco D nada disse, mas também não devolveu o termo de fiança aos fiadores.

Seis meses depois desta declaração, a sociedade pediu novamente crédito ao Banco D, que foi concedido, e os sócios prestaram os avales, conforme anteriormente estabelecido na referida declaração.

De seguida, os dois sócios que restavam cederam também as suas quotas, comunicando ao Banco D a cessação da sua relação com a sociedade afiançada e pretendendo, nessa medida, a extinção da fiança. Porém, não tendo sido paga a dívida daquele segundo pedido de crédito, o Banco D intentou uma acção judicial contra os accionistas originários (A, B e C) e suas esposas (E, F e G), com base no termo de fiança inicial. Assim, o problema debatido no acórdão foi, precisamente, o da nulidade das fianças genéricas prestadas pelos sócios originários e pelos seus cônjuges.

Em primeiro lugar, concluiu-se no Acórdão que, numa fiança geral, *"o facto de o devedor principal não dever nada ao credor não implica a caducidade da fiança"*. A fiança mantém-se perfeitamente válida e eficaz enquanto não for denunciada ou enquanto não se chegar ao prazo máximo que tiver sido acordado pelas partes. A própria natureza da fiança geral dita a incerteza das dívidas garantidas, que, por maioria de razão, são dívidas futuras, pelo que não faria sentido dizer que a fiança geral caduca por não existir, num dado momento, nenhuma quantia em dívida por parte do devedor principal. Por essa razão, a fiança geral prestada originariamente não caducou pelo facto de, num certo momento, a sociedade mutuária nada dever ao banco mutuante.

Em segundo lugar, o tribunal considerou que *"a cessão de quotas não implica, por si só, a extinção da fiança"*, referindo-se, neste ponto, ao primeiro sócio que se desvinculou da sociedade. Por um lado, para a manutenção da fiança é essencial que o sócio continue a sê-lo, pois foi essa qualidade que determinou a prestação da fiança. Nesse sentido, podemos falar de uma alteração de circunstâncias quando o sócio cede as suas quotas a outrem. Não obstante, por outro lado, e, por uma questão de segurança jurídica, o fiador tem que comunicar ao credor a sua saída da sociedade, denunciando assim a fiança, caso contrário ela mantém-se perfeitamente válida. Isto é válido quer para a fiança do ex-sócio, quer para a fiança do seu cônjuge. Por conseguinte, o sócio que primeiro se desvinculou e declarou que considerava a fiança sem efeito procedeu à denúncia da mesma.

Relativamente aos outros dois sócios, considerou-se também que a declaração que fizeram ao Banco D consubstanciava uma denúncia. Isto, apesar de não ter havido resposta da parte do banco, uma vez que a denúncia é uma declaração unilateral e produz os seus efeitos nos termos do art. 224.º do Código Civil[634].

Em terceiro lugar, no que diz respeito às fianças dos cônjuges, poderia colocar-se o problema de eles não terem assinado a referida carta de denúncia, o que poderia ditar a vigência das suas fianças. Assim, não tendo sido denunciado a fiança, os ex-sócios deixariam de ser fiadores, mas os seus cônjuges continuariam na qualidade de fiadores.

Porém, segundo Januário da Costa Gomes, é preciso notar que as fianças dos cônjuges são estruturalmente dependentes das fianças dos sócios, pois estes não surgem como fiadores devido às suas qualidades económicas, mas antes meramente pelo facto de serem cônjuges do sócio fiador[635]. Sendo assim, a extinção das fianças dos sócios deverá igualmente implicar a extinção das fianças dos seus cônjuges, deles dependentes.

Por último, em quarto lugar, relativamente à questão da indeterminabilidade das fianças, entendeu-se que só era legítimo o recurso ao disposto no artigo 400.º do CC depois da aplicação do artigo 280.º do CC. Isto é, o tribunal só pode determinar a prestação segundo juízos de equidade, nos termos do art. 400.º, se as partes tiverem fixado um critério para esse efeito à luz do art. 280.º. Portanto, a primeira prova de determinabilidade da fiança geral reside no art. 280.º, e só depois é possível recorrer ao art. 400.º[636]. Isto quer dizer que a obrigação assumida pelo fiador numa fiança genérica só é válida se à luz do art. 280.º existir um critério que permita, *a priori*, determinar o montante que este fica obrigado a pagar. Consequentemente, no caso em apreço, como tal critério inexistia, a fiança seria nula à luz do disposto no artigo 280.º do CC.

---

[634] Cf. MANUEL JANUÁRIO DA COSTA GOMES, *Estudos de direito das garantias*, Volume I, Coimbra, Almedina, 2004, p. 114.

[635] Cf. MANUEL JANUÁRIO DA COSTA GOMES, *Estudos de direito das garantias*, Volume I, ob. cit., p. 115.

[636] Cf. PEDRO ROMANO MARTINEZ e PEDRO FUZETA DA PONTE, *Garantias de cumprimento*, ob. cit., pp. 97 e seguintes.

1.14.3. Regime jurídico da fiança geral no AUG

Após o conhecimento da situação da fiança *omnibus* no actual Direito Português, importa agora analisar o regime jurídico estabelecido para esta figura no AUG. A regulamentação da fiança geral constitui uma das principais inovações do Acto Uniforme, onde foram adoptadas parte das soluções aventadas pela doutrina e pela jurisprudência em termos de Direito Comparado.

O 1.º parágrafo do artigo 9.º admite, por via de regra, a fiança geral, através da qual se garantem todas as dívidas do devedor principal. Nos termos deste artigo, a fiança geral pode assumir uma das seguintes modalidades:

1) Fiança de todas as obrigações do devedor;

A fiança geral de todas as obrigações do devedor é a situação mais frequente e utilizada na prática bancária, devido às dificuldades já enunciadas, de calcular, no momento prévio da contratação da fiança, o montante das dívidas garantidas.

2) Fiança do saldo negativo de uma conta-corrente;

Segundo Januário da Costa Gomes, nem sempre esta modalidade será uma fiança geral porque o banco credor pode ter fixado um *plafond* máximo de saldo negativo. No entanto, é necessário ter em consideração que no entendimento deste autor, a fiança geral é aquela em que não há qualquer limite quantitativo para a obrigação do fiador, o que não coincide com o conceito de fiança geral adoptado pelo AUG. Com efeito, o AUG admite como válida a fiança geral desde que as partes estabeleçam um limite máximo garantido pelo fiador.

De realçar é também que a referência a este tipo de fiança não se limita à actividade bancária, abrangendo qualquer outro saldo negativo, por exemplo, de uma conta-corrente entre comerciantes, conforme refere o mesmo autor[637].

3) Fiança geral sob toda e qualquer outra forma;

A última modalidade de fiança geral revela a permissividade do AUG, sendo estabelecida quase a título subsidiário, como forma de validar as fianças *omnibus*.

---

[637] Cf. MANUEL JANUÁRIO DA COSTA GOMES, *O regime da fiança...*, ob. cit., p. 22.

Contudo, o AUG impõe uma forte restrição a esta figura, na medida em que estabelece, a título supletivo, que por meio da fiança geral apenas podem ser garantidas dívidas contratuais do devedor principal perante o credor. Relativamente a esta primeira limitação, importa observar que, por vezes, nas fianças gerais, o fiador se constituía nessa qualidade por toda e qualquer responsabilidade que o devedor principal viesse a ter para com o credor. Assim, abrangia-se tanto a responsabilidade contratual, como a extracontratual, qualquer que fosse a sua natureza (civil, comercial, criminal, etc.). Actualmente, o AUG veio limitar esta possibilidade, determinando supletivamente que, para efeitos da sua aplicação, a fiança geral fica restrita ao âmbito das relações contratuais. Naturalmente que o acordo das partes poderá afastar a aplicação desta regra supletiva, muito embora a regra apenas admita o afastamento expresso, não bastando, assim, a mera declaração tácita nesse sentido. Para além de ficar excluída, supletivamente, a responsabilidade extracontratual do devedor afiançado, ficam também excluídas da fiança geral as dívidas que tenham qualquer outra fonte, nomeadamente a lei.

Por outro lado, o § 1 do art. 9.º do AUG determina uma segunda restrição, nos termos da qual o fiador geral só o é em relação às dívidas directas do afiançado, isto é, aquelas em que o afiançado se assume como devedor principal. Com efeito, era costume nalguns tipos de fianças genéricas o fiador se constituir nessa qualidade também pelas dívidas em que o devedor principal fosse fiador ou avalista relativamente a terceiros. Neste caso, o fiador responsabilizava-se pelas dívidas contratuais indirectas. Agora, supletivamente, o AUG estabelece que a fiança geral abrange somente as dívidas directas.

Uma vez que a regra é meramente supletiva, admite-se que fiador e credor acordem que a fiança abrange as dívidas indirectas, desde que também aqui o façam por meio de convenção expressa.

Como só se admite a fiança por dívidas indirectas a título excepcional, segundo Januário da Costa Gomes, deve também exigir-se que na declaração expressa as partes designem qual é a identidade do devedor principal de quem o devedor afiançado pela fiança geral é fiador ou avalista[638]. Por exemplo, supondo que A é fiador geral de B pelas dívidas contratuais directas que este venha a contrair perante C. Por convenção expressa, A pode constituir-se fiador geral das dívidas contratuais indirectas que B

---

[638] Cf. Manuel Januário da Costa Gomes, *O regime da fiança...*, ob. cit., p. 23.

venha a ter para com C, na qualidade de garante de D, mas, naquela convenção expressa deve ser indicada a identidade do terceiro garantido, no caso em apreço, D.

De acordo com a parte final do § 1 do art. 9.º do AUG, a fiança geral só é válida se for observado um requisito que consiste na indicação do montante máximo garantido, sendo que este valor deve respeitar quer à dívida afiançada, quer aos respectivos juros. Não sendo respeitado este requisito, a fiança geral é nula, nos termos do mesmo artigo, que se assume como injuntivo, conforme resulta do seu próprio teor (*"sous peine de nullité"*).

O AUG adoptou uma solução que vinha sendo há já algum tempo debatida por alguma doutrina e jurisprudência, considerando que a fiança geral não é indeterminada nem indeterminável, desde que seja estabelecido um montante máximo pelo qual o fiador pode vir a responder. Neste sentido se pronunciou, por exemplo, o STJ Português, no Acórdão de 19/ /10/1999[639], onde se decidiu que era válida a *"fiança de obrigações futuras resultante de uma multiplicidade de negócios jurídicos, contanto que, no respectivo contrato, se estabeleça o limite máximo do montante a garantir, bem como o prazo de validade da fiança, isto é, um limite quantitativo da responsabilidade assumida pelo fiador e um limite temporal de validade da fiança no futuro"*.

Esta exigência assemelha-se, no Direito interno, ao n.º 2 do artigo 964.º do CC, relativo à doação com encargo de o donatário cumprir dívidas futuras do doador, uma vez que também aqui se estabelece que *"Só é legal o encargo do pagamento de dívidas futuras do doador desde que se determine o seu montante no acto da doação."*. Neste caso, o donatário não é propriamente um garante da dívida do doador, pois parece antes estar em causa uma assunção de dívida da sua parte. Não obstante, dirigindo-se esta assunção a dívidas futuras, precisamente como acontece também na fiança geral, exige-se a determinação do seu montante, afim de proteger o donatário da eventual assunção de um encargo que exceda o valor do bem doado.

Porém, note-se que, em bom rigor, a parte final do § 1 do art. 9.º do AUG não vem acrescentar nada à exigência que já consta do segundo parágrafo do artigo 4.º, em relação a todas as fianças. Assim, toda e qualquer fiança deve, à luz do AUG, estar determinada, não sendo suficiente

---

[639] Disponível em www.dgsi.pt.

que seja determinável. Assim, a determinação é também exigida à fiança geral, quando mais não fosse, por maioria de razão.

Contudo, é de referir que não é absolutamente unânime na doutrina o entendimento de que a fixação de um montante máximo para a fiança *omnibus* a torna válida e determinável.

Acresce também que, como salienta Januário da Costa Gomes, muito embora o AUG nada diga quanto a esse aspecto, parece que é preciso que o montante máximo em causa seja razoável. Com efeito, nada justifica a validade de uma fiança geral em que as partes acordam, por exemplo, o limite máximo de um trilião de FCFA, quando na relação base nada justifica este montante[640-641].

Não obstante, apreciando a solução adoptada no AUG, impõe-se reconhecer que, sendo fixado um montante máximo para a fiança geral, o fiador tem, pelo menos, a segurança de que não será obrigado a desembolsar mais do que aquele montante. Isso é já uma forte garantia para o fiador geral e constitui um sério avanço relativamente aos sistemas em que a questão não é tratada pela lei. Não obstante, impõe-se questionar se, mesmo quando há um limite máximo, é possível falar em determinabilidade da fiança?

Segundo Januário da Costa Gomes, muitas vezes o estabelecimento de um limite máximo não vem, na verdade, resolver o problema da indeterminabilidade da fiança, pois geralmente o fiador fica na mesma situação em que estaria acaso não tivesse sido fixado limite máximo algum. Com efeito, segundo este autor, nem mesmo o *"critério da actualidade dos créditos"* é indício bastante de determinabilidade da fiança, porque não protege o fiador de uma possível surpresa em relação ao montante efectivamente em dívida[642-643].

---

[640] Cf. MANUEL JANUÁRIO DA COSTA GOMES, *O regime da fiança...*, ob. cit., p. 20.

[641] Em sentido diverso, Yvette Kalieu critica a generalização do requisito da indicação do montante máximo a todas as fianças gerais. Cf. YVETTE KALIEU, *La mention manuscrite...*, ob. cit., p. 11: *"S'il est vrai que le cautionnement illimité s'avère dangereux pour les cautions civiles profanes, il n'en est pas de même pour les cautions professionnelles qui ne consentent d'ailleurs leur garantie que contre rémunération. Ainsi, l'interdiction des cautionnements illimités qui apparaît des termes de l'article 9 semble excessive dans le cadre d'une «législation des affaires» surtout si elle est assortie de la sanction de nullité du cautionnement"*.

[642] Cf. MANUEL JANUÁRIO DA COSTA GOMES, *Estudos de direito das garantias*, Volume I, ob. cit., p. 126.

[643] Em sentido diferente, porém, se manifesta grande parte da doutrina e da jurisprudência portuguesas. Veja-se, por exemplo, o Acórdão do STJ Português de 29/04/

No mesmo sentido, parte da doutrina considera que mesmo havendo limite máximo não podemos falar de determinabilidade. De acordo com autores mais exigentes, é preciso que o fiador saiba exactamente qual o título do qual a dívida vai resultar, ou como este vai ser determinado. O fiador tem de poder calcular exactamente o que e quanto vai ficar a dever por força da fiança, sob pena de não se poder falar em determinabilidade. Sendo assim, a fiança geral, mesmo com limite máximo, atentaria contra princípios fundamentais do Direito da fiança, pois é sempre necessário que o fiador possa saber, *a priori*, o tipo, o montante e a medida do seu compromisso[644]. Isto é, para haver determinabilidade deveria haver um critério fixado pelas partes, que permitisse ao fiador, *a priori*, calcular o montante exacto pelo qual teria de responder. Neste sentido, veja-se, por exemplo, os Acórdãos do STJ Português de 29/04/1999, de 19/10/1999 e de 09/12/1999[645].

No âmbito do Ordenamento Jurídico Português, a única situação excepcional em que Januário da Costa Gomes admite que não haverá nenhum problema de determinabilidade consiste na fiança de obrigações já constituídas e desde que o fiador tenha uma *"especial ligação"* ao devedor principal. Por exemplo, é este o caso de o fiador ser sócio gerente da sociedade afiançada. Em todos os casos em que exista esta relação especial entre fiador e afiançado é possível ao fiador *"controlar o montante das dívidas já existentes"*[646]. A não ser assim, a fiança será *"uma fiança «sob suspeita»"*[647]. Com efeito: *"a formal determinabilidade poderá ter sido, então, a capa ou o estratagema para esconder do fiador a real dimensão das dívidas e obter do mesmo uma mais fácil vinculação fidejussória"*[648].

1999, disponível em www.dgsi.pt, onde se afirmou que no caso de fiança *omnibus* posterior ou contemporânea da constituição das obrigações garantidas, *"normalmente estará afastado o problema da determinação do objecto, salvas eventuais excepções, na medida em que o crédito a que se reporta é imediatamente referenciado, com relativa precisão, designadamente quanto à sua origem, prazo, valores máximos, relações intersubjectivas, etc."*, tendo acrescentado ainda que, *"Nesta última hipótese não é de se considerar nula tal fiança por indeterminabilidade do respectivo objecto nos termos e para os efeitos do artigo 280.º n.º 1 do CCIV"*.

[644] Cf. MANUEL JANUÁRIO DA COSTA GOMES, *Estudos de direito das garantias*, Volume I, ob. cit., p. 133.

[645] Disponíveis em www.dgsi.pt.

[646] Cf. MANUEL JANUÁRIO DA COSTA GOMES, *Assunção fidejussória...*, ob. cit., p. 599.

[647] Cf. MANUEL JANUÁRIO DA COSTA GOMES, *Assunção fidejussória...*, ob. cit., p. 600.

[648] Cf. MANUEL JANUÁRIO DA COSTA GOMES, *Assunção fidejussória...*, ob. cit., p. 600.

Até porque, por vezes, pode chegar-se à conclusão de que a fixação de um limite máximo foi meramente formal, não correspondendo minimamente à situação real, *"tendo servido apenas para uma formal satisfação do requisito de um limite máximo"*. Por isso, nestas hipóteses de fraude, este autor considera que a fiança deve ser tratada como se não tivesse nenhum limite, sendo, portanto, nula[649].

Na verdade, a determinabilidade tem de se verificar no momento em que o fiador se constitui nessa qualidade e não posteriormente, através do cálculo aritmético, de modo que aquele limite máximo previamente estabelecido acaba por ser uma capa formal de respeito pelo art. 280.º do CC, mas da qual não resulta uma determinabilidade efectiva da obrigação do fiador. Nesta ordem de ideias, parece que se impõe concatenar o disposto no art. 9.º do AUG com os Princípios gerais de Direito Civil, com vista a atribuir a este montante máximo garantido um carácter material, e não meramente formal.

Em primeiro lugar, poderia dizer-se que o Princípio da primazia da materialidade subjacente impõe que este montante máximo possua alguma conexão, do ponto de vista material, com a relação jurídica garantida pela fiança, não podendo ser utilizado como simples "bandeira" para cumprir o requisito da determinabilidade. Isto é, para que a fiança geral seja determinável não é suficiente que as partes estabeleçam um limite máximo garantido pelo fiador, devendo, para além disso, tratar-se de um limite máximo razoável, de acordo com a relação jurídica afiançada. Caso contrário, deverá continuar a considerar-se que a fiança é nula por indeterminabilidade.

Em segundo lugar, a opção adoptada no AUG sujeita-se a críticas na medida em que o simples facto de existir um montante máximo não é garantia, por si só, de determinabilidade. De acordo com o art. 280.º do CC, uma obrigação é determinável se, no momento da sua constituição, existir uma forma de calcular exactamente o montante que o devedor deverá entregar ao credor. Ora, fixando-se apenas um limite máximo, o fiador geral não sabe, exactamente, quais as quantias que terá que entregar ao credor em caso de incumprimento do devedor principal, sabe apenas qual será o valor máximo que pode vir a ter de pagar. Assim sendo, mesmo admitindo que este limite máximo fixado na fiança geral seja um limite razoável, nos termos acima assinalados, sempre parece de criticar a opção do legislador OHADA, por infringir o requisito geral de determinabilidade constante do artigo 280.º do CC.

---

[649] Cf. MANUEL JANUÁRIO DA COSTA GOMES, *O regime da fiança...*, ob. cit., p. 21.

Importa agora tomar uma posição acerca do problema da fiança geral no AUG. Sem dúvida que o tratamento desta figura pela OHADA constitui uma relevante inovação em termos de garantias, contribuindo para o esclarecimento de várias questões e para o aparecimento de nova doutrina e jurisprudência. Contudo, ao admitir como válida a fiança geral pelo simples facto de nela se determinar o montante máximo garantido pelo fiador, o AUG simplificou um problema que não se reduzia ao conhecimento, pelo fiador, da quantia máxima que lhe poderia ser exigida pelo credor. Na verdade, o problema ficou resolvido pela admissibilidade exclusiva da fiança geral determinada, tendo sido posta de parte a fiança geral determinável: à luz do AUG, essa fiança geral determinável deve ser nula, por não conter o limite máximo garantido nos termos da parte final do § 1 do art. 9.º do AUG. E assim se solucionaram todas as questões, exigindo simplesmente a indicação de um valor no contrato de fiança.

À partida, a solução adoptada no AUG levanta duas espécies de problemas.

Em primeiro lugar, nota-se a actual irrelevância da determinabilidade da fiança geral. Hoje em dia, apenas é importante saber se a fiança se encontra ou não determinada, isto é, se tem um *plafond* máximo, bastando isso para a sua validade. Esta nova realidade contradiz o artigo 280.º do CC, que admitia como válida a obrigação indeterminada no momento da sua constituição, desde que fosse determinável. Actualmente, a exigência de determinação do AUG é mais restrita do que a que resulta do Direito interno.

Foi neste sentido que o TCJA decidiu no seu Acórdão n.º 137/2001, de 15 de Março de 2001[650]. Trata-se de um caso em que duas sociedades comerciais se constituíram fiadoras solidárias perante o consórcio bancário composto BIAO-BICICI-SGBCI, de todas as obrigações, já existentes e a constituir no futuro, da Sociedade Marfinense de Exportação, qualquer que fosse o seu montante. Neste aresto foi aplicado o Direito interno, por se tratar de uma fiança prestada antes da entrada em vigor do AUG (cf. art. 150.º, § 2, do AUG), sendo que o artigo 1326.º do Código Civil interno requeria, para a validade da fiança, a indicação do montante máximo garantido (tanto em algarismos como por extenso), indicação esta ausente da garantia. Acresce ainda que teria sido violado também o art. 2015.º do Código Civil, porque a vinculação não fora assumida de modo expresso. Assim, apesar de o Tribunal Marfinense ter condenado os fiadores a cumprir perante o credor, o TCJA decidiu diversamente, em

---

[650] Disponível em www.ohada.com, com a referência J-04-67.

virtude da ofensa aos mencionados artigos do Direito interno, tendo assim anulado o Acórdão recorrido e rejeitado a pretensão do banco credor.

Observando este acórdão, é curioso notar que, em bom rigor, a questão da determinabilidade da fiança não chega a ser discutida no tribunal, sendo apenas tocada de um ponto de vista formal, em virtude da invocação dos artigos 1326.º e 2015.º do Código Civil da Costa do Marfim.

Em segundo lugar, a exigência de fixação de um montante máximo no primeiro parágrafo do artigo 9.º suscita o problema da fraude à lei, com particular acuidade no caso do fiador geral, cuja posição importa tutelar e prevenir contra os credores mais expeditos nas técnicas das garantias. Efectivamente, como ficou dito, é importante ver se a indicação do montante máximo tem alguma conexão real com a obrigação garantida ou se é apenas o cumprimento formal das exigências legais. Só na primeira hipótese, isto é, só se existir uma relação efectiva entre o montante acordado pelas partes e as perspectivas de evolução das dívidas entre o afiançado e o credor é que se poderá considerar respeitada a exigência de indicação do montante máximo garantido. Inversamente, caso as partes se limitem a indicar um valor qualquer, sem nenhuma ligação à relação jurídica garantida, com o exclusivo intuito de preencherem o pressuposto legal, deverá considerar-se ainda que a fiança geral é nula, por ofensa do Princípio geral da boa fé, na sua vertente da primazia da materialidade subjacente. Este princípio faz parte da ordem pública e é injuntivo, de modo que as condutas que lhe sejam contrárias são nulas, nos termos do artigo 294.º do CC. Acresce que, a nosso ver, a esta conclusão não obsta o próprio AUG, na medida em que a exigência de indicação de um montante máximo tem de ser material, e não meramente formal.

O disposto no primeiro parágrafo do artigo 9.º do AUG consta da proposta para o n.º 1 do novo artigo 631.º-B do CC, como consequência do ajustamento entre o AUG e o Direito interno, com o seguinte texto: "*A fiança que abranja todas as dívidas do devedor principal, seja sob a forma de fiança de todas as obrigações, sob a forma do saldo negativo de uma conta corrente ou sob toda e qualquer outra forma, somente garante, salvo estipulação em contrário, as dívidas contratuais directas, devendo ser indicado, sob pena de nulidade da fiança, o montante máximo garantido, que incluirá a dívida afiançada e respectivos acessórios.*".

Por fim, saliente-se que as únicas particularidades da fiança geral são as que constam do artigo 9.º do AUG, sendo, de resto, plenamente aplicável o regime constante dos demais artigos da fiança. Designadamente, é aplicável à fiança geral o disposto no art. 7.º e no art. 18.º, respeitantes à validade da fiança, aos meios de defesa do fiador e ao Princípio da acessoriedade.

a) Âmbito da fiança geral

Em qualquer fiança o fiador deve indicar o âmbito da sua vinculação, referindo, desde logo, se garante somente a restituição do capital em dívida ou também os acessórios e as eventuais despesas de execução – cf. art. 8.º, § 1, do AUG. Esta menção deve constar do documento da fiança e ser manuscrita pelo fiador, sob pena de nulidade. Diversamente, porém, no caso da fiança geral este regime geral é afastado, aplicando-se preferencialmente o regime especial constante da parte final do § 1 do art. 9.º, nos termos do qual a fiança geral deve conter a indicação do montante máximo garantido, *"que incluirá a dívida afiançada e os respectivos acessórios"*. Portanto, ao contrário do que acontece na regra geral, em princípio, o fiador geral cobre não apenas o capital em dívida, como também os acessórios, designadamente os juros. Este regime aproxima-se do estabelecido pelo artigo 2293.º do Código Civil Francês, embora aqui a fiança geral abranja, para além dos acessórios, as despesas judiciais[651].

De certo modo, esta diferença de tratamento entre o fiador comum e o fiador geral é susceptível de crítica, uma vez que o fiador geral se encontra numa posição mais frágil do que os que não o são, o que justificaria pelo menos a aplicação do mesmo regime constante do primeiro parágrafo do art. 8.º, mas nunca de um regime menos protector.

b) Renovação da fiança geral

O AUG admite a renovação da fiança geral no § 2 do artigo 9.º, sempre que seja atingido o montante máximo garantido. Nos termos deste artigo, a renovação tem de obedecer a dois requisitos cumulativos, nomeadamente:

1) Declaração expressa de renovação por parte do fiador;
2) Esta declaração deve ser acrescentada ao próprio contrato de fiança, que, à luz do art. 4.º, tem que ser feito por meio de documento escrito.

---

[651] É o seguinte o teor do artigo 2293.º: *"Le cautionnement indéfini d'une obligation principale s'étend à tous les accessoires de la dette, même aux frais de la première demande, et à tous ceux postérieurs à la dénonciation qui en est faite à la caution."*. Cf. ALICE TISSERAND-MARTIN, GEORGES WIEDERKEHR, FRANÇOIS JACOB, XAVIER HENRY, GUY VENANDET, FRANÇOIS BARATON, *Code Civil*, ob. cit., p. 2288.

Qualquer cláusula em contrário das partes, ou seja, que estabeleça que tais requisitos não são necessários, é considerada nula, portanto, não escrita. O AUG pretende assim obstar a que as partes acordem no contrato de fiança a prorrogação automática da fiança geral por igual período ao determinado inicialmente, visando a protecção do fiador.

Por conseguinte, o acordo de renovação automática encontra-se vedado em absoluto, sendo preciso, para que haja renovação, que ocorra uma nova manifestação de vontade do fiador, por meio de declaração expressa, a qual deve ser acrescentada ao contrato de fiança, como se de um novo contrato de fiança se tratasse. Daí que seja exigida a declaração expressa do fiador, em consonância com o § 1 do artigo 4.º, ou seja, porque se trata de uma nova fiança e não tanto da renovação da fiança geral anterior.

O regime instituído no 2.º parágrafo do artigo 9.º é de ordem pública e tem um cariz altamente proteccionista do fiador, que, já de si, se encontra numa situação mais frágil numa fiança geral do que noutras fianças. Porém, como salienta Januário da Costa Gomes[652], nos termos gerais, por convenção das partes – cf. art. 406.º do CC – pode verificar-se uma modificação do contrato de fiança. Credor e fiador podem alterar o montante máximo garantido, bem como o período pelo qual foi concedida a fiança, desde que cheguem a um acordo nesse sentido.

O texto do segundo parágrafo do artigo 9.º do AUG consta da proposta para o n.º 2 do novo artigo 631.º-B do CC, nos termos do qual: *"A fiança prestada nos termos do número anterior pode ser renovada sempre que a dívida garantida atinja o montante máximo; porém, a renovação carece de constar de declaração expressa no contrato de fiança, considerando-se não escrita qualquer cláusula em contrário."*.

c) **Extinção da fiança geral**

O 3.º parágrafo do artigo 9.º do AUG determina que o fiador pode, a todo o tempo, revogar a fiança geral[653-654]. O disposto neste artigo

---

[652] Cf. Manuel Januário da Costa Gomes, *O regime da fiança...*, ob. cit., p. 28.

[653] Segundo alguma doutrina italiana, a fiança geral seria válida porque, pelo facto de o fiador poder, a todo o tempo, denunciá-la, não haveria indeterminabilidade. Discordando deste entendimento, conforme Manuel Januário da Costa Gomes, *Estudos de direito das garantias*, Volume I, ob. cit., pp. 120 e 121. Segundo este autor, a denúncia da fiança geral existe num momento *a posteriori* mas o que releva para efeitos de saber

consta também do n.º 3 proposto para o novo artigo 631.º-B do CC, em resultado do ajustamento entre o AUG e o Direito interno. Apesar de ser utilizado o termo revogação, parece que se trata fundamentalmente de uma denúncia da fiança geral, pois está em causa uma relação contratual duradoura[655]. Acresce que, apesar de se chamar revogação, consiste numa extinção unilateral da fiança por iniciativa exclusiva do fiador.

A revogação ou denúncia da fiança geral não tem eficácia retroactiva, pelo que se mantém a responsabilidade fidejussória relativamente às obrigações que já tenham sido contraídas pelo devedor principal. Os efeitos desta denúncia explicam-se pelo entendimento doutrinário de Mouly[656], que distingue, na fiança, duas obrigações do fiador[657]: por um lado, a *obligation de couverture* ou obrigação de cobertura, que corresponde ao âmbito da responsabilidade assumida pelo fiador. Por exemplo, o fiador geral pode responder por todas as dívidas do devedor principal assumidas perante o credor provenientes de qualquer operação em Direito permitida. Por si só, como é uma mera obrigação virtual, a obrigação de cobertura não implica, para o fiador, nenhuma responsabilidade perante o credor, pois pode até acontecer que o devedor afiançado nunca venha a ter nenhuma responsabilidade para com o credor garantido pela fiança geral. Sendo assim, enquanto não se constituir uma dívida do devedor principal perante o credor, não haverá também responsabilidade do fiador; mas, de acordo com a obrigação de cobertura que assumiu

---

se há determinabilidade ou não é verificar se, no momento em que se constitui a fiança, o fiador consegue calcular qual será a dimensão da sua responsabilidade. Até porque, como salienta este autor, *"no momento em que a denúncia é eficaz, pode estar já consumado o perigo que a mesma poderia evitar"*.

[654] Este regime é comum às fianças de obrigações futuras. Neste sentido, cf. ADRIANO PAES DA SILVA VAZ SERRA, *Fiança e figuras análogas*, ob. cit., pp. 254 e seguintes. Na página 257, este autor afirma que: *"Quem assume fiança por obrigação futura não quer, em regra, obrigar-se sem qualquer limitação de tempo. Portanto, afigura-se que deve ter o direito de denunciar a fiança quando já passou o tempo que, de harmonia com as circunstâncias, era razoável."*.

[655] Cf. MANUEL JANUÁRIO DA COSTA GOMES, *O regime da fiança...*, ob. cit., p. 24

[656] Cf. MICHEL CABRILLAC, CHRISTIAN MOULY, SÉVERINE CABRILLAC, PHILIPPE PÉTEL, *Droit des sûretés*, 8.ª edição, Paris, LexisNesis, 2007, pp. 225 e seguintes.

[657] Cf. BORIS MARTOR, *Comparaison de deux sûretés personnelles...*, ob. cit., p. 23: *"L'Acte Uniforme reprend ainsi la distinction opérée entre «obligation de règlement» et «obligation de couverture» de sorte que l'obligation de règlement des dettes dont l'origine est antérieure à la date de prise d'effet de la révocation du cautionnement subsistera"*.

através da contratação da fiança geral, no momento em que o devedor principal se constituir devedor do credor garantido com a fiança, passará a existir também, automaticamente, responsabilidade do devedor fidejussório. Segundo Mouly, a obrigação de cobertura é de execução sucessiva, ou seja, à medida que entre o devedor principal e o credor se vão constituindo obrigações, tais obrigações repercutem-se na relação fidejussória.

Em segundo lugar, a fiança geral dá origem à *obligation de règlement*, que corresponde à materialização da *obligation de couverture*, pois, à medida que o devedor principal vai constituindo dívidas perante o credor, vai sendo também constituída a responsabilidade do fiador por aquelas dívidas[658]. Esta obrigação denota o cariz acessório da situação jurídica do fiador, pois nasce uma obrigação do fiador geral de cada vez que nasce uma obrigação entre o devedor principal e o credor, com os mesmos contornos desta.

Voltando agora à análise do 3.º parágrafo do artigo 9.º do AUG, os efeitos da denúncia da fiança geral restringem-se à *obligation de couverture*, o que quer dizer que o fiador deixa de responder como garante pelas obrigações que, a partir do momento da denúncia, o devedor principal venha a constituir perante o credor. Porém, a denúncia não vai produzir os seus efeitos retroactivamente, o que significa que o fiador se mantém como garante relativamente às dívidas que já tenham sido constituídas[659-660]. Com efeito, em relação a estas, já se materializou a responsabilidade do fiador, logo, nada há a fazer.

Nesta ordem de ideias, a denúncia da fiança geral operada nos termos deste artigo extingue a *obligation de couverture*, isto é, o fiador geral

---

[658] Cf. MICHEL CABRILLAC, CHRISTIAN MOULY, SÉVERINE CABRILLAC, PHILIPPE PÉTEL, *Droit des sûretés*, ob. cit., p. 226: "*L'obligation de règlement porte sur chacune des dettes que le débiteur principal doit au créancier. Si le cautionnement couvre une ou des dettes déterminées, il fait naître une ou des dettes de règlement. Si le cautionnement couvre des dettes seulement déterminables, et qui apparaîtront peut-être dans le futur (cautionnement omnibus, cautionnement du solde d'un compte-courant, par exemple), il n'y aura d'obligation de règlement que pour les dettes du débiteur principal qui sont nées pendant la période couverte.*".

[659] Cf. MANUEL JANUÁRIO DA COSTA GOMES, *O regime da fiança...*, ob. cit., p. 25

[660] Cf. MICHEL CABRILLAC, CHRISTIAN MOULY, SÉVERINE CABRILLAC, PHILIPPE PÉTEL, *Droit des sûretés*, ob. cit., p. 225: "*... son extinction ne peut avoir d'effet que pour l'avenir et laissera à la caution la charge des dettes de règlement nées avant cette extinction.*".

deixa de assumir responsabilidade fidejussória pelas obrigações que o devedor principal venha a constituir perante o credor garantido com a fiança geral depois do momento em que essa denúncia é eficaz. Todavia, esta denúncia nunca pode afectar a responsabilidade fidejussória que já se tenha constituído no passado por força da materialização da *obligation de couverture*, o que implica que relativamente às dívidas constituídas pelo devedor principal antes da eficácia da denúncia o fiador geral continua a responder.

O AUG não distingue consoante a fiança geral tenha ou não um prazo de vigência determinado pelas partes. Neste sentido, a possibilidade de revogação ou denúncia da fiança geral admitida pelo § 3 do artigo 9.º aplica-se indistintamente, quer a fiança geral tenha sido prestada por um período indeterminado de tempo, quer tenha prestada por um certo prazo. Diversamente, no regime jurídico instituído pelo Código Civil, a denúncia é a forma típica de extinção de contratos de duração indeterminada, que se prolongam por um período mais ou menos longo de tempo. Ao invés, quando se trate de contratos com uma duração pré-fixada, estes não podem, em regra, ser alvo de denúncia, mas podem apenas ser resolvidos unilateralmente por uma das partes se existir justa causa para fazer cessar a relação contratual[661]. O sistema constante do Código Civil é contrariado pelo disposto neste terceiro parágrafo do artigo 9.º do AUG na medida em que se admite a revogação ou denúncia em ambos os casos, isto é, quer a fiança geral tenha um prazo, quer não tenha.

Segundo Issa-Sayegh, o parágrafo 3.º do artigo 9.º contém uma regra supletiva, pelo que as partes podem livremente determinar que o fiador não pode revogar a fiança antes de decorrido um determinado período de tempo. Por sua vez, Januário da Costa Gomes distingue consoante a fiança tenha ou não prazo[662]. Com efeito, se a fiança foi prestada por tempo indeterminado, considera que as partes não podem proibir a denúncia, mas podem convencionar um prazo antes do qual a denúncia não pode ser feita. Ainda nesta hipótese, não se deve admitir a cláusula que proíbe a desvinculação antes de atingido um certo montante, sob pena de nulidade. Contudo, se a fiança foi prestada por certo prazo, já deve ser permitido às partes acordar que o fiador só se pode desvincular depois de atingido certo montante. Para além disso, as partes poderão

---

[661] Cf. Manuel Januário da Costa Gomes, *O regime da fiança...*, ob. cit., p. 26.
[662] Cf. Manuel Januário da Costa Gomes, *O regime da fiança...*, ob. cit., p. 27.

ainda afastar o parágrafo 3.º do art. 9.º determinando que o fiador não pode revogar a fiança antes de decorrido um certo prazo[663].

d) Fiança geral de obrigações já constituídas

O AUG estabelece, a título supletivo, que o art. 9.º apenas é aplicável à fiança geral de obrigações futuras, que corresponde à situação mais grave de fiança geral, pois o problema coloca-se ao nível da determinabilidade vertical (cf. o disposto no quarto parágrafo do artigo 9.º do AUG e o n.º 4 proposto pelo ajustamento para o novo artigo 631.º-B do CC). Tratando-se, no entanto, de uma regra supletiva, as partes podem livremente acordar uma fiança geral de obrigações já constituídas, caso em que o regime jurídico constante do artigo 9.º do AUG é aplicável, de pleno direito.

Portanto, em princípio, a fiança geral não garante as obrigações já constituídas, mas somente as obrigações futuras. Tratando-se no entanto de uma regra supletiva, as partes podem livremente acordar uma fiança geral de obrigações presentes.

Observando o disposto no 4.º parágrafo do artigo 9.º, parece que, indirectamente, a OHADA se está a pronunciar no sentido daquele sector doutrinário que considera que, tratando-se de fiança geral de obrigações já existentes, não se pode falar em indeterminabilidade, pois é tudo uma questão de cálculo aritmético. Com efeito, alguns autores consideram que é suficiente que as partes façam as contas para saber, ao certo, quanto é que o afiançado deve ao credor, sendo certo que será esse o montante garantido pelo fiador geral. É este o caso de Pedro Romano Martinez e de Pedro Fuzeta da Ponte[664], para quem, na fiança geral de obrigações já constituídas, como as dívidas já existem, o fiador tem o ónus de questionar

---

[663] O mesmo autor considera ainda que, havendo fiança com prazo, as partes podem também recorrer ao mecanismo da resolução com justa causa, nos termos gerais de direito (cf. artigos 432.º e seguintes do CC): assim, se surgir alguma circunstância por força da qual não se torne exigível, a um homem médio, a manutenção da fiança, o fiador pode resolver o contrato de fiança, com justa causa, nos termos gerais. No entanto, julgamos que esta possibilidade não é muito relevante, pois o art. 9.º do AUG confere ao fiador o direito de revogar a todo o tempo a fiança geral, mesmo que haja algum prazo e sem que para tanto seja necessário invocar algum motivo justificativo.

[664] Cf. PEDRO ROMANO MARTINEZ e PEDRO FUZETA DA PONTE, *Garantias de cumprimento*, ob. cit., p. 99.

o seu montante ao credor. Aliás, estes autores aplicam o mesmo raciocínio à fiança geral de dívidas condicionais por forma a torná-la válida e determinável[665]. Assim sendo, entendem que nestas situações não há motivos para proibir a fiança geral.

Diferentemente, Januário da Costa Gomes considera que o facto de as obrigações afiançadas já se encontrarem constituídas não implica, automaticamente, que a fiança seja válida. No seu entendimento, a fiança geral de obrigações já constituídas apresenta ainda indeterminabilidade, simplesmente o que está em causa será já um problema de determinabilidade horizontal[666], que pode revelar-se tão grave como na fiança geral de obrigação futuras. Com efeito, quando a lei exige a determinabilidade da fiança (cf. art. 280.º do CC), o que se pretende é que o fiador possa saber, no momento em que se constitui nessa qualidade, qual será o montante máximo que poderá ter que desembolsar para pagar ao credor. Ora, mesmo que as obrigações afiançadas sejam presentes, o certo é que o fiador pode desconhecer em absoluto os seus montantes, além de que o credor pode não se disponibilizar para fazer as contas, caso em que o devedor acessório não terá a mínima ideia de qual poderá vir a ser o montante da sua dívida. A indeterminabilidade da obrigação do fiador será, nessa hipótese, manifesta. No entanto, este problema deixa de se colocar à luz do AUG, em virtude da exigência de determinação, e não já de mera determinabilidade, isto é, da exigência de fixação de um montante máximo garantido pela fiança geral.

e) Obrigações de informação do credor

Regra geral, a fiança assume-se como um contrato estruturalmente unilateral na medida em que dela provêm essencialmente obrigações para o fiador e benefícios para o credor. Não obstante, o art. 14.º do AUG impõe, de forma inovadora, certos deveres de informação a cargo do credor, cujo incumprimento pode acarretar para este consequências graves.

Nos termos do § 1 do art. 14.º, em toda e qualquer fiança, o credor deve comunicar ao fiador qualquer situação de incumprimento do devedor principal, exigibilidade imediata ou prorrogação do prazo para cumprir.

---

[665] Cf. PEDRO ROMANO MARTINEZ e PEDRO FUZETA DA PONTE, *Garantias de cumprimento*, ob. cit., p. 99.

[666] Cf. MANUEL JANUÁRIO DA COSTA GOMES, *O regime da fiança...*, ob. cit., p. 24.

Nesta comunicação, o credor tem que indicar ao fiador o montante da dívida principal e os juros e demais despesas, à data do incumprimento, da exigibilidade imediata ou da prorrogação do prazo. O disposto neste artigo consta ainda da proposta para o n.º 3 do novo artigo 634.º do CC, resultante do ajustamento entre o AUG e o Direito interno.

A razão de ser desta obrigação estabelecida a cargo do credor reside, por um lado, no facto de a dívida do fiador ser acessória, pelo que ele deve poder saber em que estado se encontra a dívida principal, da qual a sua própria obrigação está dependente. Por outro lado, tais deveres resultam do Princípio da boa fé (cf. art. 762.º do CC) e ainda do facto de a fiança ser um negócio de risco[667].

Acresce que, tratando-se de fiança geral, o § 2 do art. 14.º estabelece uma obrigação adicional de informação a cargo do credor. No mês seguinte ao fim de cada trimestre civil – portanto, em Abril, Julho, Outubro e Janeiro – o credor tem a obrigação de comunicar ao fiador o estado em que se encontram as dívidas do devedor principal. Naturalmente que esta regra é exclusivamente aplicável às fianças gerais de obrigações futuras, pois apenas nestas há necessidade de informar o fiador do estado do endividamento do devedor principal. No mesmo sentido podemos encontrar o n.º 4 do novo artigo 634.º do CC, resultante do ajustamento entre o AUG e o Direito interno.

A razão de ser desta obrigação de comunicação tem a ver com o facto de estar em causa uma fiança geral, pelo que o fiador deve estar em condições de poder saber os montantes que a dívida está a atingir, por forma a decidir se quer revogar ou não a fiança. Neste sentido, a obrigação de comunicação abrange o estado das dívidas do devedor principal, as causas dessas dívidas, as datas de pagamento, os montantes (capital e juros) e as comissões, despesas e outros acessórios que estejam em dívida. Para além disso, nesta comunicação, o credor está obrigado a lembrar ao fiador que pode revogar a fiança, devendo a comunicação reproduzir literalmente o disposto no art. 9.º e no § 2 do art. 14.º.

Se o credor não cumprir a obrigação de comunicação estabelecida no § 2 do artigo 14.º, ou se o fizer de modo deficiente, sem obedecer aos requisitos enunciados, a consequência é que perde o direito de exigir ao fiador os juros vencidos entre a data da informação anterior e a data da comunicação da nova informação (cf. § 3 do artigo 14.º e também o n.º 5 proposto pelo ajustamento, para o novo artigo 634.º do CC). Neste

---

[667] Cf. MANUEL JANUÁRIO DA COSTA GOMES, *O regime da fiança...*, ob. cit., p. 30.

sentido, podemos qualificar esta situação não propriamente como uma obrigação, mas antes como um ónus, na medida em que se o credor não o cumprir isso faz com que sofra consequências que lhe são desfavoráveis, designadamente a perda do direito aos juros vencidos. Também segundo Januário da Costa Gomes, este ónus de comunicação *"funciona como mecanismo impulsionador ou compulsório de cumprimento do dever de informação"*[668].

Por último, a cláusula mediante a qual as partes afastem estas obrigações de comunicação é nula, considerando-se não escrita. Por força do seu quarto parágrafo, o artigo 14.º assume-se assim como uma regra injuntiva. No mesmo sentido dispõe ainda o texto proposto para o n.º 6 do artigo 634.º do CC, em resultado do ajustamento entre o AUG e o Direito interno.

Os deveres de informação consagrados no AUG aproximam-se do segundo parágrafo do artigo 2293.º do Código Civil Francês, que também determina para o credor, no caso de o fiador ser uma pessoa singular, o dever de o informar sobre a evolução do montante do crédito garantido e dos seus acessórios, pelo menos anualmente, na data convencionada pelas partes, ou, na falta desta convenção, uma vez por ano na data do aniversário do contrato, sob pena de perda do direito a todos os acessórios da dívida, despesas e penalidades[669].

Note-se ainda que, contrariamente ao disposto no segundo e no terceiro parágrafos do artigo 14.º, o incumprimento do dever de informação do § 1 não parece ter qualquer sanção específica. Assim sendo, este artigo serve apenas para conceder ao fiador o direito de exigir do credor a prestação de informações, que, neste caso, passa a ter a natureza de obrigação secundária e não já meramente acessória. Em caso de incumprimento, o fiador poderá exigir ao credor o ressarcimento de danos sofridos.

O artigo 14.º do AUG é alvo de fortes críticas, destacando-se as de Amadou Kane[670]. Segundo o seu entendimento, o AUG colocou o banqueiro

---

[668] Cf. MANUEL JANUÁRIO DA COSTA GOMES, *O regime da fiança...*, ob. cit., p. 28.

[669] Determina o segundo parágrafo do artigo 2293.º: *"Lorsque le cautionnement est contracté par une personne physique, celle-ci est informée par le créancier de l'évolution du montant de la créance garantie et de ces accessoires au moins annuellement à la date convenue entre les parties ou, à défaut, à la date anniversaire du contrat, sous peine de déchéance de tous les accessoires de la dette, frais et pénalités."*. Cf. ALICE TISSERAND-MARTIN, GEORGES WIEDERKEHR, FRANÇOIS JACOB, XAVIER HENRY, GUY VENANDET, FRANÇOIS BARATON, *Code Civil*, ob. cit., p. 2288.

[670] Cf. AMADOU KANE, *Le droit et la pratique des garanties bancaires...*, ob. cit., pp. 408 e seguintes

(nos casos em que o credor é um banco) numa posição muito desconfortável, tendo em consideração que a sanção é a perda dos juros. Para além disso, critica a verdadeira utilidade desta obrigação de informação, pois o fiador já tem informação suficiente no momento em que contrata a fiança. Com efeito, logo nesse momento ele sabe qual será o montante máximo que poderá ter de pagar, pelo que não se vislumbram motivos para ter que lhe ser comunicado trimestralmente o estado do endividamento do devedor principal. Por outro lado, o art. 9.º já concede ao fiador o direito de revogar a fiança a todo o tempo.

Assim sendo, esta obrigação de informação constitui, no seu entendimento, um *"encargo administrativo suplementar"* imposto ao credor, que trará mais custos para os clientes dos bancos. Até porque, se o incumprimento desta obrigação causar danos ao fiador, este poderá exigir ao credor a competente indemnização, o que implicará mais um encargo.

1.14.4. *Questões doutrinárias*

Vamos de seguida proceder à análise de algumas questões debatidas na doutrina relativamente à fiança *omnibus* em que o AUG não tomou posição, nem directa, nem indirectamente.

Um primeiro problema consiste na questão de saber se, sendo a fiança geral prestada por um sócio da sociedade afiançada, a saída da sociedade por parte deste sócio implica ou não, automaticamente, a extinção da fiança geral para garantia de obrigações futuras?

Sobre este problema, alguma doutrina considera que quando um sócio de uma empresa presta a fiança, nessa sua declaração negocial está implícita uma cláusula segundo a qual a garantia apenas se mantém enquanto se mantiver a sua posição de sócio na referida sociedade. Portanto, há como que uma ressalva, no sentido que a garantia prestada só abrange as dívidas que sejam constituídas enquanto o fiador se mantiver na qualidade de sócio. A fiança estará assim sujeita a uma espécie de condição, embora a verificação desta apenas produza os seus efeitos para o futuro e não retroactivamente, na medida em que o sócio fiador geral permanecerá responsável pelas obrigações já constituídas, mas não responderá pelas que vierem a ser constituídas pela sociedade afiançada depois de deixar de ser sócio. Quando e se o sócio deixar de o ser, a fiança extingue-se, por caducidade ou por verificação do evento implicitamente decorrente do momento de constituição da fiança.

Num sentido próximo, Januário da Costa Gomes recorre às regras de interpretação dos negócios jurídicos para solucionar este problema. Assim, à luz do art. 236.º do CC, entende que não é razoável que um declaratário normal conte com a manutenção da fiança mesmo depois de o fiador deixar de ser sócio. Com efeito, se foi a circunstância de participar na sociedade devedora que fez com que o sócio se constituísse fiador, é natural que o facto de deixar de o ser implique que deixe igualmente de ser fiador. Todavia, por uma questão de equilíbrio contratual, este autor não considera que possa haver uma extinção automática da fiança, contrariamente ao que parece resultar do primeiro entendimento exposto. Isto é, apesar de ser justo e razoável que o fiador geral deixe de o ser quando deixa também se ser sócio da sociedade afiançada, considera que a extinção da fiança geral não se produz automaticamente com a saída do sócio da sociedade, que o credor pode até desconhecer. Ora, sendo a fiança geral um contrato celebrado entre o fiador e o credor, também é razoável que o fiador deva comunicar ao credor a sua saída da sociedade afiançada, bem como o intuito de deixar de ser fiador geral. Neste sentido, Januário da Costa Gomes sustenta que o fiador tem o ónus de dar conhecimento ao credor da sua saída da sociedade, denunciando, por essa via, a fiança.

Mesmo para aqueles que não admitam a denúncia, sempre se poderá falar aqui de uma resolução com justa causa, pois, do ponto de vista objectivo, não é razoável que o sócio continue vinculado à fiança geral quando deixou de ser sócio da sociedade afiançada. A sua vinculação deixa, nestes termos, de ser exigível, à luz do Princípio da boa fé[671]. Em todo o caso, a questão não se levanta em face do terceiro parágrafo do artigo 9.º do AUG, uma vez que esta disposição permite a extinção da fiança por iniciativa exclusiva do fiador geral, independentemente da invocação de qualquer motivo para esse efeito.

Uma segunda questão que a doutrina coloca tem a ver com a fiança geral prestada pelo sócio gerente da sociedade afiançada. No caso particular de fiança geral prestada por sócio gerente, a doutrina e a jurisprudência portuguesas propendem para admitir a validade da fiança independentemente do preenchimento adicional de qualquer requisito, nomeadamente, independentemente da indicação de um montante máximo garantido. Não

---

[671] Cf. MANUEL JANUÁRIO DA COSTA GOMES, *Estudos de direito das garantias*, Volume I, ob. cit., p. 124.

é que neste caso haja, propriamente, determinabilidade da fiança geral no momento em que esta é contratada pelo fiador. Contudo, em face da qualidade de sócio gerente da sociedade afiançada, considera-se que o endividamento do devedor principal depende directamente do próprio fiador, o que significa que o fiador se encontra numa posição que lhe permite controlar o montante da sua própria responsabilidade fidejussória[672]. Com efeito, ao controlar o endividamento da sociedade afiançada, controla igualmente o seu próprio endividamento na qualidade de fiador geral.

Neste sentido, costuma dizer-se que o gerente está em posição de controlar o fluxo de vinculação da sociedade[673], considerando que não há violação do Princípio da boa fé nem ofensa à exigência de determinabilidade[674].

Por conseguinte, assumindo que o fiador sabe o que está a fazer e quais as implicações daí derivadas, cessam os motivos para a sua tutela na fiança geral, a qual será perfeitamente válida. Neste sentido, pode afirmar-se que a fiança geral é determinada precisamente pelas pessoas protegidas pela necessidade de haver determinabilidade[675].

O mesmo se verifica naqueles casos em que a fiança é prestada pelo sócio único ou maioritário da sociedade afiançada e que claramente domina o processo de endividamento desta. Nesta hipótese a doutrina não coloca quaisquer problemas de indeterminabilidade, precisamente em função do facto de ser o próprio fiador a controlar o endividamento do afiançado e, por arrastamento, o seu próprio endividamento na qualidade de fiador.

Sucede, contudo, que esta segunda questão não tem cabimento no Ordenamento Jurídico Guineense a partir do momento em que a parte final do primeiro parágrafo do AUG, e, bem assim, do n.º 1 proposto para o novo artigo 631.º-B do CC, estabelecem como pressuposto de validade da fiança geral a indicação de um montante máximo garantido. Com efeito, esta exigência é de aplicar a toda e qualquer fiança geral, isto é, aplica-se também aos casos em que a fiança geral é prestada pelo sócio gerente, pelo sócio único ou pelo sócio com posição dominante na sociedade afiançada.

---

[672] Cf. MANUEL JANUÁRIO DA COSTA GOMES, *Estudos de direito das garantias*, Volume I, ob. cit., p. 132.
[673] Cf. MANUEL JANUÁRIO DA COSTA GOMES, *Estudos de direito das garantias*, Volume I, ob. cit., p. 133.
[674] Cf. MANUEL JANUÁRIO DA COSTA GOMES, *Assunção fidejussória...*, ob. cit., p. 697.
[675] Cf. MANUEL JANUÁRIO DA COSTA GOMES, *Estudos de direito das garantias*, Volume I, ob. cit., p. 135.

1.15. Efeitos da fiança. Relações entre o credor e o fiador

1.15.1. *Incumprimento do devedor principal como pressuposto de accionamento do fiador*

Os efeitos da prestação de fiança encontram-se consagrados no artigo 13.º do AUG, donde decorre, desde logo, uma manifestação da subsidiariedade da fiança. Nos termos do primeiro parágrafo deste artigo, o fiador só pode ser chamado a cumprir no caso de o devedor principal não o fazer, isto é, em caso de incumprimento do devedor principal. Trata-se de um dos traços característicos da fiança enquanto garantia das obrigações. No mesmo sentido, o n.º 2 proposto para o artigo 634.º do CC determina que o fiador só pode ser chamado a cumprir caso o devedor não o faça.

Este regime jurídico é aplicável quer se trate de fiança simples, quer se trate de fiança solidária. Com efeito, em qualquer dos casos, o fiador só pode ser chamado a cumprir pelo credor depois de se verificar o incumprimento da obrigação pelo devedor principal. A garantia só aparece depois de se ter verificado o incumprimento da obrigação, nos termos gerais, independentemente de o fiador poder invocar ou não o benefício da excussão prévia. A questão da solidariedade da fiança é um problema que se coloca *a posteriori*, ou seja, uma vez não cumprida a obrigação pelo devedor principal, há que saber em que momento é que o fiador está obrigado a cumprir: de imediato (fiança solidária) ou apenas depois de excutido o património do devedor principal (fiança simples)[676-677-678].

---

[676] No Acórdão n.º 2.377 de 24 de Dezembro de 2003, disponível em www.ohada.com, com a referência J-04-279, decidiu-se que, uma vez estabelecido o incumprimento do devedor principal, e, sendo este facto levado ao conhecimento do fiador, há lugar à condenação deste ao pagamento solidário da dívida. No caso em apreço, tratava-se de fiança solidária, à luz do artigo 10.º do AUG.

[677] No Acórdão n.º 32 de 2004, disponível em www.ohada.com, determinou-se que, sendo uma fiança solidária (à luz do artigo 10.º do AUG), o fiador não podia invocar o benefício da excussão prévia, mesmo em caso de insolvabilidade do devedor principal. Parece no entanto que neste caso o credor não chegou a interpelar o devedor principal para cumprir, simplesmente constatou a sua insolvência e resolveu agir contra o fiador. Se, de facto, os factos tivessem sido neste sentido, o fiador teria motivos para se defender, não com base no artigo 16.º do AUG, por ele alegado, mas sim com fundamento no § 1 do artigo 13.º do AUG, por via do qual só é legítima a acção do credor contra o fiador após o incumprimento do devedor principal.

[678] No Acórdão n.º 370, de 28 de Março de 2003, disponível em www.ohada.com, com a referência J-03-280, o Tribunal de Abidjan determinou que, uma vez incumprida

O § 2 do artigo 13.º contém duas regras distintas. Na 1.ª parte é consagrada a obrigação do credor avisar o fiador de qualquer incumprimento por parte do devedor principal. No entanto, esta obrigação decorre já do disposto no § 1 do art. 14.º, pelo que não havia necessidade de a repetir. Entretanto, pode questionar-se sobre o sentido da expressão "qualquer incumprimento", nomeadamente quanto a saber se abrange a simples mora do devedor principal. Na verdade, parece que o sentido da lei é o do incumprimento num sentido amplo, pois, de outro modo, a lei ter-se--ia limitado a referir que o credor devia avisar o fiador quando se verificasse o incumprimento da obrigação principal. Ora, a inclusão da expressão "qualquer" dá a entender que é qualquer situação susceptível de pôr em causa a obrigação do fiador e, portanto, também a simples mora, que é já uma primeira fase do incumprimento, embora não definitivo (salvo nos casos excepcionais em que há perda do interesse objectivo do credor)[679].

Portanto, se o devedor principal se encontra em mora, esse facto interessa ao fiador, na medida em que a sua dívida é acessória da dívida principal. Se o devedor principal entrou em mora, aumentam as probabilidades de ele não vir realmente a cumprir, momento em que o credor poderá actuar contra o devedor acessório. Até porque, tendo o devedor afiançado entrado em mora, isso implica a obrigação de indemnizar o credor pelos danos causados com a mora, nos termos do n.º 1 do art. 804.º do CC, o que pode implicar um aumento da dívida fidejussória, por força do Princípio da acessoriedade. Assim, por exemplo, se a dívida principal corresponde a um contrato de mútuo cuja restituição é efectuada por prestações, o fiador tem o direito de ser avisado se o mutuário não cumprir o pagamento de alguma delas, até porque isso pode despoletar a aplicação do art. 781.º do CC. Concluindo, por força desta disposição, o fiador tem o direito de ser informado pelo credor, quer da mora, quer do incumprimento definitivo por parte do devedor principal.

A segunda regra está contida na 2.ª parte do segundo parágrafo do artigo 13.º, nos termos da qual o credor só pode accionar o fiador depois de ter intimado o devedor principal para cumprir e de tal intimação se ter

---

a obrigação pelo devedor principal, o credor pode, de uma só vez, exigir o cumprimento tanto a este como ao fiador: *"En cas de défaillance du débiteur principal, le créancier peut valablement demander le paiement de sa créance en faisant sommation dans un seul exploit au débiteur et à la caution."*.

[679] Convém notar que a versão francesa também refere a expressão *"toute défaillance"* por parte do devedor principal.

revelado infrutífera. Esta matéria está relacionada com o problema da caracterização da fiança como uma obrigação subsidiária, ou seja, de execução sucessiva. Por isso, o credor deve primeiro agir contra o devedor principal e só depois de haver o incumprimento deste é que pode agir contra o fiador. Nesse sentido, o AUG estabelece que o credor não pode, simplesmente, aguardar pelo incumprimento do devedor principal, para depois exigir ao fiador o cumprimento da dívida fidejussória. Ao invés, compete ao credor efectuar a intimação do devedor principal, exigindo-lhe o cumprimento da obrigação principal, e apenas depois disso, caso não se verifique este cumprimento, é que o credor pode accionar o fiador. No mesmo sentido, o n.º 1 proposto para o artigo 635.º do CC em resultado do ajustamento entre o AUG e o Direito interno vem estabelecer que: *"O credor só pode accionar o fiador, após haver intimado infrutiferamente o devedor para cumprir."*.

Importa, no entanto, aferir a que tipo de incumprimento se refere o § 2 do art. 13.º do AUG. Neste sentido, será que o credor pode actuar contra o fiador logo na mora do devedor, ou tem que esperar pelo incumprimento definitivo? A dúvida é legítima dado que o AUG se limita a estabelecer que o devedor fidejussório só pode ser responsabilizado depois de o devedor principal ter sido infrutiferamente intimado pelo credor para cumprir[680], mas esta intimação tanto pode ser referente à constituição do devedor principal em mora, como à interpelação admonitória, relativa à sua constituição em incumprimento definitivo.

Afigura-se, porém, que a intimação referida pelo art. 13.º não se confunde com a interpelação, e, nomeadamente, não se confunde com a interpelação admonitória prevista no n.º 1 do art. 808.º do CC[681]. No AUG estamos no âmbito da subsidiariedade da dívida fidejussória, na medida em que se impõe que, antes de actuar contra o devedor subsidiário, o credor tem que tomar uma providência prévia relativamente ao devedor principal: intimá-lo para cumprir, ou seja, exigir a realização da prestação. Segundo Januário da Costa Gomes, está em causa uma *"subsidiariedade fraca"*, e não forte, coisa que só se verificaria se o credor tivesse que excutir previamente o património do devedor principal.

Parte da doutrina considera que o credor não tem que aguardar pelo incumprimento definitivo para actuar contra o fiador[682]. Ou seja, entende

---

[680] Cf. Manuel Januário da Costa Gomes, *Assunção fidejussória*..., ob. cit., p. 968.
[681] Cf. Manuel Januário da Costa Gomes, *Assunção fidejussória*..., ob. cit., p. 968.
[682] Cf. Manuel Januário da Costa Gomes, *Assunção fidejussória*..., ob. cit., pp. 971 e seguintes.

que o credor pode exigir ao fiador o cumprimento da dívida a partir do momento em que tenha ocorrido o vencimento da obrigação principal e esta não tenha sido cumprida pelo devedor. Portanto, basta que o credor logre demonstrar a existência e o vencimento da dívida principal (mora). A este pressuposto, ter-se-ia de acrescentar o requisito exigido pelo AUG: a intimação infrutífera do devedor principal. Por sua vez, ao fiador competiria invocar meios de defesa que lhe permitissem exonerar-se dessa obrigação[683].

Efectivamente, tratando-se de garantia subsidiária, só faz sentido o seu accionamento quando se verifique ter ocorrido o incumprimento da dívida principal, pois a subsidiariedade significa, precisamente, que o fiador só pode ser chamado a cumprir após o incumprimento do devedor principal, assim como o declara o segundo parágrafo do art. 13.º do AUG. Ora, esse incumprimento pode ser a simples mora, pois aqui há já um incumprimento temporário, ainda que passível de ser sanado por meio da purgação da mora ou por outros meios, tal como a convenção das partes no sentido da prorrogação do prazo concedido ao devedor para cumprir. Por conseguinte, somos de parecer que o fiador pode ser accionado pelo credor antes de se verificar o incumprimento definitivo do devedor principal.

À mesma conclusão podemos chegar pelo confronto da primeira e da segunda partes do § 2 do artigo 13.º. Com efeito, a 1.ª parte determina a obrigação de o credor avisar o fiador de qualquer incumprimento do devedor principal, o que induz na utilização da expressão incumprimento em sentido amplo, abrangendo quer a mora, quer o incumprimento definitivo. Por seu turno, na 2.ª parte estabelece-se que o credor só pode accionar o fiador após exigir, sem sucesso, ao devedor principal. Não basta, porém, a simples mora do devedor principal, afigura-se necessário que o credor lhe tenha exigido a prestação e que tal exigência não tenha dado quaisquer frutos. Nesta ordem de ideias, *"qualquer"* incumprimento deve ser informado pelo credor ao fiador, mas não é *"qualquer"* incumprimento que lhe confere o direito de exigir ao fiador o cumprimento, pois deve haver a intimação infrutífera ao devedor.

Em sentido próximo, o artigo 2298.º do Código Civil Francês estabelece que o fiador só é obrigado a pagar ao credor na falta de cumprimento pelo devedor[684].

---

[683] Cf. MANUEL JANUÁRIO DA COSTA GOMES, *Assunção fidejussória...*, ob. cit., p. 980.

[684] O artigo 2298.º determina que: *"La caution n'est obligée envers le créancier à le payer qu'à défaut du débiteur..."*. Cf. ALICE TISSERAND-MARTIN, GEORGES WIEDERKEHR,

Note-se que o incumprimento do devedor principal pode ser devido a uma multiplicidade de causas, inclusivamente a própria insolvência deste. Neste sentido, já se decidiu que o fiador não pode impedir a execução, invocando que o credor assistiu passivamente e sem reagir à insolvabilidade do devedor principal. À luz do artigo 13.º do AUG, o fiador é obrigado a pagar em caso de incumprimento do devedor principal[685].

1.15.2. *A intimação infrutífera do devedor principal*

O § 2 do artigo 13.º do AUG impõe ao credor, como condição para o accionamento do fiador, a prévia intimação infrutífera do devedor principal. Neste ponto, afigura-se relevante concatenar o AUG com o Direito interno e distinguir o modo de funcionamento desta intimação consoante a obrigação principal seja uma obrigação pura ou uma obrigação impura.

Com efeito, se a obrigação do devedor principal for uma *obrigação pura*, isto é, sem prazo, isso significa que a obrigação só vence mediante interpelação, nos termos do n.º 1 do art. 805.º do CC. Se o credor fizer a interpelação prevista neste artigo e o devedor principal não efectuar a prestação devida, ele entra em mora. Nesta altura, o credor deve avisar o fiador deste facto, ou seja, de que interpelou o devedor principal para cumprir, sem que este tenha procedido à realização da prestação devida. Este aviso é imposto pelo § 1 do art. 13.º do AUG, bem como pelo § 1 do art. 14.º, conforme já foi aqui analisado.

Para além disso, com vista a poder exigir ao fiador o cumprimento da dívida fidejussória, o credor tem que intimar o devedor principal a cumprir. Contudo, a interpelação nos termos do n.º 1 do artigo 805.º do CC funciona ao mesmo tempo como intimação infrutífera, para efeitos do § 2 do artigo 13.º do AUG. O credor poderá ainda fazer a interpelação admonitória (cf. artigo 808.º, n.º 1, do CC), com vista a obter o incumprimento definitivo do devedor principal. Por conseguinte, nas obrigações puras o credor terá apenas que fazer duas interpelações, e não três, como

---

François Jacob, Xavier Henry, Guy Venandet, François Baraton, *Code Civil*, ob. cit., p. 2290.

[685] Acórdão disponível em www.ohada.com, com a referência J-07-109.

à partida poderia parecer: em primeiro lugar, a interpelação nos termos do n.º 1 do art. 805.º do CC, com vista a obter o vencimento da obrigação e a consequente mora do devedor principal; em segundo lugar, a interpelação admonitória, nos termos do n.º 1 do art. 808.º do CC, com vista a que o devedor principal entre em incumprimento definitivo. A interpelação ao abrigo do artigo 805.º, n.º 1, do CC, funciona, ao mesmo tempo, como intimação, à luz do disposto no § 2 do art. 13.º do AUG.

Por outro lado, tratando-se de *obrigações impuras*, nos termos do n.º 2 do art. 805.º do CC, o vencimento da obrigação ocorre independentemente de interpelação. Não obstante, o facto de o devedor principal entrar em mora não legitima de imediato o accionamento do fiador, o qual só deve ocorrer após a intimação infrutífera do devedor principal. A mora deve, ainda aqui, ser informada ao fiador, nos termos do § 2 do art. 13.º e do § 1 do art. 14.º do AUG. Também aqui o credor pode efectuar a interpelação admonitória, nos termos do n.º 1 do art. 808.º do CC com vista a obter o incumprimento definitivo. Neste caso, a interpelação admonitória pode funcionar como intimação, nos termos do § 2 do art. 13.º do AUG, mas o credor pode também optar por fazer a intimação para cumprir, sem que faça a interpelação admonitória.

É de salientar que, apesar de se admitir que a interpelação admonitória pode funcionar como a intimação prevista no § 2 do art. 13.º do AUG, isso não quer dizer que a interpelação admonitória seja exactamente o mesmo que aquela intimação. De facto, trata-se de figuras diferentes, só que o credor pode aproveitar para fazer, ao mesmo tempo, a interpelação admonitória prevista no n.º 1 do art. 808.º do CC e a intimação prevista no § 2 do art. 13.º do AUG, poupando assim um esforço adicional. No entanto, o facto de poder interpelar e intimar ao mesmo tempo não significa que se trate do mesmo acto, antes pelo contrário, trata-se de dois actos diversos, que podem ser realizados duma vez só. Com efeito, a interpelação admonitória é uma declaração unilateral e receptícia (cf. art. 224.º, n.º 1, do CC), feita pelo credor ao devedor no momento em que este último se encontra em mora, através da qual lhe concede um prazo razoável para efectuar a prestação, sob pena de, não o fazendo, entrar em incumprimento definitivo. Por seu turno, a intimação prevista no § 2 do art. 13.º do AUG consiste numa declaração unilateral e receptícia do credor ao devedor principal, nos termos da qual ele lhe exige o cumprimento da obrigação devida. Esta intimação não releva para a entrada no incumprimento definitivo, mas apenas para a possibilidade de accionar o fiador, nos termos do AUG.

Nos restantes casos em que o devedor principal entra em incumprimento definitivo por modo diverso do decurso do prazo admonitório, pode questionar-se sobre a necessidade de o credor efectuar a intimação infrutífera nos termos do § 2 do artigo 13.º do AUG. É o caso da perda objectiva de interesse do credor (cf. art. 808.º, n.º 2, do CC) e da recusa peremptória do devedor em cumprir[686]. Pergunta-se se, nestas hipóteses, apesar de haver já incumprimento definitivo, se deve impor ao credor a necessidade de intimar infrutiferamente o devedor principal para cumprir, nos termos do § 2 do art. 13.º AUG, afim de poder accionar o fiador?

Nos termos da 1.ª parte do § 1 do artigo 13.º, tais situações devem ser informadas pelo credor ao fiador. Todavia, seria no mínimo estranho exigir ao credor que, após o devedor se recusar peremptoriamente a cumprir, ou na sequência da perda objectiva de interesse do credor, este tivesse ainda que intimar o devedor para realizar a prestação afim de posteriormente poder accionar o fiador. Suponha-se, por exemplo, que o devedor principal já declarou ao credor que não pretende de modo algum cumprir, porque não está em condições de o fazer. Neste caso, perante a recusa peremptória e a situação de incumprimento definitivo, seria demasiado exigir ao credor que ainda tivesse de intimar o devedor a cumprir, quando este já lhe declarou directamente que não o fará. Tal seria manifestamente contrário ao Princípio da boa fé, reconduzindo-se a um acto inútil. Do mesmo modo, supondo que o credor já não tem, objectivamente, interesse em receber a prestação, seria contraditório que para poder accionar o fiador ele tivesse de intimar previamente o devedor principal a cumprir. Com efeito, se ele já não retira vantagens efectivas daquela prestação, então não terá nenhum interesse em exigir o respectivo cumprimento ao devedor, podendo optar, em alternativa, pela resolução

---

[686] Embora o artigo 808.º do CC não aborde expressamente esta questão, a sua epígrafe refere a *"recusa de cumprimento"*, donde a doutrina retira que, em consonância com o Princípio da boa fé, quando o devedor declara peremptoriamente ao credor que não pretende cumprir a sua obrigação, ele entra, automaticamente, em mora, ou mesmo em incumprimento definitivo. Sobre a recusa de cumprimento ainda antes do vencimento da obrigação, cf. CARLOS FERREIRA DE ALMEIDA, *Recusa de cumprimento declarada antes do vencimento (Estudo de Direito Comparado e de Direito Civil Português)*, em *Estudos em Memória do Professor Doutor João de Castro Mendes*, Lisboa, LEX, 1995, pp. 288 e seguintes. De acordo com o entendimento deste autor, a páginas 313, a recusa de cumprimento consubstancia um acto jurídico, por se tratar de um acto intencional susceptível de produzir efeitos jurídicos. Esta declaração pode ser expressa ou tácita (cf. artigo 217.º do CC), mas deve, em qualquer hipótese, traduzir uma recusa séria e definitiva.

do contrato e o competente pedido de indemnização, pelo qual o fiador poderá já responder (se tiver sido acordada uma cláusula de sobrevivência da fiança).

Assim sendo, julgamos que a intimação infrutífera deve ser dispensada nestes casos, por não haver nenhuma utilidade prática na sua realização. Se o devedor já se recusou a cumprir, não é porque o credor o intima que ele o irá fazer. Por outro lado, se o credor já não tem interesse na prestação, não faz sentido que tenha que intimar ainda o devedor para a realizar.

François Anoukaha e outros colocam a questão de saber se a intimação do credor ao devedor principal consagrada no § 2 do art. 13.º do AUG consubstancia ou não um regime jurídico injuntivo. De acordo com o entendimento propugnado, à partida nada obsta a que no contrato de fiança o credor seja dispensado de fazer a intimação, desde que o incumprimento por parte do devedor principal possa ser estabelecido por outras vias. No entanto, apesar deste raciocínio, estes autores acabam por considerar que a regra se apresenta como injuntiva, pelo que o credor terá sempre que intimar o devedor principal para cumprir antes de accionar o fiador[687].

Como dissemos já, não é absolutamente unânime que o credor possa accionar o fiador antes de haver o incumprimento definitivo do devedor principal. Não obstante, o certo é que, por vezes, só faz sentido accionar o fiador depois de verificado o incumprimento definitivo da obrigação principal, até porque na fiança simples o fiador invocará de imediato o benefício da excussão prévia, enquanto na fiança solidária, o fiador será tentado a invocar excepções para se exonerar[688]. Se, uma vez interpelado o fiador, este não cumprir a sua obrigação, é tratado como qualquer outro devedor, podendo o credor recorrer desde logo ao processo declarativo ou executivo com vista ao ressarcimento coactivo do seu direito de crédito[689].

---

[687] Cf. FRANÇOIS ANOUKAHA, JOSEPH ISSA-SAYEGH, AMINATA CISSE-NIANG, ISAAC YANKHOBA NDIAYE, MESSANVI FOLI e MOUSSA SAMB, *OHADA. Sûretés*, ob. cit., p. 30.

[688] Cf. MANUEL JANUÁRIO DA COSTA GOMES, *Assunção fidejussória...*, ob. cit., p. 983.

[689] Neste sentido, veja-se o Acórdão, disponível em www.ohada.com, com a referência J-05-81, onde se determinou que: "*Du fait de la défaillance du débiteur principal, le créancier poursuit la caution, qui est ténue de la même façon que le débiteur principal (...) Il peut donc procéder à la vente forcée d'un immeuble appartenant à la caution...*".

1.15.3. *Prorrogação do prazo concedido ao devedor principal*

O § 3 do art. 13.º do AUG trata a matéria da prorrogação do prazo concedida pelo credor ao devedor principal, estabelecendo, na sua 1.ª parte, a obrigação de informação a cargo do credor, de comunicar ao fiador qualquer prorrogação de prazo que seja concedida ao devedor principal, obrigação esta que já resultava do disposto no § 1 do art. 14.º.

A prorrogação implica uma exigibilidade retardada do cumprimento da obrigação ao devedor principal. Está em causa a prorrogação, e não a concessão do prazo admonitório. A prorrogação significa que, antes de decorrido o prazo para o cumprimento da obrigação, ou, uma vez vencido o prazo acordado, o credor decide aumentar o prazo, concedendo ao devedor principal a possibilidade de cumprir a sua obrigação posteriormente, sem entrar em mora. Diversamente, se estivéssemos no âmbito do prazo admonitório, o devedor poderia ainda cumprir mas para purgar a mora.

Verificando-se a prorrogação, o fiador tem duas alternativas, para além de simplesmente nada fazer. Em primeiro lugar, o fiador pode recusar o benefício da prorrogação e accionar judicialmente o devedor principal, com vista a que este cumpra a sua dívida perante o credor. Este direito é reconhecido, quer se trate de fiança simples, quer solidária[690] e significa que o fiador pode ter uma importante interferência na execução do contrato principal, pois, para que o prazo para cumprir seja prorrogado, não é suficiente o acordo do credor, sendo igualmente necessário que o fiador não se oponha a essa prorrogação. Portanto, mesmo depois de o credor conceder ao devedor principal a prorrogação do prazo, essa prorrogação pode de nada valer se o fiador recusar o benefício da prorrogação, sendo--lhe permitido exigir judicialmente ao devedor principal que efectue a prestação devida ao credor.

Na verdade, o fiador pode ter algum interesse em recusar o benefício da prorrogação, pelo menos quando suspeite que o devedor principal apenas pretende esse prazo adicional para poder dissipar o seu património, caso em que aumenta o risco de o fiador ser chamado a cumprir, a título subsidiário.

Em segundo lugar, o fiador pode exigir do devedor principal a constituição de uma garantia ou recorrer aos meios de conservação da garantia

---

[690] Cf. FRANÇOIS ANOUKAHA, JOSEPH ISSA-SAYEGH, AMINATA CISSE-NIANG, ISAAC YANKHOBA NDIAYE, MESSANVI FOLI e MOUSSA SAMB, *OHADA. Sûretés*, ob. cit., p. 28.

patrimonial – cf. o disposto na 2.ª parte do § 3 do artigo 13.º. Assim, o fiador pode aceitar o benefício da prorrogação, e, ao mesmo tempo, exigir ao devedor principal a constituição de uma garantia ou recorrer aos meios de conservação da garantia patrimonial. Relativamente à constituição de uma garantia, esta possibilidade deve-se ao maior risco que advém para o fiador da prorrogação do prazo. Sendo assim, ele pode exigir a constituição de uma garantia para que, caso seja obrigado a pagar ao credor, se possa ressarcir perante o devedor principal. Trata-se da admissibilidade de uma garantia legal, isto é, que o devedor principal não pode recusar, pois esta garantia pode ser constituída à sua revelia. Por outro lado, relativamente ao recurso aos meios de conservação da garantia patrimonial, afigura-se necessária esta previsão, na medida em que o fiador é um credor eventual, uma vez que a constituição do seu direito de crédito contra o devedor principal está dependente da verificação de uma condição, que consiste no facto de o fiador pagar ao credor a dívida garantida. Pelo que, embora nos termos gerais de direito, os artigos 605.º e seguintes do CC já lhe permitam o recurso a estes meios de conservação, há algumas restrições que assim ficam ultrapassadas (cf. artigos 607.º e 614.º, n.º 2, do CC).

Segundo François Anoukaha e outros, a regra relativa à prorrogação do prazo para o cumprimento da obrigação principal tem um carácter supletivo[691].

É de notar que o disposto neste § 3 é idêntico ao artigo 2316.º do Código Civil Francês, nos termos do qual a prorrogação do prazo acordada entre o credor e o devedor principal não prejudica o fiador, que pode, neste caso, perseguir o devedor principal afim de o forçar ao cumprimento[692].

Em resultado do ajustamento entre o Direito interno e o AUG, o n.º 1 proposto para o artigo 636.º do CC determina, em consonância com o § 3 do artigo 13.º, o seguinte: *"Caso o credor conceda ao devedor qualquer prorrogação do prazo para cumprir, é lícito ao fiador recusar essa prorrogação e exigir judicialmente ao devedor que cumpra a obrigação, ou preste caução a seu favor, podendo igualmente recorrer aos meios de conservação da garantia patrimonial previstos na lei."*. De saudar ainda

---

[691] Cf. FRANÇOIS ANOUKAHA, JOSEPH ISSA-SAYEGH, AMINATA CISSE-NIANG, ISAAC YANKHOBA NDIAYE, MESSANVI FOLI e MOUSSA SAMB, *OHADA. Sûretés*, ob. cit., p. 29.

[692] Cf. ALICE TISSERAND-MARTIN, GEORGES WIEDERKEHR, FRANÇOIS JACOB, XAVIER HENRY, GUY VENANDET, FRANÇOIS BARATON, *Code Civil*, ob. cit., p. 2314.

é a manutenção em vigor do disposto na redacção originária do artigo 636.º do CC, uma vez que, em consonância com a tese da harmonização e a técnica da revogação individualizada, com a qual concordamos, se propõe que o texto dos números 1, 2, e 3 deste artigo passe, respectivamente, para os números 2, 3, e 4 do mesmo artigo 636.º.

1.15.4. Perda do benefício do prazo pelo devedor principal

Por fim, o § 4 do artigo 13.º do AUG prevê a questão da perda do benefício do prazo por parte do devedor principal. Nos termos desta norma, que é injuntiva, a perda do benefício do prazo do devedor principal não se aplica automaticamente ao fiador. Assim, mesmo que em relação ao devedor principal se verifique a perda do benefício do prazo, em virtude da ocorrência de alguma das circunstâncias previstas nos artigos 780.º ou 781.º do CC ou de alguma situação prevista numa cláusula contratual, esse facto não prejudica o fiador, o que significa que o credor pode exigir ao devedor principal antes do prazo, mas não pode exigir ao fiador antes do prazo.

Trata-se de uma regra injuntiva, carácter este que decorre da expressão *"não obstante convenção em contrário"* contida nesta disposição, precisamente porque o seu objectivo é proteger o fiador. Assim, é plenamente válido nesta sede o Princípio da relatividade dos contratos, ou seja, a perda do benefício do prazo é uma sanção imposta ao devedor principal, pelo que seria injusto que o fiador tivesse que suportar as consequências de uma falta que não cometeu[693].

Excepcionalmente, há uma situação em que se verifica a exigibilidade antecipada da obrigação do fiador: trata-se da situação em que, após a interpelação do credor, o fiador não cumpre a obrigação no prazo que lhe foi fixado. Esta exigibilidade antecipada resulta das relações entre o credor e o fiador. Ou seja, uma vez verificada a exigibilidade antecipada da obrigação principal, essa vicissitude não atinge, de imediato, o fiador, que continua a ter o benefício do prazo. Mas é concedida ao credor a possibilidade de fixar ao fiador um prazo para cumprir, prazo este que, não sendo cumprido, origina a exigibilidade antecipada relativamente ao próprio fiador.

---

[693] Cf. FRANÇOIS ANOUKAHA, JOSEPH ISSA-SAYEGH, AMINATA CISSE-NIANG, ISAAC YANKHOBA NDIAYE, MESSANVI FOLI e MOUSSA SAMB, *OHADA. Sûretés*, ob. cit., p. 29.

A última parte desta disposição suscita algumas dúvidas quanto ao seu preciso âmbito de aplicação. Uma interpretação possível seria considerar que, antes do fim do prazo em que o fiador deve cumprir, o credor o pode interpelar, determinando que deve cumprir antes dessa data, dentro de um certo prazo, o qual, não sendo cumprido pelo fiador, originaria a exigibilidade antecipada em relação a ele. Por exemplo, imaginemos que a obrigação principal devia ser cumprida em 31/12/2008, mas, em virtude de exigibilidade antecipada, o devedor está obrigado a realizar a prestação em 1/10/2008, quer dizer, cerca de três meses antes. Neste caso, a exigibilidade antecipada não se aplica, *ipso iure*, ao fiador, ou seja, ele não fica logo obrigado a cumprir em 1/10/2008. Mas o credor tem a possibilidade de, nesta data (1/10/2008), conceder ao fiador um prazo para cumprir, por exemplo, até 31/10/2008. Caso o fiador não cumpra, haverá exigibilidade antecipada em relação a ele nessa data. O § 3 do artigo 13.º não o refere expressamente, mas parece que o prazo que o credor concede ao fiador deve ser um prazo razoável, à luz dos padrões do homem médio, sob pena de violação do Princípio da boa fé. Assim, por exemplo, não seria razoável em 1/10/2008 o credor conceder ao fiador um prazo até ao dia 2/10/2008. O prazo deve ser justo e equitativo, de modo a dar ao fiador a possibilidade real de cumprir.

Contudo, embora esta seja uma interpretação possível, julgamos que a mesma não deve ser aceite. Com efeito, isso seria permitir, à revelia da primeira parte desta disposição, uma efectiva exigibilidade antecipada em relação ao fiador, que ficaria assim sujeito a que o credor lhe fixasse um segundo prazo, antes do fim do prazo acordado, em virtude do comportamento do devedor principal. Rejeitando esta interpretação, a outra alternativa possível consiste em concluir que ao fiador se aplicam as regras gerais do Direito Civil, nos termos das quais poderá haver exigibilidade antecipada em relação a este. No caso do Direito Guineense, tais regras constam dos artigos 780.º e 781.º do CC. No mesmo sentido, Boris Martor afirma que só há exigibilidade antecipada se o cumprimento for exigido pelo credor no termo normal do prazo e o fiador não cumprir[694]. Naturalmente que aqui estará em causa uma obrigação repartida assumida pelo fiador, daí que, sendo incumprida uma das prestações, as outras se considerarão automaticamente vencidas – cf. artigo 781.º do CC.

---

[694] Cf. Boris Martor, *Comparaison de deux sûretés personnelles...*, ob. cit., p. 24: "*La caution n'encourra la déchéance du terme que si, le paiement lui étant demandé à l'échéance normale, elle est elle-même défaillante. Il faut supposer qu'il s'agit d'une échéance d'une partie de la dette, sinon la solution n'a pas de sens.*".

A interpretação que defendemos parece estar em consonância com os resultados do trabalho de ajustamento entre o AUG e o Direito interno, uma vez que o disposto no quarto parágrafo do artigo 13.º do Acto Uniforme não parece constar de nenhum artigo proposto para a nova redacção do Código Civil. Com efeito, afigura-se que a perda do benefício do prazo por parte do devedor principal não atinge o fiador, sendo este regime idêntico ao que resulta das regras gerais de Direito Civil, não havendo necessidade de o repetir em particular no capítulo da fiança. Assim, o fiador apenas perderá o benefício do prazo nos termos gerais, isto é, de acordo com o regime constante dos artigos 780.º e 781.º do CC.

1.15.5. *Providências cautelares contra o fiador*

Um aspecto relevante nas relações entre o credor e o fiador reside na possibilidade de o credor poder recorrer às providências cautelares contra o fiador, com vista a assegurar o seu eventual direito de crédito contra ele. Neste sentido, veja-se, por exemplo, o Acórdão n.º 481, de 2 de Maio de 2000[695], onde se decidiu que, nos termos do artigo 54.º do AUOPSCE, o credor dispõe de um crédito contra o fiador do seu devedor principal e pode, desde logo, praticar medidas conservatórias sobre os bens móveis daquele, designadamente por meio de apreensão cautelar, a qual, logo que se reúnam as condições necessárias, se pode transformar em penhora.

1.15.6. *Modo de funcionamento da fiança*

De acordo com o disposto no § 1 do art. 15.º do AUG, o conteúdo da fiança é o conteúdo da obrigação principal. Este traço característico da fiança resulta, como já sabemos, da sua acessoriedade.

Para além disso, esta disposição estabelece que o fiador solidário é obrigado a cumprir a obrigação fidejussória nas mesmas condições que um devedor solidário, ressalvados os casos específicos previstos no Acto Uniforme. A remissão do AUG para o regime das obrigações solidárias respeita à solidariedade nos termos dos artigos 512.º e seguintes do CC.

---

[695] Disponível em www.ohada.com, com a referência J-04-214.

Assim, muito embora a fiança solidária não se confunda com a solidariedade passiva, o fiador solidário é equiparado ao devedor solidário, mas com as ressalvas constantes do AUG. Neste sentido, a principal diferença entre o fiador solidário e o devedor solidário resulta do disposto no art. 13.º do AUG, na medida em que a fiança é uma dívida subsidiária da dívida principal, motivo pelo qual o credor só pode chamar o fiador a cumprir após verificado o incumprimento da dívida principal, garantida pela fiança, contrariamente ao que sucede no caso de existir uma pluralidade de devedores em regime de solidariedade perante um credor comum.

Dado que a parte final do § 1 do art. 15.º do AUG equipara o fiador solidário ao devedor solidário, embora com ressalva do regime especial disposto no AUG, isso significa que existe uma remissão implícita do AUG para a legislação interna, com vista a que sejam aplicáveis ao fiador solidário as regras relativas à solidariedade passiva, designadamente, o disposto nos artigos 512.º e seguintes do CC. Efectivamente, em nenhum Acto Uniforme da OHADA se regulam as obrigações solidárias, pelo que o regime aplicável só pode ser constituído pelo Direito interno. Por isso, são de destacar os principais traços da solidariedade passiva no Código Civil.

Em primeiro lugar, o art. 512.º do CC determina que o credor pode chamar qualquer um dos devedores solidários a cumprir a obrigação integral a partir do seu vencimento (cf. art. 512.º, n.º 1, do CC). Como sabemos, esta regra tem que ser aplicada à fiança solidária com adaptações na medida em que, na data do vencimento da obrigação principal, o credor apenas pode exigir o cumprimento ao devedor principal. Com efeito, o fiador só responde subsidiariamente, após o incumprimento do devedor principal, nos termos do primeiro parágrafo do artigo 13.º do AUG. Não obstante, sendo fiador solidário, encontra-se obrigado a cumprir mesmo antes de excutido o património do devedor principal, desde que já se tenha verificado o incumprimento.

Nos termos dos artigos 512.º e 518.º do CC, o devedor solidário tem que cumprir a integralidade da dívida e não pode invocar o benefício da divisão. O facto de nas relações internas cada devedor ter a sua quota-parte na dívida global não pode ser invocado contra o credor. Do mesmo modo, sendo interpelado pelo credor para cumprir, o fiador tem que efectuar a prestação por inteiro. Neste caso nem seria necessário falar em benefício de divisão uma vez que não se trata de solidariedade propriamente dita, mas sim de uma garantia acessória e subsidiária da obrigação principal.

Relativamente aos meios de defesa, há algumas diferenças a assinalar entre o regime da solidariedade passiva e o da fiança solidária. Com efeito, o devedor solidário pode invocar os meios de defesa comuns a todos os co-devedores, bem como os meios de defesa pessoais que respeitem apenas à sua pessoa (cf. art. 514.º, n.º 1, do CC). Por seu turno, como meio de defesa, o fiador pode invocar qualquer situação que seja comum a ele e ao devedor principal ou qualquer meio de defesa que respeite apenas pessoalmente a ele, ou seja, à constituição da fiança (cf. art. 18.º do AUG).

Por seu turno, o § 2 do artigo 15.º do AUG contém uma regra de cariz processual, nos termos da qual se o credor demandar judicialmente o fiador é sempre necessária a citação do devedor principal, independentemente de a fiança ser simples ou solidária. Esta exigência decorre da relação de acessoriedade existente entre a dívida principal e a dívida fidejussória, daí que o AUG exija a intervenção na acção do devedor principal, num *listisconsórcio necessário*. A regra foi transposta para o n.º 2 do texto proposto para o artigo 635.º do CC, em resultado do ajustamento entre o AUG e o Direito interno, encontrando-se melhor localizada do que no próprio AUG, uma vez que passou a estar logo a seguir à regra nos termos da qual o credor só pode accionar o fiador após a intimação infrutífera do devedor principal (cf. texto proposto para o n.º 1 do art. 635.º do CC).

Note-se, porém, que há alguma contradição entre esta norma e o art. 19.º do AUG, onde se determina que, antes de cumprir, o fiador deve avisar o devedor principal ou fazê-lo intervir na lide, donde resulta que afinal parece que a acção pode prosseguir apenas contra o fiador. Da conjugação destas disposições parece resultar a seguinte conclusão: o credor deve intentar a acção contra o fiador e contra o devedor principal, mas este último pode optar por não intervir na acção, o que justifica a necessidade de, ao abrigo do artigo 19.º do AUG, o fiador ter de o avisar antes de cumprir, ou de o fazer intervir na lide.

1.16. Pluralidade de fiadores

1.16.1. *Regime supletivo: a conjunção*

O artigo 17.º do AUG regula o regime jurídico no caso de existir não um, mas sim dois ou mais fiadores. Só se pode falar de pluralidade de fiadores quando se verifiquem, cumulativamente, os seguintes requisitos:

1) Existência de dois ou mais fiadores;

2) Relativamente à mesma dívida principal;
3) Relativamente ao mesmo devedor principal afiançado.

A pluralidade de fiadores ocorre quando duas ou mais pessoas se constituem, perante o credor, fiadoras duma mesma dívida principal, titulada pelo mesmo devedor principal.

A pluralidade de fiadores consubstancia uma situação diferente da fiança solidária, referida no artigo 10.º do AUG. Com efeito, a fiança solidária, por oposição à fiança simples, é aquela em que o fiador responde pelo cumprimento da dívida fidejussória sem possibilidade de invocar o benefício da excussão prévia, quer dizer, antes de excutido o património do devedor principal. Ao invés, a pluralidade de fiadores pode implicar tanto uma fiança simples, como uma fiança solidária, tudo dependendo do âmbito da responsabilidade dos fiadores acordado pelas partes ou decorrente do regime supletivo legal.

Portanto, na fiança singular solidária temos somente um fiador, mas há dois devedores: um devedor principal e um devedor acessório (fiador), sendo que o devedor acessório pode ser chamado a cumprir antes de esgotado o património do devedor principal, precisamente por se tratar de fiança solidária. É o caso de A ser fiador da dívida que B tem para com C, no montante de 100.000 FCFA. Diferentemente, havendo fiança plural, temos um devedor principal e vários devedores acessórios, cuja responsabilidade tanto pode consistir numa fiança simples, isto é, com benefício da excussão prévia, como numa fiança solidária. Por exemplo, suponha-se que A e B são fiadores da dívida de 100.000 FCFA que C tem para com D. Neste caso, o devedor principal é C e existem dois devedores acessórios, A e B. As fianças destes podem ser simples, isto é, com benefício da excussão, ou solidárias, consoante a convenção das partes e, bem assim, o regime supletivo legal.

Havendo pluralidade de fiadores é necessário averiguar se as obrigações destes são conjuntas ou solidárias, isto é, se cada um dos fiadores responde perante o credor apenas pelo pagamento da sua quota-parte na dívida fidejussória, ou se pode ser chamado a cumprir integralmente, ainda que com direito de regresso contra os restantes co-fiadores. No exemplo acima delineado, supondo que A e B são fiadores conjuntos, cada um deles responde apenas pela quota-parte na dívida comum. Ora, sendo a dívida comum no valor de 100.000 FCFA, e nada tendo as partes convencionado, aplica-se a regra supletiva da igualdade constante do artigo 534.º do CC, pelo que cada um só está obrigado a pagar ao credor D o valor máximo de 50.000 FCFA. Diversamente, se A e B forem fiadores solidários isso significa que o credor comum, D, pode exigir a qualquer um deles o montante global em dívida, isto é, 100.000 FCFA, sendo que o cumprimento integral por um dos fiadores libera o outro perante o credor mas constitui-o igualmente no dever de satisfazer o direito de regresso daquele que cumpriu (cf. o disposto nos artigos 512.º e 524.º do CC).

A regra supletiva constante do art. 513.º do CC é a da conjunção das obrigações plurais. Nesta ordem de ideias, à partida, o credor só pode exigir de cada fiador a sua quota-parte na dívida garantida. Contudo, a regra supletiva pode ser afastada mediante convenção das partes em sentido contrário ou pela lei. Vejamos, então, qual foi a solução adoptada pelo AUG.

De acordo com o disposto no § 1 do art. 17.º do AUG, o fiador que for accionado pelo credor pode, na primeira acção, *"invocar a divisão da obrigação entre os devedores solventes"*, reportada à data da invocação. Neste sentido, parece que o AUG optou por uma solução idêntica ao disposto no art. 513.º do CC, na medida em que estabeleceu que, sendo demandado judicialmente, o fiador pode invocar o benefício da divisão entre os fiadores solventes. Isto significa que, contrariamente ao disposto no n.º 1 do art. 519.º do CC, no caso da pluralidade de fiadores a regra geral é a conjunção. Se o regime imposto pelo AUG fosse a solidariedade, isso implicaria que o fiador demandado pelo credor não pudesse invocar o benefício da divisão, estando antes obrigado a pagar integralmente a dívida. Ao invés, tendo sido estabelecida a conjunção, isso significa que é legítimo ao fiador demandado a invocação do benefício da divisão, o que implica o chamamento à demanda dos restantes fiadores, para que cada um deles responda pela sua quota-parte na dívida global. Assim, cada fiador terá que pagar a sua quota-parte na dívida, mas não pode ser obrigado a pagar a totalidade, desde que haja mais do que um fiador solvente, sendo certo que na falta de convenção das partes se presume a igualdade das quotas-partes, nos termos do artigo 534.º do CC.

A regra supletiva do benefício da divisão entre os fiadores retira alguma importância à solidariedade em relação ao devedor principal, supletivamente consagrada no artigo 10.º do AUG. Com efeito, se por um lado o credor poderá exigir o cumprimento aos fiadores logo após o incumprimento do devedor principal, sem ter necessidade de excutir previamente o património deste, por outro, terá que exigir o cumprimento parcelado a cada um dos fiadores, pois, em regra, cada um apenas terá a obrigação de pagar a sua quota-parte na dívida global[696].

Este regime afasta-se, em certa medida, do n.º 1 do art. 649.º do CC, onde se determina a título supletivo a solidariedade dos fiadores, o que significa que, à luz do Direito interno, cada um deles responde pela satisfação integral do direito do credor, embora com direito de regresso contra os demais co-fiadores (cf. o disposto na parte final do n.º 1 do art. 649.º do CC). Esta disposição deve considerar-se revogada pelo § 1 do art. 17.º do AUG, quer se opte pela revogação global, quer ainda pela revogação individualizada, na medida em que existe incompatibilidade de conteúdo entre os dois regimes, de modo que deve prevalecer o regime constante do Acto Uniforme. Por esta razão, não se concorda com a proposta de manutenção da redacção originária do artigo 649.º do CC, resultante dos trabalhos de ajustamento entre o AUG e o Direito interno. Com efeito, o n.º 1 deste artigo determina claramente que havendo pluralidade de fiadores o regime aplicável é o da solidariedade, afastando assim a regra do art. 513.º do CC. Apenas haverá conjunção, de acordo com o disposto no n.º 2 do mesmo artigo, se as partes assim o tiverem convencionado. Ora, este regime contraria frontalmente o primeiro parágrafo do artigo 17.º do AUG, nos termos do qual a regra supletiva é a conjunção, daí que o fiador demandado pelo credor possa invocar o benefício da divisão entre os vários fiadores, a menos que, conforme resulta da parte final deste artigo, tenha sido estipulada a solidariedade. Assim sendo, consideramos que o disposto no artigo 649.º do CC se deve ter por revogado, quer se envenere pela revogação global, por haver identidade de objecto, quer pela revogação individualizada, por existir incompatibilidade de conteúdo, devendo antes aplicar-se o primeiro parágrafo do art. 17.º do AUG, que prevalece mesmo sobre o Direito interno posterior, ao abrigo do artigo 10.º do TOHADA.

No Acto Uniforme a regra supletiva é, então, a conjunção. De certo modo, este regime é criticável em atenção ao contexto do Direito dos negócios, em que seria preferível a solidariedade dos vários fiadores, de molde a poupar esforços ao credor comum.

No entanto, é de notar que há uma particularidade do regime estabelecido no AUG que faz com que não se trate, em bom rigor, de uma

---

[696] Neste sentido, cf. BORIS MARTOR, *Comparaison de deux sûretés personnelles...*, ob. cit., p. 23: *"Il résulte de ce texte que la présomption de solidarité instituée par l'article 10 de l'Acte Uniforme ne semble concerner que la solidarité entre le débiteur el la caution, non entre les différents cautions, ce qui lui retire une partie de son intérêt."*.

"conjunção pura". Com efeito, o fiador só pode invocar o benefício da divisão se existirem outros fiadores solventes. Por conseguinte, em caso de insolvência dos restantes co-fiadores, tudo se passa como se a fiança fosse solidária, pelo que nessa hipótese o fiador demandado terá de pagar integralmente a dívida. Não é este o regime comum da conjunção, em que o risco de insolvência de um dos co-devedores conjuntos corre por conta do próprio credor, que nada pode exigir aos demais. Inversamente, o regime constante do § 1 do art. 17.º aproxima-se, neste ponto, da solidariedade, onde, nos termos do n.º 1 do art. 526.º do CC, a insolvência de um dos devedores solidários é um risco que deve ser repartido proporcionalmente por todos, não prejudicando, assim, o credor. Por conseguinte, o regime supletivamente estabelecido pelo AUG é a conjunção, mas trata-se de conjunção com um traço próprio da solidariedade, consubstanciando assim um regime *sui generis*, em que o fiador só poderá invocar o benefício da divisão entre os fiadores solventes, correndo estes o risco da insolvência dos restantes fiadores, risco este que não onera o credor comum. Esta ressalva permite atenuar as consequências negativas do regime supletivo da conjunção acima enunciadas para o contexto do Direito dos negócios.

Convém salientar ainda que este regime estabelecido no AUG não é totalmente inovador, dado que também o Direito interno estabelecia solução idêntica na redacção originária do n.º 2 do art. 649.º do CC. Nos termos deste preceito, se tivesse sido acordada a conjunção da pluralidade de fiadores, ainda assim o fiador demandado só poderia invocar o benefício da divisão entre os fiadores solventes.

A questão que se pode colocar é a da eventual manutenção em vigor do n.º 3 do art. 649.º do CC, onde se determina que *"é equiparado ao fiador insolvente aquele que não puder ser demandado, nos termos da alínea b) do artigo 640.º"*. Trata-se do caso em que o devedor ou o dono dos bens onerados com a garantia real não pode ser demandado no território do Estado da Guiné-Bissau, devido a facto posterior à constituição da fiança. Conforme já foi dito, julgamos que este artigo continua a aplicar-se, numa óptica de revogação individualizada. Nos mesmos termos, consideramos que nada obsta à aplicação do n.º 3 do art. 649.º do CC, a título subsidiário, o que significará que, sendo a fiança plural conjunta, o fiador demandado pelo credor comum não poderá invocar o benefício da divisão em dois casos:

1) Se não houver fiadores solventes, nos termos do primeiro parágrafo do artigo 17.º do AUG;

2) Se os restantes fiadores não puderem ser demandados no território do Estado da Guiné-Bissau, em virtude de facto posterior à constituição da fiança, nos termos do n.º 3 do artigo 649.º do CC. Deve assim entender-se que este artigo não foi revogado pelo AUG, numa perspectiva de revogação individualizada, na medida em que não existe incompatibilidade de conteúdo, dado que neste ponto o Acto Uniforme é omisso.

Acresce que, apesar de a regra supletiva para a fiança plural ser a conjunção, excepcionalmente, a segunda parte do primeiro parágrafo do artigo 17.º do AUG não admite ao fiador a invocação do benefício da divisão pelos fiadores solventes em duas situações:
1) Se entre os fiadores vigorar o regime da solidariedade;
2) Se os fiadores tiverem renunciado ao benefício da divisão.

A primeira excepção encontra-se em conformidade com a natureza supletiva do regime da conjunção, que pode ser modificado contratualmente pelas partes, caso em que vigora a solidariedade e por esse motivo o fiador demandado tem de responder integralmente pelo cumprimento da obrigação, nos termos do n.º 1 do artigo 512.º do CC.

Relativamente à segunda excepção, a explicação é diversa. Aqui a fiança não é solidária, mas sim conjunta. Com efeito, na fiança solidária não vigora o benefício da divisão (cf. artigo 519.º do CC), pois este benefício apenas existe na fiança conjunta. Porém, sendo um benefício que se encontra à disposição do fiador, constituindo uma vantagem, ele pode livremente renunciar à possibilidade de divisão. Nessa hipótese, o credor poderá exigir do fiador que renunciou ao benefício da divisão a totalidade do montante em dívida, caso em que dívida conjunta é equiparada à dívida solidária.

Nos termos do § 2 do artigo 17.º do AUG, na fiança conjunta, uma vez feita a divisão da obrigação pelos fiadores solventes, nenhum destes responde pela insolvência dos demais. Isto quer dizer que depois de ser feita a divisão entre os fiadores solventes, nenhum deles responde pela insolvência dos que eram solventes à data da divisão e depois tenham vindo a ficar insolventes. A partir do momento em que ocorre a divisão, passa ser o próprio credor a suportar o risco de insolvência. Por exemplo, supondo que A, B e C são fiadores da dívida de 300.000 FCFA de D em relação a E. Nada tendo sido acordado pelas partes, a fiança plural é conjunta, nos termos da regra supletiva constante do primeiro parágrafo do artigo 17.º do AUG, pelo que após o incumprimento de D, o credor E pode accionar um dos fiadores, por hipótese, A. Neste momento, A pode invocar o benefício da divisão entre os fiadores conjuntos. Supondo, porém, que C se encontra insolvente, a divisão vai operar apenas entre A e B, cabendo a cada um dos fiadores 150.000 FCFA. Se, depois deste momento, B ficar insolvente, a quota-parte deste não irá onerar o outro fiador, mas sim o próprio credor.

Esta é uma regra de equilíbrio na medida em que os fiadores solventes já suportaram a divisão entre eles uma vez. Sendo assim, se depois disso outro fiador se tornar insolvente, o risco deverá ser agora suportado pelo credor.

O art. 17.º do AUG é idêntico ao disposto no segundo parágrafo do artigo 2303.º do Código Civil Francês, nos termos do qual: *"Lorsque, dans le temps où une des cautions a fait prononcer la division, il y en avait d'insolvables, cette caution est tenue proportionnellement de ces insolvabilités; mais elle ne peut plus être recherchée à raison des insolvabilités survenues depuis la division."*[697].

Finalmente, o § 3 do artigo 17.º do AUG determina que, se o credor apenas demandar um ou alguns dos fiadores e este ou estes se tornarem insolventes, não pode depois exigir a quota-parte deles aos restantes. Este regime parece dirigir-se à fiança plural conjunta, pois na fiança plural solidária o n.º 1 do art. 526.º do CC impõe sempre aos fiadores o risco da insolvência dos co-fiadores. Já na fiança plural conjunta, esse risco só é imposto ao fiador na primeira acção em que for demandado pelo credor (cf. art. 17.º, § 1, do AUG). Porém, se a fiança plural for conjunta e o credor tiver accionado apenas um ou alguns dos fiadores, não poderá exigir dos não demandados o cumprimento da quota-parte dos demandados, se estes entretanto ficarem insolventes. Com efeito, como a obrigação fidejussória era conjunta, o credor deveria ter accionado todos os fiadores. Não o tendo feito, não parece justo que possa impor aos fiadores não demandados o ónus de suportar o risco da insolvência dos fiadores demandados.

---

[697] Cf. ALICE TISSERAND-MARTIN, GEORGES WIEDERKEHR, FRANÇOIS JACOB, XAVIER HENRY, GUY VENANDET, FRANÇOIS BARATON, *Code Civil*, ob. cit., p. 2295.

1.16.2. As diferentes "solidariedades" do AUG

O AUG utiliza a expressão solidariedade para designar duas realidades completamente diferentes no âmbito da fiança. Por um lado, a fiança pode ser solidária à luz do artigo 10.º do AUG, mas pode também ser solidária para efeitos do artigo 17.º do AUG. Impõe-se, por isso, discernir os dois tipos de solidariedade enunciados, na medida em que consubstanciam situações diversas e inconfundíveis.

Com efeito, a solidariedade estabelecida no art. 10.º verifica-se nas relações entre o fiador e o credor e tem a ver com o momento oportuno para o credor accionar o fiador. Pergunta-se se o credor pode accionar o fiador logo a seguir ao incumprimento por parte do devedor principal, ou se terá primeiro que excutir o património deste? Se a resposta for no sentido de que o credor pode accionar o fiador a partir do incumprimento, sem haver necessidade de esgotar previamente o património do devedor principal, então a fiança diz-se solidária. Diversamente, se o fiador gozar do benefício da excussão prévia, isto é, se se puder recusar a cumprir perante o credor enquanto este não excutir todos os bens do devedor principal, a fiança será simples. Neste sentido, podemos dizer que toda e qualquer fiança terá de ser qualificada ou como fiança simples, ou como fiança solidária, à luz do artigo 10.º do AUG.

Por seu turno, a solidariedade referida pelo art. 17.º é um problema que só se coloca quando existir uma pluralidade de fiadores a garantir a mesma obrigação, do mesmo devedor principal e perante o mesmo credor. Neste caso, a solidariedade situa-se também nas relações entre o credor e o fiador, mas já não está relacionada com o momento oportuno para accionar o fiador e sim com o montante que o credor pode exigir ao fiador. A questão está em determinar se o credor pode exigir a apenas um dos fiadores o valor total em dívida, ou se pode unicamente exigir a respectiva parcela de responsabilidade na dívida fidejussória? Se o credor puder exigir a apenas um dos fiadores o montante global, isso significa que a fiança é solidária, nos termos do artigo 17.º. Se, diferentemente, o credor tiver de exigir a cada fiador a respectiva quota-parte na dívida global, então a fiança será conjunta.

Assim sendo, ambas as solidariedades se situam ao nível das relações entre o credor e o fiador ou os fiadores, mas têm a ver com a resolução de problemas diferentes. A solidariedade do art. 10.º do AUG está relacionada com o momento em que o credor pode exigir ao fiador o cumprimento, enquanto que a solidariedade do art. 17.º do AUG se refere à pluralidade de fiadores e à questão de saber o montante pelo qual cada um deles pode ser chamado a responder perante o credor comum.

Havendo apenas um fiador, não se coloca a questão da solidariedade nos termos do artigo 17.º, mas apenas ao abrigo do artigo 10.º do AUG. Nestes termos, será necessário aferir se o fiador goza do benefício da excussão (fiança simples) ou não (fiança solidária).

Por outro lado, havendo mais do que um fiador, podemos ter as seguintes situações:

1) Fiança simples (art. 10.º) e conjunta (art. 17.º);

O facto de a fiança ser simples à luz do artigo 10.º do AUG significa que o fiador goza do benefício da excussão prévia, isto é, que se pode recusar a cumprir perante o credor enquanto este não esgotar todos os bens do devedor principal. Uma vez excutido o património do devedor principal, o credor pode já actuar contra os fiadores, mas, sendo a fiança conjunta à luz do artigo 17.º, isso quer dizer que estes gozam do benefício da divisão, quer dizer, podem invocar esse benefício na primeira acção em que forem demandados pelo credor, de forma a pagarem apenas a sua quota-parte na dívida global. Nada tendo sido acordado pelas partes, presume-se que a quota-parte de cada fiador conjunto é igual, de acordo com o disposto no artigo 534.º do CC.

2) Fiança simples (art. 10.º) e solidária (art. 17.º);

Tratando-se de fiança simples, os fiadores gozam do benefício da excussão prévia, pelo que o credor só os pode accionar depois de excutido o património do devedor principal. Porém, neste momento, o credor pode exigir a qualquer um dos fiadores o montante global em dívida, e não apenas a sua parcela de responsabilidade (cf. art. 512.º, n.º 1, do CC). O fiador solidário (nos termos do artigo 17.º do AUG) tem que cumprir na íntegra, gozando depois de direito de regresso contra os restantes fiadores (cf. artigo 524.º do CC).

3) Fiança solidária (art. 10.º) e conjunta (art. 17.º);

Na fiança solidária nos termos do artigo 10.º o fiador não goza do benefício da excussão prévia, pelo que o credor o pode accionar a partir do incumprimento do devedor principal, mesmo que este último possua bens suficientes para ressarcir o credor. Contudo, embora o credor não tenha que excutir o património do devedor principal, nos termos do art. 17.º só poderá exigir a cada um dos fiadores a sua quota-parte na obrigação fidejussória. Assim, os fiadores gozam do benefício da divisão.

4) *Fiança solidária (art. 10.º) e solidária (art. 17.º);*

Neste caso, os fiadores não gozam nem do benefício da excussão prévia (art. 10.º), nem do benefício da divisão (art. 17.º), pelo que o credor os pode accionar a partir do incumprimento da obrigação por parte do devedor principal, sem ter necessidade de excutir previamente os bens deste, bem como pode exigir a qualquer um dos fiadores o cumprimento integral da dívida, sendo que aquele que cumprir na totalidade terá direito de regresso contra os demais pela parte que pagou acima da sua parcela de responsabilidade.

1.16.3. *Fiança plural solidária*

Tratando-se de fiança plural solidária, o seu regime jurídico obedece ao disposto nos artigos 512.º e seguintes do CC e ainda ao artigo 23.º do AUG, nos termos do qual o fiador que satisfizer o direito do credor goza de direito de regresso contra os restantes co-fiadores. Este direito de regresso existe na fiança plural solidária, em que as partes acordaram a solidariedade, mas também na fiança plural conjunta em que o fiador não invocou o benefício da divisão entre os fiadores solventes ou em que renunciou ao benefício da divisão, nos termos do § 1 do art. 17.º do AUG. Só nestas hipóteses é que o fiador terá que efectuar o pagamento integral ao credor, pois, nas restantes, ele vai apenas pagar a sua parcela na dívida. Ora, apenas quando paga integralmente é que se justifica a atribuição do direito de regresso, pois isso significa que pagou mais do que aquilo a que, nas relações internas, se encontrava obrigado.

É de notar que o artigo 23.º do AUG faz questão de esclarecer que o direito de regresso existe quer se trate de fiança com benefício da excussão prévia, quer se trate de fiança solidária, nos termos do art. 10.º do AUG. Com efeito, o direito de regresso coloca-se a propósito da fiança plural solidária, não tendo nenhuma relação com o facto de ser concedida ou não ao fiador a possibilidade de apenas cumprir após a excussão do património do devedor principal. Por conseguinte, o benefício da excussão prévia situa-se nas relações entre todos os fiadores e o credor comum, enquanto o direito de regresso se situa meramente nas relações internas entre os vários fiadores numa fiança plural.

Em regra, nas relações internas entre os fiadores vigora a conjunção, conforme resulta claramente da parte final do artigo 23.º do AUG, nos termos do qual o direito de regresso é limitado à parte que respeita a cada fiador. Este artigo é equivalente ao artigo 524.º do CC, pois no exercício do direito de regresso o fiador apenas pode exigir de cada co-fiador a sua quota-parte na dívida global. Contudo, nos termos gerais, as partes (os fiadores) podem acordar que as relações internas se regem pela solidariedade, podendo então o fiador que efectua o pagamento interpelar qualquer um dos co-fiadores para lhe exigir o pagamento da sua quota--parte e a dos restantes co-fiadores (cf., neste sentido, o regime jurídico constante do artigo 513.º do CC).

Em sentido algo próximo do art. 23.º do AUG, a redacção originária do n.º 1 do artigo 650.º do CC determina que o fiador que tiver pago ao credor mais do que a sua quota-parte na dívida global tem direito de regresso contra os outros fiadores, nos termos previstos para as obrigações solidárias, para além de ficar sub-rogado nos direitos do credor contra o devedor principal. Nos termos do n.º 2 deste artigo, é legítimo ao fiador que cumpriu integralmente exigir o direito de regresso dos outros co--fiadores, mesmo que o devedor principal não se encontre insolvente e mesmo que o fiador não tenha invocado o benefício da divisão, ainda que estivesse em condições de o fazer. Ou seja, mesmo nos casos de fiança plural conjunta, o fiador que renunciar ao benefício da divisão e pagar integralmente ao credor goza de direito de regresso contra os demais, caso contrário, haveria enriquecimento sem causa dos restantes fiadores à sua custa.

A questão que se pode colocar aqui é a da eventual aplicação subsidiária dos números 3 e 4 do artigo 650.º do CC, dado que o AUG não contém nenhuma regra idêntica ao disposto nestes artigos. Nos termos do n.º 3, se numa fiança plural conjunta o fiador demandado podia ter invocado o benefício da divisão e não fez, só tem direito de regresso contra os restantes fiadores após serem excutidos todos os bens do devedor principal. Por sua vez, o n.º 4 estabelece que se um dos fiadores tiver um subfiador, este não responde, salvo estipulação em contrário, perante os outros fiadores pela quota-parte do seu afiançado.

A aplicabilidade destas disposições no Ordenamento Jurídico Guineense depende, como sabemos, da opção pela tese da revogação global ou da mera revogação individualizada. Pela nossa parte, aderimos à segunda orientação, sustentando, assim, a aplicabilidade destas disposições. Logo, o fiador conjunto que renunciou ao benefício da divisão e pagou integralmente ao credor goza de direito de regresso contra os restantes fiadores conjuntos, mas com a limitação constante do n.º 3 do art. 650.º do CC, isto é, deverá previamente excutir o património do devedor principal. A razão de ser desta limitação afigura-se simples: se a fiança plural era conjunta, nada obrigava o fiador a cumprir integralmente. Se o fez, então deve suportar algumas consequências. Por isso, em primeiro lugar, impõe-se que ele reaja contra o devedor principal, por meio de acção sub-rogatória ou de acção pessoal, e só depois de se constatar que o património deste não é suficiente para ressarcir o fiador é que ele poderá agir contra os demais fiadores.

Acresce que, nos termos do n.º 4 do artigo 650.º do CC, na fiança plural, se um dos fiadores tiver um subfiador, quer dizer, alguém que assegura ao credor o cumprimento da própria obrigação fidejussória, esse subfiador não pode ser chamado a responder perante os restantes fiadores pela insolvência do fiador garantido. Porém, esta regra é supletiva. Também aqui a explicação não cria problemas de maior: a subfiança é um contrato entre o credor e o subfiador, pelo que, à partida, apenas o credor pode exigir ao subfiador o cumprimento. O subfiador não garantiu nada aos co-fiadores, mas apenas ao credor, pelo que em princípio aqueles nada lhe podem exigir.

Por exemplo, imagine-se que A é credor de B e que a obrigação é garantida pelos fiadores C, D e E. Além disso, F assegurou ao credor A que, se o fiador C não cumprisse, ele cumpriria no seu lugar, na qualidade de subfiador. Neste caso, supondo que C ficou insolvente e que a sua quota-parte teve de ser repartida entre D e E, estes nada podem exigir ao subfiador F, pois este não celebrou nenhum negócio com eles. F apenas afiançou a obrigação de C perante o credor A, e nada mais, a menos que tenha sido afastado o regime supletivo constante do n.º 4 do artigo 650.º do CC.

Nos mesmos termos, os trabalhos de ajustamento entre o Direito interno e o AUG propõem a manutenção em vigor da redacção originária dos números 3 e 4 do artigo 650.º do CC. Contudo, como dissemos, propõe-se igualmente a vigência dos números 1 e 2 do mesmo preceito, solução com a qual discordamos, por existir contradição entre as regras contidas nestes números e o disposto no primeiro parágrafo do artigo 17.º do AUG.

1.17. Meios de defesa do fiador

O artigo 18.º do AUG regula a matéria dos meios de defesa que o fiador pode arguir com vista a escusar-se ao cumprimento da obrigação fidejussória. Esta disposição é aplicável tanto ao fiador como ao subfiador.

Em sua defesa, o fiador pode sempre invocar quer os meios de defesa inerentes à obrigação garantida, quer os meios de defesa inerentes à fiança. Para além disso, ao fiador é lícito invocar os meios de defesa que paralisam, para sempre, a pretensão do credor – excepções peremptórias de direito material – como também aqueles que meramente protelam a exigência do cumprimento – excepções dilatórias *lato sensu*[698]. São exemplos de excepções peremptórias a extinção da obrigação principal, bem como a sua invalidade ou prescrição. Exemplos de excepções dilatórias são a excepção de não cumprimento, o direito de retenção, a excepção de inexigibilidade da dívida principal, entre outras.

Em primeiro lugar, o fiador pode invocar em sua defesa todas as excepções inerentes à fiança. Tratando-se de um negócio jurídico, podem ter-se verificado vícios da sua constituição, designadamente ao nível da forma e da manifestação da vontade das partes. Normalmente, os vícios inerentes à fiança que o fiador invoca são a falta de cumprimento da exigência de declaração expressa do fiador, a inobservância da forma legal exigida, a extinção da fiança (cf. o disposto no art. 26.º do AUG), o benefício da excussão prévia (na fiança simples), a compensação, etc.[699].

Uma das circunstâncias em que o fiador goza de uma excepção inerente à própria fiança consta dos parágrafos 2.º e 3.º do artigo 18.º do AUG. Nos termos do 2.º parágrafo, o fiador fica liberado no caso de não ser possível ficar sub-rogado nos direitos do credor em relação ao devedor principal, desde que isso se deva a facto imputável ao credor. Este artigo é idêntico ao artigo 2314.º do Código Civil Francês[700]. A norma faz questão de enunciar a sua natureza injuntiva, tal como resulta também da

---

[698] Cf. MANUEL JANUÁRIO DA COSTA GOMES, *Assunção fidejussória...*, ob. cit., p. 1013.

[699] Cf. MANUEL JANUÁRIO DA COSTA GOMES, *Assunção fidejussória...*, ob. cit., p. 997.

[700] Cf. ALICE TISSERAND-MARTIN, GEORGES WIEDERKEHR, FRANÇOIS JACOB, XAVIER HENRY, GUY VENANDET, FRANÇOIS BARATON, *Code Civil*, ob. cit., p. 2305. Segundo este artigo, *"La caution est déchargée, lorsque la subrogation aux droits, hypothèques et privilèges du créancier, ne peut plus, par le fait de ce créancier, s'opérer en faveur de la caution. Toute clause contraire est réputée non écrite."*.

parte final do § 2 do artigo 18.º do AUG, pelo que se trata de regra obrigatória para as partes. Neste sentido surgem também os números 1 e 2 do artigo 653.º proposto para o CC, em resultado do ajustamento entre o AUG e o Direito interno.

Sendo a fiança uma garantia, o fiador efectua o pagamento ao credor e depois procura ressarcir o seu crédito contra o devedor principal, salvo nos casos, seguramente excepcionais, em que efectue o pagamento a título de liberalidade. Neste sentido, a lei sub-roga o fiador na posição jurídica do credor, com vista a poder exercer os seus direitos contra o devedor principal, nos mesmos termos em que o credor o podia fazer. Uma vez que paga uma dívida alheia a título acessório[701], o fiador fica sub-rogado nos direitos do credor. Contudo, se essa sub-rogação não for possível devido a causa imputável ao credor, considera-se que ele deixa de responder como fiador, ficando liberado da sua obrigação na medida do que não for possível a sub-rogação operar. Claro que, nesta hipótese, se mesmo assim o fiador quiser cumprir, estará a cumprir uma obrigação natural.

Em segundo lugar, o fiador pode invocar os meios de defesa inerentes à obrigação garantida susceptíveis de reduzir, extinguir ou diferir o respectivo cumprimento – cf. art. 18.º, primeiro parágrafo, do AUG. A possibilidade de invocação dos meios de defesa relativos a outra obrigação – a obrigação principal – justifica-se na medida em que a dívida do fiador é acessória da dívida principal. Como consequência da acessoriedade, os contornos que afectam a dívida principal devem igualmente reflectir-se na dívida fidejussória, dela acessória.

No mesmo sentido, também a redacção originária do n.º 1 do art. 637.º do CC admite que o fiador se defenda perante o credor, por meio da invocação de excepções que competem ao devedor, *"salvo se forem incompatíveis com a obrigação do fiador"*. Esta era também a solução constante do Código de Seabra[702], assim como a presente no primeiro parágrafo do artigo 2313.º do Código Civil Francês[703].

---

[701] Apesar de a fiança ser constituída por meio de contrato, não podemos considerar que há uma autonomia absoluta do fiador como devedor.

[702] Cf. PIRES DE LIMA e ANTUNES VARELA, *Código Civil Anotado*, Volume I, ob. cit., p. 623.

[703] É o seguinte o teor do primeiro parágrafo do artigo 2313.º: *"La caution peut opposer au créancier toutes les exceptions qui appartiennent au débiteur principal, et qui sont inhérentes à la dette."*.

Por exemplo, o fiador pode invocar em sua defesa a nulidade ou a anulabilidade da dívida principal (cf. também o disposto no art. 7.º, primeiro parágrafo, do AUG), bem como a sua prescrição ou a extinção por qualquer via, o abuso do direito do credor, etc.

É de notar que o artigo 18.º do AUG se aplica independentemente de a fiança ser simples ou solidária ao abrigo do art. 10.º. O fiador pode defender-se em qualquer das hipóteses alegando um vício ou uma circunstância relativa à obrigação principal susceptível de reduzir, extinguir ou diferir o cumprimento.

Tal como salientam François Anoukaha e outros, a consagração deste meio de defesa do fiador é clássica no Direito das Garantias e em especial no Direito da Fiança[704]. Segundo Januário da Costa Gomes, esta regra consubstancia a *"manifestação máxima do princípio da acessoriedade"*[705], que se explica *"... no facto de a prestação fidejussória ser uma prestação-sósia da prestação padrão"*[706].

Contudo, tanto o AUG como o Código Civil consagram uma excepção, isto é, um caso em que o devedor principal se poderá defender, mas não o fiador. Com efeito, a parte final do n.º 1 do art. 637.º do CC ressalva que o fiador não pode invocar os meios de defesa que competem ao devedor que sejam incompatíveis com a obrigação do fiador. Por seu turno, o § 1 do art. 18.º do AUG também excepciona o disposto no art. 7.º, nos números 3 e 4 do art. 13.º e as remissões concedidas ao devedor no âmbito dos processos colectivos de apuramento do passivo. Nestes casos, muito embora existam meios de defesa inerentes à obrigação principal susceptíveis de ser invocados pelo próprio devedor principal, os mesmos não aproveitam ao fiador. No mesmo sentido, também o segundo parágrafo do artigo 2313.º do Código Civil Francês estabelece que o fiador *"ne peut opposer les exceptions qui sont purement personnelles au débiteur"*.

No que concerne à primeira ressalva, relativa ao artigo 7.º, esta disposição determina que a fiança só é válida se o for também a dívida principal. Porém, se a dívida principal for anulável por incapacidade do devedor principal e se o fiador conhecia essa incapacidade no momento

---

[704] Cf. FRANÇOIS ANOUKAHA, JOSEPH ISSA-SAYEGH, AMINATA CISSE-NIANG, ISAAC YANKHOBA NDIAYE, MESSANVI FOLI e MOUSSA SAMB, *OHADA. Sûretés*, ob. cit., p. 33.

[705] Cf. MANUEL JANUÁRIO DA COSTA GOMES, *Assunção fidejussória...*, ob. cit., p. 996.

[706] Cf. MANUEL JANUÁRIO DA COSTA GOMES, *Assunção fidejussória...*, ob. cit., p. 1016.

da constituição da fiança, não pode alegar tal incapacidade como forma de se eximir ao cumprimento. Esta primeira ressalva corresponde à prevista na parte final do n.º 1 do art. 637.º do Código Civil. Ou seja, este é um caso em que o devedor principal pode invocar uma excepção em sua defesa, que consiste na arguição da anulabilidade devido à sua própria incapacidade, mas esse meio de defesa não é extensivo ao fiador na medida em que este contratou a fiança com pleno conhecimento da incapacidade do devedor principal, de forma que assumiu esse risco acrescido.

A segunda ressalva respeita aos números 3 e 4 do artigo 13.º. Nos termos do n.º 3, se o fiador recusar a prorrogação do prazo que o credor concedeu ao devedor principal, não pode depois invocar que a dívida principal ainda não se venceu. E, nos termos do n.º 4 desta disposição, a perda de benefício do prazo pelo devedor principal não afecta a dívida fidejussória.

Relativamente às remissões concedidas ao devedor principal no processo colectivo de apuramento do passivo, também não faz sentido que sejam extensivas ao fiador, na medida em que se relacionam com o estado de insolvência ou de cessação de pagamentos em que aquele se encontra. Antes pelo contrário, poderia dizer-se que a fiança serve precisamente para garantir o credor em caso de insuficiência do activo do devedor para cumprir a obrigação a que se vinculou.

Coloca-se agora a questão de saber se o fiador pode ou não invocar os meios de defesa pessoais do devedor principal. O primeiro parágrafo do art. 18.º do AUG determina que o fiador pode arguir as excepções inerentes à obrigação garantida, enquanto o n.º 1 do art. 637.º do CC estabelece que o fiador pode invocar os meios de defesa que competem ao devedor principal. À partida, parece existir alguma diferença entre falar em *"excepções inerentes à obrigação garantida"* ou em *"meios de defesa que competem ao devedor principal"*, pelo que se impõe apurar se o fiador pode ou não alegar em sua defesa certas excepções que respeitam exclusivamente à pessoa do devedor principal.

Em termos de Direito Comparado, como se referiu, o segundo parágrafo do artigo 2313.º do Código Civil Francês refere, claramente, que o fiador não pode invocar as excepções pessoais do devedor[707]. Por seu

---

[707] Determina o segundo parágrafo do artigo 2313.º que: *"Mais elle ne peut opposer les exceptions qui sont purement personnelles au débiteur."*.

turno, tratando-se de solidariedade passiva, o n.º 1 do art. 514.º do CC estabelece os meios de defesa que os co-devedores solidários podem invocar em sua defesa contra o credor comum, que são apenas as excepções que lhes digam pessoalmente respeito e os meios de defesa comuns, quer dizer, que afectam a obrigação no seu todo. O co-devedor solidário está, assim, impedido de alegar em sua defesa excepções pessoais relativas aos outros co-devedores.

Fiança e solidariedade passiva são duas figuras afins, mas com particularidades próprias, motivo pelo qual não devem ser confundidas. Ora, este parece ser um dos casos em que se impõe fazer uma fronteira entre a fiança e a solidariedade passiva. Com efeito, o co-devedor solidário não pode invocar os meios de defesa respeitantes aos seus consortes precisamente porque no caso da solidariedade passiva os maiores riscos correm por conta dos próprios devedores. O credor tem direito a receber integralmente, e, depois, o credor de regresso irá discutir com cada um dos seus co-devedores solidários o reembolso ou não das quantias entregues ao credor. Por esse motivo, não se pode permitir ao co-devedor solidário que procure reduzir o montante que vai entregar ao credor com a invocação de um meio de defesa exclusivo de um seu co-devedor.

Diferentemente, a fiança é uma garantia pessoal que se caracteriza pela acessoriedade e pela subsidiariedade relativamente à dívida garantida. Assim se explica que o fiador só possa ser chamado a cumprir após o incumprimento do devedor principal. Por outro lado, devido à acessoriedade, as linhas que caracterizam a dívida garantida têm o seu reflexo também na dívida fidejussória, motivo pelo qual é legítimo ao fiador invocar em sua defesa excepções pessoais do devedor. É este, por exemplo, o caso da incapacidade do devedor principal. Nesse caso, a obrigação garantida é anulável, mas esta incapacidade respeita somente ao devedor principal. Apesar disso, o fiador pode defender-se perante o credor, alegando que a fiança não pode produzir efeitos na medida em que garante uma obrigação anulável, nos termos do § 1 do art. 7.º do AUG. A excepção ressalvada no § 1 do artigo 18.º reside no caso em que o fiador assumiu essa qualidade, com perfeito conhecimento da incapacidade do devedor principal, altura em que passa a estar impedido de arguir aquela excepção, sob pena de violação do Princípio da boa fé.

Assim sendo, muito embora o AUG não diga expressamente que o fiador pode invocar os meios de defesa pessoais do devedor principal, devemos concluir por uma resposta afirmativa a esta questão. A imposição desta solução decorre do próprio Princípio da acessoriedade, sendo um aspecto verdadeiramente essencial da fiança: por ser uma dívida acessória, é essencial que o fiador se possa defender através das excepções inerentes à dívida garantida, nomeadamente as que respeitam à pessoa do devedor principal.

Não obstante este entendimento, François Anoukaha e outros[708] enveredam pela via oposta, concluindo que o fiador não se pode defender com excepções pessoais do devedor principal. Invocam que o facto de o AUG não ter referido expressamente que o fiador não pode invocar os meios de defesa pessoais do devedor principal não quer dizer que tenha adoptado uma solução diversa. Pelo contrário, estes autores consideram que a proibição de o fiador alegar meios de defesa pessoais do devedor principal se encontra inerente ao § 1 do art. 18.º do AUG. Como primeiro argumento, referem que o legislador do AUG simplesmente se poupou a referir expressamente que o fiador não podia invocar as excepções pessoais do devedor principal, porque dizê-lo seria inútil. Com efeito, se são meios de defesa pessoais, naturalmente que somente o devedor principal os pode alegar, em sua própria defesa, e não outras pessoas, designadamente o fiador. Como segundo argumento, afirmam que quando o AUG refere que o fiador pode alegar os meios de defesa inerentes à dívida principal, está, implicitamente, a vedar a invocação dos meios de defesa inerentes ao devedor principal. Quer dizer que o fiador se pode defender alegando meios de defesa que afectam a dívida principal propriamente dita, mas não os que respeitem pessoalmente ao devedor principal. Esta será, no seu entendimento, a regra geral, isto é, a de que o fiador não pode invocar os meios de defesa pessoais do devedor principal.

Discordamos, porém, deste entendimento, considerando, ao invés, que ao fiador é lícito invocar os meios de defesa inerentes quer à obrigação garantida, quer ao próprio devedor principal. Se assim não fosse, o próprio primeiro parágrafo do artigo 7.º do AUG ficaria desprovido de sentido, pois a fiança seria ineficaz se a obrigação principal fosse inválida, mas o fiador teria que cumprir na mesma perante o credor por não poder invocar em sua defesa as excepções pessoais do devedor garantido.

Entretanto, confronte-se a solução consagrada no n.º 1 do artigo 637.º do CC. Nos termos da parte final desta disposição, o fiador não pode invocar contra o credor os meios de defesa relativos à obrigação principal que sejam *"incompatíveis com a obrigação do fiador"*. Para

---

[708] Cf. FRANÇOIS ANOUKAHA, JOSEPH ISSA-SAYEGH, AMINATA CISSE-NIANG, ISAAC YANKHOBA NDIAYE, MESSANVI FOLI e MOUSSA SAMB, *OHADA. Sûretés*, ob. cit., p. 33.

alguns autores, o âmbito da ressalva final abrange as situações do n.º 2 do art. 632.º do CC (ressalva esta que é também consagrada no AUG, na 2.ª parte do primeiro parágrafo do art. 7.º, embora restrita ao caso do conhecimento pelo fiador da incapacidade do devedor principal) e abrange igualmente todas as excepções meramente pessoais do devedor principal[709]. Este entendimento não é, porém, unânime, destacando-se a orientação de Vaz Serra, também adoptada por Januário da Costa Gomes, para quem mesmo os benefícios concedidos pelo credor ao devedor principal que assumam um carácter *intuitus personae* são extensíveis ao fiador, pelo que este pode invocá-los em sua defesa. Exemplo destes benefícios pode ser a concessão de facilidades de cumprimento – por hipótese, o pagamento em prestações – que será de igual modo extensível ao fiador. Para esta segunda perspectiva, o art. 637.º, n.º 1, *in fine*, do CC, não impede o fiador de invocar excepções pessoais do devedor principal. De seu lado, Januário da Costa Gomes entende que esta ressalva abrange todas as situações que não sejam compatíveis com a acessoriedade da fiança[710]. Neste sentido, considera que o fiador não pode invocar que o devedor principal não terá capacidade económica para ressarcir o seu direito de regresso, nem a falência daquele, nem tão pouco que os herdeiros do devedor principal não terão meios de o ressarcir, etc. Também se deve incluir nesta ressalva a situação em que o fiador assumiu essa qualidade com conhecimento da incapacidade do devedor principal.

Independentemente do regime jurídico do Direito interno anterior ao AUG, o certo é que, no sistema instituído pela OHADA, parece que pelo menos nalguns casos é a própria lei que confere ao fiador a possibilidade de invocar excepções pessoais do devedor. É o caso, por exemplo, a incapacidade do devedor principal não conhecida pelo fiador, nos termos do primeiro parágrafo do artigo 7.º do AUG. De resto, se assim não fosse, o próprio Princípio da acessoriedade ficaria prejudicado e pouca diferença passaria a existir entre a fiança e a solidariedade passiva. Sustentamos, por isso, que decorre do disposto no primeiro parágrafo do art. 18.º do AUG que o fiador pode arguir em sua defesa as excepções que respeitam pessoalmente ao devedor principal. Neste sentido parece ir também o resultado do ajustamento entre o AUG e o Direito interno, através da

---

[709] Cf. MANUEL JANUÁRIO DA COSTA GOMES, *Assunção fidejussória...*, ob. cit., pp. 1020 e seguintes.
[710] Cf. MANUEL JANUÁRIO DA COSTA GOMES, *Assunção fidejussória...*, ob. cit., p. 1021.

proposta da manutenção em vigor da redacção originária do n.º 1 do artigo 637.º do CC. Contudo, esta disposição não é exactamente coincidente com o primeiro parágrafo do artigo 18.º do AUG, pelo que seria preferível transpor o texto deste preceito para aquele artigo 637.º do CC, de molde a dissipar todas as dúvidas que possam surgir, desde logo porque do AUG constam ressalvas específicas que não resultam do n.º 1 do art. 637.º do CC. Em todo o caso, por força da primazia do AUG sobre o Direito interno resultante do artigo 10.º do TOHADA, em caso de dúvida, deverá considerar-se aplicável o primeiro parágrafo do artigo 18.º do AUG, nos termos assinalados.

1.17.1. *O problema da renúncia do devedor principal a meios de defesa*

Outro problema que se levanta consiste em aferir da aplicabilidade do n.º 2 do artigo 637.º do CC. Vimos já que o § 1 do art. 18.º do AUG contém uma regra equivalente ao n.º 1 do art. 637.º do CC. Porém, não existe no AUG regra semelhante ao n.º 2 deste artigo, suscitando-se, assim, a questão da eventual aplicação subsidiária do mesmo.

De acordo com o disposto no n.º 2 do artigo 637.º do CC, se o devedor principal renunciar a qualquer meio de defesa, essa renúncia não produz efeitos relativamente ao fiador, que continua a poder invocar esse meio de defesa. A situação mais frequente é aquela em que o devedor principal renuncia à prescrição, pois tal renúncia não afecta, naturalmente, a possibilidade de o fiador ainda se defender perante o credor com fundamento nesse facto[711]. Outro caso pode ser a renúncia à invocação da excepção de não cumprimento.

Esta disposição, ao contrário do n.º 1 do artigo 637.º do CC, não traduz uma manifestação mas antes uma excepção à acessoriedade[712], uma vez que neste caso uma vicissitude da obrigação principal não prejudica a obrigação fidejussória. Segundo Januário da Costa Gomes, a explicação do regime deve-se ao facto de, à medida que o tempo passa, a fiança ir sendo moldada pelo conteúdo da dívida principal: sendo assim,

---

[711] Cf. PIRES DE LIMA e ANTUNES VARELA, *Código Civil Anotado*, Volume I, ob. cit., p. 655.

[712] Cf. MANUEL JANUÁRIO DA COSTA GOMES, *Assunção fidejussória...*, ob. cit., p. 1017.

"os meios de defesa do devedor principal têm o seu reflexo no devedor fidejussório". Ora, se admitíssemos que a renúncia do devedor principal também se iria produzir na esfera jurídica do fiador, isso significaria admitir uma *"redução dos meios de defesa"* e um consequente *"aumento do risco fidejussório"* (ou uma maior onerosidade da fiança), o que não é admissível[713].

Nesta ordem de ideias, deve entender-se que a acessoriedade serve para permitir a repercussão na fiança das alterações à dívida principal que se revelem favoráveis ao fiador, mas não das que o prejudicariam. A acessoriedade serve, pois, para beneficiar o fiador, e não para o lesar.

O AUG não refere expressamente esta questão, mas parece evidente que a renúncia por parte do devedor principal a um meio de defesa, sendo um acto pessoal, apenas produz os seus efeitos nas relações entre o devedor principal e o credor, não podendo em caso algum afectar as relações entre o credor e o fiador. Pelo que, nos termos gerais de direito, o fiador poderá sempre invocar a seu favor qualquer meio de defesa a que o devedor principal tenha renunciado, na medida em que tal renúncia não produz efeitos na relação jurídica fidejussória.

Em todo o caso, sempre se poderia acrescentar o argumento resultante do quarto parágrafo do art. 7.º do AUG, com vista a reforçar que os efeitos da renúncia do devedor principal nunca se poderiam repercutir no fiador. É que, nos termos daquela disposição, o devedor principal não pode, por meio de *"convenção posterior à fiança"*, agravar a responsabilidade do fiador. Ora, se não pode agravar a responsabilidade do fiador por meio de convenção, por maioria de razão também não o pode fazer por meio de declaração unilateral, neste caso, a renúncia. De notar é ainda que o disposto no quarto parágrafo do art. 7.º do AUG foi transposto, em resultado dos trabalhos de ajustamento, para o n.º 3 do artigo 631.º CC.

É este também o sentido da proposta resultante do ajustamento entre o AUG e o Direito interno, nos termos da qual se sugere a manutenção em vigor do disposto na redacção originária do n.º 2 do artigo 637.º do CC.

---

[713] Cf. Manuel Januário da Costa Gomes, *Assunção fidejussória...*, ob. cit., p. 1017.

1.17.2. A compensação entre o credor e o devedor principal

À luz da revogação individualizada, consideram-se ainda em vigor as disposições de Direito interno que não contrariem o disposto nos Actos Uniformes da OHADA. Por essa razão, o ajustamento propõe a manutenção em vigor da redacção originária do artigo 642.º do CC, nos termos do qual o fiador pode invocar um outro meio de defesa a seu favor, que consiste na possibilidade de o credor compensar o seu crédito com um crédito que o devedor principal tenha sobre ele. Verificando-se esta situação, o fiador pode recusar-se a cumprir porque o credor tem uma forma de se ressarcir a partir do devedor principal, através da compensação, não se justificando assim o recurso ao fiador.

Nos termos do n.º 2 do mesmo artigo 642.º do CC, e, em consonância com o que foi defendido supra a respeito da anulabilidade da obrigação principal, o fiador também se pode recusar a cumprir perante o credor enquanto o devedor tiver a possibilidade de impugnar o negócio do qual provém a sua obrigação. Não existindo norma contraditória no AUG, entende-se que este regime se mantém plenamente vigente.

Estes meios de defesa são resultado da inspiração do Código Civil de 1966 no Código Civil alemão, que também reconhece ao fiador a possibilidade de recusar o cumprimento sempre que o devedor tenha o direito de impugnação da dívida ou o credor possa satisfazer o seu crédito mediante compensação com o devedor[714].

1.18. Relações entre o fiador e o devedor principal

1.18.1. Acção do fiador contra o devedor principal antes do cumprimento

Ainda antes de o fiador cumprir a obrigação fidejussória perante o credor, o AUG admite a possibilidade de este agir contra o devedor principal. Neste sentido, o artigo 24.º determina que o fiador tem o direito de intentar uma acção de cumprimento contra o devedor principal ou, em

---

[714] Cf. ADRIANO PAES DA SILVA VAZ SERRA, *Fiança e figuras análogas*, ob. cit., pp. 127 e seguintes.

alternativa, de recorrer aos meios de conservação da garantia patrimonial em relação a este. Neste caso, os mecanismos colocados ao dispor do fiador têm carácter preventivo.

À partida, não era necessária esta regra, que decorre já do regime jurídico estatuído no Código Civil, nomeadamente do disposto nos seus artigos 605.º, 607.º e 614.º. Com efeito, o fiador é um credor do devedor principal sob condição suspensiva de ter de pagar ao credor o montante da dívida principal, caso em que poderá exigir o respectivo reembolso ao devedor. Contudo, o regime do AUG parece mais benéfico para o fiador, pois não terá de se sujeitar às limitações decorrentes dos artigos 607.º e 614.º do CC.

O disposto no artigo 24.º do AUG é semelhante ao disposto no artigo 648.º do CC, que permite ao fiador exigir do devedor principal a prestação de caução ou mesmo a sua liberação. Em todo o caso, é de salientar que a disposição do AUG é um pouco mais restrita[715], pelo que devemos considerar parcialmente derrogado, relativamente ao fiador, o disposto na citada regra do artigo 648.º do Código Civil. Com efeito, actualmente, a possibilidade de o fiador accionar o devedor principal ou de intentar contra ele meios de conservação da garantia patrimonial depende de se verificar alguma das seguintes circunstâncias:

a) Citação judicial do fiador para cumprir;
b) Se o devedor tiver cessado de cumprir as suas obrigações ou se se encontrar em estado de insolvência;
c) Se o devedor principal não tiver liberado o fiador na data acordada;
d) Se a obrigação principal se tornar exigível devido ao decurso do prazo.

O AUG é mais exigente do que a lei interna, apenas permitindo ao fiador intentar este género de acções quando exista a probabilidade séria de o devedor principal não cumprir, o que, por sua vez, aumenta as probabilidades de o fiador deixar de ser credor condicional para passar a ser credor efectivo. Isto implica a derrogação parcial do regime interno nesta matéria, daí a substituição proposta nos trabalhos de ajustamento da redacção originária do artigo 648.º do CC pelo texto constante do artigo 24.º do AUG.

---

[715] Cf. FRANÇOIS ANOUKAHA, JOSEPH ISSA-SAYEGH, AMINATA CISSE-NIANG, ISAAC YANKHOBA NDIAYE, MESSANVI FOLI e MOUSSA SAMB, *OHADA. Sûretés*, ob. cit., p. 36.

Por outro lado, o regime estatuído no AUG é idêntico ao estabelecido no artigo 2309.º do Código Civil Francês[716].

Através dos meios preventivos o fiador pode actuar contra o devedor principal, mas apenas contra este. Por conseguinte, é-lhe vedado actuar contra os co-devedores, ainda que solidários, que não estejam abrangidos pela fiança, bem como contra o abonador[717].

1.18.2. Acção do fiador contra o devedor principal após o cumprimento

Normalmente a fiança não constitui uma liberalidade por parte do fiador, de forma que, sendo este forçado a cumprir perante o credor, o passo seguinte é exercer os seus direitos contra o devedor principal, afim de obter o reembolso das quantias dispendidas[718]. É assim desde os primórdios da fiança, sendo que as mais antigas regras acerca deste instituto podem ser encontradas em disposições de carácter municipal[719]. Contudo, havia algumas disparidades em termos de regime, uma vez que nalguns locais se entendia que se o fiador pagasse tinha direito a exigir do devedor garantido o dobro do que tivesse pago, enquanto noutros podia exigir somente aquilo que tivesse pago ao credor[720]. Actualmente, porém, é ponto assente que o fiador apenas pode exigir ao devedor principal as quantias que tiver pago ao credor, sem prejuízo de poder pedir uma indemnização pelos danos sofridos, mas apenas no caso de exercício de acção pessoal.

---

[716] No entanto, o artigo 2309.º contém uma quinta alínea, onde determina que o fiador também pode agir contra o devedor principal ao fim de dez anos, quando a obrigação principal não tenha data certa de vencimento. Cf. ALICE TISSERAND-MARTIN, GEORGES WIEDERKEHR, FRANÇOIS JACOB, XAVIER HENRY, GUY VENANDET, FRANÇOIS BARATON, *Code Civil*, ob. cit., p. 2298.

[717] Cf. FRANÇOIS ANOUKAHA, JOSEPH ISSA-SAYEGH, AMINATA CISSE-NIANG, ISAAC YANKHOBA NDIAYE, MESSANVI FOLI e MOUSSA SAMB, *OHADA. Sûretés*, ob. cit., p. 36.

[718] Também o artigo 2306.º do Código Civil Francês estabelece que *"La caution qui a payé est subrogée à tous les droits qu'avait le créancier contre le débiteur."*.

[719] Cf. JOEL SERRÃO, *Dicionário de História de Portugal*, Volume III, Fiança – Lisboa, Porto, Livraria Figueirinhas, 1985, p. 7.

[720] Era assim em Santarém, mas não em Évora, por exemplo, onde o fiador apenas podia exigir as quantias pagas ao credor. Cf. JOEL SERRÃO, *Dicionário de História de Portugal*, Volume III, ob. cit., p. 7.

Nos termos dos artigos 19.º a 22.º do AUG, o fiador que cumprir a dívida fidejussória perante o credor obtém duas vias de ressarcir o seu crédito contra o devedor principal: por um lado, por meio da sub-rogação nos direitos que o credor tiver contra o devedor principal (acção sub--rogatória), e, por outro, o direito de exigir, em nome próprio, ao devedor principal, as quantias entregues ao credor, em sede de cumprimento da fiança (também chamada acção pessoal).

De salientar é o facto de o AUG não proibir nem o exercício simultâneo destas acções, nem o exercício cumulado[721]. Nesta ordem de ideias, o fiador poderá, ao mesmo tempo ou separadamente, intentar ambas as acções contra o devedor principal. Porém, naturalmente que o fiador não pode receber do devedor principal a dobrar, o que ele pode é utilizar duas vias diferentes para obter o ressarcimento do seu direito de crédito.

Para que estes mecanismos possam ser accionados eficazmente pelo fiador, o AUG exige o preenchimento de um requisito comum no § 1 do artigo 19.º. Com efeito, uma vez accionado pelo credor, antes de cumprir, o fiador tem o ónus de avisar o devedor principal ou de o chamar à demanda, com vista a fazê-lo intervir na lide. Esta norma surge no decurso do segundo parágrafo do art. 15.º do AUG, nos termos do qual se o credor demandar o fiador em juízo, é sempre necessária a citação do devedor, regime este que impôs a revogação do artigo 641.º do CC e a adaptação do art. 635.º ao regime do Acto Uniforme, em resultado do ajustamento entre este e o Direito interno.

Em sentido algo próximo, o n.º 1 do artigo 645.º do CC estabelece que o fiador que cumprir perante o credor deve avisar o devedor principal desse facto, sob pena de perder o seu direito contra este no caso de o devedor principal, por erro, cumprir novamente perante o credor. Neste caso, porém, o fiador poderá exigir do credor a restituição do indevido (cf. art. 645.º, n.º 2, do CC). Na verdade, as duas regras não são exactamente iguais, mas são muito próximas, pois em ambas se cria um ónus a cargo do fiador, que consiste em informar o devedor principal do cumprimento que vai efectuar perante o credor. Contudo, no caso do Código Civil, a razão de ser da exigência do aviso parece ser a necessidade de evitar que o devedor principal possa também cumprir, fazendo com que o credor receba duas vezes. Já no caso do AUG, a razão de ser da

---

[721] Cf. FRANÇOIS ANOUKAHA, JOSEPH ISSA-SAYEGH, AMINATA CISSE-NIANG, ISAAC YANKHOBA NDIAYE, MESSANVI FOLI e MOUSSA SAMB, *OHADA. Sûretés*, ob. cit., p. 34.

imposição deste ónus parece residir na possibilidade de o devedor principal ter conhecimento de meios de defesa que o fiador não domina, daí que ele deva ser chamado a intervir na lide, com vista a poder invocar esses mesmos meios de defesa. De certo modo, o ónus imposto no § 1 do artigo 19.º do AUG diferencia-se do dever de aviso estabelecido no n.º 1 do artigo 645.º do CC, pelo que esta regra deveria, a nosso ver, ter sido substituída pelo texto do § 1 do artigo 19.º do AUG.

A consagração deste ónus parece ter em vista assegurar que possam ser invocados desde logo todos os meios de defesa inerentes à obrigação principal, pois naturalmente que o devedor principal poderá fazê-lo com mais conhecimento de causa do que o fiador.

O § 2 do artigo 19.º do AUG comprova que se trata verdadeiramente de um ónus, dado que, se o fiador o não cumprir, a consequência é que perde a possibilidade de ficar sub-rogado nos direitos do credor contra o devedor principal se, aquando do cumprimento ou após o cumprimento, o devedor principal tinha algum meio de extinguir a obrigação ou se, por erro, o devedor principal tiver cumprido novamente perante o credor. Ainda neste último caso, o fiador tem direito à repetição do indevido. Portanto, o regime constante do AUG é muito semelhante ao do Código Civil, só que é mais abrangente, razão pela qual também nos parece que este segundo parágrafo do artigo 19.º do AUG deveria ter sido transposto para o artigo 645.º do CC. Efectivamente, as consequências do incumprimento do ónus de avisar o devedor não são apenas a impossibilidade de sub-rogação no caso em que o devedor principal cumpra novamente perante o credor, mas também no caso em que este tivesse algum meio de defesa que não pôde utilizar porque não foi chamado a intervir na lide[722].

Assim sendo, decorre deste artigo que se o fiador cumprir perante o credor sem antes avisar o devedor principal, perde o direito de exigir ao devedor o reembolso das quantias entregues ao credor nas seguintes situações:

---

[722] O segundo parágrafo do artigo 2308.º do Código Civil Francês também estabelece sanções para o fiador que não advertiu previamente o devedor principal de que ia efectuar o pagamento ao credor, determinando, desde logo, que o fiador não goza de recursos contra o devedor principal que tenha pago uma segunda vez no caso de, no momento em que o pagamento foi feito ao credor, o devedor principal ter algum meio que lhe permitisse extinguir a dívida. Neste caso, porém, o fiador poderá sempre exigir ao credor a repetição do que tenha entregue.

1) Se, no momento do cumprimento ou após este momento, o devedor principal possuía ao seu dispor meios para extinguir a obrigação;
2) Se, por erro, o devedor principal efectuou novamente a prestação ao credor.

Nesta última hipótese, como o credor recebeu duas vezes o pagamento da mesma dívida, o fiador, embora não possa exigir ao devedor principal o reembolso do que pagou ao credor, pode exigir a este a repetição do indevido, nos termos gerais do enriquecimento sem causa[723]. No mesmo sentido, veja-se o n.º 2 do artigo 645.º do CC.

A consequência desfavorável enunciada para o fiador, ou seja, a impossibilidade de reagir contra o devedor principal, explica-se devido à sua própria responsabilidade, na medida em que tinha o ónus de avisar o devedor principal e não o fez. Entende-se que, por não ter cumprido este ónus, foi negligente, não tendo actuado com a prudência que lhe era exigível[724].

Acresce que, se o fiador cumprir este ónus de avisar o devedor principal e este, por seu turno, consentir no cumprimento ou não der, injustificadamente, conhecimento ao fiador de excepções que este poderia arguir em sua defesa, deixa o devedor de poder invocar essas excepções posteriormente contra o fiador. Esta regra consta do artigo 647.º do CC, entendendo-se que se mantém em vigor por não contrariar nenhum dispositivo do AUG e por traduzir uma emanação do Princípio da boa fé e da proibição de *venire contra factum proprium*. Com efeito, se o fiador avisa o devedor principal é para que este o informe dos meios de defesa que poderá invocar. Se, por sua vez, o devedor, sem razão aparente, não informa o fiador de tais meios de defesa, isso implicará o cumprimento da dívida fidejussória por parte do fiador. Ora, seria manifestamente contrário à boa fé que o devedor, que com o seu comportamento impeliu o fiador a cumprir, pudesse depois escusar-se a reembolsá-lo com base num meio de defesa do qual atempadamente o não informou.

Importa ainda referir que, sendo o devedor principal a cumprir a obrigação, deve este igualmente avisar o fiador desse facto, de forma a evitar que este venha a cumprir, uma segunda vez, quando a dívida garantida já se extinguiu. Embora esta questão não se encontre tratada no AUG, de acordo com a revogação individualizada deve considerar-se em

---

[723] Cf. FRANÇOIS ANOUKAHA, JOSEPH ISSA-SAYEGH, AMINATA CISSE-NIANG, ISAAC YANKHOBA NDIAYE, MESSANVI FOLI e MOUSSA SAMB, *OHADA. Sûretés*, ob. cit., p. 34.

[724] Cf. FRANÇOIS ANOUKAHA, JOSEPH ISSA-SAYEGH, AMINATA CISSE-NIANG, ISAAC YANKHOBA NDIAYE, MESSANVI FOLI e MOUSSA SAMB, *OHADA. Sûretés*, ob. cit., p. 34.

vigor o regime constante do art. 646.º do CC, tal como resulta dos trabalhos de ajustamento, sendo que nos termos deste artigo *"O devedor que cumprir a obrigação deve avisar o fiador, sob pena de responder pelo prejuízo que causar se culposamente o não fizer."*.

a) Acção pessoal

A menos que a fiança tenha sido concedida a título de liberalidade, o fiador pode, em princípio, actuar contra o devedor principal, exigindo-lhe a restituição das quantias entregues ao credor. Nestes termos, o fiador é um credor sob condição suspensiva: a de vir a ter que efectuar o pagamento da dívida ao credor.

Alguma doutrina prefere designar a acção pessoal de direito de regresso[725]. Porém, nem sempre há direito a esta acção, sendo necessário atender às concretas relações existentes entre o devedor principal e o fiador.

A acção do fiador contra o devedor principal pressupõe, em primeiro lugar, que a fiança tenha sido validamente constituída, e, em segundo, que o fiador tenha efectuado o pagamento ao credor.

Apesar da aparente naturalidade da existência do direito do fiador à acção pessoal, é de notar que a aceitação desta acção, para além da acção sub-rogatória, não é unânime. Com efeito, por exemplo, a redacção originária do Código Civil Guineense não refere expressamente a possibilidade de acção pessoal ou direito de regresso do fiador contra o devedor principal, estabelecendo exclusivamente a sub-rogação no seu artigo 644.º[726]. Por esse motivo, à luz do Direito interno, alguns autores, como é o caso de Januário da Costa Gomes, colocam a seguinte dúvida, que, na falta de uma regra legal, é perfeitamente legítima: *"O fiador fica sub-rogado nos direitos do credor; mas tem também, cumulativa ou alternativamente, direito de regresso?"*[727].

Nalgumas ordens jurídicas a questão foi expressamente resolvida na própria lei[728], como é o caso do Direito Italiano, em que se determina que

---

[725] Cf. ADRIANO PAES DA SILVA VAZ SERRA, *Fiança e figuras análogas*, ob. cit., pp. 143 e seguintes. Este autor designa esta situação jurídica de *"direito próprio de regresso contra o devedor"*.

[726] Cf. MANUEL JANUÁRIO DA COSTA GOMES, *Assunção fidejussória...*, ob. cit., p. 904.

[727] Cf. MANUEL JANUÁRIO DA COSTA GOMES, *Assunção fidejussória...*, ob. cit., p. 904.

[728] Por exemplo, o primeiro parágrafo do artigo 2305.º do Código Civil Francês, que admite a acção pessoal do fiador contra o devedor principal, quer a fiança tenha sido prestada com o seu consentimento, quer não.

o fiador fica sub-rogado nos direitos do credor, mas tem também direito de regresso contra o devedor principal, mesmo que este último desconhecesse a existência da fiança (cf. o disposiivo no art. 1950.º do Código Civil Italiano)[729]. Não foi, no entanto, este o caso do Código Civil de 1966.

A resolução deste problema tem alguma relevância, dado que, no dito direito de regresso (ou acção pessoal), o fiador tem direito ao reembolso do capital, juros e despesas, bem como a uma indemnização pelos danos sofridos, facto que não se verifica na acção sub-rogatória, em que pode apenas exigir ao devedor principal as quantias entregues ao credor. Daí que certos autores considerem que a sub-rogação tem um âmbito mais restrito do que a acção pessoal do fiador contra o devedor principal, na medida em que o fiador apenas pode exigir do devedor principal as quantias efectivamente pagas ao credor, com *"exclusão dos juros, despesas e eventual indemnização pelos danos sofridos"*[730]. De facto, agindo por meio da sub-rogação, o fiador pode apenas exigir ao devedor principal na medida do que pagou ao credor, não podendo já exigir os juros nem as despesas, nem tão pouco a indemnização a que haja lugar, pois o credor também não teria direito a tais quantias. Ao actuar em substituição do credor, fica impedido de exigir ao devedor principal o ressarcimento de danos sofridos na sua própria pessoa, precisamente porque não está a agir em nome próprio mas sim em substituição do credor.

No âmbito da redacção originária do Código Civil de 1966, Januário da Costa Gomes é de parecer que o fiador apenas poderá ser titular de um direito de regresso contra o devedor principal nos casos em que pré-exista à fiança uma relação entre ambos, nomeadamente, um contrato de mandato para prestar fiança, caso em que compete ao devedor principal (mandante) reembolsar o fiador (mandatário) das despesas feitas, com juros legais, bem como indemnizá-lo pelos prejuízos sofridos, nos termos das *alíneas c)* e *d)* do artigo 1167.º do CC. Contudo, nos outros casos em que não haja esta relação de mandato não se afigura viável a existência do direito de regresso, pelo que aí o fiador assume um maior risco, pois não poderá obter do devedor principal tudo quanto tenha despendido (juros, despesas, etc.), nem lhe poderá exigir a indemnização pelos danos sofridos[731].

---

[729] Cf. Manuel Januário da Costa Gomes, *Assunção fidejussória...*, ob. cit., p. 904.
[730] Neste sentido, cf. François Anoukaha, Joseph Issa-Sayegh, Aminata Cisse-Niang, Isaac Yankhoba Ndiaye, Messanvi Foli e Moussa Samb, *OHADA. Sûretés*, ob. cit., p. 36.
[731] Cf. Manuel Januário da Costa Gomes, *Assunção fidejussória...*, ob. cit., pp. 910 e seguintes.

O AUG não é exaustivo na resolução desta questão, limitando-se a determinar que o fiador tanto pode agir contra o devedor principal em sede de direito de regresso (acção pessoal), como por meio de acção sub-rogatória. Não obstante, afigura-se que a solução não pode deixar de ser a mesma que a sustentada já no âmbito da redacção originária do Código Civil de 1966, isto é, que nem sempre haverá lugar à acção pessoal, mas apenas nos casos em que a relação jurídica existente entre devedor principal e fiador assim o justifique. Será esse o caso da celebração de um contrato de mandato para prestar fiança, em que faz sentido o exercício deste direito de regresso do fiador mandatário contra o devedor principal mandante. Mas já não se afigura sustentável este direito de regresso quando não exista tal relação prévia entre fiador e devedor principal, ou nos casos em que o devedor principal se tenha oposto à prestação da fiança[732], sendo que nesta hipótese o fiador apenas poderá exigir ao devedor principal em sede de sub-rogação.

Com efeito, como argumenta Januário da Costa Gomes,

"... o contrário equivaleria a conferir legitimidade a um terceiro para, à revelia do consentimento de um sujeito, agravar a respectiva posição patrimonial, o que, a ser positivamente admitido, seria, desde logo, de duvidosa constitucionalidade. Em termos jus-civilísticos teríamos a situação absurda de uma das partes num contrato (entre o fiador e o credor) pretender de terceiro (o devedor) indemnização pelos prejuízos decorrentes do desenvolvimento da sua própria actividade negocial."[733]

De facto, não pode deixar de ser esse também o sentido plasmado no AUG, isto é, o de admitir o direito de regresso, por via de acção pessoal, quando a relação jurídica entre o fiador e o devedor principal justifique essa situação, nomeadamente no caso do mandato. De outra forma, o devedor principal ficaria gravemente prejudicado, podendo ser forçado a pagar quantias que não são da sua responsabilidade, desde logo nos casos em que a fiança tivesse sido prestada sem o seu conhecimento, ou mesmo contra a sua vontade.

O próprio texto do § 1 do art. 21.º do AUG aponta neste sentido, na medida em que determina que *"O fiador que cumprir a obrigação tem*

---

[732] Discordamos, neste ponto, da solução adoptada no Código Civil Francês.
[733] Cf. MANUEL JANUÁRIO DA COSTA GOMES, *Assunção fidejussória...*, ob. cit., pp. 911 e 912.

igualmente, e com base na relação que o une ao devedor principal, o direito de exigir deste o que houver cumprido...". Assim, é o próprio AUG que nos diz que só há direito à acção pessoal se existir uma relação específica entre o fiador e o devedor principal da qual resulte este direito para o fiador. Portanto, mantém-se ainda a solução sustentada por Vaz Serra: *"Entre o fiador e o devedor há os direitos e as obrigações derivados da relação jurídica existente entre eles."*[734].

Retomando agora o regime jurídico da acção pessoal, no exercício deste direito o fiador pode exigir ao devedor principal a restituição de todas as quantias entregues ao credor, designadamente, capital, juros e despesas. Acresce que, de acordo com a segunda parte do § 1 do art. 21.º do AUG, o fiador tem também direito a uma indemnização pelos danos sofridos em virtude da interpelação do credor. Para que o fiador possa exercer este direito é necessário que tenha avisado o devedor principal da interpelação feita pelo credor, nos termos do primeiro parágrafo do art. 19.º do AUG.

Em face do âmbito alargado do direito de regresso, que abrange não só as quantias concretamente entregues ao credor, como outros valores, tais como uma indemnização pelos danos sofridos, conclui-se que a finalidade desta acção reside em assegurar ao fiador o total ressarcimento do seu crédito. É nessa medida que se considera que o fiador pode, para além de exigir o capital, juros e despesas, pedir ao devedor principal o pagamento de uma indemnização pelos danos sofridos pela interpelação do credor[735]. Podemos, contudo, questionar se não será excessivo permitir ao fiador este direito a indemnização, pois, na verdade, a fiança é um negócio de risco que ele assumiu de sua livre vontade. Não obstante, afigura-se que esta indemnização tem o seu significado na relação de mandato eventualmente existente entre devedor principal e fiador, no âmbito da qual o devedor principal, na sua qualidade de mandante, tem a obrigação de indemnizar o fiador mandatário pelos danos sofridos com a execução do mandato (cf. art. 1167.º, *alínea d)*, do CC).

O § 2 do artigo 21.º contém uma regra injuntiva segundo a qual, tratando-se de fiança parcial, depois de o fiador cumprir, o credor não goza de preferência sobre ele no que respeita ao remanescente das quantias em dívida pelo devedor principal. Por força do primeiro parágrafo deste

---

[734] Cf. MANUEL JANUÁRIO DA COSTA GOMES, *Assunção fidejussória...*, ob. cit., p. 912.

[735] Cf. FRANÇOIS ANOUKAHA, JOSEPH ISSA-SAYEGH, AMINATA CISSE-NIANG, ISAAC YANKHOBA NDIAYE, MESSANVI FOLI e MOUSSA SAMB, *OHADA. Sûretés*, ob. cit., p. 35.

artigo, o fiador tem um direito próprio de exigir ao devedor principal tudo quanto tenha pago ao credor em sede de cumprimento da fiança. Por seu turno, o credor também tem direito de exigir ao devedor principal o remanescente da dívida, isto é, as quantias que não se encontravam cobertas pela fiança. Nesta medida, tanto o credor como o fiador têm direito de exigir o ressarcimento dos seus créditos ao devedor principal: o credor pode exigir o pagamento da dívida remanescente, enquanto o fiador pode exigir o ressarcimento das quantias que pagou ao credor. De acordo com o regime estabelecido de modo injuntivo no segundo parágrafo do artigo 21.º, ambos são credores comuns em relação ao devedor principal, pois determina-se que o credor não goza de preferência de pagamento em face do fiador.

Nota-se a ausência no ajustamento entre o AUG e o Direito interno de uma norma que contenha o texto do artigo 21.º do AUG. Esta ausência é, ao que tudo indica, propositada, sendo justificada do seguinte modo na exposição de motivos: *"Os arts. 20º e 21º do Acto Uniforme distinguem entre a sub-rogação nos direitos do credor e um direito contra o devedor, com base na relação entre este e o fiador. Não se considerou, porém, vantajoso importar esta distinção, que iria afectar todo o regime da sub-rogação, previsto nos arts. 589.º e ss., do Código Civil Guineense."*. Com efeito, apenas se manteve o artigo 644.º do CC, que estabelece a acção sub-rogatória, sem se acrescentar a possibilidade, expressa no artigo 21.º do AUG, de o fiador exigir ao devedor o reembolso das quantias entregues ao credor através de uma acção pessoal. Pensamos, ao invés, que a melhor solução teria sido a transposição para o Código Civil do regime da acção pessoal estabelecido no AUG, mesmo que isso implicasse a afectação de todo o regime da sub-rogação, conforme se diz nos trabalhos de ajustamento. Isto porque, como se viu, é discutível na doutrina a admissibilidade do direito de regresso do fiador contra o devedor principal, discussão esta que deixa de ter razão de ser com a entrada em vigor do AUG e do disposto no seu artigo 21.º. Contudo, mesmo na ausência de uma norma do Código Civil dirigida à transposição do artigo 21.º do AUG, este artigo vigora directamente na Ordem Jurídica Guineense, nos termos do artigo 10.º do TOHADA.

b) Acção sub-rogatória

A acção sub-rogatória encontra-se prevista pelo artigo 20.º do AUG, que equivale ao disposto no art. 644.º do CC e no artigo 2306.º do Código

Civil Francês[736]. Segundo estas disposições, o fiador fica legalmente sub-rogado nos direitos que o credor tem contra o devedor principal, na medida da satisfação do direito do credor.

A acção por via de sub-rogação é bastante diferente da acção pessoal. Na acção pessoal o fiador actua em nome próprio, com base nos direitos e obrigações que lhe advêm do facto de ter contratado a fiança e de ter efectuado o pagamento ao credor. Por seu turno, na acção por meio de sub-rogação o fiador actua na posição jurídica detida pelo credor a quem efectuou o pagamento. Ou seja, assume os direitos e as obrigações deste, podendo fazer tudo o que ele poderia fazer contra o devedor principal. Por via da sub-rogação o fiador assume ainda as *"outras garantias ou privilégios"* de que o credor fosse titular relativamente ao devedor principal[737]. Por isso, por vezes, pode ser bastante mais vantajoso para o fiador a via da sub-rogação do que a da acção pessoal.

A sub-rogação consiste numa figura algo diversa do direito de regresso consagrado a respeito da solidariedade passiva. Nos termos do art. 524.º do CC, o co-devedor solidário que cumprir integralmente perante o credor comum tem direito de regresso contra os outros co-devedores, pelas suas respectivas quotas-partes na dívida global. Ao invés, tratando-se de sub-rogação está em causa não um direito novo do fiador, mas sim um direito que era detido pelo credor e que é transferido para o fiador em consequência do cumprimento[738].

Por exemplo, supondo que A deve a B 10 milhões xof. B tem como garantias uma fiança de C, no montante máximo de 5 milhões xof, bem como uma hipoteca sobre o bem x de A, no montante máximo de 7 milhões xof. Se C, fiador, pagar a dívida a B, fica sub-rogado na garantia hipotecária que B tem contra A, mas apenas na medida daquilo que lhe pagou (5 milhões xof).

De acordo com o § 1 do artigo 20.º do AUG, a sub-rogação apenas se verifica se o fiador tiver pago na sequência de uma acção judicial intentada pelo credor contra ele. Esta limitação não resulta do art. 644.º do CC, onde se estabelece como exclusivo requisito da sub-rogação o

---

[736] Cf. ALICE TISSERAND-MARTIN, GEORGES WIEDERKEHR, FRANÇOIS JACOB, XAVIER HENRY, GUY VENANDET, FRANÇOIS BARATON, *Code Civil*, ob. cit., p. 2296.

[737] Cf. FRANÇOIS ANOUKAHA, JOSEPH ISSA-SAYEGH, AMINATA CISSE-NIANG, ISAAC YANKHOBA NDIAYE, MESSANVI FOLI e MOUSSA SAMB, *OHADA. Sûretés*, ob. cit., p. 35.

[738] Cf. PIRES DE LIMA e ANTUNES VARELA, *Código Civil Anotado*, Volume I, ob. cit., pp. 660 e 661.

facto de o fiador cumprir perante o credor. Já no âmbito do AUG parece ser necessário que o fiador cumpra na sequência de uma acção judicial, limitação esta que se afigura, a nosso ver, um pouco excessiva. Não obstante, considerando que o regime instituído pelo AUG se apresenta mais restrito do que o do Código Civil, teria sido preferível alterar a redacção do artigo 644.º, passando a determinar-se, em consonância com o § 1 do artigo 20.º do AUG, que a sub-rogação só opera na sequência de uma demanda judicial do credor. Não parece ter ido nesse sentido o ajustamento realizado, onde se propõe a manutenção em vigor, sem mais, da redacção originária do artigo 644.º do CC.

Tratando-se de fiança de obrigação plural solidária, o § 2 do artigo 20.º do AUG estabelece um regime especial, tendo em consideração a existência de mais do que um devedor principal. Aqui a solidariedade refere-se à própria obrigação garantida, na qual haverá mais do que um devedor principal, sendo que qualquer um deles pode ser chamado a cumprir integralmente perante o credor comum, adquirindo por essa via o direito de regresso contra os restantes.

Portanto, existindo uma dívida principal com vários devedores solidários assegurada por uma fiança, o credor tem duas garantias: uma primeira garantia representada pela solidariedade passiva dos devedores principais e uma segunda garantia representada pela fiança. Acontece que, ao cumprir a dívida fidejussória, o fiador fica sub-rogado nos direitos do credor, pelo que pode exigir de qualquer um dos devedores principais solidários o montante que pagou ao credor, mesmo que a fiança só beneficiasse um ou alguns dos devedores principais. Pode, assim, exigir de qualquer um dos devedores principais a restituição integral das quantias que tenha entregue ao credor, precisamente porque a sub-rogação implica que o fiador possa actuar como se fosse o próprio credor e, se fosse o credor a actuar, ele poderia exigir o cumprimento a qualquer um dos devedores principais.

Por hipótese, suponhamos que A, B e C são devedores solidários de D de 9 milhões xof. A deu como fiador E, que garantiu o pagamento de 3 milhões xof. Perante o não cumprimento da obrigação principal, o credor actuou contra o fiador e este pagou 3 milhões de FCFA. Tendo ficado sub-rogado nos direitos do credor, isso significa que E pode exigir de A, B ou C o montante pago, na medida em que a obrigação era solidária e o pagamento feito pelo fiador beneficiou todos os devedores, apesar de a fiança só ter sido oferecida por A.

A razão de ser deste regime jurídico deve-se ao facto de ter sido acordada a solidariedade entre os devedores e de, em regra, a solidariedade passiva ser acordada em benefício do credor. Ora, o fiador actua sub--rogando-se precisamente ao credor, daí que possa exigir o cumprimento a qualquer um dos co-devedores solidários. Saliente-se que na acção sub--rogatória, ao contrário da acção pessoal, o fiador não actua pessoalmente contra o devedor principal, mas sim na sequência da transferência dos direitos do credor para a sua pessoa. Ora, se o credor podia exercer os seus direitos contra qualquer um dos devedores principais, o fiador sub--rogado nos direitos do credor pode fazer exactamente o mesmo.

Tratando-se já de obrigação plural conjunta, a parte final do segundo parágrafo do artigo 20.º do AUG estabelece que o fiador sub-rogado nos direitos do credor continua a poder exigir o reembolso das quantias pagas a qualquer um dos devedores, mesmo que este não seja o devedor afiançado, mas neste caso só poderá exigir a respectiva quota-parte na dívida global. Este regime encontra-se em consonância com o das obrigações conjuntas, na medida em que nestas cada devedor só responde perante o credor, e, bem assim, perante o fiador sub-rogado nos direitos do credor, pela sua parcela na dívida.

Muito embora este regime não resulte claramente do art. 644.º do CC, o entendimento da doutrina é no mesmo sentido que o agora adoptado pelo AUG[739]. Não obstante, é de aplaudir a proposta resultante do ajustamento entre o AUG e o Direito interno, que sugere a criação de um n.º 2 para o artigo 644.º do CC, com o seguinte teor: *"Se a fiança garantir uma obrigação solidária, o fiador sub-rogado pode exigir de qualquer dos devedores aquilo que haja prestado ao credor, ainda que a fiança só beneficiasse um deles; sendo a obrigação parciária, o fiador sub-rogado só pode exigir de cada devedor a parte que a este compita."*.

Por fim, é de notar que a sub-rogação não pode prejudicar o credor, pelo que, no caso de concurso entre o credor sub-rogante e o fiador sub-rogado que apenas afiançou parcialmente a dívida, considera-se que o primeiro tem preferência de pagamento, quer dizer, tem o direito de ser pago antes do fiador[740]. Isto é assim porque o fiador, através da sub--rogação, substitui-se ao credor, pelo que não seria justo que isso o pudesse prejudicar no ressarcimento do seu crédito.

---

[739] Cf. PIRES DE LIMA e ANTUNES VARELA, *Código Civil Anotado*, Volume I, ob. cit., pp. 660 e 661.

[740] Cf. FRANÇOIS ANOUKAHA, JOSEPH ISSA-SAYEGH, AMINATA CISSE-NIANG, ISAAC YANKHOBA NDIAYE, MESSANVI FOLI e MOUSSA SAMB, *OHADA. Sûretés*, ob. cit., p. 35.

Esta é uma preferência de pagamento específica que não se reconduz a nenhuma garantia real. Com efeito, trata-se de uma preferência entre credores, entre certas pessoas, em razão das relações entre elas existentes, o que justifica o afastamento do Princípio *par conditio creditorum* constante do n.º 1 do art. 604.º do CC. De facto, se na sub-rogação o fiador actua em substituição do credor, não faz sentido que o substituto possa fazer prevalecer a sua posição sobre a do substituído. Nessa ordem de ideias, havendo concorrência entre ambos, o credor terá direito a ser pago em primeiro lugar.

O art. 22.º do AUG contém uma norma de extensão, estabelecendo que os artigos 19.º, 20.º e 21.º são igualmente aplicáveis à subfiança ou abonação. Portanto, os direitos que o fiador adquire contra o devedor principal são os mesmos que o subfiador adquire contra o fiador. Esta norma não era, sequer, necessária, na medida em que o regime jurídico da subfiança é o regime jurídico estabelecido para a própria fiança, com ressalva do disposto no artigo 11.º. Da proposta resultante do ajustamento não consta uma regra idêntica ao art. 22.º do AUG quanto a esta matéria. Porém, ainda assim, como o regime da subfiança é o regime estabelecido para a fiança, pode entender-se que tal regra seria desnecessária.

1.19. Extinção da fiança

Os artigos 25.º a 27.º do AUG regulam a matéria da extinção da fiança. A fiança pode extinguir-se por diversos motivos, quer inerentes à obrigação principal, quer relativos à própria fiança.

Em primeiro lugar, vejamos a extinção da fiança em decorrência da extinção da obrigação principal, que constitui um dos reflexos da sua acessoriedade[741]. O primeiro parágrafo do art. 25.º do AUG estabelece que a extinção total ou parcial da obrigação principal determina, nos mesmos termos, a extinção da fiança. A extinção da obrigação principal pode produzir-se por cumprimento, bem como por qualquer outra forma de extinção diversa do cumprimento, como decorre desde logo dos 2.º e 3.º parágrafos deste artigo. Disposição semelhante constava da redacção originária do art. 651.º do CC. Em resultado dos trabalhos de ajustamento entre o AUG e o Direito interno, propõe-se, em consonância com o primeiro

---

[741] Cf. PIRES DE LIMA e ANTUNES VARELA, *Código Civil Anotado*, Volume I, ob. cit., p. 669.

parágrafo do artigo 25.º do AUG, o esclarecimento de que a extinção da fiança ocorre na mesma medida em que se verifique a extinção da obrigação principal[742].

Além disso, o § 2 do art. 25.º do AUG estabelece, de modo injuntivo, que a extinção da obrigação principal por dação em cumprimento implica, necessariamente, a extinção definitiva da fiança, o que acontece mesmo que o credor venha posteriormente a perder a prestação que aceitou em dação. Em resultado do ajustamento, o texto deste artigo consta agora da proposta para a criação de um número 2 para o artigo 651.º do CC.

Do mesmo modo, o § 3 do artigo 25.º do AUG determina que a novação da obrigação principal implica a extinção da fiança. Esta é também uma regra injuntiva, muito embora se admita o seu afastamento pelo próprio fiador, caso em que este pode declarar transferir a fiança para a nova obrigação. Esta declaração deve, no entanto, ser contemporânea da novação, sendo nula caso seja anterior (por exemplo, se constar no contrato de fiança). A novação implica a constituição de uma nova obrigação em substituição da anterior, pelo que a fiança não se pode transferir automaticamente para a nova obrigação, sendo sempre necessária uma manifestação de vontade do fiador nesse sentido. Assim, o ajustamento também propõe a criação de um número 3 para o artigo 651.º do CC, em consonância com o terceiro parágrafo do art. 25.º do AUG.

Por outro lado, a fiança pode também extinguir-se por causas próprias, designadas no art. 26.º do AUG. Trata-se agora de situações independentes das vicissitudes que afectam a obrigação principal. Neste sentido, pode afirmar-se, como o faz o artigo 2311.º do Código Civil Francês, que a obrigação que resulta da fiança se extingue pelas mesmas causas que as outras obrigações[743].

Nos termos da *alínea a)* do artigo 26.º do AUG, a fiança pode extinguir-se mediante compensação de um crédito que o fiador tenha contra o credor. Esta regra não era absolutamente necessária, na medida em que já resultava do regime geral dos artigos 847.º e seguintes do CC, aqui plenamente aplicável.

---

[742] Cf., neste sentido, o Acórdão do Tribunal de Apelação de Dacar n.º 340, de 15 de Junho de 2001, disponível em www.ohada.com, com a referência J-04-161, nos termos do qual há lugar à anulação do procedimento executivo contra o fiador hipotecário logo que fique demonstrado que o empréstimo que este garantiu se encontra integralmente pago.

[743] Cf. ALICE TISSERAND-MARTIN, GEORGES WIEDERKEHR, FRANÇOIS JACOB, XAVIER HENRY, GUY VENANDET, FRANÇOIS BARATON, *Code Civil*, ob. cit., p. 2300.

A *alínea b)* do mesmo artigo estabelece a extinção da fiança mediante o perdão total ou parcial da dívida concedido pelo credor. Mais uma vez, o AUG não faz mais do que repetir o regime que já consta do Código Civil, neste caso, no artigo 863.º.

Finalmente, nos termos da *alínea c)* do artigo 26.º do AUG, a fiança extingue-se por confusão, isto é, pela reunião na mesma pessoa das qualidades de fiador e de credor, o que ocorre também nos termos do artigo 868.º do CC.

Em paralelo com o artigo 26.º do AUG, o ajustamento propôs a criação de um artigo 652.º do CC, sendo que as *alíneas a), b)* e *c)* do número 1 deste artigo correspondem exactamente ao teor do artigo 26.º do AUG.

Entretanto, a situação é diversa se ocorrer a confusão entre as qualidades de devedor principal e fiador, caso em que o art. 27.º do AUG determina a extinção da fiança, sem prejuízo da manutenção da eventual subfiança que possa existir no caso concreto. O disposto neste preceito equivale ao artigo 2312.º do Código Civil Francês[744]. Existe, porém, uma ligeira diferença entre o regime estabelecido no art. 27.º do AUG e o determinado pelo Código Civil, no n.º 3 do seu artigo 871.º. Com efeito, o AUG determina, embora de forma indirecta, que a confusão entre devedor e fiador extingue a fiança, mantendo-se a subfiança, no caso de esta existir. Diversamente, o n.º 3 do art. 871.º do CC admite uma ressalva, considerando que a fiança não se extingue por confusão *"se o credor tiver legítimo interesse na subsistência da garantia"*. Será o caso de a dívida principal ser anulável devido a incapacidade do devedor garantido, incapacidade esta conhecida do fiador aquando da constituição da fiança[745]. Nesta hipótese, o credor tem um interesse legítimo em que a fiança não se extinga, apesar de ter ocorrido confusão, de forma a poder exigir ao fiador o cumprimento nos termos do n.º 2 do art. 632.º do CC ou da 2.ª parte do primeiro parágrafo do artigo 7.º do AUG.

Nestes termos, importa aferir da vigência da ressalva prevista no n.º 3 do art. 871.º do CC. À partida, é de admitir que esta ressalva se encontra revogada pelo art. 27.º do AUG, dado que existe incompatibilidade de conteúdo. Com efeito, o AUG limita-se a determinar a extinção da fiança por confusão, não abrindo qualquer excepção, com ressalva da

---

[744] Cf. ALICE TISSERAND-MARTIN, GEORGES WIEDERKEHR, FRANÇOIS JACOB, XAVIER HENRY, GUY VENANDET, FRANÇOIS BARATON, *Code Civil*, ob. cit., p. 2301.

[745] O exemplo é retirado de PIRES DE LIMA e ANTUNES VARELA, *Código Civil Anotado*, Volume II, ob. cit., p. 158.

eventual existência de uma subfiança, de modo que a melhor conclusão parece ser no sentido de não se manter a fiança, mesmo que o credor tenha um interesse legítimo na sua subsistência. Parece ter ido neste sentido também o resultado dos trabalhos de ajustamento entre o Direito interno e o AUG, na medida em que se propõe a criação de um número 2 para o artigo 652.º do CC, nos termos do qual *"A reunião na mesma pessoa das qualidades de devedor principal, e fiador, nos termos do art. 871º, nº 3, não prejudica o direito do credor contra o subfiador."*. Portanto, deve entender-se que o credor deixou de poder lançar mão da ressalva estabelecida no n.º 3 do artigo 871.º do CC, nos termos da qual podia obstar à extinção da fiança por confusão entre o devedor e o fiador no caso de ter um *"interesse legítimo na subsistência da garantia"*. Actualmente, por força do disposto no artig 27.º do AUG, considera-se que esse interesse legítimo por parte do credor só existe no caso de haver uma subfiança, em que o credor poderá agir contra o subfiador não obstante a extinção da fiança por confusão. Contudo, o facto de se ter por revogada a ressalva constante do n.º 3 do artigo 871.º do CC não significa que, sendo caso disso, o credor não possa actuar contra o devedor/fiador ao abrigo do Princípio da boa fé.

1.19.1. O problema da morte do fiador

A morte do fiador é outro facto que pode produzir a extinção da fiança, mas que só tem lugar quando a fiança tenha sido prestada a título *intuitus personae*. Caso contrário, as obrigações dela decorrentes transmitem-se para os herdeiros do fiador, como acontece com qualquer outra obrigação, embora os herdeiros apenas se encontrem obrigados a dar cumprimento às obrigações do *de cujus* na medida das forças da herança (cf. artigo 2068.º do CC).

A transmissibilidade da herança por via *mortis causa* para os herdeiros do fiador é expressamente reconhecida pelo artigo 2294.º do Código Civil Francês[746]. A questão que se pode colocar não é, porém, no caso das fianças específicas para uma determinada dívida, mas antes tratando-se

---

[746] Artigo 2294.º do Código Civil Francês: *"Les engagements des cautions passent à leurs héritiers, à l'exception de la contrainte par corps, si l'engagement était tel que la caution y fût obligée."*. Cf. ALICE TISSERAND-MARTIN, GEORGES WIEDERKEHR, FRANÇOIS JACOB, XAVIER HENRY, GUY VENANDET, FRANÇOIS BARATON, *Code Civil*, ob. cit., p. 2289.

de fiança geral, o problema de saber se os herdeiros continuam obrigados a cobrir as dívidas que venham a ser constituídas após a morte do fiador.

No Direito Francês, o Acórdão emitido pela *Cassation* em 29/06/1982 decidiu que, na fiança geral, a morte do fiador extingue a obrigação de cobertura, na medida em que esta obrigação é *intuitus personae*, logo, só se pode manter relativamente ao *de cujus* e não já para os seus herdeiros[747]. Em termos próximos, em Itália, considera-se que a fiança se transmite para os herdeiros do fiador, mas o credor deve comunicar-lhes a existência da fiança geral, de modo a que estes a possam extinguir, se assim o entenderem[748].

O problema da morte do fiador é tratado no quarto parágrafo do artigo 25.º do AUG. Esta localização não é a mais adequada, tendo em conta que este artigo respeita à extinção da fiança em consequência da extinção da obrigação principal, e não atendendo a uma causa própria de extinção da dívida fidejussória, como é o caso da morte do fiador. Nos termos do § 4 do art. 25.º do AUG, a morte do fiador faz com que se transmitam para os seus herdeiros as obrigações que tiverem sido constituídas antes da morte ocorrer, quer se trate de fiança simples, quer de fiança solidária. Neste sentido surge também a proposta do ajustamento para a criação de um número 4 do artigo 651.º do CC precisamente com o mesmo teor que o quarto parágrafo do artigo 25.º do AUG.

Porém, como se depreende da análise anterior, este artigo refere-se apenas à fiança geral. Tratando-se de fiança para obrigação presente e determinada, a responsabilidade do fiador transmite-se para os herdeiros, como qualquer outra dívida, sendo que estes respondem pelo seu cumprimento na medida das forças da herança. Já no caso de se tratar de fiança geral, o § 4 do artigo 25.º do AUG adoptou uma solução idêntica à vigente no Direito Comparado, como resulta da análise acima efectuada. Assim sendo, apenas se transmite para os herdeiros do fiador geral a responsabilidade pelas dívidas que tenham sido constituídas pelo devedor principal antes da morte do fiador, extinguindo-se, nesta data, a *obligation de couverture*[749]. Nestes termos, a responsabilidade dos herdeiros, dentro

---

[747] Cf. MANUEL JANUÁRIO DA COSTA GOMES, *Assunção fidejussória...*, ob. cit., pp. 795 e seguintes.

[748] Cf. MANUEL JANUÁRIO DA COSTA GOMES, *Assunção fidejussória...*, ob. cit., pp. 795 e seguintes.

[749] Neste sentido, cf. também BORIS MARTOR, *Comparaison de deux sûretés personnelles...*, ob. cit., p. 23: *"L'Acte Uniforme prévoit également que le décès de la caution libère ses héritiers pour les dettes postérieures."*.

das forças da herança, é limitada às dívidas que se tenham já materializado, mas não abrange as que poderiam vir a constituir-se no futuro, uma vez que a obrigação de cobertura decorrente da fiança geral é *intuitus personae* e extingue-se com a morte do fiador.

Segundo Boris Martor, apesar de o artigo apenas referir o caso específico da morte do fiador, é de considerar que a obrigação de cobertura se extingue igualmente noutras situações reconhecidas pela jurisprudência francesa, tais como em caso de fusão ou cisão da sociedade credora ou devedora[750].

2. MANDATO DE CRÉDITO

2.1. Noção

Artigo 629.º
(Mandato de crédito)
1. Aquele que encarrega outrem de dar crédito a terceiro, em nome e por conta do encarregado, responde como fiador, se o encargo for aceito.
2. O autor do encargo tem a faculdade de revogar o mandato enquanto o crédito não for concedido, assim como a todo o momento o pode denunciar, sem prejuízo da responsabilidade pelos danos que haja causado.
3. É lícito ao encarregado recusar o cumprimento do encargo, sempre que a situação patrimonial dos outros contraentes ponha em risco o seu futuro direito.

O mandato de crédito ou *mandatum de pecunia credenda* é um contrato mediante o qual uma pessoa (o encarregado ou *mandatário*) assume perante a outra (o autor do encargo ou *mandante*) a obrigação de conceder crédito a terceiro, em nome e por conta própria, respondendo o autor do encargo como fiador[751]. Trata-se duma relação trilateral, que envolve três sujeitos:

1) Mandante ou autor do encargo;

---

[750] Cf. BORIS MARTOR, *Comparaison de deux sûretés personnelles...*, ob. cit., p. 23.
[751] Cf. LUÍS MANUEL TELES DE MENEZES LEITÃO, *Garantias das obrigações*, ob. cit., p. 126.

2) Mandatário ou encarregado;
3) Terceiro a quem vai ser concedido o crédito.

O mandato de crédito é uma figura conhecida de outros ordenamentos jurídicos, destacando-se o germânico, onde é previsto em termos similares ao português e ao guineense. Apesar de ser integrado, tal como o art. 629.º do CC, no capítulo referente à fiança, a maioria da doutrina alemã tende a rejeitar a qualificação do mandato de crédito como fiança, optando por reconduzi-lo a uma *"modalidade particular de mandato"*[752-753]. Importante é salientar que, segundo a maioria da doutrina, as partes podem afastar a norma legal que determina que o autor do encargo responde como fiador perante o encarregado no caso de o terceiro não lograr satisfazer o direito de crédito deste[754]. Na mesma linha, em Itália, a doutrina propende para admitir que *"a responsabilidade do mandante como fiador é um elemento acessório do negócio e, como tal, pode ser afastada pelas partes"*[755].

2.2. Figuras afins

Como ponto prévio, diremos que a presente referência às figuras afins do mandato de crédito não tem por objectivo a delimitação da natureza jurídica desta figura, que é um assunto que será objecto de análise adiante. Assim, ao referirmos que certos institutos são afins do mandato de crédito não estamos a querer afirmar, à partida, que o mesmo não deve ser integrado nesses mesmos institutos, pois essa é uma conclusão que apenas poderá ser retirada *a posteriori*.

O mandato de crédito tem duas figuras afins, que são o contrato de mandato e a fiança, particularmente na sua modalidade de fiança de obrigações futuras.

Relativamente à fiança, no mandato de crédito, tal como nesta garantia, existe uma relação triangular, na medida em que há um débito principal,

---

[752] Neste sentido, cf. HUGO RAMOS ALVES, *Do mandato de crédito*, Coimbra, Almedina, 2007, pp. 36 e seguintes.
[753] Os autores germânicos propendem também para aplicar ao mandato de crédito a regra da liberdade de forma. Neste sentido, cf. HUGO RAMOS ALVES, *Do mandato...*, ob. cit., p. 37.
[754] Cf. HUGO RAMOS ALVES, *Do mandato...*, ob. cit., p. 39.
[755] Cf. HUGO RAMOS ALVES, *Do mandato...*, ob. cit., p. 45.

entre um credor e um devedor, e um terceiro que se responsabiliza pessoalmente pela satisfação do direito do credor em caso de incumprimento por parte do devedor[756]. Com efeito, o autor do encargo, assim como o fiador, é obrigado a cumprir perante o credor no caso de o devedor não conseguir cumprir.

Porém, segundo Hugo Ramos Alves, uma das principais diferenças entre uma e outra figura reside no facto de o mandato de crédito ter como finalidade essencial a satisfação do interesse do autor do encargo, interesse este que explica a possibilidade de desvinculação unilateral a todo o tempo da parte deste, a qual não se constata na fiança[757].

Particularmente próximo do mandato de crédito é a fiança de obrigações futuras, pois aqui o autor do encargo (mandante) antecede a própria constituição da obrigação principal. Em contrapartida, Hugo Alves Ramos afirma que *"não poderá ser a obrigação ex lege do autor do encargo a caracterizar o contrato"*[758]. Com efeito, seria no mínimo estranho que a qualificação do contrato celebrado entre o autor do encargo e o encarregado ficasse exclusivamente dependente da responsabilidade do autor do encargo no caso de o encarregado cumprir a obrigação de concessão de crédito.

Outra importante figura afim do mandato de crédito é a carta de conforto, a qual, por vezes, pode conter ela mesma um mandato de crédito[759]. Uma das diferenças a assinalar reside no facto de o mandato de

---

[756] Hugo Ramos Alves considera que a fiança, tal como o mandato de crédito, dá lugar a uma relação triangular. Contudo, consideramos que este ponto não constitui propriamente um elemento de destaque na medida em que nas garantias pessoais essa configuração triangular se verifica sempre. Cf. Hugo Ramos Alves, *Do mandato...*, ob. cit., p. 52.

[757] Consideramos que as outras duas diferenças referidas por este autor não são assim tão ilustrativas da diferenciação entre as figuras. Desde logo, quanto a saber se a remissão do art. 629.º do CC para o regime da fiança é meramente supletiva, podendo ser livremente afastada pelas partes, o que nos parece pelo menos discutível. Por outro lado, quando se refere que outra diferença consiste no facto de a fiança dever obedecer à forma prevista no art. 628.º do CC, enquanto o mandato de crédito seria de forma livre, também nos parece discutível, uma vez que essa conclusão dependerá da natureza jurídica que se entenda atribuir a esta figura. Cf. Hugo Ramos Alves, *Do mandato...*, ob. cit., p. 55.

[758] Neste sentido, cf. Hugo Ramos Alves, *Do mandato...*, ob. cit., p. 99.

[759] Neste sentido, cf. também Hugo Ramos Alves, *Do mandato...*, ob. cit., p. 62: *"Assim, de uma forma sumária, poder-se-á dizer que é possível, sem cair na área da irrelevância jurídica, atribuir à iniciativa do emitente da carta de conforto um significado negocial, sem ter de, necessariamente, cair na figura do mandato de crédito."*.

crédito ter sempre lugar num momento anterior à concessão de crédito, podendo as cartas de conforto ser prestadas tanto antes como depois da constituição da dívida[760].

2.3. Regime jurídico

Como no mandato de crédito o encarregado assume perante o autor do encargo a obrigação de conceder crédito ao terceiro, o regime jurídico desta figura incide essencialmente sobre o cumprimento desta obrigação, ou seja, a concessão do crédito ao terceiro.

Sendo o mandato de crédito um contrato, é necessário que exista vinculação jurídica de ambas as partes, resultante de uma proposta e uma aceitação. Assim sendo, não basta que o autor do encargo tenha feito a proposta, é essencial que o encarregado tenha emitido a sua declaração negocial de aceitação no sentido de se vincular a conceder o crédito pretendido ao terceiro.

Em princípio, trata-se de um negócio jurídico consensual, embora alguma doutrina sustente a aplicabilidade do n.º 1 do art. 628.º do CC em sede de forma de mandato de crédito. Contudo, a ser assim, no caso guineense teria de se recorrer ao novo teor deste preceito, decorrente da adopção do AUG, cujo segundo parágrafo do artigo 4.º determina que a forma da fiança é o documento escrito. Portanto, para aquela doutrina que entenda dever submeter a forma do mandato de crédito à forma da fiança, deverá entender-se que tal forma será a resultante do art. 4.º, § 2, do AUG[761].

O encarregado deve conceder o crédito ao terceiro por sua conta e risco[762], e não por conta do autor do encargo. Com efeito, se o crédito fosse concedido por conta do autor do encargo, isso significaria que o encarregado estaria obrigado a transmitir para aquele os efeitos resultantes da execução do mandato, caso em que estaríamos perante um puro contrato

---

[760] Neste sentido, cf. HUGO RAMOS ALVES, Do mandato..., ob. cit., p. 61.

[761] Note-se não haver contradição entre este entendimento e o atrás defendido a respeito das remissões em sede de consignação de rendimentos para o regime jurídico da hipoteca. Com efeito, nesse caso é a própria lei que faz a remissão, enquanto no mandato de crédito o artigo 629.º do CC nada diz, havendo somente posições doutrinárias a sustentar a aplicabilidade da forma da fiança ao mandato de crédito.

[762] Neste sentido, cf. HUGO RAMOS ALVES, Do mandato..., ob. cit., p. 67.

de mandato. Diferentemente, no mandato de crédito não se pretende a transferência do resultado da actividade do encarregado para o mandante, pelo que não são aplicáveis os artigos 1181.º e seguintes do CC.

Ao conceder o crédito ao terceiro o encarregado fica exonerado da sua obrigação perante o autor do encargo. Contudo, é importante que o encarregado cumpra os termos em que o autor do encargo solicitou a concessão de crédito ao terceiro, ou seja, não interessa apenas o resultado final da concessão de crédito, mas também outras exigências relativas a essa operação que o autor do encargo tenha feito[763].

Segundo o art. 629.º do CC, para aferir da responsabilidade do autor do encargo perante o encarregado, devemos distinguir dois momentos temporais: em primeiro lugar, no momento anterior à concessão do crédito ao terceiro o autor do encargo responde na qualidade de fiador de obrigações futuras; em segundo lugar, após a concessão ser efectuada o autor do encargo responde como fiador de uma obrigação já constituída.

Outro aspecto importante de regime é que, nos termos do n.º 2 do art. 629.º do CC, o autor do encargo ou mandante pode sempre revogar o mandato enquanto o crédito não for concedido ao terceiro, e, mesmo depois disso, pode a todo o tempo denunciar o mandato de crédito, embora deva, neste caso, indemnizar os danos causados com essa denúncia. Em qualquer dos casos, isto é, quer no de revogação, quer no de denúncia, o autor do encargo pode extinguir o mandato de crédito sem que necessite de uma justa causa para o efeito[764].

Por conseguinte, o número 2 do artigo 629.º confere ao autor do encargo a faculdade de obstar, a todo o tempo, à concretização da operação de concessão de crédito ao terceiro. Em primeiro lugar, ele pode actuar antes da concessão do crédito, por meio da revogação do mandato. E, em segundo lugar, mesmo depois da concessão de crédito já ter sido efectuada, pode denunciar o contrato, tendo, contudo, que indemnizar o encarregado pelos danos sofridos.

Ao invés, a partir do momento em que aceita o encargo, o encarregado ou mandatário não pode renunciar ao mandato, podendo apenas recusar-se a cumprir o encargo, nos termos do n.º 3 do art. 629.º, quando se demonstre que a situação patrimonial dos outros contraentes põe em risco o seu direito de crédito. Esta recusa não implica, automaticamente, a

---

[763] Neste sentido, cf. HUGO RAMOS ALVES, *Do mandato...*, ob. cit., p. 71.

[764] Cf. PIRES DE LIMA e ANTUNES VARELA, *Código Civil Anotado*, Volume I, ob. cit., p. 647.

extinção do mandato de crédito, uma vez que a circunstância que coloca em risco o direito de crédito do encarregado pode ser meramente temporária, caso em que, cessando esta circunstância, ele fica novamente constituído na obrigação de conceder o crédito ao terceiro[765]. Donde, em bom rigor, este regime jurídico nada acrescenta ao disposto no artigo 792.º do CC. Diferentemente, tratando-se de uma circunstância que dificilmente cessará, o encarregado poderá recusar definitivamente a concessão do crédito ao terceiro, o que levará à extinção do mandato de crédito por impossibilidade superveniente, ao abrigo do artigo 790.º do CC.

2.4. Responsabilidade do autor do encargo como fiador

O art. 629.º do CC não distingue consoante se trate de mandato de crédito gratuito ou oneroso, pelo que o regime aí estabelecido é aplicável indistintamente a ambos os casos.

Nos termos do n.º 1 deste artigo, o autor do encargo responde como fiador pelo cumprimento da obrigação de restituição a cargo do terceiro a quem o crédito será concedido. Estamos aqui perante uma espécie de fiança tácita, admitida expressamente pela própria lei, em contraposição ao princípio geral vigente nesta matéria, de acordo com o qual a fiança tem se de ser prestada de forma expressa (cf. art. 4.º, primeiro parágrafo, do AUG, e art. 628.º, n.º 1, do CC). Segundo Pires de Lima e Antunes Varela, é isso que justifica o tratamento do mandato de crédito na secção relativa à fiança[766], o que é reforçado pelo facto de o art. 629.º se seguir precisamente ao art. 628.º, que exige a declaração expressa do fiador.

Uma vez que o autor do encargo responde *"como fiador"*, impõe-se averiguar o regime jurídico da fiança aplicável a esta figura. Nestes termos, segundo Luís Menezes Leitão, por força desta equiparação, são aplicáveis ao mandato de crédito as regras da fiança sobre conteúdo e extensão da responsabilidade do fiador, meios de defesa do fiador, sub-rogação legal em caso de pagamento (e, no caso do AUG, também a possibilidade de acção pessoal, em nome próprio) e extinção da fiança[767].

---

[765] Neste sentido, cf. Hugo Ramos Alves, *Do mandato...*, ob. cit., p. 87.
[766] Cf. Pires de Lima e Antunes Varela, *Código Civil Anotado*, Volume I, ob. cit., p. 647.
[767] Cf. Luís Manuel Teles de Menezes Leitão, *Garantias das obrigações*, ob. cit., pp. 129 e 130.

2.5. Qualificação legal e natureza jurídica

O art. 629.º do CC qualifica este negócio jurídico como um contrato de mandato, através da designação de mandato de crédito, mas a doutrina discorda, regra geral, desta qualificação, na medida em que o suposto mandatário não actua por conta e no interesse do mandante, mas sim por sua conta e no seu próprio interesse[768]. Com efeito, é no seu próprio interesse que ele concede o crédito ao terceiro, daí que não haja obrigação de transmitir para o autor do encargo os efeitos dos actos praticados[769-770]. O autor do encargo também não tem as obrigações previstas no art. 1167.º do CC[771]. Outra diferença reside na liberdade de desvinculação, que é essencial ao contrato do mandato, quer da parte do mandante, quer da parte do mandatário, conforme resulta do disposto no n.º 1 do artigo 1170.º do CC. Esta circunstância já não ocorre no âmbito do mandato de crédito, onde o encarregado não pode, livremente, desvincular-se[772].

Por outro lado, é de notar que a própria lei, apesar de qualificar este negócio como mandato, se recusa a chamar às partes mandante e mandatário, optando antes por lhes chamar autor do encargo e encarregado, o que indicia também alguma hesitação do próprio legislador na opção tomada.

Não sendo, então, um mandato, afigura-se algo estranha a recondução a esta figura pela própria lei na epígrafe do artigo 629.º do CC. Hugo Ramos Alves explica esta qualificação pela aplicabilidade preferencial do regime jurídico do mandato ao mandato de crédito[773]. Poderia assim dizer--se que o mandato de crédito é um negócio jurídico típico e nominado, que se assemelha muito ao contrato de mandato e à fiança de obrigações futuras[774]. A favor desta natureza é o facto de o mandato de crédito se encontrar inserido na secção relativa à fiança.

---

[768] Cf. PIRES DE LIMA e ANTUNES VARELA, *Código Civil Anotado*, Volume I, ob. cit., p. 647.
[769] Cf. LUÍS MANUEL TELES DE MENEZES LEITÃO, *Garantias das obrigações*, ob. cit., pp. 128 e 129.
[770] Neste sentido, cf. HUGO RAMOS ALVES, *Do mandato...*, ob. cit., p. 95.
[771] Cf. LUÍS MANUEL TELES DE MENEZES LEITÃO, *Garantias das obrigações*, ob. cit., p. 129.
[772] Neste sentido, cf. HUGO RAMOS ALVES, *Do mandato...*, ob. cit., p. 96.
[773] Neste sentido, cf. HUGO RAMOS ALVES, *Do mandato...*, ob. cit., p. 96.
[774] Cf. LUÍS MANUEL TELES DE MENEZES LEITÃO, *Garantias das obrigações*, ob. cit., p. 128.

Não obstante, segundo Pires de Lima e Antunes Varela, o mandato de crédito deve ser qualificado como uma fiança tácita de obrigações futuras, à qual não será, contudo, aplicável o art. 654.º do CC, de modo que o fiador poderá sempre desvincular-se, unilateralmente, enquanto não ocorrer o nascimento da "dívida principal"[775-776]. Em sentido um pouco diferente, alguma doutrina prefere qualificar o mandato de crédito como uma fiança legal[777].

Diversamente, a maioria da doutrina alemã prefere qualificar o mandato de crédito como um contrato autónomo, quer em relação ao contrato de mandato, quer relativamente à própria fiança, considerando, entretanto, que se trata de um negócio jurídico consensual. Não obstante, quando se trate de um contrato gratuito, alguma doutrina alemã aproxima esta figura do mandato, propriamente dito[778]. Em termos próximos deste entendimento, Vaz Serra também classifica o mandato de crédito como uma figura independente[779]. Neste sentido, este autor chegou mesmo a sugerir, no Anteprojecto de Código Civil, que o mandato de crédito fosse regulado numa secção autónoma da fiança, de modo a fazer claramente a distinção entre ambos, opção esta que não veio a ser consagrada no texto final[780].

Independentemente da relação que possa existir entre mandato de crédito e fiança, certo é que o mandato de crédito não se confunde com o contrato de mandato, por diversos motivos. Desde logo, porque o encarregado actua por conta própria, enquanto o mandatário actua no interesse e por conta do mandante. Em segundo lugar, porque não existe no mandato de crédito a alienidade do negócio que caracteriza o mandato, nem tão pouco uma actividade gestória por parte do encarregado em relação ao autor do encargo.

---

[775] Cf. MANUEL JANUÁRIO DA COSTA GOMES, *Assunção fidejussória...*, ob. cit., p. 301, n.r. 48.

[776] Conforme resulta da análise feita a respeito da fiança, deve entender-se que o artigo 654.º do CC foi revogado pelo AUG.

[777] Cf. MANUEL JANUÁRIO DA COSTA GOMES, *Assunção fidejussória...*, ob. cit., p. 373, n.r. 388.

[778] Cf. ADRIANO PAES DA SILVA VAZ SERRA, *Fiança e figuras análogas*, ob. cit., pp. 288 e seguintes.

[779] Cf. MANUEL JANUÁRIO DA COSTA GOMES, *Assunção fidejussória...*, ob. cit., pp. 483 e 484.

[780] Cf. ADRIANO PAES DA SILVA VAZ SERRA, *Fiança e figuras análogas*, ob. cit., pp. 288 e seguintes.

Não obstante estas diferenças, reconhece-se que a responsabilidade do autor do encargo é algo similar à responsabilidade do mandante, determinada nas *alíneas c)* e *d)* do artigo 1167.º do CC, pelo que ele responde como se fosse, efectivamente, um mandante.

Em contrapartida, o mandato de crédito também não se confunde com a fiança, por várias razões. Em primeiro lugar, porque a causa do mandato de crédito é a concessão do crédito e não a função de garantia que é própria da fiança. Para além disso, a diferenciação entre mandato de crédito e fiança deriva do próprio regime instituído no art. 629.º do CC, na medida em que a aplicação das regras da fiança é limitada à matéria da responsabilidade do fiador, não se estendendo à celebração do contrato de mandato de crédito[781]. Acresce que o autor do encargo é responsabilizado "como fiador" em consequência da aceitação do encargo de conceder crédito, o que significa que ele é responsabilizado por equiparação ao fiador, donde resulta que ele não é, propriamente, fiador. Por último, sempre se poderá referir que a lei podia ter dito que o autor do encargo respondia como mandante, mas, ao optar por determinar que ele responde como fiador isso quer dizer que o autor do encargo responde indirectamente, isto é, por ter assegurado ao encarregado que o terceiro merecia a concessão do crédito.

Estes considerandos vão no sentido da doutrina alemã já referida, isto é, apontam para o carácter autónomo do mandato de crédito, apesar das semelhanças com a fiança e o contrato de mandato[782]. Contudo, mesmo para Vaz Serra, que se pronunciava no sentido do carácter autónomo do mandato de crédito, o regime jurídico desta figura devia, naturalmente, aproximar-se do regime do mandato e da fiança. Assim considerava que o autor do encargo deveria ter o direito de revogação enquanto o crédito não fosse concedido, ainda que com obrigação de indemnizar o encarregado, quer se tratasse de mandato de crédito gratuito, quer oneroso. Porém, entendia que devia ser excluído o direito de denúncia do encarregado, por tal frustrar as legítimas expectativas suscitadas no autor do encargo. Considerava, ainda que a morte do mandante, em princípio, não extinguia o mandato de crédito. Por seu turno, a morte do mandatário deveria extinguir, em princípio, o mandato de crédito. Por último, entendia que o encarregado (mandatário) não devia conceder o crédito ao terceiro se a concessão se revelasse perigosa.

---

[781] Cf. MANUEL JANUÁRIO DA COSTA GOMES, *Assunção fidejussória...*, ob. cit., p. 485.
[782] Cf. ADRIANO PAES DA SILVA VAZ SERRA, *Fiança e figuras análogas*, ob. cit., pp. 290 e 291.

Vamos agora analisar as principais consequências decorrentes da qualificação do mandato de crédito. Para Vaz Serra, que caracteriza o mandato de crédito como uma figura autónoma da fiança, isso significa que aquele contrato obedece ao Princípio da consensualidade e ao artigo 217.º do CC, não se submetendo ao regime restrito do n.º 1 do art. 628.º. Portanto, segundo esta perspectiva, o mandato de crédito pode ser celebrado por qualquer forma e mediante declaração tácita das partes. A admitir esta tese, isso significa que uma fiança nula ou inexistente devido à ausência de declaração expressa ou ao incumprimento da forma legal poderá vir a ser convertida num mandato de crédito[783].

Em sentido manifestamente divergente se pronuncia Januário da Costa Gomes, que começa por considerar que o mandato de crédito é uma figura autónoma e independente relativamente quer ao mandato quer à fiança. Não obstante, o facto de o legislador do Código Civil o ter incluído na secção relativa à fiança tem que ter algumas consequências, pelo que entende que uma dessas consequências é a aplicação do artigo 628.º em matéria de exigências de forma[784]. Portanto, para ser válido, é necessário que o mandato de crédito obedeça aos seguintes requisitos: o autor do encargo tem que fazer uma declaração expressa no sentido de encarregar outrem de conferir crédito a terceiro e, havendo necessidade de obedecer a alguma forma, nos termos do artigo 628.º, ela deve ser respeitada, sob pena de nulidade (cf. artigo 220.º). Nesta segunda hipótese, no caso guineense, haverá sempre que respeitar o documento escrito exigido pelo segundo parágrafo do artigo 4.º do AUG. A não ser assim, este autor considera que seria absurdo que, depois de tantos cuidados com os termos da vinculação do fiador no artigo 628.º, a lei fosse demasiado permissiva, ao admitir que alguém respondesse como fiador apesar de ter tacitamente encarregado outrem de conceder crédito a terceiro. Isso seria absurdo e implicaria que as partes pudessem tornear a exigência legal de forma[785].

Em sentido próximo, Hugo Ramos Alves qualifica este negócio jurídico como *"um contrato com os seus próprios traços característicos onde a função do crédito está associada a uma função instrumental de*

---

[783] Cf. Manuel Januário da Costa Gomes, *Assunção fidejussória...*, ob. cit., pp. 479 e 480.
[784] Cf. Manuel Januário da Costa Gomes, *Assunção fidejussória...*, ob. cit., p. 487.
[785] Cf. Manuel Januário da Costa Gomes, *Assunção fidejussória...*, ob. cit., p. 490.

garantia"[786], rejeitando, assim, a sua caracterização quer como mandato, quer como fiança. A causa deste contrato consistirá, no seu entendimento, na concessão de crédito ao terceiro, enquanto a função de garantia assumida pelo autor do encargo será meramente acessória[787].

De certo modo, estes entendimentos aproximam-se da ideia inicial de Vaz Serra[788], quando afirmava que, como o mandante responde "como fiador", parece razoável que a sua declaração de vontade deva obedecer aos mesmos requisitos que a do fiador. Contudo, este autor acabou por abandonar esta ideia inicial, defendendo o carácter consensual do mandato de crédito.

Por outro lado, segundo Januário da Costa Gomes, não deve aceitar-se a conversão de uma fiança nula, por desobediência aos requisitos do art. 628.º do CC, num mandato de crédito. No seu entendimento, tal fiança poderá ser convertida noutras figuras diferentes, admitindo as seguintes soluções[789]:

– Conversão para contrato-promessa de fiança (desde que respeitadas as exigências de forma do n.º 2 do artigo 410.º do CC). Todavia, no caso guineense, esta solução revela-se inviável dado que, por força do § 2 do art. 4.º do AUG, a forma do contrato-promessa de fiança deverá obedecer ao n.º 2 do art. 410.º do CC, ou seja, a promessa deverá também ser celebrada por documento escrito e assinado pelas partes.
– Outra possibilidade reside na conversão para proposta tácita de mandato de crédito, mas apenas quando se reportar a um crédito ainda não concedido ao terceiro, e não se a dívida já existir.

Pela nossa parte, parece-nos que existe alguma contradição entre sustentar, por um lado, a natureza autónoma do mandato de crédito em relação ao mandato e à fiança, e, por outro, aplicar os requisitos do artigo 628.º à constituição do mandato de crédito. Assim, propendemos para a posição sustentada por Vaz Serra, admitindo que estamos diante de uma figura independente, que não se reconduz nem à fiança, nem ao contrato de mandato. Assim, embora existam similitudes com ambas as figuras,

---

[786] Neste sentido, cf. HUGO RAMOS ALVES, *Do mandato...*, ob. cit., p. 102.
[787] Neste sentido, cf. HUGO RAMOS ALVES, *Do mandato...*, ob. cit., pp. 103 e 104.
[788] Cf. ADRIANO PAES DA SILVA VAZ SERRA, *Fiança e figuras análogas*, ob. cit., p. 292.
[789] Cf. MANUEL JANUÁRIO DA COSTA GOMES, *Assunção fidejussória...*, ob. cit., pp. 476 e seguintes.

existem ao mesmo tempo diferenças significativas de regime que impõem a autonomização do mandato de crédito como figura independente. Mesmo no caso da fiança, em cuja secção se encontra inserido o art. 629.º, ficou já demonstrada a existência de alguma autonomia entre as duas figuras, razão pela qual nos parece que os requisitos do art. 628.º deverão considerar-se aplicáveis exclusivamente à fiança, e não também ao mandato de crédito. Se o legislador pretendesse a aplicação destes requisitos ao mandato de crédito facilmente teria colocado uma remissão no art. 629.º para o artigo anterior. Não o tendo feito, parece-nos que a localização sistemática do art. 629.º não é suficiente para lhe aplicar o art. 628.º, devendo apenas entender--se que tal inserção resulta do facto de o autor do encargo ser chamado a responder "como fiador", isto é, por equiparação em relação ao fiador.

2.6. Apreciação do mandato de crédito em face da entrada em vigor do AUG

Resulta do exposto que o mandato de crédito é configurado, no Direito interno Guineense, como uma garantia pessoal muito próxima da fiança, tanto que se lhe aplicam muitas das suas regras, embora apresente particularidades próprias. Assim sendo, impõe-se aferir se, em face da entrada em vigor do AUG, é ou não possível a manutenção em vigor do disposto no art. 629.º do CC, isto é, se o mandato de crédito pode continuar ou não a ser uma garantia especial e pessoal, muito embora não se encontre consagrada especificamente no AUG.

A resolução desta questão depende de uma outra, prévia, que consiste em saber se a enumeração de garantias especiais constante do AUG é ou não taxativa. Com efeito, em lado algum a OHADA nos esclarece sobre este aspecto, pelo que pode suscitar-se a dúvida de saber se é possível aos Estados membros da OHADA a criação de outras garantias especiais, não reconduzíveis às consagradas no AUG, ou se tal lhes é vedado.

À partida, deve entender-se que a adopção do AUG não implicou, para os Estados membros, a perda da sua soberania nesta matéria, pelo que se afigura que eles continuam a poder emitir leis contendo outras garantias especiais, para além das especificamente resultantes do AUG. Aliás, em sede de garantias reais essa possibilidade resulta expressamente de alguns preceitos do AUG, designadamente em sede de privilégios creditórios e de hipoteca legal. Ora, se tal liberdade é admitida a propósito das garantias reais, por maioria de razão deve igualmente existir em termos de criação de outras garantias pessoais, na medida em que estas provêm da celebração de um negócio jurídico, onde vale o Princípio da Autonomia Privada (liberdade de celebração e liberdade de estipulação).

Admitindo, assim, que podem haver outras garantias pessoais para além das previstas no AUG, coloca-se uma segunda questão, que é a de determinar se o mandato de crédito é uma garantia *compatível* com a fiança, tal como é configurada no AUG. Com efeito, o primeiro parágrafo do art. 4.º do AUG impõe peremptoriamente que a fiança seja prestada por meio de declaração expressa do fiador, sob pena de nulidade, enquanto o mandato de crédito é, no fundo, uma espécie de fiança tacitamente prestada, na medida em que o autor do encargo responde como se fosse fiador. Não obstante, o sistema do AUG é basicamente análogo à redacção originária do art. 628.º do CC, em que igualmente se exigia a declaração expressa, pelo que, se no sistema do Código Civil o mandato de crédito podia ser admitido como excepção, então parece que nada obsta a que o mesmo aconteça no âmbito do AUG, dada a similitude das situações.

Por outro lado, muito embora o art. 629.º do CC equipare a responsabilidade do autor do encargo à responsabilidade do fiador, de facto o regime da fiança só é aplicável por equiparação, e não directamente, precisamente porque falta aqui a declaração expressa do autor do encargo. Portanto, não estamos exactamente diante de uma fiança, mas antes de uma figura afim, muito próxima da fiança, mas que se aproxima igualmente de outros negócios jurídicos, tal como o mandato.

Por isso, pronunciamo-nos no sentido da admissibilidade do mandato de crédito, isto é, da manutenção em vigor do disposto no art. 629.º do CC, que não será, assim, prejudicado, pela entrada em vigor do AUG. A mesma solução resulta dos trabalhos de ajustamento entre o Direito interno e o AUG, daí que neles se proponha a manutenção em vigor da redacção originária do artigo 629.º do CC.

3. CARTA DE GARANTIA

3.1. Noção. Generalidades

A carta de garantia, também frequentemente designada por garantia autónoma ou independente, é uma figura que se desenvolveu na prática bancária a partir da década de 70 do século XX e cujos contornos a doutrina e a jurisprudência têm vindo a debater. Como na maioria das vezes esta garantia é prestada por entidades bancárias, é por vezes designada de garantia bancária autónoma.

No comércio internacional, a garantia autónoma é frequentemente exigida a contratantes estrangeiros, com vista a garantir a obtenção do resultado contratado. Normalmente, a empresa executora de um determinado trabalho apresenta uma garantia prestada por um banco local, o qual, por sua vez, exige uma contragarantia a um banco do país de origem da empresa executora. A operação, muitas vezes, começa pelo contacto com o contragarante, por ser um banco conhecido da empresa executora, sendo que depois este acaba por contactar o garante no país de execução dos trabalhos[790].

Constitui-se uma garantia autónoma sempre que uma pessoa *"garante pessoalmente a satisfação de uma obrigação assumida por terceiro, independentemente da validade ou eficácia desta obrigação, e dos meios de defesa que a ela possam ser opostos"*[791]. Observando esta noção, ressalta à vista que a principal vantagem decorrente da carta de garantia é a não dependência do Princípio da acessoriedade, que se manifesta inevitavelmente na fiança. Aliás, foi com o objectivo de ultrapassar as dificuldades suscitadas com a efectivação da garantia fidejussória que surgiu esta nova figura, que no seu próprio nome faz questão de se assumir como uma garantia pessoal autónoma, quer dizer, não acessória. Porém, nas palavras de Luís Menezes Leitão, a garantia autónoma deve ser admitida pois não ofende nenhuma regra de ordem pública, na medida em que ela vem tutelar um interesse legítimo do credor[792].

Na vigência da redacção originária do Código Civil de 1966, a garantia autónoma era admitida à luz do Princípio da autonomia privada e da liberdade de estipulação dele decorrente (cf. art. 405.º), uma vez que nenhuma disposição se referia em especial a esta figura ou ao seu regime jurídico. Por isso, a grande inovação do AUG consiste na codificação da carta de garantia, consagrando e regulamentando o respectivo regime jurídico à luz do que tem sido o debate doutrinal. Neste sentido, Januário da Costa Gomes fala em *"positivação de um tipo social"*[793].

---

[790] Cf. BORIS MARTOR, *Comparaison de deux sûretés personnelles...*, ob. cit., p. 26.

[791] Cf. LUÍS MANUEL TELES DE MENEZES LEITÃO, *Garantias das obrigações*, ob. cit., p. 140.

[792] Cf. LUÍS MANUEL TELES DE MENEZES LEITÃO, *Garantias das obrigações*, ob. cit., p. 142.

[793] Cf. MANUEL JANUÁRIO DA COSTA GOMES, *O regime da carta de garantia no Acto Uniforme sobre Garantias para a Harmonização em África do Direito dos Negócios; alguns aspectos*, Separata do Boletim da Faculdade de Direito de Bissau, N.º 6, Bissau, 2004, p. 43.

As principais vantagens que são apontadas a esta positivação consistem, por um lado, no aumento da segurança jurídica para os operadores, que assim passam a lidar com regras escritas, e estritas, o que se apresenta muito mais seguro do que lidar com meros entendimentos doutrinários ou jurisprudenciais, constantemente sujeitos a novas orientações imprevistas. Por outro lado, para além de trazer maior segurança jurídica, a regulamentação do AUG clarifica alguns aspectos do regime da garantia autónoma que continuam a ser debatidos nos países em que nenhuma lei foi ainda aprovada.

O regime jurídico instituído pelo AUG revela-se fortemente inspirado pelas Regras e Usos uniformes de Abril de 1991, adoptadas pela Câmara de Comércio Internacional (Regras CCI), relativas à garantia autónoma à primeira solicitação[794]. Trata-se de regras propostas por este órgão que podem ser adoptadas por qualquer Estado e que serviram de fonte para o texto do AUG.

O objectivo da garantia autónoma não é tanto o de garantir o cumprimento da obrigação de outrem, mas principalmente o de *"assegurar o interesse económico do credor beneficiário da garantia"*[795]. Por isso, o garante assume uma dívida própria, embora esta esteja, de alguma forma, relacionada com a dívida garantida.

Trata-se de um negócio jurídico causal, cuja causa consiste precisamente na função de garantia. Nessa medida, como veremos, mesmo sendo uma garantia autónoma, o garante pode sempre recusar-se a pagar quando seja manifestamente notória a inexistência de qualquer obrigação garantida, ou porque esta nunca existiu, ou porque entretanto se extinguiu por cumprimento ou por outro modo. Com efeito, a autonomia da garantia nunca pode implicar um completo desligamento da obrigação garantida, na medida em que a carta de garantia é um negócio jurídico causal, e não abstracto, e a sua causa reside precisamente em garantir a dívida de outrem.

Segundo Evaristo Mendes, *"abstracto é o negócio jurídico que pode ter por base qualquer causa sendo válido independentemente daquela; causal é o negócio que tem por base uma única causa e só a esta servirá. Em tais termos, o contrato de garantia autónoma é causal porquanto a*

---

[794] Cf. Manuel Januário da Costa Gomes, *O regime da carta de garantia...*, ob. cit., p. 41.

[795] Cf. Pedro Romano Martinez e Pedro Fuzeta da Ponte, *Garantias de cumprimento*, ob. cit., p. 125.

sua causa é única – a prestação de garantia que se encontra vertida no próprio contrato"[796]. Assim sendo, a possibilidade de recusar o cumprimento tem a ver com a causalidade da garantia, pelo facto de esta ser destinada ao cumprimento duma obrigação.

Há diversas vantagens na contratação de uma garantia autónoma. Em primeiro lugar, a autonomia da garantia implica a impossibilidade de o garante se eximir ao respectivo cumprimento invocando as excepções inerentes à dívida garantida. Por outro lado, em segundo lugar, o beneficiário da garantia não tem de fazer prova do incumprimento por parte do devedor principal, sendo suficiente a invocação de que esse incumprimento teve lugar.

A garantia autónoma pode servir para múltiplas finalidades. Pode estar em causa a garantia do pagamento duma dívida determinada do devedor garantido perante o credor ou a garantia de um eventual direito a indemnização. Exemplo desta segunda situação é o caso de alguém se assumir como garante da obrigação de o empreiteiro realizar a sua prestação ou de a realizar sem defeitos. No caso de tal não acontecer, o garante poderá ser forçado a pagar a competente indemnização. A gíria do comércio internacional designa esta garantia como *"performance bond"*[797]. Há ainda outras modalidades de garantia autónoma delineadas pela doutrina e pela jurisprudência[798].

3.2. Figuras afins

A principal figura afim da carta de garantia consiste na fiança. Elas distinguem-se pelo facto de a fiança ser acessória, enquanto a carta de garantia é autónoma em relação à dívida garantida. Com efeito, o garante nem sequer pode invocar como meio de defesa para se escusar ao cumprimento da garantia a invalidade formal da dívida garantida, o que o avalista pode fazer[799].

---

[796] Cf. EVARISTO MENDES, *Garantias bancária. Natureza*, Separata da Revista de Direito e de Estudos Sociais, Ano XXXVII (X da 2.ª Série), N.º 4 (Outubro-Dezembro de 1995), p. 423.

[797] Cf. PEDRO ROMANO MARTINEZ e PEDRO FUZETA DA PONTE, *Garantias de cumprimento*, ob. cit., p. 131.

[798] Cf. FRANÇOIS ANOUKAHA, JOSEPH ISSA-SAYEGH, AMINATA CISSE-NIANG, ISAAC YANKHOBA NDIAYE, MESSANVI FOLI e MOUSSA SAMB, *OHADA. Sûretés*, ob. cit., p. 47.

[799] Cf. PEDRO ROMANO MARTINEZ e PEDRO FUZETA DA PONTE, *Garantias de cumprimento*, ob. cit., p. 129.

Segundo Luís Menezes Leitão, a qualificação do negócio jurídico em concreto como fiança ou como carta de garantia deve sempre depender da interpretação da declaração negocial das partes, procurando aferir se a obrigação do garante é ou não autónoma em relação à obrigação do devedor garantido. Não obstante, considera que, havendo dúvidas, se deve concluir pela fiança, por esta ser menos gravosa para o garante do que a garantia autónoma[800].

3.3. A garantia autónoma e o Código Civil

Conforme já foi referido, a única garantia pessoal regulada na redacção originária do Código Civil de 1966 era a fiança, sem prejuízo da eventual admissibilidade do mandato de crédito como garantia pessoal independente em relação à própria fiança. Porém, muito embora não existisse nenhuma norma, nem no Código Civil, nem em legislação avulsa, tendente a regular a garantia autónoma, sempre se entendeu como válida a sua constituição pelas partes, ao abrigo do Princípio da autonomia privada (cf. artigo 405.º do CC).

Nesta ordem de ideias, a regulação de uma das modalidades da garantia autónoma pelo AUG, nomeadamente, a garantia autónoma à primeira solicitação, constitui uma inovação da OHADA em relação ao Direito interno anteriormente vigente, constituindo um *plus* em face do mesmo. Assim se explica que, em resultado do ajustamento entre o AUG e o Direito interno, se tenha proposto a transposição dos artigos 28.º a 38.º do AUG para o próprio Código Civil, de molde a nele incorporar o regime jurídico da nova garantia.

Contudo, se por um lado estamos plenamente de acordo com a introdução do regime da carta de garantia no Código Civil, por outro, julgamos que a localização escolhida não terá sido a melhor. Com efeito, optou-se por transpor os artigos 28.º a 38.º do AUG para os artigos 656.º e seguintes do CC, substituindo a matéria até então regulada da consignação de rendimentos. Ora, este método pressupõe que se considere revogado pelo AUG o instituto da consignação de rendimentos, bem como o respectivo regime jurídico, deixando assim espaço livre para acolher as regras da carta de garantia.

---

[800] Cf. Luís Manuel Teles de Menezes Leitão, *Garantias das obrigações*, ob. cit., p. 143.

Pela nossa parte, discordamos deste entendimento, pois, conforme já se disse a respeito da consignação de rendimentos, se é certo que esta deixou de poder funcionar como causa legítima de preferência, já não é certo que se deva considerar abolida sem mais a possibilidade da sua realização e, bem assim, o respectivo regime jurídico. Por esta razão, salvo melhor entendimento, não podemos concordar com os trabalhos de ajustamento, quando neles se afirma que: *"Interpretamos o art. 150º do Acto Uniforme no sentido de não se permitir qualquer outro regime de garantias que ele não prevê. Nesse enquadramento foram naturalmente abolidas garantias como a consignação de rendimentos..."*.

Com efeito, julgamos que o artigo 150.º do AUG não impede a existência de garantias diversas das previstas no AUG, assim como também o não proibia a redacção originária do Código Civil. Com efeito, o Código Civil de 1966 não previa a garantia autónoma como garantia pessoal e, ainda assim, era unânime a sua admissibilidade pela doutrina e pela jurisprudência, ao abrigo do Princípio da autonomia privada consagrado no artigo 405.º do CC. Do mesmo modo, o AUG não prevê todas as garantias, admitindo que as partes possam criar, ao abrigo da sua liberdade de estipulação, novas garantias, pelo menos no caso de se tratar de garantias pessoais, pois já no caso das garantias reais vigora o Princípio do *numerus clausus*.

Não contestamos, contudo, a revogação da consignação de rendimentos como causa legítima de preferência. Com efeito, é indiscutível que, à luz do AUG, a consignação de rendimentos não foi consagrada, pelo que deixou de poder funcionar como garantia especial, precisamente por existir contradição entre o Direito interno e o AUG neste ponto. Todavia, o facto de a consignação de rendimentos não poder funcionar como causa legítima de preferência não significa que não possa existir para outros fins. Conforme tivemos oportunidade de referir a propósito desta matéria, não se deve considerar revogada a totalidade do regime jurídico instituído pelo Código Civil para a consignação de rendimentos, mas somente as regras que conferem ao credor consignatário a preferência de pagamento, pois apenas em relação a estas existe contradição com o AUG. E, produzindo-se a revogação individualizada, tácita e parcial do Direito interno, apenas há que abolir as regras que se oponham ao AUG, e não todas as regras com o mesmo objecto que o Acto Uniforme.

Por conseguinte, somos de parecer que a consignação de rendimentos mantém plenamente as suas funcionalidades de carácter obrigacional, consubstanciando um negócio jurídico típico e nominado ao qual as partes podem recorrer afim de facilitar o cumprimento da obrigação. Nessa medida, entendemos que os artigos 656.º e seguintes se mantêm em vigor, salvo quando referentes à preferência de pagamento do credor. Assim sendo, consideramos que teria sido preferível adicionar novos artigos ao Código Civil, afim de introduzir o regime da carta de garantia, em vez de o colocar na secção relativa à consignação de rendimentos.

3.4. Conceito

O conceito de carta de garantia é enunciado no § 1 do art. 28.º do AUG[801], donde resultam os seguintes elementos cumulativos:
1) Convenção;
2) A pedido ou na sequência de instruções do ordenador;
3) O garante obriga-se a pagar determinada soma ao beneficiário logo que ele faça a primeira solicitação.

A carta de garantia consubstancia um contrato. De facto, muito embora a lei utilize a designação de "carta", trata-se de um negócio jurídico contratual, que carece sempre da declaração de ambas as partes (proposta e aceitação). Não se trata dum negócio jurídico unilateral, pois, se fosse assim, seria suficiente a declaração do garante[802].

A caracterização da carta de garantia como um contrato não seria absolutamente unânime se não existisse esta regra, na medida em que parte da doutrina considera que a garantia autónoma pode ser prestada através de declaração unilateral do garante. Porém, à luz do AUG, este entendimento não é admissível. Nesta sede, a carta de garantia é, em todos os casos, um contrato, celebrado entre o garante e o credor beneficiário da garantia.

O conceito do art. 28.º do AUG traz alguns problemas concernentes à conciliação com o conceito de garantia pessoal constante do art. 2.º. Efectivamente, nos termos deste artigo, a garantia pessoal é aquela em que alguém se assume responsável pelo cumprimento da obrigação de um devedor principal. Contudo, no caso específico da garantia autónoma, parte dos

---

[801] O ajustamento entre o Direito interno e o AUG propõe a transposição deste parágrafo para o n.º 1 do artigo 656.º do CC.

[802] Neste sentido, cf. MANUEL JANUÁRIO DA COSTA GOMES, *O regime da carta de garantia...*, ob. cit., p. 44.

autores considera que a dívida do garante é uma dívida própria (construção esta que, de resto, também é possível em relação à própria fiança)[803].

Decorre também do art. 28.º que a carta de garantia é celebrada a pedido ou na sequência de instruções do ordenador. Assim, muito embora a carta de garantia seja celebrada entre garante e credor beneficiário, ela resulta de uma iniciativa do próprio devedor ordenador (devedor na relação garantida). Todavia, é de salientar que o ordenador não é parte na carta de garantia[804], em sentido análogo ao que se verifica em sede de fiança com o devedor principal, e, em particular, ao próprio mandato de crédito. Ele simplesmente toma a iniciativa, contactando o garante e solicitando-lhe que se assuma como parte na carta, mas não participa ele próprio neste contrato. Como veremos, em virtude destas instruções ou ordens, entre o ordenador e o garante existe, normalmente, uma relação de mandato[805]. Contudo, em sentido diverso, Boris Martor pronuncia-se no sentido de que o ordenador deverá também participar na celebração da carta de garantia, afim de averiguar se os seus termos correspondem às exigências feitas[806]. Julgamos no entanto que este entendimento contradiz o conceito de carta de garantia exposto no primeiro parágrafo do artigo 28.º do AUG, donde não dever ser aceite.

Trata-se, nos termos do terceiro elemento, de uma garantia autónoma automática. O AUG regula a chamada garantia autónoma à primeira solicitação, que é apenas uma das modalidades possíveis da garantia autónoma. Com efeito, esta pode apresentar-se de duas maneiras diferentes, nomeadamente:

1) Garantia autónoma simples;

A garantia diz-se autónoma porque a obrigação do garante não se encontra dependente da obrigação do garantido no que diz respeito à sua existência, validade ou excepções oponíveis ao credor. Portanto, é garantia autónoma porque não é acessória.

---

[803] Cf. MANUEL JANUÁRIO DA COSTA GOMES, *O regime da carta de garantia...*, ob. cit., p. 46.

[804] Cf. FRANÇOIS ANOUKAHA, JOSEPH ISSA-SAYEGH, AMINATA CISSE-NIANG, ISAAC YANKHOBA NDIAYE, MESSANVI FOLI e MOUSSA SAMB, *OHADA. Sûretés*, ob. cit., p. 47.

[805] Cf. FRANÇOIS ANOUKAHA, JOSEPH ISSA-SAYEGH, AMINATA CISSE-NIANG, ISAAC YANKHOBA NDIAYE, MESSANVI FOLI e MOUSSA SAMB, *OHADA. Sûretés*, ob. cit., p. 47.

[806] Cf. BORIS MARTOR, *Comparaison de deux sûretés personnelles...*, ob. cit., p. 26: "*Il est, par conséquent, conseillé que le donneur d'ordre soit aussi partie à la lettre de garantie afin qu'il puisse s'assurer qu'elle correspond bien à ses instructions.*".

Sendo simples, isso significa que é uma garantia autónoma não automática, isto é, que o garante não é obrigado a cumprir imediatamente quando o beneficiário da garantia lho solicita.

Por ser autónoma, o garante não pode recusar-se a cumprir a garantia invocando meios de defesa próprios do devedor garantido. Assim, por exemplo, não pode alegar a não constituição da obrigação em relação ao devedor, nem a invalidade formal ou substancial do negócio de constituição, nem mesmo a extinção da obrigação do devedor garantido por impossibilidade superveniente de cumprimento ou por compensação. Do mesmo modo, não pode defender-se com base em excepções da relação de cobertura, invocando por exemplo, que o ordenador não lhe paga a comissão devida, ou que o ordenador lhe disse para não cumprir a garantia[807].

Não obstante, por se tratar de garantia simples, o garante só se encontra obrigado a cumprir desde que o beneficiário da garantia (credor) lhe demonstre a verificação do facto constitutivo do seu direito a exigir a efectivação da garantia, que, normalmente, consiste no incumprimento por parte do devedor garantido[808].

2) *Garantia autónoma à primeira solicitação;*

Neste caso, para além de não haver acessoriedade em virtude de se tratar de uma garantia autónoma, as partes acordam que o garante deve pagar ao credor à primeira solicitação que este lhe fizer, o que origina a automaticidade da garantia. Isto significa que o garante deve cumprir logo que a garantia seja activada pelo beneficiário, por isso se fala em garantia autónoma e automática (*on first demand, à premiére demande*)

Por sua vez, dentro desta modalidade aparecem duas outras sub-modalidades:

– *Garantia autónoma à primeira solicitação com justificação documental;*

Nesta hipótese, o credor deve juntar ao pedido que faz ao garante os documentos comprovativos do evento que desencadeia a garantia. Por exemplo, pode ter de juntar o documento comprovativo do incumprimento por parte do devedor garantido ou da verificação de outro facto constitutivo do direito do credor a exigir a efectivação da garantia.

---

[807] Cf. Luís MENEZES LEITÃO, *Garantias das obrigações*, ob. cit., p. 146.
[808] Cf. Luís MENEZES LEITÃO, *Garantias das obrigações*, ob. cit., pp. 146 e 147.

– *Garantia autónoma à primeira solicitação sem justificação documental;*

Neste caso, o garante está obrigado a cumprir logo que o credor lho solicite, não sendo necessário juntar qualquer base documental a este pedido. Por conseguinte, a garantia *"é imediatamente exigível com a simples interpelação do beneficiário da garantia, não podendo o garante exigir sequer qualquer justificação ou fundamentação para esse pedido, que deve ser automaticamente satisfeito."*[809].

Veremos, no entanto, que mesmo tratando-se de garantia autónoma automática, há certas circunstâncias excepcionais em que o garante pode recusar a efectivação da garantia. É o caso de ter ocorrido a extinção da obrigação garantida por cumprimento, resolução ou caducidade, bem como os casos que a doutrina designa de manifesta fraude ou abuso de direito por parte do credor e que serão adiante analisados[810].

No sistema instituído pelo AUG, de acordo com o terceiro elemento da carta de garantia estabelecido no primeiro parágrafo do artigo 28.º, o garante fica obrigado a pagar a partir do momento em que lhe seja dirigido o primeiro pedido do beneficiário. A garantia é, assim, para além de autónoma, também automática. Segundo Januário da Costa Gomes, esta opção deve-se ao facto de as garantias autónomas automáticas serem as mais frequentes no comércio internacional[811], pelo que, estando a OHADA direccionada para o Direito dos negócios, é natural a adopção desta solução.

Convém salientar que a obrigação do garante é necessariamente uma obrigação pecuniária, pois este fica obrigado a pagar "determinada soma" ao primeiro pedido, o que implica o pagamento de uma quantia monetária. Todavia, a mesma exigência não se coloca à dívida garantida, entre devedor e credor, nem à relação de valuta, entre ordenador e garante. Estas relações podem ser não patrimoniais, nos termos gerais que são permitidos pelo n.º 2 do art. 398.º do CC.

---

[809] Cf. Luís Menezes Leitão, *Garantias das obrigações*, ob. cit., pp. 147 e 148.
[810] Cf. Luís Menezes Leitão, *Garantias das obrigações*, ob. cit., p. 148.
[811] Cf. Manuel Januário da Costa Gomes, *O regime da carta de garantia...*, ob. cit., p. 45.

3.4.1. *Autonomia da carta de garantia*

Do art. § 2 do 29.º do AUG decorre a autonomia da carta de garantia[812]. Este é uma regra que está deslocalizada, pois devia, logicamente, encontrar-se no art. 28.º, uma vez que tem a ver com o próprio conteúdo da carta de garantia. Segundo esta disposição, a carta de garantia cria uma obrigação autónoma, distinta das convenções, actos e factos que constituem a sua base.

Neste sentido, Léon Messanvi Foli refere que a única razão para o contrato base ser mencionado na carta de garantia é o facto de se tratar de uma garantia. Contudo, uma vez celebrada a carta de garantia, toda a ligação com o contrato base desaparece[813]. Afirma, por isso, que o garante se vincula a título principal a uma nova obrigação[814].

Na carta de garantia temos uma relação triangular, em que se vislumbram as seguintes relações:

1) Relação de cobertura, entre o ordenador e o garante, na qual o garante se obriga perante o ordenador a prestar a garantia ao beneficiário, normalmente mediante uma retribuição (comissão) e acordando que, caso tenha de pagar ao beneficiário, o ordenador fica imediatamente obrigado a reembolsá-lo. Usualmente, esta relação configura um contrato de mandato;
2) Relação de atribuição, entre o ordenador e o credor (beneficiário da garantia) e que consiste na relação que vai ser garantida;
3) Relação de garantia ou de execução, entre o garante e o credor beneficiário da garantia, constituída pela carta de garantia.

3.5. Carta de contragarantia

No § 2 do art. 28.º do AUG[815] é regulada a carta de contragarantia, cujos elementos são:

---

[812] O ajustamento entre o AUG e o Direito interno propõe a transposição deste regime para o n.º 1 do artigo 657.º do CC.

[813] Cf. LEON MESSANVI FOLI, *Présentation de l'acte uniforme portant organisation du droit des sûretés*, ob. cit., p. 9.

[814] Cf. LEON MESSANVI FOLI, *Présentation de l'acte uniforme portant organisation du droit des sûretés*, ob. cit., p. 9.

[815] O ajustamento entre o AUG e o Direito interno propõe a transposição deste regime para o n.º 2 do artigo 656.º do CC.

1) Convenção;
2) Pedido ou instruções do ordenador ou do garante;
3) O contragarante obriga-se a pagar determinada soma ao garante logo que este faça a primeira solicitação.

Trata-se de uma carta de garantia em que o beneficiário é o próprio garante, daí que os seus elementos sejam idênticos aos estabelecidos no parágrafo anterior para a carta de garantia. Nessa medida, a convenção é feita entre o contragarante e o garante, que é agora o credor beneficiário. Esta é uma situação idêntica à da retrofiança, em que alguém assume a obrigação de ressarcir o fiador depois de ele cumprir perante o credor. Também na carta de contragarantia o contragarante assume a obrigação de ressarcir o garante no caso de este ser obrigado a cumprir a garantia perante o beneficiário.

Há uma particularidade a assinalar no conceito do segundo parágrafo do art. 28.º, na medida em que na noção legal consta que o pedido ou as instruções podem ser tanto do ordenador como do garante. Segundo Januário da Costa Gomes, tal referência não afecta a natureza da contragarantia, em que o contragarante "garante o garante"[816]. A carta de contragarantia é sempre um contrato entre o contragarante e o garante (credor beneficiário), mesmo que a ideia de contratar a contragarantia tenha sido do garante. Por esta razão, este segundo parágrafo acaba por ser desnecessário tendo em consideração o disposto no parágrafo anterior.

3.6. Legitimidade

Nos termos do art. 29.º do AUG[817], apenas as pessoas colectivas têm legitimidade para subscrever uma carta de garantia ou de contragarantia, isto é, para assumir a posição jurídica de garante. Esta regra afasta--se do regime instituído pela *alínea a)* do art. 2.º das Regras da CCI, onde se admite a subscrição por pessoas singulares. Diversamente, no sistema instituído pelo AUG, se a carta de garantia for prestada por uma pessoa singular, a consequência é a sua nulidade, por não ser observada uma regra injuntiva (cf. artigo 294.º do CC).

---

[816] Cf. Manuel Januário da Costa Gomes, *O regime da carta de garantia...*, ob. cit., p. 48.

[817] O ajustamento entre o AUG e o Direito interno propõe a transposição deste regime para o n.º 2 do artigo 657.º do CC.

A *ratio* desta disposição reside no facto de o AUG partir do princípio que as pessoas singulares são, à partida, amadoras, pelo que podem não pesar bem os riscos inerentes à prestação da carta de garantia, que, ao contrário da fiança, é uma garantia autónoma. Assim, para evitar posteriores problemas, veda em absoluto que as pessoas singulares realizem este negócio. Mesmo que a pessoa singular pretenda demonstrar que tem plena noção dos riscos inerentes à carta de garantia, não pode prestá-la. Neste sentido, o n.º 2 proposto para o art. 657.º do CC realça que, *"atentos os riscos que envolvem"*, as cartas de garantia só podem ser prestadas por pessoas colectivas.

Se uma pessoa singular se constituir como garante numa carta de garantia, a consequência é a nulidade, mas, nos termos gerais, pode haver conversão do negócio nulo para fiança, com base no Princípio do aproveitamento dos negócios jurídicos, desde que se verifiquem os respectivos requisitos do artigo 293.º do CC[818].

Em contrapartida, todas as pessoas colectivas têm legitimidade para prestar a carta de garantia, mesmo que em concreto se constate que elas não tinham a exacta noção dos riscos que corriam, sendo certo que depois de contratada a garantia não podem invocar esse seu desconhecimento[819].

A solução adoptada pelo AUG é, naturalmente, sujeita a críticas. Por exemplo, François Anoukaha e outros sugerem que a limitação devia ser feita apenas para as pessoas singulares não comerciantes, pois em relação aos comerciantes estes encontram-se, naturalmente, elucidados relativamente a este género de garantia[820].

Outra crítica apontada ao regime jurídico do AUG consiste no facto de apenas exigir que o garante seja uma pessoa colectiva, e não também o ordenador. Segundo Boris Martor, é tão perigoso ser garante como ser ordenador na medida em que o garante, após cumprir perante o credor beneficiário, actuará de imediato contra o ordenador para obter o reembolso, principalmente quando o garante seja um banco[821]. Pela nossa

---

[818] Cf. Manuel Januário Da Costa Gomes, *O regime da carta de garantia...*, ob. cit., p. 49.

[819] Neste sentido, cf. Manuel Januário Da Costa Gomes, *O regime da carta de garantia...*, ob. cit., p. 49.

[820] Cf. François Anoukaha, Joseph Issa-Sayegh, Aminata Cisse-Niang, Isaac Yankhoba Ndiaye, Messanvi Foli e Moussa Samb, *OHADA. Sûretés*, ob. cit., p. 54.

[821] Cf. Boris Martor, *Comparaison de deux sûretés personnelles...*, ob. cit., p. 26: "... il est souvent aussi dangereux d'être donneur d'ordre que d'être garant, dans la

parte, consideramos porém que tal não será diferente do que acontece, por exemplo, relativamente à fiança, em que o fiador também exige ao devedor principal o reembolso das quantias entregues ao credor, pelo que não se justifica aqui exigir que o ordenador seja também uma pessoa colectiva.

Tratando-se de uma sociedade comercial, há que observar o regime jurídico especial constante do Acto Uniforme Relativo ao Direito das Sociedades Comerciais e ao Agrupamento de Interesse Económico, em que, tratando-se de garantia autónoma prestada por sociedade anónima, o primeiro parágrafo do artigo 449.º exige uma prévia autorização do conselho de administração, enquanto o primeiro parágrafo do artigo 506.º requer a autorização da assembleia geral ordinária. Relativamente à aplicação destes artigos, o TCJA já se pronunciou, no seu Aviso n.º 02/2000//EP, de 26 de Abril de 2000, tendo considerado que são aplicáveis mesmo que o garante seja um banco ou estabelecimento financeiro[822]. A questão foi colocada ao Tribunal em virtude de, anteriormente à OHADA, se entender que, devido à sua especificidade, os bancos e os estabelecimentos financeiros eram objecto de regulamentação especial. Contudo, o TCJA concluiu que o Acto Uniforme era integralmente aplicável no âmbito de aplicação por ele determinado, o que abrangia também os bancos e estabelecimentos financeiros constituídos sob a forma de sociedade comercial, sendo as suas disposições de ordem pública, e, por conseguinte, insusceptíveis de afastamento por iniciativa das partes.

Em anotação a este Aviso, Joseph Issa-Sayegh concordou com a decisão do Tribunal, mas sublinhou que o facto de o art. 449.º do Acto Uniforme abranger os bancos e os estabelecimentos financeiros não significava que estes não pudessem ser, no futuro, submetidos a uma legislação especial que os isentasse da autorização prévia ali exigida, facto que seria mesmo desejável que acontecesse[823].

---

mesure où, lorsque la garantie est donnée par une banque, elle se retournera automatiquement contre le donneur d'ordre. Or rien n'interdit à une personne physique d'être donneur d'ordre.".

[822] Disponível em www.ohada.com.

[823] Segundo Joseph Issa-Sayegh, *"ce n'est pas le cas de l'article 449 qui n'écarte pas de son domaine d'application les banques et établissements financiers. Il est probable que, pour des raisons d'opportunité, une telle dérogation soit souhaitable dans le domaine bancaire; rien n'interdit au législateur qui a créé la loi-cadre bancaire (le législateur UEMOA ou CEMAC, en l'occurrence) de prévoir une telle exception par modification, en ce sens, du texte de cette loi. Rien ne l'en empêche, comme le suggère et l'y invite l'article 916 de l'Acte uniforme, en vertu duquel cet Acte «n'abroge pas les dispositions législatives auxquelles sont assujetties les sociétés soumises à un régime particulier.»".*

3.7. Requisitos de validade formal

O art. 30.º do AUG retrata a matéria da validade da carta de garantia, colocando alguns requisitos[824]. Com efeito, do § 1 deste artigo resultam uma série de exigências e de elementos que devem constar, obrigatoriamente, da carta de garantia, sob pena de nulidade.

3.7.1. *Declaração expressa*

O primeiro requisito consiste na exigência da declaração expressa do garante. Tal como sucede para a fiança no primeiro parágrafo do art. 4.º do AUG, também aqui se entendeu por bem exigir que a carta de garantia fosse manifestada através de declaração expressa do garante, constituindo excepção ao disposto no art. 217.º do CC. Trata-se de uma regra de protecção do garante, de forma a assegurar que ele se encontra plenamente elucidado relativamente à sua vinculação. Na falta de declaração expressa há nulidade da carta de garantia.

3.7.2. *Documento escrito*

O segundo requisito consiste na exigência de emissão da carta de garantia por meio de documento escrito. Igualmente aqui se exige, tal como na fiança, em excepção ao Princípio geral da consensualidade (cf. art. 219.º do CC), a observância da forma escrita, sob pena de nulidade (cf. art. 220.º do CC). De salientar que este regime se identifica com a *alínea a)* do artigo 2.º das Regras CCI, que igualmente exigem a forma escrita para esta garantia.

O AUG não esclarece quem deve assinar o documento que constitui a carta de garantia. Nessa medida, Januário da Costa Gomes coloca a questão de saber se, para a carta de garantia ser válida, é necessário haver a assinatura de ambas as partes, isto é, tanto do garante como do beneficiário da garantia. Segundo o entendimento deste autor, aqui será suficiente a assinatura daquele que se obriga, ou seja, do garante[825], para

---

[824] O ajustamento entre o AUG e o Direito interno propõe a transposição deste regime para o artigo 658.º do CC.
[825] Cf. MANUEL JANUÁRIO DA COSTA GOMES, *O regime da carta de garantia...*, ob. cit., p. 50.

o que invoca alguns argumentos. Em primeiro lugar, por comparação com o segundo parágrafo do art. 4.º do AUG, onde o legislador teve o cuidado de exigir a assinatura de ambas as partes, coisa que não sucede na carta de garantia, pelo que por meio de um argumento de interpretação sistemática deve concluir-se que neste caso é dispensada a assinatura do credor. Em segundo lugar, considera que a exigência de assinatura do beneficiário da garantia iria implicar um retrocesso no comércio interno e internacional, que causaria a burocratização da figura. Acresce, em terceiro lugar, que neste caso não faz sentido exigir a assinatura do beneficiário porque a carta de garantia apenas cria verdadeiras obrigações para o garante, pelo que é a assinatura deste que importa que se encontre no documento constitutivo do contrato.

Em sentido próximo, alguns autores qualificam a garantia autónoma como um contrato unilateral ou não sinalagmático, por dele resultarem apenas obrigações para o garante[826]. Ainda para Januário da Costa Gomes, o facto de não se exigir a assinatura do credor não afecta o conceito de carta de garantia. Com efeito, *"... não só não fica prejudicada a natureza contratual da figura como também, no que ao beneficiário concerne, não resultando nenhuma vinculação para o mesmo, mas tão-só benefício, não se vê que a solução o possa prejudicar"*[827]. Também Luís Menezes Leitão entende que, no que concerne à declaração de aceitação por parte do credor beneficiário, não é de exigir nenhuma forma especial, podendo ainda ser expressa ou tácita[828].

Este entendimento não é, porém, isento de críticas, principalmente se tomarmos em consideração a mesma matéria no âmbito da fiança. Com efeito, recusou-se nessa sede a possibilidade de a fiança ser válida com a simples assinatura do fiador, com o argumento de que o AUG pretendia atribuir à fiança uma necessária feição contratual, acentuando assim a protecção do fiador. Contudo, se assim fosse, por maioria de razão o legislador do AUG deveria ter-se preocupado ainda mais com a vinculação do garante autónomo do que com a do fiador, na medida em que objectivamente o garante está mais desprotegido do que o fiador, pois

---

[826] Cf. Luís Manuel Teles de Menezes Leitão, *Garantias das obrigações*, ob. cit., p. 145, n.r. 348.

[827] Cf. Manuel Januário da Costa Gomes, *O regime da carta de garantia...*, ob. cit., p. 50.

[828] Cf. Luís Manuel Teles de Menezes Leitão, *Garantias das obrigações*, ob. cit., p. 145.

a sua garantia é autónoma, para além de ter que cumprir à primeira solicitação do credor beneficiário. Impunha-se, portanto, com mais acuidade, a exigência da assinatura de ambas as partes na carta de garantia. Contudo, não obstante esta crítica, consideramos que efectivamente à luz do AUG apenas se exige a assinatura do garante, e não também a do credor, pelos motivos já assinalados e que nos levaram, inclusive, a propugnar solução idêntica no caso da fiança, desde logo o facto de se tratar de um contrato manifestamente monovinculante e que apenas beneficia o credor, sendo contraditório que a falta da sua assinatura possa conduzir à invalidade do mesmo.

3.7.3. Menções obrigatórias

O art. 30.º do AUG contém ainda um terceiro requisito, que consiste na obrigatoriedade da introdução, no texto da carta de garantia, de certos elementos referidos por esta disposição[829-830]. Nela se contém uma longa lista de indicações que revelam um forte carácter proteccionista relativamente ao garante. Este facto suscitou a crítica de Januário da Costa Gomes, até porque apenas podem ser garantes as pessoas colectivas, sendo, muitas das vezes, entidades bancárias, naturalmente melhor esclarecidas sobre os riscos inerentes a este negócio jurídico[831]. Não obstante, parte dos elementos exigidos no artigo 30.º do AUG consta igualmente do artigo 3.º das Regras CCI, que são também especialmente dirigidas às garantias emitidas por entidades bancárias.

São os seguintes os elementos que devem constar obrigatoriamente do texto da carta de garantia, sob pena de nulidade:

1) Denominação: é obrigatória a indicação de que se trata de uma carta de garantia ou de contragarantia "à primeira solicitação". Esta é uma regra de protecção do garante, com vista a assegurar que ele conhece, no momento da sua vinculação, o conteúdo da obrigação que assume.

---

[829] Neste sentido veja-se também o texto proposto pelo ajustamento para o artigo 658.º do CC.
[830] Esta disposição assemelha-se ao disposto no art. 3.º das Regras CCI.
[831] Cf. MANUEL JANUÁRIO DA COSTA GOMES, *O regime da carta de garantia...*, ob. cit., p. 51.

Convém notar que a exigência de indicação do título "carta de garantia à primeira solicitação" constitui um elemento imprescindível de validade desta garantia pessoal. Com efeito, por diversas vezes a jurisprudência já se pronunciou no sentido da nulidade da carta de garantia no caso de as partes não terem colocado a menção relativa à sua denominação. Neste sentido, veja-se o Acórdão[832] do Tribunal de Apelação de Abidjan, nos termos do qual se considerou que: *"Doit être annulé l'acte constatant une lettre de garantie à première demande qui, au lieu de comporter la dénomination «lettre de garantie à première demande», est désigné «caution de paiement fournisseur»"*.

Estava em causa um acto unilateral e não contratual, em que um sujeito se constituiu na qualidade de fiador solidário de uma determinada sociedade, mais se tendo obrigado a pagar à primeira solicitação escrita do credor beneficiário. Ora, apesar de os termos da vinculação do garante sugerirem a garantia autónoma, o Tribunal considerou que tal garantia não poderia ser considerada válida na medida em que as partes não tinham observado a exigência do artigo 30.º do AUG relativa à denominação como "carta de garantia à primeira solicitação". Ora, sendo essa uma disposição de ordem pública, entendeu-se que a sua violação gerava a nulidade da garantia.

Em anotação a este acórdão, Kassia Bi Oula constatou uma certa incoerência entre a cláusula contratual em que o garante se constituiu na qualidade de fiador solidário e aquela outra em que se obrigou a pagar à primeira solicitação escrita do credor. Não obstante, concordou com o Tribunal na qualificação da garantia em questão como uma carta de garantia, a qual se encontrava por isso viciada, por incumprimento do requisito exigido no artigo 30.º do AUG. No entanto, acrescentou que, não sendo a garantia válida como carta de garantia à primeira solicitação, deveria o Tribunal ter tentado a via do seu aproveitamento como fiança. Invocou, para esse efeito, o disposto no art. 1158.º do Código Civil Marfinense, nos termos do qual quando uma cláusula contratual tem dois sentidos diferentes, o intérprete deverá optar por aquele que permite atribuir algum efeito à cláusula, preterindo o outro. Assim, esta seria uma via para admitir a qualificação da garantia como fiança, em vez de carta de garantia. Contudo, mesmo nesse caso, concluiu que tal fiança seria igualmente nula, por não ter observado os requisitos do art. 4.º do AUG, nomeadamente a indicação manuscrita pelo fiador do montante máximo garantido.

---

[832] Disponível em www.ohada.com, com a referência J-05-126.

Neste mesmo acórdão, Kassia Bi Oula também criticou o Tribunal por ter aplicado o disposto no art. 35.º do AUG depois de concluir pela nulidade da carta de garantia. Com efeito, concordamos com este autor uma vez que, sendo a garantia nula, o que há a fazer é restituir o que tenha sido prestado no seu cumprimento pelo garante, nos termos do n.º 1 do art. 289.º do CC. Todavia, no caso em apreço, o Tribunal aplicou o § 2 do art. 35.º do AUG, tendo considerado que as formalidades aí exigidas não tinham sido cumpridas, concluindo que o pagamento feito pelo garante tinha sido um *"mau pagamento"*. Assim sendo, apesar de a garantia ser declarada nula pelo Tribunal, acabou por ser o próprio Tribunal a atribuir--lhe efeitos, desde logo através da aplicação do art. 35.º do AUG.

Em observação ao mesmo acórdão, Joseph Issa-Sayegh considerou que o mesmo era ilustrativo do desconhecimento da carta de garantia por parte da jurisdição, assim como por parte dos banqueiros[833]. Acrescentou, ainda, que apesar da invalidade da carta de garantia, era possível a sua qualificação como fiança ou como carta de conforto através da conversão ou redução[834]. Do mesmo modo, Issa-Sayegh criticou a aplicação que foi feita pelo Tribunal do art. 35.º do AUG posteriormente à declaração de nulidade da carta de garantia, do seguinte modo: *"... on peut s'étonner que la cour d'appel la fasse revive à travers l'article 35 AUS..."*.

2) Nome do ordenador: este elemento permite ao garante identificar a relação base, entre devedor e credor.
3) Nome do beneficiário: a exigência de indicação do nome do beneficiário deve-se ao facto de ele ser parte no contrato.
4) Nome do garante ou contragarante: esta é uma menção óbvia, na medida em que se trata da identificação do devedor da garantia.
5) Convenção de base, acção ou facto que deu causa à emissão da garantia: trata-se da referência à relação base, entre o ordenador (devedor) e o beneficiário da garantia (credor). O garante tem o direito de conhecer exactamente a origem da dívida do ordenador, isto é, deve saber qual foi o facto que deu origem à emissão da

---

[833] Disponível em www.ohada.com, com a referência J-03-23.
[834] Segundo este autor, *"... c'est la lettre de garantie qui est ainsi annulée mais il est possible de la qualifier en une autre garantie telle que la caution ou la lettre de confort. On regrette que la cour d'appel n'ait pas converti par réduction une sûreté en une autre comme celas fait pour les effets de commerce, par exemple. Il est vrai que l'on ne relève pas, dans la décision, de la part des avocats ..., une telle demande."*.

carta de garantia. Com efeito, a carta de garantia é um negócio jurídico causal, cuja função reside, precisamente, em garantir uma dívida.
6) Montante máximo da importância garantida: novamente, trata-se de uma regra para proteger o garante, que também é admitida pela generalidade da doutrina e da jurisprudência, mesmo nos sistemas jurídicos em que a garantia autónoma não está regulada. À semelhança do que se exige para a fiança, também na carta de garantia o garante não poderá, em caso algum, ser forçado a pagar uma quantia superior à quantia máxima resultante deste contrato.
7) Data do termo da garantia ou o facto que provoca a sua extinção: este é um elemento informativo que interessa ao garante, uma vez que, no sistema instituído pelo AUG, ele terá de pagar de imediato, isto é, à primeira solicitação do credor beneficiário.
8) Condições do pedido de pagamento: trata-se da indicação das situações que tornam legítimo ao beneficiário accionar a garantia. Esta disposição deve ser conciliada com o disposto no art. 34.º do AUG, com vista a que o garante saiba em que circunstâncias é que o pedido do credor beneficiário é regular, uma vez que somente nessa hipótese é que ele se encontra obrigado a satisfazer o seu pedido.

O próprio garante pode determinar a circunstância em que efectuará ao pagamento ao credor beneficiário. Neste caso, pode optar por um de três sistemas: pode, em primeiro lugar, exigir a invocação de certos motivos por parte do credor; em segundo lugar, pode exigir a apresentação de certos documentos por parte do credor; finalmente, em terceiro lugar, pode obrigar-se "incondicionalmente", o que significa que apenas será obrigado a cumprir perante o credor beneficiário desde que o pedido deste seja regular ao abrigo do art. 34.º do AUG[835].
9) Menção da impossibilidade, para o garante, de beneficiar das mesmas excepções que se admitem ao fiador: esta exigência visa deixar bem claro no texto da carta de garantia que o garante não é um fiador mas sim um garante autónomo. Daqui resulta o princípio da inoponibilidade, pelo garante em face do credor, das excepções que assistem ao devedor.

---

[835] Cf. BORIS MARTOR, *Comparaison de deux sûretés personnelles...*, ob. cit., p. 26.

É de salientar a importância da obrigatoriedade das menções constantes do artigo 30.º para a validade da carta de garantia. Neste sentido, o já citado Acórdão n.º 184, de 21/02/2003[836], decidiu que havia uma carta de garantia quando um banco se obrigava a pagar uma determinada soma à primeira solicitação escrita e mediante a entrega, pelo beneficiário, de uma carta especificando o incumprimento por parte do devedor. Contudo, tal carta de garantia devia considerar-se nula por não comportar o título "carta de garantia à primeira solicitação", desrespeitando assim o disposto no artigo 30.º do AUG. Naquele caso, o documento continha a designação "carta de garantia", mas faltava a menção ao facto de a garantia poder ser actuada à primeira solicitação do credor beneficiário. Em anotação a este acórdão, Joseph Issa-Sayegh referiu que seria frequente as entidades bancárias utilizarem apenas a expressão "carta de garantia", delas melhor conhecida, do que a expressão "carta de garantia à primeira solicitação" exigida pelo artigo 30.º do AUG. Não obstante, sendo nula como carta de garantia, considerou que podia ser aproveitada como fiança ou como carta de conforto, embora não tenha sido essa a decisão do tribunal no caso em apreço, facto que o autor lamenta. Joseph Issa-Sayegh criticou ainda o facto de o Tribunal, depois de considerar nula a carta, ter condenado o "garante" a indemnizar o devedor por ter cumprido a garantia perante o credor beneficiário sem que o pedido deste fosse conforme aos requisitos do artigo 35.º do AUG.

3.8. Cessão do crédito à garantia

O art. 31.º do AUG regula a questão de saber se o credor beneficiário da garantia pode ceder o seu crédito à garantia a um terceiro, independentemente da cessão do crédito garantido. Esta situação é diferente da cessão do crédito garantido ou principal, que, em regra, implica a cessão das garantias que acompanham esse mesmo crédito.

Por exemplo, suponha-se que A é credor de B pelo montante de 100.000 xof, estando garantido por uma carta de garantia. Se A ceder o seu crédito perante B a C, este último passa a ser o credor relativamente a B e passa ainda a ser credor beneficiário na relação de garantia constituída (cf. artigo 582.º, n.º 1, do CC). Diferentemente, a questão que se coloca é saber se A pode continuar como credor de B, mas ceder a C o seu

---

[836] Disponível em www.ohada.com, com a referência J-03-230.

crédito na relação de garantia, ou seja, se o credor beneficiário pode continuar a ser credor na dívida garantida mas ceder o seu crédito à garantia a um terceiro.

Nos termos do art. 31.º do AUG, o direito do beneficiário à garantia não é transmissível, isto é, não pode ser cedido pelo credor beneficiário a um terceiro[837]. Esta impossibilidade assenta na caracterização da relação de garantia como *intuitus personae*[838-839], daí que o credor não possa pretender transmitir a terceiro a sua posição sem o acordo da outra parte (garante). Daqui resulta a proibição da circulação da carta de garantia, o que significa que as partes neste contrato são sempre as originárias. Trata-se de uma regra supletiva que só pode ser afastada por meio de declaração expressa das partes nesse sentido (excepção ao art. 217.º do CC).

Não obstante, na 2.ª parte deste mesmo artigo parece estar consagrada uma ressalva, isto é, uma excepção à proibição da cessão do crédito à garantia[840]. Todavia, como veremos, trata-se apenas de uma excepção aparente, e não de uma efectiva excepção. Segundo esta ressalva, o beneficiário pode, a qualquer altura, ceder o montante a que tem direito em virtude da relação base. Esta regra reconduz-se ao regime geral da cessão de créditos – cf. artigos 577.º e seguintes do CC.

Aparentemente, conforme salienta Januário da Costa Gomes, o disposto nesta segunda parte da disposição corresponde a uma incorrecta compreensão do n.º 2 do art. 4.º das Regras da CCI[841]. Com efeito, segundo estas regras, o credor beneficiário não pode ceder a garantia antes de esta ser accionada, mas já o poderá fazer depois do seu accionamento, porque nesse momento já não se coloca o problema do carácter *intuitus personae*, uma vez que nesse caso o credor cede apenas o direito de crédito pecuniário decorrente da garantia que entretanto já foi accionada[842]. Portanto, no sistema

---

[837] Cf. também o disposto no texto proposto pelo ajustamento para o n.º 1 do artigo 659.º do CC.

[838] Cf. MANUEL JANUÁRIO DA COSTA GOMES, *O regime da carta de garantia...*, ob. cit., p. 57.

[839] Cf. FRANÇOIS ANOUKAHA, JOSEPH ISSA-SAYEGH, AMINATA CISSE-NIANG, ISAAC YANKHOBA NDIAYE, MESSANVI FOLI e MOUSSA SAMB, *OHADA. Sûretés*, ob. cit., p. 51.

[840] Cf. também o disposto no texto proposto pelo ajustamento para o n.º 2 do artigo 659.º do CC.

[841] Cf. MANUEL JANUÁRIO DA COSTA GOMES, *O regime da carta de garantia...*, ob. cit., p. 59.

[842] Cf. MANUEL JANUÁRIO DA COSTA GOMES, *O regime da carta de garantia...*, ob. cit., p. 58.

das Regras da CCI, o que não pode ser cedido ao terceiro é o direito de accionar a garantia, mas nada obsta à cessão do direito de crédito que resulta desse accionamento. Por isso, o n.º 2 do art. 4.º constitui uma efectiva ressalva à regra da irrevogabilidade, consagrada igualmente como regra supletiva pela CCI.

O mesmo não se pode dizer quanto à 2.ª parte do art. 31.º do AUG na medida em que o que se permite ao credor ceder é o crédito garantido, e não o crédito à efectivação da garantia depois de esta ser accionada. Tendo sido essa a orientação do AUG, mesmo que se trate, efectivamente, de um lapso, nada há a fazer que não constatar que a ressalva que vigora no âmbito das Regras CCI não pode valer no caso do AUG. Neste sentido, segundo Januário da Costa Gomes, à 2.ª parte do art. 30.º cabe apenas "... *a simples e inglória função de afirmar uma evidência*"[843]. Igualmente François Anoukaha e outros afirmam que esta ressalva apenas assume a utilidade de lembrar ao garante que não pode recusar-se a cumprir a garantia no caso de o credor ceder o crédito principal a outrem, na medida em que a garantia acompanha as vicissitudes da dívida garantida[844].

3.9. Eficácia da carta de garantia

Nos termos do § 1 do art. 32.º do AUG, em regra, a carta de garantia produz efeitos a partir do momento em que é emitida[845]. Excepcionalmente, porém, pode produzir efeitos em momento posterior, quando as partes assim o convencionem.

Entretanto, o § 2 deste artigo estabelece a regra da irrevogabilidade da carta de garantia e de contragarantia, a não ser que haja estipulação expressa das partes nesse sentido[846]. Porém, esta regra apenas reafirma o que já resultava do disposto no art. 406.º do CC, isto é, que uma vez firmado o acordo das partes, não pode uma delas, unilateralmente, pre-

---

[843] Cf. Manuel Januário da Costa Gomes, *O regime da carta de garantia...*, ob. cit., p. 59.

[844] Cf. François Anoukaha, Joseph Issa-Sayegh, Aminata Cisse-Niang, Isaac Yankhoba Ndiaye, Messanvi Foli e Moussa Samb, *OHADA. Sûretés*, ob. cit., p. 51.

[845] Cf. também o disposto no texto proposto pelo ajustamento para o n.º 1 do artigo 660.º do CC.

[846] Cf. também o disposto no texto proposto pelo ajustamento para o n.º 2 do artigo 660.º do CC.

tender modificá-lo. O afastamento da regra só pode ocorrer por meio de declaração expressa, o que visa evitar a surpresa do lado do beneficiário da garantia.

Relativamente a esta disposição coloca-se o problema, nela não referido, de saber se as instruções do ordenador são ou não revogáveis. Segundo Januário da Costa Gomes, devemos distinguir duas situações diferentes. Por um lado, pode acontecer que o ordenador já tenha mandatado o futuro garante para este emitir a garantia, mas esta ainda não tenha sido emitida, caso em que o ordenador pode revogar a todo o momento as suas instruções, desistindo da garantia. Diferentemente, se a carta de garantia já foi emitida, o ordenador deixa de poder desistir das suas ordens ou instruções. Com efeito, não pode revogar o mandato que concedeu ao garante na medida em que este já foi parcialmente executado, além de que se trata de um mandato a favor de terceiro, isto é, do credor beneficiário da garantia (cf. art. 1170.º, n.º 2 do CC).

Esta questão suscita o problema da qualificação da relação jurídica existente entre o ordenador e o garante. Esta relação pode qualificar-se como um mandato, na medida em que o garante se obriga, perante o ordenador, a praticar um acto jurídico (celebração da carta de garantia) por conta e no interesse dele, observando assim os elementos constantes do art. 1157.º do CC. Neste sentido se pronunciam também Pedro Romano Martinez e Pedro Fuzeta da Ponte[847].

3.10. Condições de pagamento. Eventuais reduções da obrigação do garante

O § 1 do art. 33.º do AUG determina que o limite estipulado na carta de garantia é a quantia máxima que o garante pode ser obrigado a pagar ao beneficiário[848]. Para além disso, a esse montante máximo, o garante pode abater os pagamentos que entretanto tenham sido feitos pelo garante (no caso de ser uma contragarantia) ou pelo ordenador e que não tenham sido contestados pelo beneficiário. Segundo Januário da Costa Gomes, por interpretação extensiva deve também admitir-se a dedução dos

---

[847] Cf. PEDRO ROMANO MARTINEZ e PEDRO FUZETA DA PONTE, *Garantias de cumprimento*, ob. cit., pp. 132 e 133.

[848] Cf. também o disposto no texto proposto pelo ajustamento para o n.º 1 do artigo 661.º do CC.

pagamentos que tenham sido efectuados por terceiro, nos termos gerais do n.º 1 do art. 767.º do CC[849], uma vez que um terceiro pode cumprir uma dívida alheia.

Neste âmbito, apenas são relevantes os pagamentos ao credor que tenham suscitado a redução definitiva do crédito, e não meramente temporária. O exemplo da redução da conta-corrente referido por Januário da Costa Gomes demonstra que aqui pode haver redução, mas esta não é definitiva, na medida em que a conta está sujeita a alteração permanente[850].

Pode suscitar-se a questão da compatibilidade deste regime jurídico com a autonomia da carta de garantia. Com efeito, o grande traço que caracteriza a carta de garantia consiste na sua autonomia relativamente à dívida garantida, daí que o garante não se possa escusar a cumprir invocando excepções relativas àquela dívida. Não obstante, o disposto no primeiro parágrafo do artigo 33.º é um claro reflexo de acessoriedade, na medida em que, havendo redução do crédito garantido, produz-se igualmente a redução da garantia, escapando assim à configuração tradicional da própria garantia autónoma. Neste caso, porém, a razão de ser da acessoriedade reside na própria lógica da garantia, pois não faria sentido que o garante estivesse mais onerado do que o próprio devedor garantido. Isso demonstra que nunca a autonomia de uma garantia pode ser efectivamente absoluta e total.

O § 2 do artigo 33.º do AUG contém uma regra relativa ao conteúdo da carta, nos termos da qual se determina que as partes podem estipular que o montante garantido seja reduzido periodicamente em montantes determinados ou determináveis, em certas datas ou mediante a apresentação ao garante de documentos acordados para esse fim[851]. Trata-se de situações em que a redução periódica da garantia resulta ainda da redução da própria dívida garantida.

Esta regra tem que ser conciliada com o § 4 do art. 35.º do AUG, que estabelece uma obrigação de informação a cargo do garante. Aqui se determina que o garante deve avisar imediatamente o dador de ordem sobre qualquer redução do montante da garantia, bem como sobre qualquer

---

[849] Cf. MANUEL JANUÁRIO DA COSTA GOMES, *O regime da carta de garantia...*, ob. cit., p. 53, n.r. 41.

[850] Cf. MANUEL JANUÁRIO DA COSTA GOMES, *O regime da carta de garantia...*, ob. cit., p. 54.

[851] Cf. também o disposto no texto proposto pelo ajustamento para o n.º 2 do artigo 661.º do CC.

documento ou acontecimento que origine a sua extinção. A partir do momento em que tome conhecimento desta informação, o ordenador poderá, por exemplo, começar a pagar menos comissões ao garante.

3.11. Efectivação da carta de garantia

A efectivação da carta de garantia obedece aos estritos termos previstos no AUG, designadamente no seu artigo 34.º, relativos ao tempo e lugar de accionamento da carta, bem como ao conteúdo do pedido de pagamento ao garante.

Em primeiro lugar, quanto ao tempo da exigência de pagamento, o § 3 do artigo 34.º do AUG determina que existe um limite máximo temporal para accionar a carta de garantia, findo o qual esta caduca. Como vimos, uma das indicações que deve constar obrigatoriamente da carta de garantia é a sua duração temporal ou o evento que produzirá a sua extinção. Nesta medida, o pedido para o garante ou o contragarante efectuar o pagamento tem que ocorrer dentro deste limite temporal, pois, de outra forma, a carta já terá caducado. Não obstante, segundo Januário da Costa Gomes, as partes podem estipular que a carta garante as situações ocorridas na sua vigência mas pode ser accionada depois do decurso do prazo[852]. Por seu lado, Luís Menezes Leitão admite que as partes convencionem a prorrogação do prazo da garantia[853].

A questão do prazo para accionar a garantia é também abordada nas Regras CCI, cujo artigo 19.º determina que a interpelação ao garante deve ser feita nos termos definidos na garantia mas sempre dentro do prazo de execução desta.

Relativamente ao lugar, o terceiro parágrafo deste mesmo artigo requer que a carta de garantia seja accionada no mesmo local em que foi emitida, o que pode trazer alguns problemas na efectivação da garantia, especialmente quando se trate de relações plurilocalizadas. Para obstar a estas dificuldades, Januário da Costa Gomes pronuncia-se no sentido de que o accionamento da garantia pode ser efectuado perante o representante

---

[852] Cf. Manuel Januário da Costa Gomes, *O regime da carta de garantia...*, ob. cit., p. 61, n.r. 63.
[853] Cf. Luís Manuel Teles de Menezes Leitão, *Garantias das obrigações*, ob. cit., p. 148.

do garante[854], ainda que em local diverso do da emissão da garantia. Efectivamente, de outro modo, poderíamos estar em face de um caso de exercício desequilibrado de um direito, e, portanto, abuso do direito, em face do artigo 334.º do CC. É, pois, necessário conciliar o disposto neste artigo com o Princípio geral da boa fé, para não onerar excessivamente o credor beneficiário da garantia. Assim, esta poderá ser accionada no lugar em que foi emitida, mas poderá igualmente ser accionada noutro local, desde que perante um legítimo e regular representante do garante e desde que o credor esteja a actuar de boa fé.

No que se refere ao conteúdo do pedido de pagamento, o seu regime consta ainda do artigo 34.º do AUG[855]. Contudo, previamente à análise deste artigo, há que relembrar as modalidades de garantia autónoma reconhecidas no Direito do Comércio Internacional. Como já se referiu, são admissíveis as seguintes modalidades de garantia autónoma[856]: garantia simples e garantia à primeira solicitação, e, dentro desta última, garantia com ou sem justificação documental.

O primeiro e o segundo parágrafos do art. 34.º do AUG estabelecem os seguintes requisitos para a regularidade do pedido de pagamento do beneficiário:

1) Pedido efectuado por escrito;
2) Pedido acompanhado dos documentos previstos na carta de garantia;
3) Indicação no pedido de que o ordenador não cumpriu as suas obrigações para com o beneficiário e explicitar em que consiste esse incumprimento.

Este último requisito consiste na indicação do *"guarantiefall"*, isto é, o motivo ou o evento que implica e justifica o accionamento da garantia. Esta circunstância consiste no incumprimento por parte do ordenador perante o credor beneficiário. O beneficiário da garantia tem que explicar que este incumprimento teve lugar, de modo a fundamentar o seu pedido

---

[854] Cf. MANUEL JANUÁRIO DA COSTA GOMES, *O regime da carta de garantia...*, ob. cit., p. 62.

[855] Cf. também o disposto no texto proposto pelo ajustamento para o artigo 662.º do CC.

[856] Cf. FRANÇOIS ANOUKAHA, JOSEPH ISSA-SAYEGH, AMINATA CISSE-NIANG, ISAAC YANKHOBA NDIAYE, MESSANVI FOLI e MOUSSA SAMB, *OHADA. Sûretés*, ob. cit., p. 48.

e a demonstrar ao garante que efectivamente existe uma causa para accionar a garantia, uma vez que a carta de garantia é um negócio jurídico causal.

A exigência de fundamentação ou de justificação não impõe ao credor beneficiário da garantia o dever de explicitar os factos que consubstanciam o incumprimento, nem tão pouco o de explicar em que consiste concretamente esse incumprimento. Basta-lhe invocar, perante o garante, que o ordenador não cumpriu as obrigações a que estava vinculado. Segundo Januário da Costa Gomes, a exigência de fundamentação *"permite afastar as chamadas garantias autónomas automáticas puras"*, isto é, em que o garante se obriga a pagar mediante o primeiro pedido do beneficiário, independentemente de este invocar algum motivo para accionar a garantia[857]. Não é esse o regime instituído pelo AUG, em que, muito embora a garantia seja automática, o beneficiário deve fundar o seu pedido de pagamento ao garante no prévio incumprimento da obrigação por parte do devedor garantido. Acresce que esta exigência permite ainda afastar a conduta abusiva do credor beneficiário, que poderia querer accionar a garantia antes de se verificar o incumprimento por parte do devedor.

De notar que os requisitos de regularidade do pedido de pagamento ao garante se aproximam do disposto no artigo 20.º das Regras CCI, nos termos do qual o pedido deve ser feito por escrito, devendo ser acompanhado dos documentos necessários e de uma declaração escrita em que o beneficiário da garantia deverá expor os fundamentos do seu pedido.

Tratando-se do pedido de pagamento efectuado ao contragarante, o terceiro parágrafo do art. 34.º do AUG estabelece um quarto requisito adicional, na medida em que, nesse caso, o pedido tem que ser acompanhado de uma declaração escrita do garante, na qual este confirme ter recebido um pedido de pagamento por parte do beneficiário.

O pedido de pagamento feito pelo credor beneficiário apenas se considera regular no caso de estarem preenchidos todos os requisitos constantes do artigo 34.º, tanto no que respeita ao tempo e ao lugar, como ainda no que se refere ao conteúdo deste pedido. A não ser assim, o garante não se encontra obrigado a dar seguimento ao pedido em virtude da sua irregularidade.

No caso de estar perante um pedido regular, o § 1 do art. 35.º do AUG dispõe que o garante goza de um prazo razoável para o apreciar, assim como os documentos que lhe foram entregues pelo beneficiário,

---

[857] Cf. Manuel Januário da Costa Gomes, *O regime da carta de garantia...*, ob. cit., p. 61.

com vista a decidir se vai efectuar o pagamento ou não[858]. Esta norma é idêntica ao artigo 9.º e à *alínea a)* do artigo 10.º das Regras CCI, onde se estabelece que o garante deve analisar o pedido num prazo razoável, bem como a fundamentação do beneficiário da garantia e os documentos apresentados, *"com razoável cuidado, afim de determinar a sua conformidade aparente com os termos da garantia"*.

Neste período de tempo "razoável" o garante vai analisar o pedido e os documentos que lhe foram entregues, com vista a averiguar da conformidade do pedido com as disposições da lei. O prazo razoável visa, assim, que o garante possa apreciar a regularidade do pedido em relação às estipulações da carta de garantia, analisar os documentos e ainda informar o ordenador que lhe foi solicitado o pagamento, trocando impressões com este. Em qualquer caso, as partes podem determinar qual será o prazo de que o garante dispõe para analisar o pedido. Nada tendo sido estipulado, a determinação do que se deve entender por prazo razoável será feita, em última instância, pelo tribunal[859].

Note-se que, uma vez efectuado um pedido regular, o garante tem o dever de o comunicar ao ordenador, nos termos do segundo parágrafo do artigo 35.º do AUG. Em termos paralelos, também o artigo 17.º das Regras CCI impõe ao garante o dever de *"avisar sem demora"* o dador de ordem do pedido recebido, devendo ainda, ao abrigo do artigo 21.º das referidas Regras CCI, transmitir-lhe os documentos que lhe foram apresentados.

Relativamente ao período de tempo de que o garante dispõe para analisar o pedido efectuado, importa determinar, com alguma margem de certeza, o que se deve entender por prazo razoável para o garante apreciar o pedido do beneficiário e decidir se vai honrar a garantia ou não. O problema é que o AUG se limita a referir o conceito de prazo razoável sem impor nenhum limite, nem mínimo, nem máximo. Esta questão é extremamente relevante, essencialmente porque dela depende o momento a partir do qual o garante entra em mora perante o credor beneficiário, pois é certo que, se ele não cumprir dentro do prazo razoável, será obrigado a pagar juros moratórios – cf. art. 804.º, n.º 2, do CC.

---

[858] Cf. também o disposto no texto proposto pelo ajustamento para o n.º 1 do artigo 663.º do CC.

[859] Cf. François Anoukaha, Joseph Issa-Sayegh, Aminata Cisse-Niang, Isaac Yankhoba Ndiaye, Messanvi Foli e Moussa Samb, *OHADA. Sûretés*, ob. cit., p. 57.

Sobre este assunto, Boris Martor considera que a fixação do que deve ser entendido por prazo razoável à luz do AUG deve ser efectuada pelo TCJA[860]. Contudo, isso significa que em cada caso concreto as partes teriam de recorrer a este tribunal afim de determinar qual o período de tempo de que o garante dispõe para decidir se cumpre a garantia ou não, o que iria indubitavelmente frustrar os objectivos de celeridade e facilidade pretendidos pela OHADA para o Direito dos negócios. Este argumento não prejudica naturalmente que, em caso de dúvida, as partes possam recorrer ao TCJA.

Como ponto prévio, cumpre notar que o prazo razoável mencionado no § 1 do art. 35.º do AUG só começa a contar quando esteja em causa uma interpelação regular feita pelo credor beneficiário, isto é, quando respeite o disposto no artigo 34.º. Neste sentido, o pedido de pagamento tem de ser feito por escrito, deve ser acompanhado dos documentos necessários e ainda conter a indicação de que o devedor não cumpriu a sua obrigação; deve ainda ser feito no tempo e lugar fixados no 4.º parágrafo do art. 34.º. Diversamente, se o accionamento da garantia não tiver sido regular, o garante tem o dever de não cumprir, caso em que não entra em mora, precisamente porque a interpelação que lhe foi feita é ineficaz. Só a partir do momento em que o credor beneficiário corrigir o seu pedido, e se, com essa correcção, o pedido passar a ser regular, é que se começa a contar o prazo razoável[861].

Também pode acontecer que o pedido respeite todos os requisitos legais mas o garante tenha dúvidas e por isso solicite ao credor beneficiário mais documentos. Supondo, por exemplo, que depois de informar o ordenador do pedido feito pelo credor este lhe disse que nada estava em dívida, mostrando os documentos que o provam, pode o garante querer assegurar-se se efectivamente é assim ou não. Nesse caso, deve haver lugar à extensão do prazo razoável, afim de que o credor junte novos documentos e o garante os possa analisar[862].

Relativamente à determinação do que se deve entender por prazo razoável, é necessário distinguir entre duas situações possíveis. Em primeiro lugar, as partes podem ter fixado um prazo, momento em que deixa

---

[860] Cf. BORIS MARTOR, *Comparaison de deux sûretés personnelles...*, ob. cit., p. 27.
[861] Cf. MANUEL JANUÁRIO DA COSTA GOMES, *Estudos de direito das garantias*, Volume I, ob. cit., p. 205.
[862] Cf. MANUEL JANUÁRIO DA COSTA GOMES, *Estudos de direito das garantias*, Volume I, ob. cit., p. 206.

de se colocar o problema da sua determinação. Esta convenção pode ter lugar no momento em que o beneficiário acciona a garantia, assim como pode constar da própria carta de garantia, numa cláusula contratual para esse efeito. No entanto, tem que haver acordo, não pode ser apenas o credor beneficiário a impor um prazo na sua solicitação ao garante. Tratando-se de mera indicação unilateral do beneficiário, pode ainda ser discutido se o prazo concedido é ou não razoável.

Se for convencionado numa cláusula contratual da carta de garantia, esse prazo não poderá em caso algum ser contestado, mesmo que seja manifesto que não é um prazo razoável, por ser excessivamente curto ou demasiado longo. Isto na medida em que, nessa altura, prevalecerá o Princípio da autonomia privada[863].

Diferentemente, se as partes não fixaram nenhum prazo nem entraram em acordo quanto à sua determinação, há alguns dados a que podemos recorrer para procurar fixar o período de tempo de que o garante dispõe. Aqui se inclui o disposto no artigo 16.º da Convenção das Nações Unidas Sobre Garantias Independentes e Cartas de Crédito *Standby*, de 11 de Dezembro de 1995[864], nos termos do qual o prazo razoável nunca pode exceder sete dias úteis. O n.º 1 deste artigo refere que o garante deve examinar o pedido que lhe foi feito e os documentos que o acompanham, de acordo com as regras de conduta impostas no n.º 1 do artigo 14.º, que, por seu turno, impõe que o garante actue de boa fé e com a diligência exigível pelas regras geralmente aceites pela prática internacional em matéria de garantias independentes e de cartas de crédito *standby*[865-866]. Por seu turno, o n.º 2 do artigo 16.º estabelece que, a menos que as partes

---

[863] Cf. MANUEL JANUÁRIO DA COSTA GOMES, *Estudos de direito das garantias*, Volume I, ob. cit., p. 204.

[864] O texto da Convenção pode ser consultado em *International legal materials*, Volume XXXV, N.º 3, Maio de 1996, pp. 735 e seguintes.

[865] Artigo 16.º, n.º 1: *"The guarantor/issuer shall examine the demand and any accompanying documents in accordance with the standard of conduct referred to in paragraph 1 of article 14. In determining whether documents are in facial conformity with the terms and conditions of the undertaking, and are consistent with one another, the guarantor/issuer shall have due regard to the applicable international standard of independent guarantee or stand-by letter of credit."*.

[866] Artigo 14.º, n.º 1: *"In discharging its obligations under the undertaking and this Convention, the guarantor/issuer shall act in good faith and exercise reasonable care having due regard to generally accepted standards of international practice of independent guarantees or stand-by letters of credit."*.

tenham acordado outro prazo, ou que este resulte de um outro instrumento aplicável, o garante deve dispor de um prazo razoável, mas não superior a sete dias úteis, a contar da data da recepção do pedido e dos documentos que o acompanham, para examinar esse pedido e esses documentos, decidir se vai ou não pagar ao beneficiário, e, no caso de decidir não cumprir, para dar notícia desse facto ao beneficiário[867].

Não obstante, segundo alguns autores, em certos casos de garantia à primeira solicitação, sete dias úteis pode ser demasiado, sendo que nesses casos o prazo peca por excessivamente longo.

Assim, muito embora o recurso ao art. 16.º supra citado constitua uma base de trabalho, certo é que o critério para a fixação do prazo razoável terá de ser determinado casuisticamente, isto é, consoante as circunstâncias de cada caso concreto, tendo em consideração, designadamente, os seguintes elementos:

1) A configuração da relação garantida;
2) Os documentos que são juntos ao pedido: se forem muitos e complexos, o tempo de apreciação terá de ser necessariamente mais longo do que se for apenas um documento de simples análise; se tiver de se recorrer a um perito para analisar os documentos, o prazo também terá de ser necessariamente mais amplo; etc.;
3) A dificuldade ou facilidade de contacto do ordenador, na medida em que o garante tem a obrigação de o informar do pedido antes de decidir cumprir ou não a garantia (cf. art. 35.º, segundo parágrafo);
4) Outros elementos relevantes no caso concreto.

Uma coisa, porém, parece ser certa: nunca é razoável o garante ter de pagar no próprio dia em que tal lhe é solicitado. Terá de dispor, pelo menos, de um dia a contar do dia em que recebe ou toma conhecimento do pedido, antes de entrar em mora.

---

[867] Artigo 16.º, n.º 2: *"Unless otherwise stipulated in the undertaking or elsewhere agreed by the guarantor/issuer and the beneficiary, the guarantor/issuer shall have reasonable time, but not more than seven business days following the day of receipt of the demand and any accompanying documents, in which to: a) Examine the demand and any accompanying documents; b) Decide whether or not to pay; c) If the decision is not to pay, issue notice thereof to the beneficiary. The notice referred to in subparagraph (c) above shall, unless otherwise stipulated in the undertaking or elsewhere agreed by the guarantor/issuer and the beneficiary, be made by teletransmission or, if that is not possible, by other expeditious means and indicate the reason for the decision not to pay."*.

A doutrina discute ainda se o garante entra em mora logo no dia a seguir à eficácia da solicitação de pagamento pelo beneficiário, ou se apenas entra em mora depois de decorrer o prazo razoável. À partida, se é a própria lei que confere ao garante o direito a dispor de um prazo razoável para analisar e decidir, não faria sentido que ele entrasse logo em mora[868]. Portanto, somos de parecer que o garante apenas entra em mora depois do decurso do prazo razoável, cuja fixação é variável em função do caso concreto. Findo este prazo razoável, se o garante não proceder ao pagamento da garantia, considera-se que entra em mora e deve pagar os juros moratórios desde esse momento – cf. art. 805.º, n.º 2, *alínea a)*, do CC.

Uma vez em mora, o credor beneficiário pode fazer a interpelação admonitória ao garante, de forma a que este entre em incumprimento definitivo nos termos do n.º 1 do art. 808.º do CC. Contudo, importa salientar que pode acontecer que o credor beneficiário faça mais do que uma solicitação ao garante para pagar, sem que nenhuma dessas solicitações implique a realização da interpelação admonitória. Em todos os casos, o conteúdo de cada solicitação deve ser interpretado de molde a aferir se o que o credor fez foi uma nova solicitação, sem prejuízo da anterior, ou se, perante a mora do garante, optou por fazer a interpelação admonitória e exigir o seu direito aos juros moratórios. Para que se trate efectivamente de interpelação admonitória, é necessário que o credor faça uma declaração ao garante na qual lhe comunique a atribuição de um prazo adicional, razoável, dentro do qual ele deve efectuar a prestação devida, sob pena de entrar em incumprimento definitivo. Este incumprimento definitivo considera-se retroagido ao momento em que entrou em mora[869]. É muito importante que na sua declaração o credor refira a consequência do decurso do prazo razoável, pois, caso contrário, considera-se que o devedor não entra no incumprimento definitivo, permanecendo ainda em mora. A lei não determina o que se deve entender por prazo razoável, na medida em que a sua determinação depende das circunstâncias específicas de cada caso concreto. Não obstante, a determinação do prazo pelo credor está sujeita a controlo pelo tribunal e deve ser feita segundo as regras da boa fé (cf. artigos 762.º e 777.º, n.º 3, do CC).

---

[868] Cf. Manuel Januário da Costa Gomes, *Estudos de direito das garantias*, Volume I, ob. cit., p. 201.

[869] Cf. Inocêncio Galvão Telles, *Direito das obrigações*, ob. cit., p. 312.

Antes do pagamento, o garante está obrigado a informar ao ordenador o pedido feito pelo credor beneficiário, bem como todos os documentos que o acompanham (cf. o disposto no segundo parágrafo do artigo 35.º do AUG[870]). Segundo Januário da Costa Gomes, esta informação não deve ser prestada antes de o garante efectuar o pagamento, mas sim *"logo que receba o pedido do ordenador"*[871], para que este tenha tempo de se pronunciar ainda dentro do prazo razoável de que o garante dispõe para decidir se vai cumprir ou não. Tratando-se de contragarantia, o contragarante está obrigado a fazer esta comunicação ao garante, para que este, por sua vez, comunique ao ordenador (cf. o disposto na 2.ª parte do segundo parágrafo do art. 35.º do AUG).

Esta obrigação de informação tem que ser conciliada com o disposto no art. 36.º do AUG, na medida em que a exigência de informação tem em vista que o ordenador ou o garante, quando se trate de uma carta de contragarantia, possam evitar a efectivação da garantia em situações em que o pedido do beneficiário seja manifestamente abusivo ou fraudulento, caso em que o ordenador pode impedir o garante de cumprir.

3.11.1. *Meios de defesa do garante*

Importa agora determinar quais são os meios de defesa de que o garante dispõe para se recusar a honrar a garantia.

Em primeiro lugar, ele pode invocar todos os meios inerentes à própria carta de garantia, como sejam a invalidade formal ou substancial que a afectam. E, em segundo lugar, à luz do disposto no art. 36.º do AUG[872], o garante pode recusar-se a pagar ao beneficiário sempre que a solicitação deste se revele manifestamente abusiva ou fraudulenta. Este artigo contém uma fórmula frequentemente utilizada pela jurisprudência francesa[873]. Mais uma vez, segundo Boris Martor, a concretização do conceito de pedido abusivo ou fraudulento deverá caber ao TCJA[874].

---

[870] Cf. também o disposto no texto proposto pelo ajustamento para o n.º 2 do artigo 663.º do CC.

[871] Cf. MANUEL JANUÁRIO DA COSTA GOMES, *O regime da carta de garantia...*, ob. cit., p. 64.

[872] Cf. também o disposto no texto proposto pelo ajustamento para o n.º 1 do artigo 664.º do CC.

[873] Cf. BORIS MARTOR, *Comparaison de deux sûretés personnelles...*, ob. cit., p. 27.

[874] Cf. BORIS MARTOR, *Comparaison de deux sûretés personnelles...*, ob. cit., p. 27.

Segundo Januário da Costa Gomes, o artigo 36.º do AUG é uma disposição sujeita a críticas já que, nos casos em que o pedido seja manifestamente abusivo ou fraudulento, não é o ordenador que pode impedir o garante de cumprir, é o próprio garante que tem verdadeiramente o dever de não cumprir. Nesta ordem de ideias, o garante não tem apenas a faculdade de não cumprir derivada da informação do ordenador, tem efectivamente o dever de não o fazer. Segundo este autor, se o garante não cumprir este dever, o ordenador poderá recusar-se a satisfazer o seu direito de regresso[875], uma vez que a obrigação de o garante não cumprir a garantia decorre do dever que o garante tem de proteger o ordenador (devedor garantido e mandante), nos termos do Princípio da boa fé.

Também neste sentido se pronunciam Pedro Romano Martinez e Pedro Fuzeta da Ponte[876]. De acordo com estes autores, da relação jurídica existente entre o devedor ordenador e o garante resulta que este último tem deveres para com aquele, nomeadamente o dever de satisfazer o credor beneficiário assim que este acciona a garantia. Todavia, desta relação resulta igualmente o dever de recusar o pagamento naqueles casos em que claramente não exista o dever de cumprir. Pelo que, se o garante não cumprir este dever, haverá incumprimento do mandato que o liga ao ordenador[877].

Poderia questionar-se a admissibilidade destes meios de defesa, fundados no art. 36.º do AUG, argumentando que tal contraria a natureza autónoma da carta de garantia. No entanto, não é assim que a doutrina tem analisado o problema, pois considera-se, de forma relativamente unânime, que mesmo nas garantias autónomas automáticas há sempre situações excepcionais em que é legítimo ao garante recusar o pagamento da garantia. Essas situações excepcionais decorrem do facto de não ser possível, com recurso à autonomia privada, contornar os princípios essenciais do ordenamento jurídico. Com efeito, a autonomia privada tem limites, que decorrem do Princípio da boa fé e do Princípio da causalidade dos negócios jurídicos, consagrados no Código Civil de 1966. É com base nestes princípios que se tem vindo a admitir que o garante recuse o paga-

---

[875] Cf. MANUEL JANUÁRIO DA COSTA GOMES, *O regime da carta de garantia...*, ob. cit., p. 66 e n.r. 72.
[876] Cf. PEDRO ROMANO MARTINEZ e PEDRO FUZETA DA PONTE, *Garantias de cumprimento*, ob. cit., pp. 145 e seguintes.
[877] Cf. PEDRO ROMANO MARTINEZ e PEDRO FUZETA DA PONTE, *Garantias de cumprimento*, ob. cit., p. 148.

mento da garantia, quando a solicitação do beneficiário contrarie frontalmente estes vectores fundamentais da ordem jurídica.

Por outra via, é de realçar que a possibilidade de o garante recusar o pagamento devido ao manifesto abuso ou fraude do pedido não prejudica o carácter autónomo da garantia, precisamente porque constitui um limite a essa autonomia. Com efeito, como refere Mónica Jardim[878], o garante só está realmente obrigado a cumprir à primeira solicitação quando haja a certeza de que o beneficiário tem um direito contra o ordenador, ou quando haja dúvidas a esse respeito. Porém, não está seguramente obrigado a cumprir quando seja certo que o beneficiário não é titular de nenhum direito contra o ordenador, sendo esse o motivo que justifica esta recusa. Assim sendo, se for segura a existência do direito do beneficiário, ou se existirem dúvidas a esse respeito, o garante deve proceder de imediato ao pagamento. Se, porém, for absolutamente seguro que o beneficiário não goza de nenhum direito, o garante encontra-se já obrigado a não satisfazer o pedido de pagamento que lhe foi dirigido.

Entretanto, importa distinguir o conceito de pedido manifestamente abusivo e de pedido manifestamente fraudulento. O pedido abusivo verifica-se quando a exigência de pagamento é feita por um credor beneficiário que não sabe que não tem direito ao pagamento, isto é, que se encontra de boa fé, razão pela qual desconhece que não tem qualquer direito contra o ordenador, e, consequentemente, que também não tem direito contra o garante. Por seu turno, o pedido é fraudulento quando o credor o faça com o conhecimento de que não tem qualquer direito contra o ordenador, mas, mesmo assim, procure obter o pagamento por parte do garante.

Na doutrina internacional tem sido discutida a questão de saber se o garante só pode recusar o pagamento em caso de pedido fraudulento ou também no caso de pedido abusivo. No caso da OHADA, o art. 36.º do AUG adoptou o entendimento mais amplo, que coincide com o da maioria dos autores. Com efeito, quer no caso de abuso, quer no de fraude, trata-se do exercício anormal de um direito por parte do beneficiário, devido ao facto de este não ser titular de um direito contra o ordenador. Por conseguinte, a justificação para a recusa de pagamento da garantia é a ausência, do ponto de vista objectivo, de um direito contra o ordenador, e não o aspecto subjectivo da pessoa do credor. Esse aspecto subjectivo

---

[878] Cf. Mónica Jardim, *A garantia autónoma*, Coimbra, Almedina, 2002, pp. 283 e seguintes.

não releva para saber se o garante pode recusar o pedido, pois essa recusa pode ter lugar independentemente de o credor conhecer ou desconhecer a ausência do seu direito contra o ordenador. Se não fosse assim, o credor iria enriquecer injustamente à custa do garante.

Normalmente, a doutrina internacional considera que o garante só pode recusar o pagamento se tiver em seu poder a prova pronta e líquida da ausência de direito do credor, e, portanto, do abuso ou da fraude do seu pedido. Em termos literais, o art. 36.º do AUG não requer que o garante tenha em seu poder esta prova, mas o certo é que este preceito deve ser conciliado com o art. 34.º, que estabelece os requisitos do pedido do beneficiário, aí se exigindo a apresentação de documentos. Assim sendo, parece que só faz sentido que o garante possa recusar o pagamento se ele tiver em seu poder documentos que permitam pôr em causa aqueles outros documentos que o credor lhe tenha apresentado. Por confronto com este artigo, afigura-se, pois, de exigir que o garante tenha tais documentos na sua mão, com vista a poder demonstrar a fraude ou o abuso do pedido.

Apesar da diferença existente entre um pedido abusivo e um pedido fraudulento atrás apontada, o certo é que a determinação do que em concreto significa uma solicitação manifestamente abusiva ou fraudulenta depende, em boa parte, da doutrina e da jurisprudência, na medida em que o AUG não chega a concretizar estes conceitos. Contudo, pode recorrer-se, a título comparativo, à experiência internacional em matéria de garantia autónoma, onde são usualmente aceites como meios de defesa com base nestes fundamentos as seguintes situações:

1) Quando seja notória a inexistência da dívida garantida;
2) Quando se verifique a invalidade do contrato base já decidida por meio de sentença transitada em julgado;
3) Quando a dívida garantida se tenha extinto;
   Pode acontecer que o devedor (ordenador) já tenha cumprido a dívida garantida perante o credor beneficiário, ou que entretanto tenha operado outra causa de extinção da dívida. Nesse caso, é manifestamente abusiva ou fraudulenta a solicitação feita ao garante, a qual, a ser cumprida, dará lugar à repetição do indevido, nos termos do n.º 1 do artigo 476.º do CC.
4) Quando o contrato base tenha sido objecto de resolução por alteração de circunstâncias;
5) Quando tenha sido invocada, na relação base, a excepção de não cumprimento do contrato por causa imputável ao credor beneficiário;

6) Quando a dívida garantida provenha da celebração dum negócio jurídico que contraria os limites injuntivos constantes dos artigos 280.º e 281.º do CC;
7) Quando tenha ocorrido uma actuação fraudulenta do credor beneficiário: por exemplo, se ele tiver criado, artificiosamente, a imagem de que era credor de outrem, apenas para iludir o garante.

Naturalmente que estas circunstâncias são meramente ilustrativas do que pode fundar a defesa do garante com base no pedido manifestamente abusivo ou fraudulento do credor beneficiário, sendo, nessa medida, apenas exemplificativas. Contudo, a gravidade das situações enunciadas permite demonstrar que em muito poucos casos o garante se poderá defender com este fundamento, o que só acontecerá, em regra, em situações absolutamente excepcionais.

No caso de o garante decidir recusar o pagamento ao credor beneficiário, há que atender ao disposto no terceiro parágrafo do art. 35.º do AUG[879], que lhe impõe a obrigação de informar essa sua decisão tanto ao ordenador como ao beneficiário da garantia, o mais rapidamente possível, pondo à disposição deste último os documentos que lhe tenham sido apresentados. No entanto, é sempre necessário aferir da legitimidade desta recusa, uma vez que, se o garante recusar, infundadamente, a efectivação da garantia, pode surgir um problema de incumprimento do mandato que tem para com o ordenador[880]. Por sua vez, em relação ao beneficiário da garantia, a recusa infundada por parte do garante implica uma situação de mora (cf. *alínea a)* do n.º 2 do artigo 805.º do CC), que segue o regime jurídico comum disposto nos artigos 804.º e seguintes do CC.

Também pode acontecer que o credor beneficiário accione a garantia sem que a sua satisfação seja devida, por exemplo, porque o devedor já cumpriu, produzindo com isso a extinção da obrigação, mas o garante, no desconhecimento desse facto, cumpra a garantia. Nessa hipótese, há lugar à repetição do indevido, nos termos gerais do n.º 1 do artigo 476.º do CC, devendo ainda o beneficiário da garantia indemnizar o ordenador e o garante pelos danos que estes tenham sofrido com aquele pedido.

---

[879] Cf. também o disposto no texto proposto pelo ajustamento para o n.º 3 do artigo 663.º do CC.

[880] Cf. Pedro Romano Martinez e Pedro Fuzeta da Ponte, *Garantias de cumprimento*, ob. cit., p. 148.

3.11.2. Acção do garante contra o ordenador

O art. 37.º do AUG estabelece que o garante que cumpre perante o beneficiário da garantia goza dos mesmos direitos que o fiador tem contra o devedor principal. Assim, embora normalmente a doutrina considere que o garante autónomo não fica sub-rogado nos direitos do credor contra o devedor, não é essa a solução que deriva do AUG. Com efeito, de acordo com este artigo, o garante pode optar entre exigir ao devedor garantido o reembolso das quantias que entregou ao credor em nome próprio (acção pessoal ou direito de regresso) ou por via da sub-rogação nos direitos que o credor beneficiário tinha contra o devedor garantido[881].

Isto significa que em sede de carta de garantia o AUG faz uma remissão para o disposto nos artigos 20.º e 21.º, relativos à fiança, os quais devem ser aplicados com as necessárias adaptações. De acordo com esta remissão, se o garante optar por agir por meio de sub-rogação, apenas poderá exigir ao ordenador nos mesmos termos que o credor podia. Diversamente, tratando-se de acção pessoal, ele poderá exigir tudo quanto tenha pago ao beneficiário, acrescido, sendo caso disso, de uma indemnização pelos danos sofridos com a interpelação que lhe foi dirigida.

Convém notar que, neste aspecto, o Ajustamento entre o Direito interno e o AUG parece ter-se afastado do disposto no Acto Uniforme, uma vez que o texto proposto para o artigo 665.º do CC, cuja epígrafe é *"Sub-rogação"*, é o seguinte: *"É aplicável à carta de garantia o disposto no art. 644º."*. Reforçando esta solução, explica-se nestes trabalhos que, *"À semelhança do que se estabeleceu com a fiança, decidiu-se consagrar simplesmente a sub-rogação nos direitos do credor caso o garante venha a efectuar o cumprimento da carta de garantia."*.

Discordamos, tal como em sede de fiança, da solução proposta. Com efeito, o AUG é claro ao referir que, tanto o fiador, como o garante, podem exigir ao devedor garantido o reembolso das quantias entregues ao credor, quer em sede de sub-rogação nos direitos do credor, quer ainda por meio de acção pessoal, através do exercício do chamado direito de regresso. Este regime resulta claramente dos artigos 20.º e 21.º, em relação à fiança, onde se diferencia o modo de acção e as consequências, consoante o fiador opte pela sub-rogação ou pela acção pessoal. Nos mesmos termos,

---

[881] Em crítica à solução adoptada no AUG, cf. MANUEL JANUÁRIO DA COSTA GOMES, *O regime da carta de garantia...*, ob. cit., p. 67.

tais artigos são igualmente aplicáveis ao garante, por via da remissão constante do artigo 37.º do AUG, até porque aí se determina que o garante goza *"dos mesmos direitos"* que o fiador, o que dá a entender que não se trata apenas da possibilidade de agir por meio de sub-rogação, como também do exercício do direito de regresso. Conclui-se, nessa medida, que o texto proposto pelo Ajustamento para o artigo 665.º do CC é mais restritivo do que a solução estabelecida no artigo 37.º do AUG. Ora, como resulta do artigo 10.º do TOHADA, em caso de contradição entre um Acto Uniforme e o Direito interno, quer seja este anterior, quer seja posterior, prevalece sempre o Acto Uniforme, razão pela qual consideramos que se deve ainda atender ao artigo 37.º do AUG, em detrimento do artigo 665.º do CC, ainda que o mesmo venha a ser adoptado e posteriormente publicado no Boletim Oficial. O garante poderá então optar pela sub--rogação nos direitos do credor, assim como poderá igualmente optar pela acção pessoal, fundada, em boa parte das vezes, na possível relação de mandato que o liga ao ordenador.

3.12. Extinção da carta de garantia

Vamos agora analisar as causas de extinção da carta de garantia. Tratando-se de um contrato, a carta de garantia obedece ao regime jurídico geral de extinção dos contratos constante do Código Civil, o que significa que a sua extinção pode ocorrer por meio de uma das seguintes formas:

– Revogação, por comum acordo das partes, nos termos do n.º 1 do artigo 406.º do CC;
– Caducidade, por verificação de uma condição resolutiva ou pelo decurso de um prazo determinado pelas partes;
– Resolução por justa causa, nos termos do n.º 2 do artigo 801.º do CC.

Para além disso, o AUG previu expressamente certas causas de extinção da carta de garantia. Em primeiro lugar, o artigo 38.º do AUG[882] determina a sua extinção por caducidade em virtude do termo do prazo acordado ou por verificação do evento que produz a sua extinção. Conforme

---

[882] Cf. também o disposto no texto proposto pelo ajustamento para o artigo 665.º--A do CC.

já analisámos, trata-se ainda de uma causa de extinção à luz do regime geral. Por outro lado, importa notar que a carta de garantia apenas caduca se não tiver sido accionada pelo beneficiário até ao fim do prazo ou até à verificação do evento.

Em segundo lugar, a carta de garantia também se extingue mediante a apresentação ao garante dos documentos que põem termo à garantia, conforme resulta dos elementos obrigatoriamente constantes do texto da carta impostos pelo artigo 30.º do AUG.

Por último, extingue-se por meio de declaração escrita do beneficiário que libera o garante ou o contragarante. Esta causa de extinção merece uma atenção especial, pois a carta de garantia consiste num contrato, pelo que, à partida, só poderia ser extinta mediante acordo de ambas as partes. Contudo, atendendo ao facto de a carta de garantia originar essencialmente obrigações para o garante, sendo o credor o verdadeiro beneficiado com este negócio jurídico, o AUG admite que a sua extinção decorra de declaração unilateral de renúncia do credor beneficiário, independentemente do concurso da vontade do garante neste sentido.

Neste domínio, Januário da Costa Gomes acrescenta ainda que não pode deixar de se considerar extintiva da carta de garantia a devolução da carta ao garante pelo seu beneficiário. Com efeito, esta devolução implica a declaração tácita de que o beneficiário pretende extinguir a garantia e deve, no entendimento deste autor, produzir os mesmos efeitos que a declaração escrita mencionada no art. 38.º do AUG[883].

3.13. Admissibilidade de outras garantias autónomas

Por fim, vamos aferir da possibilidade de contratação de outras modalidades de garantia autónoma, diversas da carta de garantia prevista nos artigos 28.º e seguintes do AUG. Esta é uma possibilidade não referida expressa nem tacitamente no AUG mas que deve, em nossa opinião, ser plenamente permitida. Com efeito, a OHADA positivou apenas uma das modalidades de garantia autónoma, a saber, a garantia autónoma à primeira solicitação e mediante justificação documental. Porém, existem outras modalidades de garantia autónoma que as partes podem naturalmente

---

[883] Cf. MANUEL JANUÁRIO DA COSTA GOMES, *O regime da carta de garantia...*, ob. cit., p. 70.

convencionar no âmbito da sua autonomia privada (cf. art. 405.º do CC), uma vez que o AUG o não proíbe.

No mesmo sentido foi a solução proposta pelo Ajustamento entre o Direito interno e o AUG, onde se entendeu o seguinte: "... *nada referindo [o AUG] sobre a garantia autónoma simples, nem sobre a fiança ao primeiro pedido, pelo se considerou que, se estabelecêssemos uma previsão legislativa destas figuras, destruiríamos o objectivo de uniformização pretendido. Atenta a atipicidade dos negócios de garantia pessoal, não parece haver, porém, obstáculos a que as mesmas sejam estipuladas.*". Portanto, neste ponto é de entender que o AUG não regulou as restantes modalidades de garantia autónoma, mas também as não proibiu, podendo estas ser ainda livremente convencionadas ao abrigo do Princípio da autonomia privada.

Entretanto, uma questão que se pode colocar é a de saber se, sendo contratada uma garantia autónoma atípica – por exemplo, em que o garante não se obriga a pagar à primeira solicitação – o regime jurídico aplicável a esta garantia deverá ser o do AUG, nomeadamente o constante dos artigos 28.º e seguintes, ou, em alternativa, o do Código Civil.

Em princípio, o regime imposto pelos artigos 28.º e seguintes do AUG aplica-se apenas à carta de garantia, isto é, às garantias autónomas que preencham os elementos exigidos no artigo 28.º do AUG. Nesta medida, somos de parecer que nos restantes casos se deverá aplicar simplesmente o regime geral das obrigações constante do Código Civil. Isto não prejudica, contudo, que em casos particulares algumas questões possam ser resolvidas por analogia com as soluções estabelecidas no AUG para a carta de garantia. Porém, tal terá de ser decidido a propósito de cada caso concreto, quando se encontre uma lacuna insusceptível de preencher por outra via diversa.

Estamos cientes de que a solução propugnada é susceptível de criar desequilíbrios entre o regime jurídico da garantia autónoma, consoante se trate de carta de garantia ou de garantia autónoma atípica. Isso acontecerá, desde logo, quanto ao problema da legitimidade para subscrever a garantia atípica, uma vez que nos parece que o primeiro parágrafo do art. 29.º se não poderá aplicar por analogia a esta, por se tratar de uma norma excepcional. Não obstante, parece-nos que a melhor solução será ainda o recurso ao regime geral do Código Civil, admitindo a eventual aplicação analógica de algumas regras da carta de garantia, quando a situação concreta assim o justifique.

Secção 2

GARANTIAS REAIS

1. NOÇÃO. GENERALIDADES

O § 1 do art. 39.º do AUG[884] contém uma enumeração taxativa das garantias reais mobiliárias reconhecidas pelo AUG, que são o direito de retenção, o penhor, o penhor sem entrega e os privilégios creditórios. Esta enumeração enforma um *numerus clausus* das garantias reais mobiliárias consagradas pela OHADA.

Em virtude das pretensões de uniformização desta organização, devemos em princípio considerar tacitamente revogadas todas as outras garantias reais mobiliárias que eram admitidas pela legislação interna e que não constam desta enumeração. Como já se analisou, encontra-se nesta categoria a consignação de rendimentos (cf. o disposto no n.º 2 do art. 604.º do CC), sem prejuízo de esta poder continuar a funcionar em termos obrigacionais e como forma de facilitar o cumprimento perante o credor.

Em segundo lugar, devem igualmente ter-se por tacitamente revogadas as disposições de Direito interno Guineense relativas às garantias reais taxativamente enunciadas, na medida em que o AUG estabelece um novo regime jurídico. O âmbito desta revogação do Direito interno depende da adopção da tese da uniformização (caso em que se devem considerar revogadas todas as disposições internas relativas às garantias tratadas no AUG) ou da tese da harmonização (caso em que apenas se devem considerar revogadas as disposições internas que se encontrem em contradição com disposições do AUG)[885].

O § 2 do artigo 39.º determina que algumas das garantias reais mobiliárias enunciadas no parágrafo anterior são sujeitas a publicidade organizada[886]. Porém, apenas estão sujeitas à publicidade organizada as garantias reais que incidam sobre bens móveis sujeitos a registo. Por outro lado, importa notar que a exigência de publicidade organizada para

---

[884] Cf. também o disposto no texto proposto pelo ajustamento para o n.º 3 do artigo 622.º-C do CC.

[885] Sobre esta questão, consultar o Capítulo II.

[886] Cf. também o disposto no texto proposto pelo ajustamento para a 1.ª parte do n.º 4 do artigo 622.º-C do CC.

as garantias não constitui nada de estranho nem de inovador, na medida em que as garantias reais conferem ao seu titular um direito real de garantia e, usualmente, esta categoria de direitos encontra-se sujeita a registo. As únicas excepções no âmbito do Código Civil de garantias reais não sujeitas a registo eram as seguintes:

– O penhor, que tinha uma publicidade de facto, decorrente da *traditio* da coisa;
– Os privilégios creditórios, os quais, pela sua própria natureza, eram secretos;
– O direito de retenção, que, tal como o penhor, se entendia gozar da publicidade inerente a própria tradição da coisa retida.

Veremos adiante o regime jurídico que o AUG determinou para estas garantias no que se refere à sua publicidade. De resto, as outras garantias reais previstas no Código Civil estavam sujeitas a registo. Era este o caso, por exemplo, da consignação de rendimentos e da hipoteca.

Na sequência da previsão da publicidade organizada, o AUG prevê a criação de um Registo do Comércio e do Crédito Mobiliário (RCCM), bem como de disposições relativas à criação deste registo e à forma de inscrição das garantias reais. Estas regras, porém, nunca chegaram a existir na Ordem Jurídica Guineense, de forma que ainda não se encontra constituído este Registo. Mantém-se, então, o funcionamento das Conservatórias de Registo, como forma de suprir as lacunas existentes.

Os artigos 40.º e seguintes do AUG contêm algumas regras relativas à publicidade organizada que o legislador OHADA considerou dever ser ele mesmo a estabelecer. Tudo o mais fica, pois, na dependência de cada Estado Membro, ao qual cabe criar e regulamentar as competências do futuro Registo do Comércio e do Crédito Mobiliário. Nessa ordem de ideias, o § 1 do artigo 40.º determina que qualquer pessoa pode requerer ao escrivão, que fica obrigado a entregar, os seguintes documentos:

1) Certidão com todas as inscrições existentes e respectivos averbamentos.

Trata-se da solicitação da certidão de registo referente a um determinado bem, e não, naturalmente, de todos os registos que existam em relação a todos os bens.

2) *Certidão referente a uma ou mais situações específicas relativas a cada uma das categorias de inscrições.*

Qualquer pessoa pode solicitar que lhe seja passada uma certidão que, em vez de descrever toda a situação jurídica do bem, especifique apenas uma determinada situação jurídica a ele respeitante. Por exemplo, uma pessoa pode pedir uma certidão no sentido da existência de uma hipoteca, ou no sentido da inexistência de quaisquer ónus sobre o bem.

3) *Certidão que ateste a ausência de qualquer inscrição.*

É concedido a todas as pessoas o direito de requerer a chamada certidão negativa, ou seja, que comprova que não há nenhuma inscrição sobre aquele bem.

Por seu turno, o § 2 do art. 40.º contém uma importante previsão de responsabilidade do escrivão, sempre que ocorra uma inscrição, cancelamento ou averbamento ilegal, ou sempre que se verifique a entrega de certidões incompletas ou erróneas.

A formulação desta regra aponta, aparentemente, no sentido da responsabilidade objectiva do escrivão. Não obstante, somos da opinião de que se trata de responsabilidade subjectiva, ou melhor, com recurso a presunção de culpa da parte do escrivão. Efectivamente, o escrivão do registo é a pessoa responsável pela recepção e aceitação dos pedidos, devendo averiguar, com a diligência que lhe é exigível, se o pedido está em ordem. Não sendo esse o caso, a lei presume que ele foi pouco diligente no desempenho das suas funções, razão pela qual deve responder pelos prejuízos causados a terceiros, se os houver. A responsabilidade assenta, por isso, num facto próprio do escrivão, sendo certo que ele poderá elidir a presunção, demonstrando que agiu sem culpa. Assim, nos termos da regra geral do art. 350.º do CC, as presunções são elidíveis.

Com efeito, não faria sentido, no caso em apreço, a admissibilidade de responsabilidade objectiva do escrivão. Normalmente, a responsabilidade objectiva assenta sobre uma situação de risco, isto é, em que alguém exerce uma actividade que é geradora de riscos para as outras pessoas, e, na medida em que beneficia com essa actividade, auferindo ganhos, considera-se que é da mais elementar justiça que acarrete igualmente com os eventuais danos dela provenientes. No entanto, nada disso se constata no caso do escrivão, mero funcionário público e que nada tem a ganhar com o exercício das suas funções que não seja apenas o seu salário. Por isso, a imputação não pode ser objectiva, mas antes subjectiva, fundada no facto de o escrivão dever cumprir as suas funções com diligência e prudência, de forma que daí não resultem danos para outrem.

Em todo o caso, pode questionar-se se não deveria igualmente ser consagrada a responsabilidade do conservador de registo, hierarquicamente superior ao escrivão. A esta hipótese é aplicável o disposto no *artigo 33.º da Constituição da República da Guiné-Bissau*, que consagra a responsabilidade solidária do Estado e das pessoas colectivas públicas pelos actos praticados pelos seus funcionários, no exercício das suas funções e por causa delas[887].

2. DIREITO DE RETENÇÃO

2.1. Noção. Generalidades

Em termos históricos, o direito de retenção assemelha-se à *pignoratio* privada[888-889], que era um instituto de Direito romano que permitia ao devedor da entrega uma actuação directa sobre os bens do seu credor de forma a obter o ressarcimento do crédito, no caso de o devedor ser também credor do seu credor. Nessa hipótese, o devedor da obrigação de entrega da coisa podia manter em penhor essa mesma coisa até que a outra parte cumprisse a sua própria obrigação.

A *pignoratio* consistia numa manifestação de justiça privada, que foi sendo eliminada ao longo dos tempos, com a crescente publicização da justiça. Porventura devido ao repúdio da justiça privada, o Código de Seabra não admitia o direito de retenção. Não obstante, já nessa altura esta figura era aceite pela doutrina.

No Código Civil de 1966 o direito de retenção apresenta-se como uma garantia real, mobiliária e imobiliária. Neste sentido, admite-se que alguém retenha em seu poder tanto uma coisa móvel, como uma coisa

---

[887] Esta norma corresponde à consagração da responsabilidade objectiva do Estado por actos de gestão pública. Quanto aos actos de gestão privada, é aplicável o disposto no artigo 501.º do Código Civil.

[888] Cf. ADRIANO PAES DA SILVA VAZ SERRA, *Direito de Retenção*, em Boletim do Ministério da Justiça, N.º 65, Abril de 1957, p. 146.

[889] Cf. FRANÇOIS ANOUKAHA, JOSEPH ISSA-SAYEGH, AMINATA CISSE-NIANG, ISAAC YANKHOBA NDIAYE, MESSANVI FOLI e MOUSSA SAMB, *OHADA. Sûretés*, ob. cit., p. 67.

imóvel (simbolicamente) – cf. o disposto nos artigos 754.º e seguintes do CC. Porém, o instituto assume um carácter de excepção e não de regra, precisamente porque se trata de um resquício de justiça privada, e, nesses termos, apenas pode ser admitido a título excepcional. Com efeito, em regra, nos termos do art. 2.º do Código de Processo Civil, as pessoas não podem fazer justiça pelas suas próprias mãos.

Não obstante, é de salientar que a admissibilidade do direito de retenção pelo Direito actual não assenta apenas na realização da justiça privada, mas também no reconhecimento de que é legítimo o exercício do direito de retenção por motivos de equidade[890]. A equidade impõe que o credor não seja obrigado a cumprir a sua obrigação de entrega da coisa a alguém que, por sua vez, está em dívida para consigo. Com efeito, porque é que o credor há-de cumprir uma obrigação, beneficiando o seu próprio devedor, quando ele não cumpre aquilo a que está obrigado perante o credor? Nestes termos, a justificação para a aceitação do direito de retenção é idêntica à justificação para a aceitação da excepção de não cumprimento, sendo ambos figuras análogas[891].

2.2. Linhas gerais do direito de retenção na redacção originária do Código Civil de 1966

O direito de retenção consiste na faculdade conferida a uma pessoa, que é devedora da entrega de uma coisa a outrem, de reter a coisa que está obrigada a entregar, quando o credor da obrigação de entrega também é seu devedor de uma determinada obrigação, a qual tem uma conexão com a coisa retida.

No âmbito do Código Civil, a conexão que se exigia entre a coisa retida e a obrigação garantida pela retenção era a presente no art. 754.º: o direito de crédito do retentor tinha que derivar da realização de despesas

---

[890] Cf. ADRIANO PAES DA SILVA VAZ SERRA, *Direito de Retenção*, ob. cit., pp. 146 e 147. De acordo com Vaz Serra: "... *quem pede a coisa, sem ter realizado a condição de que depende o nascimento, ou pelo menos o exercício do seu direito, ofende o réu, porque é fazer-lhe injúria o pedir em juízo sem razão; igualmente, quem pede a coisa sem reembolsar as despesas feitas pelo detentor para a conservar, ofende-o, porque a coisa está naquela condição apenas devido à despesa feita*".

[891] Acerca dos fundamentos do direito de retenção, cf. CLÁUDIA MADALENO, *A vulnerabilidade das garantias reais. A hipoteca voluntária face ao direito de retenção e ao direito de arrendamento*, Coimbra, Coimbra editora, 2008, pp. 130 e seguintes.

com a coisa ou de danos por ela causados. Não obstante, no art. 755.º, admitiam-se vários casos especiais de direito de retenção em que se abdicava dessa conexão específica, estabelecendo-se outras, embora fossem insusceptíveis de generalização ou de aplicação analógica.

O direito de retenção consubstancia uma garantia real das obrigações, pelo que apenas as coisas podem ser objecto deste direito. Não se admite a retenção do exercício de direitos nem de quantias monetárias, por exemplo. Neste sentido, constituindo uma garantia real, o exercício deste direito confere ao retentor uma preferência de pagamento pelo produto da venda judicial do bem retido.

No âmbito da redacção originária do Código Civil o direito de retenção não é sujeito a registo. Não obstante, a este direito está inerente uma forma de publicidade, que é a chamada publicidade de facto, na medida em que a detenção da coisa não se encontra na pessoa do seu titular mas sim na pessoa do retentor. Por isso, mesmo que o direito de retenção incida sobre bens sujeitos a registo, por exemplo, sobre bens imóveis, o Código Civil de 1966 não estabelece a sua sujeição ao registo[892].

Em caso de concurso com outras garantias, a redacção originária do Código Civil contém um regime jurídico particularmente benéfico para o titular do direito de retenção, em detrimento das outras garantias, nomeadamente, da hipotecária. Com efeito, o n.º 2 do art. 759.º do CC estabelece que em caso de confronto com a hipoteca, prevalece sempre o direito de retenção, mesmo que o registo da hipoteca seja anterior à retenção. Isto implica consequências muito graves para os credores hipotecários, que, tranquilamente, registam uma hipoteca sobre um bem, pensando que não existe nenhum ónus sobre ele, porque o direito de retenção não é sujeito a registo, e, posteriormente, podem ser surpreendidos por credores retentores cujo direito será pago preferencialmente aos seus créditos nos termos do n.º 2 do artigo 759.º do CC.

Em face desta situação, perante o regime jurídico estabelecido na redacção originária do Código Civil, algumas vozes levantaram-se no sentido da inconstitucionalidade do disposto no n.º 2 do artigo 759.º, devido ao prejuízo que daí decorre para os credores com hipoteca registada anteriormente à constituição do direito de retenção. Actualmente, porém, o Tribunal Constitucional Português tem vindo a declinar este entendimento, considerando que uma vez que o n.º 2 do art. 759.º o prevê, os

---

[892] Cf. Luís MENEZES LEITÃO, *Garantias das obrigações*, ob. cit., p. 240.

credores hipotecários devem sempre contar com a possibilidade de ter de enfrentar os retentores e de estes serem pagos com preferência àqueles[893].

2.3. Figura afim

Uma importante figura afim do direito de retenção é a excepção de não cumprimento, em que uma pessoa se recusa a efectuar uma prestação a que está adstrita por força do contrato, enquanto a contraparte não realizar a prestação que, por sua vez, lhe compete. No direito de retenção a não entrega da coisa funda-se no incumprimento duma obrigação conexa com essa coisa, mas que não se assume como a obrigação principal. Em ambos os casos, quer o direito de retenção quer a excepção de não cumprimento configuram um meio de pressão do devedor.

Portanto, a excepção de não cumprimento assume uma feição mais ampla do que o direito de retenção, na medida em que admite a suspensão da execução de uma qualquer obrigação, enquanto o direito de retenção se restringe à obrigação de entrega de uma coisa. Por outro lado, enquanto o direito de retenção consubstancia para o credor um direito real de garantia, permitindo-lhe pagar-se preferencialmente pelo produto da venda judicial do bem retido, o mesmo não acontece em relação à excepção de não cumprimento, que, quanto muito, constitui uma forma privilegiada de pressionar a contraparte a cumprir.

2.4. Análise do direito de retenção no AUG

2.4.1. *Objecto*

No AUG o direito de retenção surge como uma garantia autónoma e directa, independentemente de outras garantias[894]. Não obstante, admite-se que possa ser exercido cumulativamente com outras garantias, como é o caso do privilégio creditório[895].

---

[893] Consultar, entre outros, os Acórdãos do Tribunal Constitucional Português n.ᵒˢ 374/2003, 22/04, 356/04 e 466/04, disponíveis em www.tribunalconstitucional.pt. Cf. CLÁUDIA MADALENO, *A vulnerabilidade das Garantias Reais...*, ob. cit., pp. 213 e seguintes.

[894] Cf. FRANÇOIS ANOUKAHA, JOSEPH ISSA-SAYEGH, AMINATA CISSE-NIANG, ISAAC YANKHOBA NDIAYE, MESSANVI FOLI e MOUSSA SAMB, *OHADA. Sûretés*, ob. cit., p. 68.

[895] Cf. FRANÇOIS ANOUKAHA, JOSEPH ISSA-SAYEGH, AMINATA CISSE-NIANG, ISAAC YANKHOBA NDIAYE, MESSANVI FOLI e MOUSSA SAMB, *OHADA. Sûretés*, ob. cit., p. 71.

O AUG alterou profundamente o regime jurídico previsto no Código Civil para esta figura. Desde logo, restringiu o exercício do direito de retenção às coisas móveis[896], o que, a bem dizer, acaba por retirar grande parte do seu conteúdo prático. Com efeito, na redacção originária do Código Civil o direito de retenção era uma figura geral, podendo incidir sobre bens de qualquer natureza, isto é, tanto bens móveis, como bens imóveis. Diversamente, nos termos da enumeração do art. 39.º do AUG, o direito de retenção é uma garantia exclusivamente mobiliária, daí que o credor retentor apenas seja contemplado no art. 149.º do AUG, em sede de distribuição do preço de venda dos bens móveis do devedor. Esta constatação resulta igualmente da remissão do art. 43.º para o regime jurídico do penhor, garantia esta que também só pode incidir sobre bens móveis.

No mesmo sentido, pode ler-se nos trabalhos de Ajustamento entre o Direito interno e o AUG o seguinte: *"Nesse enquadramento foram naturalmente abolidas garantias como a consignação de rendimentos, a hipoteca mobiliária e o direito de retenção sobre imóveis, dado que não são compatíveis com o Acto Uniforme."*. Resulta claramente desta afirmação que o direito de retenção deixou de poder incidir sobre bens imóveis, para passar a ser circunscrito aos bens móveis. Contudo, a redacção proposta para o novo artigo 754.º do CC não refere especificamente que o direito de retenção só pode incidir sobre bens móveis. Com efeito, determina-se apenas que *"O credor, que detenha legitimamente um bem do devedor, pode reter o mesmo até ao momento do cumprimento integral da obrigação que lhe for devida, independentemente da existência de qualquer outra garantia."*. A razão de ser desta formulação é, precisamente, o disposto no artigo 41.º do AUG, pois também aqui não se faz nenhuma menção expressa aos bens móveis. Tal menção resulta do art. 39.º do AUG, que refere a retenção como mera garantia mobiliária, e ainda do art. 149.º do AUG, que apenas menciona a retenção a propósito da distribuição do produto da venda dos bens móveis do devedor. Nos mesmos termos, o n.º 3 do artigo 622.º-C do CC estabelece, na redacção que lhe foi dada pelo Ajustamento, que o direito de retenção constitui mera garantia mobiliária. Assim sendo, apesar da ausência da referência expressa aos bens móveis no art. 754.º do CC, este artigo deve ser conjugado com o n.º 3 do artigo 622.º-C do CC, afim de concluir que esta garantia só pode ter por objecto bens móveis.

---

[896] Cf. François Anoukaha, Joseph Issa-Sayegh, Aminata Cisse-Niang, Isaac Yankhoba Ndiaye, Messanvi Foli e Moussa Samb, *OHADA. Sûretés*, ob. cit., p. 68.

Sucede, porém, que na maioria das situações práticas em que se coloca o direito de retenção estão em causa bens imóveis, e, designadamente, benfeitorias realizadas por uma pessoa neste tipo de bens. Ora, ao negar ao autor da benfeitoria o direito de retenção, o AUG está a retirar-lhe parte da possibilidade de vir a obter o ressarcimento do seu crédito, podendo mesmo originar, em certos casos, o enriquecimento sem causa do titular do direito sobre esse bem à custa do retentor. Daí que a redacção originária do Código Civil admitisse a retenção de bens imóveis, situação esta que não era desconhecida de outras ordens jurídicas em África. Com efeito, como refere Brou Kouakou Mathurin, também na Costa do Marfim se reconhecia a retenção sobre coisas imóveis[897]. Curiosamente, este autor parece sustentar que a retenção continua a poder incidir sobre coisas imóveis, o que não é claramente admissível em face do disposto no AUG.

A situação é particularmente grave nos casos de contrato-promessa de compra e venda com tradição da coisa, em que é normal o promitente--comprador começar a fazer obras e melhorias na coisa prometida. Havendo lugar à resolução do contrato-promessa fundada no incumprimento do promitente-vendedor, dificilmente o promitente-comprador conseguirá obter o ressarcimento das despesas realizadas. Com efeito, não sendo aqui consagrado o direito de retenção, ele será mero credor comum ou quirografário.

Procurando contornar a restrição colocada pelo AUG e com vista a proteger o credor no caso de estar em causa um bem imóvel, François Anoukaha e outros[898] sugerem que o credor apele a uma das hipotecas coercivas consentidas pelo art. 132.º. Todavia, o AUG só admite esta hipoteca para garantir os créditos nele especialmente referidos, enquanto que o direito de retenção é uma figura genérica, para todos os direitos de crédito, desde que apresentem uma determinada conexão com a coisa retida. Assim sendo, no caso de o credor não poder recorrer a nenhuma das hipotecas coercivas previstas no AUG, por falta de verificação dos respectivos requisitos, ficará desprotegido na garantia do seu crédito. Poderá, em qualquer caso, fazer a respectiva exigência, mas na qualidade

---

[897] Cf. BROU KOUAKOU MATHURIN, *Le droit de rétention en droit ivoirien: conditions d'exercice et prérogatives du rétenteur à propos de l'affaire société SATA MALI c/ Société INCART FIAT*, disponível em www.ohada.com, com a referência D-07-10, p. 1.
[898] Cf. FRANÇOIS ANOUKAHA, JOSEPH ISSA-SAYEGH, AMINATA CISSE-NIANG, ISAAC YANKHOBA NDIAYE, MESSANVI FOLI e MOUSSA SAMB, *OHADA. Sûretés*, ob. cit., p. 69.

de mero credor comum ou quirografário, sujeitando-se, assim, a ser pago em último lugar, apesar de a despesa que fez no bem poder ter contribuído para a sua valorização e para o pagamento de outros credores preferenciais.

Ainda relativamente ao objecto da retenção, segundo François Anoukaha e outros, a coisa retida tanto pode ser corpórea, como incorpórea, desde que seja materializável na existência de um título[899].

Entretanto, no Acórdão do TCJA n.º 30, de 4 de Novembro de 2004[900], foi decidido que a Alfândega podia exercer o direito de retenção sobre os conhecimentos representativos do direito a receber mercadorias, com vista ao recebimento das respectivas despesas alfandegárias. Em anotação a este aresto, Brou Kouakou Mathurin questionou a inclusão dos conhecimentos no objecto do direito de retenção, para efeitos da aplicação do artigo 41.º do AUG. Com efeito, o tribunal recorrido havia considerado que o exercício da retenção era ilegítimo na medida em que os conhecimentos confeririam apenas ao seu titular o direito a receber a mercadoria em causa, pelo que não poderiam eles mesmo ser retidos pelo credor.

Segundo Brou Kouakou Mathurin, se é certo que tanto o direito de retenção como o penhor são garantias reais mobiliárias com o mesmo modo de realização, o facto é que elas divergem quanto à sua constituição, sendo necessário distinguir, por um lado, os bens susceptíveis de direito de retenção, e, por outro, os que podem ser objecto de penhor. Desde logo, devemos distinguir estas garantias quanto à sua constituição, uma vez que o direito de retenção é uma garantia de natureza legal, donde se conclui que o credor a pode exercer desde que se preencham os requisitos previstos na lei. Diversamente, o penhor tem uma base contratual, sendo manifestação da autonomia privada das partes, devendo, não obstante, obedecer a certas formalidades impostas pelo AUG de modo a ser válido.

Acresce que podem ser objecto do direito de retenção e do penhor quaisquer bens móveis, corpóreos ou incorpóreos, que não se encontrem fora do comércio e desde que sejam susceptíveis de execução judicial. Neste sentido, um bem que é objecto de materialização num título pode ser objecto de direito de retenção, pelo que este autor acaba por concordar com a decisão do Tribunal.

---

[899] Cf. François Anoukaha, Joseph Issa-Sayegh, Aminata Cisse-Niang, Isaac Yankhoba Ndiaye, Messanvi Foli e Moussa Samb, *OHADA. Sûretés*, ob. cit., p. 69.

[900] Disponível em www.ohada.com, com a referência J-05-171.

Neste ponto, é de referir o Acórdão n.º 32/100 do Tribunal de Apelação de Abidjan, de 7 de Março de 2000, onde se decidiu que o credor podia exercer o direito de retenção sobre uma conta bancária do devedor[901]. O acórdão trata de um caso em que um sócio de uma sociedade constituiu, a favor do banco, uma fiança geral, até ao montante máximo de 50 milhões de FCFA, em garantia do débito da conta bancária dessa mesma sociedade. Entretanto, o fiador emitiu um cheque sobre a sua conta bancária (pessoal, não a da sociedade), o qual não foi pago pelo banco, que decidiu reter as quantias depositadas em garantia do seu direito de crédito contra o fiador. O Tribunal considerou que o exercício do direito de retenção nesta hipótese era legítimo na medida em que existia uma conexão suficiente entre o fiador e o devedor do banco, resultante das relações de negócios entre eles existentes[902]. Por outro lado, o credor detinha legitimamente um bem do seu devedor, sendo o crédito em causa certo, líquido e exigível[903-904].

Em observação a este acórdão, Joseph Issa-Sayegh considerou que não tinha ficado demonstrado que o crédito era certo, líquido e exigível, admitindo que, não o sendo, o credor poderia apenas ter recorrido às medidas conservatórias. Com efeito, *"... dire qu'une telle créance existe au profit de la banque ne suffit pas... On relève néanmoins que la caution ne paraît pas avoir contesté la créance de la banque à son encontre, ce qui a vraisemblablement autorisé la Cour d'appel à déduire que cette créance existait, et était certaine, liquide et exigible."*.

Por outro lado, Issa-Sayegh considerou que o Tribunal não tinha demonstrado suficientemente a existência de uma conexão entre o crédito

---

[901] Cf. *OHADA. Jurisprudences nationales*, Organisation Internationale de la Francophonie, Cotonou, N.º 1, Décembre 2004, p. 109.

[902] É a seguinte a argumentação do Tribunal: *"Dès lors il est incontestable que celle-ci en sa qualité de créancière détenant légitimement un bien de débiteur peut exercer le droit de rétention institué par l'article 41 de l'acte uniforme du 17 avril 1997 portant organisation des sûretés. Le lien de connexité exigé par l'article 42 du même acte est établi compte tenu des relations d'affaires existant entre les parties."*.

[903] Disponível em www.ohada.com, com referência J-02-21.

[904] Este Tribunal decidiu no mesmo sentido no seu acórdão com a referência J-02-130, disponível em www.ohada.com, onde considerou que a relação de conexão exigida pelo artigo 42.º do AUG podia ser estabelecida em razão das relações comerciais existentes entre as partes, donde, sendo assim, o credor banco podia exercer o direito de retenção, recusando o pagamento de um cheque emitido pelo fiador sobre uma das suas contas pessoais.

e a coisa retida, não tendo respondido à alegação do fiador de que a conta bancária em causa era a sua conta pessoal, pelo que não tinha nenhuma relação com os negócios da sociedade devedora.

Outra questão que se poderia colocar é a de saber se o direito de retenção pode incidir sobre o saldo de uma conta bancária. Com efeito, pressupõe-se que a retenção tenha por objecto uma coisa que seja susceptível de venda judicial, afim de que o credor se possa ressarcir com o respectivo produto de venda. Esse processo não acontece com o dinheiro, neste caso, o saldo da conta bancária, que até pode ser objecto de penhora para ressarcir um credor, mas não pode ser vendido pelo tribunal. Até porque, nos termos da parte final do artigo 43.º do AUG, o credor retentor goza dos direitos de sequela e de preferência atribuídos ao credor pignoratício, o que constitui mais um argumento no sentido de que a retenção não pode incidir sobre uma quantia monetária.

Ainda a respeito do objecto do direito de retenção, pergunta-se se este pode incidir sobre os recibos de alfândega. Admitindo implicitamente esta possibilidade, o Tribunal de Primeira Instância de Cotonou já se pronunciou, considerando que tal não obstava ao exercício da retenção, embora tenha concluído que nesse caso o credor não podia reter a coisa devido a um outro motivo, que consistia no facto de parte do seu direito de crédito ser contestada pelo devedor[905]. Em observação a esta decisão judicial, Joseph Issa-Sayegh criticou a solução adoptada, na medida em que o direito de retenção só pode incidir sobre coisas móveis susceptíveis de execução judicial, o que, manifestamente, não se verificava naquele caso, a menos que fosse adoptado um conceito muito amplo de coisa móvel "retentável", abrangendo quer as susceptíveis de execução judicial, quer as não susceptíveis de execução judicial[906].

---

[905] Disponível em www.ohada.com, com a referência J-04-291.

[906] Segundo Joseph Issa-Sayegh, *"Par contre, on peut se demander si le droit de rétention pouvait porter sur des factures (qui ont été la source du préjudice du débiteur en l'espèce). En effet, le droit de rétention ne peut porter que sur des biens mobiliers susceptibles de réalisation forcée, ce qui n'est pas le cas de factures sauf à comprendre que la jurisprudence a une acception large des choses mobilières «rétentables», à savoir les choses réalisables ou non."*.

2.4.2. Requisitos

Feita a apresentação inicial do direito de retenção, vejamos agora os seus requisitos, enunciados no artigo 41.º e no § 1 do artigo 42.º do AUG, nomeadamente:

1) Detenção legítima pelo credor de um bem, do devedor ou de terceiro, que está obrigado a entregar;

Nos termos do art. 41.º, sempre que um credor tenha a detenção legítima de um bem do devedor, isto é, sempre que esta detenção não proceda de facto ilícito, é-lhe permitido reter essa mesma coisa até ao cumprimento integral do que lhe seja devido[907]. Ao realçar que a retenção pode ser exercida até ao momento do cumprimento integral, o AUG salienta que não basta o devedor começar a cumprir, ou cumprir parcialmente, ele terá que cumprir integralmente a sua obrigação para que a retenção deixe de ser legítima. Este cumprimento deve operar nos termos do art. 763.º do CC, ou seja, abrange tanto o ponto de vista quantitativo, como qualitativo.

A exigência de que a detenção seja legítima não corresponde exactamente à limitação imposta pela redacção originária da *alínea a)* do artigo 756.º do CC, nos termos da qual *"Não há direito de retenção a favor dos que tenham obtido por meios ilícitos a coisa que devem entregar, desde que, no momento da aquisição, conhecessem a ilicitude desta"*. A situação prevista no Código Civil atendia ao estado subjectivo do retentor, considerando legítima a retenção tanto nos casos em que este tivesse obtido a detenção da coisa por meio lícito, como naqueles em que tivesse obtido tal detenção por meio ilícito, desde que estivesse de boa fé, desconhecendo sem culpa essa situação. Actualmente, o AUG deixou de atender ao estado subjectivo do retentor para passar a considerar simplesmente a situação factual, isto é, tudo se reconduz a saber se o retentor adquiriu licitamente a detenção da coisa ou não. Assim sendo, tratando-se de detenção obtida por meio ilícito, a detenção considera-se sempre ilegítima, independentemente de o retentor estar ou não de boa fé.

O facto de se referir expressamente que há direito de retenção até ao cumprimento integral não significa que não sejam aplicáveis os restantes

---

[907] Cf. também o disposto no texto proposto pelo ajustamento para o artigo 754.º do CC.

institutos de Direito Civil. Com efeito, o direito de retenção é um direito, logo, uma situação jurídica activa que não pode ser exercida abusivamente em infracção ao disposto no art. 334.º do CC.

A detenção legítima não corresponde, necessariamente, a uma situação de posse, juridicamente configurada. Com efeito, não é necessário que o credor retentor tenha a intenção de se comportar como o titular do direito sobre a coisa, sendo suficiente que ele detenha a coisa a algum título que não ofenda o Direito, bem como que esteja obrigado à sua restituição[908]. Por outro lado, a detenção será legítima sempre que o credor esteja de boa fé nessa detenção e não tenha usado de alguma manobra dolosa para a obter[909].

De acordo com o disposto no artigo 41.º e no artigo 43.º, nada obsta a que a coisa retida não pertença ao devedor, mas antes a um terceiro. Se se tivesse apenas em conta o texto do artigo 41.º do AUG, poderia concluir-se, erradamente, que a retenção só pode incidir sobre bens do devedor. Contudo, a menção expressamente feita pelo artigo 43.º do AUG ao devedor e ao proprietário da coisa indica que um e outro podem não ser a mesma pessoa. Por conseguinte, tal como no âmbito do Código Civil, o AUG admite a retenção de coisa pertencente a outras pessoas para além do credor da entrega, desde que seja uma detenção legítima[910], isto é, desde que o credor tenha obtido a coisa por meio que não ofenda o Direito.

Não obstante ser este o nosso entendimento, tenha-se em consideração que o Tribunal de Apelação de Abidjan decidiu, num dos seus acórdãos[911], que *"Le droit de rétention ne peut s'exercer légitimement que si le bien retenu appartient au débiteur..."*. Como fundamento, invocou-se o requisito exigido no artigo 41.º do AUG, de acordo com o qual o bem retido deverá pertencer ao devedor, pelo que, tratando-se, naquele caso, de bem pertencente a terceiro, a retenção seria considerada ilegítima, razão pela qual condenou o "retentor" a efectuar a respectiva restituição. Em observação a este aresto, Joseph Issa-Sayegh aquiesceu à decisão do tribunal,

---

[908] Cf. FRANÇOIS ANOUKAHA, JOSEPH ISSA-SAYEGH, AMINATA CISSE-NIANG, ISAAC YANKHOBA NDIAYE, MESSANVI FOLI e MOUSSA SAMB, *OHADA. Sûretés*, ob. cit., p. 68.

[909] Cf. FRANÇOIS ANOUKAHA, JOSEPH ISSA-SAYEGH, AMINATA CISSE-NIANG, ISAAC YANKHOBA NDIAYE, MESSANVI FOLI e MOUSSA SAMB, *OHADA. Sûretés*, ob. cit., p. 68.

[910] No mesmo sentido, cf. FRANÇOIS ANOUKAHA, JOSEPH ISSA-SAYEGH, AMINATA CISSE-NIANG, ISAAC YANKHOBA NDIAYE, MESSANVI FOLI e MOUSSA SAMB, *OHADA. Sûretés*, ob. cit., p. 69.

[911] Disponível em www.ohada.com, com a referência J-03-226.

tendo considerado que o direito de retenção só podia ser exercido sobre um bem do devedor e em relação a quantias anteriormente devidas por este e não pagas. Pela nossa parte, discordamos desta posição, pois ela contraria não apenas a natureza do direito de retenção, como o disposto no artigo 43.º do AUG. Com efeito, tratando-se de direito real de garantia, ele é, naturalmente, oponível *erga omnes*, incluindo aos terceiros eventualmente proprietários da coisa, contanto que exista uma relação de conexão entre essa mesma coisa e a dívida do credor da sua entrega. Além disso, a interpretação sistemática do artigo 41.º e do artigo 43.º do AUG torna incontestável a admissibilidade da retenção de coisa pertencente a terceiro, pois, de outro modo, não se compreenderia a necessidade de o retentor notificar tanto o devedor como o proprietário da coisa retida imposta naquele último artigo.

Pode acontecer que a retenção surja no âmbito de um contrato de compra e venda, como sucedeu num caso analisado pelo Tribunal de Apelação de Abidjan[912], onde ficou decidido que exerce validamente o direito de retenção o vendedor do veículo vendido, em garantia do seu direito ao recebimento do preço desse mesmo veículo. Nos termos do Princípio da consensualidade (artigos 408.º, n.º 1, 874.º e 879.º, *alínea a)*, do CC), a compra e venda produz imediatamente a transmissão do direito real para o comprador, ainda que não seja logo entregue a coisa vendida. Para a transmissão do direito é suficiente o acordo das partes nesse sentido, pelo que o bem passa a pertencer ao comprador. Assim sendo, se este não cumprir a obrigação de pagamento do preço, o vendedor, que entretanto deixou de ser o proprietário da coisa, pode retê-la em garantia do seu direito a receber o preço.

De todo o modo, a coisa retida tem que ser algo que possa ser alienado a terceiro. Nessa medida, deve tratar-se de coisa dentro do comércio jurídico para que, em última instância, possa ser vendida judicialmente com vista a satisfazer o crédito do retentor. Noutros termos, deve também ser uma coisa penhorável, na medida em que somente nesse caso o tribunal poderá proceder à respectiva venda.

Da parte final do artigo 41.º resulta que o exercício do direito de retenção é independente da existência de outras garantias. Portanto, mesmo que o retentor seja titular de outras garantias do cumprimento da obrigação, ele pode lançar mão do direito de retenção, como forma eficaz de pressionar

---

[912] Disponível em www.ohada.com, com a referência J-03-299.

o devedor a cumprir. Está em causa qualquer garantia, seja ela com desapossamento, ou sem ele. Por conseguinte, mesmo que o retentor seja titular de uma hipoteca ou de um privilégio creditório em garantia do seu direito de crédito contra o credor da entrega, ele poderá ainda exercer legitimamente a retenção, como forma de o pressionar a cumprir. Esta regra explica-se pela função que, historicamente, o direito de retenção sempre assumiu e pela sua extrema eficácia comparativamente com outras garantias.

2) *Exercício do direito de retenção em momento anterior à existência de qualquer penhora;*

Só é possível reter a coisa enquanto ela não for objecto de nenhuma penhora judicial[913]. Com efeito, com a penhora verifica-se a indisponibilidade sobre a coisa, que fica à guarda do tribunal afim de ressarcir o credor exequente, pelo que só as coisas não penhoradas podem ser objecto de retenção.

Neste domínio, François Anoukaha e outros consideram que o exercício do direito de retenção não deve ser apenas feito antes de qualquer penhora, mas igualmente em momento anterior a qualquer medida conservatória do património do devedor[914]. Pela nossa parte, este entendimento parece algo excessivo, pelo menos em face do Direito interno Guineense. Com efeito, em sede de medidas conservatórias apenas parece de excluir a retenção no caso de arresto, mas não no caso de pedido de declaração de nulidade, de sub-rogação ou de impugnação pauliana.

Entretanto, o artigo 834.º-N do CPC, proposto pelo Ajustamento entre o Direito interno Guineense e o Acto Uniforme da OHADA Relativo à Organização dos Processos Simplificados de Cobrança e de Execução, determina que o direito de retenção pode ser invocado sobre um bem penhorado, estabelecendo as condições de reclamação deste direito. Com efeito, o n.º 1 deste artigo indica que o terceiro que invoque um direito de retenção sobre um bem que se encontra penhorado tem de o fazer mediante carta registada com aviso de recepção, ou por qualquer meio escrito, a menos que tenha feito essa declaração aquando da penhora. Por

---

[913] Neste sentido, cf. também o texto proposto para a *alínea a)* do n.º 1 do artigo 756.º do CC pelo Ajustamento entre o Direito interno e o AUG.
[914] Cf. François Anoukaha, Joseph Issa-Sayegh, Aminata Cisse-Niang, Isaac Yankhoba Ndiaye, Messanvi Foli e Moussa Samb, *OHADA. Sûretés*, ob. cit., p. 72.

seu turno, o credor pode impugnar a retenção no prazo de um mês, caso em que o bem penhorado ficará indisponível até que a questão seja solucionada (cf. o n.º 2 deste artigo). Ainda o n.º 3 desta disposição estabelece que a falta de impugnação tem como consequência a consideração da pretensão do terceiro como fundada, *"para os estritos fins da execução."*. O artigo 834.º-N proposto para o CPC corresponde exactamente ao teor do artigo 114.º do AUOPSCE, pelo que se constata existir aqui uma contradição entre duas normas de dois actos uniformes diferentes. Com efeito, o AUG determina que o direito de retenção tem de ser exercido antes da penhora, enquanto o AUOPSCE admite esse exercício mesmo em momento posterior à penhora do bem.

O Tratado Constitutivo da OHADA não regula o problema do eventual conflito entre actos uniformes, pelo que nos parece, salvo melhor entendimento, que deve ser aplicada a regra geral segundo a qual a norma posterior revoga a norma anterior. Nesta medida, o AUG é anterior ao AUOPSCE, uma vez que foi adoptado em 17 de Abril de 1997, enquanto o AUOPSCE o foi somente em 10 de Abril de 1998. Assim sendo, somos de parecer que deve prevalecer a regra mais recente em termos temporais, atribuindo assim ao retentor a possibilidade de invocar o seu direito aquando da penhora do bem, ou mesmo posteriormente a esta, nos termos do art. 114.º do AUOPSCE, que equivale ainda ao artigo 834.º-N do CPC, proposto pelo Ajustamento.

3) *Crédito certo, líquido e exigível*[915];

Antes da análise deste requisito, é pressuposto do direito de retenção que o retentor seja titular de um direito de crédito sobre aquele que lhe exige a entrega da coisa. Neste sentido se pronunciou também o Tribunal de Apelação de Abidjan num dos seus acórdãos, onde rejeitou o direito de retenção precisamente porque aquele que o invocava não era titular de nenhum crédito sobre o credor da entrega[916].

O direito de crédito do retentor tem que ser certo, líquido e exigível[917]. Parece que esta exigência tem a ver com a possibilidade de, constatando-

---

[915] Esta exigência é também feita pelo Direito da Costa do Marfim. Neste sentido, cf. Brou Kouakou Mathurin, *Le droit de rétention en droit ivoirien...*, ob. cit., p. 3.

[916] Disponível em www.ohada.com, com a referência J-03-337.

[917] Cf. também o texto proposto para a *alínea b)* do n.º 1 do artigo 756.º do CC pelo Ajustamento entre o Direito interno e o AUG.

-se o incumprimento, o credor retentor poder imediatamente intentar a acção executiva e nomear à penhora a própria coisa retida, sem mais delongas, o que apenas poderá acontecer se estes requisitos se preencherem.

François Anoukaha e outros consideram que esta exigência deve ser interpretada em termos cuidadosos, sugerindo uma importante atenuação da mesma. De facto, defendem que no momento em que o credor exerce o direito de retenção o seu crédito pode não ser ainda certo, líquido ou exigível; mas, para esse exercício ser legítimo, o seu crédito deverá reunir aquelas condições no momento em que o tribunal se pronunciar sobre a sua existência[918].

Parece-nos, em contrapartida, que o sentido do AUG é restringir o exercício da retenção às situações em que efectivamente o crédito do retentor seja certo, líquido e exigível no momento do exercício deste direito. Tal solução não deixa de ser restritiva e criticável, pois poderá impedir o exercício da retenção em muitos casos em que seja necessário proceder à liquidação da obrigação, mas, não obstante, somos de parecer que esta exigência do AUG é obrigatória e não deve ser objecto de atenuação através de interpretação jurídica. Assim, contrariamente à solução estabelecida na redacção originária do artigo 757.º do CC, afigura-se que a partir da entrada em vigor do AUG a retenção só poderá ser exercida no caso de o ser em garantia de um crédito certo, líquido e exigível.

No Acórdão do Supremo Tribunal de Dakar, de 16 de Fevereiro de 2001[919], rejeitou-se o válido exercício do direito de retenção com fundamento no facto de o crédito do retentor não ser certo, líquido e exigível. Estava em causa um contrato de mútuo em que o mutuário entregou ao mutuante três pirogas afim de este as aplicar na pesca marítima, tendo as partes convencionado que a restituição das quantias mutuadas seria efectuada com as receitas da exploração das referidas pirogas. Contudo, isso não chegou a acontecer porque as pirogas foram objecto de apreensão por parte das autoridades da Mauritânia, pelo que, quando elas foram restituídas ao credor, este exerceu o seu direito de retenção das mesmas. Contudo, considerou-se que esse exercício não era legítimo na medida em que os requisitos do artigo 41.º do AUG não se encontravam, no caso concreto, reunidos, pois, apesar da detenção das pirogas ser legítima, por ter sido o próprio

---

[918] Cf. FRANÇOIS ANOUKAHA, JOSEPH ISSA-SAYEGH, AMINATA CISSE-NIANG, ISAAC YANKHOBA NDIAYE, MESSANVI FOLI e MOUSSA SAMB, *OHADA. Sûretés*, ob. cit., p. 70.

[919] Cf. *OHADA. Jurisprudences nationales*, ob. cit., p. 110.

devedor a entregá-las ao credor, era discutível, face às cláusulas do contrato convencionado entre as partes, que se estivesse em face de um crédito exigível. Em consequência disso, o credor ficou ainda obrigado a indemnizar o devedor por cada dia de atraso na devolução das referidas pirogas.

O Tribunal de Primeira Instância de Cotonou já se pronunciou no sentido de que o exercício do direito de retenção é ilegítimo no caso de uma parte do direito de crédito ser contestada, isto é, de não haver absoluta certeza em relação a essa parte da dívida[920-921]. Todavia, tal como observou Joseph Issa-Sayegh em anotação a esta decisão, esta orientação não deixa de ser estranha na medida em que o direito de retenção, tal como o penhor, é indivisível, mas isso não significa que havendo certeza apenas quanto a uma parte da dívida ele não possa ser exercido em relação a essa mesma parte[922].

4) Existência de uma relação entre a constituição da obrigação e a coisa detida;

Por último, o AUG requer ainda que exista uma certa conexão entre a coisa retida e a própria constituição da obrigação garantida pela retenção[923]. Este requisito é comum à maioria das legislações, que exigem, em regra, a existência de uma conexão entre a retenção e a obrigação garantida por essa retenção.

---

[920] Disponível em www.ohada.com, com a referência J-04-291.

[921] Parece ter sido esse o sentido do Acórdão do mesmo Tribunal com a referência J-04-404, disponível em www.ohada.com, onde se discutiu igualmente o direito de retenção sobre documentos representativos de mercadorias. Neste caso, o Tribunal considerou que a retenção tinha sido exercida num momento em que o crédito era contestado, além de que não estava provada a conexão entre a coisa retida e o direito de crédito do retentor, de modo que era uma retenção ilegítima. O retentor foi ainda condenado a indemnizar a contraparte pelos danos sofridos.

[922] Segundo Joseph Issa-Sayegh, *"Cette décision est curieuse dans la mesure où, tout en reconnaissant que la dette du débiteur était liquide et exigible, elle déclare illégitime le droit de rétention exercé par le créancier au motif qu'une parie de sa créance était contestée et contestable. Or, l'on sait que le droit de rétention comme, du reste, le droit de gage, peut être exercé de façon indivisible même si la créance est payée ou justifiée partiellement."*

[923] Cf. também o texto proposto para a *alínea c)* do n.º 1 do artigo 756.º do CC pelo Ajustamento entre o Direito interno e o AUG.

Assim sendo, para haver lugar ao direito de retenção, é necessário que o retentor seja titular de um direito de crédito sobre um terceiro, crédito este que deverá possuir uma conexão relevante com a coisa retida[924].

Esta conexão pode ser material ou objectiva, como por exemplo, no caso em que alguém retém uma coisa porque esta lhe provocou danos, assim como também pode ser jurídica ou intelectual, que é o que acontece quando a coisa está relacionada com a execução de certo contrato[925]. Estas duas relações de conexão podem, mesmo, cumular-se[926]. Exemplo da primeira situação é o caso clássico do animal que causa danos a um terceiro, sendo que este retém o animal enquanto o respectivo proprietário não indemnizar os danos sofridos. Situação ilustrativa da segunda hipótese de conexão é a hipótese clássica do mecânico que retém o automóvel enquanto não lhe for pago o valor devido pela reparação.

Normalmente, apenas se admite a retenção se a coisa se encontrar conexa com determinada relação jurídica entre credor retentor e devedor que não está a ser cumprida por este último. Porém, diversamente, o AUG é bastante permissivo na admissibilidade desta conexão, aceitando a retenção desde que a coisa se encontre ligada a alguma relação existente entre credor retentor e devedor, independentemente de ser ou não essa a relação que não está a ser devidamente cumprida pelo devedor. Portanto, a coisa pode estar relacionada com outros contratos que não aquele em que o devedor não cumpriu, mas, mesmo assim, admite-se o exercício do direito de retenção como forma de pressionar o devedor a cumprir[927].

---

[924] Neste sentido, veja-se o Acórdão do Tribunal de Apelação de Abidjan com a referência J-03-337, disponível em www.ohada.com, nos termos do qual foi decidido que: *"Le droit de rétention ne peut être exercé que si celui qui s'en prévaut dispose d'un droit de créance vis à vis du débi-teur."*. No caso em apreço, o Tribunal considerou que a retenção era ilegítima uma vez que o suposto retentor não era titular de nenhum direito de crédito relacionado com a coisa, tendo este sido condenado a restituí-la, sob pena de, não o fazendo, ter de indemnizar a contraparte no valor de 500.000 FCFA por cada dia de atraso a contar da data da notificação da decisão.

[925] Neste sentido, cf. BROU KOUAKOU MATHURIN, *Le droit de rétention en droit ivoirien...*, ob. cit., p. 5.

[926] Cf. FRANÇOIS ANOUKAHA, JOSEPH ISSA-SAYEGH, AMINATA CISSE-NIANG, ISAAC YANKHOBA NDIAYE, MESSANVI FOLI e MOUSSA SAMB, *OHADA. Sûretés*, ob. cit., p. 70.

[927] No Direito da Costa do Marfim, tal como no Direito Guineense, apenas se admite a retenção da própria coisa que tenha originado o crédito do retentor, e não de outras coisas diversas. Neste sentido, cf. BROU KOUAKOU MATHURIN, *Le droit de rétention en droit ivoirien...*, ob. cit., p. 6: *"A contrario, l'assiette du droit de rétention ne peut être étendue, en la matière, à d'autres choses que celle qui a fait l'objet de la réparation litigieuse."*.

No que concerne a esta questão, o Supremo Tribunal de Ouagadougou considerou, no seu Acórdão n.º 74/98[928], de 8 de Outubro de 1998, que o exercício do direito de retenção não carecia de uma conexão específica entre o direito de crédito do retentor e a coisa retida. Assim, considerou-se que era perfeitamente possível a Alfândega reter mercadorias pertencentes a um cliente, mesmo que não existisse nenhuma ligação entre o direito de crédito e as mercadorias retidas[929].

É bem diferente a solução estabelecida pela redacção originária do Código Civil, nos termos da qual a conexão devia resultar, especificamente, de um de dois factores possíveis: despesas realizadas na coisa ou danos por ela causados (cf. o disposto na redacção originária do artigo 754.º do CC). Esta regra deve hoje em dia considerar-se revogada, quer se enverede pela teoria da uniformização, quer ainda para aqueles que sustentam a teoria da harmonização. Com efeito, por via da uniformização, havendo um regime jurídico no AUG relativo ao direito de retenção, isso implica a substituição automática das regras de Direito interno sobre a mesma matéria. Por seu turno, adoptando a tese da harmonização, de igual modo o critério deste artigo se deve ter por revogado, na medida em que há incompatibilidade de conteúdo com o art. 42.º do AUG. Por seu turno, o Código Civil admitia ainda casos especiais de direito de retenção fundados na mera comunidade de relação jurídica entre a coisa retida e a obrigação garantida pela retenção, sendo que estas eram situações absolutamente excepcionais. Também o disposto na redacção originária do artigo 755.º do CC se deve ter por revogado pelo artigo 42.º do AUG, nos termos acima referidos.

Todavia, não obstante a revogação dos artigos 754.º e 755.º do CC, julgamos que estes artigos podem ainda ser utilizados como exemplificativos de algumas das situações susceptíveis de dar azo ao direito de retenção. Com efeito, se a conexão exigida no AUG é mais ampla do que a que constava do Código Civil, facilmente se compreende que as situações em que existia conexão para a redacção originária do Código Civil continuam a ser admitidas no AUG. A diferença é que, para além destas, o AUG admite a retenção noutros casos, desde que exista uma qualquer ligação entre a coisa retida e o crédito do retentor.

---

[928] Cf. *OHADA. Jurisprudences nationales*, ob. cit., p. 107.

[929] Segundo o anotador, o aresto determinou que: *"L'ordonnance présidentielle du tribunal d'instance a statué que c'est à bon droit qu'un concessionaire en douane a exercé un droit de rétention sur des marchandises appartenant à son client, alors même qu'il n'existait pas aucun lien entre la créance et les marchandises retenues."*.

Assim sendo, entendemos que existe conexão entre a coisa retida e o direito de crédito do retentor nas seguintes situações:

- Quando o crédito do retentor seja proveniente de despesas realizadas com a coisa retida (cf. redacção originária do art. 754.º do CC);
- Quando o crédito do retentor seja proveniente de danos causados pela coisa retida (cf. redacção originária do art. 754.º do CC);
- Quando a coisa retida seja uma coisa transportada e o devedor não tenha pago o respectivo preço do transporte ao transportador (cf. redacção originária da *alínea a)* do n.º 1 do art. 755.º do CC);
- Quando a coisa retida se encontrava dentro de hotel ou hospedaria e o hóspede não tenha procedido ao pagamento do respectivo quarto (cf. redacção originária da *alínea b)* do n.º 1 do art. 755.º do CC);
- Quando o mandatário retenha coisa que, nos termos do contrato de mandato, deva entregar ao mandante, em garantia do direito à retribuição pelo serviço desempenhado (cf. redacção originária da *alínea c)* do n.º 1 do art. 755.º do CC);
- Quando se trate de coisa que o gestor de negócios deva entregar ao *dominus*, em garantia do crédito a que o gestor tenha direito (cf. redacção originária da *alínea d)* do n.º 1 do art. 755.º do CC);
- Quando se trate de coisa depositada e o depositário se recuse a fazer a respectiva entrega enquanto não receber um crédito relacionado com o contrato de depósito (cf. redacção originária da *alínea e)* do n.º 1 do art. 755.º do CC);
- Quando se trate de coisa comodatada e o comodatário se recuse a fazer a respectiva entrega enquanto não receber um crédito relacionado com o contrato de comodato (cf. redacção originária da *alínea e)* do n.º 1 do art. 755.º do CC).

Todas estas situações que eram reconhecidas no Direito interno como sendo susceptíveis de fundar o exercício do direito de retenção continuam a ser admitidas no AUG, que requer uma conexão ainda mais ampla do que a exigida pela redacção originária dos artigos 754.º e 755.º do CC.

De referir ainda que, relativamente às despesas feitas na coisa, a redacção originária da *alínea b)* do artigo 756.º do CC estabelecia que não havia lugar ao direito de retenção quando o seu titular tivesse realizado de má fé as despesas de que proveio o seu crédito. Actualmente, porém, esta restrição não se coloca no AUG, pelo que deve entender-se que existe retenção independentemente do estado subjectivo do retentor, isto é, quer este tenha realizado as despesas de boa ou de má fé, desde que nos termos do respectivo instituto aplicável haja direito ao seu reembolso.

Entretanto, o segundo parágrafo do artigo 42.º do AUG[930] procura concretizar o que devemos entender por relação entre a coisa retida e a obrigação. De acordo com esta disposição, essa relação considera-se estabelecida sempre que a detenção da coisa e a obrigação surjam em consequência de relações comerciais existentes entre o devedor e o credor. Estamos em face de uma presunção legal de que, se a fonte for uma relação com carácter comercial, existe conexão entre a coisa e a obrigação garantida, preenchendo-se assim o quarto requisito por força desta presunção. O que seja uma relação comercial há-de resultar do próprio Código Comercial, nomeadamente, do disposto nos artigos 2.º e 230.º (cf. também os artigos 2.º a 4.º do AUDCG).

A presunção é relativa ou elidível, pelo que o devedor pode provar que a coisa está relacionada com uma operação especial, particularmente diferente de todas as outras que mantém com o credor, e que, portanto, não se justifica o exercício do direito de retenção[931].

Contudo, como se sabe, o AUG não restringe a sua aplicação às relações comerciais, de forma que, em todos os outros casos, compete ao retentor o ónus da prova da existência de uma conexão entre a coisa retida e alguma relação que mantém com o devedor.

De resto, o desenvolvimento do que se deve entender por relação de conexão deverá ser efectuado pelos tribunais nacionais e pelo próprio TCJA. Neste sentido, o Tribunal de Apelação de Abidjan já considerou que era legítimo o direito de retenção exercido pelo vendedor em relação ao automóvel vendido, em garantia do pagamento do respectivo preço[932].

2.4.3. Substituição do direito de retenção

Apesar de a parte final do art. 41.º do AUG determinar que o direito de retenção pode ser exercido independentemente de qualquer outra garantia, consagra-se, no terceiro parágrafo do artigo 42.º, a obrigação (legal) de o credor renunciar ao direito de retenção sempre que lhe seja conferida

---

[930] Cf. também o texto proposto para o n.º 2 do artigo 756.º do CC pelo Ajustamento entre o Direito interno e o AUG.

[931] Cf. François Anoukaha, Joseph Issa-Sayegh, Aminata Cisse-Niang, Isaac Yankhoba Ndiaye, Messanvi Foli e Moussa Samb, *OHADA. Sûretés*, ob. cit., p. 71.

[932] Disponível em www.ohada.com, com a referência J-03-299.

uma garantia real equivalente[933]. Tendo em consideração aquela parte final do art. 41.º e considerando ainda que o direito de retenção é uma das garantias mais eficazes, por proporcionar um meio de pressão sobre o devedor que, na maioria das vezes, o leva a arranjar uma forma para cumprir a sua obrigação, propendemos para crer que esta regra deve ser aplicada com muita cautela, de molde a não deixar a descoberto a posição do retentor. Com efeito, dificilmente outra garantia, mesmo tratando-se de garantia real, pode ser considerada verdadeiramente equivalente ao direito de retenção.

Trata-se de uma prerrogativa conferida ao devedor, que pode substituir o direito de retenção por outra garantia real equivalente. No entanto, para que se trate de garantia equivalente, a garantia substitutiva tem que ser, obrigatoriamente, uma garantia real, não podendo em caso algum tratar--se de substituição por uma garantia pessoal, nem mesmo por uma carta de garantia à primeira solicitação. É que, ainda nessa hipótese, não se pode considerar que a garantia pessoal seja equivalente à garantia real, que confere ao credor uma preferência de pagamento pelo produto de venda da coisa, implicando, nessa medida, um reforço qualitativo do crédito. Não obstante, julgamos que se o credor retentor assim o entender, ele poderá aceitar a substituição da retenção por uma garantia pessoal; mas tal dependerá da sua exclusiva vontade, não podendo o devedor obrigá-lo a fazê-lo. Ao invés, oferecendo o devedor uma garantia real equivalente ao direito de retenção, o credor retentor não se pode opor à substituição, encontrando-se obrigado a renunciar à retenção.

A equivalência da nova garantia mede-se pelo facto de se tratar de uma garantia real que atribui ao credor um direito de preferência pelo menos idêntico ao resultante do direito de retenção.

Por exemplo, considera-se uma garantia real equivalente o facto de o devedor substituir a coisa retida por uma outra coisa, substituindo um direito de retenção por outro direito de retenção[934]. E, bem assim, o caso de se substituir um direito de retenção por uma hipoteca, ainda que se trate de uma situação muito pouco frequente. Outro exemplo reside na substituição do direito de retenção por um penhor, ou por um penhor sem entrega, embora nestes casos nos pareça que o credor fica mais despro-

---

[933] Cf. também o texto proposto para o n.º 3 do artigo 756.º do CC pelo Ajustamento entre o Direito interno e o AUG.

[934] Cf. FRANÇOIS ANOUKAHA, JOSEPH ISSA-SAYEGH, AMINATA CISSE-NIANG, ISAAC YANKHOBA NDIAYE, MESSANVI FOLI e MOUSSA SAMB, *OHADA. Sûretés*, ob. cit., p. 74.

tegido, na medida em que há outros credores que podem ser pagos antes dele. No entanto, essa desvantagem pode ser compensada com o valor do bem, que pode ser superior ao do anterior bem retido.

Segundo François Anoukaha e outros, em caso algum a nova garantia pode ser um privilégio creditório geral ou especial[935], na medida em que estas garantias apenas podem resultar da própria lei, e não da convenção das partes.

O bem dado na nova garantia deve possuir um valor pelo menos equivalente ao valor do bem retido e deve ser suficiente para cobrir o montante do crédito do retentor.

Os credores do devedor também podem, no lugar dele, usar da faculdade de substituir o direito de retenção por outra garantia equivalente[936], no âmbito geral do instituto da sub-rogação (cf. artigos 606.º e seguintes do CC). Os credores terão interesse especialmente se forem credores com um penhor sem desapossamento sobre aquela coisa retida, ou se forem credores com um privilégio mobiliário especial sobre o bem retido. No entanto, neste caso em que a faculdade de substituição por garantia equivalente é da iniciativa dos credores, reconhece-se aos restantes credores daquele devedor, designadamente, aos credores quirografários, e, bem assim, àqueles que sejam titulares de uma garantia que incida sobre o bem dado em substituição, o direito de se oporem à substituição da garantia.

Se o devedor ou os seus outros credores oferecerem ao credor retentor uma garantia real equivalente, este encontra-se efectivamente obrigado a renunciar à retenção. Recusando-se a fazê-lo, há responsabilidade da sua parte pelo incumprimento de uma obrigação legal, podendo ser compelido judicialmente a fazer essa renúncia nos termos gerais de direito.

2.5. Efeitos do direito de retenção

Em matéria de efeitos, o artigo 43.º do AUG[937] faz uma remissão para o regime jurídico do penhor, estabelecendo que: *"Se o credor não*

---

[935] Cf. FRANÇOIS ANOUKAHA, JOSEPH ISSA-SAYEGH, AMINATA CISSE-NIANG, ISAAC YANKHOBA NDIAYE, MESSANVI FOLI e MOUSSA SAMB, *OHADA. Sûretés*, ob. cit., p. 75.

[936] Cf. FRANÇOIS ANOUKAHA, JOSEPH ISSA-SAYEGH, AMINATA CISSE-NIANG, ISAAC YANKHOBA NDIAYE, MESSANVI FOLI e MOUSSA SAMB, *OHADA. Sûretés*, ob. cit., p. 76.

[937] Cf. também o texto proposto para o artigo 757.º do CC pelo Ajustamento entre o Direito interno e o AUG.

receber nem o cumprimento da obrigação nem uma garantia real equivalente, este poderá, após interpelação dirigida ao devedor e ao proprietário da coisa, exercer os seus direitos de sequela e de preferência, nos termos previstos para o penhor.".

Assim sendo, das duas uma: ou bem que o credor da entrega cumpre a sua obrigação perante o retentor, ou bem que o direito de retenção é substituído por uma garantia real equivalente. Não acontecendo nenhuma destas situações, o retentor tem a possibilidade de executar a coisa retida, solicitando ao tribunal a respectiva venda judicial, com vista a receber o produto da venda em satisfação do seu crédito. Porém, para que esta venda judicial possa ter lugar é necessário que previamente o retentor faça uma interpelação ao devedor e ao proprietário da coisa, no caso de a coisa retida pertencer a um terceiro. Em bom rigor, não se trata de interpelação feita ao terceiro, uma vez que este não é devedor, mas sim de uma comunicação no sentido de o informar que se vai proceder à execução da coisa. No entanto, esta comunicação só pode ter lugar se o retentor conhecer a identidade do proprietário da coisa.

Por conseguinte, o credor retentor tem direito de sequela e de preferência no pagamento, nos mesmos termos que o credor pignoratício, desde que se preencham os seguintes requisitos:

1) O devedor não cumpre a sua obrigação;
2) O retentor não recebe uma garantia real equivalente;
3) O retentor faz uma interpelação ao devedor e, sendo caso disso, ao proprietário da coisa, com vista a proceder à execução da coisa retida.

Para além disso, deve obter um título executivo, no caso de ainda não o ter. De seguida, compete-lhe intentar a acção executiva, na qual se procede à penhora e à venda judicial da coisa retida, e, finalmente, pode exercer a preferência que lhe é atribuída nos termos do art. 149.º do AUG, por via do qual tem direito a ser pago em quarto lugar.

Para François Anoukaha e outros, a remissão constante do artigo 43.º do AUG para o regime do penhor significa que o direito de retenção se converte em penhor[938]. Todavia, pela nossa parte, pensamos que existe apenas uma remissão para o regime jurídico do penhor, remissão esta que não altera a natureza jurídica deste direito. O direito de retenção continua

---

[938] Cf. FRANÇOIS ANOUKAHA, JOSEPH ISSA-SAYEGH, AMINATA CISSE-NIANG, ISAAC YANKHOBA NDIAYE, MESSANVI FOLI e MOUSSA SAMB, *OHADA. Sûretés*, ob. cit., p. 77.

a ser uma figura autónoma que não se perde nem confunde com o penhor, embora lhe seja conferido um tratamento jurídico idêntico ao deste. Aliás, era já esse o regime jurídico instituído pelo Código Civil, na redacção originária do art. 758.º, sem que na doutrina se falasse em conversão da retenção em penhor. Por conseguinte, julgamos que as figuras mantêm a sua autonomia no âmbito do AUG.

Para além disso, segundo François Anoukaha e outros[939], entre o início do exercício do direito de retenção e o pagamento do crédito com a consequente restituição da coisa, o credor retentor é equiparado ao credor pignoratício, pelo que fica obrigado à conservação da coisa e lhe é vedada a sua utilização[940].

Embora esta solução não decorra directamente do disposto no artigo 43.º do AUG, afigura-se que deve ser adoptada por meio de uma interpretação extensiva. Com efeito, o art. 43.º remete apenas para o penhor em sede de direito de sequela e de preferência de pagamento, mas, em bom rigor, a figura do retentor aproxima-se bastante da do credor pignoratício. Por outro lado, o regime jurídico estabelecido no AUG para o direito de retenção é manifestamente escasso, devendo o jurista procurar determinar o regime aplicável à situação jurídica do retentor relativamente à coisa entre o momento em que exerce a retenção e o momento em que procede à respectiva execução judicial. Com efeito, a situação jurídica em que o retentor se encontra é manifestamente análoga à do credor pignoratício, pois ambos detêm uma coisa, do devedor ou de terceiro, em garantia do seu crédito, podendo executá-la judicialmente para esse efeito. A única diferença é que o penhor, tratando-se de penhor convencional, resultou de um contrato, enquanto que o direito de retenção resulta de uma actuação do credor em caso de preenchimento dos respectivos requisitos legais. Assim sendo, justifica-se que a partir do início do exercício da retenção o regime jurídico aplicável afim de aferir dos poderes e dos deveres que impendem sobre o retentor seja o regime jurídico do penhor.

---

[939] Cf. François Anoukaha, Joseph Issa-Sayegh, Aminata Cisse-Niang, Isaac Yankhoba Ndiaye, Messanvi Foli e Moussa Samb, *OHADA. Sûretés*, ob. cit., pp. 73 e seguintes.

[940] É também esta a solução na Costa do Marfim. Neste sentido, cf. Brou Kouakou Mathurin, *Le droit de rétention en droit ivoirien...*, ob. cit., pp. 7 e 8. Este autor refere que o retentor, para além de ter o dever, positivo, de conservar a coisa retida, se encontra impedido de realizar uma série de actos. Considera ainda que se o retentor usar a coisa, tal acto consubstancia um abuso do exercício do direito de retenção.

Por conseguinte entende-se que o direito do retentor é indivisível (cf. primeiro parágrafo do artigo 60.º do AUG) e oponível *erga omnes*, daí que o retentor possa recusar a restituição da coisa a quem quer que seja enquanto o seu direito de crédito não se encontrar integralmente pago. Pode, portanto, opor a retenção a qualquer pessoa: ao devedor, ao proprietário da coisa retida, mesmo que este não seja o devedor, etc. Por outro lado, o retentor pode continuar a reter a coisa em caso de mero pagamento parcial, mesmo que a coisa retida seja divisível.

2.6. Transmissão e extinção do direito de retenção

Como vimos, o AUG determina os requisitos necessários à existência do direito de retenção, bem como as consequências jurídicas do seu preenchimento. Todavia, nada é dito quanto a saber se o retentor pode transmitir a terceiro o direito de retenção, nem quanto aos modos de extinção deste direito real de garantia. Teoricamente, há duas opções possíveis. Em primeiro lugar, recorrer à aplicação do regime geral do Código Civil nesta matéria. Esta primeira via vai ao encontro da teoria da uniformização, nos termos da qual, como o AUG contém a regulamentação do direito de retenção, todo o capítulo relativo a esta figura do Código Civil se deve considerar revogado. Sendo assim, aplica-se à transmissão e à extinção do direito de retenção o regime geral da transmissão e extinção dos direitos reais. Em segundo lugar, poderia recorrer-se à aplicação subsidiária do regime constante da redacção originária dos artigos 760.º e 761.º do CC, mas esta possibilidade só pode ser admitida se se considerar que o AUG apenas produziu uma revogação individualizada, tácita e parcial do Direito interno. Nesta ordem de ideias, como o AUG não contém regras sobre a transmissão e a extinção do direito de retenção, não se pode falar em contrariedade com o Direito interno, o qual, naturalmente, não tendo sido revogado, se deve considerar ainda em vigor.

Foi no segundo sentido a solução do Ajustamento entre o Direito interno e o AUG, uma vez que se propôs para o texto do artigo 758.º do CC a reunião entre as normas que antes constavam da redacção originária dos artigos 760.º e 761.º do CC, nos seguintes termos:

Artigo 758.º
(Transmissão e extinção)

1. O direito de retenção não é transmissível sem que seja transmitido o crédito que ele garante.
2. O direito de retenção extingue-se pelas mesmas causas por que cessa o direito de hipoteca e ainda pela entrega da coisa.

Concordamos com esta solução na medida em que, como já tivemos oportunidade de referir, propendemos para defender uma mera revogação individualizada, tácita e parcial do Direito interno, que permita, na medida do possível, a manutenção em vigor das regras que não estejam em contradição com disposições do acto uniforme. Neste sentido, como em matéria de transmissão e de extinção do direito de retenção o AUG não se pronuncia, será de admitir a vigência do regime de Direito interno previamente existente.

Assim sendo, entende-se que o direito de retenção só pode ser transmitido a terceiro juntamente com a transmissão do direito de crédito garantido (cf. redacção originária do art. 760.º do CC e texto proposto para o n.º 1 do art. 758.º do CC). A justificação para este acompanhamento entre a garantia e o crédito garantido tem a ver com o facto de um dos requisitos constitutivos do direito de retenção ser a relação existente entre o crédito e a coisa retida. Por conseguinte, para haver direito de retenção esta ligação tem de existir, sendo de exigir essa ligação também para a sua manutenção.

Por sua vez, em sede de extinção, faz-se uma remissão para o regime jurídico da hipoteca, constante da redacção originária do artigo 730.º do CC, acrescentando-se apenas a entrega da coisa retida como causa exclusiva de extinção do direito de retenção (cf. o disposto na redacção originária do artigo 761.º do CC e no texto proposto para o n.º 2 do artigo 758.º do CC).

Relativamente à entrega da coisa, vale como renúncia tácita por parte do retentor ao direito de retenção. Porém, no entendimento de Pires de Lima e de Antunes Varela, a entrega só vale como renúncia se for voluntária, pois caso contrário o retentor pode usar dos meios possessórios para reaver a coisa e voltar a exercer sobre ela o seu direito de retenção[941]. No mesmo sentido se decidiu no Acórdão do STJ Português de 14/02/2006[942].

---

[941] Cf. Pires de Lima e Antunes Varela, *Código Civil Anotado*, Volume I, ob. cit. p. 784.

[942] Disponível em www.dgsi.pt.

Diversamente, Luís Menezes Leitão considera que o direito de retenção se extingue quer haja entrega voluntária, quer involuntária[943], embora também admita o recurso às acções possessórias, sendo caso disso, caso em que o retentor poderá novamente exercer o seu direito de retenção sobre a coisa.

Para aqueles que admitem a subsistência do direito de retenção em caso de entrega involuntária da coisa retida, pode ainda discutir-se se o direito de retenção resiste ou não à transmissão do bem na venda executiva, tendo em conta a sua natureza de direito real de garantia. No Acórdão do Tribunal da Relação de Lisboa de 4/03/1997[944], entendeu-se que a venda executiva implica, nos termos do n.º 2 do artigo 824.º do CC, a caducidade de quaisquer direitos reais de garantia que onerem o imóvel vendido, especificando mesmo que todos estes direitos caducam, quer se trate de direitos de garantia sujeitos a registo, quer de direitos de garantia não sujeitos a registo, tais como os privilégios creditórios e o direito de retenção.

Além das causas de extinção referidas na lei, a doutrina aceita que o direito de retenção se extingue por confusão quando o retentor adquire o direito sobre a coisa. Contudo, segundo Luís Menezes Leitão, se a aquisição tiver ocorrido no âmbito de uma acção executiva, é aplicável por analogia o n.º 1 do art. 724.º do CC com vista ao renascimento do direito de retenção, para que possa ser atendido nos termos do n.º 2 do art. 824.º do CC.

Relativamente à extinção deste direito por confusão, cumpre referir a decisão do STJ Português de 30/01/2003[945], nos termos da qual se considerou que o direito de retenção se mantinha mesmo que mais tarde o promitente-comprador adquirisse o bem objecto do contrato. Entendeu-se que: *"Não se verifica confusão, uma vez que há hipotecas, podendo a titular do direito de retenção ser prejudicada caso se entendesse que o seu direito se extinguira.".* Por conseguinte, o direito de retenção só se poderia extinguir por confusão no caso de não haver outros credores com preferências de pagamento sobre o bem, pois, havendo estes credores, o retentor tem interesse em reclamar o seu crédito. A solução é a mesma que se verifica no caso de concurso entre credores hipotecários em que um deles adquire o bem, na medida em que este último pode ter interesse em invocar a sua hipoteca se, por exemplo, existirem hipotecas posteriores.

---

[943] Cf. Luís Menezes Leitão, *Garantias das obrigações*, ob. cit., p. 245.
[944] Disponível em www.dgsi.pt.
[945] Disponível em www.dgsi.pt.

2.7. Apreciação

Uma vez analisado o regime jurídico do direito de retenção resultante da entrada em vigor do AUG, cumpre fazer algumas observações de carácter geral.

Em primeiro lugar, nota-se que a OHADA não se preocupou excessivamente com esta figura, tendo dedicado apenas três artigos à sua regulamentação directa e feito uma remissão para o regime do penhor em sede dos direitos de sequela e de preferência conferidos ao credor. Nota--se aqui um certo desinteresse por parte do AUG em relação ao direito de retenção, o que se pode eventualmente explicar pela origem histórica desta figura, geralmente associada à justiça privada e daí a vontade de lhe atribuir a menor importância possível.

Contudo, a solução adoptada não atende ao facto de o exercício do direito de retenção constituir uma das mais eficazes formas de pressão do devedor ao cumprimento, que permite muitas vezes satisfazer o interesse do credor sem ser necessário o recurso aos meios judiciais. Essa virtude do direito de retenção é extremamente importante num contexto de Direito dos negócios como é o caso do espaço OHADA.

Relativamente ao regime jurídico concretamente instituído, dele resulta uma enorme restrição do âmbito de aplicação deste direito, ao excluir o exercício da retenção sobre coisas imóveis. Trata-se de uma restrição que não parece ter uma justificação plausível na medida em que o que explica a retenção é a existência de uma determinada conexão entre a coisa retida e o direito de crédito do retentor, e não a natureza concreta do bem retido. Assim, tal conexão pode existir também em relação aos bens imóveis, não se compreendendo por isso a razão de ser da sua exclusão pelo Acto Uniforme.

Nota-se igualmente uma grande permissividade do AUG em relação à conexão exigida entre a coisa e o crédito do retentor, sendo que esta conexão quase desaparece, podendo tratar-se de uma ligação muito ténue e ainda assim justificar a retenção.

Finalmente, como o AUG não regulou todos os aspectos relativos ao direito de retenção, é de admitir aqui a aplicação do regime de Direito interno que não contraria as regras constantes do Acto Uniforme, designadamente em matéria de transmissão e de extinção deste direito.

3. PENHOR

3.1. Noção. Generalidades

O penhor é, tal como o direito de retenção, uma garantia que provém do Direito Romano[946]. Trata-se da situação em que o credor detém em seu poder uma coisa pertencente ao devedor ou a um terceiro, que constitui a garantia do seu crédito, de forma que se o devedor não cumprir a coisa poderá ser vendida, sendo o produto da venda direccionado à satisfação do direito do credor.

Em África, o penhor é uma das garantias mais frequentes, especialmente nas relações entre particulares. Com efeito, um dos elementos essenciais do penhor reside na entrega da coisa empenhada ao credor, e, regra geral, os particulares aceitam com facilidade o desapossamento da coisa. O mesmo não acontece com os intervenientes nas relações de negócios, que usualmente não pretendem ficar sem a detenção da coisa dada em garantia[947].

Segundo Vaz Serra, o penhor é um *"direito real de realização do valor de uma coisa móvel para garantia de um crédito"*[948].

De acordo com a concepção clássica, o penhor é uma garantia que implica o desapossamento, ou seja, que pressupõe que o dador de penhor entregue ao credor pignoratício a coisa que constitui objecto da garantia. Nessa medida, o contrato de penhor consubstancia um contrato real *quoad constitucionem*, em que a entrega se assume como elemento constitutivo do negócio.

O penhor é, normalmente, uma garantia real mobiliária que confere ao credor um direito real de garantia de ser pago preferencialmente em relação a outros credores. No entanto, nem todos os penhores constituem direitos reais de garantia, pois os direitos reais apenas podem incidir sobre coisas e há casos de penhor de direitos[949].

---

[946] Sobre a origem histórica deste instituto, consultar Luís MENEZES LEITÃO, *Garantias das obrigações*, ob. cit., p. 190.

[947] Cf. FRANÇOIS ANOUKAHA, JOSEPH ISSA-SAYEGH, AMINATA CISSE-NIANG, ISAAC YANKHOBA NDIAYE, MESSANVI FOLI e MOUSSA SAMB, *OHADA. Sûretés*, ob. cit., p. 79.

[948] Cf. ADRIANO PAES DA SILVA VAZ SERRA, *Penhor*, em Boletim do Ministério da Justiça, N.º 58, 1956, p. 2.

[949] Cf. PEDRO ROMANO MARTINEZ e PEDRO FUZETA DA PONTE, *Garantias de cumprimento*, ob. cit., p. 170.

3.2. O penhor no AUG. Elementos constitutivos

No AUG, o penhor é caracterizado como uma garantia real mobiliária, o que decorre desde logo do disposto no artigo 39.º. O Acto Uniforme regulamenta tanto o penhor civil, como o penhor comercial[950]. Isto significa que o regime jurídico do penhor é o mesmo, independentemente da natureza da relação jurídica garantida, isto é, quer se trate de relação civil, quer de relação comercial.

Nos termos do art. 44.º do AUG[951], são os seguintes os elementos constitutivos do penhor convencional:

1) Contrato;
2) Entrega de um bem móvel, ao próprio credor ou a um terceiro;
3) Para garantia do cumprimento de uma obrigação.

Neste negócio, o credor diz-se "credor pignoratício", enquanto o devedor ou o terceiro que entregam a coisa em garantia são designados pela expressão "dador de penhor" ou "autor do penhor".

Segundo Léon Messanvi Foli, a definição do artigo 44.º do AUG peca por falta de precisão, considerando que seria preferível uma definição mais completa, que explicasse que se trata de um contrato pelo qual um devedor entrega ao credor, a título de garantia, um bem móvel que o credor conservará e que, em caso de incumprimento do devedor, poderá obter a respectiva venda, tendo direito a ser pago com preferência em relação a outros credores[952].

De notar que parece ser admissível a vigência de outros penhores para além dos casos expressamente previstos no AUG, conforme ficou decidido num Acórdão do Tribunal de Primeira Instância de Cotonou onde se discutiu o *"gage de permis d'habiter"*, previsto na Lei do Benim, tendo-se concluído que o mesmo deveria ser regido pelo Direito nacional que o consagrava[953].

---

[950] Cf. FRANÇOIS ANOUKAHA, JOSEPH ISSA-SAYEGH, AMINATA CISSE-NIANG, ISAAC YANKHOBA NDIAYE, MESSANVI FOLI e MOUSSA SAMB, *OHADA. Sûretés*, ob. cit., p. 78.

[951] Cf. também o texto proposto para o n.º 1 do artigo 666.º do CC pelo Ajustamento entre o Direito interno e o AUG.

[952] Cf. LÉON MESSANVI FOLI, *Présentation de l'acte uniforme portant organisation du droit des sûretés*, ob. cit., p. 11.

[953] Disponível em www.ohada.com, com a referência J-04-292.

3.2.1. Contrato

No primeiro elemento determina-se que o penhor é, necessariamente, um contrato, pelo que não pode ser constituído unilateralmente por vontade de apenas uma das partes.

Esta caracterização vai ao encontro de outras garantias especiais admitidas no AUG, destacando-se desde logo, ao nível das garantias pessoais, a fiança e a carta de garantia, e, ao nível das garantias reais, a hipoteca. Com efeito, no caso da fiança e da carta de garantia, tanto o primeiro parágrafo do art. 3.º como o primeiro parágrafo do artigo 28.º do AUG salientam a natureza contratual da respectiva constituição. O mesmo acontece, no caso da hipoteca, no primeiro parágrafo do artigo 117.º do AUG, em relação à hipoteca convencional.

3.2.2. Entrega de um bem móvel, ao credor ou a um terceiro

Em segundo lugar, o penhor apenas pode ter como objecto os bens móveis, nos termos do art. 205.º do CC, os quais devem ser entregues o mais tardar no momento da celebração do contrato ao credor pignoratício ou ao terceiro nomeado pelas partes como depositário.

Em contrapartida, pode tratar-se de quaisquer bens móveis, independentemente da sua natureza. Com efeito, o art. 46.º do AUG determina que o penhor pode ter por objecto qualquer bem móvel[954], corpóreo ou incorpóreo[955], sendo que a mesma solução consta do texto proposto pelo Ajustamento para o n.º 1 do artigo 668.º do CC. No entanto, como veremos, o penhor de bens incorpóreos obedece a um regime jurídico muito específico, em razão da particularidade de o bem incorpóreo não ser susceptível de entrega material.

Não obstante esta possibilidade, em regra as coisas dadas em penhor são jóias, quadros, electrodomésticos, automóveis, etc., tratando-se de coisas móveis com algum valor económico. Segundo Vaz Serra, *"tanto as*

---

[954] Neste ponto, o AUG afastou-se do Código Civil de 1966, na medida em que nesta sede era admitido o penhor apenas sobre os bens móveis que não podiam ser objecto de hipoteca.

[955] Cf. François Anoukaha, Joseph Issa-Sayegh, Aminata Cisse-Niang, Isaac Yankhoba Ndiaye, Messanvi Foli e Moussa Samb, *OHADA. Sûretés*, ob. cit., p. 81.

coisas consumíveis e fungíveis como as não consumíveis e não fungíveis podem ser objecto de penhor", não havendo razões para limitar o objecto do penhor a certas coisas móveis em detrimento de outras[956].

Era algo diversa a solução estabelecida na redacção originária do Código Civil, na medida em que o penhor podia ter por objecto os bens não susceptíveis de hipoteca. Ora, por exemplo, o automóvel era então um bem móvel susceptível de hipoteca, pelo que não podia nesse caso ser objecto de penhor. A situação é agora diferente com o AUG, na medida em que a hipoteca incide exclusivamente sobre bens imóveis, enquanto o penhor abarca todos os bens móveis, incluindo o próprio automóvel. Neste sentido, considera-se revogado o disposto no artigo 4.º, na *alínea d)* do n.º 1 do artigo 5.º e no artigo 8.º do Decreto-Lei n.º 47.952, de 22 de Setembro de 1967[957]. Este diploma regula o registo dos veículos automóveis, sendo que no n.º 1 do seu artigo 4.º determina precisamente que *"Os veículos automóveis podem constituir objecto de hipotecas legais, judiciais ou voluntárias"*, remetendo o respectivo regime jurídico para o estabelecido para as hipotecas de bens imóveis, admitindo apenas uma forma menos solene de celebração no n.º 3 do mesmo artigo. Todo o conteúdo deste artigo 4.º se considera revogado, por contrariar directamente o regime jurídico instituído no AUG, concretamente o disposto no art. 44.º, no primeiro parágrafo do art. 46.º e no primeiro parágrafo do art. 117.º do AUG. Efectivamente, o penhor passou a ser considerado uma garantia exclusivamente mobiliária, podendo incidir sobre todo e qualquer bem móvel, sendo que nesta categoria se inclui naturalmente o automóvel, ainda que se trate de um bem móvel sujeito a registo. Por outro lado, a hipoteca passou a ser uma garantia imobiliária, pelo que o automóvel deixou de poder ser objecto de hipoteca.

Nessa ordem de ideias, considera-se igualmente revogada a *alínea d)* do n.º 1 do artigo 5.º do Decreto-Lei n.º 47.952, que estabelece a necessidade de registo da hipoteca sobre o automóvel. E, bem assim, o disposto no artigo 8.º deste mesmo diploma, que determina peremptoriamente que os veículos automóveis não podem ser objecto de penhor.

---

[956] Cf. ADRIANO PAES DA SILVA VAZ SERRA, *Penhor*, ob. cit., p. 64.

[957] Este diploma foi recebido pela Ordem Jurídica Guineense através da Lei n.º 1//73, de 24 de Setembro, publicada no Boletim Oficial n.º 1, de 4 de Janeiro de 1975, na medida em que não se encontra em contradição com a soberania nacional, a Constituição da República, as suas leis ordinárias nem com os princípios e objectivos do Partido Africano da Independência da Guiné e Cabo Verde (P.A.I.G.C.).

Por conseguinte, conclui-se que a partir da entrada em vigor do AUG, o automóvel, embora continue a ser um bem móvel sujeito a registo nos termos do Decreto-Lei n.º 47.952, deixou de ser hipotecável, para passar a poder ser dado em penhor em garantia de uma determinada obrigação.

Acresce que o penhor também pode ter por objecto quantias ou valores depositados, a título de caução, por funcionários, responsáveis ministeriais ou qualquer outra pessoa, para garantia dos abusos pelos quais estes possam ser responsáveis, bem como para garantia dos mútuos admitidos pela constituição da referida caução. Está em causa a figura da caução prevista nos artigos 623.º e seguintes do CC, directamente acolhida pelo terceiro parágrafo do artigo 46.º do AUG, bem como pelo texto proposto pelo Ajustamento para o n.º 3 do artigo 668.º do CC.

O penhor pode ainda incidir sobre direitos, tal como resulta do disposto no artigo 50.º do AUG, que expressamente admite o penhor sobre direitos de crédito e sobre valores mobiliários, considerando que se trata de modalidade especial de penhor. Nos mesmos termos, também a redacção originária do Código Civil admite esta categoria de penhor, embora aqui a garantia já não possua uma natureza real[958].

Entretanto, a doutrina coloca a questão de saber se os animais podem ser objecto de penhor. Em termos abstractos, os animais são bens móveis, pelo que nada obsta a que sejam empenhados em garantia de uma dívida. No entanto, há algumas reticências em admitir que os animais, embora sendo coisas móveis, sejam susceptíveis de penhor. Aparentemente, as dúvidas residem no facto de ser no mínimo insólito que um animal seja empenhado, penhorado numa acção executiva e depois vendido judicialmente. Mas, de facto, tanto em termos jurídicos como em termos práticos parece que nada obsta a que isso aconteça, embora seja certo que tal situação pode dar azo a certas dificuldades na realização da garantia. Contudo, constituindo os animais um valor económico efectivo no património do seu titular, parece-nos que os mesmos poderão ser dados em garantia, e, nesse caso, o procedimento para a efectivação desta garantia será o mesmo que em relação ao penhor de outros bens.

Qualquer que seja a coisa objecto do penhor, é obrigatório que essa coisa exista ao tempo da constituição da garantia, isto é, tem que se tratar

---

[958] Cf. Luís MENEZES LEITÃO, *Garantias das obrigações*, ob. cit., p. 190.

de uma coisa presente. Caso contrário, o AUG determina que não existe um contrato de penhor, mas tão só um contrato-promessa de penhor – cf. § 2 do artigo 48.º e bem assim o texto proposto pelo Ajustamento para o n.º 3 do artigo 669.º do CC[959].

Nada impede que a coisa empenhada seja já objecto de outra garantia, por exemplo, de um penhor sem entrega ou de um privilégio creditório[960]. Isto na medida em que as garantias se podem cumular entre si, caso em que a ordem da graduação dos credores será determinada pelo critério estabelecido no próprio AUG.

a) Problema da falta de entrega

Decorre ainda deste segundo elemento a caracterização do contrato de penhor como um contrato real *quoad constitucionem*, em que a entrega da coisa empenhada é um requisito constitutivo do negócio[961]. Era já esse o regime estabelecido pelo Direito interno na redacção originária do n.º 1 do art. 669.º do CC, que exigia a entrega da coisa ou do documento que atribuísse a exclusiva disponibilidade sobre ela ao credor. Com efeito, a entrega da coisa empenhada consiste na formalidade mais importante do contrato de penhor, pois é condição essencial para a sua constituição e para a produção dos seus efeitos, mesmo entre as próprias partes. Isto significa que, na falta da entrega, não existe sequer contrato de penhor, por falta de preenchimento de um requisito essencial. Neste sentido decidiu o Tribunal de Apelação de Abidjan num dos seus acórdãos, onde concluiu que não tendo havido a entrega da coisa ao credor, não tinha sido legalmente constituído nenhum contrato de penhor, pelo que não podia ocorrer a produção dos seus efeitos[962].

Além da exigência de entrega no art. 44.º, também o primeiro parágrafo do art. 48.º do AUG estabelece que o contrato de penhor não produz efeitos enquanto não houver a entrega da coisa. Contudo, a entrega pode ser material ou pode ocorrer através da entrega de um documento que

---

[959] Cf. FRANÇOIS ANOUKAHA, JOSEPH ISSA-SAYEGH, AMINATA CISSE-NIANG, ISAAC YANKHOBA NDIAYE, MESSANVI FOLI e MOUSSA SAMB, *OHADA. Sûretés*, ob. cit., p. 82.

[960] Cf. FRANÇOIS ANOUKAHA, JOSEPH ISSA-SAYEGH, AMINATA CISSE-NIANG, ISAAC YANKHOBA NDIAYE, MESSANVI FOLI e MOUSSA SAMB, *OHADA. Sûretés*, ob. cit., p. 81.

[961] No mesmo sentido, cf. PEDRO ROMANO MARTINEZ e PEDRO FUZETA DA PONTE, *Garantias de cumprimento*, ob. cit., p. 172.

[962] Disponível em www.ohada.com, com a referência J-04-173.

confira ao credor pignoratício a disponibilidade material sobre a coisa empenhada. Por essa razão, o Ajustamento propôs a manutenção do texto do n.º 1 do artigo 669.º, uma vez que se trata de regra exactamente idêntica à constante do Acto Uniforme.

A função da entrega da coisa empenhada consiste na publicidade de facto que dela emana, porque com esta entrega as pessoas em geral apercebem-se de que a coisa passou a ser detida por outrem e passam a saber que a coisa está onerada[963-964].

O credor pignoratício, embora tenha a detenção da coisa, não é possuidor em nome próprio, mas antes possuidor em nome de outrem[965]. Apesar disso, como veremos, o AUG atribui-lhe algumas prerrogativas próprias dos possuidores em nome próprio.

Em relação a este segundo requisito, pode questionar-se se o AUG admite a figura do penhor consensual reconhecida por alguma doutrina. Este contrato consistiria num penhor em que as partes não procederiam de imediato à entrega, sendo um contrato atípico, admissível nos termos do art. 405.º do CC. No penhor consensual a entrega não surgiria como elemento constitutivo, mas antes como mero elemento de execução do contrato, daí que se pudesse afirmar que, enquanto a coisa dada em penhor não fosse efectivamente entregue, o negócio não seria apto a produzir quaisquer efeitos. Portanto, da celebração do contrato de penhor derivaria, para o dador de penhor, a obrigação de entregar a coisa empenhada.

Com efeito, o AUG não revogou o princípio geral de direito da autonomia privada – liberdade de celebração e de estipulação – constante do art. 405.º do CC. Neste sentido, parece de admitir a celebração do penhor consensual, nos mesmos termos em que se admite a celebração de outros contratos tipicamente configurados como reais *quoad constitucionem* como contratos consensuais[966]. É este o caso do mútuo, do depósito e do comodato. No entanto, ao penhor consensual não se podem aplicar as disposições do AUG enquanto não houver entrega.

---

[963] Cf. PEDRO ROMANO MARTINEZ e PEDRO FUZETA DA PONTE, *Garantias de cumprimento*, ob. cit., pp. 172 e 173.

[964] Cf. LUÍS MENEZES LEITÃO, *Garantias das obrigações*, ob. cit., p. 191.

[965] Cf. PEDRO ROMANO MARTINEZ e PEDRO FUZETA DA PONTE, *Garantias de cumprimento*, ob. cit., p. 173.

[966] Sobre este problema consultar JOÃO REDINHA, *Contrato de mútuo*, em *Direito das Obrigações*, Volume III, Lições coordenadas por António Menezes Cordeiro, Lisboa, AAFDL, 1991, pp. 198 e seguintes.

Todavia, o AUG parece afastar-se deste entendimento, afirmando, no § 2 do art. 48.º que, não havendo entrega da coisa, há apenas um contrato-promessa de penhor, solução esta que se aproxima do entendimento de Pires de Lima e de Antunes Varela[967]. Com efeito, segundo estes autores, ou bem que há contrato com entrega da coisa, ou bem que não há entrega e nesse caso há somente uma promessa de celebração de contrato. Esta posição não é contudo isenta de críticas uma vez que em bom rigor a entrega da coisa não consubstancia a celebração de um novo negócio que se possa caracterizar como um contrato definitivo. A entrega é um mero acto material e dela não se pode retirar a emissão de uma nova vontade negocial das partes. Além disso, quando as partes contratam o penhor e adiam para mais tarde a entrega da coisa não se pode, regra geral, entender que a vontade negocial é de celebrar a simples promessa de penhor. Com efeito, normalmente as partes querem mesmo naquele momento celebrar o contrato de penhor, só que não têm a coisa disponível para entrega imediata, daí procederem ao adiamento desta.

Não obstante estas críticas, o AUG acolhe explicitamente a figura da promessa de penhor, embora sem estabelecer propriamente um regime jurídico específico para a mesma. Diz-se simplesmente que neste caso o promitente dador de penhor fica obrigado à entrega da coisa, nos mesmos termos definidos pelo contrato. Como a entrega é um simples acto material, será inviável a execução específica desta promessa, pois nesta acção o tribunal substitui-se ao promitente faltoso afim de emitir a respectiva declaração negocial, mas não para praticar um acto material. Tratando-se de promessa de penhor de coisa futura, a obrigação de entrega apenas se torna exigível a partir do momento em que a coisa passe a ser coisa presente.

Nesta matéria, também François Anoukaha e outros concluem que, sem a entrega, nada mais há do que um contrato-promessa de penhor, pelo que a entrega se assume como elemento constitutivo do penhor, que mantém a sua qualificação como contrato real *quoad constitucionem*[968], o que, aliás, vem de acordo com o seu antecedente histórico de garantia com desapossamento.

---

[967] Cf. PIRES DE LIMA e ANTUNES VARELA, *Código Civil Anotado*, Volume II, ob. cit., p. 762.

[968] Cf. FRANÇOIS ANOUKAHA, JOSEPH ISSA-SAYEGH, AMINATA CISSE-NIANG, ISAAC YANKHOBA NDIAYE, MESSANVI FOLI e MOUSSA SAMB, *OHADA. Sûretés*, ob. cit., p. 88.

Não obstante, como as qualificações legais não são vinculativas, o intérprete não está obrigado a aceitar que este negócio jurídico seja uma promessa de penhor, sendo legítima a sua qualificação como penhor consensual, nos termos do Princípio da autonomia privada, tal como se admite no Direito interno relativamente aos outros contratos reais *quoad constitucionem*, isto é, o mútuo, o depósito e o comodato.

Ainda em relação à entrega, o Ajustamento propõe a manutenção em vigor dos n.ºs 1 e 2 do artigo 669.º do CC. Segundo o n.º 1, o penhor só produz efeitos com a entrega da coisa *"ou de documento que confira a exclusiva disponibilidade dela"*, ao credor ou ao terceiro. À partida, o AUG consagra somente a entrega da coisa como elemento constitutivo do penhor, nada se dizendo quanto à eventual entrega de um documento. Não obstante, parece-nos que esta parte do n.º 1 do artigo 669.º se deve considerar em vigor, por não contrariar o disposto no AUG. O mesmo se parece aplicar ao n.º 2 deste artigo, pois esta solução decorre ainda da entrega da coisa propriamente dita.

3.2.3. Para garantia do cumprimento de uma obrigação

Por fim, como terceiro elemento do contrato de penhor, o artigo 44.º do AUG estabelece que a sua função é garantir o cumprimento de uma obrigação, sendo essa a causa jurídica deste contrato. Conforme já foi referido, a obrigação garantida tanto pode ser civil como comercial[969].

À luz do primeiro parágrafo do art. 45.º, a obrigação garantida pode ser uma obrigação anterior ou contemporânea do penhor, uma obrigação futura, que ainda não está constituída, ou ainda uma obrigação meramente eventual, que ainda não se sabe se irá ser constituída ou não por se encontrar sujeita à verificação de uma condição suspensiva. Exige-se porém que se trate de uma obrigação jurídica, civil, não podendo estar em causa uma obrigação natural, a qual é insusceptível de cumprimento coactivo.

Por esta razão, o Ajustamento entre o Direito interno e o AUG propôs a manutenção da redacção originária do n.º 3 do artigo 666.º do CC,

---

[969] Cf. François Anoukaha, Joseph Issa-Sayegh, Aminata Cisse-Niang, Isaac Yankhoba Ndiaye, Messanvi Foli e Moussa Samb, *OHADA. Sûretés*, ob. cit., p. 81.

nos termos da qual *"A obrigação garantida pelo penhor pode ser futura ou condicional"*, indo assim ao encontro do primeiro parágrafo do artigo 45.º do AUG ora mencionado.

Este terceiro elemento denota ainda a acessoriedade do penhor pelo facto de estar obrigatoriamente acoplado a uma determinada obrigação. Esta é uma característica comum às garantias das obrigações, uma vez que a razão de ser da sua existência é assegurar ao credor que, em caso de incumprimento da obrigação por parte do devedor, ele terá um meio de satisfazer o seu direito de crédito.

3.3. Legitimidade

Nos termos do primeiro parágrafo do art. 47.º do AUG, o dador de penhor tem, obrigatoriamente, que ser o titular do direito de propriedade sobre a coisa. Não pode estar em causa a titularidade de nenhum outro direito na medida em que se exige a legitimidade dessa pessoa para alienar, por si só, o bem. Esta norma é paralela ao disposto na redacção originária do n.º 1 do art. 667.º do CC, cujo texto o Ajustamento propõe a manutenção em vigor, por se encontrar em consonância com o AUG.

Portanto, a legitimidade para constituir o penhor pertence em exclusivo ao proprietário da coisa. Naturalmente que, nos termos gerais, essa pessoa pode agir por meio de representante ou de mandatário, caso em que há uma autorização legítima para o representante ou o mandatário actuar em seu nome e/ou no seu interesse.

O proprietário da coisa empenhada tanto pode ser o próprio devedor, como um terceiro em relação à dívida garantida, o que decorre claramente do § 2 do artigo 47.º. Tratando-se de penhor constituído por terceiro, o AUG estabelece que se qualifica a garantia como uma fiança real nos termos do § 1 do art. 12.º, aplicando-se, assim, o regime jurídico da fiança, que é mais favorável ao garante. Não encontramos nos trabalhos de Ajustamento nenhuma referência à norma constante deste segundo parágrafo do art. 47.º do AUG, mas, não obstante essa ausência, é certo que tal remissão para o regime da fiança real vale na sequência da prevalência do Acto Uniforme sobre o Direito interno, mesmo sendo este posterior, ao abrigo do artigo 10.º do TOHADA.

Entretanto, caso o dador de penhor não seja o proprietário da coisa empenhada, a 2.ª parte do primeiro parágrafo do art. 47.º do AUG concede ao credor pignoratício de boa fé o direito de se opor à reivindicação da coisa por parte do seu legítimo proprietário. Com efeito, é o seguinte o texto desta norma: "*O dador do penhor deverá ser o proprietário da coisa empenhada. Não o sendo, é admitida a oposição do credor pignoratício de boa fé à reivindicação da coisa por parte do seu proprietário, nos termos previstos para o possuidor de boa fé.*".

Estamos aqui perante um regime jurídico especial a acrescentar ao que resulta do Código Civil em sede de oneração de coisa alheia, no âmbito do qual é conferida uma particular protecção ao possuidor de boa fé, isto é, ao credor pignoratício de boa fé. Assim sendo, supondo que A deve a B um milhão de FCFA, na sequência da celebração de um contrato de mútuo e que, em garantia, A entregou em penhor a B o computador portátil X. Admitindo que este computador não pertence a A, mas sim a C, este, tomando conhecimento do penhor, pode intentar uma acção de reivindicação contra o credor B, exigindo a restituição do mesmo. Contudo, nos termos dispostos no AUG, o credor pignoratício, desde que se encontre de boa fé, terá a faculdade de se opor à acção de reivindicação intentada pelo verdadeiro titular. Essa oposição opera, de acordo com o AUG, "*nos termos previstos para o possuidor de boa fé*".

A razão de ser deste regime reside no facto de ser muito difícil para o credor saber, com alguma margem de certeza, se o devedor é ou não o proprietário da coisa que oferece em penhor, principalmente quando esteja em causa a entrega de um bem móvel não registável. Com efeito, apenas se tratando-se de coisa móvel sujeita a registo é que haverá possibilidade de controlo, mas o penhor estende-se a toda e qualquer coisa móvel, tanto corpórea como incorpórea, pelo que pode perfeitamente tratar-se de coisa não registável, em que será muito complicado para o credor saber se a mesma é ou não propriedade do dador de penhor. Nesse último caso, o credor apenas pode confiar na palavra do constituinte do penhor, que alega a titularidade do direito de propriedade sobre a coisa. Daí que, se mais tarde o verdadeiro titular intentar uma acção de reivindicação da coisa, o credor pignoratício seja protegido em termos análogos ao possuidor de boa fé, podendo opor-se à restituição da coisa desde que se encontrasse de boa fé no momento da constituição do penhor.

Consideramos que o conceito de boa fé referido nesta disposição deve ser entendido no sentido subjectivo ético, ou seja, corresponde ao desconhecimento não culposo de que o dador de penhor não é o legítimo proprietário da coisa entregue em penhor. Não obstante, François Anoukaha e outros parecem defender o conceito de boa fé no sentido subjectivo psicológico, referindo-se à boa fé como o mero desconhecimento de que a coisa não pertence ao dador de penhor[970]. No entanto, no caso da Guiné-Bissau, o Princípio da boa fé impõe aos sujeitos certos deveres de diligência e de indagação, o que implica considerar que a boa fé não pode ser meramente psicológica, premiando os incautos, devendo antes corresponder ao conceito de boa fé subjectiva ética.

François Anoukaha e outros parecem ainda considerar que o AUG presume a boa fé do credor pignoratício, com o que não concordamos[971]. Sendo um facto constitutivo do seu direito, compete ao credor a sua prova, o que nem será muito difícil, bastando demonstrar que indagou ao dador do penhor relativamente à titularidade do direito sobre a coisa.

Por seu turno, nos trabalhos de Ajustamento entre o Direito interno e o AUG considerou-se que: *"Em relação à adaptação do regime geral é de salientar que não se introduziu a faculdade prevista no art. 47.º, I, do Acto Uniforme, que admite a oposição do credor pignoratício à reivindicação da coisa empenhada por quem não tem legitimidade para tal, nos termos aplicáveis ao possuidor de boa fé. Efectivamente, este regime relaciona-se com a posse vale título, o qual não se encontra genericamente consagrado no Código Civil Guineense."*.

Com efeito, o Código Civil não reconhece o princípio posse vale título, sendo certo que o primeiro parágrafo do artigo 47.º do AUG expressamente remete para o regime de Direito interno neste ponto. Contudo, parece-nos que a não vigência do princípio posse vale título no Direito interno não é suficiente para recusar a transposição da faculdade de oposição do credor pignoratício de boa fé claramente reconhecida pelo AUG. Com efeito, esta faculdade não decorre do regime de Direito interno, mas sim do próprio Acto Uniforme, que é directamente aplicável ao abrigo do artigo 10.º do TOHADA, independentemente de transposição para o Código Civil. O que se poderia dizer é que a remissão para o regime do possuidor de boa fé não pode operar, precisamente porque tal princípio não é consagrado no Direito interno, mas então isso significa que cabe ao legislador interno a tarefa de estabelecer um regime particular que permita ao credor exercer esta faculdade de oposição atribuída pelo AUG.

---

[970] Cf. FRANÇOIS ANOUKAHA, JOSEPH ISSA-SAYEGH, AMINATA CISSE-NIANG, ISAAC YANKHOBA NDIAYE, MESSANVI FOLI e MOUSSA SAMB, *OHADA. Sûretés*, ob. cit., p. 83.
[971] Cf. FRANÇOIS ANOUKAHA, JOSEPH ISSA-SAYEGH, AMINATA CISSE-NIANG, ISAAC YANKHOBA NDIAYE, MESSANVI FOLI e MOUSSA SAMB, *OHADA. Sûretés*, ob. cit., p. 83.

3.4. Requisitos de validade do penhor

3.4.1. *Validade substancial. Validade da dívida garantida*

O penhor é uma garantia acessória da dívida principal, pelo que o art. 45.º do AUG exige, para a plena validade e eficácia do penhor, a existência e validade da dívida principal. Deste ponto de vista, o penhor aproxima-se da fiança, igualmente acessória da dívida garantida (cf. primeiro parágrafo do artigo 7.º do AUG). Neste sentido, pode afirmar--se, tal como em relação à fiança, que a validade da dívida garantida constitui um requisito de operacionalidade do penhor.

Contudo, a acessoriedade existente no penhor não é exactamente igual à que se verifica em sede de fiança. Com efeito, nos termos do primeiro parágrafo do artigo 7.º do AUG, a fiança não é válida se o não for também a obrigação principal, o que significa que a fiança não opera quer a dívida principal seja nula, quer seja apenas anulável. Em ambos os casos o fiador poderá arguir em sua defesa a invalidade da obrigação garantida (cf. primeiro parágrafo do artigo 18.º do AUG).

Diversamente, o requisito essencial para a operacionalidade do penhor consiste na exigência de que a obrigação garantida não se encontre viciada por nulidade. Em relação a uma obrigação garantida nula, o penhor padece de uma ineficácia absoluta, não sendo idóneo para produzir quaisquer efeitos, à semelhança do estabelecido no § 1 do art. 7.º, em sede de fiança, por essa nulidade da dívida principal "contagiar" a eficácia da própria garantia.

Todavia, em relação à anulabilidade da dívida garantida, a 2.ª parte do artigo 45.º do AUG determina que o penhor pode ser constituído, só que a sua operacionalidade fica dependente da própria validade da obrigação garantida, numa lógica que continua a ser de acessoriedade. Assim, se a anulabilidade da obrigação garantida for sanada mediante convalidação ou confirmação, a sanação do vício da obrigação garantida repercute-se igualmente no penhor, que passa a ser perfeitamente válido e eficaz. Se, diversamente, for declarada a anulabilidade da obrigação garantida, esta implica, de igual modo, a anulação do penhor, dela acessório.

Neste sentido, existe uma certa incoerência entre o regime jurídico estabelecido pelo AUG para a fiança e para o penhor. Com efeito, embora ambos se pautem pela acessoriedade, no caso da fiança pode acontecer que a anulabilidade da dívida principal seja convalidada, mas, mesmo assim, o fiador possa invocar essa anulabilidade com vista a tornar ineficaz a fiança prestada. Aliás, nos termos do primeiro parágrafo do art. 7.º, mesmo que o devedor principal tenha confirmado a anulabilidade, o fiador continua a poder invocar esse vício, desde que não tenha renunciado expressamente a essa invocação. Neste caso, verifica-se uma excepção à acessoriedade, pois a dívida principal convalida-se, mas essa convalidação não afecta a fiança. Inversamente, no caso do penhor, não há excepções à acessoriedade: se a dívida garantida for declarada anulada, é igualmente anulado e ineficaz o penhor dado em sua garantia; se for convalidada ou confirmada, é igualmente válido e eficaz o penhor.

Por essa razão, não concordamos totalmente com a solução resultante do Ajustamento entre o Direito interno e o AUG, uma vez que se propõe para o novo n.º 2 do artigo 666.º o seguinte: *"O penhor é acessório da obrigação que garante, pelo que a invalidade desta determina a anulação do penhor constituído em sua garantia."*.

Relativamente à primeira parte desta disposição, trata-se apenas da afirmação do princípio da acessoriedade em relação ao penhor, o que vai ao encontro do estabelecido no AUG. Contudo, a segunda parte fica aquém do artigo 45.º do AUG, pois refere-se apenas que a invalidade da obrigação garantida determina a anulação do penhor que a garante. Ora, não é exactamente essa a regra estabelecida no AUG, onde claramente se diferencia a nulidade e a anulabilidade da obrigação garantida: no primeiro caso o penhor é sempre inválido, no segundo o penhor pode ser ou não válido, consoante venha a ser sanada a anulabilidade da obrigação garantida ou não, respectivamente. Diferentemente, o texto proposto para o n.º 2 do art. 666.º do CC não distingue entre obrigação garantida nula e anulável, e, além disso, não esclarece que tratando-se de obrigação anulável o penhor apenas é inoperante no caso de ser declarada a respectiva anulabilidade. Com efeito, uma coisa é a invalidade da obrigação, em si mesma considerada, e coisa diversa é saber se essa invalidade chegou a ser declarada ou se houve sanação do vício. Para o AUG, o que releva é a etapa final, isto é, saber se a anulabilidade foi ou não sanada, sendo que este aspecto não nos parece suficientemente realçado naquele n.º 2 do artigo 666.º do CC. De todo o modo, em caso de dúvida, o artigo 10.º do TOHADA confere prevalência absoluta ao regime constante do AUG, pelo que sempre será dada prioridade ao disposto no artigo 45.º.

3.4.2. Validade formal. O problema da eficácia

O AUG não exige, em lado algum, a observância de uma forma especial para a celebração do contrato de penhor, daí que seja aplicável o Princípio geral da consensualidade previsto no art. 219.º do CC, o que significa que a forma é livre. Era também essa a solução do Código Civil para o penhor de coisas.

Contudo, não obstante a liberdade de forma, é importante notar que, nos termos do § 1 do artigo 49.º do AUG, o penhor só é oponível a terceiros se se preencherem os seguintes requisitos:

1) Documento escrito;
2) Registo;
3) Menção da quantia em dívida e da espécie, natureza e quantidade dos bens móveis empenhados. Esta menção pode ser particularmente relevante no caso de a coisa empenhada ser uma coisa fungível que importa especificar[972].

Com efeito, este artigo estabelece que: *"Independentemente da natureza da obrigação garantida, o contrato de penhor não será oponível a terceiros sem que conste de documento escrito, devidamente registado, do qual conste a indicação da quantia em dívida, bem como da espécie, natureza e quantidade dos bens móveis empenhados."*.

A oponibilidade a terceiros é um dos aspectos mais importantes do penhor pois normalmente o credor pignoratício terá que proceder à venda executiva da coisa empenhada, caso em que podem surgir direitos de terceiros em relação à coisa. Assim sendo, embora o AUG não exija a observância de forma para a celebração do contrato de penhor, acaba por ser praticamente obrigatória a observância de forma escrita, uma vez que o penhor só é realmente útil quando seja oponível *erga omnes*.

Todavia, convém salientar que o disposto neste primeiro parágrafo do artigo 49.º apenas se pode aplicar no caso de a coisa empenhada ser uma coisa móvel sujeita a registo. Ao invés, tratando-se de coisa móvel não registável, vigora o regime geral de publicidade de facto, bastando a entrega da coisa ao credor, sem que haja lugar ao registo da garantia. Nessa hipótese, o penhor produz efeitos *erga omnes* por força da simples

---

[972] Cf. FRANÇOIS ANOUKAHA, JOSEPH ISSA-SAYEGH, AMINATA CISSE-NIANG, ISAAC YANKHOBA NDIAYE, MESSANVI FOLI e MOUSSA SAMB, *OHADA. Sûretés*, ob. cit., p. 85.

entrega da coisa empenhada. Esta solução resulta claramente do primeiro parágrafo do artigo 46.º do AUG, onde se determina que qualquer coisa móvel pode ser objecto de penhor, não se dizendo aqui que tem de estar em causa uma coisa móvel registável. Por conseguinte, tanto podem ser empenhados bens móveis registáveis, como bens móveis não sujeitos a registo; a única diferença é que no segundo caso o penhor é eficaz contra terceiros desde que tenha havido a entrega da coisa, enquanto que no primeiro será necessário observar os requisitos adicionais constantes do primeiro parágrafo do artigo 49.º do AUG.

Assim, tratando-se de penhor de coisa móvel registável, o penhor só é eficaz perante terceiros se constar de documento escrito que contenha a menção da quantia em dívida e da espécie, natureza e quantidade dos bens móveis empenhados, bem como desde que a garantia seja inscrita no respectivo registo. No caso da Guiné-Bissau, apenas se conhece um bem móvel registável, que é precisamente o automóvel, nos termos do Decreto-Lei n.º 47.952, de 22 de Setembro de 1967[973]. Isto significa que as exigências adicionais do art. 49.º apenas poderão ser aplicadas no caso de penhor de automóvel, pois tratando-se de penhor de qualquer outro bem móvel, não sujeito a registo, a garantia será eficaz contra terceiros desde que tenha sido constituída validamente e tenha havido a entrega da coisa ao credor ou ao terceiro designado pelas partes.

Tratando-se de penhor de coisa móvel registável, a interpretação *a contrarium sensu* do primeiro parágrafo do artigo 49.º determina que, na falta do registo, o penhor é apenas eficaz *inter partes*. Diferentemente, François Anoukaha e outros referem que, na falta de registo, o penhor só é válido entre as partes[974]. Contudo, o registo é condição de eficácia, mas nunca, em caso algum, de validade, pelo que na sua falta o contrato de penhor é válido (porque a forma é livre), só que apenas produz efeitos entre as partes, nos termos gerais do n.º 2 do art. 406.º do CC.

Léon Messanvi Foli parece considerar que, por força do primeiro parágrafo do artigo 49.º do AUG, o penhor se encontra sujeito a um formalismo indirecto, afirmando que a forma é livre mas para a produção de efeitos perante terceiros deve o penhor ser celebrado por escrito[975]. Concordamos que a exigência de documento escrito apenas releva para a

---

[973] Publicado no Diário do Governo, I Série, n.º 222, de 22 de Setembro de 1967.
[974] Cf. FRANÇOIS ANOUKAHA, JOSEPH ISSA-SAYEGH, AMINATA CISSE-NIANG, ISAAC YANKHOBA NDIAYE, MESSANVI FOLI e MOUSSA SAMB, *OHADA. Sûretés*, ob. cit., p. 84.
[975] Cf. LÉON MESSANVI FOLI, *Présentation de l'acte uniforme portant organisationdu droit des sûretés*, ob. cit., p. 12.

eficácia do penhor, mas discordamos que se trate de exigência comum a todos os penhores, antes se aplicando apenas aos penhores de bens móveis sujeitos a registo.

É importante notar que, neste ponto, o AUG se afasta substancialmente do regime jurídico estabelecido na redacção originária do Código Civil para o penhor. Com efeito, no Direito interno a publicidade do penhor era conseguida através da entrega material da coisa ao credor pignoratício, obtendo-se desse modo a tutela dos terceiros e a consequente eficácia *erga omnes* da garantia – cf. artigo 669.º do CC. Por seu turno, o AUG, embora mantenha o requisito da entrega, exige que o penhor seja registado, o que de certo modo é fonte de alguma perplexidade. É que a exigência de registo é totalmente oposta ao espírito e à história do penhor, normalmente fundado na tradição da coisa para o credor, que dispensa qualquer outra formalidade. Apesar de tudo, François Anoukaha e outros consideram que a exigência de registo é positiva, pois reforça a finalidade da protecção do credor[976].

Não obstante, pela nossa parte, pensamos que a questão pode ser perspectivada de outro ângulo, pois na verdade a exigência do registo surge como uma formalidade desnecessária e que pode mesmo prejudicar o credor, na medida em que, não sendo efectuado o registo, ele não poderá opor a sua garantia a terceiros, o que à luz do Direito interno podia fazer. Acresce que esta exigência se revela contrária às necessidades de celeridade e confiança próprias das relações de negócios, podendo levar à sua burocratização e à desprotecção do credor pignoratício. A exigência de registo tem, contudo, a vantagem de conferir ao penhor uma data certa[977].

Entretanto, o § 2 do artigo 49.º do AUG estabelece ainda que se a lei interna permitir a prova do penhor por outro meio que não seja a prova documental, tendo em conta o montante da obrigação, deixa de ser exigida a forma escrita. No caso da Guiné-Bissau, o n.º 2 do art. 364.º do CC admite a forma *ad probationem*, em que a exigência da observância de uma dada forma se deve somente à necessidade de provar a celebração do respectivo negócio jurídico. Admitindo que resulta claramente do AUG

---

[976] Cf. François Anoukaha, Joseph Issa-Sayegh, Aminata Cisse-Niang, Isaac Yankhoba Ndiaye, Messanvi Foli e Moussa Samb, *OHADA. Sûretés*, ob. cit., p. 86.

[977] Cf. François Anoukaha, Joseph Issa-Sayegh, Aminata Cisse-Niang, Isaac Yankhoba Ndiaye, Messanvi Foli e Moussa Samb, *OHADA. Sûretés*, ob. cit., p. 86.

que a observância da forma escrita serve apenas para a prova do penhor, então admite-se a sua prova por meio de confissão expressa, judicial ou extrajudicial, o que significa uma certa atenuação das formalidades legais. No entanto, sempre será difícil o penhor não constar de documento escrito e estar registado, pois um dos requisitos do registo é a apresentação de documentos que comprovem o facto registado.

Neste ponto, o Ajustamento entre o AUG e o Direito interno optou por uma solução aparentemente diversa da propugnada no presente estudo. Com efeito, consideramos que o penhor pode ser constituído livremente, ao abrigo do Princípio da consensualidade, mas que, ao nível da sua eficácia, se tiver por objecto coisas móveis sujeitas a registo, apenas será eficaz *erga omnes* no caso de constar de documento escrito e de ser inscrito no registo. Diversamente, tratando-se de penhor de coisa móvel não sujeita a registo, a garantia será eficaz contra terceiros desde que tenha ocorrido a entrega da coisa ao credor ou ao terceiro designado pelas partes. Porém, nos trabalhos de Ajustamento pode ler-se o seguinte: *"Também se decidiu não se consagrar a exigência de forma escrita e registo do contrato de penhor para a sua oponibilidade a terceiros, dado que o art. 49.º II do Acto Uniforme expressamente o permite."*.

Pela nossa parte, não estamos totalmente de acordo com esta opção, uma vez que o segundo parágrafo do artigo 49.º do AUG apenas dispensa a observância de forma escrita se a lei nacional contiver uma regra nos termos da qual se admita a liberdade de prova do contrato em função do montante da obrigação garantida. Com efeito, nos termos desta disposição, *"A observância da forma escrita não será todavia necessária nos casos em que a lei nacional de cada Estado Parte admitir a liberdade de prova do contrato, de acordo com o montante da obrigação garantida."*. Ora, daqui podemos retirar duas conclusões, a saber:

1) Em primeiro lugar, o segundo parágrafo do artigo 49.º do AUG apenas dispensa a observância de forma escrita, mas não dispensa o registo do penhor, no caso de este incidir sobre um bem móvel registável. Porém, o Código Civil não estabelece em lugar algum a necessidade do registo para a produção de efeitos *erga omnes* do penhor, pelo que neste ponto é necessário aplicar directamente o AUG, no caso de se tratar de penhor de coisa móvel registável, desde logo no caso de penhor de automóvel. Com efeito, nessa hipótese, o penhor só é oponível a terceiros se for registado.

2) Em segundo lugar, a dispensa de forma escrita pressupõe a existência de uma norma de Direito interno específica, nos termos da

qual haja liberdade de prova do contrato de penhor de acordo com o montante da obrigação garantida. Acontece no entanto que não se conhece nenhuma norma de Direito Interno Guineense neste sentido, pelo que entendemos que o penhor de coisas móveis registáveis continua a dever ser celebrado por documento escrito, nos termos do primeiro parágrafo do artigo 49.º do AUG, directamente aplicável por via do artigo 10.º do TOHADA. Com efeito, a existir essa norma de Direito interno, teria de ser uma disposição onde se determinasse que, tratando-se de obrigação garantida por penhor de montante não superior a X, é livre a prova do contrato. Tal norma não existe, pelo que entendemos que o disposto no primeiro parágrafo do artigo 49.º do AUG é ainda plenamente aplicável, não obstante a sua não transposição para o Direito interno. Contudo, salientamos mais uma vez que a exigência de forma escrita tem por exclusiva finalidade a oponibilidade *erga omnes* do penhor de coisas móveis registáveis, uma vez que, tratando-se de penhor de coisas móveis não sujeitas a registo, essa oponibilidade a terceiros deriva da mera entrega da coisa ao credor pignoratício ou ao terceiro designado pelas partes.

3.5. Substituição da coisa

Uma vez constituído o penhor, o AUG admite, no § 2 do artigo 46.º, que as partes procedam de mútuo acordo a uma modificação da coisa empenhada, substituindo-a por uma outra coisa diversa. Esta convenção entre as partes pode ocorrer durante o *"cumprimento do contrato"*, pelo que tal substituição pode ter lugar a partir do momento em que o contrato de penhor se constitui e até ao momento de efectivação final da garantia através da venda executiva da coisa. No mesmo sentido, o Ajustamento propôs a inclusão deste regime no texto do novo n.º 2 do artigo 668.º do CC.

Neste caso, utiliza-se a expressão sub-rogação para significar que a coisa nora fica sub-rogada no lugar da coisa originariamente empenhada. Esta expressão parece querer salientar que não se trata de um novo contrato de penhor, mas efectivamente da continuação do anterior, sendo apenas alterada a identificação da concreta coisa que é dada em garantia, o que não prejudica a manutenção de todas as cláusulas que tenham sido acordadas neste contrato.

Como se exige o acordo do credor, não se trata de situação idêntica ao direito potestativo conferido ao devedor, em sede de direito de retenção, de oferecer ao credor uma garantia real equivalente, nos termos do terceiro parágrafo do artigo 42.º do AUG. Com efeito, no caso da retenção, a substituição da garantia opera por vontade unilateral do devedor, ficando o credor obrigado a renunciar ao direito de retenção e a aceitar a nova garantia, desde que, naturalmente, se trate de garantia real considerada equivalente à retenção. Diferentemente, no caso do penhor, não há propriamente uma substituição da garantia, mas antes do seu objecto, isto é, da coisa concreta sobre a qual a garantia incide. Nesta ordem de ideias, a garantia pignoratícia mantém-se exactamente igual, com as mesmas cláusulas eventualmente acordadas pelas partes, simplesmente passa a incidir sobre um bem móvel diverso do que foi inicialmente entregue. Uma vez que a substituição provém do acordo das partes, o bem pode ter o mesmo valor que o bem substituído, assim como pode ter um valor inferior ou superior.

3.6. Posição jurídica do credor pignoratício em relação à coisa empenhada

O AUG regula a situação jurídica do credor pignoratício em relação à coisa empenhada, tanto no que se refere à situação jurídica activa, como no que respeita à situação jurídica passiva. Especialmente em relação a esta última, como o credor se encontra numa posição privilegiada de contacto material com a coisa, o AUG tem a preocupação de lhe impor várias obrigações afim de impedir os eventuais abusos da sua parte.

Embora o AUG nem sempre seja claro neste ponto, entendemos que as obrigações estabelecidas para o credor pignoratício se estendem, naturalmente, ao terceiro escolhido pelas partes para ficar com a coisa em seu poder durante a vigência da garantia. Com efeito, não faria sentido que tais obrigações impendessem apenas sobre o credor, deixando o terceiro livre para fazer o que entendesse com a coisa. O que acontece é que na maioria das vezes tais obrigações do terceiro decorrerão da celebração de um contrato de depósito entre este e as partes no contrato de penhor, daí que não haja a necessidade de as impor novamente no âmbito do contrato de penhor.

3.6.1. Obrigação de não usar a coisa

Resulta do § 1 do n.º 1 do art. 58.º do AUG que o credor pignoratício está impedido de utilizar a coisa, bem como de perceber os seus frutos. Não obstante, esta é apenas uma regra supletiva que as partes podem afastar mediante convenção no contrato de penhor. Consiste numa obrigação negativa, de não usar a coisa para qualquer fim, a menos que tal tenha sido autorizado.

Normalmente a regra é afastada quando ao credor pignoratício é conferida a faculdade de explorar economicamente a coisa, para que a mesma não desvalorize.

Em termos próximos, a redacção originária da *alínea b)* do artigo 671.º do CC impõe ao credor o dever de não usar a coisa sem consentimento do autor do penhor, *"excepto se o uso for indispensável à conservação da coisa"*. Esta ressalva final não consta do AUG, pelo que se deve considerar revogada, por contradição com o primeiro parágrafo do n.º 1 do artigo 58.º deste Acto Uniforme, uma vez que neste artigo apenas se permite ao credor pignoratício a utilização da coisa empenhada no caso de existir convenção das partes nesse sentido, e não também no caso de o uso da coisa ser indispensável para a sua conservação. Assim sendo, considera-se revogada a ressalva final constante da *alínea b)* do artigo 671.º do CC.

Diversamente, os trabalhos de Ajustamento entre o Direito interno e o AUG consideraram plenamente em vigor o disposto na *alínea b)* do artigo 671.º do CC, propondo a sua manutenção no texto do Código Civil. Pela nossa parte, concordamos apenas parcialmente com esta solução pois, conforme referido, julgamos que não se pode manter a ressalva final da *alínea b)*, que permite ao credor a utilização da coisa afim de salvaguardar a sua conservação. Com efeito, para além de tal ressalva não resultar do primeiro parágrafo do n.º 1 do artigo 58.º do AUG, veremos adiante que, em caso de risco de deterioração da coisa, o segundo parágrafo do n.º 2 deste artigo tem uma solução diversa, que passa pela venda da coisa e não pelo uso dela por parte do credor.

Acresce que o Ajustamento propõe também a manutenção em vigor do artigo 673.º, directamente relacionado com a *alínea b)* do artigo 671.º, pois aqui se estabelece que se o credor usar a coisa sem que tal seja indispensável para a sua conservação, o autor do penhor tem o direito de exigir que o credor preste caução idónea ou que a coisa seja depositada em poder de terceiro. Julgamos, porém, que este regime se deve ter por revogado, uma vez que o AUG só admite o uso da coisa no caso de haver convenção das partes e não também no caso de tal uso ser indispensável à conservação da coisa.

3.6.2. Obrigação de não perceber os frutos da coisa

Em segundo lugar, o credor pignoratício encontra-se igualmente proibido de ficar com os frutos produzidos pela coisa empenhada, embora também aqui se admita que as partes estabeleçam coisa diversa – cf. artigo 58.º, § 1. No caso de ser autorizado a perceber os frutos da coisa, o AUG determina que o valor dos frutos deve ser imputado na dívida garantida, tanto no capital como nos juros, embora esta regra seja igualmente supletiva.

Neste ponto, a solução afasta-se um pouco da constante na redacção originária do Código Civil, em que o n.º 1 do artigo 672.º estabelecia que o credor podia perceber os frutos da coisa empenhada, devendo aplicá--los nas despesas feitas com a coisa e nos juros vencidos. Caso sobrasse alguma coisa depois desta imputação, tal excesso deveria ser aplicado no capital devido, a menos que houvesse convenção em contrário. Por conseguinte, a solução adoptada pelo Código Civil é exactamente inversa à estabelecida no AUG, uma vez que no Direito interno o credor encontra--se, à partida, autorizado a perceber os frutos, que deve usar para as despesas com a coisa, podendo ainda imputá-los nos juros devidos e no capital em dívida, a menos que as partes tenham convencionado em sentido contrário. Por sua vez, no AUG, se não houver convenção das partes o credor não pode perceber os frutos, nem sequer afim de os aplicar nas despesas com a coisa empenhada.

Assim sendo, não estamos de acordo com a proposta do Ajustamento no sentido de manter em vigor a redacção originária do artigo 672.º do CC, precisamente porque este artigo se opõe ao primeiro parágrafo do n.º 1 do artigo 58.º do AUG. De todo o modo, o regime do Acto Uniforme é sempre directamente aplicável na Ordem Jurídica Guineense, ainda que em detrimento de uma regra interna posterior, isto nos termos do artigo 10.º do TOHADA.

3.6.3. Obrigação de vigilância

O credor pignoratício tem a detenção material da coisa, daí que o AUG lhe imponha o dever de vigiar a coisa empenhada no § 1 do n.º 2 do artigo 58.º, nos mesmos termos que o faria um depositário remunerado. Estamos agora diante de uma obrigação positiva do credor, que traduz um *facere*, contrastando com as anteriores, que eram obrigações negativas ou de *non facere*. De facto, uma vez que o titular do direito sobre a coisa não tem o poder material sobre esta, porque a entregou ao credor pignoratício, não poderia ficar prejudicado se o credor não cuidasse da coisa de modo a impedir a sua subtracção ou outros riscos. De notar que neste ponto o AUG fez questão de estabelecer que a obrigação de vigilância se impõe não somente ao credor pignoratício, como também ao terceiro designado pelas partes para ficar com a coisa.

O AUG opera uma remissão para o Direito interno, fazendo aplicar ao credor pignoratício o regime do depósito *remunerado*. No caso do Código Civil, este regime encontra-se previsto nos artigos 1185.º e seguintes, não existindo diferenças ao nível da obrigação de guarda da coisa entre o depósito remunerado e o depósito gratuito, que seguem basicamente o mesmo regime. Isto significa que, por força desta remissão, se aplica a *alínea a)* do artigo 1187.º do CC, que impõe a obrigação de guardar a coisa, bem como o disposto no artigo 1190.º do CC, nos termos do qual a coisa deve ser guardada de acordo com a forma que tenha sido convencionada pelas partes, podendo apenas ser guardada de modo diverso do convencionado *"quando haja razões para supor que o depositante [autor do penhor] aprovaria a alteração, se conhecesse as circunstâncias que a fundamentam"*. Em caso de alteração do modo de guardar a coisa, o depositário/credor pignoratício fica, no entanto, obrigado a participar essa alteração ao autor do penhor logo que isso seja possível, nos termos da parte final do preceito. Trata-se de situações em que uma circunstância superveniente ou que não era conhecida das partes no momento de celebração do penhor impõe a modificação da forma de guardar a coisa, no sentido de a salvaguardar. Por exemplo, suponha-se que foi empenhado um automóvel e que as partes convencionaram que o credor o devia guardar na sua garagem, a qual, meses depois, ameaçou ruir. Caso não seja possível neste momento o credor comunicar a situação ao autor do penhor, ele pode, unilateralmente, guardar a coisa em local diverso, desde que seja razoável supor que o autor do penhor estaria de acordo com a alteração, a qual lhe deve ser comunicada assim que possível.

Ainda por força da remissão, aplica-se ao penhor o disposto no n.º 1 do artigo 1188.º do CC, que exonera o credor pignoratício da obrigação de guarda da coisa no caso de ser privado da sua detenção por causa que não lhe seja imputável.

Em termos próximos do AUG, a *alínea a)* da redacção originária do artigo 671.º do CC estabelecia que o credor pignoratício era obrigado a *"guardar e a administrar a coisa como um proprietário diligente, respondendo pela sua existência e conservação"*, texto este que o Ajustamento propõe que se mantenha, não obstante a entrada em vigor do AUG. Julgamos no entanto que este regime não corresponde exactamente ao constante do AUG, uma vez que este último apenas impõe o dever de guarda da coisa, enquanto o Código Civil estabelece o dever de guardar e de administrar a coisa como um proprietário diligente. Ora, isto significa que à luz do Código Civil o credor tem o dever de administrar a coisa, retirando dela os frutos que a administração por um proprietário diligente daria, coisa que não sucede no AUG. Para além disso, o Código Civil não contém a remissão para o regime do depósito constante do AUG. Assim sendo, entendemos que teria sido preferível a transposição do primeiro parágrafo do n.º 2 do artigo 58.º do AUG, uma vez que o seu regime não corresponde exactamente ao da *alínea a)* do artigo 671.º do CC. Em todo o caso, é o regime do AUG que prevalece por força do artigo 10.º do TOHADA.

3.6.4. *Obrigação de conservação*

Do ponto de vista da conservação da coisa empenhada, o credor pignoratício tem o dever de a assegurar, sendo também aqui equiparado ao depositário remunerado. Neste sentido, deve actuar com vista a que a coisa se mantenha no estado em que lhe foi entregue e zelar por que a coisa não perca valor. Nos mesmos termos, sendo a coisa entregue a um terceiro escolhido pelas partes, deve este igualmente cuidar da conservação da coisa empenhada.

Tratando-se de coisa fungível, o credor pignoratício deve zelar por que a coisa se mantenha dentro das quantidades que lhe foram entregues. Se for uma coisa consumível que seja insusceptível de conservação, determina-se a sua restituição em dinheiro, como veremos adiante.

Portanto, o credor pignoratício ou o terceiro designado pelas partes deve actuar com diligência (cf. art. 487.º, n.º 2, do CC), de modo a que a coisa empenhada não pereça nem desvalorize.

Por força da remissão para o regime do depósito, aplica-se aqui o disposto na *alínea b)* do artigo 1187.º do CC, que impõe ao credor pignoratício a obrigação de *"avisar imediatamente o depositante [autor do penhor], quando saiba que algum perigo ameaça a coisa ou que terceiro se arroga direitos em relação a ela, desde que o facto seja desconhecido do depositante [autor do penhor]"*.

Também a redacção originária da *alínea a)* do artigo 671.º do CC determina que o credor pignoratício responde pela existência e conservação da coisa, embora sem fazer a remissão para o regime do depósito. Assim sendo, teria sido preferível a transposição do regime instituído pelo AUG, sem prejuízo de este continuar a ser directamente aplicável, nos termos já referidos.

3.6.5. Responsabilidade solidária do credor pignoratício, do terceiro escolhido pelas partes e do adquirente de má fé

O n.º 3 do artigo 58.º do AUG estabelece que *"O terceiro escolhido pelas partes e, se o houver, o adquirente de má fé da coisa empenhada, respondem solidariamente com o credor pignoratício pela violação das suas obrigações."*.

Tratando-se da responsabilidade solidária do credor pignoratício com o terceiro escolhido pelas partes pela violação das obrigações deste, afigura-se estar perante uma situação de responsabilidade objectiva, pelo risco. Com efeito, poderia parecer estranho que embora o terceiro fosse escolhido conjuntamente pelo autor do penhor e pelo credor, fosse apenas o credor a responder solidariamente com o terceiro caso este não cumprisse as suas obrigações. Porém, a justificação para este regime tem de ser o princípio do risco, uma vez que quem beneficia com a actividade do terceiro é o próprio credor pignoratício, que assim não tem de ser ele mesmo a guardar e a cuidar da coisa empenhada, pelo que se justifica igualmente que seja apenas ele a suportar os riscos inerentes a essa actividade. Assim sendo, no caso de a coisa empenhada ser entregue a um terceiro escolhido pelas partes, se esse terceiro não cumprir os seus deveres em relação à coisa, o autor do penhor poderá exigir a respectiva indemnização a que haja lugar tanto ao terceiro, como ao credor pignoratício, com aquele solidariamente responsável. Naturalmente que, tratando-se de responsabilidade objectiva, se o credor pignoratício tiver de pagar alguma indemnização, terá direito de regresso contra o terceiro (cf. o disposto no artigo 800.º e no artigo 500.º, n.º 3, do CC).

A segunda situação consiste na responsabilidade solidária entre o credor pignoratício e o adquirente de má fé da coisa empenhada. Nesta hipótese, estamos já diante de uma situação em que a coisa ficou em poder do credor pignoratício, mas este a alienou a terceiro. Neste ponto, das duas uma: se o terceiro adquirente se encontrava de boa fé, desconhecendo sem culpa que a coisa alienada era uma coisa empenhada, o autor do penhor pode reagir somente contra o credor pignoratício pelo incumprimento das suas obrigações. Porém, se ficar demonstrada a má fé do terceiro adquirente, o autor do penhor poderá também responsabilizá-lo, em termos solidários, com o credor pignoratício. Entendemos que a má fé deve ser entendida em sentido subjectivo ético, por ser esse o princípio geral vigente na Ordem Jurídica Guineense, pelo que se trata da situação em que o terceiro adquirente sabe que a coisa alienada é uma coisa empenhada, bem como da situação em que não sabe mas tinha a obrigação de saber, se tivesse cumprido os seus deveres de diligência e de indagação.

Cumpre notar que o Ajustamento não propôs a transposição do regime constante do n.º 3 do artigo 58.º do AUG para o Código Civil. Esta ausência não obsta, conforme já se demonstrou, à aplicabilidade directa da regra, embora fosse preferível a sua transposição, afim de evitar dúvidas de aplicação.

3.6.6. *Obrigação de restituir a coisa empenhada*

O primeiro parágrafo do art. 59.º do AUG estabelece o seguinte: *"Após o pagamento integral do capital, juros e despesas, o credor pignoratício restitui a coisa empenhada com todos os seus acessórios. O dador do penhor deve então reembolsar o credor pignoratício das despesas úteis e necessárias feitas por este para a conservação da coisa empenhada."*

Assim sendo, o credor pignoratício tem a obrigação de restituir a coisa empenhada ao seu proprietário quando a obrigação garantida seja integralmente cumprida, o que inclui o pagamento do capital, dos juros e das despesas a que haja lugar. Na sequência desta restituição, compete ao autor do penhor reembolsar o credor pignoratício das despesas que este tenha feito com a conservação da coisa empenhada. Em caso de incumprimento desta obrigação de reembolso, o credor pignoratício goza de direito de retenção, podendo recusar a entrega da coisa enquanto tais quantias não lhe forem pagas. Com efeito, existe aqui uma detenção legítima da coisa empenhada, e, para além disso, verifica-se uma relação entre o crédito garantido, consistente nas despesas de conservação com a coisa, e a própria coisa.

Note-se que mais uma vez o AUG se afasta da solução estabelecida na redacção originária do Código Civil, pois, como se referiu, o n.º 1 do artigo 672.º permitia ao credor pignoratício o recebimento dos frutos da coisa, os quais deveriam ser imputados nas despesas de conservação com a mesma. Diferentemente, o AUG proíbe o credor pignoratício de perceber os frutos, a menos que haja convenção das partes nesse sentido. Na falta desta convenção, o credor deverá entregar ao autor do penhor os frutos que a coisa tenha dado, podendo nesse momento exigir o reembolso das despesas de conservação. Também aqui, em caso de recusa de reembolso, o credor poderá exercer o direito de retenção sobre os frutos percebidos, em garantia do seu direito ao reembolso das despesas, pois ainda aqui se verifica a conexão exigida pelo artigo 42.º do AUG, na medida em que os frutos retidos provêm da coisa na qual foram efectuadas as despesas de conservação.

O objecto da obrigação de restituição é a coisa que tenha sido entregue, incluindo os frutos que ela tenha dado, a menos que o credor estivesse autorizado a percebê-los. Trata-se, por conseguinte, de uma obrigação específica. Contudo, no caso de penhor sobre coisa consumível, o segundo parágrafo do artigo 59.º determina que o credor está apenas obrigado a restituir coisa equivalente à que lhe foi entregue. Isto significa que podem ser empenhadas coisas consumíveis, simplesmente nessa hipótese a obrigação de restituição não é específica e sim genérica, assumindo-se como a obrigação de restituir coisa do mesmo género e qualidade da que foi entregue ao credor.

Este regime aproxima-se do instituído na redacção originária da *alínea c)* do artigo 671.º do CC, nos termos da qual o credor pignoratício se encontra obrigado a restituir a coisa uma vez extinta a obrigação a que esta serve de garantia. Talvez por lapso, o Ajustamento elimina esta *alínea c)*, mas julgamos que a mesma se deve considerar ainda em vigor, por estar de acordo com o disposto no artigo 59.º do AUG. Simplesmente, a *alínea c)* do art. 671.º do CC fica um pouco aquém do estabelecido no artigo 59.º do AUG, pelo que carece de ser completada com este artigo, o qual é, não obstante, directamente aplicável por força do artigo 10.º do TOHADA.

3.6.7. Faculdade de retenção da coisa. Função de garantia

Nos termos do primeiro parágrafo do art. 54.º do AUG, *"O credor pignoratício retém ou faz reter a coisa empenhada pelo terceiro escolhido por ambas as partes até ao pagamento integral do capital, juros e despesas da dívida pela qual o penhor foi constituído."*. Neste sentido, em termos de situações jurídicas activas do credor pignoratício, ele goza da faculdade de retenção da coisa, que pode exercer por si mesmo, no caso de a coisa lhe ter sido entregue, ou por meio do terceiro escolhido pelas partes, no caso de a coisa ter sido entregue a um terceiro.

O disposto neste artigo aproxima-se muito do regime do direito de retenção, uma vez que a coisa empenhada fica na detenção do credor pignoratício ou do terceiro a quem foi entregue até ao cumprimento integral da obrigação garantida. Neste sentido, o primeiro efeito decorrente da constituição do penhor consiste na possibilidade de o credor pignoratício reter a coisa em seu poder, ou seja, de se recusar a fazer a sua restituição ao autor do penhor enquanto a dívida garantida não se encontrar integralmente paga.

Segundo François Anoukaha e outros[978], esta primeira prerrogativa que é conferida ao credor pignoratício consiste no direito de retenção. Pela nossa parte, julgamos que não devem ser confundidos os dois institutos, pois uma coisa é o direito de retenção e coisa diversa é o penhor. Por meio do penhor, o credor pignoratício obtém a detenção material da coisa, pelo que pode recusar-se a entregá-la, mas essa faculdade de recusa não decorre do facto de ele ser titular de um direito de retenção, resultando antes da celebração de um contrato de penhor, que lhe confere o direito de ficar com a coisa em seu poder enquanto não for cumprida a obrigação garantida.

O cumprimento integral da obrigação garantida pelo penhor abrange o pagamento do capital, dos juros e das despesas, no caso de existirem.

Acresce que o § 2 do artigo 54.º do AUG ainda estabelece um alargamento da garantia representada pelo penhor, que lhe permite servir de garantia a outras dívidas, para além daquela para a qual originariamente foi constituído. Nos termos desta disposição, *"Sobrevindo à constituição do penhor uma ou mais dívidas entre o mesmo devedor e o mesmo credor, exigíveis antes do pagamento da primeira dívida, o credor pode reter ou fazer reter a coisa empenhada até ao pagamento integral de todas as dívidas, mesmo na ausência de estipulação contratual nesse sentido."*.

Isto significa que o credor pignoratício também tem a faculdade de reter a coisa empenhada até ao pagamento de todas as dívidas que o

---

[978] Cf. François Anoukaha, Joseph Issa-Sayegh, Aminata Cisse-Niang, Isaac Yankhoba Ndiaye, Messanvi Foli e Moussa Samb, *OHADA. Sûretés*, ob. cit., p. 91.

devedor tenha constituído perante ele após a celebração do penhor, uma vez que o artigo refere a circunstância de à constituição do penhor "sobrevirem" outras dívidas entre o mesmo devedor e o mesmo credor. Nesta ordem de ideias, o penhor não serve apenas de garantia da dívida para a qual foi constituído, como acaba por servir de garantia também a todas as dívidas posteriores à sua constituição entre as mesmas partes, desde que se trate de dívidas exigíveis antes do pagamento da primeira dívida. Assim sendo, a faculdade de retenção da coisa empenhada em garantia de dívidas diferentes daquela para a qual o penhor foi constituído só opera se essas outras dívidas se vencerem antes da primeira dívida, quer dizer, antes da dívida para a qual o penhor foi constituído. Se a data de vencimento dessas outras dívidas for posterior, de nada valerá já o penhor.

É de notar que, em relação à retenção da coisa empenhada em garantia destas outras dívidas já não há contrato de penhor, pois não houve qualquer declaração de vontade das partes nesse sentido. Por isso, pensamos que aqui esta regra já se encontra necessariamente ligada com a figura do direito de retenção, pois admite-se a retenção para garantia de *qualquer* obrigação existente entre as mesmas partes. Ora, no âmbito do direito de retenção o AUG permite que a conexão seja proveniente de outras relações jurídicas, pelo que entendemos que a situação prevista no segundo parágrafo do artigo 54.º é um caso em que a lei expressamente admite essa possibilidade. De facto, em relação às outras dívidas eventualmente existentes entre o autor do penhor e o credor pignoratício não foi celebrado nenhum contrato de penhor, mas acontece que, pelo facto de o credor ter em seu poder uma coisa do devedor, se admite que ele retenha essa coisa até que as dívidas sejam totalmente pagas.

Neste sentido parece apontar também o entendimento de Vaz Serra, segundo o qual: *"Se houver um penhor para garantia de um crédito e depois se constituir outro crédito, aquele penhor não abrange este outro crédito, pois só para o primeiro se constituiu. Para que o penhor garanta o novo crédito, há que constituir novo penhor, que terá o grau resultante da sua data"*[979]. Adoptando esta tese, a faculdade de retenção que o segundo parágrafo do artigo 54.º do AUG confere ao credor pignoratício é nada mais do que isso mesmo, isto é, apenas uma faculdade de retenção, mas não significa que o penhor inicialmente acordado se vá estender à garantia da nova dívida. Esse penhor garante somente a dívida para a qual foi constituído, mas a sua existência permite ao credor reter a coisa detida

---

[979] Cf. ADRIANO PAES DA SILVA VAZ SERRA, *Penhor*, ob. cit., p. 101.

em função da existência de novas dívidas, estando aí em causa o direito de retenção propriamente dito, e não o penhor.

Em relação às faculdades de retenção atribuídas ao credor pignoratício no primeiro e no segundo parágrafos do artigo 54.º do AUG, o Ajustamento propôs a sua transposição para o novo n.º 4 do artigo 666.º do CC, nos seguintes termos: *"Sobrevindo à constituição do penhor uma ou mais dívidas entre o mesmo devedor e o mesmo credor, exigíveis antes do pagamento da primeira dívida, o credor pignoratício conserva a garantia até ao pagamento integral de todas as dívidas, mesmo na ausência de estipulação contratual nesse sentido."*.

Este regime não coincide exactamente com o disposto no art. 54.º do AUG, pois que neste último se realça a possibilidade de o credor pignoratício reter a coisa em garantia da dívida originariamente constituída, bem como para garantia das restantes dívidas posteriores que venham a surgir, enquanto o Ajustamento coloca a tónica na conservação do penhor *"até ao pagamento integral de todas as dívidas"*. Julgamos que teria sido preferível manter a lógica do art. 54.º, por uma questão de coerência com o AUG e de maneira a salientar a faculdade de retenção da coisa empenhada. É certo que esta faculdade de retenção sempre pode ser retirada do regime comum do direito de retenção, constante do AUG e do Código Civil. Contudo, sempre seria preferível a transposição directa do regime instituído no AUG para o penhor, uma vez que se trata de um regime jurídico especial. Em todo o caso, o artigo 54.º do AUG é directamente aplicável na Ordem Jurídica Guineense ao abrigo do artigo 10.º do TOHADA.

3.6.8. *Acção de reivindicação*

A doutrina entende que o credor pignoratício é possuidor da coisa em nome próprio[980], pelo que, se por algum motivo ele for desapossado da sua garantia por facto exterior à sua vontade, tem legitimidade para reivindicar a coisa por si só, sem ter de o fazer por intermédio do proprietário ou do autor do penhor. Neste sentido, o artigo 55.º do AUG dispõe que, *"Tendo sido desapossado contra a sua vontade, o credor pignoratício pode reivindicar a coisa empenhada como o pode fazer o possuidor de boa fé."*.

---

[980] Cf. Luís MENEZES LEITÃO, *Garantias das obrigações*, ob. cit., p. 195.

A possibilidade de reivindicar a coisa é uma faculdade que é concedida ao credor pignoratício, pelo que este não é em caso algum obrigado a recorrer às acções possessórias[981].

Este regime é idêntico ao constante da redacção originária da *alínea a)* do artigo 670.º do CC, onde apenas se especifica que as acções possessórias podem ser usadas, ainda que contra o próprio dono da coisa. Tal especificação não consta do AUG, mas deve entender-se que continua a ser assim no regime instituído pelo Acto Uniforme, pois o credor tem a faculdade de reter a coisa até à integral satisfação do seu direito, pelo que mesmo que seja o próprio autor do penhor a retirar-lhe a coisa, contra a sua vontade, ele poderá sempre reagir intentando contra este uma acção de natureza possessória. Por essa razão, o Ajustamento propõe a manutenção em vigor da *alínea a)* do artigo 670.º do CC, o que vai plenamente ao encontro do disposto no artigo 55.º do AUG.

O art. 55.º faz ainda uma remissão para o Direito interno, ao considerar aplicável ao credor pignoratício o regime da posse de boa fé. Assim, são aplicáveis as acções previstas nos artigos 1276.º e seguintes do CC, nomeadamente a acção de prevenção (art. 1276.º), a acção directa (art. 1277.º) e a acção de manutenção e restituição da posse (art. 1278.º).

3.6.9. *Direito de execução da coisa empenhada*

Verificando-se o incumprimento da obrigação garantida pelo penhor, o credor pignoratício pode accionar a sua garantia. Antes disso, é-lhe vedado fazê-lo. O accionamento da garantia implica a instauração de uma acção executiva, o que pressupõe que o credor disponha de um título executivo. No caso de o credor não ter qualquer título, terá que começar pela acção declarativa de condenação do devedor, para posteriormente executar a sentença e efectivar a garantia pignoratícia. Com efeito, uma vez com título executivo, o credor pignoratício pode intentar a competente acção executiva e, sendo titular de uma garantia especial, pode requerer a venda executiva da coisa empenhada[982].

---

[981] Cf. Pedro Romano Martinez e Pedro Fuzeta da Ponte, *Garantias de cumprimento*, ob. cit., p. 173.

[982] Neste sentido, cf. o Acórdão do Tribunal de Dacar com a referência J-04-265, disponível em www.ohada.com, nos termos do qual se decidiu o seguinte: "*En application de l'article 56-1 de l'AUS, faute de paiement à l'échéance, le créancier gagiste muni d'un*

Relativamente à venda judicial da coisa empenhada, o primeiro parágrafo do n.º 1 do artigo 56.º do AUG determina que *"Em caso de falta de pagamento da obrigação no momento do vencimento, o credor pignoratício, munido de um título executivo, pode requerer a venda judicial da coisa empenhada, oito dias após uma notificação judicial avulsa dirigida ao devedor e, se for esse o caso, ao terceiro empenhador, nas condições previstas pelas disposições que regulam a organização do processo executivo."*. Por conseguinte, a venda judicial é realizada no prazo de oito dias após uma notificação judicial avulsa dirigida ao devedor e, eventualmente, ao terceiro empenhador, se o penhor tiver sido constituído por terceiro. Não há, porém, qualquer sanção para o incumprimento deste prazo. Neste sentido foi também o Ajustamento, ao propor a transposição do conteúdo deste artigo para o n.º 1 do artigo 675.º do CC, onde se faz ainda uma remissão para os artigos 998.º a 1013.º do Código de Processo Civil. Assim, tem-se por revogada a redacção originária desta disposição, que se referia à venda judicial e à admissibilidade da venda extrajudicial da coisa empenhada no caso de acordo das partes.De notar ainda que a remissão do n.º 1 do artigo 675.º do CC deve passar a considerar-se feita para os artigos 1008.º e seguintes do CPC, resultantes do Ajustamento com o AUOPSCE.

O § 2 do n.º 1 do artigo 56.º estabelece ainda que o credor pignoratício pode requerer ao tribunal que, em vez de se fazer a venda executiva, a coisa lhe seja directamente adjudicada. Esta adjudicação significa que o credor tem direito a ficar com a coisa empenhada até ao limite do valor que lhe seja devido e após uma avaliação objectiva e imparcial, que deve ser feita consoante o preço de mercado ou com base no parecer de um perito. Este regime consta do texto proposto pelo Ajustamento para o n.º 2 do artigo 675.º do CC, onde se refere apenas que a adjudicação pode ser requerida por *"qualquer interessado"*. Esta circunstância não é referida no AUG, mas parece que à luz do § 2 do n.º 1 do artigo 56.º terá de ser o próprio credor pignoratício a requerer a adjudicação. Não faria sentido que essa adjudicação pudesse ser requerida por terceiros, ainda que interessados, nem que o tribunal pudesse impor ao credor pignoratício que ficasse com a coisa para si. Com efeito, o credor pode não ter interesse

---

titre exécutoire peut faire procéder à la vente forcée de la chose gagé, et se faire payer sur le prix jusqu'à concurrence de sa créance.".

na coisa, que constitui somente a garantia do seu crédito, podendo naturalmente preferir o valor da venda em vez de ficar com a coisa. Por essa razão, pensamos que, não sendo a questão da legitimidade referida no AUG, também não deveria constar do Código Civil, até porque o texto do § 2 do n.º 1 do artigo 56.º parece apontar no sentido de que só pode requerer a adjudicação o próprio credor pignoratício.

Entretanto, em caso de adjudicação ao credor, se o valor objectivo da coisa empenhada exceder o montante do seu crédito, o credor pignoratício terá de pagar o remanescente, que fica para o autor do penhor. Isto significa que a adjudicação não se traduz numa dação em cumprimento, na medida em que o valor que exceder o crédito é devolvido ao autor do penhor, titular do direito sobre a coisa. Nestes termos, o credor só pode ficar com a coisa até ao limite do que lhe seja devido, donde, constatando-se que a coisa vale mais do que esse valor, o credor deverá entregar o remanescente ao titular.

Esta regra está relacionada com um importante princípio consagrado no Código Civil e que se mantém no AUG, que é o de que o credor pignoratício, ocorrendo o incumprimento da obrigação, não pode simplesmente fazer sua a coisa empenhada. Nessa hipótese o credor é sempre obrigado a intentar a respectiva acção executiva e a proceder à venda judicial do bem, mesmo que este lhe seja directamente adjudicado, para garantir a objectividade, a imparcialidade e a regularidade da operação.

Trata-se do conhecido Princípio da proibição do pacto comissório, que se encontrava previsto na redacção originária do art. 694.º do CC e que era aplicável ao penhor por força do art. 678.º do CC. De acordo com esta disposição, é nula a cláusula contratual pela qual as partes estabeleçam que em caso de incumprimento o credor pode fazer sua a coisa empenhada.

O princípio da proibição do pacto comissório decorre igualmente do AUG, do disposto no terceiro parágrafo do n.º 1 do art. 56.º, nos termos do qual: *"Qualquer cláusula do contrato de penhor que autorize a venda ou a adjudicação da coisa empenhada sem a observância das formalidades previstas neste artigo é considerada não escrita.".* Também o Ajustamento propôs a transposição do texto desta disposição para o novo n.º 3 do artigo 675.º do CC.

Assim sendo, mantém-se a vigência deste princípio no Direito Guineense em sede de garantias das obrigações, o que implica que em caso algum o incumprimento da obrigação garantida permitirá ao credor ficar simplesmente com a coisa para si. Ele deverá sempre intentar a respectiva acção judicial e proceder à venda executiva. O facto de o credor poder requerer que a coisa lhe seja adjudicada não põe em causa o princípio uma vez que nessa hipótese o valor da adjudicação atenderá ao valor de mercado do bem ou decorrerá da avaliação de um perito.

A proibição do pacto comissório implica que o credor não pode ficar com a coisa para si, bem como que ele não pode, em regra, proceder à venda extrajudicial do bem empenhado. A razão de ser da sua proibição é justificada com base em várias razões[983]. Em regra, entende-se que está em causa uma situação idêntica à proibição dos negócios usurários, constante dos artigos 282.º e 1146.º do CC[984], pois pretende-se evitar o abuso usurário do credor pignoratício, que poderia vender a coisa a um preço mais baixo por forma a poder atingir outros bens do devedor mais valiosos[985], ou de outro modo actuar em prejuízo do devedor. O pacto seria, assim, imoral, em virtude da usura que lhe estaria subjacente. Isto significa que em regra está em causa a protecção do devedor, que se encontra à partida numa situação de inferioridade, pelo que facilmente aceitará qualquer cláusula que o credor lhe imponha com vista à obtenção do crédito pretendido[986]. Ora, ao proibir o pacto comissório, o legislador prossegue a tutela do equilíbrio negocial, acautelando o princípio da igualdade das partes nos negócios jurídicos. No mesmo sentido, o Acórdão do STJ Português de 21/12/2005[987] considerou que *"A «ratio» da proibição do pacto comissório é plúrima, complexa, relevando, a um tempo, o propósito de proteger o devedor (da possível) extorsão do credor e a necessidade, que corresponde a um interesse geral do tráfego, de não serem falseadas as «regras do jogo», através da atribuição injustificada de privilégios a*

---

[983] Sobre os fundamentos da proibição do pacto comissório, consultar ISABEL ANDRADE DE MATOS, *O pacto comissório. Contributo para o estudo do âmbito da sua proibição*, Coimbra, Almedina, 2006, pp. 56 e seguintes.

[984] Cf. JOÃO DE MATOS ANTUNES VARELA, *Das obrigações em geral*, 7.ª edição, Volume II, Coimbra, Almedina, 1997, pp. 554 e 555. Segundo este autor, a cláusula que permite a venda pelo próprio credor hipotecário, *"Era uma cláusula fácil de extorquir para o credor e que o devedor facilmente aceitaria, dado o estado de necessidade económica em que geralmente se encontra à data da constituição da dívida e do oferecimento da garantia"*.

[985] Cf. ADRIANO PAES DA SILVA VAZ SERRA, *Hipoteca*, em *Boletim do Ministério da Justiça*, N.º 62, Janeiro, 1957, p. 205. Cf. também JOÃO DE MATOS ANTUNES VARELA, *Das obrigações em geral*, Volume II, ob. cit., p. 555. Este autor refere ainda que a proibição legal abrange quer os casos em que a cláusula seja convencionada antes do vencimento da obrigação, quer em momento posterior a este facto.

[986] Cf. ADRIANO PAES DA SILVA VAZ SERRA, *Penhor*, ob. cit., p. 217.

[987] Disponível em www.dgsi.pt.

alguns credores, em objectivo (seja ele efectivo ou potencial) prejuízo dos demais.".

Outro argumento invocado para sustentar a inadmissibilidade do pacto comissório reside na inderrogabilidade do recurso aos tribunais, ou seja, no facto de não se encontrar à disposição das partes a possibilidade de dispensar o recurso ao tribunal com vista à satisfação do direito do credor.

Também se invoca a favor da proibição que o pacto comissório iria subtrair ao património do devedor os bens objecto da garantia, pelo que os restantes credores ficariam impedidos de se pagar por esses bens, o que iria pôr em causa o princípio da igualdade de todos os credores (*par conditio creditorum*). Finalmente, é também referido o interesse social em evitar a difusão do pacto comissório.

De entre estes fundamentos salienta-se a necessidade de tutela da parte mais fraca na constituição da garantia pignoratícia, bem como na constituição das garantias em geral, tutela que se revela injuntiva, não podendo por isso ser afastada pelas partes.

Contudo, importa notar que embora se mantenham actualmente válidas as considerações que motivaram a proibição do pacto comissório, poderiam advir alguns benefícios pelo menos da admissibilidade da venda particular da coisa empenhada. Isto porque se verifica uma significativa diminuição do preço dos bens quando são objecto de venda judicial, facto este que prejudica quer o devedor, quer a generalidade dos credores, uma vez que pode acontecer que a coisa vendida seja a única coisa de valor pertencente ao devedor. Por outro lado, há certos bens móveis cuja imobilização derivada da penhora é prejudicial ao seu valor e à própria garantia. Por conseguinte, a admissibilidade de uma venda particular pelo credor, ainda que sujeita a um estrito controlo, nomeadamente, judicial, poderia ser benéfica, sem que fosse prejudicado o princípio geral da proibição da usura.

É certo que o devedor poderá sempre acordar com o credor a cessão da coisa empenhada, nos termos do art. 831.º do CC, através da cessão de bens aos credores, donde resultará para este a legitimidade para proceder à venda extrajudicial. Contudo, dificilmente o devedor aceitará entrar nesse acordo com o credor uma vez que o mesmo não impede a execução do restante património do devedor por parte do credor cessionário, nos termos do art. 833º do CC. Outra solução alternativa consistirá na dação em cumprimento da coisa ao credor pignoratício[988].

---

[988] Cf. Pedro Romano Martinez e Pedro Fuzeta da Ponte, *Garantias de cumprimento*, ob. cit., pp. 198 e 199. Como notam estes autores, a dação implica que haja um novo acordo entre as partes.

Muito embora a instauração da acção executiva seja uma das prerrogativas mais importantes conferidas ao credor pignoratício, há alguns casos em que a acção executiva não é permitida. Trata-se, em primeiro lugar, da situação de abertura de um procedimento colectivo de falência contra o devedor, e, em segundo, do caso de o bem empenhado se ter perdido ou deteriorado definitivamente. No entanto, nesta segunda hipótese mantém-se o direito de o credor pignoratício se pagar preferencialmente pela indemnização do seguro, havendo lugar a esta indemnização[989], a não ser que haja culpa da sua parte na perda do bem. Este regime resulta do primeiro parágrafo do artigo 57.º do AUG, nos termos do qual o credor é tido como credor privilegiado sobre a *"indemnização paga pelo seu seguro, nos casos de perda ou destruição da coisa..."*.

O credor pignoratício é um credor privilegiado, devendo ser pago em 4.º lugar, nos termos do art. 149.º do AUG, para o qual remete o segundo parágrafo do art. 57.º. Em caso de concurso entre vários credores pignoratícios, são ordenados de acordo com a ordem de prioridade dos respectivos registos. Não havendo registo, atende-se à prioridade temporal de constituição do penhor. A mesma solução consta do texto proposto pelo Ajustamento para a *alínea d)* do novo artigo 761.º do CC.

3.6.10. Faculdade de vender a coisa em caso de risco de perecimento

Se a coisa empenhada correr um sério risco de perecimento, é conferida ao credor pignoratício a possibilidade de a vender, com vista a impedir que depois desse perecimento já não haja nenhum valor que se possa retirar da sua venda. Esta faculdade resulta do § 4 do artigo 58.º do AUG e pertence tanto ao credor pignoratício como ao terceiro que as partes encarregaram de ficar com a coisa empenhada, mas só é admissível com a autorização da jurisdição competente, com base num processo urgente.

Neste caso, os efeitos do penhor são transferidos para o preço da venda, que é ainda uma venda extrajudicial, embora com autorização judicial.

---

[989] Cf. FRANÇOIS ANOUKAHA, JOSEPH ISSA-SAYEGH, AMINATA CISSE-NIANG, ISAAC YANKHOBA NDIAYE, MESSANVI FOLI e MOUSSA SAMB, *OHADA. Sûretés*, ob. cit., p. 94.

Também o Código Civil admitia esta possibilidade na redacção originária do seu artigo 674.º, embora o n.º 1 deste artigo atribuísse tal faculdade ao credor pignoratício e ao autor do penhor. Além disso, o n.º 3 admitia que o autor do penhor pudesse impedir a venda antecipada da coisa desde que oferecesse outra garantia real idónea. O Ajustamento entre o Direito interno e o AUG propôs a manutenção deste regime, com o que concordamos, com apenas uma particularidade. É que o AUG confere esta prerrogativa também ao terceiro escolhido pelas partes, o que não resulta do texto do art. 674.º do CC. Por outro lado, o AUG não confere ao autor do penhor legitimidade para tal, pelo que se deve entender que não está na sua disposição fazê-lo. Entretanto, em relação à solução estabelecida no n.º 3 do art. 674.º, em que o autor do penhor pode impedir a venda da coisa através do oferecimento de uma garantia real idónea, parece-nos que faz sentido a sua manutenção em vigor, precisamente porque não se encontra em oposição com nenhuma regra do AUG.

3.6.11. *Outras situações jurídicas resultantes do Código Civil*

Para além das situações jurídicas expressamente reconhecidas no AUG, existem outras consagradas na redacção originária do Código Civil que se entende que continuam em vigor, por não existir oposição ao Acto Uniforme.

Está em causa, em primeiro lugar, o direito de o credor pignoratício ser indemnizado das *"benfeitorias necessárias e úteis e de levantar estas últimas, nos termos do artigo 1273.º"*, estabelecido na *alínea b)* do artigo 670.º do CC, cuja manutenção em vigor se propõe no Ajustamento. Este direito encontra-se relacionado com o dever que o credor tem de conservar a coisa, para o que pode ser necessário realizar algumas despesas, precisamente para assegurar que a coisa se mantém no mesmo estado em que se encontrava no momento em que lhe foi entregue.

Poderia dizer-se que o direito de reembolso deveria abranger apenas as benfeitorias necessárias, por somente estas se inserirem no dever de conservação da coisa empenhada. Contudo, em contrapartida, Vaz Serra realça que *"a recusa do direito de reembolso das despesas úteis traduzir--se-ia num locupletamento do empenhador à custa do credor, parecendo, portanto, que deve ser reconhecido esse direito nos termos em que o for ao gestor de negócios"*[990].

---

[990] Cf. ADRIANO PAES DA SILVA VAZ SERRA, *Penhor*, ob. cit., p. 161.

Por outro lado, a *alínea c)* do mesmo artigo permite ao credor exigir a *"substituição ou o reforço do penhor ou o cumprimento imediato da obrigação, se a coisa empenhada perecer ou se tornar insuficiente para segurança da dívida"*. Este regime não consta do AUG, mas dele também não resulta nenhuma regra em sentido contrário, pelo que parece de concordar com a sua manutenção em vigor, tal como se propõe no Ajustamento. O facto de o segundo parágrafo do n.º 2 do artigo 58.º do AUG permitir que o credor ou o terceiro vendam a coisa em caso de perigo de perecimento, desde que com autorização da jurisdição competente, não parece contrariar esta solução, uma vez que se coloca num plano diverso. Isto significa que em caso de perigo de a coisa perecer o credor poderá optar entre solicitar a respectiva venda, ou, em alternativa, exigir ao devedor a substituição ou o reforço do penhor, ou ainda o cumprimento imediato da obrigação, uma vez que aqui se consagra a exigibilidade antecipada da dívida.

3.7. Indivisibilidade do penhor

O penhor é indivisível, daí que o credor pignoratício possa manter a coisa em seu poder até que a dívida seja integralmente paga. Portanto, mesmo que se verifique um pagamento parcial, é legítimo que o credor mantenha o penhor. Isto é válido ainda que o penhor incida sobre uma coisa em si mesma divisível, pois ainda aí ele tem a faculdade de reter a totalidade do que lhe tenha sido entregue até ao pagamento da integralidade do valor em dívida[991], de acordo com o primeiro parágrafo do artigo 60.º do AUG.

Mesmo que o devedor tenha falecido e a dívida tenha sido dividida pelos seus herdeiros, o penhor é indivisível, de modo que o credor pignoratício pode apenas restituir a coisa quando tudo se encontre integralmente pago – cf. o disposto no segundo parágrafo do artigo 60.º do AUG.

A indivisibilidade verifica-se tanto do lado do devedor, como do credor pignoratício, daí que o terceiro parágrafo deste artigo determine que o herdeiro do credor que tenha recebido a sua parte no crédito também

---

[991] Não obstante, não fica vedada a aplicação simultânea do abuso de direito (cf. artigo 334.º do CC), no caso de desequilíbrio no exercício de direitos.

não pode restituir a coisa empenhada, mesmo que esta seja divisível, na medida em que isso prejudique os co-herdeiros do credor pignoratício que ainda se não encontrem pagos.

Neste sentido, o Ajustamento propôs a manutenção em vigor do artigo 678.º do CC, que contém uma remissão para o artigo 696.º, relativo à indivisibilidade da hipoteca, e que é igualmente aplicável ao penhor. Embora este último artigo não refira concretamente a questão dos herdeiros do autor do penhor e do credor pignoratício, deve entender-se que a indivisibilidade também se lhes aplica. Porém, em caso de dúvida, o disposto no art. 60.º do AUG é directamente aplicável, mesmo na falta de transposição para o regime interno (cf. artigo 10.º do TOHADA).

3.8. Transmissão

Na sequência da defesa de uma revogação meramente individualizada, o Ajustamento propõe a manutenção em vigor da redacção originária do artigo 676.º do CC, nos termos do qual: *"O direito de penhor pode ser transmitido independentemente da cessão do crédito, sendo aplicável neste caso, com as necessárias adaptações, o disposto sobre a transmissão da hipoteca"*.

O AUG não contém nenhum regime para a transmissão do penhor, pelo que nada obsta à manutenção em vigor do regime constante do Código Civil, onde se admite esta transmissão, nos mesmos termos que para a hipoteca. Isto implica uma remissão para o disposto no artigo 727.º do CC, o que significa que o penhor pode ser cedido desde que não seja inseparável da pessoa do credor pignoratício, portanto, desde que não tenha sido convencionado *intuitus personae*. Contudo, a cessão do penhor deverá ocorrer em relação a outro credor do mesmo devedor. Ainda nos termos deste artigo, se o penhor tiver sido constituído por terceiro, a cessão só pode operar com o consentimento deste.

3.9. Remissão para o regime jurídico da hipoteca

O Ajustamento propõe igualmente a manutenção em vigor do disposto na redacção originária do artigo 678.º, onde se faz uma remissão para alguns aspectos do regime da hipoteca. Na medida em que se trata de matérias não reguladas no AUG, faz todo o sentido que tal regime continue a valer, de molde a evitar o aparecimento de lacunas.

A remissão é dirigida aos artigos 692.º, 694.º a 699.º, 701.º e 702.º do CC. Relativamente ao n.º 1 do artigo 692.º, já foi referido que em caso de perda, deterioração ou diminuição de valor da coisa empenhada, se o seu proprietário adquirir o direito a alguma indemnização, o credor pignoratício conserva sobre essa indemnização o direito de preferência que tinha sobre a coisa empenhada. Nos termos do n.º 2 deste artigo, o devedor da indemnização terá mesmo de cumprir a sua obrigação perante o credor pignoratício, sob pena de, não o fazendo, não se considerar liberado. Finalmente, o n.º 3 estabelece a extensão do regime ao caso de indemnização devida por expropriação, requisição, extinção do direito de superfície e aos casos análogos.

No que concerne à remissão para o artigo 694.º, já foi analisada a propósito da proibição do pacto comissório, bem como o artigo 696.º, em relação à indivisibilidade do penhor.

De acordo com o artigo 695.º, é nula a convenção que proíba o dono da coisa empenhada de a alienar ou onerar. Este regime explica-se pelo facto de o penhor consubstanciar um direito real de garantia, pelo que o credor pignoratício pode invocar o seu direito *erga omnes*, isto é, quer perante o adquirente da coisa, quer perante aqueles que tenham constituído sobre ela ónus posteriores à constituição do penhor. Em sede de direitos reais vale o Princípio da prioridade temporal de constituição dos direitos, donde não se justificar a proibição de alienação ou de oneração da coisa empenhada, na medida em que ela não prejudica o credor pignoratício.

Por seu turno, o artigo 697.º admite que o devedor que seja também proprietário da coisa empenhada se oponha à penhora de outros bens, a menos que se reconheça a insuficiência da garantia. Além disso, mesmo em relação aos bens onerados com garantia, o devedor pode opor-se a que os mesmos sejam executados para além do necessário para a satisfação do direito do credor.

O artigo 698.º estabelece também uma regra extremamente importante, aplicável no caso de o penhor ser constituído por terceiro que não o devedor. Com efeito, nos termos deste artigo o terceiro pode opor ao credor, *"ainda que o devedor a eles tenha renunciado, os meios de defesa que o devedor tiver contra o crédito, com exclusão das excepções que são recusadas ao fiador"*. Trata-se de um regime decorrente da acessoriedade do penhor e que, no caso do AUG, resulta da qualificação do penhor constituído por terceiro como uma fiança real (cf. o disposto no segundo parágrafo do artigo 47.º). Pelo que, em bom rigor, não seria necessário recorrer ao Código Civil, pois o próprio AUG já remete para o regime da fiança, o que significa que o terceiro poderá invocar em sua defesa as mesmas excepções que o fiador.

Entretanto, o n.º 2 do artigo 698.º determina que o autor do penhor tem a faculdade de se opor à execução *"enquanto o devedor puder impugnar o negócio donde provém a sua obrigação, ou o credor puder ser satisfeito por compensação com um crédito do devedor, ou este tiver a possibilidade de se valer da compensação com uma dívida do credor"*. É discutível que este regime continue a valer, uma vez que estes meios de defesa não são consagrados no AUG a propósito da fiança, o que, à partida, indicia que existe contradição entre o Direito interno e o AUG. Com efeito, os meios de defesa do fiador resultam do artigo 18.º, e nele nada se diz sobre esta faculdade de recusa admitida no n.º 2 do artigo 698.º, pelo que nos parece que este último preceito se deve ter por revogado.

O n.º 1 do artigo 699.º determina que, se se extinguir um usufruto existente sobre a coisa empenhada, o direito do credor pignoratício passa a ser exercido como se tal usufruto nunca tivesse existido.

Finalmente, o artigo 701.º estabelece o direito de o credor pignoratício exigir ao devedor a substituição ou o reforço do penhor quando, por causa não imputável ao credor, a coisa empenhada venha a perecer. No AUG nada se diz a este respeito, o que justifica a manutenção em vigor de tal prerrogativa. No caso de o devedor não substituir nem reforçar o penhor, a parte final do n.º 1 estabelece a exigibilidade antecipada da obrigação, ou, no caso de obrigação futura, admite ao credor a constituição de um penhor legal sobre outros bens do devedor. Ainda o artigo 702.º estabelece que se o devedor se tiver comprometido a segurar a coisa empenhada e não o tiver feito dentro do prazo devido ou permitir a rescisão do contrato de seguro por falta de pagamento dos prémios, pode o credor segurar a coisa à custa do devedor, desde que não o faça por um valor excessivo. Em alternativa, o n.º 2 deste artigo confere ao credor o direito de exigir antecipadamente o cumprimento da obrigação garantida.

3.10. Extinção do penhor

Como primeira forma de extinção do penhor, o artigo 61.º do AUG prevê o cumprimento integral da obrigação garantida. Trata-se de uma consequência da indivisibilidade do penhor (cf. artigo 60.º do AUG) e do Princípio da acessoriedade em relação à dívida garantida. Neste sentido, também por força da remissão constante do artigo 677.º do CC, aplica-se a *alínea a)* do artigo 730.º, que estabelece a extinção do penhor devido à extinção da obrigação garantida.

Em segundo lugar, o penhor também se extingue com a restituição voluntária da coisa empenhada ao devedor ou ao terceiro autor do penhor, que traduz uma declaração unilateral de renúncia tácita ao penhor – cf. o disposto na primeira parte do artigo 62.º do AUG. Neste ponto, também o Ajustamento propôs a manutenção em vigor da redacção originária do artigo 677.º do CC.

Por último, o penhor extingue-se por força da decisão judicial que ordena a restituição da coisa empenhada por haver culpa do credor pignoratício. Esta decisão judicial pode surgir na sequência do incumprimento de alguma das obrigações que são impostas ao credor pignoratício, designadamente em caso de não cumprimento da obrigação de conservação da coisa ou em caso de utilização da coisa empenhada para fins pessoais. À partida, deve tratar-se de situações de incumprimento que possam ser consideradas graves[992]. Além disso, pode acontecer que o penhor não se extinga, desde que seja designado um fiel depositário que passará a ter a detenção material da coisa empenhada. Neste caso, a segunda parte do artigo 62.º do AUG estabelece que o fiel depositário assumirá as mesmas funções que o terceiro escolhido pelas partes.

Relativamente a esta possibilidade, nota-se a ausência da sua consagração no Ajustamento. Contudo, uma vez que esta situação não resultava do Direito interno, teria sido preferível a sua introdução. Não tendo isso acontecido, terá de se recorrer à aplicabilidade directa do artigo 62.º do AUG, nos termos gerais do artigo 10.º do TOHADA.

Entretanto, o Ajustamento propõe a manutenção do n.º 2 do artigo 667.º do CC, que remete para o artigo 717.º, nos termos do qual se estabelece a extinção do penhor quando, *"por facto positivo ou negativo do credor, não possa dar-se a sub-rogação daquele [do terceiro] nos direitos deste"*. Este regime não contraria nenhum dispositivo do AUG, daí que se considere, à luz da revogação individualizada, que não é prejudicado. Assim sendo, no caso de o penhor ser constituído por um terceiro, que não o devedor, existe uma causa acrescida de extinção, que consiste

---

[992] Cf. FRANÇOIS ANOUKAHA, JOSEPH ISSA-SAYEGH, AMINATA CISSE-NIANG, ISAAC YANKHOBA NDIAYE, MESSANVI FOLI e MOUSSA SAMB, *OHADA. Sûretés*, ob. cit., p. 99.

na situação em que o terceiro não se pode sub-rogar nos direitos do credor pignoratício por facto imputável a este.

4. PENHOR DE DIREITOS

4.1. Noção. Generalidades

Para além de ser possível o penhor de coisas, é permitido o penhor de direitos, em que se destaca o penhor de direitos de crédito. Na redacção originária do Código Civil de 1966 esta figura era regulada nos artigos 679.º e seguintes.

De um modo geral, o Código Civil determinava, nos termos do seu art. 680.º, que este penhor só podia ter por objecto os direitos sobre coisas móveis susceptíveis de transmissão. *A contrarium sensu*, não seria possível empenhar créditos sobre a entrega de coisas imóveis nem relativos a prestações de facto[993].

O penhor era sujeito à mesma forma e publicidade exigidas para a transmissão dos respectivos direitos empenhados – cf. art. 681.º, n.º 1, do CC. No caso particular do penhor de direitos de crédito, o n.º 2 do art. 681.º determinava que o penhor só podia produzir os seus efeitos após notificação ao devedor, ou desde que este o aceitasse, a menos que fosse um penhor sujeito a registo. Neste caso, a doutrina considerava mesmo que, enquanto não houvesse notificação ou aceitação por parte do devedor, o penhor nem sequer produzia efeitos entre as próprias partes[994].

O art. 682.º estabelecia para o dador do penhor a obrigação de entregar ao credor pignoratício os documentos comprovativos do direito empenhado que tivesse em seu poder e em cuja conservação não tivesse interesse legítimo.

Por seu turno, o credor pignoratício era titular das seguintes posições jurídicas:

1) Obrigação de praticar os actos indispensáveis à conservação do direito, a cobrar juros e outras prestações acessórias – cf. art. 683.º;

---

[993] Cf. Luís MENEZES LEITÃO, *Garantias das obrigações*, ob. cit., p. 284.
[994] Cf. Luís MENEZES LEITÃO, *Garantias das obrigações*, ob. cit., p. 284.

2) Obrigação de cobrar o crédito, uma vez chegado o seu vencimento – cf. art. 685.º, n.º 1; neste caso, ocorria a sub-rogação real, isto é, a prestação passava a ocupar o lugar do direito empenhado. Tratando-se de penhor de crédito de coisa fungível ou dinheiro, o devedor tinha de cumprir perante os dois credores ao mesmo tempo, embora, no caso de não haver acordo, pudesse consignar em depósito a prestação – cf. art. 685.º, n.º 2;

Nos termos do art. 684.º, as relações entre o devedor e o credor pignoratício eram reguladas pelo regime da cessão de créditos. Com base no art. 585.º, o devedor podia invocar em sua defesa todas as excepções que poderia invocar contra o titular do direito empenhado, salvo as que resultassem de conhecimento posterior ao do penhor.

Finalmente, o penhor de direitos extinguia-se pelas mesmas causas que a hipoteca – art. 730.º – salvo a referida na *alínea b)* deste artigo[995].

Além do Código Civil, outros diplomas de Direito interno admitiam em especial a constituição do penhor de direitos.

Um destes casos era o penhor de títulos de crédito, figura prevista nos artigos 398.º e 399.º do Código Comercial, onde se estabelecia que nos títulos ao portador o penhor operava pela tradição do título, nos títulos à ordem, pelo endosso, com a declaração nesse sentido, e nos títulos nominativos por declaração no livro de averbamentos e registos da entidade competente.

O credor devia conservar o título embora não o pudesse endossar; de resto, podia exercer todos os direitos inerentes à sua detenção, desde logo, apresentá-lo a pagamento, protestar e intentar acções contra todos os obrigados[996].

Obtendo pagamento, o credor pignoratício devia conservar essa quantia, num penhor irregular.

Outra situação de penhor especial era o penhor de conta bancária, que consistia no penhor sobre o direito de crédito que o depositante tinha sobre o depositário (banco proprietário das quantias depositadas). Normalmente o dador de penhor obrigava-se a não movimentar a conta e permitia-se ao banco pagar-se directamente através do débito da referida conta, se a dívida não fosse cumprida na data do seu vencimento.

---

[995] Cf. Luís MENEZES LEITÃO, *Garantias das obrigações*, ob. cit., p. 286.
[996] Cf. Luís MENEZES LEITÃO, *Garantias das obrigações*, ob. cit., p. 287.

Esta possibilidade de recebimento por débito levantava a questão de saber se não haveria aqui violação da proibição de pacto comissório. Em sentido negativo se pronunciava alguma doutrina, considerando que essa proibição não se aplicava neste caso porque não se tratava de penhor de direitos mas antes da constituição duma garantia pessoal[997].

Além destas, existiam outras categorias especiais de penhores de direitos, nomeadamente o penhor de participações sociais e o penhor de valores mobiliários.

Feita a análise geral do regime do penhor de direitos consagrado no Direito interno, vamos de seguida analisar o regime actualmente vigente resultante da entrada em vigor do AUG.

4.2. O penhor de direitos no AUG

Tal como já era permitido no Código Civil, o AUG também aceita que uma pessoa constitua perante outra o penhor de um direito de que é titular sobre um terceiro. Com efeito, hoje em dia os direitos sobre terceiros constituem verdadeiros instrumentos que os respectivos titulares podem utilizar como forma de obter crédito alheio[998].

É discutível que o penhor de créditos, e, de, um modo geral, todos os penhores de direitos, se possam qualificar como garantias reais. Em bom rigor, tal apenas é possível se se considerar viável a constituição de direitos sobre direitos, admitindo que o objecto do direito real possa ser um crédito e não uma coisa[999]. Na medida em que tal entendimento parece contrariar a configuração dos direitos reais, julgamos que o penhor de direitos constitui apenas uma garantia especial, mas não uma garantia real. O credor adquire uma posição especial, uma vez que o autor do penhor lhe transfere parte dos seus poderes sobre o seu devedor, daí que alguns autores refiram que o penhor de direitos de crédito é uma cessão de créditos com função de garantia.

---

[997] Cf. Luís MENEZES LEITÃO, *Garantias das obrigações*, ob. cit., pp. 288 e 289, n.r. 667.

[998] Cf. FRANÇOIS ANOUKAHA, JOSEPH ISSA-SAYEGH, AMINATA CISSE-NIANG, ISAAC YANKHOBA NDIAYE, MESSANVI FOLI e MOUSSA SAMB, *OHADA. Sûretés*, ob. cit., p. 88.

[999] Cf. PEDRO ROMANO MARTINEZ e PEDRO FUZETA DA PONTE, *Garantias de cumprimento*, ob. cit., p. 181, n.r. 439.

Convém notar ainda que, sendo o penhor uma garantia meramente mobiliária, só se admite o penhor de direitos quando estes tenham por objecto coisas móveis. Neste sentido se pronunciou também o Ajustamento, ao propor a manutenção em vigor da redacção originária do artigo 680.º do CC, nos termos do qual tais direitos deverão ser ainda susceptíveis de transmissão, com vista a possibilitar a efectivação da garantia.

4.3. Penhor de direitos de crédito

O penhor de direitos de crédito encontra-se previsto no n.º 1 do art. 50.º do AUG, tendo os seguintes requisitos:

1) Entrega ao credor pignoratício do documento que titula o direito de crédito sobre terceiro;

A entrega do documento consubstancia a tradição simbólica do direito empenhado, pois neste caso não pode haver a tradição material porque o direito de crédito não tem corpo. No mesmo sentido dispõe também a redacção originária do art. 682.º do CC, cujo texto o Ajustamento propôs a manutenção em vigor, em consonância com as exigências do Acto Uniforme.

2) Notificação do devedor da cedência do crédito;

Tratando-se de penhor de direitos de crédito, o AUG determina também a obrigatoriedade da notificação ao devedor. Porém, se o autor do penhor não fizer a notificação, pode ser o próprio credor pignoratício a efectuá-la, nos termos da parte final do n.º 1 do art. 50.º. O AUG não determina o modo como esta notificação deve ser realizada, pelo que, segundo Joseph Issa-Sayegh, a forma é livre, tendo em conta que a sua finalidade é apenas a de informar o devedor da constituição do penhor[1000].

Este regime aproxima-se, em certa medida, da redacção originária do n.º 2 do art. 681.º do CC. Note-se, porém, que o Código Civil admitia também outras possibilidades para o penhor ser eficaz, como fossem a aceitação por parte do devedor ou o facto de se tratar de penhor sujeito

---

[1000] Cf. JOSEPH ISSA-SAYEGH, *Le gage sur créances de sommes d'argent*, disponível em www.ohada.com, com a referência D-02-18, p. 4.

a registo, caso em que a eficácia decorria da inscrição no registo. Na falta da notificação ao devedor, considerava-se que o penhor nem sequer produzia efeitos entre as próprias partes.

De certo modo, o sistema instituído no Código Civil apresenta-se mais organizado do que o do AUG, uma vez que separa, de um lado, a constituição do penhor, tratada no art. 682.º, e, de outro, a eficácia da garantia, regulada no art. 681.º. Diversamente, o AUG reúne as duas matérias, constituição e eficácia, numa só, considerando que tanto a entrega do documento que titula o direito de crédito sobre o terceiro como a notificação ao devedor da cedência do crédito ao credor pignoratício são requisitos de constituição desta modalidade de penhor.

Por esta razão, é sujeita a críticas a proposta de manutenção em vigor da redacção originária do artigo 681.º do CC decorrente do Ajustamento, por duas ordens de razões. Em primeiro lugar, porque no AUG a notificação ao devedor é tratada como um elemento constitutivo, e não como um requisito de eficácia. Por outro lado, em segundo lugar, porque o regime instituído pelo artigo 681.º do CC se encontra em contradição com o primeiro parágrafo do n.º 1 do artigo 50.º do AUG. Com efeito, para o AUG conta apenas a notificação feita ao devedor, tanto pelo autor do penhor, como pelo credor pignoratício, enquanto que o Código Civil admite três tipos de situações, a saber:

1) Notificação ao devedor;
2) Na falta de notificação, aceitação do devedor em relação à existência do penhor do direito de crédito, desde que se trate de penhor não sujeito a registo;
3) Registo do penhor, no caso de penhor sujeito a registo.

Assim sendo, afigura-se, salvo melhor entendimento, que a segunda e a terceira situações referidas no Código Civil não se devem considerar actualmente em vigor, por estarem em contradição com o regime instituído no AUG.

4.3.1. *Cumprimento perante o credor pignoratício*

Nos termos do § 2 do n.º 1 do artigo 50.º do AUG, é possível que, a pedido do credor pignoratício, o devedor se obrigue a realizar o cumprimento directamente perante este, isto é, em vez de cumprir perante o seu credor (autor do penhor), efectua a prestação directamente ao credor pignoratício. Para que isso aconteça é necessário que o devedor assuma esse compromisso por documento escrito, sob pena de nulidade (cf. art. 220.º do CC), caso em que o devedor cedido continuará obrigado a prestar perante o seu credor (autor do penhor), e não perante o credor pignoratício.

Neste sentido, segundo Joseph Issa-Sayegh, é natural que a constituição do penhor não esteja dependente do acordo ou do consentimento do devedor cedido. Não obstante, a eficácia deste penhor depende, em grande medida, do comportamento que este venha a adoptar em relação ao penhor[1001].

Relativamente à exigência de forma escrita, François Anoukaha e outros discutem se é extensiva ao penhor de direitos de crédito a regra do art. 49.º do AUG, que determina que a forma escrita deixa de ser exigida quando a lei interna admite a prova do contrato por outros meios, concluindo que esse regime é passível de ser transposto para esta sede[1002]. Como já dissemos, não concordamos com este entendimento. A regra para o penhor de direitos de crédito que agora se analisa é excepcional, pois no penhor comum não se exige a observância de qualquer forma específica (cf. art. 219.º do CC), pelo que no penhor de direitos de crédito as partes deverão observar a forma escrita, sob pena de nulidade, tal como resulta do AUG.

Existe uma clara desvantagem para o devedor que se obriga a cumprir perante o credor pignoratício, pois fica-lhe vedada a invocabilidade de excepções pessoais que tivesse perante o devedor originário. São apenas excluídas as excepções pessoais, pelo que os demais meios de defesa poderão continuar a ser invocados perante o credor pignoratício. Consideram-se excepções pessoais os meios de defesa que sejam inerentes à pessoa do autor do penhor.

Este regime afasta-se do estabelecido na redacção originária do art. 685.º do CC, cujo n.º 1 estabelece que o credor pignoratício deve cobrar o crédito empenhado logo que este seja exigível, sendo que nesse caso o penhor passa a incidir sobre a prestação entregue pelo devedor. Portanto, aqui não é necessário que o devedor se obrigue a cumprir perante o credor pignoratício, pois a própria lei lhe confere a possibilidade de exigir directamente a prestação aquando do seu vencimento.

[1001] Cf. JOSEPH ISSA-SAYEGH, *Le gage sur créances de sommes d'argent*, ob. cit., p. 5.

[1002] Cf. FRANÇOIS ANOUKAHA, JOSEPH ISSA-SAYEGH, AMINATA CISSE-NIANG, ISAAC YANKHOBA NDIAYE, MESSANVI FOLI e MOUSSA SAMB, *OHADA. Sûretés*, ob. cit., p. 88.

Além disso, o n.º 2 do art. 685.º do CC estabelecia que em caso de prestação de dinheiro ou de outra coisa fungível o devedor devia cumprir conjuntamente perante o seu credor e o credor pignoratício; no caso de não haver acordo entre eles, o devedor podia proceder à consignação em depósito. Por contrariar o disposto no n.º 1 do art. 50.º do AUG, este artigo considera-se revogado, solução esta que consta também dos trabalhos de Ajustamento.

No que concerne ao n.º 1 do art. 685.º do CC, o Ajustamento propôs a sua manutenção em vigor, acrescentando-se apenas que a regra é supletiva, isto é, que cede mediante convenção em contrário. Contudo, julgamos que deve ser precisamente a regra inversa, isto é, a de que o credor pignoratício só pode cobrar directamente a prestação ao devedor na medida em que exista uma convenção nesse sentido, pois parece ser esse o sentido do segundo parágrafo do n.º 1 do art. 50.º do AUG. Em todo o caso, esta disposição é directamente aplicável, ao abrigo do artigo 10.º do TOHADA. Aliás, o Ajustamento propôs a transposição do segundo parágrafo do n.º 1 do art. 50.º do AUG para os n.ºˢ 1 e 2 do novo art. 685.º-A do CC. Simplesmente, parece-nos que este regime não é compatível com a manutenção em vigor do n.º 1 do art. 685.º do CC.

4.3.2. Cumprimento perante o autor do penhor

O § 3 do n.º 1 do artigo 50.º do AUG refere a possibilidade de o devedor cedido efectuar o cumprimento perante o autor do penhor, o que deve acontecer, naturalmente, na data do vencimento da sua obrigação.

Neste caso, ou seja, mesmo que o devedor cedido deva cumprir perante o autor do penhor, o AUG determina uma situação em que ele passa a estar obrigado a cumprir perante o credor pignoratício, que consiste na situação em que, chegado o vencimento da obrigação, o devedor cedido não tem nenhuma excepção relativa ao seu credor (autor do penhor) nem relativa ao credor pignoratício. Nesta circunstância, apesar de não se ter cumprido a forma escrita mencionada no parágrafo anterior do mesmo artigo, o AUG considera que não há necessidade de fazer dois actos, pelo que resume o cumprimento ao pagamento directo ao credor pignoratício.

A razão de ser desta excepção é que aqui não há nenhuma expectativa legítima do devedor cedido que seja passível de tutela jurídica, pelo que para ele é indiferente cumprir perante o autor do penhor ou perante o credor pignoratício, uma vez que na verdade não possui nenhum meio de defesa de que se possa valer para se esquivar ao cumprimento. Sendo assim, como não há nenhum interesse do devedor cedido susceptível de tutela, ele deverá cumprir directamente perante o credor pignoratício.

No mesmo sentido, o Ajustamento propôs a instituição deste regime no n.º 3 do novo artigo 685.º-A do CC.

Entretanto, o § 5 do n.º 1 do art. 50.º do AUG determina que se o devedor cedido cumprir perante o credor pignoratício, este encontra-se obrigado a notificar o facto ao seu devedor, que em princípio será o autor do penhor. Este regime não parece ter obtido transposição no Código Civil, mas é sempre directamente aplicável por força do artigo 10.º do TOHADA.

4.3.3. *Responsabilidade solidária*

Nos termos do quarto parágrafo do n.º 1 do artigo 50.º do AUG, o credor do devedor cedido é solidariamente responsável com este pelo cumprimento perante o credor pignoratício. O Ajustamento propôs a transposição deste regime para o n.º 4 do novo artigo 685.º-A do CC.

Esta responsabilidade solidária configura uma garantia do credor pignoratício, pois permite-lhe exigir a prestação não apenas ao devedor cedido, como igualmente ao credor deste, sendo certo que o credor é, em princípio, o autor do penhor. Trata-se, não obstante, de uma solidariedade imperfeita, cuja função é a garantia do credor pignoratício, uma vez que só existe solidariedade nas relações externas. Com efeito, nas relações internas apenas deve o devedor cedido, pelo que se este cumprir não haverá direito de regresso; em contrapartida, se for o credor (autor do penhor) a cumprir, terá direito de regresso integral contra o devedor cedido.

4.3.4. *Penhor de aplicações financeiras*

A modalidade especial de penhor de direitos referida no n.º 1 do artigo 50.º abrange também o penhor de aplicações financeiras, nomeadamente de depósitos em instituições bancárias, que era igualmente permitido pela redacção originária dos artigos 679.º e seguintes do CC. Este penhor pode ser de depósitos a prazo ou de qualquer outra modalidade[1003].

[1003] Cf. PEDRO ROMANO MARTINEZ e PEDRO FUZETA DA PONTE, *Garantias de cumprimento*, ob. cit., pp. 182 e seguintes.

Este depósito configura um depósito irregular (cf. artigo 1205.º do CC), nos termos do qual a propriedade sobre o dinheiro depositado se transmite para o depositário (cf. art. 1206.º, que remete para o art. 1144.º do CC), o que significa que o depositante perde a propriedade sobre a coisa depositada e adquire, em substituição desta, um direito de crédito à respectiva restituição. Esse direito de crédito à restituição pode ser empenhado ao próprio estabelecimento bancário, o que significa que se a dívida não for paga na data do seu vencimento o banco poderá ressarcir-se através de débito na conta empenhada.

A particularidade deste penhor reside precisamente no facto de o depósito de quantias monetárias transmitir a respectiva propriedade para o estabelecimento bancário, nos termos do art. 1144.º do CC, passando o depositante a ser apenas titular de um direito de crédito sobre as quantias depositadas. Assim, o banco depositário acaba por ser credor pignoratício de uma coisa – dinheiro depositado – da qual é, ele mesmo, proprietário, por força do contrato de depósito irregular[1004].

No entanto, o que normalmente os bancos fazem não é apenas a transformação da conta bancária em conta empenhada, mas sim a compensação do seu direito de crédito com as quantias depositadas. Alguma doutrina contesta esta compensabilidade, invocando que, havendo penhor das quantias depositadas, é nula a convenção pela qual o credor faz suas essas quantias – cf. art. 56.º, parágrafo terceiro, do AUG. Assim, esta compensação seria inválida na medida em que ofenderia a proibição do pacto comissório.

Este argumento não é, porém, definitivo, pois pode entender-se que não se trata de pacto comissório propriamente dito, mas antes de compensação nos termos dos artigos 847.º e seguintes do CC, onde não há que atender aos perigos de subavaliação do bem que motivam a proibição do pacto comissório[1005].

A compensação é efectuada entre o direito de crédito do mutuante/ /depositário (estabelecimento bancário) à restituição das quantias mutuadas e o direito de crédito do depositante/mutuário (cliente do banco) sobre as quantias depositadas, cuja propriedade se transmitiu por força da remissão do art. 1206.º para o art. 1144.º do CC. É neste sentido que alguns autores

---

[1004] Cf. PEDRO ROMANO MARTINEZ e PEDRO FUZETA DA PONTE, *Garantias de cumprimento*, ob. cit., p. 183.
[1005] Cf. PEDRO ROMANO MARTINEZ e PEDRO FUZETA DA PONTE, *Garantias de cumprimento*, ob. cit., p. 184.

admitem que as partes possam acordar no penhor esta cláusula de compensação. Com efeito, o depositário/mutuante tem a obrigação de restituição das quantias depositadas, enquanto o depositante/mutuário (devedor) tem a obrigação de restituir as quantias mutuadas, pelo que o pagamento opera por compensação. Porém, é de notar que tem sempre de existir um acordo entre o estabelecimento bancário e o cliente, isto é, o banco não pode mobilizar as quantias depositadas sem primeiro ter acordado essa possibilidade com o seu devedor.

4.4. Penhor de títulos de crédito

O penhor de títulos de crédito encontra-se actualmente previsto nos n.os 2 e 3 do art. 50.º do AUG, embora fosse igualmente admitido pelo Código Comercial, nos artigos 398.º e seguintes. Tratava-se, então, de uma modalidade de penhor de direitos, na sequência do previsto pelos artigos 679.º e seguintes do CC.

Nesta hipótese, o penhor não recai sobre o título propriamente dito, mas antes sobre o direito representado nesse título de crédito, daí que se trate de penhor de direitos[1006].

A forma da entrega do objecto do penhor assume, nos títulos de crédito, algumas particularidades. No caso dos títulos ao portador, a entrega constitui-se pela simples tradição da coisa para o credor pignoratício. Para além disso, a lei exclui aqui a obrigatoriedade de notificar o devedor da cedência, precisamente porque o título está destinado à circulação. Contudo, o n.º 2 do art. 50.º[1007] impõe a necessidade de redacção de um documento escrito do qual conste o penhor, o que significa que estamos perante mais uma excepção ao Princípio da consensualidade. Porém, segundo Joseph Issa-Sayegh, se for empenhado um título de crédito à ordem, essa exigência de forma não se aplica[1008]. Aliás, considera que neste caso não é necessária a notificação ao devedor, porque a constituição do penhor opera por simples tradição do título, não sendo igual-

---

[1006] Cf. PEDRO ROMANO MARTINEZ e PEDRO FUZETA DA PONTE, *Garantias de cumprimento*, ob. cit., p. 180.

[1007] Cf. também o texto proposto pelo Ajustamento entre o Direito interno e o AUG para o n.º 1 do novo artigo 685.º-B do CC.

[1008] Cf. JOSEPH ISSA-SAYEGH, *Le gage sur créances de sommes d'argent*, ob. cit., p. 4.

mente necessária a redacção de um documento escrito relativo à constituição do penhor. Argumenta que *"Il n'est pas nécessaire, en effet, de prévenir un débiteur de l'identité de celui qui présentera le titre au paiement à l'échéance, la nature de tels titres impliquant que le paiement est dû à leur porteur, quel qu'il soit, pourvu qu'il soit légitime, ce qu'est présumé être tout porteur de tels documents sauf si la chaîne des endossements n'est pas régulière."*.

Tratando-se de título de crédito à ordem, o credor (autor do penhor) tem que fazer o endosso pignoratício do título de crédito ao credor pignoratício, nos termos da 1.ª parte do n.º 3 do artigo 50.º do AUG[1009]. Neste caso, mais uma vez, dispensa-se a notificação ao devedor e a redacção de um documento escrito[1010].

Finalmente, se o título for nominativo, constitui-se o penhor mediante averbamento no registo do estabelecimento que emitiu o título – cf. o disposto na 2.ª parte do n.º 3 do artigo 50.º do AUG[1011].

É de notar que o disposto nestes artigos se identifica com o regime jurídico anteriormente constante do Código Comercial, o qual se deve, entretanto, considerar revogado, em virtude da regulamentação unitária das garantias especiais pelo AUG, *"independentemente da respectiva natureza jurídica"* (cf. o disposto no primeiro parágrafo do artigo 1.º do AUG).

4.5. Penhor de valores mobiliários

O n.º 4 do art. 50.º do AUG admite ainda a constituição de um penhor sobre valores mobiliários[1012]. Entende-se por valores mobiliários os títulos negociáveis representativos de direitos numa sociedade, tais como acções, obrigações, títulos de participação, etc. Neste sentido, tais direitos podem ser também utilizados como garantia para a obtenção de crédito.

Este penhor pode constituir-se apenas com o documento de quitação ou certificado do depósito, que é entregue ao credor pignoratício, sendo

---

[1009] Cf. também o texto proposto pelo Ajustamento entre o Direito interno e o AUG para o n.º 2 do novo artigo 685.º-B do CC.

[1010] Neste sentido, cf. JOSEPH ISSA-SAYEGH, *Le gage sur créances de sommes d'argent*, ob. cit., p. 5.

[1011] Cf. também o texto proposto pelo Ajustamento entre o Direito interno e o AUG para o n.º 2 do novo artigo 685.º-B do CC.

[1012] Cf. também o texto proposto pelo Ajustamento entre o Direito interno e o AUG para o n.º 3 do novo artigo 685.º-B do CC.

notificado o estabelecimento depositário da cedência. Constituído o penhor sobre valores mobiliários, o estabelecimento depositário destes não poderá restituir os títulos empenhados ao titular do certificado de depósito sem que ao mesmo tempo seja apresentado este documento ou uma decisão judicial transitada em julgado que ordene ou tenha o efeito da restituição.

O AUG é omisso relativamente ao eventual penhor de valores mobiliários desmaterializados. Não obstante, o art. 764.º do Acto Uniforme Relativo ao Direito das Sociedades Comerciais e ao Agrupamento de Interesse Económico admite esta possibilidade, pelo que parece de consentir a sua consagração, tanto noutros Actos Uniformes da OHADA, como ainda na lei interna.

No penhor de valores mobiliários as partes têm algum interesse em celebrar um contrato misto, isto é, um penhor e uma consignação de rendimentos, o que também é referido por alguma doutrina como penhor com pacto de anticrese[1013]. O pacto de anticrese significa que o credor *"tem também o direito de desfrute da coisa"*[1014]. Segundo Vaz Serra, *"O penhor com anticrese é vantajoso para o credor, porque lhe dá a possibilidade de se ir gradualmente pagando, e é vantajoso para o devedor, porque este vai assim pagando a sua dívida sem um grande esforço"*[1015]. Para que haja direito aos frutos da coisa empenhada, as partes devem convencionar nesse sentido, isto é, deverão acordar a respectiva consignação de rendimentos, de modo a que o credor adquira o direito de receber os juros ou dividendos resultantes do título, o que permitirá que a dívida vá sendo gradualmente cumprida.

4.6. Caso especial do mútuo com penhor de valores mobiliários cotados

O art. 51.º do AUG refere a celebração de uma modalidade particular de contrato de mútuo garantido por penhor, que se traduz na possibilidade de os estabelecimentos bancários celebrarem contratos de mútuo contra a entrega de valores mobiliários cotados, cuja obrigação de restituição se vença no prazo de três meses[1016].

[1013] Neste sentido, cf. ADRIANO PAES DA SILVA VAZ SERRA, *Penhor*, ob. cit., pp. 28 e seguintes e p. 159.
[1014] Neste sentido, cf. ADRIANO PAES DA SILVA VAZ SERRA, *Penhor*, ob. cit., p. 159.
[1015] Neste sentido, cf. ADRIANO PAES DA SILVA VAZ SERRA, *Penhor*, ob. cit., p. 28.
[1016] Cf. também o texto proposto pelo Ajustamento entre o Direito interno e o AUG para o n.º 4 do novo artigo 685.º-B do CC.

Nestes contratos de mútuo, se o devedor mutuário não restituir a quantia mutuada dentro do prazo acordado, o estabelecimento bancário poderá fazer executar os referidos valores mobiliários na bolsa, no dia seguinte ao vencimento, sem ser preciso fazer quaisquer outras formalidades. Isto significa que aqui o credor pode executar ele mesmo a garantia, sem ter de recorrer ao tribunal, no momento da simples mora do devedor. A razão de ser desta permissão reside no facto de os valores mobiliários estarem cotados em bolsa, o que significa que o credor não se vai aproveitar do facto de ser ele a executar a garantia. Por conseguinte, o valor de venda dependerá da cotação em bolsa e não do estabelecimento bancário credor. Não há assim motivos para exigir a intervenção do tribunal.

Porém, naturalmente que se trata de um regime benéfico para os estabelecimentos bancários, que gozam de condições especiais a dois níveis. Num primeiro nível na medida em que, conforme referido, não precisam de recorrer às vias judiciais para executar os valores mobiliários, podendo fazê-los vender em bolsa pelo preço de mercado. E ainda num segundo nível porque lhes é permitida a execução dos valores mobiliários logo no dia seguinte ao vencimento da obrigação de restituição do mútuo, isto é, na simples mora do devedor.

4.7. Penhor de mercadorias

O art. 52.º do AUG dispõe acerca da possibilidade de constituição de um penhor do direito à entrega de mercadorias[1017]. Consiste no caso especial de penhor em que o dador de penhor entrega ao credor pignoratício não as mercadorias propriamente ditas, mas um documento representativo destas e que confere o direito de crédito à sua entrega.

No caso das mercadorias, é frequente que estas se encontrem nas mãos de terceiros, ou porque estão em circulação ou porque se encontram depositadas nalgum lugar, o que inviabiliza a sua entrega material. Aliás, como se verá adiante, este tipo de bens é mais propenso para a constituição de penhores sem desapossamento do que de penhores com entrega.

No caso de ser constituído o penhor com entrega, uma vez que não se pode entregar a mercadoria propriamente dita, o autor do penhor deve

---

[1017] Cf. também o texto proposto pelo Ajustamento entre o Direito interno e o AUG para o n.º 5 do novo artigo 685.º-B do CC.

entregar um documento de penhor, conhecimento de carga, conhecimento de embarque ou conhecimento de alfândega, quando as mercadorias se encontrem em transporte marítimo, o que implica uma entrega simbólica da coisa[1018].

4.8. Penhor de coisas incorpóreas e de propriedade intelectual

O art. 53.º do AUG, em matéria de penhor de coisas incorpóreas, faz uma remissão para a lei especial. Neste caso, é apenas conhecida a ratificação, por parte da Guiné-Bissau, da Convenção que institui a Organização Mundial da Propriedade Intelectual (OMPI), assinada a 14 de Julho de 1967 em Estocolmo[1019].

Em todo o caso, por força da 2.ª parte da disposição, a não ser que as partes estipulem coisa diferente, como não se pode entregar uma coisa incorpórea, na medida em que esta não tem corpo, o dador de penhor deve entregar um título que reconheça a existência do direito, o que implica, da parte deste, uma renúncia ao respectivo direito. No mesmo sentido dispõe o texto do n.º 6 do artigo 685.º-B, proposto em resultado dos trabalhos de Ajustamento entre o Direito interno e o AUG.

4.9. Execução do penhor de direitos

O n.º 2 do art. 56.º do AUG contém uma regra especial relativa à execução do penhor de direitos, nos termos da qual se faz a seguinte distinção:

1) Se o direito de crédito empenhado (entre o terceiro cedido e o autor do penhor) se vence antes do vencimento do crédito garantido (entre o autor do penhor e o credor pignoratício), o credor pignoratício tem direito a receber as quantias relativas ao capital e juros. Porém, esta regra é supletiva.
2) Se o crédito garantido se vence antes do crédito dado em penhor, o credor pignoratício tem que aguardar pelo vencimento da dívida.

[1018] Cf. Pedro Romano Martinez e Pedro Fuzeta da Ponte, *Garantias de cumprimento*, ob. cit., p. 180.

[1019] Resolução n.º 4/88, publicada no 2.º Suplemento ao Boletim Oficial n.º 11, de 16 de Março de 1988.

No mesmo sentido, veja-se o Acórdão do Tribunal de Dacar[1020], no âmbito do qual foi decidido que quando o crédito garantido se vença antes do crédito dado em penhor, a realização do penhor só pode ter lugar após o vencimento do crédito principal.

Neste caso, a solução deve-se ao facto de o credor pignoratício não poder forçar o terceiro cedido a cumprir antes do prazo, até porque, em regra, o prazo é estabelecido em benefício do devedor – cf. artigo 779.º do CC.

Estabelece-se ainda, a título supletivo, que o credor pignoratício tem direito a receber os juros devidos.

Em ambos os casos o credor pignoratício é tratado como mandatário quanto ao excesso do crédito recebido relativamente ao crédito que ele tem sobre o devedor, estando obrigado a entregar-lhe esse excesso nos termos da *alínea e)* do artigo 1161.º do CC. Neste sentido, o Ajustamento propõe também a modificação da redacção originária dos n.ºs 1 e 2 do artigo 685.º do CC, nos quais se determina, a título supletivo, que o credor pignoratício pode exigir a prestação ao devedor logo que a obrigação deste se vença, passando o penhor a incidir sobre essa prestação, e ficando o credor sujeito à responsabilidade do mandatário relativamente ao remanescente das quantias recebidas em relação ao autor do penhor.

Ainda segundo Joseph Issa-Sayegh[1021], o credor pignoratício é perspectivado como um mandatário do devedor para obter o pagamento do crédito cedido. Neste sentido, ele deve desenvolver todos os esforços exigíveis a um mandatário com vista à cobrança do crédito, podendo desde logo recorrer às medidas conservatórias que se imponham, quer contra o devedor cedido, quer contra o próprio devedor, autor do penhor, uma vez que este é solidariamente responsável com aquele pelo cumprimento da obrigação (cf. artigo 50.º, n.º 1, parágrafo 4, do AUG).

[1020] Disponível em www.ohada.com, com referência J-04-274.
[1021] Cf. JOSEPH ISSA-SAYEGH, *Le gage sur créances de sommes d'argent*, ob. cit., p. 8.

5. PENHOR SEM ENTREGA

5.1. Noção. Generalidades

O penhor é uma garantia que pode ser constituída com ou sem entrega da coisa empenhada (com ou sem desapossamento). No primeiro caso, há um contrato real *quoad constitucionem*, nos termos já analisados. No segundo, temos um penhor sem entrega, em que a coisa empenhada não é entregue ao credor.

Foi particularmente no Direito Comercial que começou a ser desenvolvido o instituto do penhor sem entrega ou sem desapossamento, por via do qual o credor adquire o direito a ser pago preferencialmente pelo produto da venda dos bens empenhados, só que estes bens não ficam à sua guarda, mas sim na detenção do autor do penhor.

A doutrina refere que se verifica no penhor sem entrega uma "desincorporação" do suporte material do penhor, na medida em que o penhor sem entrega consiste num mecanismo jurídico que confere ao credor uma preferência oponível a terceiros, mas à qual falta uma base real ou factual. Fala-se, então, numa espécie de ficção jurídica, pelo facto de o credor pignoratício não ter a detenção material da coisa empenhada[1022]. Por essa razão, o penhor sem entrega é mais utilizado nas relações comerciais do que nas relações civis, pois nas primeiras prevalecem os valores da celeridade e da confiança, o que pode explicar a especial atenção que o AUG dedicou a esta garantia.

No penhor sem entrega, o autor do penhor fica com a detenção da coisa empenhada, mas é um possuidor em nome alheio. Com efeito, o credor pignoratício não obtém a detenção material, mas do ponto de vista jurídico possui a coisa, daí que se possa afirmar que o autor do penhor, ainda que seja o proprietário dessa coisa, a possui em nome alheio[1023].

Há vantagens consideráveis na constituição do penhor sem entrega, designadamente para o credor pignoratício, uma vez que este não fica onerado com a guarda e a conservação da coisa. Por exemplo, no caso de o credor ser um estabelecimento bancário, este género de prerrogativas

---

[1022] Cf. PEDRO ROMANO MARTINEZ e PEDRO FUZETA DA PONTE, *Garantias de cumprimento*, ob. cit., p. 178.
[1023] Cf. PEDRO ROMANO MARTINEZ e PEDRO FUZETA DA PONTE, *Garantias de cumprimento*, ob. cit., p. 178.

impostas pelo penhor, como guardar e conservar a coisa empenhada, são actos que não se encontram abrangidos pelas actividades exercidas, o que pode originar uma série de dificuldades. Para o autor do penhor, a principal vantagem consiste no facto de poder continuar a utilizar a coisa, apesar de a ter dado em garantia. Em contrapartida, há também alguns inconvenientes, designadamente, o risco que o credor corre de o devedor sonegar o bem empenhado, ou de o vender sem o seu conhecimento.

5.2. O penhor sem entrega no AUG

O art. 63.º do AUG[1024] admite a constituição do penhor sem entrega sobre os seguintes bens:

1) Direitos sociais e valores mobiliários;
2) Estabelecimento comercial;
3) Equipamento profissional;
4) Veículos automóveis;
5) Estoques de matérias-primas e de mercadorias.

Estes bens também podem, naturalmente, ser objecto de penhor com entrega, o que significa que se encontra na disponibilidade das partes determinar se a garantia é com ou sem desapossamento por parte do dador de penhor. Diferentemente, em relação a outros bens móveis que não os indicados neste artigo, apenas se admite o penhor com entrega ou com desapossamento, nos termos já analisados, uma vez que esta enumeração é taxativa.

5.2.1. *Penhor sem entrega de direitos sociais e de valores mobiliários*

O penhor sem entrega de direitos sociais e de valores mobiliários consiste numa modalidade de penhor de direitos. Os direitos sociais são os direitos de que alguém é titular numa sociedade. Neste caso, as partes podem ter interesse em acordar um penhor com pacto de anticrese,

---

[1024] Cf. também o disposto na redacção do artigo 685.º-C do CC, proposto pelo Ajustamento entre o AUG e o Direito interno.

conferindo ao credor pignoratício o direito de receber os dividendos ou juros decorrentes dos direitos sociais empenhados, através dos quais vai sendo cumprida a dívida garantida. Apesar de o AUG ser omisso relativamente a esta possibilidade, as partes podem acordar, nos termos gerais, a consignação de rendimentos (cf. artigos 656.º e 660.º, n.º 2, do CC).

O art. 64.º do AUG[1025] determina que o objecto deste penhor podem ser os direitos sociais ou os valores mobiliários de sociedades comerciais, bem como os direitos transmissíveis de pessoas colectivas sujeitas a registo.

Este penhor pode ser contratual ou pode ser constituído por decisão do tribunal, caso em que é judicial. No AUG, o penhor sem entrega assume-se verdadeiramente como um contrato e não como um negócio jurídico unilateral. Não obstante, noutras ordens jurídicas tem-se admitido a constituição desta garantia por meio de negócio jurídico unilateral, tese esta que é rejeitada pelo AUG, que exige a sua celebração mediante duas declarações contrapostas e harmoniosas entre si.

Contrariamente ao penhor com desapossamento, em que a forma é livre (a menos que se trate de bem móvel registável), no caso do penhor sem entrega o AUG determina, no seu artigo 65.º[1026], a observância de uma forma legal, sob pena de nulidade. Assim, este penhor tem que ser celebrado por meio de documento autêntico ou particular, o qual carece de registo, a efectuar nos termos previstos pelos artigos 44.º e 45.º do Acto Uniforme Relativo ao Direito Comercial Geral. Esta exigência é, contudo, usual no penhor sem desapossamento, sendo comum à generalidade das legislações.

Entretanto, o referido documento autêntico ou particular deve conter algumas menções obrigatórias, sob pena de nulidade, nomeadamente:

1) Nomes, apelidos e domicílios do credor, do devedor e do autor do penhor (quando seja um terceiro);
2) Sede social e número de matrícula no Registo (comercial) da pessoa colectiva que emitiu os direitos sociais ou os valores mobiliários;
3) Montante dos títulos empenhados;
4) Montante da dívida garantida;

[1025] Cf. também o disposto na redacção do artigo 685.º-D do CC, proposto pelo Ajustamento entre o AUG e o Direito interno.

[1026] Cf. também o disposto na redacção do artigo 685.º-E do CC, proposto pelo Ajustamento entre o AUG e o Direito interno.

5) Condições de exigibilidade da dívida principal e juros;
6) Domicílio escolhido pelo credor.

Observando este elenco, salta à vista a enorme preocupação da OHADA com esta exaustão na especificação do penhor, em certa medida prejudicial para o direito dos negócios que se visa promover.

Quando o penhor sem entrega seja judicial, o art. 66.º[1027] remete para os artigos 136.º a 144.º do AUG, relativos à hipoteca judicial provisória. Nos termos destes artigos, o credor deve solicitar ao juiz competente autorização para fazer uma inscrição provisória do penhor sem entrega, podendo o juiz exigir a prestação de caução ao requerente. O art. 140.º estabelece ainda que a decisão judicial que ordena o penhor sem entrega provisório deve ser notificada ao devedor, pelo próprio credor.

O n.º 1 do art. 67.º do AUG estabelece que o penhor sem entrega só produz efeitos quando seja registado[1028]. O registo obedece aos requisitos dos artigos 44.º e 45.º do Acto Uniforme da OHADA Relativo ao Direito Comercial Geral. Cumpre notar que estes artigos impõem uma série de formalidades para a inscrição do penhor que não são muito adequadas à ideia de celeridade que preside, em regra, às relações de negócios. Com efeito, o primeiro parágrafo do artigo 44.º do AUDCG determina que, para o registo do penhor de acções ou de partes sociais de uma sociedade comercial, o interessado deve apresentar o pedido na Secretaria do tribunal em que a sociedade se encontra matriculada, entregando o título constitutivo do penhor e um impresso de inscrição (em quatro exemplares) com indicação dos nomes, apelidos, firma, capital social, domicílio ou sede social das partes, número de matrícula da sociedade cujas acções ou partes sociais foram objecto do penhor, natureza e data do ou dos actos entregues, montante em dívida à data da inscrição e, se for o caso, as condições de exigibilidade da dívida e o domicílio designado pelo credor pignoratício na circunscrição do tribunal competente para o Registo do Comércio e do Crédito Mobiliário. Trata-se de requisitos muito pormenorizados e que não facilitam a publicidade do penhor, podendo até prejudicar gravemente os interesses dos credores em especial e do crédito

---

[1027] Cf. também o disposto na redacção do artigo 685.º-F do CC, proposto pelo Ajustamento entre o AUG e o Direito interno.

[1028] Cf. também o disposto na redacção dos n.ºs 1 e 2 do artigo 685.º-G do CC, proposto pelo Ajustamento entre o AUG e o Direito interno.

em geral. Isto na medida em que, à luz do art. 67.º do AUG, o registo do penhor é constitutivo, isto é, enquanto a garantia não for inscrita, nem sequer produz efeitos entre as próprias partes. A agravar esta situação surge o facto de, no Ordenamento Jurídico Guineense, ainda não se encontrar em vigor o Registo do Comércio e do Crédito Mobiliário, que constitui o pressuposto fundamental para que esta categoria de penhor sem entrega possa ser registada. Isto significa que, na ausência das instâncias adequadas para fazer a inscrição, esta garantia não poderá ser constituída na Guiné--Bissau, o que coloca este País em clara desvantagem e desigualdade relativamente aos restantes Estados membros da OHADA.

Entretanto, nos termos da parte final do n.º 1 do art. 67.º do AUG, os direitos do credor pignoratício caducam ao fim de cinco anos após o registo[1029], embora se admita a renovação da inscrição, desde que a mesma tenha lugar antes de decorrido este período de tempo.

O n.º 2 do art. 67.º do AUG impõe a necessidade de notificar a sociedade comercial ou a pessoa colectiva que emite os direitos sociais ou os valores mobiliários da celebração do penhor sem entrega, quer ele seja contratual, quer seja judicial[1030].

Uma vez constituído e registado, o penhor sem entrega produz efeitos nos termos do art. 68.º do AUG[1031], conferindo ao credor um direito de sequela a exercer segundo o n.º 1 do art. 56.º e um direito de preferência no pagamento (cf. art. 149.º), por via do qual tem direito a ser pago em quinto lugar.

5.2.2. *Penhor sem entrega do estabelecimento comercial*

A categoria de penhor sem entrega mais importante consiste no penhor sem entrega de estabelecimento comercial. Este penhor incide sobre o estabelecimento enquanto universalidade, isto é, como *"unidade jurídica"*, abrangendo o direito de propriedade que o autor do penhor tem sobre o conjunto de bens que formam o estabelecimento comercial e que

---

[1029] Cf. também o disposto na redacção do n.º 3 do artigo 685.º-G do CC, proposto pelo Ajustamento entre o AUG e o Direito interno.

[1030] Cf. também o disposto na redacção do n.º 4 do artigo 685.º-G do CC, proposto pelo Ajustamento entre o AUG e o Direito interno.

[1031] Cf. também o disposto no artigo 685.º-H do CC, proposto pelo Ajustamento entre o AUG e o Direito interno.

se encontram organizados pelo comerciante para o exercício da sua actividade ou exploração comercial[1032].

Como o estabelecimento comercial é um bem, ele pode ser utilizado pelo seu proprietário com vista a obter crédito, sendo dado em garantia. Trata-se, nesta hipótese, de um penhor mercantil.

Tal como nos demais penhores sem entrega, o autor do penhor continua a possuir o estabelecimento comercial, só que é um possuidor em nome alheio, actuando como mero detentor e como fiel depositário[1033].

O art. 69.º do AUG estabelece o âmbito deste penhor[1034], determinando que ele abrange a clientela, o nome, o direito de arrendamento comercial e as licenças de exploração. Em relação aos três últimos elementos, eles apenas são abrangidos no caso de existirem, uma vez que não são elementos obrigatórios do estabelecimento comercial. Com efeito, o art. 104.º do AUDCG apenas requer como elementos obrigatórios de qualquer estabelecimento comercial a clientela e o nome, pelo que os demais elementos são meramente eventuais. A clientela é um elemento essencial, uma vez que sem ela o estabelecimento não sobrevive e é dela que resulta o nível de negócios. Por sua vez, o nome comercial é a identificação que individualiza o estabelecimento comercial perante o exterior. Já as licenças de exploração se encontram relacionadas com os bens incorpóreos, sendo certo que a detenção de uma licença destas pode igualmente ser dada em penhor.

Além destes, o penhor sem entrega do estabelecimento comercial pode abranger outros elementos incorpóreos, tal como exemplifica o n.º 2 do art. 69.º do AUG[1035], nomeadamente as patentes de invenção, que são títulos que conferem ao seu autor o direito de, em certas condições e por um período de tempo determinado, explorar uma invenção nova que implica uma actividade inventiva e susceptível de aplicação industrial[1036];

[1032] Cf. PEDRO ROMANO MARTINEZ e PEDRO FUZETA DA PONTE, *Garantias de cumprimento*, ob. cit., p. 179.

[1033] Cf. PEDRO ROMANO MARTINEZ e PEDRO FUZETA DA PONTE, *Garantias de cumprimento*, ob. cit., p. 179.

[1034] Cf. também o disposto no n.º 1 do artigo 685.º-I do CC, proposto pelo Ajustamento entre o AUG e o Direito interno.

[1035] Cf. também o disposto no n.º 2 do artigo 685.º-I do CC, proposto pelo Ajustamento entre o AUG e o Direito interno.

[1036] Cf. FRANÇOIS ANOUKAHA, JOSEPH ISSA-SAYEGH, AMINATA CISSE-NIANG, ISAAC YANKHOBA NDIAYE, MESSANVI FOLI e MOUSSA SAMB, *OHADA. Sûretés*, ob. cit., p. 106.

as marcas de fabrico e de comércio, que são marcas de comércio ou de serviços; os desenhos e modelos; quaisquer direitos de propriedade intelectual e ainda o equipamento do estabelecimento. Em relação à menção a quaisquer direitos de propriedade intelectual, esta alínea revela que a enumeração do AUG não é exaustiva[1037], podendo surgir outros elementos incorpóreos passíveis de constituir objecto do penhor. Segundo François Anoukaha e outros, integra-se nesta alínea a denominação de origem e outros direitos de propriedade literária e artística[1038].

De referir é também que o equipamento do estabelecimento comercial não é uma coisa incorpórea, tal como é referido no n.º 2 do artigo 69.º. Acresce que o equipamento do estabelecimento pode ser objecto de um penhor sem entrega autónomo, nos termos do art. 91.º do AUG, ou ser integrado nos elementos do penhor sem entrega de estabelecimento comercial.

Relativamente aos elementos referidos no n.º 2 do art. 69.º, para que o penhor os possa abranger é necessário uma cláusula especial acordada pelas partes e um averbamento especial no registo, que mencione o penhor destes bens (cf. segundo parágrafo do n.º 2 do artigo 69.º e art. 77.º do AUG), sob pena de não produzir efeitos perante terceiros.

Alargando-se o âmbito do penhor sem entrega aos elementos incorpóreos, devem ser cumpridas as regras eventualmente existentes relativas à publicidade da propriedade intelectual – cf. os artigos 77.º e 69.º, n.º 2, do AUG.

Entretanto, o n.º 3 do art. 69.º contém uma delimitação negativa do objecto do penhor, na medida em que esta garantia não pode abranger direitos reais imobiliários atribuídos ou reconhecidos por contratos sujeitos a inscrição no registo predial. A razão de ser desta exclusão prende-se com o facto de o estabelecimento comercial ser qualificado como um bem móvel, pelo que dele não podem fazer parte direitos sobre bens imóveis. Assim, são por exemplo excluídos o direito de propriedade ou de usufruto sobre o bem imóvel em que funciona o estabelecimento.

Convém notar que o AUG não inclui no objecto possível do penhor sem entrega do estabelecimento comercial as mercadorias. Estas são destinadas à venda, não havendo meio de obrigar o comerciante a não as

---

[1037] Cf. FRANÇOIS ANOUKAHA, JOSEPH ISSA-SAYEGH, AMINATA CISSE-NIANG, ISAAC YANKHOBA NDIAYE, MESSANVI FOLI e MOUSSA SAMB, *OHADA. Sûretés*, ob. cit., p. 107.
[1038] Cf. FRANÇOIS ANOUKAHA, JOSEPH ISSA-SAYEGH, AMINATA CISSE-NIANG, ISAAC YANKHOBA NDIAYE, MESSANVI FOLI e MOUSSA SAMB, *OHADA. Sûretés*, ob. cit., p. 107.

vender (isto é, a manter o seu estoque). Por outro lado, não faz sentido que os adquirentes das mercadorias comprem um bem onerado com o penhor.

François Anoukaha e outros defendem a insusceptibilidade de as mercadorias caberem no objecto do penhor[1039], invocando que o elenco de objectos possível deste penhor se retira da conjugação do n.º 1 e do n.º 2 do art. 69.º. Por outro lado, quando o AUG trata o penhor sem entrega dos estoques não determina, como faz no âmbito do penhor sem entrega do material, a possibilidade de estes estoques serem parte do penhor sem entrega do próprio estabelecimento comercial. Sendo assim, deve-se considerar que as mercadorias não são passíveis de constituir objecto de penhor enquanto elementos do estabelecimento comercial, sendo apenas objectos possíveis de um penhor sem entrega autónomo.

Tratando-se de penhor que incida tanto sobre o estabelecimento comercial como sobre as sucursais deste, o n.º 4 do art. 69.º[1040] determina que esse facto deve ser especificado no contrato de penhor, o qual deve conter a indicação da sede das sucursais empenhadas. Deste modo, não é preciso fazer um contrato de penhor para cada sucursal, podendo constituir-se apenas um penhor, mas nesse contrato têm que ser mencionadas as sucursais abrangidas, bem como a sua sede. Quando o penhor integra as sucursais de um estabelecimento comercial, a inscrição da garantia tem que ser feita tanto no registo da sede do estabelecimento, como no registo das sucursais empenhadas (cf. art. 78.º e art. 69.º, n.º 4, do AUG).

Em termos de forma e de formalidades de constituição, os requisitos são substancialmente idênticos aos referidos no penhor sem entrega de direitos sociais e valores mobiliários. Assim, o art. 70.º do AUG[1041] estabelece que este penhor deve ser celebrado mediante documento autêntico ou particular, sob pena de nulidade (cf. art. 220.º do CC), do qual devem obrigatoriamente constar certas menções. Esta exigência de forma comunga com o regime de Direito interno anteriormente vigente, pois, não havendo o desapossamento da coisa empenhada, torna-se necessário garantir a segurança jurídica através da exigência da forma documental.

[1039] Cf. FRANÇOIS ANOUKAHA, JOSEPH ISSA-SAYEGH, AMINATA CISSE-NIANG, ISAAC YANKHOBA NDIAYE, MESSANVI FOLI e MOUSSA SAMB, *OHADA. Sûretés*, ob. cit., p. 108.

[1040] Cf. também o disposto no n.º 5 do artigo 685.º-I do CC, proposto pelo Ajustamento entre o AUG e o Direito interno.

[1041] Cf. também o disposto no artigo 685.º-J do CC, proposto pelo Ajustamento entre o AUG e o Direito interno.

Para produzir efeitos o penhor carece de registo, que é efectuado nos termos dos artigos 46.º e 47.º do AUDCG[1042]. Relativamente ao registo, estes artigos exigem a entrega do título constitutivo (original) do penhor, bem como o preenchimento de quatro exemplares de um formulário de inscrição, contendo o nome e o apelido das partes, a denominação social do estabelecimento, a sua sede social, o número de matrícula da pessoa singular ou colectiva que explora o estabelecimento comercial, a descrição dos elementos do estabelecimento comercial, o montante da dívida no dia anterior ao da inscrição e o domicílio eleito pelas partes. É, também aqui, um elenco extenso e complexo, agravado pelo facto de ter de ser preenchido quatro vezes, o que dificulta o tráfego jurídico e decerto a preferência das partes pela constituição deste e de outros penhores sem entrega. Com efeito, resulta do AUDCG que as exigências de registo são idênticas para todos os penhores sem entrega, o que certamente prejudica a sua eficácia.

Tratando-se de penhor sem entrega judicial, o art. 71.º do AUG[1043] remete para o regime jurídico da hipoteca judicial provisória (artigos 136.º a 144.º), que devem ser aplicados com adaptações.

Qualquer modificação do objecto do penhor, como seja uma substituição de alguns bens empenhados por outros bens, carece sempre de registo, caso contrário não é eficaz perante terceiros – cf. artigo 80.º, n.º 1, do AUG[1044] – o qual deve ser feito através de averbamento ao registo do penhor sem entrega. O art. 80.º do AUG admite dois tipos de modificações no penhor: em primeiro lugar, a sub-rogação subjectiva (mudança do credor ou do devedor), e, em segundo, a cessão de credor com registo anterior a credor com registo posterior. As modificações convencionais, a sub-rogação legal no benefício da garantia e o endosso do acto constitutivo do penhor sem entrega à ordem devem obedecer à mesma regra de forma exigida para o penhor sem entrega (documento escrito, autêntico ou particular), nos termos do disposto no n.º 2 do artigo 80.º do AUG.

No caso de o estabelecimento comercial funcionar num imóvel arrendado, o art. 81.º impõe ao credor um outro acto. Após a inscrição

---

[1042] Cf. também o disposto no artigo 685.º-L do CC, proposto pelo Ajustamento entre o AUG e o Direito interno.

[1043] Cf. também o disposto no artigo 685.º-K do CC, proposto pelo Ajustamento entre o AUG e o Direito interno.

[1044] Cf. também o disposto no n.º 4 do artigo 685.º-L do CC, proposto pelo Ajustamento entre o AUG e o Direito interno.

do penhor, o credor deve notificar o senhorio do imóvel, sob pena de, não o fazendo, não poder invocar perante este os argumentos referidos no art. 87.º do AUG.

Ocorrendo o cancelamento do registo, o art. 82.º determina que este apenas produz efeitos perante terceiros se e quando for averbado ao registo do penhor sem entrega. Tratando-se de cancelamento convencional, é necessário depositar o documento autêntico ou particular assinado pelo credor pignoratício ou pelo seu cessionário regularmente sub-rogado, consentindo esse cancelamento. Este é exigido por razões de tutela do credor, daí que apenas seja necessária a sua assinatura e não também a assinatura do devedor. Tratando-se de cancelamento judicial, é decidido pelo tribunal, mas deve ainda ser inscrito no registo.

Os direitos do credor pignoratício apenas são válidos e eficazes pelo prazo de cinco anos a contar da inscrição no registo (e não a partir da celebração do contrato de penhor) – cf. artigo 83.º do AUG[1045]. Pode haver renovação, desde que esta seja feita antes do fim do prazo, caso contrário o penhor sem entrega caduca.

Entretanto, a venda do estabelecimento comercial, quer seja extrajudicial, quer seja litigiosa, só pode ser efectuada com a apresentação, por parte do vendedor ou do funcionário judicial, respectivamente, de uma certidão das inscrições respeitantes ao estabelecimento vendido. No entanto, convém notar que esta regra não tem qualquer sanção, pelo que se a venda for feita sem a exibição desta certidão pode haver apenas uma venda de bens onerados, à qual se aplicam os artigos 905.º e seguintes do CC, com vista à protecção do comprador de boa fé.

O penhor sem entrega de estabelecimento comercial confere ao credor pignoratício o direito de preferência (cf.art. 90.º do AUG e n.º 1 do artigo 685.º-L do CC, proposto pelo Ajustamento), sendo que a garantia assegura não apenas o capital como igualmente dois anos de juros. O credor pignoratício goza de preferência no pagamento, nos termos do artigo 149.º, tendo direito a ser pago em quinto lugar. Havendo mais do que um credor inscrito, a ordem de pagamento obedece à prioridade da inscrição no registo. É de notar que, havendo um penhor sem entrega de estabelecimento comercial e um penhor com entrega de algum dos elementos que o compõem, o credor pignoratício com desapossamento é pago antes, isto é, em quarto lugar.

[1045] Cf. também o disposto no n.º 6 do artigo 685.º-L do CC proposto pelo Ajustamento entre o AUG e o Direito interno.

Além disso, o penhor confere ao credor os direitos de sequela e de execução (cf. art. 89.º do AUG). Neste aspecto, faz-se uma remissão para o art. 56.º, pelo que os credores inscritos têm direito a intentar uma acção executiva e a requerer a penhora do estabelecimento comercial com vista a serem pagos preferencialmente pelo produto da venda deste. Além disso, têm ainda direito à adjudicação judicial do estabelecimento comercial e direito de sequela. François Anoukaha e outros salientam que o n.º 1 do art. 56.º pode também ser aplicável quando o estabelecimento comercial seja uma sociedade comercial cotada em bolsa[1046].

Relativamente à proibição do pacto comissório, importa salientar as especificidades inerentes ao penhor sem entrega. Neste caso, os riscos que se pretendem salvaguardar com a proibição do pacto comissório não são os mesmos que no penhor com entrega, na medida em que a coisa fica no poder do autor do penhor, que pode fazer uma avaliação exacta do seu valor. Por isso, François Anoukaha e outros sustentam uma interpretação restritiva da proibição, considerando que após a conclusão do penhor sem entrega o devedor pode validamente acordar com o credor que, em caso de incumprimento, este ficará com o estabelecimento comercial, sem ter de passar por um processo judicial. Estes autores admitem ainda que as partes convencionem no contrato de penhor que a venda do bem será feita extrajudicialmente com recurso a um profissional[1047]. Concordamos com este entendimento e julgamos ainda que ele deve ser aplicado às outras modalidades de penhor sem entrega previstas pelo AUG, por a sua justificação ser idêntica para todas.

Importa considerar ainda o disposto no art. 85.º do AUG[1048], que contém uma regra especial que derroga o Código Civil quanto à exigibilidade da prestação. Com efeito, determina que se após a constituição do direito de crédito de um credor comum for inscrito um penhor sem entrega da exploração do estabelecimento comercial ou a venda dos elementos deste estabelecimento, isso implica a imediata exigibilidade dos créditos dos credores comuns. Esta exigibilidade antecipada parece dever--se ao facto de estes serem credores comuns e de verem o seu crédito

---

[1046] Cf. François Anoukaha, Joseph Issa-Sayegh, Aminata Cisse-Niang, Isaac Yankhoba Ndiaye, Messanvi Foli e Moussa Samb, *OHADA. Sûretés*, ob. cit., p. 125.

[1047] Cf. François Anoukaha, Joseph Issa-Sayegh, Aminata Cisse-Niang, Isaac Yankhoba Ndiaye, Messanvi Foli e Moussa Samb, *OHADA. Sûretés*, ob. cit., p. 126.

[1048] Cf. também o disposto no n.º 4 do artigo 685.º-M do CC, proposto pelo Ajustamento entre o AUG e o Direito interno.

afectado pela constituição de uma garantia especial sobre o estabelecimento comercial pertencente ao seu devedor.

O penhor sem entrega atribui ao credor o direito de informação, o que significa que ele tem o direito a ser informado dos factos relevantes sobre o estabelecimento comercial, precisamente por não ter a detenção material do bem objecto da garantia. O direito de informação incide desde logo sobre a mudança do local de funcionamento do estabelecimento comercial (cf. art. 86.º[1049]), uma vez que o proprietário se encontra obrigado a comunicar a todos os credores inscritos, extrajudicialmente e com a antecedência mínima de quinze dias, a sua intenção de modificar o local onde funciona o estabelecimento comercial. Esta comunicação faz sentido porque o possuidor jurídico do estabelecimento comercial é o credor pignoratício, ou seja, o autor do penhor apenas possui em nome de outrem. Além disso, tratando-se de estabelecimento comercial, a mudança de local pode influir na clientela deste e prejudicar a garantia. O n.º 2 deste preceito consagra ainda a exigibilidade imediata da obrigação por parte dos credores inscritos, desde que se verifiquem os seguintes requisitos:

1) O credor não consente a mudança de local do estabelecimento;
2) Diminuição da garantia derivada da mudança;
3) Exigência no prazo de quinze dias após a notificação do devedor.

Neste caso, estamos perante credores que são titulares de garantias especiais, daí que sejam "credores inscritos", mas também em relação a estes se admite a exigibilidade antecipada dos seus créditos, uma vez que o AUG parte do princípio que, se o credor não autorizou a mudança de local do estabelecimento comercial, é porque esta mudança prejudica a sua garantia; então, mais vale poder exercer de imediato os seus direitos, do que sujeitar-se no futuro a não conseguir ressarcir o seu direito de crédito.

Em contrapartida, nos termos do n.º 3 do art. 86.º do AUG, se o credor inscrito consentir a mudança de local do estabelecimento comercial empenhado, mantém a sua garantia, mas, como se trata de garantia especial, tem que averbar o seu consentimento ao registo inicial. Porém, esta exigência acaba por ser mais um encargo para os credores, que têm o ónus de ir ao registo averbar o seu consentimento, sendo mais benéfico para

---

[1049] Cf. também o disposto no n.º 2 do artigo 685.º-M do CC, proposto pelo Ajustamento entre o AUG e o Direito interno.

eles não consentir a mudança de local e, nos termos do número anterior, exigir antecipadamente o cumprimento. Nota-se que o n.º 2 proposto pelo Ajustamento para o novo artigo 685.º-M do CC não refere esta necessidade de averbamento do consentimento para a eficácia da garantia. Não obstante, tal ónus imposto aos credores inscritos decorre da aplicabilidade directa do n.º 3 do art. 86.º do AUG.

O direito à informação por parte do credor abrange também o exercício do direito de resolução ou denúncia do contrato de arrendamento de bem imóvel onde funciona o estabelecimento comercial empenhado, nos termos do artigo 87.º do AUG, que impõe ao senhorio a obrigação de notificar extrajudicialmente os credores inscritos da decisão de extinção do contrato (cf. também o art. 136.º do AUDCG). Em relação ao Ajustamento, esta questão é tratada ainda no n.º 2 proposto para o art. 685.º--M do CC, mas não exactamente do mesmo modo que no AUG. Com efeito, este n.º 2 impõe o dever de informação ao titular do estabelecimento comercial, enquanto o AUG o estabelece como um encargo do próprio senhorio. Em bom rigor, é preferível a solução constante do Ajustamento, uma vez que o titular do estabelecimento é que é o autor do penhor, conhece os credores inscritos, fazendo todo o sentido que deva ser ele a informá-los da decisão de extinção unilateral do arrendamento do local onde o estabelecimento funciona por iniciativa por senhorio. Contudo, a solução que deriva claramente do art. 87.º do AUG não é neste sentido, antes se impondo, claramente, que é o senhorio que deve fazer esta informação. Aliás, mesmo o texto original, em francês, refere o dever de informação do *"bailleur"*.

Poderia argumentar-se, em contrapartida, que o senhorio não tem nenhuma relação com os credores inscritos, não sendo ele o seu devedor, pelo que seria uma situação deveras estranha a de exigir que informasse os credores da extinção do contrato de arrendamento que tem com o titular do estabelecimento. No entanto, a explicação para este regime reside no facto de também o credor pignoratício ter o ónus de notificar o senhorio do registo de inscrição do penhor sem entrega sobre o estabelecimento comercial que funciona no imóvel arrendado. Com efeito, nos termos do art. 81.º do AUG, *"Uma vez cumpridas as formalidades da inscrição, o credor inscrito deve notificar o senhorio do imóvel onde se encontra instalado o estabelecimento comercial, do registo de inscrição ou do registo de modificação da inscrição inicial. O não cumprimento desta formalidade obsta a que o credor pignoratício invoque em seu benefício o disposto no artigo 87.º."*. Assim sendo, não é demasiado oneroso exigir ao senhorio a prestação desta informação, uma vez que ele próprio já foi beneficiário da informação prestada pelo credor pignoratício relativamente à constituição do penhor sem entrega. Em contrapartida, se o credor não tiver cumprido este ónus, também o senhorio se pode escusar de o informar da extinção do arrendamento nos termos do artigo 87.º[1050]. Por último, é de notar que a ausência de transposição deste esquema de informação constante do AUG não obsta à sua aplicabilidade directa na Ordem Jurídica Guineense, de acordo com o artigo 10.º do TOHADA. Acresce que o facto de o n.º 2 do artigo 685.º-M do CC, proposto pelo Ajustamento, impor o dever de informação ao titular do estabelecimento, não anula o dever de informação que compete ao senhorio nos termos do artigo 87.º do AUG, apenas constitui um acréscimo em relação a este.

Entretanto, o § 2 do artigo 87.º do AUG contém uma importante limitação ao exercício do direito de resolução pelo senhorio, ao referir que a eficácia deste direito só se produz após o decurso de dois meses a contar da notificação feita aos credores inscritos. Esta norma demonstra que a prestação de informação por parte do senhorio ao credor constitui um verdadeiro ónus da sua parte, uma vez que se ele não o cumprir a extinção do contrato não poderá produzir efeitos. Tal eficácia apenas ocorrerá no prazo de dois meses a contar da notificação ao credor.

Em caso de venda do estabelecimento comercial, os credores inscritos titulares de um privilégio creditório ou de um penhor têm direito de opção, isto é, podem preferir na aquisição do referido estabelecimento nos termos do art. 131.º do AUDCG (cf. também o n.º 3 proposto pelo Ajustamento para o artigo 685.º-M do CC). Este direito deve ser exercido mediante a apresentação de uma proposta no valor de *"mais um sexto sobre o preço global do estabelecimento comercial que figure no contrato de venda"*, ainda que se trate de venda judicial (cf. o disposto no § 1 e no § 3 do artigo 131.º do AUDCG).

François Anoukaha e outros referem ainda outras possibilidades de informação não mencionadas no AUG, desde logo, a mudança de exploração. O AUG não refere em lado algum a obrigação de informação do credor no caso de o titular do estabelecimento alterar o modo da sua exploração. De acordo com estes autores, se a alteração consistir num aumento da exploração, em regra, nada haverá que informar, pois essa

---

[1050] Considerando, porém, que é perfeitamente justa esta obrigação de informação, cf. FRANÇOIS ANOUKAHA, JOSEPH ISSA-SAYEGH, AMINATA CISSE-NIANG, ISAAC YANKHOBA NDIAYE, MESSANVI FOLI e MOUSSA SAMB, *OHADA. Sûretés*, ob. cit., p. 129.

modificação só pode beneficiar o próprio credor, tendo em consideração a valorização do objecto do penhor[1051]. Diferentemente, se a alteração significar uma mudança total de actividade, propõem a obrigação de informar o credor, quanto mais não seja decorrente do Princípio da boa fé (cf. artigo 762.º do CC)[1052], na medida em que o credor tem interesse na salvaguarda da sua garantia, que se pode perder com uma mudança de actividade do estabelecimento comercial. Parece-nos que é de acolher o entendimento proposto, embora realçando que o dever de informação que onera o titular do estabelecimento decorre mais do Princípio da boa fé do que duma eventual aplicação analógica ou interpretação extensiva dos restantes deveres de informação impostos pelo AUG. Com efeito, este dever de informação existe em função da prévia celebração de um contrato entre o titular do estabelecimento e o credor, por via do qual o estabelecimento foi dado em garantia, donde se justifica plenamente o dever de informar o credor beneficiário de tudo o que seja relevante em termos de actividade do estabelecimento.

Outra situação lacunar no AUG reside na venda isolada dos bens móveis que constituem o estabelecimento comercial, uma vez que o artigo 84.º apenas refere a venda do próprio estabelecimento comercial, nada dizendo quanto à venda das coisas que o compõem. Neste sentido, François Anoukaha e outros[1053] sustentam que se está perante uma lacuna que urge preencher, pois o autor do penhor pode facilmente pôr em causa a utilidade desta garantia, retirando elementos ao estabelecimento comercial, que ficará a valer muito menos. Em qualquer caso, esse acto constituirá sempre, pelo menos, obrigação de indemnizar por responsabilidade civil.

Num dos seus acórdãos, o Tribunal de Apelação de Abidjan decidiu que, tendo o estabelecimento comercial objecto do penhor sem entrega cessado a sua actividade em definitivo, a garantia do credor deixava, nesse caso, de poder ser efectivada[1054]. Tratava-se do penhor sem entrega de um estabelecimento comercial constituído em 1995, o qual cessou a sua actividade em Dezembro de 1996. O credor havia, entretanto, solicitado

---

[1051] Cf. FRANÇOIS ANOUKAHA, JOSEPH ISSA-SAYEGH, AMINATA CISSE-NIANG, ISAAC YANKHOBA NDIAYE, MESSANVI FOLI e MOUSSA SAMB, *OHADA. Sûretés*, ob. cit., p. 130.

[1052] Cf. FRANÇOIS ANOUKAHA, JOSEPH ISSA-SAYEGH, AMINATA CISSE-NIANG, ISAAC YANKHOBA NDIAYE, MESSANVI FOLI e MOUSSA SAMB, *OHADA. Sûretés*, ob. cit., pp. 130 e 131.

[1053] Cf. FRANÇOIS ANOUKAHA, JOSEPH ISSA-SAYEGH, AMINATA CISSE-NIANG, ISAAC YANKHOBA NDIAYE, MESSANVI FOLI e MOUSSA SAMB, *OHADA. Sûretés*, ob. cit., p. 132.

[1054] Disponível em www.ohada.com, com a referência J-05-175.

a penhora de um outro estabelecimento comercial que foi instalado no mesmo local onde funcionava o primeiro, mas o Tribunal considerou que esta execução não podia prosseguir na medida em que não tinha ficado provado que tivesse ocorrido a cessão do anterior estabelecimento, até porque este cessara a sua actividade em 1996, enquanto o novo estabelecimento apenas iniciara a sua actividade em 2001. Não obstante, tanto o anterior como o novo estabelecimento comercial exerciam a mesma actividade de restauração.

Em forte crítica a este aresto, Joseph Issa-Sayegh qualificou-o como uma decisão extraordinária, pelo facto de não apelar à regulamentação da publicidade por meio do Registo do Comércio e do Crédito Mobiliário. Segundo o seu entendimento, o penhor sem entrega havia sido devidamente inscrito e o estabelecimento comercial em questão encontrava-se em nome do devedor. Pelo que, tendo este estabelecimento desaparecido, impunha--se o ónus de inscrever no registo esse facto, com vista a eliminar a pessoa do seu proprietário. Todavia, essa prova não fora feita na acção, pelo que poderia perfeitamente haver um acordo fraudulento entre o anterior e o novo explorador do estabelecimento, no sentido de uma cessão dissimulada deste. Segundo Joseph Issa-Sayegh, na falta desta prova, devia o Tribunal ter mantido a medida conservatória praticada pelo credor sobre o referido estabelecimento.

Como nota de apreciação final, cumpre dizer que o penhor sem entrega de estabelecimento comercial é, por força do AUG, uma garantia de difícil constituição, devido à sua burocratização e à dependência do registo. Com efeito, em termos de forma, não se critica a exigência de documento, pois tratando-se de penhor sem entrega a necessidade de prova das declarações negociais é maior. Contudo, a necessidade de inscrição e de cumprimento das formalidades impostas pelo artigo 46.º do AUDCG contribui para uma crescente burocratização da figura, em prejuízo do credor, que terá mais despesa e maior dificuldade para tornar o seu direito eficaz. Além disso, a regulamentação pormenorizada dos deveres impostos às partes, e mesmo a terceiros estranhos ao contrato de penhor, como é o caso do senhorio do imóvel onde o estabelecimento funciona, acabam por contrariar a natureza e o espírito das relações de negócios, que se querem simples e céleres.

5.2.3. Penhor sem entrega de equipamento profissional e de veículos automóveis

O material profissional pode pertencer ou não a um estabelecimento comercial. No caso de pertencer a um estabelecimento comercial, o equipamento pode fazer parte do penhor sem entrega do próprio estabelecimento, assim como pode também ser objecto de um penhor sem entrega autónomo, tal como vem expressamente admitido nos artigos 91.º e seguintes do AUG (cf. art. 91.º, § 2 e n.º 2 do artigo 685.º-N do CC, proposto pelo Ajustamento).

Do mesmo modo, os veículos automóveis também podem fazer parte do estabelecimento comercial. Não sendo esse o caso, o proprietário do veículo automóvel apenas o pode empenhar isoladamente.

Uma vez que o penhor sem entrega assume um carácter excepcional no AUG, apenas podendo incidir sobre determinados bens, convém esclarecer o conceito de veículo automóvel susceptível de ser dado em penhor sem entrega. O texto em francês refere precisamente os *"véhicles automobiles"*, portanto, apenas os veículos automóveis. Este conceito parece identificar-se com o constante do Decreto-Lei n.º 47.952, de 22 de Setembro de 1967[1055], concernente ao registo de automóveis, em contraposição com o conceito de "veículo de circulação terrestre", referido pelo n.º 1 do artigo 503.º do CC. Assim sendo, não é qualquer veículo de circulação terrestre que pode ser dado em penhor, mas apenas os veículos automóveis, que são, em princípio, motorizados, apesar de o AUG o não referir expressamente. O n.º 1 do artigo 2.º do mencionado Decreto-Lei n.º 47.952 determina que: *"Para efeitos de registo são considerados veículos automóveis apenas os veículos como tais definidos pelo Código da Estrada, que tenham matrícula atribuída pelas direcções de viação, exceptuados os ciclomotores."*. Esta noção parece confluir com a do AUG, até porque também aqui se exige que o veículo automóvel tenha uma matrícula administrativa (cf. o disposto no artigo 93.º do AUG).

Por sua vez, no conceito de material profissional integra-se uma multiplicidade de coisas, podendo ser todo e qualquer objecto que uma pessoa utilize para o exercício da sua profissão. Por exemplo, o material médico de um consultório, as máquinas industriais de uma fábrica, o equipamento de um estabelecimento comercial ou artesanal, etc. Tanto

---

[1055] Publicado no Diário do Governo, I Série, n.º 222, de 22 de Setembro de 1967.

pode tratar-se de material novo como usado, desde que seja utilizado pelo autor do penhor para o exercício da sua profissão.

Além disso, nos termos do art. 91.º do AUG (cf. também o n.º 1 do artigo 685.º-N do CC, proposto pelo Ajustamento), este penhor sem entrega pode destinar-se a garantir o pagamento do preço num contrato de compra e venda (o AUG refere expressamente o "comprador" e o "vendedor"), bem como pode ser constituído a favor de alguém que tenha garantido as obrigações do comprador perante o vendedor ou de qualquer pessoa que haja mutuado a quantia necessária à aquisição. François Anoukaha e outros sugerem a garantia da concessão de crédito por um fornecedor[1056]. Porém, o art. 91.º refere expressamente que o penhor sem entrega de equipamento profissional pode servir para garantir:

1) O pagamento do preço do equipamento profissional;
2) O direito de reembolso de um terceiro que, por sua vez, tenha garantido, pessoalmente ou não, a dívida de pagamento do preço;
3) Qualquer pessoa que tenha mutuado ao comprador a quantia necessária à aquisição do equipamento.

No caso de o crédito garantido se encontrar representado por títulos negociáveis, se este título for endossado a outrem, transmite-se, com o endosso, a garantia pignoratícia, isto é, o penhor sem entrega de equipamento profissional (cf. art. 92.º do AUG e n.º 4 do artigo 685.º-M do CC, proposto pelo Ajustamento). Coloca-se apenas como condição que no acto constitutivo do penhor se refira a existência do título negociável, bem como o registo.

Porém, o registo desta garantia não é actualmente praticável na Guiné-Bissau, na medida em que o equipamento profissional não é um bem registável. Tal registo apenas será viável com alterações legislativas no sentido de instituir o Registo do Comércio e do Crédito Mobiliário.

Também os veículos automóveis podem ser dados em penhor sem entrega ao vendedor, ao terceiro garante e ao mutuante, ao abrigo do art. 93.º do AUG, nos mesmos termos que o equipamento profissional. Contudo, apenas se admite o penhor de veículos automóveis que se encontrem sujeitos a uma declaração de entrada em circulação e a uma matrícula administrativa. Estas exigências têm a sua razão de ser, porque se pretende abranger somente os veículos automóveis que são utilizados para circular

---

[1056] Cf. FRANÇOIS ANOUKAHA, JOSEPH ISSA-SAYEGH, AMINATA CISSE-NIANG, ISAAC YANKHOBA NDIAYE, MESSANVI FOLI e MOUSSA SAMB, *OHADA. Sûretés*, ob. cit., p. 134.

na via pública e que se encontram devidamente autorizados a essa circulação. Nesta medida, ficam excluídas as viaturas eléctricas destinadas à circulação interna numa empresa ou noutro local reservado. Por exemplo, é o caso das máquinas de colocar paletes, que são veículos mas não estão autorizados a circular na via pública. Também estão excluídos os veículos utilizados em locais de diversão, como o karting. Estes veículos poderão, no entanto, ser empenhados, no caso de serem elementos de um estabelecimento comercial, no âmbito do penhor sem entrega desse estabelecimento, mas não podem, em caso algum, ser objecto de um penhor sem entrega autónomo.

A forma de constituição deste penhor consiste no documento autêntico ou particular, com as menções referidas no art. 94.º, sob pena de nulidade (cf. também o artigo 685.º-O do CC, proposto pelo Ajustamento). Também aqui se trata de menções demasiado exaustivas e que dificultam o comércio jurídico, bem como a concessão de crédito.

A eficácia do penhor depende do registo, nos termos do art. 95.º do AUG, quer se trate de equipamento profissional, quer de veículos automóveis (cf. também o artigo 685.º-O do CC, proposto pelo Ajustamento). Esta disposição deve ser conjugada com o art. 51.º do AUDCG, nos termos do qual o credor pignoratício deve apresentar ao escrivão da jurisdição competente o título original constitutivo do penhor sem entrega e quatro exemplares de um formulário de inscrição com as seguintes menções: nomes e apelidos, denominação social, domicílio e sede social das partes; natureza e prazo dos actos depositados; descrição dos bens objecto do penhor sem entrega e a menção sobre se esses bens são susceptíveis de ser deslocados; montante das somas devidas no dia que precede a inscrição e, sendo caso disso, as condições de exigibilidade da dívida; a eleição do domicílio do credor pignoratício na jurisdição do registo.

O Tribunal de Dacar já decidiu, num dos seus acórdãos[1057], que, de acordo com o artigo 95.º do AUG, o penhor sem entrega do material profissional e dos veículos automóveis só produz efeitos depois de se encontrar inscrito no RCCM, pelo que, na falta desta formalidade, deve ser rejeitado o pedido de execução daquele penhor, podendo apenas condenar-se o devedor a pagar as somas reclamadas. Em anotação, Joseph Issa--Sayegh referiu que o tribunal não tinha analisado a questão de saber se o artigo 95.º do AUG colocava a inscrição no RCCM como uma condição de validade do penhor entre as partes ou se simplesmente se tratava de condição

---

[1057] Disponível em www.ohada.com, com a referência J-04-276.

de oponibilidade aos terceiros, tendo referido que *"Nous pencherions pour la validité du nantissement non inscrit entre les tiers à condition qu'il contienne les mentions imposées par l'article 94 AUS et qu'aucun autre créancier, chirographaire ou titulaire d'une sûreté réelle sur la bien nanti, ne fasse valoir ses droits à concourir sur le prix."*.

No que respeita aos veículos automóveis, aplica-se o art. 52.º do AUDCG, que contém exigências idênticas às do art. 51.º, ora mencionado. Além disso, é necessário averbar no documento administrativo e na matrícula a referência ao penhor sem entrega – cf. artigo 96.º, § 2, do AUG. Em ambos os casos, o credor conserva os seus direitos durante cinco anos a contar da inscrição, embora se admita a renovação da garantia (cf. artigo 95.º do AUG).

O art. 96.º prevê uma extensão de regime jurídico, considerando que a este penhor são aplicáveis os artigos 79.º, 80.º, 82.º e 84.º do AUG. O art. 79.º é relativo à responsabilidade do escrivão na realização do registo, enquanto o art. 80.º respeita à alteração por sub-rogação ou por via da cessão de anterioridade do registo. O art. 82.º é referente ao cancelamento do registo, e, por fim, o art. 84.º regula a venda do equipamento profissional ou dos veículos automóveis, pois tais vendas só podem ser feitas mediante a apresentação da certidão das inscrições respeitantes aos mesmos.

Entretanto, o art. 97.º do AUG contém uma limitação à liberdade de celebração do devedor, em atenção à existência do penhor sem entrega do equipamento profissional. O devedor só pode vender o equipamento se tiver o consentimento do credor, o que parece um pouco excessivo, pois essa venda não prejudica a garantia representada pelo penhor, que continua a onerar a coisa. Se o credor recusar a autorização, pode o devedor obter a autorização judicial em sua substituição. Nos termos do 2.º parágrafo deste artigo, a venda do equipamento profissional sem autorização implica a exigibilidade imediata da obrigação por parte do credor pignoratício[1058].

Muito embora o AUG apenas determine este regime para o caso de venda do equipamento profissional, parece de acompanhar o entendimento de François Anoukaha e outros, considerando que nesta hipótese deve ser feita uma interpretação extensiva, abrangendo igualmente os veículos automóveis[1059]. Assim, igualmente para a venda destes o autor do penhor

---

[1058] Cf. também o disposto nos n.ºˢ 1 e 2 do artigo 685.º-Q do CC, proposto pelo Ajustamento entre o AUG e o Direito interno.

[1059] Cf. FRANÇOIS ANOUKAHA, JOSEPH ISSA-SAYEGH, AMINATA CISSE-NIANG, ISAAC YANKHOBA NDIAYE, MESSANVI FOLI e MOUSSA SAMB, *OHADA. Sûretés*, ob. cit., p. 136.

carece do consentimento do credor, que é suprível judicialmente, tornando-se a dívida imediatamente exigível no caso de o automóvel ser vendido sem este consentimento.

No caso de o devedor não cumprir a dívida garantida, o AUG remete para o Acto Uniforme sobre a recuperação judicial de empresas ou a liquidação de bens, mas somente quando este último seja aplicável (cf. artigo 97.º, § 2, do AUG e n.º 3 do artigo 685.º-Q do CC, proposto pelo Ajustamento). Esta determinação visa reprimir o comportamento dos devedores, que podem dissipar a coisa ou querer vendê-la a terceiro, o qual depois pretenderá ver tutelada a sua boa fé. Além disso, nos termos do § 3 do artigo 97.º, são ilegítimos e ineficazes em relação ao credor os seguintes actos[1060]:

1) Actos praticados pelo devedor após a declaração de falência pessoal;
2) Crime de abuso de confiança relativamente aos bens empenhados, ao qual é aplicável o disposto no Código Penal;
3) Utilização de alguma manobra fraudulenta pelo devedor ou por qualquer pessoa com vista a privar ou a diminuir os direitos do credor pignoratício.

Os efeitos do penhor sem entrega do equipamento profissional e dos veículos automóveis encontram-se previstos pelos artigos 98.º e 99.º do AUG[1061]. O credor adquire direito de sequela e de execução, pelo que, ocorrendo o incumprimento da obrigação garantida, ele tem a faculdade de execução da coisa empenhada. O AUG refere o não cumprimento no momento do vencimento, pois só nesse momento faz sentido accionar a garantia. Ocorrendo o incumprimento, o credor exerce o seu direito de executar a coisa e de se pagar preferencialmente pelo produto da venda judicial desta. A coisa dada em penhor garante não apenas o capital em dívida, como ainda dois anos de juros (cf. artigo 90.º do AUG e n.º 1 do artigo 685.º-P do CC, proposto pelo Ajustamento).

O credor goza de preferência no pagamento, que opera nos termos do artigo 149.º do AUG (cf. também o artigo 761.º do CC, proposto pelo Ajustamento), por via do qual tem direito a ser pago em quinto lugar.

[1060] Cf. também o disposto no n.º 4 do artigo 685.º-Q do CC, proposto pelo Ajustamento entre o AUG e o Direito interno.

[1061] Cf. também o disposto no artigo 685.º-P do CC, proposto pelo Ajustamento entre o AUG e o Direito interno.

5.2.4. Penhor sem entrega de estoques

Em último lugar, o AUG consagra a possibilidade de ser constituído um penhor sem entrega sobre os estoques. A palavra "estoques" é um brasileirismo que decorre do inglês "stocks" e que foi oficialmente adoptada na tradução do AUG para a língua portuguesa. O penhor sem entrega de estoques visa essencialmente o penhor de coisas fungíveis[1062], sendo certo que o autor do penhor deve ser o proprietário dos estoques empenhados.

Nos termos do art. 100.º do AUG (cf. também o artigo 685.º-R do CC, proposto pelo Ajustamento), o objecto deste penhor de estoques é constituído pelas seguintes categorias de coisas:

1) Matérias-primas;
2) Produtos de exploração agrícola ou industrial, onde se integram, por exemplo, colheitas (arroz, caju, etc.), produtos manufacturados ou fabricados, etc.;
3) Mercadorias destinadas à venda, que tanto podem ter sido compradas ao produtor como a um retalhista ou fornecedor, tendo em vista a sua revenda[1063], desde que se trate, em qualquer caso, de coisas fungíveis[1064].

O penhor sem entrega de estoques consubstancia uma garantia de valor, na medida em que incide sobre um conjunto de bens fungíveis, que são bens homogéneos entre si, o que significa que o credor pignoratício não exerce o seu direito de preferência exactamente sobre os bens empenhados, mas antes sobre outros bens, que são sub-rogados aos bens empenhados[1065]. No entanto, tal como salientam François Anoukaha e outros, muito embora este entendimento seja favorável ao credor pignoratício, a verdade é que esta situação pode surpreender os restantes credores comuns do autor do penhor[1066].

[1062] Cf. François Anoukaha, Joseph Issa-Sayegh, Aminata Cisse-Niang, Isaac Yankhoba Ndiaye, Messanvi Foli e Moussa Samb, *OHADA. Sûretés*, ob. cit., p. 147.

[1063] Cf. François Anoukaha, Joseph Issa-Sayegh, Aminata Cisse-Niang, Isaac Yankhoba Ndiaye, Messanvi Foli e Moussa Samb, *OHADA. Sûretés*, ob. cit., p. 148.

[1064] Cf. François Anoukaha, Joseph Issa-Sayegh, Aminata Cisse-Niang, Isaac Yankhoba Ndiaye, Messanvi Foli e Moussa Samb, *OHADA. Sûretés*, ob. cit., p. 148.

[1065] Cf. François Anoukaha, Joseph Issa-Sayegh, Aminata Cisse-Niang, Isaac Yankhoba Ndiaye, Messanvi Foli e Moussa Samb, *OHADA. Sûretés*, ob. cit., p. 148.

[1066] Cf. François Anoukaha, Joseph Issa-Sayegh, Aminata Cisse-Niang, Isaac Yankhoba Ndiaye, Messanvi Foli e Moussa Samb, *OHADA. Sûretés*, ob. cit., p. 148.

Nos termos do art. 101.º do AUG, a forma de constituição do penhor é, novamente, o documento autêntico ou particular, com as menções referidas nesta disposição, sob pena de nulidade (cf. também o disposto no n.º 1 do artigo 685.º-S do CC, proposto pelo Ajustamento).

No que concerne à eficácia, também aqui o AUG exige o registo no artigo 102.º (cf. também o disposto no n.º 2 do artigo 685.º-S do CC, proposto pelo Ajustamento). São aplicáveis os artigos 54.º e 55.º do AUDCG, que fazem as mesmas exigências que as analisadas para a constituição dos restantes penhores sem entrega.

Os direitos do credor, quando tenha sido efectuado o registo, valem durante um ano a contar da inscrição, embora se admita a renovação – cf. o disposto no 2.º parágrafo do artigo 102.º do AUG e o n.º 3 do artigo 685.º-S do CC, proposto pelo Ajustamento.

Em sentido análogo ao previsto nos restantes penhores sem entrega, o terceiro parágrafo do artigo 102.º remete para os artigos 79.º, 80.º, 82.º e 84.º do AUG, relativos, respectivamente, à responsabilidade do escrivão, à alteração por sub-rogação ou por via da cessão de anterioridade do registo, ao cancelamento do registo e à venda da coisa dada em penhor, a qual só pode ser efectuada mediante apresentação da certidão das inscrições respeitantes ao penhor.

Após fazer a inscrição do penhor sem entrega de estoques, o devedor deve entregar ao credor o título do penhor, sendo certo que deste devem constar as indicações mencionadas no artigo 103.º do AUG de modo legível[1067]. São as seguintes as menções exigidas:

1) Indicação da expressão "Penhor sem entrega de estoques";
2) Data da entrega, que é a data de inscrição no registo;
3) Número de inscrição no registo cronológico;
4) Assinatura do devedor.

O título de penhor é emitido por um banco, conforme decorre do ponto 6.º do artigo 101.º do AUG. O autor do penhor entrega ao credor o título de penhor através de endosso assinado e datado (cf. § 2 do artigo 103.º do AUG e n.º 2 do artigo 685.º-T do CC, proposto pelo Ajustamento), pelo que este título funciona como se fosse uma letra, sendo susceptível de endosso e de aval. Por conseguinte, o título de penhor é um título de crédito que circula no tráfego jurídico.

[1067] Cf. também o disposto no n.º 1 do artigo 685.º-T do CC, proposto pelo Ajustamento entre o AUG e o Direito interno.

O título vale por três anos a contar da emissão, mas pode ser renovado mediante uma convenção de prorrogação das partes (cf. § 4 do artigo 103.º do AUG). Conciliando esta disposição com o § 2 do artigo 102.º, isso significa que, como o registo só vale por um ano, tem que se renovar o registo duas vezes para atingir o mesmo período de tempo pelo qual o título de penhor é válido.

Vejamos agora a posição jurídica das partes no penhor sem entrega, começando pelas obrigações impostas ao autor do penhor.

Por efeito da constituição do penhor, o autor do penhor fica obrigado a guardar e a cuidar dos estoques, sendo responsável perante o credor pignoratício nos termos do § 1 artigo 104.º do AUG (cf. também o n.º 1 do artigo 685.º-V do CC, proposto pelo Ajustamento). O § 2 do mesmo artigo impõe ainda ao autor do penhor a obrigação de não diminuir o valor dos estoques empenhados (cf. também o n.º 2 do artigo 685.º-V do CC, proposto pelo Ajustamento). Trata-se de uma obrigação de conteúdo negativo, estando vedado ao autor do penhor todo e qualquer acto susceptível de reduzir o valor das mercadorias empenhadas, o que poderia redundar na dificuldade da sua venda. Assim, em caso de deterioração ou destruição, por qualquer motivo, dos estoques, compete ao autor do penhor fazer a reconstituição dos estoques. Caso não consiga fazer esta reconstituição, a consequência reside na exigibilidade imediata da dívida garantida.

Além disso, o autor de penhor tem a obrigação de informação do credor, devendo ter permanentemente disponível uma relação dos estoques empenhados e a contabilidade respeitante a todas as operações relacionadas com estes estoques (cf. o disposto no § 3 do artigo 104.º do AUG e o n.º 3 do artigo 645.º-V do CC, proposto pelo Ajustamento). A razão de ser desta obrigação reside no direito atribuído ao credor pignoratício e ao banqueiro de averiguar o estado dos estoques.

Finalmente, o autor do penhor encontra-se obrigado a segurar os estoques, conforme resulta do disposto no ponto 3.º do art. 101.º e no art. 104.º do AUG (cf. também a *alínea c)* do n.º 1 do artigo 685.º-S do CC, proposto pelo Ajustamento). O credor tem o direito de ser pago pela indemnização do seguro e uma das menções obrigatórias no documento que constitui o penhor é, precisamente, a existência do seguro, donde se retira a necessidade de o autor do penhor providenciar pela sua constituição. O seguro deve cobrir os riscos de incêndio e de destruição dos estoques, bem como indicar o próprio imóvel onde estes se encontram armazenados.

Em termos de situações jurídicas activas, o autor do penhor é titular do direito de vender os estoques. De facto, os estoques são coisas fungíveis, cujo destino é serem vendidas. No entanto, o § 4 do artigo 104.º do AUG, e, bem assim, o n.º 4 do artigo 685.º-V do CC, proposto pelo Ajustamento, determina que o autor do penhor só pode entregar os estoques ao comprador depois de consignar o preço obtido no banco domiciliário, que é o banco emitente do título de penhor. Não sendo feita a consignação, é conferido ao credor o direito de imediatamente executar o título de penhor (cf. art. 105.º do AUG), mas, para esse efeito, é preciso que este seja um título executivo, tal como resulta do disposto no AUOPSCE.

Relativamente à posição jurídica do credor pignoratício, a constituição desta garantia confere-lhe o direito a executar o título de penhor, de acordo com o § 1 do artigo 105.º do AUG (cf. também o disposto no artigo 685.º-U do CC, proposto pelo Ajustamento). Neste caso é ainda aplicável o artigo 56.º do AUG (no caso do Ajustamento, a remissão é para o artigo 675.º do CC), que impõe ao credor o dever de execução judicial da coisa empenhada.

O credor goza ainda de direito de preferência no pagamento, tendo direito a ser pago em quinto lugar pelo valor de venda dos estoques (cf. artigo 149.º do AUG e alínea *e*) do artigo 761.º do CC, proposto pelo Ajustamento).

5.2.5. *Nota final acerca do penhor sem entrega*

Coloca-se a questão de saber se o autor do penhor tem ou não a faculdade de alienação da coisa dada em penhor durante a vigência da garantia. Esta questão tem algum interesse se tivermos em consideração o regime especial de Direito interno anteriormente vigente relativamente ao penhor constituído em garantia de créditos de estabelecimentos bancários, o qual era regulado pelo Decreto-Lei n.º 29.833, de 17 de Agosto de 1939[1068-1069]. Com efeito, este diploma estabelecia que o dono do objecto empenhado era tido como possuidor em nome alheio, sendo-lhe aplicáveis as penas de furto no caso de alienar, modificar, destruir ou desencaminhar o objecto do penhor sem autorização escrita do credor. Este diploma considera-se actualmente revogado, por força da entrada em vigor do AUG, conforme resulta também expressamente dos trabalhos de Ajustamento.

[1068] Publicado no Boletim Oficial n.º 37 de 1941.
[1069] Este diploma foi declarado extensivo pela P.M. n.º 9.811, de 7 de Junho de 1941, publicada no Boletim Oficial n.º 37 de 1941.

Entretanto, o AUG não contém nenhuma disposição genérica acerca da faculdade de alienação da coisa objecto do penhor sem entrega por parte do autor do penhor. Em casos isolados, porém, a alienação é proibida ou limitada. É o que sucede no art. 84.º do AUG, que determina que não se podem efectuar vendas não litigiosas do estabelecimento comercial sem a apresentação, pelo vendedor ou pelo funcionário judicial encarregue da venda, de uma certidão das inscrições respeitantes ao estabelecimento. Por seu turno, também o § 1 do artigo 97.º determina que o devedor não pode vender a totalidade ou parte do equipamento profissional empenhado sem o consentimento prévio do credor ou do tribunal. Nesta matéria, o artigo 104.º é a única disposição relativa ao penhor sem entrega em que se determina, no § 4, que o devedor conserva o direito de venda dos estoques empenhados. Ora, observando o restante regime jurídico do penhor, parece de concluir que a regra estabelecida para o penhor sem entrega de estoques é excepcional, pelo que, por meio de um argumento *a contrarium sensu*, podemos concluir que nos restantes casos de penhor sem entrega não existirá, da parte do autor do penhor, a faculdade de livre alienação da coisa.

6. PRIVILÉGIOS CREDITÓRIOS

6.1. Noção. Generalidades

Os privilégios creditórios são garantias conferidas pela lei a certos credores tendo em consideração a específica causa dos seus créditos. Não dependem, por isso, de estipulação contratual das partes, sendo garantias que se encontram absolutamente subtraídas à autonomia privada uma vez que apenas podem ser criadas por lei[1070]. A razão de ser da criação legal de privilégios creditórios assenta na causa dos créditos, isto é, tem em vista privilegiar certos credores em virtude da específica origem dos seus créditos.

[1070] Cf. MIGUEL LUCAS PIRES, *Dos privilégios creditórios e sua influência no concurso de credores*, Coimbra, Almedina, 2004, p. 31.

Os privilégios creditórios atribuem aos credores uma garantia preferencial independente de registo[1071], daí que alguns autores os chamem de garantias ocultas ou escondidas[1072].

Na redacção originária do Código Civil, os privilégios creditórios encontravam-se previstos nos artigos 733.º e seguintes, onde eram admitidos os privilégios creditórios mobiliários, isto é, sobre bens móveis, e os privilégios creditórios imobiliários, que incidiam sobre bens imóveis. Outra classificação acolhida era a que distinguia entre privilégios creditórios gerais, que incidiam sobre o valor de todas as coisas, móveis ou imóveis, existentes no património do devedor à data da penhora ou de outro acto equivalente, e privilégios creditórios especiais, que incidiam apenas sobre o valor de um determinado bem, móvel ou imóvel, do património do devedor.

No sistema instituído pelo Código Civil os privilégios creditórios sobre bens imóveis só podiam ser especiais e não gerais (cf. n.º 3 do art. 735.º). Tal regime era justificado por uma razão de segurança jurídica do devedor e dos seus credores, por se entender que era necessário salvaguardar o património imobiliário do devedor da existência de privilégios gerais, cuja incidência era bastante mais gravosa no caso dos bens imóveis do que no caso dos bens móveis.

O privilégio creditório especial consubstancia uma verdadeira garantia real, dotada de sequela e de inerência, precisamente porque incide sobre um bem certo e determinado. Porém, esta preferência é apenas efectivada com a penhora do bem sobre o qual incide o privilégio, isto é, no âmbito de uma acção executiva[1073]. Diversamente, o privilégio creditório geral não constitui, em bom rigor, um direito real de garantia, precisamente por lhe faltar a definição do objecto. Com efeito, o privilégio geral abrange todas as coisas, móveis ou imóveis, existentes no património do devedor à data da penhora, o que significa que o seu âmbito concreto varia em função dos bens pertencentes ao devedor em cada momento, não se podendo por isso falar em garantia real, mas apenas em preferência de pagamento.

[1071] Cf. PEDRO ROMANO MARTINEZ e PEDRO FUZETA DA PONTE, Garantias de cumprimento, ob. cit., p. 207.

[1072] Cf. MIGUEL LUCAS PIRES, Dos privilégios creditórios..., ob. cit., p. 28. Segundo este autor, foi a incerteza que os privilégios creditórios representavam para a segurança do comércio jurídico que levou à restrição do elenco de privilégios consagrado no Código Civil.

[1073] Cf. PEDRO ROMANO MARTINEZ e PEDRO FUZETA DA PONTE, Garantias de cumprimento, ob. cit., p. 210.

O privilégio creditório é uma garantia acessória do crédito garantido, tal como sucede na grande maioria das garantias[1074]. Segundo Miguel Lucas Pires, *"a circunstância de o fundamento do privilégio residir na qualidade do crédito cujo cumprimento visa assegurar, realça ainda mais aquela relação de dependência ou acessoriedade."* [1075].

Por fim, cumpre assinalar a natureza absolutamente excepcional do privilégio creditório, por a sua existência configurar uma derrogação ao princípio da igualdade dos credores[1076]. Nessa medida, as normas atributivas de privilégios creditórios não podem ser objecto de aplicação analógica (cf. artigo 11.º do CC), devendo a sua interpretação extensiva ser particularmente cautelosa.

6.2. Os privilégios creditórios no AUG

A secção II do AUG tem como título "Privilégios creditórios especiais", sendo certo que o art. 39.º os considera como garantias exclusivamente mobiliárias. O facto de não se falar em privilégios imobiliários deve-se, aparentemente, à evolução do sistema jurídico dos países de raiz francófona, na medida em que embora esta figura existisse no Direito Colonial, após a Independência diversas leis avulsas transformaram os privilégios imobiliários especiais em hipotecas coercivas[1077]. Contudo, o art. 39.º carece de conjugação com o art. 148.º, já que em sede de distribuição do produto da venda de bens imóveis este último preceito admite a existência de privilégios imobiliários.

Embora o AUG não o refira expressamente, os privilégios nascem no exacto momento em que se constitui o crédito garantido[1078], embora apenas sejam efectivados aquando da penhora ou de outro acto equivalente sobre os bens do devedor. Com efeito, esta é uma garantia peculiar porque apenas é efectivada no momento da penhora. Por isso, poderia suscitar-se a questão de saber o que acontece no caso de o devedor vender alguns dos seus bens, sobre os quais os privilégios poderiam incidir, antes de

---

[1074] Cf. MIGUEL LUCAS PIRES, *Dos privilégios creditórios...*, ob. cit., p. 39.
[1075] Cf. MIGUEL LUCAS PIRES, *Dos privilégios creditórios...*, ob. cit., p. 39.
[1076] Cf. MIGUEL LUCAS PIRES, *Dos privilégios creditórios...*, ob. cit., p. 33.
[1077] Cf. FRANÇOIS ANOUKAHA, JOSEPH ISSA-SAYEGH, AMINATA CISSE-NIANG, ISAAC YANKHOBA NDIAYE, MESSANVI FOLI e MOUSSA SAMB, *OHADA. Sûretés*, ob. cit., p. 153.
[1078] Cf. MIGUEL LUCAS PIRES, *Dos privilégios creditórios...*, ob. cit., p. 62.

ocorrer a penhora ou outro acto equivalente. Com base no carácter real do privilégio, Miguel Lucas Pires considera que, tratando-se de venda voluntária, esta não implica a extinção do privilégio, sendo este oponível aos *"terceiros adquirentes de direitos reais sobre aqueles bens em momento posterior ao da constituição do privilégio"*[1079]. O mesmo não acontece na venda judicial, que produz a extinção do privilégio, embora o direito do credor seja transferido para o produto da venda do bem nos termos do artigo 824.º do CC[1080].

O artigo 148.º do AUG consagra os seguintes privilégios imobiliários:

1) Privilégio creditório imobiliário especial dos credores por despesas de justiça contraídas para proceder à execução do bem vendido e à distribuição do respectivo preço. Este privilégio é idêntico ao que era consagrado na redacção originária do Código Civil, no artigo 743.º.
2) Privilégio creditório imobiliário geral dos credores de salários. Este privilégio resulta da adopção de convenções internacionais da Organização Internacional do Trabalho (OIT) e consubstancia um "superprivilégio" creditório geral estabelecido em benefício dos trabalhadores, para garantia dos seus salários.

Este privilégio é consagrado em atenção à Convenção da OIT n.º 95 de 1949, que estabelece que se deve criar uma preferência de pagamento acima das outras relativamente à parcela do salário que é considerada impenhorável pelas legislações nacionais (no caso da Guiné-Bissau, 2/3 do salário, de acordo com a alínea *e*) do artigo 823.º do CPC), na medida em que tal quantia é o montante julgado essencial para a subsistência do trabalhador[1081]. Para além deste privilégio creditório geral, o AUG confere ainda outras garantias aos trabalhadores, que se cumulam com esta, para assegurar o ressarcimento dos seus créditos, como veremos adiante.

3) Privilégio creditório imobiliário geral submetido a publicidade;
4) Privilégio creditório imobiliário geral não submetido a publicidade;

Ora, da análise do art. 148.º resulta a evidência que o art. 39.º não é exacto, na medida em que os privilégios creditórios não são garantias

---

[1079] Cf. MIGUEL LUCAS PIRES, *Dos privilégios creditórios...*, ob. cit., pp. 61 e 62.
[1080] Cf. MIGUEL LUCAS PIRES, *Dos privilégios creditórios...*, ob. cit., p. 62.
[1081] Cf. FRANÇOIS ANOUKAHA, JOSEPH ISSA-SAYEGH, AMINATA CISSE-NIANG, ISAAC YANKHOBA NDIAYE, MESSANVI FOLI e MOUSSA SAMB, *OHADA. Sûretés*, ob. cit., p. 246.

exclusivamente mobiliárias, antes pelo contrário, podem haver privilégios creditórios sobre bens imóveis, e, tanto é assim que, nos termos do art. 148.º, eles são graduados no produto da venda dos bens imóveis do devedor.

Por outro lado, da análise deste artigo resulta uma outra constatação importante, que é o facto de se admitirem não apenas os privilégios creditórios imobiliários especiais (cf. o disposto na redacção originária do n.º 3 do art. 735.º do CC), como também privilégios creditórios imobiliários gerais. Como se viu, na redacção originária do Código Civil essa possibilidade era vedada por se entender então que a existência de privilégios imobiliários gerais prejudicava a segurança jurídica e as legítimas expectativas dos restantes credores, na medida em que este tipo de privilégios atingia a totalidade dos bens imóveis do devedor à data da penhora ou de outro acto equivalente.

Não obstante, muito embora a redacção originária do Código Civil não admitisse a existência de privilégios creditórios gerais, o certo é que também na Ordem Jurídica Portuguesa se verificou esta mesma evolução que se constata agora no art. 148.º do AUG, isto é, no sentido da admissibilidade de privilégios creditórios imobiliários gerais. Esta evolução traz alguns problemas de insegurança para os restantes credores na medida em que os privilégios creditórios são garantias escondidas, e, incidindo sobre todos os bens imóveis do devedor, podem implicar o não ressarcimento, por exemplo, de credores hipotecários. No entanto, no caso do AUG, não se verifica esse agravamento substancial da situação do credor hipotecário (embora haja, ainda, algum agravamento), uma vez que apenas os credores por despesas de justiça e por salários são graduados à frente dos credores hipotecários, sendo que aqui se trata de situações facilmente cognoscíveis (cf., neste sentido, a graduação feita pelo artigo 148.º do AUG).

6.3. Privilégios gerais

De acordo com o Secretariado da OHADA, a lista dos privilégios creditórios gerais originariamente prevista no Código Civil era arcaica e desactualizada, o que suscitou a necessidade da sua modificação. Actualmente, o elenco de credores privilegiados consta do artigo 107.º, que será de seguida analisado.

Os privilégios creditórios gerais encontram-se previstos nos artigos 106.º e seguintes do AUG e nos artigos 736.º e seguintes do CC, propostos pelo Ajustamento. O facto de se tratar de privilégios gerais significa que incidem sobre o valor de todas as coisas, móveis ou imóveis, existentes no património do devedor ao tempo da penhora ou de outro acto equivalente (por exemplo, o arresto). Apesar de alguns autores os qualificarem como garantias reais, a doutrina propende actualmente para não admitir esta designação, devido a não incidirem sobre coisas determinadas[1082].

O AUG traz uma importante inovação relativamente ao Código Civil e à maioria das legislações actuais, ao estabelecer a diferença entre privilégios gerais sujeitos a publicidade e privilégios gerais não sujeitos a publicidade. Assim se ultrapassa, pelo menos parcialmente, um dos principais inconvenientes desta garantia, que reside no facto de ser oculta e de ser de todo imprevisível, para os restantes credores, saber se existem ou não credores privilegiados. Assim, ao impor a sujeição ao registo de alguns privilégios, o AUG veio aumentar a segurança jurídica dos credores.

Nos termos do § 1 do art. 106.º do AUG, o privilégio creditório geral concede ao credor um direito de preferência, de ser pago antes de outros, pelo valor de certos bens móveis que se encontram no património do devedor (cf. também o disposto no n.º 1 do artigo 736.º do CC, proposto pelo Ajustamento). Porém, conforme já foi referido, a remissão para os artigos 148.º e 149.º significa que embora o artigo 39.º apenas reconheça os privilégios creditórios mobiliários, o certo é que no caso dos privilégios creditórios gerais, estes se aplicam tanto aos bens móveis como aos bens imóveis.

Entretanto, o § 2 do art. 106.º do AUG admite a possibilidade de os Estados membros criarem novos privilégios creditórios gerais ou de manterem os que existiam na lei interna (cf. também o disposto no n.º 2 do artigo 736.º do CC, proposto pelo Ajustamento). É de salientar que esta regra não significa que o Código Civil não tenha sido revogado nesta parte, antes pelo contrário, pois esse efeito revogatório resulta claramente do art. 150.º do AUG e faz com que seja necessário que o artigo 106.º determine que os Estados podem colocar em vigor outros privilégios creditórios para além dos constantes no Acto Uniforme. Por conseguinte, se o Estado pretender criar novos privilégios gerais ou repor em vigor os que se encontravam consagrados na lei revogada, terá de ter uma iniciativa legislativa nesse sentido.

[1082] Cf. Luís MENEZES LEITÃO, *Garantias das obrigações*, ob. cit., p. 296.

6.3.1. Privilégios creditórios não sujeitos a publicidade

O artigo 107.º do AUG consagra os seguintes privilégios creditórios gerais, cuja graduação obedece à ordem da enumeração legal:

1) Credores de despesas do funeral e da doença terminal do devedor, que precedam a penhora dos seus bens.

Esta regra é paralela ao disposto na *alínea a)* do n.º 1 do art. 737.º do CC, revogada pela entrada em vigor do AUG, por existir contrariedade entre um e outro regimes.

A criação deste privilégio visa encorajar estes prestadores de serviços, pois, de outro modo, calculando que o devedor irá falecer ou poderá ficar sem meios de ressarcir as despesas feitas, será mais difícil ajudarem devido ao receio de não obterem o pagamento[1083]. Por outro lado, esta regra é muito vantajosa na medida em que na generalidade dos países africanos praticamente não existe um sistema de segurança social, pelo que as pessoas ficam desamparadas, sendo de louvar a existência de um regime que incentiva terceiros a prestarem o auxílio que possa ser necessário, tendo direito a ser pagos em primeiro lugar relativamente a outros credores. Encontram-se abrangidos por esta garantia, por exemplo, as despesas de saúde, tais como o pagamento de serviços prestados por médicos, a compra de remédios, etc.

O AUG refere exclusivamente a última doença, ou seja, a doença terminal, pelo que as despesas relativas a uma doença anterior à doença terminal não são privilegiadas. São também privilegiados os credores de despesas feitas com o funeral do devedor, o que também denota uma forte preocupação com a salvaguarda da dignidade da pessoa humana.

Estes credores são pagos nos termos dos artigos 148.º e 149.º, em 5.º ou em 7.º lugar, respectivamente[1084].

2) Créditos emergentes de fornecimento de bens necessários à subsistência do devedor durante o último ano que precede a sua morte, a penhora dos seus bens ou a sentença judicial de abertura do procedimento colectivo.

[1083] Cf. FRANÇOIS ANOUKAHA, JOSEPH ISSA-SAYEGH, AMINATA CISSE-NIANG, ISAAC YANKHOBA NDIAYE, MESSANVI FOLI e MOUSSA SAMB, *OHADA. Sûretés*, ob. cit., p. 231.

[1084] Cf. também o disposto na *alínea a)* do artigo 737.º do CC, na *alínea e)* do artigo 760.º e na *alínea g)* do artigo 761.º do CC, propostos pelo Ajustamento entre o AUG e o Direito interno.

O disposto neste artigo é paralelo à redacção originária da *alínea b)* do n.º 1 do artigo 737.º do CC, ora revogada pela entrada em vigor do AUG.

Entende-se por despesas de subsistência todas as que se revelem essenciais para que uma pessoa possa sobreviver, excluindo-se, por conseguinte, as despesas com produtos e prestações de serviços de luxo. Segundo François Anoukaha e outros, as despesas variam consoante a classe social em que o devedor se insere[1085]. Este entendimento afigura-se, no entanto, algo criticável, parecendo preferível atender ao critério do homem médio, quer dizer, aos bens necessários à subsistência de um homem médio, sob pena de se criar uma discriminação ofensiva do princípio da igualdade e manifestamente inconstitucional.

Nos termos dos artigos 148.º e 149.º, estes credores são pagos em 5.º ou em 7.º lugar, respectivamente[1086].

Mais uma vez, a atribuição do privilégio atende a considerações de protecção da dignidade da pessoa humana, uma vez que todos têm direito à subsistência, mesmo que sejam devedores de terceiros, devendo por isso incentivar-se a solidariedade.

3) Quantias devidas a trabalhadores e a aprendizes pela execução e resolução do seu contrato, durante o último ano que precede a morte do devedor, a penhora dos seus bens ou a sentença judicial de abertura do procedimento colectivo.

Esta regra é paralela à redacção originária da *alínea d)* do n.º 1 do artigo 737.º do CC, revogado pelo AUG.

O privilégio abrange todas as categorias de trabalhadores, mesmo que o seu contrato de trabalho não seja por tempo indeterminado, e inclui não apenas os salários como também as indemnizações devidas, por hipótese, pela rescisão do contrato de trabalho. Porém, tem de estar em causa um contrato de trabalho tal como é configurado na lei interna. Este privilégio acresce ainda a outras garantias dos trabalhadores eventualmente previstas no AUG ou noutros diplomas, como é o caso do privilégio creditório geral consagrado nos artigos 148.º e 149.º do AUG, em 2.º e 3.º lugar, respectivamente.

[1085] Cf. FRANÇOIS ANOUKAHA, JOSEPH ISSA-SAYEGH, AMINATA CISSE-NIANG, ISAAC YANKHOBA NDIAYE, MESSANVI FOLI e MOUSSA SAMB, *OHADA. Sûretés*, ob. cit., p. 232.

[1086] Cf. também o disposto na *alínea b)* do artigo 737.º do CC, na *alínea e)* do artigo 760.º e na *alínea g)* do artigo 761.º do CC, propostos pelo Ajustamento entre o AUG e o Direito interno.

Nos termos dos artigos 148.º e 149.º, estes credores são pagos em 5.º ou em 7.º lugar[1087].

4) Quantias devidas aos autores de obras intelectuais, literárias e artísticas, durante os três últimos anos que precedem a morte do devedor, a penhora dos seus bens ou a sentença judicial de abertura do procedimento colectivo[1088].

Esta regra é paralela à redacção originária do art. 742.º do CC, ora revogado pelo AUG, embora aqui fosse consagrado um privilégio creditório especial e não geral. Nos termos dos artigos 148.º e 149.º, estes credores são pagos em 5.º ou em 7.º lugar, respectivamente.

5) Créditos fiscais, alfandegários e dos organismos de segurança social, até ao limite das quantias legalmente fixadas para a execução das decisões judiciais[1089].

Trata-se de um regime idêntico ao constante da redacção originária do art. 736.º do CC, revogado pelo AUG. Nos termos dos artigos 148.º e 149.º, são pagos em 5.º ou em 7.º lugar, respectivamente.

A expressão "organismos de segurança social" abrange quer os organismos públicos, quer os privados[1090].

A referência à quantia legalmente fixada para a execução da decisão judicial significa que os Estados membros têm o ónus de adoptar uma lei interna fixando essa quantia, que será um montante máximo para que os credores fiscais, alfandegários ou dos organismos da segurança social possam beneficiar, automaticamente, do privilégio creditório geral consagrado neste preceito. Pretende-se evitar a surpresa constituída por estes privilégios secretos, escondidos, que é susceptível de causar grande dano aos credores quirografários, e mesmo aos credores com garantias especiais graduadas abaixo dos privilégios creditórios gerais. Assim sendo, enquanto não for emitida esta lei interna com a indicação do montante máximo, a

---

[1087] Cf. também o disposto na *alínea c)* do artigo 737.º do CC, na *alínea e)* do artigo 760.º e na *alínea g)* do artigo 761.º do CC, propostos pelo Ajustamento entre o AUG e o Direito interno.

[1088] Cf. também o disposto na *alínea d)* do artigo 737.º do CC, proposto pelo Ajustamento entre o AUG e o Direito interno.

[1089] Cf. também o disposto na *alínea e)* do artigo 737.º do CC, proposto pelo Ajustamento entre o AUG e o Direito interno.

[1090] Cf. FRANÇOIS ANOUKAHA, JOSEPH ISSA-SAYEGH, AMINATA CISSE-NIANG, ISAAC YANKHOBA NDIAYE, MESSANVI FOLI e MOUSSA SAMB, *OHADA. Sûretés*, ob. cit., p. 234.

consequência é que os credores aqui referidos são tidos por quirografários, e, portanto, não são privilegiados, por não ser exequível o privilégio que lhes é atribuído pelo AUG[1091].

Note-se que o AUG não determina qualquer limite máximo, pelo que o Estado membro tem a absoluta liberdade de o fixar. Isto pode, no entanto, tornar-se pouco razoável, se for adoptada uma lei interna que refira que o montante máximo é um montante exorbitante, pois nessa hipótese a consagração deste privilégio acabará por anular as restantes garantias especiais.

6.3.2. Privilégios creditórios sujeitos a publicidade

A existência de um limite máximo até ao qual os credores podem beneficiar automaticamente do privilégio significa que, acima deste limite, os créditos referidos no n.º 5 do artigo 107.º podem ainda ser créditos privilegiados, contanto que o credor providencie pelo seu registo, afim de conferir publicidade à garantia. Passam, neste caso, a ser privilégios creditórios gerais sujeitos a publicidade, nos termos do artigo 108.º do AUG[1092].

A razão de ser da exigência de registo em relação aos privilégios creditórios, que são, por natureza, ocultos, reside no facto de garantirem somas significativas, donde se entende que devem ser dados a conhecer aos restantes credores afim de estes não terem surpresas desagradáveis. O registo tem que ser feito no prazo de seis meses a contar da exigibilidade do crédito ou a partir da notificação/interpelação para pagamento, no caso de haver violação da lei fiscal, aduaneira ou da segurança social. Havendo registo, o privilégio creditório vale por três anos a contar da inscrição, sendo susceptível de renovação.

Nos termos dos artigos 148.º e 149.º, estes credores têm direito a ser pagos em 4.º ou em 5.º lugar, respectivamente.

[1091] Cf. FRANÇOIS ANOUKAHA, JOSEPH ISSA-SAYEGH, AMINATA CISSE-NIANG, ISAAC YANKHOBA NDIAYE, MESSANVI FOLI e MOUSSA SAMB, *OHADA. Sûretés*, ob. cit., p. 235.

[1092] Cf. também o disposto no artigo 738.º do CC, proposto pelo Ajustamento entre o AUG e o Direito interno.

6.4. Privilégios mobiliários especiais

Relativamente aos privilégios creditórios especiais, o art. 109.º do AUG[1093] mantém o regime jurídico delineado pela redacção originária do Código Civil, considerando que se trata de garantias reais que atribuem ao credor o direito de ser pago preferencialmente pelo produto da venda dos bens móveis sobre os quais incidem.

Este direito de preferência só pode ser efectivado no momento da penhora dos bens e é exercido nos termos do artigo 149.º, pelo que os credores com privilégio creditório especial são pagos em sexto lugar, com a excepção do privilégio creditório do conservador, que, como veremos, nalguns casos, pode ser pago logo em segundo lugar.

Ocorrendo a perda ou o perecimento fortuito do bem móvel, o direito dos credores privilegiados transfere-se para a indemnização do seguro a que haja direito, por meio de sub-rogação (cf. o disposto no § 2 do art. 109.º do AUG e no n.º 2 do artigo 739.º do CC, proposto pelo Ajustamento).

O AUG contém um elenco de sete privilégios creditórios especiais, ao qual acresce o privilégio creditório conferido ao vendedor do estabelecimento comercial nos termos dos artigos 73.º e seguintes. As partes não podem criar novos privilégios creditórios por meio de negócio jurídico, uma vez que se trata de matéria subtraída à autonomia privada[1094]. Não obstante, não é proibido aos Estados membros a criação de novos privilégios creditórios especiais, bem como lhes é permitido manter os que se encontravam consagrados na sua legislação anterior à entrada em vigor do AUG[1095]. Neste caso, nos termos do art. 149.º, ocorrendo conflito entre vários credores com privilégio creditório especial sobre o mesmo bem móvel, é atribuída a prioridade àquele que primeiro efectuar a penhora.

Todavia, parece de concluir que os privilégios creditórios que se encontravam previstos no Código Civil de 1966 estão hoje revogados por força do art. 150.º do AUG. Com efeito, a mera entrada em vigor do AUG determinou a revogação de toda a legislação interna que lhe era contrária, pelo que, para fazer "revigorar" aqueles privilégios creditórios, teria de

---

[1093] Cf. também o disposto no artigo 739.º do CC, proposto pelo Ajustamento entre o AUG e o Direito interno.

[1094] Cf. FRANÇOIS ANOUKAHA, JOSEPH ISSA-SAYEGH, AMINATA CISSE-NIANG, ISAAC YANKHOBA NDIAYE, MESSANVI FOLI e MOUSSA SAMB, *OHADA. Sûretés*, ob. cit., p. 154.

[1095] Cf. FRANÇOIS ANOUKAHA, JOSEPH ISSA-SAYEGH, AMINATA CISSE-NIANG, ISAAC YANKHOBA NDIAYE, MESSANVI FOLI e MOUSSA SAMB, *OHADA. Sûretés*, ob. cit., p. 154.

haver uma nova determinação legal nesse sentido. Assim, o Estado da Guiné-Bissau poderá criar novos privilégios creditórios especiais para além dos constantes do AUG, bem como repor em vigor os que estavam previstos na redacção originária do Código Civil, contanto que haja uma iniciativa legislativa nesse sentido.

Convém notar que, contrariamente ao que sucede em relação aos privilégios gerais, não existe uma norma que directamente atribua aos Estados a faculdade de criação de novos privilégios especiais. Não se encontra, assim, disposição idêntica ao § 2 do artigo 106.º do AUG na secção dos privilégios especiais. Porém, essa liberdade deve ser retirada não apenas do facto de o AUG o não proibir, como também de um argumento de maioria de razão, a partir precisamente da interpretação do segundo parágrafo do art. 106.º. Com efeito, se é permitido criar novos privilégios gerais, que são, por sua natureza, mais gravosos para os restantes credores, por maioria de razão deve ser permitida também a criação de novos privilégios especiais, que consubstanciam autênticos direitos reais de garantia susceptíveis de serem criados por lei interna.

Posto isto, vamos agora analisar cada um dos privilégios especiais consagrados no AUG.

6.4.1. *Privilégio creditório do vendedor do estabelecimento comercial*

O AUG incluiu na secção relativa ao penhor sem entrega uma outra garantia, que é o privilégio creditório do vendedor de estabelecimento comercial, sem prejuízo do tratamento específico dos privilégios creditórios especiais nos artigos 109.º e seguintes.

O vendedor de um estabelecimento comercial goza de um privilégio creditório sobre o próprio estabelecimento vendido em garantia do seu direito ao recebimento do preço (total ou parcial) – cf. § 1 do artigo 117.º do AUDCG. O AUDCG admite não apenas a venda, como também a cessão do estabelecimento comercial. Contudo, relativamente ao privilégio creditório, considera que este é restrito ao vendedor, não se estendendo também ao cedente do estabelecimento comercial. No mesmo sentido, o AUG refere expressamente o vendedor, bem como que o privilégio existe para garantia do preço.

No caso do Ajustamento, este privilégio encontra-se consagrado no texto proposto para o n.º 1 do artigo 741.º do CC, nos termos do qual *"O trespassante de estabelecimento comercial beneficia de privilégio creditório sobre o mesmo, para garantia do pagamento do preço.".*

Esta garantia deve ser conciliada com as disposições especiais sobre a venda do estabelecimento comercial – artigos 122.º a 136.º do AUDCG. Nos termos do art. 134.º, não tendo sido cumprida integralmente a obrigação de pagamento do preço, o vendedor goza de um privilégio sobre o estabelecimento comercial vendido. Para o efeito, deve proceder à inscrição desse privilégio no registo. O objecto deste privilégio são todos os elementos que compõem o estabelecimento comercial[1096], a não ser que as partes indiquem, no contrato de compra e venda, coisa diversa. Contudo, o contrato não tem que precisar o preço de cada elemento do estabelecimento comercial, pois trata-se de uma universalidade que é vendida como um todo e por um preço global.

O art. 73.º do AUG contém uma regra especial relativa ao contrato de compra e venda de um estabelecimento comercial, pois determina que a aquisição apenas produz o efeito translativo e efeitos contra terceiros se for inscrita no registo (cf. também o n.º 3 do artigo 741.º do CC, proposto pelo Ajustamento). O registo a que o AUG se refere é o Registo do Comércio e do Crédito Mobiliário. Neste caso, há algumas diferenças relativamente ao Direito interno, pois, regra geral, o registo visa apenas dar publicidade ao direito, não sendo constitutivo. Diversamente, no caso da venda do estabelecimento comercial, esta só opera mediante o registo, uma vez que a inscrição é condição da transmissão do direito do alienante para o adquirente.

Este privilégio encontra-se sujeito ao mesmo regime de publicidade que o estabelecido para o penhor sem entrega de estabelecimento comercial (cf. artigos 77.º e seguintes do AUG e n.º 2 do artigo 741.º do CC, proposto pelo Ajustamento). Para obter a inscrição do seu privilégio, nos termos dos artigos 46.º e 47.º do AUDCG, o vendedor tem que apresentar à juris-dição competente os seguintes documentos:

1) O documento original do contrato de compra e venda do estabelecimento comercial;
2) Quatro exemplares de um formulário de inscrição, que contém as menções referidas nestes artigos e que são idênticas às analisadas para o penhor sem entrega.

[1096] Cf. FRANÇOIS ANOUKAHA, JOSEPH ISSA-SAYEGH, AMINATA CISSE-NIANG, ISAAC YANKHOBA NDIAYE, MESSANVI FOLI e MOUSSA SAMB, *OHADA. Sûretés*, ob. cit., p. 115.

Tratando-se de estabelecimento comercial com sucursais, a inscrição deve ser feita tanto no local da matrícula principal, como no da matrícula secundária (cf. artigo 78.º do AUG).

O art. 48.º do AUDCG requer ainda, sendo caso disso, o registo dos elementos da propriedade intelectual, quando algum destes seja elemento do estabelecimento comercial. Este registo deve ser efectuado na Organização Africana da Propriedade Intelectual (OAPI). Esta organização impõe um registo especial para a propriedade intelectual, pelo que, se o direito não se encontrar inscrito neste registo, não é oponível a terceiros. Nos artigos 26.º e 27.º do Anexo I do Tratado que constitui a OAPI é expressamente referido o penhor, sendo certo que este é, obrigatoriamente, um penhor sem entrega. Não se refere, pelo menos directamente, o privilégio creditório do vendedor do estabelecimento comercial, mas parece que deve ser abrangido, exigindo-se também aqui o registo[1097].

Isto significa que o privilégio creditório do vendedor se encontra sujeito a publicidade, sendo o único privilégio especial previsto no AUG em que se consagra a exigência de registo. Com efeito, os restantes privilégios especiais, constantes dos artigos 109.º e seguintes, são garantias ocultas, que os restantes credores não têm a possibilidade de conhecer. Diversamente, no caso do privilégio do vendedor do estabelecimento comercial, exige-se a inscrição, como se de um penhor sem entrega se tratasse, encontrando-se ambas as garantias sujeitas a um regime de publicidade idêntico.

Em caso de sub-rogação ou cessão do grau de anterioridade, a modificação só produz efeitos perante terceiros se for averbada na inscrição inicial (cf. § 1 do artigo 80.º do AUG). O mesmo regime se aplica em caso de cancelamento, total ou parcial, da inscrição, que carece igualmente de registo (cf. § 1 do artigo 82.º do AUG). Em princípio, a regra constante do segundo parágrafo do artigo 82.º do AUG não se aplica ao privilégio creditório, mas apenas ao penhor sem entrega, uma vez que o penhor é uma garantia convencional, contrariamente ao privilégio, que é de natureza legal. Segundo o regime estabelecido neste artigo, o cancelamento convencional do registo só pode ocorrer mediante o depósito de um documento, autêntico ou particular, assinado pelo credor pignoratício ou pelo ces-

---

[1097] Cf. FRANÇOIS ANOUKAHA, JOSEPH ISSA-SAYEGH, AMINATA CISSE-NIANG, ISAAC YANKHOBA NDIAYE, MESSANVI FOLI e MOUSSA SAMB, *OHADA. Sûretés*, ob. cit., pp. 120 e 121.

sionário, no qual este dê o seu consentimento ao cancelamento. Tal regra só faz sentido em relação ao penhor sem entrega, uma vez que esta garantia nasce do contrato entre o credor e o autor do penhor, contrariamente ao privilégio creditório, que tem fonte na lei e causas de extinção próprias.

Em alternativa à exigência de pagamento do preço, o vendedor também pode optar pela resolução do contrato de compra e venda, em caso de incumprimento definitivo do pagamento do preço por parte do comprador – cf. artigo 135.º do AUDCG, que remete para o Direito comum, sendo aqui aplicável o n.º 2 do artigo 801.º do CC. Nos termos do art. 75.º do AUG, o pedido de resolução também carece de registo, mesmo que seja extrajudicial, bem como a própria decisão de resolução, seja ela judicial ou extrajudicial (cf. também os números 3 e 4 do artigo 741.º do CC, proposto pelo Ajustamento).

Sendo devidamente inscrito, o privilégio creditório vale por cinco anos, podendo ser renovado, nos termos do artigo 83.º do AUG. No caso de venda do estabelecimento comercial é necessário exibir a certidão das inscrições respeitantes ao mesmo, donde consta o privilégio creditório do vendedor (cf. artigo 84.º do AUG e n.º 5 do artigo 741.º do CC, proposto pelo Ajustamento). No entanto, conforme se referiu a propósito do penhor sem entrega de estabelecimento comercial, não existe uma sanção para o incumprimento desta regra.

Contrariamente ao que sucede em caso de inscrição de um penhor sem entrega sobre o estabelecimento comercial, o registo do privilégio creditório do vendedor não confere aos credores comuns o direito a exigir antecipadamente os respectivos créditos (cf. o disposto no art. 85.º do AUG).

O vendedor que inscreveu o seu privilégio creditório tem direito a ser notificado pelo proprietário do estabelecimento, com uma antecedência mínima de quinze dias, da intenção de alterar o local onde se encontra instalado o estabelecimento, devendo informar o novo local – cf. o n.º 1 do art. 86.º do AUG – sob pena de, não o fazendo, se sujeitar à exigibilidade antecipada da dívida (cf. § 2 do n.º 1 do artigo 86.º do AUG). Se o credor não consentir na mudança de local, pode, se essa mudança implicar uma diminuição da garantia, exigir imediatamente o seu crédito, no prazo de quinze dias a contar da notificação (cf. n.º 2 do art. 86.º do AUG). Diversamente, no caso de o credor consentir na mudança de local, para conservar a sua garantia deverá proceder ao averbamento do consentimento no registo (cf. n.º 3 do art. 86.º do AUG), devendo ainda solicitar a transferência da inscrição para a nova área territorial, no caso de esta se situar numa jurisdição diversa daquela onde o estabelecimento era inicialmente localizado (cf. n.º 4 do artigo 86.º do AUG).

Entretanto, parece-nos que a regra constante do artigo 87.º do AUG se aplica apenas ao penhor sem entrega, o que resulta da concatenação entre este artigo e o art. 81.º, nos termos do qual só se impõe ao credor pignoratício, e não também ao vendedor do estabelecimento, o ónus de informar ao senhorio do imóvel onde o estabelecimento se encontra a inscrição da sua garantia.

O vendedor inscrito tem direito de preferência em caso de venda do estabelecimento comercial, de acordo com o disposto no artigo 88.º do AUG. Por força da garantia inscrita, o credor goza ainda do direito de sequela e de execução (cf. artigo 89.º do AUG), sendo que a inscrição garante não apenas o capital como também dois anos de juros (cf. § 1 do artigo 90.º do AUG), tendo direito a ser pago em sexto lugar, nos termos do artigo 149.º do AUG.

6.4.2. *Privilégio creditório do vendedor*

O privilégio creditório do vendedor encontra-se previsto no art. 110.º do AUG[1098], que estabelece os seguintes requisitos para a sua constituição:

1) Compra e venda de um bem móvel;
2) Posse do bem por parte do adquirente.

Verificando-se ambos os requisitos, o vendedor adquire um privilégio creditório especial sobre o bem móvel vendido para garantia do preço que se encontre em dívida. Para esse efeito, é essencial que a coisa se mantenha no património do comprador, tal como resulta do segundo requisito, o que significa que o vendedor perde o privilégio no caso de o comprador transmitir a coisa adquirida, a título oneroso ou gratuito, a terceiro. No entanto, em caso de transmissão onerosa, o AUG contém uma regra especial que admite a manutenção da garantia. Com efeito, em caso de alienação onerosa a terceiro, o vendedor tem um privilégio creditório especial sobre a coisa vendida, mas apenas sobre o preço em dívida pelo sub-adquirente, e já não pelo preço que o adquirente esteja ainda a dever. A explicação parece ser o facto de o sub-adquirente não poder ser prejudicado pelo facto de o adquirente não ter pago o preço.

[1098] Cf. também o disposto no artigo 740.º do CC, proposto pelo Ajustamento entre o AUG e o Direito interno.

Isto significa que se o sub-adquirente já tiver pago tudo, então o vendedor deixa de ter qualquer privilégio sobre a coisa. Nestes termos, o privilégio do vendedor acaba por consistir no direito a receber do sub-adquirente o remanescente do preço que este tenha em dívida para com o adquirente.

Por exemplo, suponha-se que A vendeu a B o computador X, por 1.000.000 FCFA, e que B só pagou 500.000 FCFA, estando em dívida o remanescente. Entretanto, B vendeu a C o mesmo computador X, por 800.000 FCFA, que ainda estão em dívida. Neste caso, A pode exercer o seu privilégio creditório contra o sub-adquirente a título oneroso C, na medida em que este ainda deve o valor do preço. Caso C já tenha pago a totalidade do preço a B, o privilégio creditório do vendedor A extingue-se. O mesmo acontece no caso de alienação gratuita do bem, uma vez que um dos pressupostos para a existência da garantia é que o adquirente tenha a posse do bem vendido.

Muito embora o AUG refira, quer no texto em francês, quer em português, a posse do bem vendido, entende-se que está em causa a titularidade do direito sobre o bem, que deve manter-se na esfera jurídica do adquirente para que o vendedor goze do privilégio sobre o bem vendido, a menos que tenha havido transmissão onerosa a um sub-adquirente e que este ainda esteja em dívida quanto ao pagamento do preço.

Por outro lado, é de salientar que a transformação material da coisa vendida inviabiliza o privilégio, operando a sua extinção. Por exemplo, se A vender a B materiais de construção e se estes forem incorporados na construção de um edifício, o vendedor A não possui qualquer privilégio sobre o edifício construído com os materiais que vendeu. Estes materiais não se mantiveram tal como foram vendidos, antes perderam a sua autonomia a partir da incorporação na obra. Outro exemplo é o caso de A vender a B madeira, que este utiliza para construir uma mesa e cadeiras, caso em que A também não tem privilégio sobre o objecto final.

Assim sendo, é necessário, que a coisa vendida mantenha a sua identidade no património do adquirente, não podendo ser transformada numa coisa diversa, caso em que o vendedor perde o seu privilégio[1099].

Pode perguntar-se o que acontece na hipótese de a coisa vendida ser uma coisa fungível, não susceptível de transformação material, podendo questionar-se se existe aqui o privilégio do vendedor sobre as coisas do

---

[1099] Cf. François Anoukaha, Joseph Issa-Sayegh, Aminata Cisse-Niang, Isaac Yankhoba Ndiaye, Messanvi Foli e Moussa Samb, *OHADA. Sûretés*, ob. cit., p. 160.

mesmo género que existam na esfera jurídica do adquirente. Perante este problema, François Anoukaha e outros sustentam a admissibilidade do exercício do privilégio creditório sobre este tipo de coisas, argumentando que é muito difícil fazer a distinção entre a coisa vendida e as outras coisas que são do mesmo género[1100].

6.4.3. Privilégio creditório do senhorio

O art. 111.º do AUG[1101] atribui ao senhorio um privilégio creditório especial sobre os bens móveis que equipam o local arrendado, o qual visa garantir os seguintes créditos:

1) Direito de crédito do senhorio ao pagamento de doze meses de rendas vencidos em momento anterior à penhora e de doze meses de rendas vincendos após a penhora;
2) Eventual indemnização;
3) Eventuais juros;

O privilégio existe independentemente do fim do arrendamento, isto é, quer se trate de arrendamento para habitação, quer ainda de arrendamento para comércio, indústria, exercício de profissão liberal ou quaisquer outros fins lícitos. Segundo François Anoukaha e outros, este privilégio creditório assemelha-se a um penhor tácito[1102].

O privilégio incide, naturalmente, sobre bens do devedor, uma vez que não faz sentido que o senhorio tenha um privilégio sobre os seus próprios bens que equipam o imóvel arrendado. Assim, para que exista o privilégio é necessário que o arrendatário tenha equipado o imóvel arrendado com bens próprios. Por outro lado, só há privilégio creditório sobre os bens móveis que o arrendatário tenha introduzido no imóvel arrendado com vista a fornecer os meios necessários à prossecução do fim do arrendamento. Encontram-se nesta situação o material profissional, o equipamento de escritório, a instalação de ar condicionado, os utensílios de cozinha, os electrodomésticos, os móveis, os objectos de arte, etc.

[1100] Cf. FRANÇOIS ANOUKAHA, JOSEPH ISSA-SAYEGH, AMINATA CISSE-NIANG, ISAAC YANKHOBA NDIAYE, MESSANVI FOLI e MOUSSA SAMB, *OHADA. Sûretés*, ob. cit., p. 162.

[1101] Cf. também o disposto no artigo 742.º do CC, proposto pelo Ajustamento entre o AUG e o Direito interno.

[1102] Cf. FRANÇOIS ANOUKAHA, JOSEPH ISSA-SAYEGH, AMINATA CISSE-NIANG, ISAAC YANKHOBA NDIAYE, MESSANVI FOLI e MOUSSA SAMB, *OHADA. Sûretés*, ob. cit., p. 166.

Uma vez que o momento da penhora é essencial para delinear o âmbito do privilégio creditório, o senhorio terá todo o interesse em intentar medidas conservatórias do património do arrendatário, com vista a impedir que este dissipe os bens que equipam o imóvel arrendado, deslocalizando--os para um local diverso[1103].

A título de delimitação negativa, convém notar que o privilégio creditório do senhorio não abrange o dinheiro nem os títulos de crédito detidos pelo arrendatário que possam encontrar-se no imóvel arrendado. A razão de ser para esta exclusão reside no facto de não se preencher aqui o requisito imposto no artigo 111.º do AUG, uma vez que o privilégio apenas incide sobre os bens móveis que equipem o local arrendado. Isto significa que estão abrangidos somente os bens que se encontrem funcionalizados a um determinado fim, que consiste no equipamento da casa de modo a que o arrendatário possa nela prosseguir os objectivos pretendidos pelo arrendamento. Por isso, excluem-se todos os bens, ainda que valiosos, que possam encontrar-se no local arrendado mas não consistam em equipamento deste. Não obstante, tais bens podem ser sempre objecto de medidas conservatórias por parte do credor[1104], que poderá, desde logo, requerer o seu arresto. Todavia, não gozará de um privilégio creditório sobre o produto da sua venda, por não se aplicar aqui o disposto no artigo 111.º do AUG.

Em princípio, os bens objecto do privilégio têm que pertencer ao arrendatário e não a terceiros. No entanto, o privilégio pode incidir sobre bens de terceiros que se encontrem no local arrendado, desde que o senhorio não se encontre de má fé, isto é, desde que ele ignore, sem culpa, que os bens são de terceiro, o que consubstancia a sua boa fé subjectiva ética. Com efeito, sendo o privilégio creditório uma garantia real, é oponível *erga omnes*, podendo ser invocado perante terceiros proprietários de bens que se encontrem a equipar o local arrendado, os quais estarão, assim, sujeitos à acção do senhorio, no caso de este pretender exercer o seu privilégio creditório.

A boa ou má fé do senhorio relativamente à titularidade dos bens que se encontrem no imóvel arrendado pode resultar de uma informação dada pelo terceiro ou pelo arrendatário, bem como da própria natureza das coisas. Por exemplo, supondo que o local arrendado é utilizado para

---

[1103] Cf. FRANÇOIS ANOUKAHA, JOSEPH ISSA-SAYEGH, AMINATA CISSE-NIANG, ISAAC YANKHOBA NDIAYE, MESSANVI FOLI e MOUSSA SAMB, *OHADA. Sûretés*, ob. cit., p. 165.

[1104] Cf. FRANÇOIS ANOUKAHA, JOSEPH ISSA-SAYEGH, AMINATA CISSE-NIANG, ISAAC YANKHOBA NDIAYE, MESSANVI FOLI e MOUSSA SAMB, *OHADA. Sûretés*, ob. cit., p. 166.

reparar móveis, nesse caso é lógico que os móveis que lá se encontram são dos clientes do estabelecimento, facto este que o senhorio não pode ignorar sem culpa. Numa hipótese destas, o senhorio sabe que o imóvel arrendado se destina ao exercício de uma certa actividade, que consiste numa prestação de serviços de reparação de certos bens, e que, pela própria natureza desta actividade, os bens que se encontram no imóvel pertencem aos clientes do arrendatário. Estando de má fé subjectiva ética, ser-lhe-á vedada, no nosso entendimento, a invocação do privilégio.

O § 2 do artigo 114.º do AUG[1105] estabelece que existe um crime no caso de alguém utilizar uma manobra fraudulenta com vista a privar o senhorio do seu privilégio creditório. Aparentemente, trata-se do crime de abuso de confiança, pelo menos no caso de ser o arrendatário a sonegar os bens que equipam o imóvel arrendado. Já quanto às outras pessoas, parece difícil sustentar o abuso de confiança. Em qualquer dos casos, isto é, quer o bem seja sonegado pelo arrendatário, quer por terceiro, o senhorio poderá reivindicar ou apreender os bens de qualquer pessoa que os tenha retirado do local arrendado, podendo manter o seu privilégio desde que faça a declaração de reivindicação no acto de apreensão[1106].

O principal efeito da constituição deste privilégio creditório reside no direito de preferência atribuído ao credor privilegiado (senhorio), nos termos do artigo 149.º, por via do qual tem direito a ser pago em 6.º lugar[1107].

6.4.4. *Privilégio creditório do transportador*

Outro credor privilegiado em razão da especial natureza do seu direito de crédito é o transportador, para o qual o art. 112.º do AUG[1108] estabelece os seguintes requisitos:

1) Existência de contrato de transporte terrestre (rodoviário ou ferroviário) de coisas móveis;

[1105] Cf. também o disposto nos números 3 e 4 do artigo 742.º do CC, proposto pelo Ajustamento entre o AUG e o Direito interno.

[1106] Cf. FRANÇOIS ANOUKAHA, JOSEPH ISSA-SAYEGH, AMINATA CISSE-NIANG, ISAAC YANKHOBA NDIAYE, MESSANVI FOLI e MOUSSA SAMB, *OHADA. Sûretés*, ob. cit., p. 166.

[1107] Cf. também o disposto na *alínea f)* do n.º 1 do artigo 761.º do CC, proposto pelo Ajustamento entre o AUG e o Direito interno.

[1108] Cf. também o disposto no artigo 743.º do CC, proposto pelo Ajustamento entre o AUG e o Direito interno.

Não tem que ser, exclusivamente, um contrato de transporte, uma vez que o transporte pode estar incluído noutro serviço mais amplo. É este o caso da mudança de casa, que envolve igualmente o embalamento de todos os objectos[1109].

2) Relação de conexão entre a coisa transportada e o direito de crédito.

Para além da fonte contratual, é necessário que se verifique uma determinada conexão entre a coisa transportada e o direito de crédito do transportador que será garantido pelo privilégio creditório. Uma vez que o AUG não especifica o que se deve entender por relação de conexão, julgamos que essa lacuna poderá ser preenchida mediante a aplicação analógica dos critérios sustentados para o direito de retenção. Com efeito, a retenção configura um caso análogo ao privilégio do transportador, pois também aí se estabelece como pressuposto a existência de uma certa conexão entre a coisa retida e o direito de crédito do retentor.

O privilégio creditório do transportador assemelha-se ainda, em particular, ao direito de retenção que era previsto pela redacção originária da *alínea a)* do n.º 1 do art. 755.º do CC, ora revogado pelo AUG. Já para François Anoukaha e outros, esta figura aproxima-se da figura do penhor tácito[1110].

O privilégio creditório é atribuído em garantia de todas as quantias que são devidas ao transportador. Isto significa que o privilégio abrange o valor do transporte propriamente dito, como igualmente outras quantias relativas a outros serviços relacionados com esse transporte, como por exemplo, o embalamento e a arrumação dos objectos transportados[1111].

Acresce que, como a exigência de conexão deve ser entendida em termos análogos ao direito de retenção, o transportador poderá exercer este privilégio sobre outras coisas transportadas, que não aquelas relativamente às quais existe um crédito não pago, desde que haja unidade do

---

[1109] Cf. FRANÇOIS ANOUKAHA, JOSEPH ISSA-SAYEGH, AMINATA CISSE-NIANG, ISAAC YANKHOBA NDIAYE, MESSANVI FOLI e MOUSSA SAMB, *OHADA. Sûretés*, ob. cit., p. 168.

[1110] Cf. FRANÇOIS ANOUKAHA, JOSEPH ISSA-SAYEGH, AMINATA CISSE-NIANG, ISAAC YANKHOBA NDIAYE, MESSANVI FOLI e MOUSSA SAMB, *OHADA. Sûretés*, ob. cit., p. 168.

[1111] Cf. FRANÇOIS ANOUKAHA, JOSEPH ISSA-SAYEGH, AMINATA CISSE-NIANG, ISAAC YANKHOBA NDIAYE, MESSANVI FOLI e MOUSSA SAMB, *OHADA. Sûretés*, ob. cit., p. 168.

contrato de transporte, apesar da diversidade das operações que o concretizam. Suponha-se, por hipótese, que o contrato de transporte compreendia duas fases, em que a primeira fase era o transporte de Gabú para Bafatá e a segunda era o transporte entre Bafatá e Bissau, sendo que o transportador cobrava pela primeira fase 100.000 FCFA e pela segunda 300.000 FCFA. Imaginando que o cliente não pagou os 100.000 FCFA, correspondentes à primeira fase do transporte, o transportador pode invocar o privilégio sobre os bens transportados aquando da segunda fase, isto é, entre Bafatá e Bissau.

Além disso, o transportador pode, simultaneamente, exercer o seu direito de retenção, no caso de se verificarem também os requisitos desta figura[1112].

6.4.5. *Privilégio creditório do trabalhador de um prestador de serviços ao domicílio*

O artigo 113.º do AUG[1113] consagra ainda um privilégio especial a favor do trabalhador de um prestador de serviços ao domicílio. Quando se fala em prestador de serviços ao domicílio está-se a pensar em empresas que se dirigem a casa dos seus clientes para aí procederem a qualquer actividade para a qual foram contratadas. Normalmente, trata-se da prestação de serviços de limpeza ou confecção de alimentos, entre outros.

A constituição deste privilégio carece do preenchimento dos seguintes requisitos cumulativos:

1) Tem que se tratar de um trabalhador de um prestador de serviços ao domicílio;
2) Créditos emergentes do contrato de trabalho e provenientes da execução dos serviços ao domicílio.

Isto significa que há duas condições essenciais a preencher de modo a que este privilégio possa ser invocado. Por um lado, o trabalhador não

---

[1112] Cf. FRANÇOIS ANOUKAHA, JOSEPH ISSA-SAYEGH, AMINATA CISSE-NIANG, ISAAC YANKHOBA NDIAYE, MESSANVI FOLI e MOUSSA SAMB, *OHADA. Sûretés*, ob. cit., p. 168.

[1113] Cf. também o disposto no artigo 744.º do CC, proposto pelo Ajustamento entre o AUG e o Direito interno.

pode ser um trabalhador qualquer, pois exige-se que tenha celebrado um contrato de trabalho com um prestador de serviços ao domicílio. Embora, em regra, a prestação de serviços ao domicílio seja efectuada por empresas, o AUG não o exige, pelo que tanto pode estar em causa uma empresa como uma pessoa singular. Em segundo lugar, os créditos garantidos pelo privilégio têm que ser provenientes da execução dos serviços ao domicílio, e não de outras actividades que possam ter sido feitas, ainda que incluídas no âmbito do contrato de trabalho.

Este privilégio creditório assume a particularidade de incidir sobre as quantias que o cliente deve ao prestador de serviços. Isto significa que não incide sobre uma coisa, propriamente dita, que possa ser objecto de execução judicial e posterior venda, mas sim sobre quantias monetárias. Além disso, este privilégio cumula-se com o privilégio geral pelo pagamento de salários e com o "super-privilégio" dos salários[1114].

A razão de ser da consagração deste privilégio especial reside no facto de, usualmente, as empresas que prestam serviços ao domicílio serem insolventes, daí que se permita aos seus trabalhadores pagarem-se preferencialmente pelos valores que o próprio cliente vai entregar ao prestador de serviços. No entanto, esta situação não configura, em sentido próprio, uma garantia real, ou mesmo um privilégio especial, na medida em que incide sobre o dinheiro, ou melhor, sobre o direito de crédito do prestador de serviços ao domicílio em relação ao seu cliente. Por esse motivo, o privilégio é exercido de modo diferente dos restantes. Para que o trabalhador possa lançar mão desta garantia, terá que o fazer por meio de acção directa, isto é, com recurso a uma medida conservatória do património do prestador de serviços[1115]. No caso da Guiné-Bissau, essa medida conservatória parece dever ser o arresto.

[1114] Cf. FRANÇOIS ANOUKAHA, JOSEPH ISSA-SAYEGH, AMINATA CISSE-NIANG, ISAAC YANKHOBA NDIAYE, MESSANVI FOLI e MOUSSA SAMB, *OHADA. Sûretés*, ob. cit., p. 162.

[1115] Cf. FRANÇOIS ANOUKAHA, JOSEPH ISSA-SAYEGH, AMINATA CISSE-NIANG, ISAAC YANKHOBA NDIAYE, MESSANVI FOLI e MOUSSA SAMB, *OHADA. Sûretés*, ob. cit., p. 162.

6.4.6. Privilégio creditório dos trabalhadores e dos fornecedores de empresas de construção

O AUG prevê também um privilégio creditório especial a favor dos trabalhadores e dos fornecedores de empresas de construção, cujos requisitos constam do art. 114.º[1116]:

1) O credor privilegiado tem que ser um trabalhador ou um fornecedor de uma empresa de construção;
2) O credor privilegiado é titular de um direito de crédito emergente da execução da obra.
3) Em virtude das obras realizadas, estão em dívida certas quantias à empresa de construção.

À primeira vista, poderia pensar-se que o privilégio previsto neste artigo era um privilégio sobre bens imóveis, o que à partida é proibido pelo artigo 39.º do AUG. Contudo, na verdade, não se trata de privilégio imobiliário precisamente porque não incide sobre bens imóveis, nomeadamente, não incide sobre as obras construídas, mas sim sobre as quantias devidas pelos clientes às empresas de construção em virtude da execução das obras. Por essa razão, estamos mais uma vez diante de uma situação especial em que o privilégio incide sobre uma quantia em dívida, e não propriamente sobre uma coisa que possa ser penhorada e vendida judicialmente.

O AUG não esclarece o que se deve entender por empresa de construção, cabendo à doutrina a concretização deste conceito. Desde logo, a restrição aos trabalhadores de empresas significa que o privilégio não existe no caso de a construtora não se encontrar organizada em empresa, isto é, no caso de se tratar apenas de uma pessoa singular. Por outro lado, em sentido lato, poderia abranger-se quer as empresas de construção de coisas móveis, quer as de coisas imóveis, pois, em bom rigor, em ambos os casos existe uma actividade de construção de algo novo. Contudo, pela nossa parte, entendemos que a expressão "empresas de construção" é utilizada em sentido restrito, querendo abranger apenas as empresas de construção de bens imóveis, nas quais se incluem em lugar privilegiado as que constroem casas ou prédios. A favor desta restrição é a própria

---

[1116] Cf. também o disposto no artigo 745.º do CC, proposto pelo Ajustamento entre o AUG e o Direito interno.

referência aos fornecedores das empresas de construção, uma vez que a expressão "fornecedor" é manifestamente técnica, sendo relativa às entidades que vendem os materiais de construção.

Em caso de concurso entre os trabalhadores e os fornecedores, é atribuída preferência aos salários dos trabalhadores – cf. artigo 114.º, § 2, do AUG[1117]. Tratando-se de trabalhadores, este privilégio é ainda cumulável com os restantes privilégios conferidos em garantia dos salários, e, eventualmente, das indemnizações a que haja lugar.

Também aqui o privilégio deve ser exercido com recurso a uma acção directa ou a uma medida conservatória[1118], designadamente, um arresto, uma vez que se trata de garantia que incide sobre uma quantia monetária.

6.4.7. Privilégio creditório do comissário

O comissário é também objecto de uma previsão específica na secção referente aos privilégios creditórios especiais. Nos termos do art. 115.º do AUG[1119], são exigidos os seguintes requisitos para a constituição da garantia:

1) Existência de uma relação de comissão;
2) Detenção de mercadorias do comitente por parte do comissário.

O conceito de comissão é discutido no Direito civil Guineense a propósito da responsabilidade objectiva consagrada no artigo 500.º do CC. Em regra, a comissão é entendida pela doutrina em sentido amplo, ou seja, há comissão sempre que alguém realiza uma tarefa no interesse e por conta de outrem e sob a direcção desta pessoa[1120]. A tarefa executada pelo comissário pode ser permanente ou corresponder apenas a um acto isolado ou ocasional. Em qualquer dos casos, continua a existir comissão,

---

[1117] Cf. também o disposto no n.º 2 do artigo 745.º do CC, proposto pelo Ajustamento entre o AUG e o Direito interno.

[1118] Cf. FRANÇOIS ANOUKAHA, JOSEPH ISSA-SAYEGH, AMINATA CISSE-NIANG, ISAAC YANKHOBA NDIAYE, MESSANVI FOLI e MOUSSA SAMB, *OHADA. Sûretés*, ob. cit., p. 163.

[1119] Cf. também o disposto no artigo 746.º do CC, proposto pelo Ajustamento entre o AUG e o Direito interno.

[1120] Cf. JOÃO DE MATOS ANTUNES VARELA, *Das obrigações em geral*, Volume I, ob. cit., pp. 640 e 641.

não se exigindo que se trate de uma relação duradoura[1121-1122]. A comissão pode implicar a prática de um acto material ou jurídico.

As principais características da relação de comissão são o facto de o comitente controlar a actividade do comissário e de o comissário actuar no interesse e por conta do comitente. A tónica reside no facto de o comissário obedecer às instruções dadas pelo comitente acerca da forma como vai desempenhar a sua tarefa, sendo o próprio comitente que o controla. Por essa razão, um dos exemplos típicos de comissão é o contrato de trabalho, em que o empregador se assume como comitente e o trabalhador como comissário. Em sentido próximo, também o artigo 160.º do AUDCG estabelece uma relação de comissão, embora restrita à compra e venda de mercadorias.

A doutrina discute se para haver comissão é ou não necessária a liberdade de escolha do comissário por parte do comitente. António Menezes Cordeiro considera que tal liberdade deve existir, embora admita que na falta de liberdade de escolha se possa ainda aplicar o art. 500.º, mas por analogia[1123]. Já segundo Antunes Varela é duvidosa a exigência de liberdade de escolha[1124], ainda que, normalmente, se houver liberdade de escolha isso seja um indício da relação de comissão. No entanto, entende que há muitas situações em que a escolha acaba por não ser feita pelo próprio comitente, sendo que nesses casos a relação de comissão é identificada já não tanto pela escolha, mas através da existência de subordinação ou dependência entre comitente e comissário. Também Luís Menezes Leitão responde negativamente a esta questão, isto é, considera que não há que fazer este tipo de exigência na medida em que a lei também não a faz[1125].

Outra questão debatida pela doutrina consiste em saber se, para haver comissão, é necessário o nexo de subordinação entre comitente e comissário. Respondendo afirmativamente a esta questão, Antunes Varela sustenta que apenas havendo a possibilidade de direcção é que se justifica

---

[1121] Cf. Luís Manuel Teles de Menezes Leitão, *Direito das obrigações*, Volume I, ob. cit., p. 365.

[1122] Cf. João de Matos Antunes Varela, *Das obrigações em geral*, Volume I, ob. cit., pp. 640 e 641.

[1123] Cf. António Menezes Cordeiro, *Direito das obrigações*, Volume II, ob. cit., p. 374.

[1124] Cf. João de Matos Antunes Varela, *Das obrigações em geral*, Volume I, ob. cit., p. 641.

[1125] Cf. Luís Manuel Teles de Menezes Leitão, *Direito das obrigações*, Volume I, ob. cit., p. 366.

que o comitente responda pelo acto do comissário[1126-1127]. Neste sentido, haverá relação de comissão, *por exemplo*, entre o empregador e o trabalhador, entre o mandante e o mandatário (cf. art. 1157.º do CC), entre o proprietário do automóvel e o seu motorista, etc.

Por força da exigência de subordinação entre comitente e comissário, entende-se que não se pode falar em relação de comissão nos seguintes casos: contrato de empreitada (art. 1207.º do CC, na medida em que o empreiteiro tem liberdade de acção na prossecução do resultado a que se obrigou, isto é, a realização da obra); motorista de táxi em relação ao passageiro (pelas mesmas razões, porque o motorista tem liberdade de acção); médico que trata um paciente; etc.

Contudo, em sentido contrário à generalidade da doutrina, Luís Menezes Leitão sustenta que não há necessidade de haver um nexo de subordinação entre comitente e comissário, sendo que esta desnecessidade resulta do disposto no art. 500.º, n.º 2, do CC, quando se considera que continua a existir responsabilidade do comitente mesmo que o comissário actue intencionalmente contra as ordens ou instruções do comitente[1128]. Esta é, no entanto, a única voz discordante na doutrina, que é praticamente unânime em exigir o nexo de subordinação.

Após concluir acerca da existência de uma relação de comissão, para que o privilégio previsto no AUG possa funcionar é ainda necessário que o comissário tenha em seu poder mercadorias por conta do comitente. Não têm que ser mercadorias pertencentes ao comitente, exigindo-se apenas que tais mercadorias estejam em poder do comissário por conta do comitente, o que significa que este as detém afim de, posteriormente, transmitir ao comitente as vantagens decorrentes dessa detenção (cf. também o artigo 160.º do AUDCG).

Basta que exista uma relação de comissão, não sendo necessário que o contrato tenha por objecto o transporte ou a compra de mercadorias, uma vez que o AUG não faz essa exigência.

O privilégio garante o direito ao recebimento das quantias resultantes do contrato de comissão existente. Acresce que, para além do privilégio, o comissário terá igualmente direito de retenção das mercadorias, que

---

[1126] Cf. JOÃO DE MATOS ANTUNES VARELA, *Das obrigações em geral*, Volume I, ob. cit., p. 640.

[1127] No mesmo sentido, cf. PEDRO NUNES DE CARVALHO, *A responsabilidade do comitente*, Lisboa, AAFDL, 1990, p. 13.

[1128] Cf. LUÍS MANUEL TELES DE MENEZES LEITÃO, *Direito das obrigações*, Volume I, ob. cit., p. 366.

poderá exercer em simultâneo, conforme dispõe desde logo o artigo 166.º do AUDCG. Note-se que o privilégio garante o ressarcimento de todos os créditos nascidos da relação de comissão e não apenas aqueles que tenham uma conexão com as mercadorias detidas.

Conforme referido, este privilégio incide sobre as mercadorias que o comissário detém por conta do comitente. Tal como resulta dos requisitos delineados pelo artigo 115.º do AUG, para que o privilégio funcione é essencial que o comissário tenha a detenção das mercadorias.

Em princípio, as mercadorias devem pertencer ao comitente. No entanto, poderá não ser sempre assim, isto é, pode acontecer que se trate de mercadorias pertencentes a terceiro, caso em que é protegida a boa fé subjectiva ética do comissário, que pode desconhecer, sem culpa, que afinal as mercadorias pertencem a terceiro[1129]. Como o privilégio creditório é uma garantia real, é oponível *erga omnes*, isto é, tanto em relação ao devedor como também em relação a terceiros.

O comissário exerce o seu direito de preferência pelo produto da venda das mercadorias detidas nos termos do artigo 149.º, tendo direito a ser pago em sexto lugar[1130].

6.4.8. Privilégio creditório do conservador

O AUG refere a figura do *"conservateur"* no artigo 116.º como sendo a pessoa que contribuiu, com algum acto, para a conservação e preservação de uma coisa de outrem. Embora o termo "conservador" não signifique necessariamente o mesmo que em francês, parece preferível adoptar esta expressão, por falta de outra melhor. Não obstante, na tradução oficial e no Ajustamento a expressão foi evitada, falando-se antes, no artigo 747.º do CC, em *"privilégio em consequência de despesas feitas para guarda ou manutenção de uma coisa"*.

A constituição do privilégio do conservador obedece também a certos requisitos, nomeadamente:

1) O credor privilegiado tem que ter realizado despesas ou prestado serviços;

[1129] Cf. FRANÇOIS ANOUKAHA, JOSEPH ISSA-SAYEGH, AMINATA CISSE-NIANG, ISAAC YANKHOBA NDIAYE, MESSANVI FOLI e MOUSSA SAMB, *OHADA. Sûretés*, ob. cit., p. 169.

[1130] Cf. também o disposto na *alínea f)* do n.º 1 do artigo 761.º do CC, proposto pelo Ajustamento entre o AUG e o Direito interno.

Por exemplo, encontra-se nesta situação a pessoa que efectuou despesas com o veterinário e comprou medicamentos para curar um animal.
2) Essas despesas ou prestações de serviços tiveram por finalidade evitar o desaparecimento de uma coisa ou salvaguardar o uso ao qual a mesma se encontrava destinada.

Exige-se uma conexão entre a despesa ou o serviço prestado e a salvaguarda ou a conservação da coisa. Neste sentido, poderá igualmente existir direito de retenção, cumulando-se ambas as garantias, uma vez que também aqui se requer uma relação de conexão entre o crédito garantido e a coisa objecto da garantia.

Pouco importa que tipo de coisa seja, desde que se trate de um bem móvel, na medida em que este é um privilégio creditório mobiliário[1131]. Assim, pode ser uma coisa corpórea ou incorpórea (por exemplo, um direito de crédito), um animal, um bem determinado ou uma universalidade de bens, etc.

Em sentido estrito, conservação significa a utilização de todos os meios necessários para evitar o desaparecimento físico ou material da coisa. Por esse motivo, conservação não se confunde com criação (fabricação de uma coisa móvel), nem com melhoramento das funcionalidades de utilização da coisa, nem ainda com a reparação da coisa. Estes credores podem reclamar os seus créditos, mas não gozarão do privilégio especial do conservador atribuído no artigo 116.º do AUG, ainda que possam beneficiar de outras garantias, tal como o direito de retenção.

Ao sentido restrito de conservação ora enunciado pode acrescentar-se um sentido económico de conservação, admitindo que esta abrange todos os actos praticados com vista a preservar a utilidade da coisa[1132]. O AUG parece abranger ambos os sentidos de conservação descritos.

Por outro lado, quando se fala em uso da coisa, normalmente, está em causa o uso normal, ou seja, a função normalmente assumida por uma coisa. Mas pode também estar em causa um uso específico da coisa, se o seu titular a destina a certa actividade que, embora não corresponda ao uso normal, seja perfeitamente lícita, e da qual o terceiro tenha conhecimento.

[1131] Cf. FRANÇOIS ANOUKAHA, JOSEPH ISSA-SAYEGH, AMINATA CISSE-NIANG, ISAAC YANKHOBA NDIAYE, MESSANVI FOLI e MOUSSA SAMB, *OHADA. Sûretés*, ob. cit., p. 155.

[1132] Cf. FRANÇOIS ANOUKAHA, JOSEPH ISSA-SAYEGH, AMINATA CISSE-NIANG, ISAAC YANKHOBA NDIAYE, MESSANVI FOLI e MOUSSA SAMB, *OHADA. Sûretés*, ob. cit., p. 156.

Em regra, as situações em que alguém realiza despesas com vista à conservação de uma coisa alheia consubstanciam casos de gestão de negócios (cf. artigos 464.º e seguintes do CC). No entanto, nada obsta a que se trate de despesas feitas com o conhecimento ou mesmo a pedido do *dominus*, pois aqui não estamos diante do regime da gestão e sim perante uma garantia especial atribuída àquele que realiza a despesa ou presta o serviço.

Note-se que o AUG não requer que a despesa efectuada ou o serviço prestado tenham sido frutuosos, isto é, não exige que tenham contribuído efectivamente para a conservação da coisa. Parece antes ser suficiente que o conservador faça tais despesas ou preste esses serviços com vista a que a conservação seja alcançada, ainda que isso não se venha a concretizar.

O primeiro efeito decorrente do privilégio creditório do conservador consiste no direito de retenção, contanto que se preencham os requisitos desta figura e, especialmente, desde que o conservador tenha a detenção legítima da coisa, caso em que a poderá reter até que lhe sejam pagas as despesas feitas ou os serviços prestados para a conservar.

Outro efeito reside na preferência de pagamento de que o credor goza pelo produto de venda da coisa sobre a qual incide o seu privilégio. O direito de preferência é exercido pelo valor global de toda a coisa conservada, e não apenas pela mais valia que o conservador eventualmente tenha imprimido à coisa[1133]. No entanto, a prioridade no pagamento pode variar, podendo o conservador ser pago em segundo ou em sexto lugar, nos termos do artigo 149.º do AUG[1134].

O conservador é pago em segundo lugar se tiver efectuado as despesas para a conservação da coisa no interesse de credores anteriores à data dessa conservação, sendo certo que estes credores referidos pelo AUG tanto podem ser credores quirografários como credores com garantia especial, na medida em que não se faz qualquer distinção[1135]. No entanto, como os credores quirografários só são pagos após o pagamento aos credores preferenciais, em princípio, trata-se dos credores especiais, pois apenas estes serão beneficiados pela conservação da coisa.

[1133] Cf. François Anoukaha, Joseph Issa-Sayegh, Aminata Cisse-Niang, Isaac Yankhoba Ndiaye, Messanvi Foli e Moussa Samb, *OHADA. Sûretés*, ob. cit., p. 157.

[1134] Cf. também o disposto nas *alíneas b)* e *f)* do n.º 1 do artigo 761.º do CC, proposto pelo Ajustamento entre o AUG e o Direito interno.

[1135] Cf. François Anoukaha, Joseph Issa-Sayegh, Aminata Cisse-Niang, Isaac Yankhoba Ndiaye, Messanvi Foli e Moussa Samb, *OHADA. Sûretés*, ob. cit., p. 158.

A razão de ser desta regra reside no facto de a conservação da coisa ter contribuído para aumentar o valor do património do devedor, o que, indirectamente, trouxe uma vantagem para aqueles credores, que puderam mais facilmente ressarcir os respectivos créditos.

Esta disposição é semelhante à redacção originária da *alínea c)* do n.º 1 do artigo 691.º do CC[1136], que tinha em vista evitar o enriquecimento sem causa do credor hipotecário à custa dos terceiros que fizessem benfeitorias na coisa hipotecada. No entanto, saliente-se que, no caso do AUG, o privilégio especial do conservador é exclusivamente consagrado para as coisas móveis, e não também para as coisas imóveis, o que parece criar um desequilíbrio em relação às pessoas que pratiquem actos de conservação sobre coisas imóveis, podendo dar azo a um enriquecimento ilegítimo alheio.

O conservador será pago apenas em sexto lugar quando a sua garantia se encontre em confronto com credores posteriores à sua intervenção. Este regime faz sentido porque nesta hipótese não há qualquer mais-valia operada no património do devedor que justifique que o conservador seja pago antes dos demais credores, não havendo, assim, necessidade de evitar o enriquecimento sem causa destes.

6.5. Outros aspectos do regime jurídico dos privilégios creditórios

O AUG não contém muitas regras destinadas a regular os privilégios creditórios, dedicando-se antes à sua consagração. Assim sendo, justifica-se o recurso ao Direito interno, por não haver aqui contradição com nenhum dispositivo do Acto Uniforme.

Relativamente à extinção dos privilégios, é de aplicar o disposto no artigo 752.º do CC, que estabelece uma remissão para o regime da hipoteca. Nestes termos, é aplicável o artigo 124.º, § 2, do AUG, conjugado com o artigo 730.º do CC, o que significa que os privilégios se extinguem por uma das seguintes causas:

1) Extinção da obrigação garantida;
2) Renúncia do credor;
3) Perecimento da coisa objecto do privilégio.

Por último, o artigo 753.º do CC considera aplicáveis aos privilégios creditórios, com as necessárias adaptações, os artigos 692.º e 694.º a 699.º do CC. O primeiro destes artigos consagra a sub-rogação, na hipótese

---

[1136] Esta norma foi revogada pelo Ajustamento entre o Direito interno e o AUG.

de a coisa objecto do privilégio se perder, deteriorar ou diminuir de valor e se desse facto advier um direito a indemnização para o seu titular, caso em que os direitos do credor privilegiado se transferem para essa mesma indemnização. Por seu turno, o artigo 694.º contém o Princípio da proibição do pacto comissório, donde resulta que, mesmo que as partes convencionem que em caso de incumprimento o credor pode ficar com a coisa sobre a qual incide o privilégio, tal convenção será nula. O artigo 695.º proíbe ainda as cláusulas que vedem ao titular da coisa a alienação ou a oneração dos bens objecto do privilégio, embora admita que seja acordada uma cláusula de exigibilidade antecipada no caso de alguma dessas situações ocorrer. Nos termos do artigo 696.º, o privilégio creditório é indivisível, o que quer dizer que subsiste mesmo que a dívida seja parcialmente paga e ainda que o seu objecto seja também ele divisível. O artigo 697.º consagra um meio de defesa do titular dos bens objecto do privilégio, por via do qual ele se pode opor a que sejam penhorados outros bens enquanto se não reconhecer a insuficiência da garantia, podendo também impedir que a execução se estenda para além do necessário à satisfação dos direitos do credor, mesmo em relação aos bens onerados com o privilégio creditório. Relativamente ao artigo 698.º, é relativo à garantia sobre bens de terceiro, estendendo a este os meios de defesa que assistem ao devedor. Por fim, o artigo 699.º estabelece que, se havia um usufruto sobre a coisa objecto do privilégio, a extinção deste usufruto faz com que o privilégio passe a abranger a totalidade da coisa, como se o usufruto nunca tivesse existido.

Assim, embora esta solução não resulte do Ajustamento, entendemos que se mantêm em vigor os artigos 752.º e 753.º do CC, por não haver contradição com o AUG.

7. HIPOTECA

7.1. Noção. Generalidades

A hipoteca é uma garantia real que confere ao credor um direito real de garantia inerente a uma coisa, por via do qual este goza de um direito de preferência e de um direito de sequela[1137]. No AUG, a hipoteca pode

---

[1137] Cf. MARIA ISABEL HELBLING MENÉRES CAMPOS, *Da hipoteca. Caracterização, constituição e efeitos*, Coimbra, Almedina, 2003, p. 33.

apenas incidir sobre bens imóveis, sendo assim uma garantia exclusivamente imobiliária, tal como decorre do disposto nos artigos 117.º, § 1 e 148.º. Não era assim na redacção originária do Código Civil de 1966, em que o objecto da hipoteca eram os direitos registáveis, nos termos do n.º 1 do art. 688.º, o que incluía, entre outros, os direitos reais sobre os veículos automóveis. Actualmente, deixou de ser viável a hipoteca de automóvel, podendo, no entanto, constituir-se um penhor, com ou sem entrega, sobre este bem.

Tanto no Código Civil como no AUG a hipoteca pode ser legal, judicial ou voluntária. A hipoteca voluntária é entendida como uma das garantias mais seguras que o credor pode obter por forma a ter por certo o ressarcimento efectivo do seu crédito. Por esse motivo, a hipoteca é apelidada de "rainha das garantias", tendo em consideração as garantias reais, por ser a garantia que permite a *"melhor segurança da dívida sem que haja lugar à entrega da coisa"*[1138]. No regime jurídico primitivo da hipoteca previsto pelo Código Civil, os privilégios creditórios constituíam um dos factores de insegurança para o credor hipotecário, pois os créditos por eles garantidos eram pagos preferencialmente e prevaleciam em absoluto sobre a hipoteca, mesmo que esta fosse anterior à constituição do privilégio. A situação do credor hipotecário era ainda agravada pela ausência de publicidade inerente à constituição dos privilégios. Outra garantia que prejudicava o credor hipotecário era o direito de retenção, por força do disposto no n.º 2 do art. 759.º do CC. Não obstante, apesar da prevalência dos privilégios creditórios e do direito de retenção, a hipoteca foi durante muito tempo considerada a garantia mais segura que o credor podia ter do ressarcimento do seu crédito.

A hipoteca é uma garantia acessória da dívida garantida, à semelhança do que se verifica na fiança e no penhor. A existência da hipoteca depende da própria existência da dívida garantida, bem como as vicissitudes que afectam a dívida garantida se reflectem na garantia hipotecária[1139].

[1138] Cf. M. A. COELHO DA ROCHA, *Instituições de Direito Civil Portuguez,* Tomo II, Coimbra, Imprensa da Universidade, 1852, p. 496. Segundo este autor, *"O direito real, que ao credor compete sobre todos, ou alguns dos bens de raiz do devedor, para melhor segurança da dívida, mas sem entrega da cousa empenhada, chama-se direito de hypotheca. Difere do penhor, em que este dá-se nos moveis, os quaes são entregues ao credor; e a hypotheca 1.º só tem logar nos immoveis; 2.º sem tradição ao credor; excepto quando se estipula a antichrese".*

[1139] Cf. LÉON MESSANVI FOLI, *Présentation de l'acte uniforme portant organisation du droit des sûretés,* ob. cit., p. 22.

A hipoteca garante ao credor o ressarcimento do seu direito de crédito pelo produto da venda de um determinado bem que lhe foi afecto. Este é um pagamento preferencial, sendo certo que o credor hipotecário, no AUG, é graduado em 3.º lugar (cf. art. 148.º do AUG e *alínea c)* do n.º 1 do art. 760.º do CC, proposto pelo Ajustamento). Caso haja mais do que uma hipoteca registada sobre o mesmo bem, o critério de graduação é a prioridade tem-poral de constituição do direito, dependente da respectiva inscrição no registo.

Na Europa, a hipoteca constitui a principal garantia oferecida pelos particulares com vista à obtenção de crédito, especialmente com vista à obtenção de mútuos para a aquisição de bens imóveis. No entanto, o mesmo não se pode afirmar nos países africanos, em que normalmente os bens imóveis não se encontram devidamente formalizados no registo predial, o que inviabiliza que possam ser dados em garantia pelos seus proprietários. Este facto acaba por reduzir substancialmente o âmbito de aplicação da garantia hipotecária na realidade africana, a qual poderia funcionar como motor de desenvolvimento, mas acaba por ser uma figura com um conteúdo útil mais reduzido do que seria desejável.

7.2. Regime jurídico da hipoteca no AUG

À semelhança do disposto na redacção originária do art. 686.º do Código Civil, o artigo 117.º do AUG não contém uma definição de hipoteca[1140], limitando-se a caracterizá-la como uma garantia real que confere ao credor uma preferência de pagamento pelo produto da venda dos bens hipotecados.

Segundo Luís Menezes Leitão[1141], na falta de uma noção legal, o traço distintivo da hipoteca reside no seu objecto, pois, nos termos do art. 688.º do CC, esta garantia apenas pode incidir sobre coisas imóveis ou equiparadas, por ser essencial a possibilidade de registo. Porém, no caso do AUG, esta particularidade dilui-se no facto de a hipoteca se assumir como garantia exclusivamente imobiliária, não podendo, assim, incidir sobre coisas móveis equiparadas, mesmo que estas sejam sujeitas a registo – cf. art. 117.º, § 1, do AUG.

[1140] Cf. também o disposto no número 1 do artigo 686.º do CC, proposto pelo Ajustamento entre o AUG e o Direito interno.
[1141] Cf. Luís MENEZES LEITÃO, *Garantias das obrigações*, ob. cit., pp. 206 e 207.

Trata-se de uma garantia sem desapossamento, o que traz vantagens tanto para o credor, que não fica onerado com a guarda e a conservação da coisa, como para o devedor ou terceiro que constitui a garantia, o qual pode continuar a usufruir do objecto. Existem no entanto algumas desvantagens decorrentes da ausência de entrega da coisa hipotecada[1142], das quais resulta uma certa vulnerabilidade para o credor hipotecário. Com efeito, essa falta de entrega pode dar azo a que o autor da hipoteca entregue a coisa a terceiros, permitindo-lhes a constituição de direitos sobre a coisa que poderão, nalguns casos, prevalecer sobre o direito do credor hipotecário. Era assim no Direito interno anterior ao AUG, onde a coisa hipotecada poderia ser entregue a terceiro, o qual gozaria de direito de retenção em garantia das despesas feitas com a coisa e dos danos por ela causados, sendo que se conferia ao retentor a faculdade de ser pago antes do credor hipotecário, ainda que a retenção fosse posterior ao registo da hipoteca (cf. a redacção originária do artigo 759.º, n.º 2, do CC). Actualmente, porém, esta situação foi eliminada na medida em que o direito de retenção passou a incidir apenas sobre coisas móveis, o que afasta qualquer hipótese de conflito entre direito de retenção e hipoteca.

No AUG, tal como no Código Civil, a hipoteca pode ser voluntária ou coerciva. A hipoteca voluntária é a que resulta da celebração de um negócio jurídico, consubstanciando a liberdade de estipulação e a liberdade de celebração das partes, enquanto a hipoteca coerciva depende de uma determinação exterior à vontade das partes. Esta última pode ainda ser legal ou judicial. É legal quando existe uma previsão específica que consente ao credor a constituição da hipoteca, em razão da natureza do seu direito de crédito. É judicial quando, apesar de a lei não a prever especificamente, admite que o credor requeira ao tribunal a sua constituição.

Veremos de seguida alguns aspectos particulares do regime jurídico da hipoteca.

7.3. Âmbito da hipoteca

O âmbito da hipoteca encontra-se determinado pelo § 3 do artigo 117.º do AUG, segundo o qual a hipoteca confere ao credor hipotecário

---

[1142] Sobre esta questão, cf. CLÁUDIA MADALENO, *A vulnerabilidade das garantias reais...*, ob. cit., pp. 61 e seguintes.

o direito de ser pago preferencialmente pelo montante do capital, pelas despesas e por três anos de juros. Esta regra é paralela à constante da redacção originária do artigo 693.º do CC. Nota-se que o Ajustamento entre o AUG e o Direito interno Guineense propôs a manutenção do teor do artigo 693.º do CC, o que não é de todo líquido em face do disposto no terceiro parágrafo do artigo 117.º do AUG. Com efeito, nos termos deste artigo, a hipoteca garante, *em qualquer caso*, não apenas o capital como também as despesas e os juros de três anos. Por sua vez, o n.º 1 do artigo 693.º do CC vem estabelecer que a hipoteca assegura os acessórios do crédito, mas apenas quando estes constem do registo, exigência esta que não parece constar do AUG. Assim sendo, em virtude da aplicabilidade directa do AUG determinada pelo artigo 10.º do TOHADA, somos de parecer que a hipoteca garantirá sempre as despesas e três anos de juros, ainda que tal especificação não conste do registo, por se tratar do âmbito da garantia legalmente definido no terceiro parágrafo do artigo 117.º do AUG.

Em segundo lugar, nota-se que o n.º 2 do artigo 693.º do CC determina, de modo injuntivo, que a hipoteca não abrange, em caso algum, juros relativos a mais do que três anos. Diversamente, a segunda parte do terceiro parágrafo do artigo 117.º do AUG admite que a hipoteca possa garantir outros juros *"que não os abrangidos pela inscrição inicial"*, desde que estes tenham sido alvo de inscrições especiais de hipoteca. Também aqui nos parece que deverá prevalecer o regime do AUG, por existir contrariedade com o Direito interno. Saliente-se que a inscrição especial de hipoteca referida pelo AUG parece ser um alargamento do âmbito de acção da garantia hipotecária inicialmente acordada, e não uma nova hipoteca. Com efeito, tratando-se de nova hipoteca o próprio art. 693.º do CC admite, no seu n.º 3, que possa garantir juros relativos a mais do que três anos. Contudo, o AUG admite essa extensão da garantia a partir de um alargamento da garantia hipotecária inicialmente acordada, e não por meio da constituição de novas hipotecas.

Ainda segundo o último parágrafo do artigo 117.º do AUG, ocorrendo a perda da coisa dada em hipoteca, o direito do credor hipotecário é exercido sobre a indemnização do seguro, no caso de esta existir – cf. também era previsto pelo art. 692.º do CC, ora revogado. Esta é, em todo o caso, uma situação atípica, na medida em que a hipoteca vai incidir sobre uma quantia em dinheiro e não sobre uma coisa, propriamente dita.

7.4. Objecto da hipoteca

7.4.1. Bens imóveis registados

De acordo com o § 1 do artigo 119.º do AUG, a hipoteca só pode incidir sobre bens imóveis registados. Relativamente à exigência de que se trate de bens imóveis, já se referiu que a mesma se opõe à regra vigente na redacção originária da *alínea e)* do n.º 1 do artigo 688.º do CC, que admitia a hipoteca de direitos sobre bens móveis equiparados a imóveis e, nessa medida, susceptíveis de registo. Actualmente, porém, os móveis equiparados aos imóveis deixaram de poder ser hipotecados, podendo ser apenas objecto de garantias mobiliárias, como é o caso do penhor.

O bem dado em hipoteca pode pertencer ao próprio devedor ou a um terceiro, conforme salientou também o Tribunal de Ouagadougou num dos seus acórdãos, referindo que nada no artigo 136.º do AUG permite concluir que apenas podem ser hipotecados bens do devedor, tendo considerado que tanto podia ser hipotecado um bem do devedor, como um bem de terceiro que se dispusesse a garantir, por esse meio, uma dívida alheia[1143].

No caso de ser constituída uma hipoteca sobre um bem móvel, a garantia é nula, por ofensa de regra injuntiva, nomeadamente o disposto no § 1 do artigo 119.º do AUG e o n.º 1 do artigo 688.º do CC, proposto pelo Ajustamento (cf. art. 294.º do CC)[1144].

O segundo parágrafo do art. 119.º do AUG[1145] concretiza que a hipoteca pode incidir sobre terrenos (prédios rústicos), suas benfeitorias e construções supervenientes, ou sobre edifícios (prédios urbanos), suas benfeitorias e construções supervenientes. Esta concretização do objecto da hipoteca cria, no caso guineense, alguns problemas adicionais, em virtude do regime vigente para a terra. Tais problemas não se colocam ao nível da hipoteca de edifícios, mas fundamentalmente na primeira situação indicada, isto é, no caso de hipoteca de terrenos. Com efeito, a Constituição da República da Guiné-Bissau reconhece a propriedade privada, *"que incide sobre bens distintos do Estado"* (cf. o disposto na *alínea c)* do n.º 1 do artigo 12.º). Todavia, o n.º 2 do artigo 12.º determina que *"São*

[1143] Disponível em www.ohada.com, com a referência J-04-05.
[1144] Cf. Luís MENEZES LEITÃO, *Garantias das obrigações*, ob. cit., p. 216.
[1145] Cf. também o disposto no número 2 do artigo 688.º do CC, proposto pelo Ajustamento entre o AUG e o Direito interno.

propriedade do Estado o solo, o subsolo, as águas, as riquezas minerais, as principais fontes de energia, a riqueza florestal e as infra-estruturas sociais". Na sequência da Constituição, a Lei n.º 4/75, de 5 de Maio de 1975[1146], integra o solo *"na totalidade do território nacional, quer seja urbano, rústico ou urbanizado"*, isto é, no domínio público do Estado, *"sendo insusceptível de redução a propriedade particular"* (cf. o disposto na Base I da referida Lei). Por seu turno, os particulares podem ser titulares de direitos sobre as *"construções, culturas e quaisquer benfeitorias"* realizadas nos terrenos que sejam domínio do Estado, sendo que neste caso tais terrenos se consideram *"em seu uso e fruição a título de concessão"* (cf. o disposto na Base II da Lei n.º 4/75). Por fim, a Base III da Lei n.º 4/75 impõe como condição para a concessão de bens do domínio público a particulares que se verifique uma *"ocupação evidente e uma valorização efectiva do terreno"*. A concessão de bens do domínio público a particulares é regulada na Lei da Terra, aprovada pela Lei n.º 5/98, de 28 de Abril de 1998[1147]. O n.º 2 do artigo 4.º desta Lei admite a concessão a particulares de direitos de uso privativo da terra para fins de exploração económica, habitacional, de utilidade social ou outras actividades produtivas e sociais.

Ora, a questão que se coloca é precisamente a hipoteca de terrenos, referida pelo AUG no segundo parágrafo do artigo 119.º, quando a Constituição determina que o solo é propriedade do Estado, o que significa que apenas este goza de legitimidade para dar em hipoteca os terrenos, a qual se encontra vedada aos particulares. Com efeito, estes podem apenas obter a concessão de bens do domínio público, nos termos da Lei da Terra, cujo artigo 12.º determina que o direito de uso privativo confere ao seu titular os exclusivos direitos de utilização, de exploração e de fruição das terras dominiais para os fins e com os limites consignados no respectivo contrato de concessão. Ainda o n.º 3 do mesmo artigo concretiza que *"O titular do uso privativo pode constituir hipoteca sobre bens imóveis e as benfeitorias que, devidamente autorizado, edificou no terreno ou sobre as quais legalmente tenha adquirido o direito de propriedade"*. Assim sendo, os particulares podem hipotecar os edifícios de que sejam proprietários (cf. o disposto no § 2 do artigo 119.º do AUG), mas não os terrenos onde os mesmos se encontram. No caso de o terreno não ter nenhuma construção ou benfeitoria, o particular estará impedido de cons-

---

[1146] Publicada no Boletim Oficial n.º 19, de 10 de Maio de 1975.
[1147] Publicada no Suplemento ao Boletim Oficial n.º 17, de 28 de Abril de 1998.

tituir hipoteca, mesmo que seja titular de um direito de uso privativo conferido por concessão nos termos da Lei da Terra.

Segundo Luís Menezes Leitão[1148], em princípio, as concessões de bens do domínio público podem ser objecto de hipoteca, simplesmente o artigo 119.º do AUG não as prevê. Nessa ordem de ideias, sugere que se poderá sustentar a inadmissibilidade da hipoteca, o que significaria, em última instância, a anulação desta garantia, pelo menos no caso do Ordenamento Jurídico Guineense, em que o domínio público pertence ao Estado. Contudo, somos de parecer que, ainda que se proíba a hipoteca dos terrenos, sempre subsistirá a possibilidade de os particulares hipotecarem os edifícios e as benfeitorias de que sejam proprietários. Por outro lado, podem ainda ser constituídas hipotecas sobre terrenos, só que tais hipotecas deverão ser constituídas pelo Estado, uma vez que se trata de bens pertencentes ao domínio público.

Neste ponto, verifica-se que o segundo parágrafo do artigo 119.º do AUG se afasta, manifestamente, da redacção originária da *alínea d)* do n.º 1 do artigo 688.º do CC, que admitia a hipoteca de *"direito resultante de concessões em bens do domínio público, observadas as disposições legais relativas à transmissão dos direitos concedidos"*. Por existir contradição, estamos de acordo com a proposta feita pelo Ajustamento no sentido de eliminar esta alínea, que deixa de figurar no artigo 688.º do CC, passando esta disposição a integrar o teor do artigo 119.º do AUG. Aliás, a inviabilidade da hipoteca do direito de concessão de bens do domínio público não resulta apenas do facto de o segundo parágrafo do artigo 119.º do AUG a não mencionar entre os objectos possíveis da hipoteca, mas também do disposto no n.º 3 do artigo 12.º da Lei da Terra, que admite ao particular a hipoteca de edifícios e de benfeitorias existentes no terreno, mas não a hipoteca do próprio terreno. Assim sendo, conclui-se que os terrenos podem ser objecto de hipoteca, tal como é referido no artigo 119.º do AUG, só que esta apenas poderá ser constituída pelo Estado. Relativamente aos particulares, embora estes possam obter a concessão de bens do domínio público, tal direito de concessão não é, actualmente, susceptível de hipoteca. Não obstante, poderão ser hipotecados pelos particulares os edifícios e as benfeitorias existentes nos terrenos explorados em regime de concessão.

[1148] Conferência proferida no Curso de Pós-Graduação em Direito Bancário, organizado pelo Faculdade de Direito de Bissau entre Janeiro e Março de 2007.

Em relação ao regime de propriedade privada estabelecido pela Constituição Guineense, importa referir que seria manifestamente desejável uma modificação dos seus termos, com vista a permitir aos particulares a titularidade da propriedade sobre a terra, em vez de tal possibilidade se encontrar dependente da concessão da respectiva exploração pelo Estado. Essa modificação vai ao encontro das necessidades do desenvolvimento económico, pois contribui para uma melhoria da segurança dos credores, tendo sido já adoptada noutros países da região da África Ocidental. Neste sentido, veja-se o artigo 15.º da Constituição do Burkina Faso[1149], cujo primeiro parágrafo estabelece que *"Le droit de propriété est garanti. Il ne saurait être exercé contrairement à l'utilité sociale ou de manière à porter préjudice à la sûreté, à la liberté, à l'existence ou à la propriété d'autrui."*. Assim, é reconhecido o direito de propriedade, embora o seu titular deva exercer as respectivas faculdades em consonância com a utilidade social e de forma a não prejudicar a segurança, a liberdade, a existência ou a propriedade de terceiros. De destacar é ainda o terceiro parágrafo deste artigo, que determina que ninguém será privado da propriedade a não ser por razões de utilidade pública, sendo, nesse caso, assegurado o direito a uma justa indemnização a fixar em conformidade com a lei.

Por seu turno, também o artigo 15.º da Constituição Senegalesa[1150] estabelece que: *"Le droit de propriété est garanti par la présente Constitution. Il ne peut y être porté atteinte que dans le cas de nécessité publique légalement constatée, sous réserve d'une juste et préalable indemnité. L'homme et la femme ont également le droit d'accéder à la possession et à la propriété de la terre dans les conditions déterminées par la loi."*.

Outro caso é ainda a Constituição dos Camarões, de 2 de Junho de 1972, revista pela Lei Constitucional de 18 de Janeiro de 1996[1151], cujo Preâmbulo determina que *"La propriété est le droit d'user, de jouir et de disposer des biens garantis à chacun par la loi. Nul ne saurait en être privé si ce n'est pour cause d'utilité publique et sous la condition d'une indemnisation dont les modalités sont fixées par la loi; Le droit de propriété*

[1149] Disponível em http://www.legiburkina.bf.
[1150] Disponível em http://www.senegal-online.com/francais/histoire/constitution.htm.
[1151] Disponível em http://www.droitsdelhomme-france.org.

ne saurait être exercé contrairement à l'utilité publique, sociale ou de manière à porter préjudice à la sûreté; à la liberté, à l'existence ou à la propriété d'autrui.".

O facto de se admitir a hipoteca sobre os edifícios e as benfeitorias que existam no terreno indica que a hipoteca abrange as coisas que se venham a juntar à coisa inicialmente hipotecada, pois estas coisas perdem a sua autonomia com a incorporação. Este regime assemelha-se ao disposto na redacção originária do artigo 691.º do CC[1152], que igualmente determinava que a hipoteca abrangia as acessões e as benfeitorias, salvo o direito de terceiros. No entanto, o Código Civil ressalvava expressamente os direitos de terceiro, o que não se verifica no artigo 119.º do AUG. Actualmente, o terceiro poderá apenas invocar o privilégio creditório especial de conservador, mas, como se viu, essa figura só pode ser aplicada às coisas móveis e não em relação às coisas imóveis. Assim, os terceiros que realizem benfeitorias em coisas imóveis não gozam nem de direito de retenção, nem de privilégio do conservador, podendo somente intentar uma acção contra o credor com vista à restituição do enriquecimento sem causa, sem que disponham de uma garantia especial que assegure esse direito à restituição.

Note-se ainda que a hipoteca não pode abranger as coisas móveis acessórias dos bens imóveis, uma vez que estas têm autonomia relativamente à coisa hipotecada.

Convém realçar que a hipoteca tanto pode incidir sobre o direito de propriedade, que é a situação mais frequente, como sobre quaisquer outros direitos reais imobiliários, desde que estes direitos estejam registados – cf. art. 117.º, § 2, do AUG. No mesmo sentido, veja-se o disposto na redacção originária do artigo 688.º do CC, que referia o direito de superfície e o direito de usufruto.

Para efeitos da sua hipotecabilidade, o bem imóvel deve encontrar--se devidamente inscrito no registo, uma vez que o artigo 119.º do AUG determina que a hipoteca não pode incidir sobre um bem imóvel que não se encontre registado. Não obstante, segundo François Anoukaha e outros, o credor hipotecário pode fazer uma inscrição preventiva da hipoteca com vista a ocupar o lugar prioritário e a tornar o seu direito oponível a ter-

---

[1152] Este artigo foi considerado revogado pelo Ajustamento entre o AUG e o Direito interno Guineense.

ceiros, até que o bem imóvel esteja inscrito[1153]. Aliás, é esta a solução que parece resultar do n.º 4 do artigo 139.º do AUG. Sendo assim, existindo um bem imóvel que ainda não se encontra inscrito no registo, o seu titular pode dá-lo em hipoteca, só que a eficácia desta garantia fica dependente de ser efectuado o registo do bem imóvel sobre o qual incide. Se essa inscrição vier a ser realizada, a hipoteca registada provisoriamente mantém o grau de prioridade decorrente do registo provisório, que se converte em registo definitivo. Caso contrário, o registo provisório caduca.

7.4.2. Coisas presentes e determinadas

O primeiro parágrafo do art. 120.º do AUG estabelece que a hipoteca só pode incidir sobre coisas presentes e determinadas, o que constitui uma dupla limitação. Em primeiro lugar, só pode ser constituída sobre coisas presentes, o que significa que é proibida a hipoteca de coisas futuras, em consonância com a proibição de renúncia antecipada a direitos (cf. art. 809.º do CC)[1154]. Neste sentido, dispõem ainda os artigos 119.º, 120.º e 145.º do AUG. Esta proibição visa, por um lado, tutelar o constituinte da hipoteca, por forma a evitar que onere um direito de que ainda não é titular, mas essencialmente tem em vista consolidar o princípio da especialidade da hipoteca.

Maria Isabel Helbling Menéres Campos realça que a especialidade da hipoteca quanto ao objecto é necessária quer ao nível do título constitutivo da garantia, quer igualmente no registo[1155].

Em segundo lugar, é vedada a hipoteca geral ou genérica, isto é, que incide sobre todos os bens imóveis do devedor ou do terceiro. É assim consagrada a regra da especialidade da hipoteca, pois têm de ser especificados os bens sobre os quais incide, sob pena de nulidade por indeterminabilidade (cf. artigo 280.º do CC)[1156]. No entanto, o problema da hipoteca genérica ou geral não se coloca com tanta acuidade como na fiança, na medida em que a hipoteca é uma garantia sujeita ao registo e do registo

---

[1153] Cf. François Anoukaha, Joseph Issa-Sayegh, Aminata Cisse-Niang, Isaac Yankhoba Ndiaye, Messanvi Foli e Moussa Samb, *OHADA. Sûretés*, ob. cit., p. 186.

[1154] A hipoteca de bens futuros nem sempre foi proibida. Cf., quanto a este assunto, Adriano Paes da Silva Vaz Serra, *Hipoteca*, ob. cit., p. 19.

[1155] Cf. Maria Isabel Helbling Menéres Campos, *Da hipoteca...*, ob. cit., p. 49.

[1156] Cf. Luís Menezes Leitão, *Garantias das obrigações*, ob. cit., p. 214.

tem obrigatoriamente que constar a quantia máxima garantida[1157]. Neste ponto, o AUG aproximou-se do disposto na redacção originária do Código Civil, daí que o Ajustamento tenha proposto a manutenção em vigor do artigo 716.º do CC, nos termos do qual a hipoteca é nula se incidir sobre todos os bens do devedor ou do terceiro sem os especificar, sendo que essa especificação, para ser válida, deve constar do título da hipoteca.

7.4.3. *Requisitos relativos à dívida garantida*

a) Existência de um direito de crédito

A hipoteca não pode garantir um direito de crédito futuro[1158], o que significa que no momento da sua constituição tem obrigatoriamente que existir um direito de crédito e uma dívida correspondente (cf. artigo 127.º, § 2, do AUG[1159]). A hipoteca é uma garantia acessória do crédito, daí que só possa ser constituída quando haja, efectivamente, algum crédito para garantir.

Não obstante, em sentido contrário, a respeito do penhor, que é também acessório, o artigo 45.º do AUG admite a sua constituição em garantia de dívidas futuras. Neste sentido dispõe ainda o n.º 3 do artigo 666.º do CC.

Saliente-se também que o regime do § 2 do artigo 127.º do AUG diverge do disposto na redacção originária do n.º 2 do art. 686.º do CC, onde era expressamente permitida a hipoteca de um direito de crédito futuro ou mesmo condicional[1160], em consonância, aliás, com o regime estabelecido para o penhor no n.º 3 do artigo 666.º do CC, ora mencionado.

Poderia dizer-se que existe alguma contradição entre a solução adoptada no penhor e a definida para a hipoteca, pois, sendo ambas as figuras garantias acessórias, faria sentido que o regime fosse idêntico. A solução

---

[1157] Cf. Pedro Romano Martinez e Pedro Fuzeta da Ponte, *Garantias de cumprimento*, ob. cit., 193.

[1158] Cf. François Anoukaha, Joseph Issa-Sayegh, Aminata Cisse-Niang, Isaac Yankhoba Ndiaye, Messanvi Foli e Moussa Samb, *OHADA. Sûretés*, ob. cit., p. 184.

[1159] Cf. também o disposto no artigo 716.º-A do CC, proposto pelo Ajustamento entre o Direito interno e o AUG.

[1160] Cf. Luís Menezes Leitão, *Garantias das obrigações*, ob. cit., p. 208.

mais rígida em sede de hipoteca no AUG parece no entanto justificar-se pelo facto de a oneração que a hipoteca representa no património do seu constituinte ser, em regra, manifestamente superior à oneração através do penhor, o que parece ir de encontro a uma maior protecção da pessoa que constitui a garantia.

b) Direito de crédito determinado

O § 2 do artigo 127.º[1161] requer ainda que as partes indiquem o montante do crédito garantido no acto constitutivo da hipoteca, sendo certo que este valor deve constar igualmente do registo. Esse montante tem que ser determinado ou determinável, sob pena de nulidade.

Segundo François Anoukaha e outros, há determinabilidade desde que as partes indiquem o montante máximo[1162]. Porém, conforme já foi analisado a propósito da fiança, nem sempre a simples indicação de um montante máximo consubstancia uma situação jurídica determinável, embora haja uma segurança jurídica superior em relação aos casos em que nem sequer esse limite máximo existe.

7.5. Hipoteca convencional

Tal como o Código Civil, também o AUG admite várias modalidades de hipoteca, nomeadamente a hipoteca convencional e a hipoteca coerciva, compreendendo esta última tanto a hipoteca legal como a hipoteca judicial.

Contudo, na redacção originária do Código Civil a hipoteca voluntária podia nascer de um negócio bilateral ou de um negócio jurídico unilateral, que era o testamento (cf. o disposto na redacção originária do artigo 712.º do CC). Actualmente, o AUG proíbe a constituição da hipoteca mediante negócio unilateral, o que resulta não apenas do regime jurídico estabelecido, que exige a celebração de um contrato entre o autor da hipoteca e o credor hipotecário, como também da própria designação atribuída a esta garantia de hipoteca convencional, o que implica, necessariamente,

---

[1161] Cf. também o disposto no artigo 716.º-A do CC, proposto pelo Ajustamento entre o Direito interno e o AUG.

[1162] Cf. FRANÇOIS ANOUKAHA, JOSEPH ISSA-SAYEGH, AMINATA CISSE-NIANG, ISAAC YANKHOBA NDIAYE, MESSANVI FOLI e MOUSSA SAMB, *OHADA. Sûretés*, ob. cit., p. 184.

a emissão de duas declarações negociais, isto é, a do constituinte da hipoteca e a do credor hipotecário. Este regime surge, aliás, em consonância com o estabelecido a propósito de outras garantias, igualmente bilaterais, como é o caso da fiança.

7.5.1. *Legitimidade para constituir a hipoteca*

Tal como nas restantes garantias reais, o dador de hipoteca pode ser o próprio devedor ou um terceiro. Com efeito, a garantia pode ser prestada por terceiro que não seja responsável pessoalmente pela dívida. Não obstante, em qualquer dos casos, a pessoa que constitui a hipoteca tem que ser proprietária do bem hipotecado ou titular de outro direito real que seja objecto da hipoteca. Tratando-se de terceiro, a garantia prestada é próxima da fiança, embora dela se diferencie por estar restrita a um bem do terceiro e por este não ser pessoalmente responsável pela dívida[1163].

Neste sentido, veja-se igualmente o Direito interno, nomeadamente a redacção originária do art. 715.º do CC, que estabelecia que só podia hipotecar quem tivesse legitimidade para alienar o direito. A razão de ser deste regime reside no facto de a constituição da hipoteca configurar um acto de oneração, por atribuir a um terceiro um direito real de garantia sobre a coisa. Por esse motivo, o autor da hipoteca tem que ter capacidade para alienar a coisa – cf. art. 67.º do CC. Tratando-se de representante voluntário, é necessário que a procuração contenha poderes especiais para hipotecar. A forma da procuração é a mesma da hipoteca – cf. art. 128.º, § 2, do AUG e art. 262.º, n.º 2, do CC. Contudo, por uma questão de segurança, talvez seja preferível fazer a procuração constar de escritura pública, considerando o disposto no segundo parágrafo do artigo 128.º do AUG.

Actualmente, em consonância com o AUG, o Ajustamento propôs uma nova redacção para o artigo 715.º do CC. O novo n.º 1 deste artigo determina que só pode constituir a hipoteca o titular do direito real imobiliário regularmente inscrito que goze de capacidade para dispor desse direito. Entretanto, o n.º 2 vai ao encontro do primeiro parágrafo do artigo 121.º do AUG, ao estabelecer que se o autor da hipoteca for apenas titular de um direito submetido a condição, resolução ou rescisão inscrito

---

[1163] Cf. MARIA ISABEL HELBLING MENÉRES CAMPOS, *Da hipoteca...*, ob. cit., p. 40.

regularmente, a hipoteca pode ser constituída mas fica sujeita à mesma condição, resolução ou rescisão. Finalmente, o n.º 3 estabelece, em consonância com o segundo parágrafo do artigo 121.º do AUG, que a hipoteca *"consentida por todos os comproprietários de um imóvel indiviso conserva o seu efeito, qualquer que seja, posteriormente, o resultado da licitação ou da partilha"*. Este regime visa proteger o credor hipotecário, paralisando o efeito da partilha, pois, se assim não fosse, apesar de todos os consortes terem consentido a hipoteca, a mudança de titular iria pôr em causa a sua subsistência[1164].

Se o autor da hipoteca não for o titular do direito nem tiver outra fonte de legitimidade para dispor desse direito, a hipoteca considera-se nula[1165]. No mesmo sentido, pode consultar-se um Acórdão do Tribunal de Ouagadougou onde ficou decidido que, sendo as garantias os meios concedidos ao credor pela lei para assegurar a execução das obrigações do devedor, não é admissível que uma hipoteca coerciva judicial seja inscrita sobre um bem imóvel não pertencente ao devedor[1166-1167].

Saliente-se que o autor da hipoteca tem que ser o titular do direito, mas este direito pode já ser objecto de outras hipotecas anteriores. A oneração anterior não impede que esse mesmo direito possa ser novamente onerado com a garantia hipotecária, simplesmente o novo credor hipotecário será graduado posteriormente aos que tenham um registo anterior, de acordo com o Princípio da prioridade temporal do registo – cf. artigo 148.º, 3.º, do AUG[1168]. Portanto, um mesmo direito sobre o mesmo bem pode ser objecto de várias hipotecas, a favor do mesmo credor ou de credores diferentes.

Diferentemente, não se admite uma hipoteca de hipoteca, isto é, o credor hipotecário não tem legitimidade para hipotecar a terceiro o seu próprio direito. Isto porque o direito do credor hipotecário é um direito real de garantia e não um direito real de gozo sobre um bem imóvel.

[1164] Cf. FRANÇOIS ANOUKAHA, JOSEPH ISSA-SAYEGH, AMINATA CISSE-NIANG, ISAAC YANKHOBA NDIAYE, MESSANVI FOLI e MOUSSA SAMB, *OHADA. Sûretés*, ob. cit., p. 179.

[1165] Cf. FRANÇOIS ANOUKAHA, JOSEPH ISSA-SAYEGH, AMINATA CISSE-NIANG, ISAAC YANKHOBA NDIAYE, MESSANVI FOLI e MOUSSA SAMB, *OHADA. Sûretés*, ob. cit., p. 178.

[1166] Disponível em www.ohada.com, com a referência J-04-314.

[1167] Contudo, o Tribunal não pôde modificar a decisão recorrida na medida em que a mesma já constituía caso julgado.

[1168] Cf. também o disposto no artigo 713.º do CC, cuja redacção se propôs manter no Ajustamento entre o AUG e o Direito interno, e ainda a *alínea c)* do n.º 1 do artigo 760.º do CC.

Assim sendo, muito embora o credor hipotecário seja titular de um direito real imobiliário, este direito não é passível de constituir o objecto de uma outra hipoteca.

Note-se ainda que o disposto na redacção originária do artigo 690.º do CC se encontra actualmente revogado pelo AUG.

7.5.2. *Forma de constituição*

A forma de constituição da hipoteca convencional encontra-se prevista no art. 128.º do AUG. Com efeito, muito embora as regras aplicáveis à hipoteca convencional sejam, geralmente, extensivas à hipoteca legal e judicial (cf. artigo 118.º do AUG), no caso da forma, o art. 128.º está dirigido exclusivamente para a hipoteca convencional, resultante da emissão das declarações contratuais das partes, determinando que a forma da hipoteca depende da lei nacional do lugar da situação do imóvel. Este é também o sentido que resultou do documento emitido pelo Secretariado da OHADA sobre o AUG, com a colaboração de Joseph Issa-Sayegh, onde se revela que a forma, autêntica ou particular, do contrato de hipoteca, deve ser definida por cada Estado parte.

No entanto, segundo o disposto no AUG, embora dependente da lei nacional da situação do imóvel, a hipoteca só pode ser constituída por uma de duas formas: ou através de um acto autêntico outorgado pelo notário, ou por meio de um acto com assinatura privada, conforme o modelo aprovado pela Conservatória de Registo Predial. Na Guiné-Bissau, actualmente, apenas é viável a constituição da hipoteca através da escritura pública, isto é, mediante o acto autêntico referido em primeiro lugar pelo artigo 128.º do AUG, na medida em que não foi até ao momento adoptado pelas Conservatórias de Registo Predial nenhum formulário destinado à celebração da hipoteca através de acto com assinatura privada (cf., neste sentido, o disposto na redacção originária do n.º 1 do art. 714.º do CC).

Contudo, há uma questão que se pode colocar acerca da forma de constituição da hipoteca, no caso de o credor hipotecário ser uma pessoa legalmente autorizada a exercer a actividade bancária no País. Com efeito, o n.º 2 do art. 714.º do CC sofreu uma modificação decorrente do Decreto-Lei n.º 6/97, de 27 de Maio[1169], nos termos do qual a sua redacção

---

[1169] Publicado no 3.º Suplemento ao Boletim Oficial n.º 21, de 27 de Maio de 1997.

passou a ser a seguinte: *"O acto de constituição, modificação e distrate da hipoteca voluntária quando recair sobre bens imóveis, poderá constar de documento particular autenticado assinado pelo dono da coisa ou pelo titular do direito hipotecado, sempre que o credor hipotecário seja uma pessoa legalmente autorizada a exercer a actividade bancária no País."*.

Por conseguinte, nos termos deste artigo é possível constituir uma hipoteca por forma menos rígida do que a escritura pública. Resta, porém, aferir da vigência do preceito de Direito interno em face do AUG. Neste ponto, parece-nos importante salientar que em matéria de forma o artigo 128.º do AUG faz uma clara remissão para o Direito interno, ao mencionar a lei nacional do lugar da situação do imóvel. Só no parágrafo seguinte é que se exige que a hipoteca seja celebrada por acto autêntico, ou por acto com assinatura privada conforme o modelo aprovado pela Conservatória de Registo Predial. Assim sendo, parece-nos que as exigências feitas no segundo parágrafo do artigo 128.º do AUG não devem prejudicar a remissão feita no primeiro parágrafo do mesmo artigo para o Direito interno, de modo que sustentamos, por via dessa remissão, a manutenção em vigor do n.º 2 do art. 714.º do CC, com a redacção que lhe foi dada pelo Decreto-Lei n.º 6/97. Por conseguinte, se o credor hipotecário for uma pessoa legalmente autorizada a exercer a actividade bancária no País, somos de parecer que a hipoteca convencional poderá ser constituída por meio de documento particular autenticado assinado pelo dono da coisa ou pelo titular do direito hipotecado. Além do argumento resultante da remissão do § 1 do artigo 128.º do AUG para o Direito interno, esta solução também se pode justificar com um argumento de maioria de razão, a partir do § 2 do mesmo artigo. Com efeito, se a Conservatória de Registo Predial pode facilitar a forma de constituição da hipoteca através da aprovação de um modelo com assinatura privada, por maioria de razão a própria lei pode operar esta facilitação, como fez no n.º 2 do artigo 714.º do CC, por via da nova redacção resultante do Decreto-Lei n.º 6/97.

Apesar de tudo, saliente-se que o regime de forma constante do AUG goza de algum liberalismo[1170], principalmente quando confrontado com as outras garantias especiais já analisadas, até porque não se exige que do documento constitutivo conste um elenco exaustivo de menções,

---

[1170] Cf. FRANÇOIS ANOUKAHA, JOSEPH ISSA-SAYEGH, AMINATA CISSE-NIANG, ISAAC YANKHOBA NDIAYE, MESSANVI FOLI e MOUSSA SAMB, *OHADA. Sûretés*, ob. cit., p. 182.

sob pena de nulidade, o que acontece noutros casos. Nesse sentido, parece que a formalização da hipoteca acaba por ser menos exigente do que a formalização das restantes garantias.

Em todo o caso, a inobservância da forma legal gera a nulidade formal da hipoteca (cf. art. 220.º do CC).

7.5.3. Eficácia

O registo da hipoteca é essencial para a oponibilidade da garantia a terceiros, pois enquanto o registo não for feito tal oponibilidade não se verifica (cf. o disposto no artigo 129.º do AUG e no artigo 714.º-A do CC, proposto pelo Ajustamento entre o AUG e o Direito interno Guineense). O regime instituído é algo próximo do que constava da redacção originária do art. 687.º do CC, embora nesta norma o registo tivesse, claramente, natureza constitutiva, o que significava que a hipoteca não era eficaz, nem sequer *inter partes*, enquanto não fosse registada. Porém, no Direito Português, que mantém ainda hoje a redacção originária do artigo 687.º do CC, alguma doutrina contesta a necessidade de registo para a produção de efeitos da hipoteca com base no princípio da consensualidade, uma vez que, ao abrigo do n.º 1 do artigo 408.º do CC, a constituição de direitos reais, sejam eles de gozo, sejam de garantia, se dá por mero efeito do contrato[1171]. Para estes autores, o registo apenas seria constitutivo nas hipotecas legais e judiciais, pois a hipoteca voluntária estaria submetida ao artigo 408.º, n.º 1, do CC[1172]. Porém, pela nossa parte, entendemos que no regime anterior o artigo 687.º do CC constituía uma regra especial perante o regime geral estabelecido no n.º 1 do artigo 408.º, justificando assim a ineficácia absoluta da hipoteca, mesmo *inter partes*, enquanto não fosse inscrita no registo.

Contrariamente ao regime constante da redacção originária do artigo 687.º do CC, no AUG, a falta do registo veda a eficácia perante os terceiros, mas admite a eficácia *inter partes*, tal como decorre do disposto no art. 129.º, na medida em que enquanto o registo não for feito vigora entre as partes uma promessa sinalagmática que as obriga a inscrever a hipoteca no registo. Assim sendo, a mera celebração do contrato de hipoteca, ainda que não registado, produz um efeito obrigacional, que consiste

---

[1171] Cf. Maria Isabel Helbling Menéres Campos, *Da hipoteca...*, ob. cit., p. 185.
[1172] Cf. Maria Isabel Helbling Menéres Campos, *Da hipoteca...*, ob. cit., p. 185.

na constituição da obrigação recíproca de ambas as partes procederem ao registo da hipoteca. Isto significa que actualmente o registo da hipoteca releva apenas para efeitos de oponibilidade a terceiros, uma vez que mesmo antes do registo a hipoteca já produz efeitos obrigacionais entre as partes.

Segundo Vaz Serra[1173], a admitir que a hipoteca produz efeitos entre as partes antes do registo, isso tem as seguintes consequências: se os bens hipotecados se deteriorarem antes do registo ser feito, o credor pode exigir o reforço da garantia, ou, na falta de reforço, o cumprimento imediato da obrigação, sendo que este cumprimento imediato pode ser pedido desde logo se a deterioração for devida a culpa do devedor; em segundo lugar, mesmo sem haver registo, o credor não pode executar outros bens do devedor enquanto não atingir primeiro o bem hipotecado; por fim, considera que se o devedor morrer, o herdeiro a quem pertencer o prédio hipotecado pode ser demandado pelo credor com vista ao pagamento da dívida garantida pela hipoteca. Contudo, nenhuma destas situações é prevista pelo AUG, pelo que pensamos que o único efeito resultante da hipoteca não registada é a obrigação de as partes procederem ao respectivo registo.

Nos termos do quarto parágrafo do artigo 122.º do AUG[1174], quando seja hipotecado um direito real menor, como o usufruto, a superfície ou a enfiteuse, a inscrição da hipoteca deve ser notificada por acto extrajudicial ao proprietário, ao proprietário do solo ou ao fundeiro.

O AUG admite alguns desvios ao regime geral estabelecido no artigo 129.º[1175]. Em primeiro lugar, no caso de hipoteca convencional que garante um empréstimo de curto prazo, o art. 130.º determina que o registo pode ser diferido no prazo máximo de 90 dias sobre a data de constituição da hipoteca, sem que seja afectada a eficácia *erga omnes*. No entanto, este regime só é aplicável se o Estado membro dispuser de uma lei interna que estabeleça regras para os empréstimos a curto prazo. No caso da Guiné-Bissau, tanto quanto sabemos essa lei ainda não existe, pelo que este regime não pode, de momento, operar.

Em segundo lugar, tratando-se de hipoteca constituída para garantir uma abertura de crédito até ao limite de um montante determinado, o

---

[1173] Cf. ADRIANO PAES DA SILVA VAZ SERRA, *Hipoteca*, ob. cit., p. 57.

[1174] Cf. também o disposto no artigo 689.º do CC, proposto pelo Ajustamento entre o AUG e o Direito interno.

[1175] Cf. também o disposto no artigo 717.º-A do CC, proposto pelo Ajustamento entre o AUG e o Direito interno.

artigo 131.º do AUG[1176] determina que a prioridade do credor depende da prioridade do registo, independentemente das datas sucessivas da constituição da obrigação pelo devedor.

O artigo 123.º do AUG determina que *"A inscrição conserva o direito do credor até à data fixada por convenção ou decisão judicial; o seu efeito cessa, porém, se, antes de expirar o prazo, não houver renovação, por um período determinado."*. Todavia, há que observar, sobre esta questão, um acórdão do Tribunal de Yaoundé onde se decidiu que, apesar de o credor não ter renovado a inscrição dentro do prazo, podia ainda fazê-lo, isto é, o facto de não ter havido renovação não produzia a caducidade da hipoteca, pelo que o devedor não podia solicitar o seu levantamento. Pelo contrário, o credor continuava a ter o direito de inscrever a hipoteca, uma vez que entretanto não tinham surgido novos credores hipotecários sobre o mesmo bem, nem tinha ocorrido qualquer acto ou evento suspensivo da inscrição[1177]. Em anotação a esta decisão, Joseph Issa-Sayegh salientou que o Tribunal havia esclarecido que a não renovação da inscrição apenas afectava os terceiros, mas não prejudicava a continuação da produção de efeitos da hipoteca entre as próprias partes.

7.6. Efeitos da hipoteca

7.6.1. *Indivisibilidade*

O § 2 do artigo 120.º do AUG estabelece o princípio da indivisibilidade da hipoteca, nos termos do qual a hipoteca subsiste integralmente sobre o imóvel hipotecado, mesmo que a dívida seja em si mesma divisível e ainda que a coisa hipotecada seja divisível, bem como no caso de sucessão. Isto significa que o credor mantém a sua garantia hipotecária sobre o bem, ainda que a dívida garantida tenha sido parcialmente cumprida ou amortizada. Não obstante, esta indivisibilidade encontra-se ainda sujeita ao Princípio da boa fé, na medida em que nalguns casos pode haver desequilíbrio no exercício de direitos por parte do credor (cf. art. 334.º do CC).

[1176] Cf. também o disposto no artigo 717.º-B do CC, proposto pelo Ajustamento entre o AUG e o Direito interno.

[1177] Disponível em www.ohada.com, com a referência J-04-413.

A redacção originária do artigo 696.º do CC também determinava, a título supletivo, a indivisibilidade da hipoteca, podendo no entanto as partes afastar este regime mediante convenção em contrário. Actualmente, a possibilidade de afastamento pela autonomia privada considera-se revogada pelo artigo 120.º, § 2, do AUG, por existir aqui incompatibilidade de conteúdo, dado que a regra no AUG assume carácter injuntivo. Por essa razão, o Ajustamento propôs um novo teor para o artigo 696.º do CC, nos termos do qual *"A hipoteca é indivisível por natureza, subsistindo por inteiro sobre cada uma das coisas oneradas e sobre cada uma das partes que as constituem, ainda que a coisa ou crédito seja dividido ou se encontre parcialmente satisfeito."*. Note-se, contudo, que a proposta do Ajustamento não reflecte a parte final do segundo parágrafo do artigo 120.º do AUG, onde se determina que a indivisibilidade não é afectada pela eventual sucessão, nem do autor da hipoteca, nem do credor hipotecário. Apesar desta omissão, esse regime continua a aplicar-se na Ordem Jurídica Guineense, por força da aplicabilidade directa dos Actos Uniformes imposta no artigo 10.º do TOHADA.

7.6.2. *O autor da hipoteca mantém o direito de gozo da coisa hipotecada*

A hipoteca é uma garantia real sem desapossamento, o que significa que a coisa hipotecada se mantém na disponibilidade material do autor da hipoteca. Para além disso, este continua a ser o titular do direito hipotecado, isto é, a constituição da hipoteca configura um acto de disposição e não de alienação, na medida em que o direito não se transmite para o credor hipotecário. O que sucede é que esse direito passa a ser um direito onerado com uma garantia real, constituída pela hipoteca. Porém, a pessoa que constitui a hipoteca pode continuar a utilizar a coisa, normalmente, como se nenhuma hipoteca existisse, podendo mesmo onerá-la novamente ou aliená-la a terceiro. Assim, mantêm-se as faculdades de uso, fruição e disposição, integrando a possibilidade de administrar e dispor da coisa hipotecada[1178].

Relativamente à administração, encontra-se revogado pelo AUG o disposto no artigo 700.º do CC, que limitava o corte de árvores ou arbustos,

---

[1178] Cf. Maria Isabel Helbling Menéres Campos, *Da hipoteca...*, ob. cit., p. 35.

a colheita de frutos naturais e a alienação de partes integrantes ou de coisas acessórias abrangidas pela hipoteca às situações em que tais actos fossem anteriores ao registo da penhora e coubessem nos poderes de administração ordinária do autor da hipoteca.

Diferentemente, mantém-se válido o disposto no artigo 702.º do CC, por não haver qualquer contradição com o AUG. De acordo com este artigo, se o devedor se comprometer perante o credor a segurar a coisa hipotecada e não o fizer no prazo devido, ou ainda se deixar rescindir o contrato de seguro por falta de pagamento dos prémios, o credor goza da faculdade de segurar a coisa à custa do devedor. Trata-se de um direito potestativo do credor a que o devedor não se pode opor, uma vez que constitui uma sanção para o incumprimento da obrigação que assumiu de segurar a coisa hipotecada. Porém, se o credor segurar a coisa por um valor excessivo, a parte final do n.º 1 do artigo 702.º do CC confere ao devedor a faculdade de exigir a redução do contrato aos limites convenientes. Esta norma é um pouco curiosa pois permite a um terceiro impor uma alteração a um contrato acordado entre outrem, em excepção ao princípio da relatividade consignado no n.º 2 do artigo 406.º do CC. Tal excepção tem razão de ser pois embora o contrato seja acordado entre o credor hipotecário e a seguradora, o certo é que as despesas dele derivadas são imputadas ao devedor, pelo que este tem interesse em que o valor acordado não seja excessivo.

Saliente-se que o facto de o constituinte da hipoteca poder administrar regularmente o bem hipotecado implica a possibilidade de celebrar em relação a este bem um contrato de arrendamento. Essa faculdade de administração compreende tanto a administração ordinária, como a extra-ordinária, não sendo feita qualquer distinção. Em regra, a celebração de um contrato de arrendamento consubstancia um acto de administração ordinária, salvo quando se trate de arrendamento sujeito a registo, caso em que a sua celebração configura um acto de administração extra-ordinária (cf. o disposto no artigo 13.º da Lei do Inquilinato[1179]). No caso guineense, o arrendamento nem sempre é sujeito a registo, uma vez que a *alínea p)* do n.º 1 do artigo 2.º do Código de Registo Predial determina que tal apenas se verifica no caso de arrendamento por prazo superior a

---

[1179] Aprovada pelo Decreto n.º 13-A/89, de 9 de Junho de 1989, e publicada no 2.º Suplemento ao Boletim Oficial n.º 23, de 9 de Junho de 1989.

seis anos. Tratando-se de arrendamento sujeito a registo nos termos deste artigo, convém que a inscrição seja efectuada, caso contrário o arrendamento não será oponível a terceiros.

É de salientar as desvantagens práticas da admissibilidade do arrendamento de bem imóvel hipotecado, por desse acto poder resultar uma importante desvalorização do valor de mercado do bem, o que pode implicar um prejuízo para o credor hipotecário aquando da venda executiva do mesmo. Com efeito, regra geral, o valor de um bem arrendado é menor do que o de um bem livre, podendo mesmo acontecer que haja conluios entre o autor da hipoteca e o arrendatário com vista a reduzir o valor de venda do bem e a defraudar as expectativas dos credores.

Sobre este assunto, é de referir que o art. 63.º da Lei do Inquilinato, que estabelece, no âmbito do arrendamento urbano, o Princípio *emptio non tollit locatum*, determinando que: *"Seja qual for a forma do contrato e salvo o disposto no n.º 3 do artigo 14.º, os direitos e obrigações do senhorio transmitem-se com a propriedade do prédio ou com o direito ao abrigo do qual o arrendamento foi concedido, quer a sucessão seja negocial, quer judicial, a título singular ou universal"*. Este regime, que tem essencialmente em vista a protecção do arrendatário, estabelece que o arrendamento não caduca pelo facto de o senhorio transmitir a terceiro o direito com base no qual celebrou o contrato de arrendamento, ficando antes este terceiro legalmente sub-rogado nos direitos e obrigações decorrentes do arrendamento, como se tivesse sido ele a celebrar o contrato.

O artigo 63.º da LI aproxima-se do artigo 1057.º do CC, que afirma o mesmo princípio para todo e qualquer contrato de locação, com a particularidade de concretizar que a sub-rogação legal do adquirente na posição jurídica de senhorio se verifica quer o direito tenha sido transmitido a título negocial, quer a título judicial. A propósito do artigo 1057.º do CC, alguma doutrina portuguesa põe em dúvida a vigência do princípio *emptio non tollit locatum* em caso de venda judicial do bem locado, mas no caso guineense a Lei do Inquilinato veio esclarecer essas dúvidas, afirmando claramente a vigência do regime, independentemente da natureza do acto de transmissão do direito. Contudo, não se distinguiu a situação em que a data de constituição do arrendamento é anterior ao direito real de garantia que originou a venda judicial do bem, da situação em que esse arrendamento só foi celebrado após a constituição da garantia real. Neste ponto, a maioria da doutrina entende, a respeito do Código Civil, que deve ser aplicado, directamente ou por analogia, o regime constante do n.º 2 do artigo 824.º do CC, nos termos do qual: *"Os bens são transmitidos livres dos direitos de garantia que os onerarem, bem como dos demais direitos reais que não tenham registo anterior ao de qualquer arresto, penhora ou garantia, com excepção dos que, constituídos em data anterior, produzam efeitos em relação a terceiros independentemente de registo."*[1180]. Da aplicação desta regra resulta uma consequência muito simples: se o arrendamento for anterior à constituição do direito real de garantia que originou a venda judicial do bem, é o arrendamento que prevalece, pois no momento em que a garantia foi constituída o bem já se encontrava arrendado. Diversamente, se a hipoteca foi constituída sobre um bem "livre", é a hipoteca que prevalece, donde resulta que em caso de venda executiva o arrendamento irá caducar, nos termos do n.º 2 do artigo 824.º do CC.

Neste sentido se tem ainda manifestado a maior parte da jurisprudência portuguesa, como aconteceu, por exemplo, no Acórdão do STJ de 3/12/1998[1181], onde se decidiu que: *"1. O artigo 1057, do Código Civil, não se aplica aos casos de venda judicial de imóvel hipotecado que foi objecto de arrendamento por contrato, não registado, celebrado após o registo da hipoteca. 2. Tal arrendamento caduca, em tais circunstâncias, por força do n. 2, do artigo 824, do mesmo código, aplicável analogicamente."*. No mesmo sentido se pronunciou este Tribunal no Acórdão de 31/10/2006[1182], onde referiu que o contrato de arrendamento era considerado como um verdadeiro ónus em relação ao prédio, o que justificava que, tendo sido celebrado após a constituição da hipoteca, a venda executiva deste fizesse caducar o arrendamento. De notar que, neste último caso, o adquirente do prédio "onerado" com o arrendamento apenas exigiu a desocupação do prédio por parte do arrendatário oito anos após a aquisição, mas, mesmo assim, o STJ entendeu que não havia aqui abuso de direito da parte deste. Ainda a Relação de Lisboa, no seu Acórdão de 29/06/

[1180] Para mais desenvolvimentos sobre este assunto, consultar José de Oliveira Ascensão, *A locação de bens dados em garantia*, em *Revista da Ordem dos Advogados*, Ano 45, Setembro de 1985, pp. 345 e seguintes; Manuel Henrique Mesquita, *Obrigações reais e ónus reais*, Coimbra, Almedina, 1990, pp. 140 e seguintes; José Alberto Vieira, *Arrendamento de imóvel dado em garantia*, em *Estudos em Homenagem ao Prof. Doutor Inocêncio Galvão Telles*, IV Vol. – Novos Estudos de Direito Privado, Coimbra, Almedina, 2003, pp. 438 e seguintes; Cláudia Madaleno, *A vulnerabilidade das garantias reais*, ob. cit., pp. 292 e seguintes.

[1181] Disponível em www.dgsi.pt.

[1182] Disponível em www.dgsi.pt.

/2006[1183], concluiu que o arrendamento celebrado depois da penhora do bem era ineficaz em relação ao adquirente do prédio na venda executiva, considerando ainda que a solução contrária *"se traduziria numa inadmissível desvalorização da garantia"*. Neste caso, alegou-se a anterioridade do arrendamento relativamente à hipoteca, mas o tribunal entendeu que tal não tinha sido devidamente provado, pois a mera junção de um documento particular com data anterior ao registo da hipoteca não era considerada suficiente, até porque era provável que nem sequer houvesse contrato, por o mesmo ter sido simulado.

O recurso à solução estabelecida no artigo 824.º, n.º 2, do CC, justifica-se, no caso português, pela ausência de uma norma directamente destinada a solucionar o problema da subsistência ou não do direito do locatário em caso de venda executiva. Porém, no caso da Guiné-Bissau, o art. 63.º da LI estabelece claramente que em caso de transmissão judicial o adquirente fica sub-rogado na posição jurídica de senhorio, embora sem concretizar se isso acontece independentemente da data de celebração do contrato de arrendamento ser anterior ou posterior à de constituição do direito real de garantia. Contudo, entendemos que apesar de não se fazer essa distinção no artigo 63.º da LI, a mesma deve continuar a valer na Ordem Jurídica Guineense. Com efeito, o art. 63.º da LI é demasiado amplo, abrangendo quer os casos de arrendamento anterior, quer os de arrendamento constituído posteriormente ao direito real de garantia, ao arresto ou à penhora do bem. Assim sendo, julgamos que este artigo deve ser concatenado com o n.º 2 do artigo 824.º do CC, com vista a fazer uma interpretação restritiva do art. 63.º da LI, na medida em que a aplicação do regime nele instituído só faz sentido quando o arrendamento seja anterior ao direito real de garantia, ao arresto ou à penhora que funda a execução. Diferentemente, sendo posterior, deve entender-se que o arrendamento caduca, por força do n.º 2 do art. 824.º do CC, aplicável por interpretação extensiva ou por analogia. Se assim não fosse, seria muito fácil defraudar as expectativas do credor hipotecário, celebrando apenas um contrato de arrendamento posterior à garantia, sendo que quando o bem fosse vendido judicialmente o credor receberia um valor abaixo do seu crédito, ficando por ressarcir o remanescente. Neste sentido, a aplicação conjugada do artigo 63.º da LI e do artigo 824.º, n.º 2, do CC, permite tutelar os interesses do credor hipotecário contra os eventuais conluios entre o autor da hipoteca e os terceiros arrendatários. Ainda assim, é de

---

[1183] Disponível em www.dgsi.pt.

notar que a aplicação do n.º 2 do artigo 824.º do CC apenas pode ser feita mediante recurso à interpretação extensiva ou à analogia, pois é geralmente aceite que o direito do arrendatário é um direito pessoal de gozo e não um direito real.

A situação será menos problemática no caso de arrendamento sujeito a registo, em que vigora sem nenhuma dúvida o Princípio da prioridade temporal de constituição do direito. Por conseguinte, se o registo do arrendamento for posterior ao da hipoteca, não haverá em princípio oponibilidade ao credor hipotecário, o que significa que, no caso de a coisa ser vendida judicialmente por incumprimento da obrigação garantida pela hipoteca, o arrendamento caducará. Com efeito, a hipoteca anterior onera o bem antes do arrendamento, pelo que, quando o bem é arrendado, já estava anteriormente onerado pela garantia hipotecária. Assim sendo, tal arrendamento sujeita-se à oneração mais antiga, podendo caducar em caso de execução judicial da hipoteca. Diferentemente, se a coisa já se encontrava arrendada a terceiro quando foi constituída a hipoteca, e se o arrendamento foi devidamente registado, é a própria hipoteca que se sujeita à anterioridade do arrendamento, o qual não deve caducar mesmo que o bem tenha de ser vendido judicialmente no âmbito de uma acção executiva. Este regime reforça a necessidade de conjugar o artigo 63.º da LI com outros pontos do sistema jurídico guineense, pois este artigo nem sequer refere a possibilidade de o arrendamento ser sujeito a registo e de o registo ser anterior à constituição da garantia que suscita a venda judicial, situação esta em que é evidente, por força das regras do registo, que prevalece o direito primeiramente registado. Ora, a ausência da menção a esta situação no artigo 63.º é mais uma prova de que este artigo não pode ser aplicado isoladamente, devendo ser conjugado com as regras do registo no caso de arrendamento sujeito a registo, e com o n.º 2 do artigo 824.º do CC, aplicável por interpretação extensiva ou por analogia aos casos de arrendamento não sujeito a registo.

Relativamente à faculdade de disposição, o dador de hipoteca também mantém de pleno direito o poder de disposição do bem hipotecado[1184]. Isto significa que pode alienar, a título gratuito ou oneroso, o direito hipotecado, podendo igualmente constituir uma nova hipoteca sobre o mesmo bem, ou constituir sobre ele outros direitos reais menores. No

---

[1184] Cf. FRANÇOIS ANOUKAHA, JOSEPH ISSA-SAYEGH, AMINATA CISSE-NIANG, ISAAC YANKHOBA NDIAYE, MESSANVI FOLI e MOUSSA SAMB, *OHADA. Sûretés*, ob. cit., p. 192.

entanto, os actos de disposição e de oneração posteriores ao registo da hipoteca são inoponíveis ao credor hipotecário, o que significa que este pode executar o bem hipotecado mesmo que este bem tenha sido transmitido a terceiro ou mesmo que tenha sido novamente onerado a outrem. Este regime não resulta expressamente do AUG, que não contém uma regra directamente destinada a esse efeito, mas sim da própria lógica das garantias reais, uma vez que o credor titular da garantia não é, em caso algum, prejudicado pela alienação do direito ou pela oneração do bem posterior à constituição da sua garantia. Com efeito, com base no Princípio da prioridade temporal de constituição dos direitos, a garantia hipotecária anterior é sempre oponível, quer ao sub-adquirente do bem, quer ainda ao credor posterior a favor de quem tenha sido constituída nova garantia sobre ele. Assim sendo, como o credor hipotecário não é prejudicado pelos actos posteriores à sua garantia, também não faz sentido que se lhes possa opor.

Na falta de uma norma sobre esta questão no AUG, é aplicável o disposto no artigo 695.º do CC, que se mantém em vigor por não existir contrariedade com nenhuma disposição emanada da OHADA. De acordo com este preceito, *"É igualmente nula a convenção que proíba o respectivo dono de alienar ou onerar os bens hipotecados, embora seja lícito convencionar que o crédito hipotecário se vencerá logo que esses bens sejam alienados ou onerados."*. As partes não podem incluir no contrato de hipoteca uma cláusula que proíba a pessoa que constitui a garantia de alienar ou onerar novamente o bem a outrem, precisamente porque tais actos, sendo posteriores à hipoteca, são inoponíveis ao credor hipotecário, não o prejudicando. Tal cláusula, no caso de ser acordada, é nula, mas não afecta a validade da hipoteca convencionada. O artigo 695.º admite, porém, que as partes acordem uma cláusula de exigibilidade antecipada, isto é, que estabeleçam que a alienação ou a oneração do bem confere ao credor hipotecário a faculdade de exigir imediatamente o cumprimento da dívida garantida pela hipoteca. As cláusulas de exigibilidade antecipada correspondem ao exercício da autonomia privada das partes, sendo permitidas nos termos do artigo 405.º do CC, pelo que, em bom rigor, nem seria necessária uma menção especial do artigo 695.º a esta situação. A faculdade de exigência antecipada justifica-se pela desconfiança que a alienação ou a oneração posterior do bem pode criar no credor hipotecário, pois se o autor da hipoteca aliena o bem ou o onera novamente isso poderá ser um indício de dificuldades financeiras.

7.6.3. Direito de o credor intentar uma execução hipotecária

Segundo Léon Messanvi Foli, o direito do credor é diferido e quase virtual, pois apenas aparece no momento de execução da garantia[1185]. Antes desse momento, ele não tem direito de uso nem de disposição sobre a coisa hipotecada. Além disso, o seu direito reduz-se à possibilidade de provocar a venda do bem, afim de obter o ressarcimento do seu direito de crédito.

É designada de execução hipotecária a acção executiva cujo título executivo consiste numa hipoteca[1186]. Não sendo cumprida a obrigação garantida, o credor hipotecário pode executar imediatamente o seu título, perseguindo o bem do devedor ou do terceiro que lhe foi hipotecado e pagando-se preferencialmente pelo produto da venda deste bem (cf. o disposto no artigo 146.º do AUG e o n.º 3 do artigo 686.º do CC, proposto pelo Ajustamento).

Na redacção originária do Código Civil, a execução judicial não podia ser dispensada, o que decorria directamente da proibição do pacto comissório plasmada no art. 694.º, nos termos do qual: *"É nula, mesmo que seja anterior ou posterior à constituição da hipoteca, a convenção pela qual o credor fará sua a coisa onerada no caso de o devedor não cumprir."*. Assim, o pacto comissório é sempre nulo, quer seja anterior, contemporâneo ou posterior à constituição da hipoteca, o que significa que em caso de incumprimento da obrigação garantida o credor deve executar judicialmente a hipoteca, obtendo a venda executiva do bem e tendo direito a ser pago preferencialmente pelo produto da venda.

Por sua vez, o AUG não contém uma disposição semelhante ao artigo 694.º do CC, limitando-se a determinar, no § 1 do seu artigo 146.º, que em caso de incumprimento da dívida garantida o credor poderá exercer o seu direito de sequela e o seu direito de preferência em conformidade com o art. 117.º. Não obstante a referência ao art. 117.º, o qual, por sua vez, contém uma remissão para o art. 148.º, relativo à distribuição do preço da venda dos bens imóveis em sede de acção executiva, nada no

---

[1185] Cf. Léon Messanvi Foli, *Présentation de l'acte uniforme portant organisation du droit des sûretés*, ob. cit., p. 25.

[1186] De acordo com a *alínea d)* do n.º 1 do artigo 46.º do CPC, proposto pela Reforma do Regime Jurídico Relativo aos Processos Simplificados de Cobrança e de Execução, que procedeu ao Ajustamento entre o Acto Uniforme da OHADA Relativo à Organização dos Processos Simplificados de Cobrança e de Execução e o Direito Interno Guineense, os actos notariais dotados de força executiva são títulos executivos.

regime da hipoteca constante do AUG nos refere que este é um regime injuntivo. Assim sendo, ficou consagrado que o direito do credor hipotecário deve ser exercido através de uma acção executiva, mas não se determinou, de forma directa, a proibição do pacto comissório, sendo discutível se as partes podem ou não afastar este regime, convencionando que o credor pode ficar com o bem hipotecado em caso de incumprimento da obrigação garantida.

É diferente a solução adoptada pelo AUG no caso do penhor, em que o § 3 do n.º 1 do art. 56.º estabelece peremptoriamente que *"qualquer cláusula do contrato de penhor que autorize a venda ou a adjudicação da coisa empenhada sem a observância das formalidades previstas neste artigo é considerada não escrita."*. No âmbito do contrato de penhor o legislador OHADA foi rigoroso na imposição de que o credor pignoratício tem obrigatoriamente de recorrer aos meios judiciais com vista a obter a venda executiva do bem empenhado. Ora, não tendo sido estabelecido regime semelhante para a hipoteca, é legítima a dúvida de saber se e em que termos a proibição do pacto comissório continua a vigorar no Ordenamento Jurídico Guineense para esta garantia. Com efeito, são admissíveis várias soluções, nomeadamente:

1) Em primeiro lugar, pode considerar-se que o AUG apenas proíbe o pacto comissório para o contrato de penhor, mas que, em contraposição, o silêncio na regulamentação da hipoteca sobre esta questão é um indício de que as partes podem convencionar que em caso de incumprimento o credor hipotecário pode ficar com a coisa hipotecada para si.

2) Outra hipótese interpretativa reside em considerar que o disposto no § 3 do n.º 1 do art. 56.º do AUG é o afloramento de um princípio geral de Direito civil, pelo que o mesmo deve ser aplicado por analogia à hipoteca de maneira a impedir que o credor possa ficar com a coisa hipotecada sem que haja um controlo mínimo por parte do tribunal.

3) Por fim, uma terceira possibilidade poderá ser a aplicação subsidiária do artigo 694.º do CC, em consonância com a tese que propugna a mera revogação individualizada, parcial e tácita do Direito interno. Como o AUG não contém uma regra contrária ao disposto neste artigo, isso significa que esta norma se mantém plenamente em vigor, não tendo sido revogada pelo Acto Uniforme.

Segundo Luís Menezes Leitão[1187], o artigo 146.º do AUG mantém, tacitamente, a proibição de pacto comissório constante do artigo 694.º do CC. Pela nossa parte, concordamos parcialmente com este entendimento, na medida em que a remissão efectuada por este artigo para o artigo 117.º, cujo segundo parágrafo remete, por seu turno, para as regras de penhora de bens imóveis, consubstancia, em princípio, a proibição do pacto comissório e a consequente necessidade de o credor recorrer às instâncias judiciais afim de executar a garantia hipotecária. Contudo, o que não resulta do artigo 146.º do AUG é o carácter injuntivo ou supletivo deste regime, podendo discutir-se se as partes o podem afastar, convencionando que o credor pode ficar com o bem hipotecado em caso de incumprimento. A nosso ver, diante das hipóteses acima enunciadas, consideramos que a solução deverá passar necessariamente pela aplicação injuntiva do princípio da proibição do pacto comissório, quer por via da aplicação analógica do art. § 3 do n.º 1 do 56.º do AUG, quer, em alternativa, por via da aplicação do artigo 694.º do CC. Com efeito, no caso do penhor, o regime instituído funciona como afloramento de um princípio geral vigente para as garantias reais, abrangendo quer o próprio penhor, quer também a hipoteca. Por sua vez, o recurso ao artigo 694.º do CC é justificado pela ausência de contradição com o AUG, donde resulta que, por força da aplicação da tese da revogação individualizada, tácita e parcial, se mantêm vigentes as disposições internas não contrárias aos Actos Uniformes. Assim sendo, concluímos que a proibição do pacto comissório é injuntiva, não podendo ser afastada mediante convenção das partes no contrato de hipoteca.

Note-se, no entanto, que o credor é obrigado a intentar uma acção executiva com vista à venda do bem, mas esta venda não é, obrigatoriamente, uma venda judicial. Actualmente, os artigos 857.º e seguintes do CPC[1188] admitem a venda voluntária dos bens penhorados, quando o executado tome essa iniciativa. Caso contrário, o bem é vendido em hasta pública, ao abrigo dos artigos 861.º e seguintes do CPC. A admissibilidade de venda extrajudicial vai ao encontro dos interesses dos credores, por

---

[1187] Conferência proferida no Curso de Pós-Graduação em Direito Bancário, organizado pelo Faculdade de Direito de Bissau entre Janeiro e Março de 2007.

[1188] Estes artigos foram propostos pela Reforma do Regime Jurídico Relativo aos Processos Simplificados de Cobrança e de Execução, que procedeu ao Ajustamento entre o Acto Uniforme da OHADA Relativo à Organização dos Processos Simplificados de Cobrança e de Execução e o Direito Interno Guineense.

permitir a alienação do bem a um valor tendencialmente superior ao obtido na venda em hasta pública, sendo, contudo, de lamentar que tal possibilidade dependa em exclusivo da iniciativa do devedor.

a) Meios de defesa do autor da hipoteca

O AUG não contém nenhuma regra em matéria de meios de defesa do autor da hipoteca contra a execução hipotecária. Não obstante esta omissão, existem dois tipos de meios de defesa: por um lado, os meios de defesa inerentes à hipoteca, e, por outro, os meios de defesa resultantes da acessoriedade em relação à obrigação garantida.

Relativamente aos meios de defesa inerentes à hipoteca, independentemente de esta ter sido constituída pelo devedor ou por um terceiro, podem ser invocadas contra o credor quaisquer invalidades ou a ineficácia da garantia decorrentes do regime legal vigente. Por exemplo, constitui causa de nulidade da hipoteca a falta de legitimidade da pessoa que a constituiu a favor do credor, assim como a inobservância da forma exigida no artigo 128.º do AUG.

Por sua vez, no que se refere aos meios de defesa resultantes da obrigação garantida pela hipoteca, Luís Menezes Leitão faz uma distinção[1189], considerando que se a hipoteca tiver sido constituída pelo próprio devedor, se aplica o artigo 697.º do CC; por outro lado, se tiver sido constituída por terceiro, são de aplicar os números 1 e 2 do artigo 698.º do CC, que remetem para o regime jurídico da fiança.

Deve entender-se que tanto o artigo 697.º como o artigo 698.º do CC se mantêm em vigor, por não existir contrariedade com nenhuma disposição do AUG, uma vez que este é omisso em matéria de meios de defesa a respeito da execução hipotecária. Assim sendo, é perfeitamente legítimo o recurso ao Direito interno, com fundamento na revogação meramente individualizada, tácita e parcial produzida pelos Actos Uniformes da OHADA.

Adoptando a solução proposta por aquele autor, se a hipoteca tiver sido constituída pelo próprio devedor, o artigo 697.º do CC estabelece que o seu único meio de defesa consiste em impedir a execução de outros bens do seu património *"enquanto se não reconhecer a insuficiência da*

[1189] Conferência proferida no Curso de Pós-Graduação em Direito Bancário, organizado pelo Faculdade de Direito de Bissau entre Janeiro e Março de 2007.

garantia", podendo ainda opor-se a que, relativamente aos bens que se encontram onerados, a execução se estenda para além do necessário ao ressarcimento do credor. Isto significa que a defesa do devedor é manifestamente reduzida, pois pode apenas salvaguardar o seu património da acção do credor obrigando-o a executar previamente os bens onerados com a hipoteca e apenas na medida do necessário para a sua satisfação.

Diversamente, tratando-se de hipoteca constituída por terceiro, o n.º 1 do artigo 698.º do CC amplia as possibilidades de defesa, uma vez que o dador de hipoteca pode opor ao credor, *"ainda que o devedor a eles tenha renunciado, os meios de defesa que o devedor tiver contra o crédito, com exclusão das excepções que são recusadas ao fiador"*. Temos aqui uma remissão para o regime jurídico da fiança, nomeadamente para os artigos 18.º e 7.º do AUG, por força da qual o terceiro pode invocar contra o credor hipotecário todos os meios de defesa que assistem ao devedor e que sejam relativos à obrigação garantida e susceptíveis de reduzir, extinguir ou diferir o cumprimento da garantia hipotecária. Assim sendo, se a dívida garantida padecer de nulidade, o terceiro poderá argui-la perante o credor hipotecário, afim de obstar à sua pretensão de execução do bem hipotecado. Contudo, tratando-se de anulabilidade da dívida garantida, aplica-se aqui, por força da remissão, a excepção à acessoriedade consignada na segunda parte do primeiro parágrafo do artigo 7.º do AUG, nos termos da qual se a invalidade resulta de incapacidade do devedor garantido que era conhecida do terceiro aquando da constituição da hipoteca, esta será válida, não obstante a invalidade da obrigação garantida. Ainda nos termos da parte final deste artigo, o terceiro poderá invocar a anulabilidade da dívida garantida mesmo que o devedor garantido tenha confirmado o negócio, contanto que o terceiro não haja expressamente renunciado a essa invocação. Por conseguinte, a remissão determina a plena aplicabilidade do regime da fiança em sede de hipoteca constituída por terceiro. Esta remissão faz todo o sentido na medida em que o terceiro que constitui a hipoteca assume uma posição semelhante à do fiador, sujeitando uma parte do seu património à acção do credor em garantia de uma dívida alheia. A única diferença é que o fiador onera, em princípio, a totalidade do seu património, enquanto o terceiro que constitui a hipoteca onera apenas um dos seus bens, embora confira ao credor uma preferência de pagamento, contrariamente ao que acontece na fiança.

Ainda o n.º 2 do artigo 698.º do CC confere ao terceiro a faculdade de se opor à execução *"enquanto o devedor puder impugnar o negócio donde provém a sua obrigação, ou o credor puder ser satisfeito por compensação com um crédito do devedor, ou este tiver a possibilidade de se valer da compensação com uma dívida do credor."*. Igualmente esta possibilidade é desconhecida do AUG, que não se pronuncia sobre a matéria, o que justifica o recurso ao Direito interno. Assim sendo, numa lógica de garantia, pretende-se que o credor hipotecário só possa atingir o terceiro quando se esgotem as suas possibilidades de acção contra o devedor garantido, principal responsável pela dívida. Por essa razão, se o devedor puder impugnar o negócio, o terceiro pode opor-se à execução, uma vez que tal indica que há a possibilidade de a dívida garantida ser declarada inválida ou extinta, extinguindo-se igualmente a garantia. Relativamente à compensação entre credor e devedor, esta situação explica-se pelo facto de o credor ter ainda forma de se ressarcir com recurso ao devedor, donde, sendo a hipoteca apenas uma garantia, só faz sentido que funcione em última instância, quando o credor não logre satisfazer o seu crédito através do devedor.

7.6.4. Preferência de pagamento

Nos termos do artigo 146.º do AUG[1190], que remete para o art. 148.º, o credor hipotecário é pago em terceiro lugar. A hipoteca confere-lhe o direito a receber o capital em dívida, bem como as despesas e os juros de três anos (cf. art. 117.º do AUG).

No caso de haver várias hipotecas constituídas sobre o mesmo bem, a ordem de pagamento é efectuada segundo a ordem de inscrição no registo (cf. artigo 148.º, 3.º, do AUG e *alínea c)* do n.º 1 do artigo 760.º do CC, proposto pelo Ajustamento). Se a inscrição tiver sido feita no mesmo dia, os credores hipotecários são graduados no mesmo lugar, independentemente da hora da inscrição[1191].

Em caso de perecimento da coisa hipotecada, o direito do credor é exercido sobre o valor da indemnização do seguro, por sub-rogação no lugar da coisa hipotecada (cf. artigo 117.º, § 4, do AUG). Neste caso, é permitido que a hipoteca tenha por objecto algo que normalmente não pode ter, que é o dinheiro, cujo regime se molda pelo penhor de créditos[1192].

[1190] Cf. também o disposto no n.º 3 do artigo 686.º e na *alínea c)* do n.º 1 do artigo 760.º do CC, propostos pelo Ajustamento entre o AUG e o Direito interno.

[1191] Cf. FRANÇOIS ANOUKAHA, JOSEPH ISSA-SAYEGH, AMINATA CISSE-NIANG, ISAAC YANKHOBA NDIAYE, MESSANVI FOLI e MOUSSA SAMB, *OHADA. Sûretés*, ob. cit., p. 194.

[1192] Cf. LUÍS MENEZES LEITÃO, *Garantias das obrigações*, ob. cit., p. 219.

Neste ponto, entende-se que continua a vigorar o disposto no artigo 692.º do CC, nos termos do qual ocorrendo a perda, a deterioração ou a diminuição da coisa hipotecada e, advindo desse facto um direito a indemnização para o seu dono, *"os titulares da garantia conservam, sobre o crédito respectivo ou as quantias pagas a título de indemnização, as preferências que lhes competiam em relação à coisa onerada."*. De certo modo, o artigo 692.º do CC é mais amplo do que o quarto parágrafo do artigo 117.º do AUG, pois este apenas refere a indemnização do seguro, enquanto o art. 692.º admite a sub-rogação em relação a toda e qualquer indemnização a que haja lugar na decorrência da perda, deterioração ou diminuição de valor da coisa hipotecada. Não obstante, julgamos que não existe contradição entre os preceitos, o que justifica a manutenção em vigor do artigo 692.º do CC.

Acresce que, de acordo com o n.º 2 do artigo 692.º do CC, depois de ser notificado da existência da hipoteca, o obrigado à indemnização não se pode liberar do cumprimento da sua obrigação pagando ao dono da coisa hipotecada com prejuízo dos direitos conferidos ao credor hipotecário. Isto significa que, se a indemnização for paga ao dono da coisa hipotecada, continua a existir a obrigação de pagar ao credor hipotecário, que mantém a mesma preferência de pagamento resultante da hipoteca, não obstante a perda, a deterioração ou a diminuição de valor da coisa hipotecada. Assim sendo, o obrigado à indemnização poderá ser obrigado a cumprir uma segunda vez, perante o credor hipotecário, ainda que haja lugar à repetição do indevido contra o dono da coisa hipotecada, com vista a evitar o enriquecimento sem causa deste.

Por fim, o n.º 3 do artigo 692.º do CC estende ainda o regime da sub-rogação aos casos de indemnização por expropriação ou requisição, ou por extinção do direito de superfície, ao preço da remição do foro e a outros casos análogos a estes.

7.6.5. *Exigibilidade antecipada ou substituição da hipoteca*

O artigo 145.º do AUG determina que um dos efeitos possíveis da hipoteca consiste na exigibilidade antecipada do direito do credor ou na possibilidade de exigir uma nova hipoteca, desde que se preencham os seguintes requisitos:

1) O imóvel hipotecado tornou-se insuficiente para garantir o crédito;
2) Tal facto deveu-se a destruição ou à deterioração do bem.

O AUG não refere a quem é imputável esta destruição ou deterioração do bem, mas parece que, pelo menos, não pode ser devida a um acto do próprio credor, pois nesse caso haveria abuso de direito da sua parte, na modalidade de *tu quoque*. Com efeito, não faria sentido que fosse o próprio credor a diminuir a garantia hipotecária e pudesse ao mesmo tempo beneficiar desse facto, exigindo antecipadamente o cumprimento ou podendo exigir a constituição de uma nova hipoteca.

Preenchendo-se os requisitos mencionados, verifica-se uma modificação superveniente à constituição da hipoteca que vem pôr em causa o ressarcimento do credor hipotecário, na medida em que o bem hipotecado se desvalorizou de tal forma que é insuficiente para cobrir a dívida garantida. Esta situação confere ao credor a possibilidade de optar entre exigir antecipadamente o cumprimento da dívida ou exigir a substituição da hipoteca. Relativamente à segunda hipótese, o credor pode exigir que seja constituída nova hipoteca, no lugar da anterior, sobre um outro bem do devedor ou de terceiros.

Não se encontra no Ajustamento uma norma dirigida à transposição deste artigo, mas, não obstante essa falta, o regime nele estabelecido continua a vigorar na Ordem Jurídica Guineense por força da aplicabilidade directa dos Actos Uniformes determinada pelo artigo 10.º do TOHADA.

7.7. Vicissitudes da hipoteca

7.7.1. *Extensão da hipoteca*

Por não haver incompatibilidade com o AUG, entende-se que se mantém em vigor o artigo 699.º do CC. Nos termos do n.º 1 deste artigo, se a coisa hipotecada for objecto de usufruto que, entretanto, se tenha extinto, o direito do credor hipotecário passa a ser exercido sobre a coisa como se esse usufruto nunca tivesse sido constituído. Diferentemente, se a hipoteca incidia sobre o próprio usufruto, a extinção deste determina, de igual modo, a extinção da hipoteca (cf. art. 699.º, n.º 2, do CC), a menos que se verifique uma das circunstâncias previstas no n.º 3 deste artigo, a saber: se a extinção do usufruto resultar de renúncia, da transferência dos direitos do usufrutuário para o proprietário ou da aquisição da propriedade por parte daquele. Em caso de renúncia, como se trata de um acto unilateral do usufrutuário, não faria sentido que este acto pudesse afectar a hipoteca contratualmente acordada. Relativamente às outras situações, nelas o usufruto extingue-se para dar lugar a um direito mais amplo, que é a plena propriedade, não fazendo também sentido a extinção da hipoteca, na medida em que o direito se reforçou.

7.7.2. Redução da hipoteca

Durante a vigência da hipoteca pode ocorrer a sua redução nos termos dos artigos 718.º a 720.º do CC. Este é um assunto não abordado pelo AUG, o que significa que é admissível o recurso subsidiário ao Direito interno, por não existir incompatibilidade de conteúdo com o Acto Uniforme.

O artigo 718.º do CC admite que a redução da hipoteca possa resultar tanto de acordo das partes, como de uma decisão judicial. Dificilmente o credor aceitará a redução da sua garantia, pelo que na maioria das vezes a redução será fruto de uma decisão judicial.

Tratando-se de redução voluntária, ela apenas pode ser consentida por quem puder dispor da hipoteca, gozando também da faculdade de renúncia à mesma (cf. artigo 719.º do CC).

Por sua vez, se a redução for judicial, o artigo 720.º do CC estabelece que, no caso de hipoteca coerciva, qualquer interessado pode requerer a redução, quer dos bens abrangidos pela hipoteca, quer da quantia garantida, *"excepto se, por convenção ou sentença, a coisa onerada ou a quantia assegurada tiver sido especialmente indicada."*. No caso de convenção, a excepção justifica-se para evitar o *venire contra factum proprium* do autor da hipoteca, que acordou a garantia especificamente com o credor, bem como para tutelar as legítimas expectativas que este tem na decorrência daquele acordo. Tratando-se de indicação específica numa decisão judicial também não se admite a redução por isso afectar o caso julgado que entretanto se formou. Não obstante, em ambos os casos, bem como no de hipoteca convencional, a redução é permitida excepcionalmente no n.º 2 do artigo 720.º do CC, em duas situações, nomeadamente:

1) Quando a dívida garantida se encontrar reduzida a menos de dois terços do seu montante inicial devido a cumprimento parcial ou a outra causa de extinção;
2) Quando a coisa ou o direito hipotecado se tenha valorizado em mais de um terço do seu valor devido a acessões naturais ou a benfeitorias.

Ambas as situações consubstanciam manifestações da proibição do desequilíbrio no exercício de direitos, não sendo razoável, de acordo com o Princípio da boa fé, que a hipoteca se mantenha inalterada se alguma delas ocorrer.

7.8. Situação jurídica do terceiro adquirente do bem hipotecado

7.8.1. *Expurgo da hipoteca*

O AUG não proíbe a alienação dos bens hipotecados, bem como o Código Civil, pelo que se admite a liberdade do autor da hipoteca alienar o bem objecto da garantia. A razão de ser desta liberdade reside no facto de tal alienação em nada afectar o credor hipotecário, que poderá sempre executar a hipoteca contra o adquirente.

Assim sendo, a venda do bem hipotecado é perfeitamente válida, podendo, não obstante, verificar-se uma venda de bens onerados no caso de o comprador desconhecer sem culpa sua o ónus que impende sobre a coisa (cf. artigos 905.º e seguintes do CC). Nos termos dos artigos 117.º e 145.º, § 2, do AUG, o credor hipotecário tanto pode exercer os seus direitos contra o devedor, como contra qualquer terceiro adquirente da coisa hipotecada, na medida em que a hipoteca consubstancia um direito real de garantia que é oponível *erga omnes*. Assim, mesmo que a coisa hipotecada tenha sido alienada, o credor hipotecário mantém o seu direito de intentar a execução hipotecária, bem como de se pagar preferencialmente pelo produto da venda judicial do bem. Naturalmente que tal só sucede na medida em que a inscrição da hipoteca seja anterior à inscrição da aquisição por parte do terceiro. Não obstante, como o terceiro adquirente não é devedor, ele pode optar por uma de duas alternativas:

1) Contestação da hipoteca;

Esta é uma possibilidade muito reduzida, pois será muito raro conseguir ganhar ao credor hipotecário, que constituiu e registou uma hipoteca válida e eficaz sobre o bem.

2) Expurgação da hipoteca;

A expurgação da hipoteca é o meio conferido ao terceiro adquirente de desonerar o bem por si adquirido. Esta possibilidade é igualmente conferida ao terceiro adquirente na redacção originária do artigo 721.º do CC, o qual se considera pelo menos parcialmente em vigor. Nos termos deste artigo, o terceiro adquirente pode expurgar a hipoteca por uma de duas vias. Em primeiro lugar, o terceiro pode proceder ao pagamento integral aos credores hipotecários das dívidas que os bens hipotecados garantem, de acordo com o processo especial previsto nos artigos 998.º e seguintes do CPC. Em segundo lugar, pode emitir uma declaração segundo a qual está pronto a entregar aos credores, para pagamento dos seus créditos, até à quantia pela qual obteve os bens, ou aquela em que os estima quando a aquisição tenha sido feita a título gratuito ou não tenha havido fixação do preço (cf. o disposto nos artigos 1002.º e seguintes do CPC).

De notar ainda que, nos termos do artigo 722.º do CC, não apenas o terceiro adquirente como também o doador ou os seus herdeiros gozam do direito de expurgação da hipoteca relativamente aos bens hipotecados pelo donatário de que venham a ser titulares em consequência de revogação da liberalidade ou da sua redução por inoficiosidade.

O recurso à via judicial afim de obter a expurgação consiste numa faculdade conferida ao terceiro adquirente, mas que este não é obrigado a exercer. Todavia, o AUG não reflecte as duas possibilidades referidas no artigo 721.º do CC, limitando-se a estabelecer, no § 3 do art. 146.º, que *"Ainda que o terceiro detentor não esteja obrigado pessoalmente pela dívida, o mesmo pode paralisar a acção do credor, procedendo ao pagamento do montante total do seu crédito, do capital, juros e despesas, ficando subrogado na sua posição."*. Pode assim discutir-se a vigência da expurgação da hipoteca referida na *alínea b)* do artigo 721.º do CC. Com efeito, afigura-se que o AUG apenas acolheu o expurgo da hipoteca mediante o pagamento ao credor de todas as quantias que este tenha direito a receber, nomeadamente em termos de capital, juros e despesas. Nesta hipótese, o terceiro adquirente fica sub-rogado nos direitos de que o credor hipotecário era titular sobre o devedor. Discordamos, pois, do Ajustamento, ao manter em vigor também a *alínea b)* do artigo 721.º do CC, pois entendemos que nesta parte existe contradição com o artigo 146.º, § 3, do AUG, na medida em que neste último apenas é conferida ao terceiro adquirente a faculdade de expurgo da hipoteca mediante pagamento integral ao credor hipotecário, não se admitindo o expurgo por outras vias.

Entretanto, consideram-se em vigor os artigos 723.º a 726.º do CC, por não se encontrarem em contradição com nenhuma disposição do

AUG. Nos termos do n.º 1 do artigo 723.º do CC, a sentença de expurgação da hipoteca só pode ser proferida após ficar demonstrado que todos os credores hipotecários foram citados. Além disso, mesmo que o credor hipotecário citado não tenha comparecido, ele não perde os seus direitos derivados da hipoteca (cf. o disposto no n.º 2 do artigo 723.º do CC). Ainda o n.º 3 deste artigo determina que o requerente é obrigado a depositar as quantias devidas, caso contrário o seu requerimento de expurgação fica sem efeito, não podendo ser renovado, além de que se constitui na obrigação de indemnizar os credores pelos danos causados.

7.8.2. Restante regime jurídico aplicável ao terceiro adquirente da coisa ou do direito hipotecado

Há certos aspectos do regime jurídico da hipoteca que não se encontram regulados no AUG, mas que, não obstante, estão previstos no Direito interno. Ora, não havendo aqui contradição possível com o AUG, precisamente porque neste nada é dito sobre tais matérias, é perfeitamente legítimo o recurso ao Direito interno afim de suprir os eventuais problemas que possam surgir.

Neste sentido, encontra-se em vigor o disposto no artigo 724.º do CC, relativo ao renascimento de direitos reais pela venda judicial ou pelo expurgo da hipoteca. De acordo com o n.º 1 deste artigo, se o adquirente da coisa hipotecada era titular, antes da sua aquisição, de um outro direito real sobre a coisa, esse direito renasce em caso de venda executiva ou de expurgo da hipoteca. Nos termos do n.º 2 do mesmo artigo, renascem também neste momento as servidões que oneravam algum prédio do terceiro adquirente da coisa em benefício do prédio hipotecado, aquando do registo dessa hipoteca.

Outro aspecto do Direito interno que se mantém em vigor é o artigo 725.º do CC, que confere ao credor hipotecário a faculdade de exercer o seu direito contra o adquirente da coisa ou do direito hipotecado antes do vencimento do prazo se, por culpa deste, se verificar a diminuição da segurança do seu crédito.

Por fim, o artigo 726.º do CC equipara o terceiro adquirente da coisa hipotecada ao possuidor de boa fé. Em caso de execução, essa equiparação é efectuada até ao registo da penhora; em caso de expurgo da hipoteca, a equiparação opera até à venda judicial da coisa ou do direito. Por força desta equiparação, aplicam-se ao terceiro adquirente os artigos 1269.º, 1270.º e 1275.º do CC.

7.9. Cessão do grau hipotecário

Uma importante vicissitude da hipoteca consiste na cessão ou alteração do grau do credor hipotecário. Esta situação é mencionada no AUG de forma indirecta, no primeiro parágrafo do artigo 124.º, onde se estabelece que *"Todo o acto relativo a uma hipoteca que implique uma transmissão, alteração de grau, subrogação, renúncia, extinção, é estabelecido, segundo a lei nacional do lugar da situação do imóvel, por acto notarial ou por documento particular, conforme modelo aprovado pela Conservatória do Registo Predial e publicado como o acto pelo qual essa hipoteca é consentida ou constituída."*. Isto significa que a alteração de grau deverá obedecer à mesma forma que a exigida para a constituição da hipoteca.

Não tendo sido estabelecido o regime da alteração de grau no AUG, é legítimo o recurso ao Direito interno, considerando-se plenamente em vigor o artigo 729.º do CC, nos termos do qual *"É também permitida a cessão do grau hipotecário a favor de qualquer outro credor hipotecário posteriormente inscrito sobre os mesmos bens, observadas igualmente as regras respeitantes à cessão do respectivo crédito."*. Assim sendo, a cessão do grau deve ser feita a outro credor hipotecário que tenha inscrito a sua garantia em momento posterior mas sobre os mesmos bens, devendo obedecer ao regime da cessão de créditos. A cessão de grau não precisa do consentimento do devedor, a menos que se trate de hipoteca sobre bens de terceiro, hipótese em que Luís Menezes Leitão defende a aplicação por analogia da segunda parte do n.º 1 do artigo 727.º do CC[1193].

7.10. Transmissibilidade da hipoteca

Uma questão que se pode colocar reside em saber se a hipoteca pode ser transmitida a terceiro sem que ao mesmo tempo seja transmitida a dívida garantida. Este problema é particularmente delicado porque a hipoteca se caracteriza pela acessoriedade, o que à partida implica dizer que tal transmissibilidade se não pode verificar.

O artigo 124.º do AUG nada diz a este respeito, limitando-se a referir a possibilidade de transmissão da hipoteca, sem especificar se essa

---

[1193] Conferência proferida no Curso de Pós-Graduação em Direito Bancário, organizado pelo Faculdade de Direito de Bissau entre Janeiro e Março de 2007.

transmissão é ou não acompanhada da transmissão da dívida garantida. Segundo François Anoukaha e outros, é possível a transmissão da hipoteca sem a simultânea transmissão da dívida garantida, considerando ainda que neste caso é aplicável à transmissão o regime jurídico estabelecido pela lei nacional[1194].

A redacção originária do n.º 1 do artigo 727.º do Código Civil admite a transmissão isolada da hipoteca desde que seja para outro credor do mesmo devedor e contanto que a hipoteca não seja inseparável da pessoa do devedor. Tratando-se de hipoteca constituída por terceiro, a transmissão carece do consentimento deste. Em qualquer dos casos, o regime aplicável à cessão da hipoteca é o regime jurídico da cessão de créditos. De acordo com o Ajustamento, o artigo 727.º do CC manteve--se em vigor, por não haver contrariedade com o AUG.

Naturalmente que a cessão do crédito hipotecário tem que ser feita em relação ao mesmo devedor, isto é, o credor tem que transmitir a hipoteca a alguém que seja também credor daquele devedor. Com efeito, não pode existir uma hipoteca sem uma dívida garantida, porque a hipoteca é acessória de uma obrigação, assegurando ao credor o respectivo cumprimento. Sendo assim, decorre do próprio espírito e da natureza da hipoteca que o credor hipotecário apenas poderá ceder o seu direito no caso de o fazer relativamente a um outro credor do seu devedor.

No caso de a hipoteca ter sido constituída *intuitus personae*, não há possibilidade de transmitir o crédito hipotecário, hipótese esta que se encontra expressamente referida na primeira parte do n.º 1 do artigo 727.º do CC. Contudo, esses casos serão muito raros.

O n.º 1 do artigo 728.º do CC estabelece ainda que a hipoteca cedida garante o novo crédito nos limites do crédito originário. Tal regime justifica-se por a hipoteca resultar de um acordo ou de uma decisão judicial que define o seu âmbito, pelo que não faria sentido que o credor pudesse modificá-lo unilateralmente através da transmissão do seu direito a outro credor. Ainda o n.º 2 deste artigo esclarece que, a partir do momento que a transmissão seja registada, a extinção do crédito originário deixa de afectar a subsistência da hipoteca. A partir do registo tudo se passa como se houvesse apenas uma hipoteca, a favor do credor que se encontra registado, pelo que a dívida que eventualmente aquela hipoteca tenha garantido anteriormente se desliga da garantia, deixando de a afectar, por já não existir acessoriedade em relação a ela.

[1194] Cf. FRANÇOIS ANOUKAHA, JOSEPH ISSA-SAYEGH, AMINATA CISSE-NIANG, ISAAC YANKHOBA NDIAYE, MESSANVI FOLI e MOUSSA SAMB, *OHADA. Sûretés*, ob. cit., p. 206.

Uma outra possibilidade do credor hipotecário consiste no penhor do crédito hipotecário, nos termos já assinalados para o penhor de direitos de crédito.

7.11. Extinção da hipoteca

O § 2 do artigo 124.º do AUG prevê as seguintes formas de extinção:

1) Extinção da obrigação garantida;

A extinção da hipoteca decorrente da extinção da obrigação garantida resulta da acessoriedade da hipoteca. Assim, a hipoteca segue o mesmo destino que a dívida garantida, pelo que, se por exemplo ocorrer a cessão da posição contratual, isso implica igualmente a cessão da hipoteca que a garante (cf. artigos 424.º e seguintes do CC). Neste sentido estabelece também a *alínea a)* do artigo 730.º do CC, o qual se mantém em vigor por não haver contrariedade com o AUG.

Em vigor continua ainda o disposto no artigo 732.º do CC, por não contrariar nenhuma disposição do AUG, que nada diz a este respeito. De acordo com o regime instituído por este artigo, se a causa que produziu a extinção da obrigação garantida for declarada nula ou anulada, ou ficar por qualquer outro motivo sem efeito, isso implica o renascimento da hipoteca. Contudo, há que distinguir consoante a inscrição já tenha sido cancelada ou não. No primeiro caso, o renascimento da hipoteca produz--se apenas a partir da nova inscrição que seja feita. Diferentemente, se o registo da hipoteca não tiver sido ainda cancelado, a hipoteca mantém-se válida e eficaz durante todo o tempo.

2) Renúncia do credor;

Em segundo lugar, a hipoteca também se extingue em caso de renúncia do credor. Neste caso, estamos diante de uma causa autónoma de extinção. Ainda que a hipoteca seja convencional, isto é, resultante de um contrato, pode extinguir-se apenas com a vontade de uma das partes, que é o credor, independentemente da aceitação por parte do autor da hipoteca, o que consubstancia uma excepção ao n.º 2 do artigo 406.º do CC. A razão de ser deste regime reside no facto de a hipoteca ser uma vantagem proporcionada ao credor, pelo que se ele quiser renunciar é indiferente a opinião do autor da hipoteca. Esta causa de extinção consta igualmente da *alínea d)* do artigo 730.º do CC, a qual se considera por isso também em vigor.

A renúncia opera nos termos do artigo 731.º do CC, que se mantém em vigor por não existir incompatibilidade de conteúdo com nenhuma regra do AUG. De acordo com o n.º 1 deste artigo, a renúncia deve ser expressa, afastando-se aqui a regra geral do artigo 217.º do CC. Acresce que, para ser válida, a renúncia deve obedecer à mesma forma que é exigida para a constituição da hipoteca, caso contrária será nula. Tratando--se de renúncia, o acto é unilateral, pelo que é indiferente a posição do autor da hipoteca. O n.º 2 do artigo 731.º do CC estabelece ainda que os administradores de patrimónios alheios não têm legitimidade para renunciar à hipoteca constituída em benefício daqueles cujos patrimónios administram, o que consubstancia uma clara regra de protecção dos administrados.

Nos termos do artigo 732.º do CC, se a renúncia for declarada nula ou anulada, ou se por qualquer outro motivo ficar sem efeito, a hipoteca renasce. Contudo, se o registo já tiver sido cancelado, o renascimento da hipoteca opera apenas a partir do momento em que ela seja novamente inscrita.

É de salientar que a renúncia funciona apenas em relação ao direito real de garantia conferido pela hipoteca, não atingindo o direito de crédito propriamente dito[1195]. Isto significa que o credor pode continuar a sê-lo, simplesmente deixa de beneficiar da garantia hipotecária, passando a ser um credor quirografário ou comum.

3) Caducidade da inscrição atestada pelo Conservador do Registo Predial;

Caso a hipoteca seja inscrita por um determinado período de tempo e esse período decorra sem que o credor execute a garantia, verifica-se a extinção da hipoteca por caducidade da inscrição. Trata-se de uma outra causa de extinção independente da dívida principal, uma vez que a inscrição da hipoteca só vale pelo período de tempo acordado pelas partes, no caso de hipoteca convencional, ou determinado pelo tribunal, no caso de hipoteca coerciva (cf. o disposto no artigo 123.º do AUG). Findo este prazo, a garantia caduca, a menos que se verifique a sua renovação (cf. o disposto na segunda parte do artigo 123.º do AUG)[1196].

[1195] Cf. Luís MENEZES LEITÃO, *Garantias das obrigações*, ob. cit., p. 227.

[1196] Neste sentido, cf. também Luís MENEZES LEITÃO, *Garantias das obrigações*, ob. cit., p. 228.

Esta situação não se encontrava expressamente prevista na redacção originária do artigo 730.º do CC, o que suscitou a necessidade de aditar uma *alínea e)* a este artigo.

4) Expurgação da hipoteca, resultante do processo de adjudicação por expropriação coerciva ou da consignação da indemnização final de expropriação por utilidade pública;

A expurgação da hipoteca decorrente de expropriação coerciva ou de consignação de uma indemnização de expropriação por utilidade pública também origina a extinção da garantia hipotecária. Esta é ainda uma causa de extinção autónoma da hipoteca que resulta do facto de as entidades administrativas procederem à expropriação do bem. Embora o AUG o não refira expressamente, o expurgo da hipoteca pode igualmente resultar da acção do terceiro adquirente, nos termos do terceiro parágrafo do artigo 146.º do AUG, quando este entregue ao credor todas as quantias a que este tem direito. Contudo, neste caso a hipoteca não se extingue, uma vez que a parte final deste artigo estabelece que o terceiro fica sub-rogado nos direitos que o credor tenha contra o devedor, o que significa que passa a ser o terceiro a beneficiar da garantia hipotecária.

Diferentemente, o expurgo decorrente do processo de expropriação impõe a extinção da hipoteca, sendo essencial que a hipoteca se extinga, uma vez que, ao expropriar, o Estado está a expulsar todos os direitos que oneram aquele bem. A expropriação atinge não apenas os direitos de gozo, mas também os direitos de garantia. Esta situação não era reflectida na redacção originária do artigo 730.º do CC, o que levou à necessidade de aditar uma *alínea f)* a este preceito.

Entretanto, a redacção originária do artigo 730.º do CC consagrava ainda outras causas de extinção da hipoteca, nomeadamente a prescrição a favor de terceiro adquirente do prédio hipotecado após vinte anos sobre o registo da aquisição e cinco anos depois do registo do vencimento da obrigação e o perecimento da coisa hipotecada. Afigura-se que, em ambos os casos, a extinção da hipoteca decorre do regime geral das obrigações, pelo que deve manter-se a sua aplicação, considerando-se assim ainda em vigor as *alíneas b) e c)* do artigo 730.º do CC.

Em relação a este artigo, convém notar que a doutrina e a jurisprudência portuguesas são da opinião de que as causas de extinção nele referidas não são taxativas, podendo existir outras. Neste sentido, veja-se, por exemplo, o Acórdão do Tribunal da Relação do Porto de 28/10//1997[1197], onde se decidiu que podem haver outras causas de extinção decorrentes dos princípios gerais, *"nomeadamente o decurso do prazo que se tenha fixado, para a sua duração"*.

Por último, tratando-se de hipoteca constituída por terceiro, o artigo 717.º consagra ainda uma outra causa de extinção, que consiste na situação em que, por facto positivo ou negativo do credor, deixa de poder funcionar a sub-rogação do terceiro nos direitos do credor.

Segundo Luís Menezes Leitão, este artigo mantém-se em vigor, até porque há um lugar paralelo na fiança[1198]. Com efeito, por um lado não se verifica aqui nenhuma incompatibilidade de conteúdo com o AUG, que nada diz a este respeito; por outro, o segundo parágrafo do artigo 18.º do AUG estabelece também, de modo injuntivo, que o fiador fica liberado da sua obrigação no caso de não poder funcionar a sub-rogação nos direitos do credor por facto imputável a este. Esta norma parece indicar uma regra geral aplicável quer à hipoteca, quer ainda ao penhor constituído por terceiro.

7.12. Hipoteca coerciva

O art. 118.º do AUG estende às hipotecas coercivas a aplicabilidade das disposições relativas às hipotecas convencionais, a menos que haja disposição em sentido contrário. Apesar desta remissão, o AUG estabelece um regime particular para as hipotecas coercivas.

A hipoteca coerciva pode ser legal ou judicial (cf. art. 132.º do AUG), consoante provenha de uma norma legal ou de uma decisão judicial.

O segundo parágrafo do artigo 132.º do AUG determina que em qualquer dos casos a hipoteca deve incidir sobre bens imóveis determinados, devendo ainda garantir créditos individualizados pela sua origem e pela sua causa, e por um montante determinado. Trata-se dos mesmos requisitos de validade da hipoteca convencional, que condicionam também a hipoteca coerciva.

[1197] Disponível em www.dgsi.pt.
[1198] Conferência proferida no Curso de Pós-Graduação em Direito Bancário, organizado pelo Faculdade de Direito de Bissau entre Janeiro e Março de 2007.

O AUG não estabelece as hipotecas coercivas de modo taxativo, o que significa que os Estados membros da OHADA mantêm a possibilidade de criar novas hipotecas coercivas por meio de legislação interna[1199]. Isso será frequente no âmbito do Direito público, bem como nalguns ramos do Direito privado, como por exemplo no Direito da família. Em qualquer caso, mesmo tratando-se de hipoteca coerciva criada por legislação interna, esta apenas poderá produzir efeitos *erga omnes* se for registada, nos termos do art. 129.º do AUG.

De salientar que, segundo Luís Menezes Leitão[1200], o que o AUG designa de hipoteca legal não configura propriamente essa realidade, acabando por se tratar de uma hipoteca judicial, uma vez que a sua constituição depende da intervenção do tribunal.

7.12.1. *Hipoteca legal*

As hipotecas legais previstas no AUG resultam, na sua grande maioria, da evolução verificada nos países francófonos dos privilégios imobiliários para hipotecas legais. Daí que as hipotecas legais sejam conferidas a certos credores em razão da natureza dos seus créditos, tal como sucede, precisamente, com os privilégios creditórios. Não obstante estas semelhanças com os privilégios creditórios, as hipotecas legais, sendo hipotecas, têm que ser devidamente inscritas no registo com vista a poderem produzir efeitos perante terceiros.

Normalmente, a hipoteca legal distingue-se do privilégio creditório imobiliário por não ser atribuída em atenção à causa do crédito, mas sim à especial qualidade do credor[1201]. Todavia, em função da particular evolução dos privilégios creditórios para hipotecas legais que se reflecte também no AUG, este aspecto distintivo entre as duas figuras acaba por se diluir.

O AUG não contém nenhuma noção de hipoteca legal, o que implica a manutenção em vigor da definição constante do artigo 704.º do CC, nos

---

[1199] Cf. FRANÇOIS ANOUKAHA, JOSEPH ISSA-SAYEGH, AMINATA CISSE-NIANG, ISAAC YANKHOBA NDIAYE, MESSANVI FOLI e MOUSSA SAMB, *OHADA. Sûretés*, ob. cit., p. 208.

[1200] Conferência proferida no Curso de Pós-Graduação em Direito Bancário, organizado pela Faculdade de Direito de Bissau entre Janeiro e Março de 2007.

[1201] Cf. LUÍS MENEZES LEITÃO, *Garantias das obrigações*, ob. cit., p. 209.

termos da qual *"As hipotecas legais resultam imediatamente da lei, sem dependência da vontade das partes, e podem constituir-se desde que exista a obrigação a que servem de segurança."*.

Decorre deste artigo que a fonte da hipoteca legal é uma previsão da própria lei, estando vedada às partes a constituição de hipotecas legais através da sua autonomia privada. Além disso, as partes e principalmente o devedor não se podem opor à constituição da hipoteca legal. No fundo, trata-se de um direito potestativo que a lei atribui ao credor de, em certas circunstâncias, inscrever uma hipoteca legal sobre o património do seu devedor, o qual se encontra em situação de sujeição, não podendo obstar à actuação do credor. O artigo 704.º requer ainda, como pressuposto da hipoteca legal, a existência da obrigação garantida. Tal exigência decorre da própria natureza da garantia, que só pode existir se e na medida em que houver uma obrigação para garantir.

O AUG contém um elenco de hipotecas legais que passamos a analisar de seguida.

1) Hipoteca legal da massa de créditos (artigo 133.º do AUG e artigo 705.º, n.º 2, do CC[1203]);

Nos termos destes artigos, *"A hipoteca legal da massa de créditos é regulada pela lei relativa aos processos de execução colectiva, sendo inscrita no prazo de dez dias a contar da decisão judiciária de abertura do processo colectivo, a requerimento do escrivão ou do síndico."*.

Trata-se da hipoteca relativa aos credores de uma pessoa, singular ou colectiva, declarada em estado de cessação de pagamentos e que por essa razão se encontra sujeita a um procedimento colectivo de apuramento do passivo nos termos do Acto Uniforme da OHADA Para a Organização dos Processos Colectivos de Apuramento do Passivo. Esta hipoteca confere aos credores da massa um direito de preferência pelo pagamento dos seus créditos. Porém, para ser eficaz, a hipoteca tem que ser inscrita no prazo de dez dias a contar da decisão judicial de abertura do procedimento colectivo, a requerimento do escrivão ou do síndico. Com efeito, nos termos do primeiro parágrafo do artigo 74.º daquele Acto Uniforme, *"A*

[1202] O Ajustamento entre o AUG e o Direito interno propôs o aditamento de um n.º 2 ao artigo 705.º do CC, no qual é consagrada a hipoteca legal da massa de créditos.

decisão de abertura do processo implica, a favor da massa, hipoteca que o escrivão é obrigado a inscrever imediatamente sobre os bens imóveis do devedor e sobre os que ele vier a adquirir à medida dessas aquisições.".

> 2) Hipoteca legal do vendedor de bens imóveis, do permutante e do outorgante em partilha (artigo 134.º do AUG e artigo 711.º-A, n.º 1, do CC, resultante do Ajustamento);

O vendedor, o permutante e o outorgante em partilha podem exigir à outra parte no negócio a constituição de uma hipoteca legal em garantia do seu crédito, respectivamente, pelo preço do imóvel vendido, pelo bem dado em troca ou pelo crédito resultante da partilha.

Apenas no caso de as partes não entrarem em acordo é que é conferida ao credor a possibilidade de requerer a constituição da hipoteca pela via judicial, que permite suprir o acordo do devedor – cf. art. 134.º, § 2, do AUG e art. 711.º-A, n.º 1, do CC, resultante do Ajustamento.

A hipoteca tem igualmente que ser registada, sob pena de não produzir efeitos *erga omnes*.

Da mesma forma, o credor que seja titular de uma hipoteca convencional ou legal, desde que a mesma se encontre registada, pode ainda recorrer à acção de resolução da venda, da permuta ou da partilha. Esta acção de resolução não prejudica o direito de resolução do contrato conferido pelo Direito interno, o qual não carece de qualquer inscrição de hipoteca no registo.

> 3) Hipoteca legal daquele que fornece o dinheiro para a aquisição do imóvel vendido, permutado ou partilhado (cf. artigo 134.º, § 4, do AUG, e artigo 711.º-A, n.º 2, do CC, resultante do Ajustamento);

Esta terceira situação é reconduzida ao contrato de mútuo, permitindo-se ao mutuante obter uma hipoteca legal para garantia da restituição da quantia mutuada. Contudo, não se prevê a hipoteca legal para todos os contratos de mútuo, mas apenas quando o destino das quantias mutuadas seja fornecer o dinheiro necessário à aquisição de um bem imóvel por via da compra e venda, da permuta ou da partilha. Por conseguinte, deve tratar-se de um mútuo de escopo, isto é, em que a quantia mutuada se encontra dirigida a um determinado fim que o mutuário não pode violar. Além disso, é preciso que no acto de empréstimo seja atestado que a quantia mutuada tem como destino a aquisição do bem imóvel, a sua permuta ou a partilha.

4) *Hipoteca legal dos arquitectos, empreiteiros e outras pessoas utilizadas para edificar, reparar ou construir edifícios (artigo 135.º do AUG e artigo 711.º-B, n.ºs 1 e 2 do CC, resultante do Ajustamento);*

Antes do início dos trabalhos, os arquitectos, os empreiteiros e todas as pessoas utilizadas para proceder à construção, reparação ou edificação de um bem imóvel podem procurar acordar uma hipoteca convencional com o seu devedor. Não sendo tal possível, é-lhes conferida a possibilidade de obter uma hipoteca coerciva, recorrendo ao tribunal.

A hipoteca coerciva incide sobre o bem imóvel que é objecto dos trabalhos. A razão de ser de se permitir a hipoteca sobre um bem que, normalmente, nem pertencerá ao devedor (por exemplo, no caso dos trabalhadores, os seus salários devem ser pagos pelo empreiteiro, que em regra não será o proprietário da obra) consiste no facto de o trabalho destas pessoas contribuir para uma mais valia nesse bem. Apesar disso, a hipoteca coerciva atinge o imóvel por inteiro e não apenas a parte relativamente à qual se constatou a mais valia.

É necessário proceder ao registo desta hipoteca, que será provisório, pelas quantias que se calculem ser devidas.

5) *Hipoteca legal daquele que fornece o dinheiro para pagar ou reembolsar os arquitectos, os empreiteiros e outras pessoas utilizadas para edificar, reparar ou construir edifícios (artigo 135.º, § 3, do AUG e artigo 711.º-B, n.º 3, do CC, resultante do Ajustamnto);*

Tal como no âmbito do artigo 134.º do AUG, também aqui é tutelado o direito do mutuante a receber as quantias mutuadas, quando essas quantias tenham tido em vista o pagamento a arquitectos, empreiteiros ou outras pessoas utilizadas para edificar, reparar ou construir um edifício. Nos mesmos termos que naquele outro artigo, o acto do empréstimo tem que atestar a finalidade do dinheiro mutuado, por se tratar de um mútuo de escopo.

Igualmente esta hipoteca legal se encontra sujeita ao registo.

É de salientar que estas hipotecas legais consagradas no AUG acabam por funcionar como hipotecas judiciais, pois, contrariamente ao que acontecia na redacção originária do Código Civil, não basta a previsão legal para que o credor beneficiário possa simplesmente inscrever a hipoteca no registo sobre os bens do devedor. Diversamente, com excepção da hipoteca legal da massa de créditos, o AUG requer que a inscrição das restantes hipotecas legais passe pelo acordo com o devedor, ou pela intervenção do tribunal (cf. o disposto no artigo 134.º, § 2, e no artigo 135.º, § 1, do AUG). Por essa razão, o Ajustamento integrou estas hipotecas na categoria de hipotecas judiciais, e não no capítulo das hipotecas legais. Com efeito, em bom rigor, para se tratar de hipoteca legal não deve ser necessária a intervenção do tribunal, daí que se deva recusar essa qualificação a todas as situações em que tal intervenção venha a ser imposta.

a) Manutenção em vigor das hipotecas legais previstas no Direito interno

O § 3 do artigo 132.º do AUG admite a existência de outras hipotecas coercivas, para além das previstas no AUG, determinando que tais hipotecas são reguladas pelas disposições especiais de cada Estado Parte. Isto significa que os Estados mantêm a competência para criar novas hipotecas legais nas situações que entenderem convenientes, adicionando-as ao elenco constante do AUG. Além disso, por força deste artigo, entende-se que se mantêm igualmente em vigor as hipotecas legais que eram consagradas no Direito interno dos Estados membros da OHADA. Com efeito, não faria sentido que se admitisse a possibilidade de os Estados criarem novas hipotecas legais e ao mesmo tempo fossem revogadas as até então consagradas. Assim sendo, deve considerar-se plenamente em vigor o elenco constante do artigo 705.º do CC, que passou a constar do n.º 1 deste artigo por força do Ajustamento entre o Direito interno e o AUG.

A *alínea a)* do n.º 1 do artigo 705.º do CC confere, em primeiro lugar, a hipoteca legal ao Estado e às autarquias locais, sobre os bens cujos rendimentos estão sujeitos à contribuição predial, para garantia do pagamento desta contribuição; também a *alínea b)* atribui esta garantia ao Estado e às demais pessoas colectivas públicas, sobre os bens dos encarregados da gestão de fundos públicos, para garantia do cumprimento das obrigações por que se tornem responsáveis. Por sua vez, a *alínea c)* confere a hipoteca legal ao menor, ao interdito e ao inabilitado, sobre os bens do tutor, curador e administrador legal, para assegurar a responsabilidade que nestas qualidades vierem a assumir, enquanto a *alínea d)* a concede ao credor por alimentos. A *alínea e)* atribui a hipoteca legal ao co-herdeiro, sobre os bens adjudicados ao devedor de tornas, para garantir o pagamento destas, e, finalmente, a *alínea f)* concede tal direito ao legatário de dinheiro ou outra coisa fungível, sobre os bens sujeitos ao encargo do legado ou, na sua falta, sobre os bens que os herdeiros responsáveis houveram do testador.

Em todas estas situações está em causa a protecção de interesses de ordem pública, ainda que nalguns casos os titulares da hipoteca legal sejam sujeitos privados. Tais interesses são evidentes nas *alíneas a)* e *b)*, em que o titular é precisamente o Estado ou outras pessoas colectivas públicas, sendo que no primeiro caso está em causa o pagamento de um imposto, enquanto no segundo se tutela o eventual direito a indemnização por má gestão de fundos públicos. Nas alíneas seguintes os titulares da hipoteca legal são sujeitos privados, mas, não obstante, o interesse tutelado é de natureza pública e da colectividade em geral. É assim no caso da hipoteca legal do menor, do interdito e do inabilitado, pois aqui estamos diante de uma incapacidade de exercício que origina a necessidade de o património ser gerido por um terceiro, sendo importante estabelecer uma garantia no caso de este não cumprir devidamente as suas funções. Também no caso do credor de alimentos existe um interesse de ordem geral, uma vez que está em causa a subsistência de alguém que tem direito a receber alimentos de outrem.

Por não existir incompatibilidade de conteúdo com o AUG, mantém--se ainda em vigor o regime destas hipotecas legais, constante dos artigos 706.º a 709.º do CC. Até porque o terceiro parágrafo do artigo 132.º do AUG determina que o regime das hipotecas legais consagradas pela lei interna de cada Estado membro é o definido por essa mesma lei interna. Assim, no caso da hipoteca legal a favor de incapazes, o montante garantido é definido pelo conselho de família (cf. art. 706.º, n.º 1, do CC), podendo requerer o registo o tutor, o curador, o administrador legal, os vogais do conselho de família e qualquer parente do incapaz (cf. artigo 706.º, n.º 2, do CC).

Ainda o artigo 707.º do CC admite a substituição da hipoteca legal por caução, desde que o tribunal o autorize.

O artigo 708.º define os bens do devedor que se encontram sujeitos a hipoteca legal, que são todos os bens de que este seja titular, a menos que a própria lei especifique quais os bens sujeitos à hipoteca legal.

Por fim, mantém-se também em vigor o artigo 709.º do CC, relativo ao reforço de algumas hipotecas legais.

7.12.2. *Hipoteca judicial*

Nos termos do primeiro parágrafo do artigo 136.º do AUG, fora dos casos previstos nos artigos 133.º a 135.º, qualquer credor pode requerer a constituição de uma hipoteca judicial, mesmo sem haver uma previsão legal específica nesse sentido, com vista à garantia de um determinado crédito. Tal inscrição depende da existência de uma decisão judicial do tribunal competente do domicílio do devedor ou do lugar no qual estejam situados os imóveis a hipotecar, decisão esta que deve ainda especificar o montante garantido pela hipoteca (cf. o disposto no primeiro e no segundo parágrafos do artigo 136.º do AUG). Trata-se de uma inscrição provisória de hipoteca judicial, que se insere num quadro de providências cautelares, isto é, tem em vista acautelar o eventual incumprimento.

A hipoteca coerciva judicial está dirigida essencialmente a garantir os credores que não possuem um título executivo e cujo ressarcimento se encontra em perigo. Para que o credor possa obter uma hipoteca judicial é necessário que proceda à justificação do seu pedido. De facto, muito embora o artigo 136.º do AUG refira que qualquer credor pode requerer ao tribunal a constituição duma hipoteca judicial, o bom senso exige que não se dê cobertura a hipotecas fantasiosas ou que têm apenas em vista perturbar o devedor. Nesse sentido, na acção, o credor deverá demonstrar a existência do seu crédito e as circunstâncias que justificam o seu receio de não ressarcimento[1203]. Assim, exige-se que o credor actue do mesmo modo que a lei requer no caso das medidas conservatórias do património do devedor[1204]. Não é preciso que o crédito seja líquido nem exigível, mas o credor deve alegar que se verifica o receio de não ressarcimento do direito de crédito, o qual deve ser devidamente demonstrado em juízo. Por exemplo, o credor deve demonstrar que o devedor se debate com graves dificuldades financeiras[1205].

É irrelevante que se trate de credor quirografário ou de credor que goze de garantia especial, bem como que o seu crédito seja civil ou comercial. Qualquer credor pode requerer a hipoteca judicial, desde que demonstre a necessidade desta garantia para assegurar o seu ressarcimento. Isso pode acontecer mesmo no caso de credor com garantia especial, quando, por exemplo, o bem dado em garantia tenha diminuído manifestamente de valor.

Esta hipoteca judicial só pode incidir sobre bens do devedor e não sobre bens de terceiro, o que resulta directamente do disposto no primeiro parágrafo do artigo 136.º do AUG (cf. também o artigo 711.º-C, n.º 1, do CC, proposto pelo Ajustamento). O juiz competente para autorizar a ins-

---

[1203] Cf. FRANÇOIS ANOUKAHA, JOSEPH ISSA-SAYEGH, AMINATA CISSE-NIANG, ISAAC YANKHOBA NDIAYE, MESSANVI FOLI e MOUSSA SAMB, *OHADA. Sûretés*, ob. cit., p. 214.

[1204] Cf. FRANÇOIS ANOUKAHA, JOSEPH ISSA-SAYEGH, AMINATA CISSE-NIANG, ISAAC YANKHOBA NDIAYE, MESSANVI FOLI e MOUSSA SAMB, *OHADA. Sûretés*, ob. cit., p. 216.

[1205] Cf. FRANÇOIS ANOUKAHA, JOSEPH ISSA-SAYEGH, AMINATA CISSE-NIANG, ISAAC YANKHOBA NDIAYE, MESSANVI FOLI e MOUSSA SAMB, *OHADA. Sûretés*, ob. cit., p. 217.

crição provisória da hipoteca judicial é o juiz do lugar em que se situam os bens imóveis do devedor, no âmbito de um procedimento cautelar.

A decisão judicial que constitui a hipoteca judicial obedece ao disposto nos artigos 136.º e 137.º do AUG, devendo por isso indicar o montante do crédito garantido (cf. artigo 136.º, § 2, do AUG e artigo 711.º-C, n.º 2, do CC, proposto pelo Ajustamento) e fixar ao credor um prazo para intentar a acção "principal", que tanto pode ser a acção declarativa (no caso de não poder logo avançar para a execução), como a acção executiva. Se não for intentada a acção no prazo fixado, a hipoteca judicial caduca (cf. artigo 136.º, § 3, do AUG e artigo 711.º-C, n.º 3, do CC, proposto pelo Ajustamento).

A sentença pode ainda obrigar o credor a justificar previamente se tem solvabilidade suficiente ou a prestar caução, na medida em que é preciso salvaguardar o eventual interesse do devedor em receber uma indemnização pelos prejuízos sofridos (cf. artigo 137.º do AUG e artigo 711.º-C, n.º 4, do CC, proposto pelo Ajustamento).

Da decisão judicial de autorização de hipoteca judicial resultam alguns efeitos importantes. Desde logo, o credor fica autorizado a inscrever provisoriamente a hipoteca no registo, o qual deve conter as menções referidas no artigo 139.º do AUG (cf. também o artigo 710.º-A, proposto pelo Ajustamento), que devem constar da própria sentença judicial que autoriza a hipoteca. Trata-se da designação do credor, do seu domicílio escolhido, do nome do devedor, da data da decisão, da indicação da causa e do montante do crédito garantido em capital, juros e despesas e da designação, pelo número do título predial, de algum dos imóveis sobre os quais a inscrição foi ordenada.

Em segundo lugar, o credor tem a obrigação de notificar o devedor de dois factos: primeiro, da decisão que ordena a hipoteca judicial, devendo entregar-lhe a citação para a acção declarativa de validação da hipoteca ou para a acção executiva; segundo, no prazo de quinze dias, tem que notificar o devedor da inscrição da hipoteca judicial (cf. o disposto no artigo 140.º do AUG). Embora o Ajustamento não contenha norma idêntica a este artigo, a obrigação de notificação dele resultante é directamente aplicável na Ordem Jurídica Guineense, por força do artigo 10.º do TOHADA.

Por seu turno, uma vez conhecendo a hipoteca judicial, o devedor pode pedir o respectivo cancelamento ou redução nos termos do art. 141.º do AUG, que é também directamente aplicável ao abrigo do artigo 10.º do TOHADA. Para o efeito, tem que consignar em depósito o capital, os juros e as despesas devidos ao credor. Se já tiver havido uma decisão transitada em julgado sobre o direito de crédito em questão, essas quantias depositadas são absolutamente afectadas ao seu ressarcimento, com preferência sobre todos os outros credores.

O devedor pode igualmente requerer o levantamento da hipoteca judicial, nos termos do artigo 142.º do AUG, no caso de demonstrar que existem motivos sérios e legítimos que justificam esse levantamento. Trata--se de conceitos indeterminados que só o juiz, casuisticamente, poderá avaliar.

Por último, o devedor pode limitar a hipoteca a alguns dos imóveis onerados, recorrendo ao disposto no art. 143.º do AUG, desde que demonstre que o valor dos bens imóveis hipotecados é o dobro do valor inscrito.

A decisão definitiva sobre a hipoteca judicial é determinada ao abrigo do artigo 144.º do AUG, o qual é também directamente aplicável nos termos do artigo 10.º do TOHADA, não obstante não constar do Ajustamento. Ocorrendo a confirmação da existência do crédito, o credor mantém o grau conferido pela inscrição provisória da hipoteca judicial, que é transformada numa inscrição definitiva (cf. artigo 144.º, § 1, do AUG). Para o efeito, o credor tem que requerer a inscrição definitiva no prazo de seis meses sobre o trânsito em julgado da decisão judicial definitiva (cf. artigo 144.º, § 1, do AUG).

Neste sentido se pronunciou também o Tribunal de Primeira Instância de Bafoussam no seu Acórdão de 24/02/2006[1206], onde decidiu que, em virtude do disposto nos artigos 136.º e seguintes do AUG, a decisão judicial que autorizava uma hipoteca judicial conferia ao credor um prazo para exercer a respectiva acção de validação. Assim sendo, uma vez demonstrado que esse prazo foi observado e que o crédito que originou a inscrição foi reconhecido, a hipoteca judicial deve ser transformada em hipoteca definitiva.

Ao invés, se o crédito não vier a ser reconhecido ou confirmado, a inscrição provisória da hipoteca judicial perde, retroactivamente, o seu efeito. O mesmo acontece no caso de o credor não requerer a inscrição definitiva no prazo de seis meses. Neste caso, qualquer interessado tem legitimidade para requerer o cancelamento da inscrição provisória de hipoteca judicial, devendo tal ser feito a expensas daquele que requereu a inscrição (cf. artigo 144.º, § 3, do AUG).

Note-se ainda que o AUG não revogou o artigo 711.º do CC, por não se pronunciar sobre esta matéria. De acordo com este artigo, as sentenças dos tribunais estrangeiros revistas e confirmadas na Guiné-Bissau podem fundamentar o registo de uma hipoteca judicial, desde que a lei do país onde foram emitidas lhes reconheça esse valor.

[1206] Disponível em www.ohada.com, com a referência J-07-69.

Secção 3
DISTRIBUIÇÃO E CLASSIFICAÇÃO DAS GARANTIAS

Os artigos 148.º e 149.º do AUG contêm a distribuição e a classificação das garantias reais[1207]. Tal não é necessário em relação às garantias pessoais pois, como se sabe, destas não resulta nenhuma preferência de pagamento para o credor, que pode atingir qualquer bem do património do garante mas não tem direito a ser pago preferencialmente. Diversamente, no caso das garantias reais, pode acontecer que sobre um mesmo bem existam várias garantias reais, devendo fazer-se uma graduação dos credores. É de notar que nestes artigos se faz referência a algumas garantias que não constam das secções anteriores do AUG, mas que, apesar disso, são igualmente privilegiadas.

Contudo, nem sempre é de atender à graduação feita pelo AUG, uma vez que o artigo 147.º contém uma remissão para o processo de execução, constante dos artigos 324.º a 334.º do Acto Uniforme da OHADA Relativo à Organização dos Processos Simplificados de Cobrança e de Execução. Segundo o artigo 147.º do AUG, *"O processo de distribuição do produto obtido após a penhora, é estabelecido pelas regras relativas ao processo de execução, sem prejuízo das disposições seguintes, sobre a ordem de distribuição."*, o que significa que em primeiro lugar se deve recorrer ao regime do processo executivo, e, complementarmente, aos artigos 148.º e 149.º do AUG.

De acordo com o artigo 324.º do AUOPSCE, havendo apenas um credor, o produto da venda dos bens do devedor deve ser-lhe entregue com vista ao ressarcimento do seu crédito, no prazo de quinze dias a contar do pagamento do preço da venda, sendo entregue o remanescente, se o houver, ao próprio devedor. Não sendo pagas tais quantias ao credor no referido prazo de quinze dias, começam a contar juros legais sobre as mesmas.

Segundo o artigo 325.º do AUOPSCE, pode acontecer que os credores entrem em acordo sobre a repartição do preço de venda dos bens do devedor, caso em que este acordo prevalece sobre o regime legal[1208]. Para

---

[1207] Cf. Também os artigos 760.º e 761.º do CC, propostos pelo Ajustamento entre o AUG e o Direito interno Guineense.
[1208] Cf. FRANÇOIS ANOUKAHA, JOSEPH ISSA-SAYEGH, AMINATA CISSE-NIANG, ISAAC YANKHOBA NDIAYE, MESSANVI FOLI e MOUSSA SAMB, *OHADA. Sûretés*, ob. cit., p. 241.

que haja acordo, é necessária a unanimidade de todos os credores. No entanto, é bom ter em consideração que a hipótese de acordo entre os credores será muito pouco frequente, a menos que o património do devedor seja suficiente para satisfazer todos os credores. Em qualquer caso, havendo acordo, este deve ser objecto de documento escrito, particular, autenticado ou autêntico (cf. artigo 325.º, § 2, do AUOPSCE). O pagamento deve ser feito no prazo de quinze dias a contar da recepção do acordo pelo escrivão ou pelo auxiliar de justiça depositário do preço da venda (cf. artigo 325.º, § 3, do AUOPSCE); depois deste prazo, as quantias em dívida aos credores vencem juros à taxa legal, nos termos do artigo 325.º, § 5, do AUOPSCE. Após o pagamento aos credores, o remanescente, se o houver, é entregue ao devedor (cf. artigo 325.º, § 4, do AUOPSCE).

Na falta de acordo entre os credores no prazo de um mês após o pagamento do preço da venda pelo adjudicatário, *"o mais diligente deles"* pode requerer ao presidente do tribunal do lugar da venda ou ao magistrado por ele delegado uma decisão acerca da distribuição desse valor (cf. artigo 326.º do AUOPSCE), o qual decide em audiência, após ouvir os credores (cf. artigo 327.º do AUOPSCE). Nos termos do artigo 332.º do AUOPSCE, *"Perante os documentos, declarações e alegações das partes, o tribunal procede à distribuição do produto da venda"*, sendo esta decisão susceptível de recurso no prazo de quinze dias a contar da sua notificação, mas apenas se o montante da soma contestada exceder a alçada do tribunal de última instância (cf. artigo 333.º do AUOPSCE). A decisão do tribunal é pautada pela graduação dos credores estabelecida nos artigos 148.º e 149.º do AUG relativamente à ordem de distribuição do produto da venda dos bens imóveis e dos bens móveis do devedor, respectivamente.

O artigo 148.º[1209] contém a graduação dos credores em matéria imobiliária, nele se fazendo menção a certos credores não referidos anteriormente pelo AUG. É a seguinte a ordem de distribuição:

1.º Credores por despesas de justiça;

Os credores por despesas de justiça têm direito a ser pagos em primeiro lugar pelo produto da venda dos bens imóveis do devedor. Porém, estes credores são mencionados pela primeira vez precisamente no artigo 148.º, pois em nenhum outro lugar o AUG se lhes refere, tendo, apesar

---

[1209] Cf. também o artigo 760.º do CC, proposto pelo Ajustamento entre o AUG e o Direito interno Guineense.

dessa ausência, direito a serem pagos em primeiro lugar. Trata-se apenas dos credores relativos às despesas de execução do bem e de distribuição do preço. Por outro lado, são incluídas somente as despesas relativas ao concreto bem vendido, e não também a outros bens do mesmo devedor. Segundo Léon Messanvi Foli, como o AUG não concretiza, deve entender--se que se trata das despesas relativas à execução do bem[1210].

Conforme já referido, estamos em face de um privilégio creditório imobiliário especial, precisamente porque confere ao credor o direito de ser pago pelo produto da venda de um determinado bem do património do devedor.

2.º Credores de salários super-privilegiados;

Em segundo lugar, têm direito a ser pagos os trabalhadores. Este super-privilégio também não se encontra consagrado como privilégio creditório geral no AUG, o que significa que se trata de um novo privilégio imobiliário geral estabelecido em benefício dos trabalhadores, para garantia dos seus salários. Este regime cria uma contradição insanável no AUG, porque se opõe frontalmente ao artigo 39.º, nos termos do qual os privilégios creditórios são garantias mobiliárias. Para além disso, a solução adoptada é também criticável por consagrar um privilégio imobiliário geral, o que, à luz da redacção originária do n.º 3 do artigo 735.º do CC, não era permitido.

Este privilégio é consagrado em atenção às Convenções da OIT, especialmente a n.º 95 de 1949, que estabelece que se deve criar uma preferência de pagamento acima das outras relativamente à parcela do salário que é considerada impenhorável pelas legislações nacionais, por tal quantia ser o montante julgado essencial para a subsistência do trabalhador[1211]. No caso da Guiné-Bissau, o AUOPSCE não prejudicou o regime das impenhorabilidades de Direito interno, pelo que, nos termos do novo artigo 823.º-A, n.º 1, *alínea b)*, do CPC[1212], são impenhoráveis

---

[1210] Cf. LÉON MESSANVI FOLI, *Présentation de l'acte uniforme portant organisation du droit des sûretés*, ob. cit., p. 27.

[1211] Cf. FRANÇOIS ANOUKAHA, JOSEPH ISSA-SAYEGH, AMINATA CISSE-NIANG, ISAAC YANKHOBA NDIAYE, MESSANVI FOLI e MOUSSA SAMB, *OHADA. Sûretés*, ob. cit., p. 246.

[1212] Este artigo resulta da proposta de Reforma do Regime Jurídico Relativo aos Processos Simplificados de Cobrança e de Execução, que procede ao Ajustamento entre o Acto Uniforme da OHADA Relativo à Organização dos Processos Simplificados de Cobrança e de Execução e o Direito Interno Guineense. Na redacção originária do CPC, a matéria era regulada pela *alínea e)* do artigo 823.º.

2/3 do salário de quaisquer empregados ou trabalhadores. Nesta medida, os trabalhadores gozam de um super-privilégio para garantia do direito a receber 2/3 do seu salário, o qual é pago em segundo lugar pelo produto da venda dos bens imóveis do devedor. Relativamente à parcela remanescente, os trabalhadores poderão ainda exercer os privilégios creditórios concedidos pelo AUG, designadamente o privilégio geral atribuído pelo art. 107.º, n.º 3, e, sendo caso disso, o privilégio especial determinado no artigo 113.º e no artigo 114.º.

3.º Credores hipotecários;

Os credores hipotecários têm direito a ser pagos em terceiro lugar. À primeira vista, esta graduação é surpreendente, uma vez que a hipoteca é a única garantia imobiliária *expressamente* consagrada no AUG, pelo que seria de esperar que o credor hipotecário tivesse direito a ser pago em primeiro lugar. No entanto, antes dele podem ser pagos credores com privilégios creditórios, o que de certo modo vem pôr em causa a subsistência prática da garantia hipotecária.

Os credores que beneficiam de hipoteca são graduados do mesmo modo, independentemente de se tratar de hipoteca convencional ou coerciva, legal ou judicial. No caso de concurso entre credores hipotecários, a graduação obedece ao critério da prioridade temporal de constituição dos direitos, o que quer dizer que têm direito a ser pagos pela ordem de inscrição no registo.

Apesar da graduação em terceiro lugar, é de salientar que a hipoteca continua a ser a melhor garantia que o credor pode ter, precisamente por poder resultar da autonomia privada. Com efeito, antes do credor hipotecário apenas são graduados dois privilégios creditórios, que são garantias de natureza legal e que as partes não podem, por isso, convencionar. Assim sendo, a hipoteca é a garantia real de origem convencional mais bem graduada.

Também são aqui referidos os "credores separatistas" ou credores separados, os quais são, aparentemente, os credores do devedor falecido. Segundo François Anoukaha e outros, estes credores podem requerer a separação do património do autor da sucessão do património dos seus herdeiros[1213]. No caso da Guiné-Bissau, a herança constitui, por si só, um

---

[1213] Cf. FRANÇOIS ANOUKAHA, JOSEPH ISSA-SAMEGH, AMINATA CISSE-NIANG, ISAAC YANKHOBA, NDIAYE, MESSANVI FOLI E MOUSSA SAMB, *OHADA. Sûretés*, ob. cit., p. 246, n.r. 4.

património separado, sem haver necessidade deste requerimento, pelo que se julga inaplicável esta regra. Com efeito, nos termos do artigo 2068.º do CC, a herança responde pelo pagamento das dívidas do falecido, constituindo desde logo um património separado na esfera jurídica dos herdeiros até que esse pagamento seja realizado.

4.º Credores com privilégio creditório geral sujeito a publicidade;

Em quarto lugar são graduados os credores titulares de um privilégio creditório geral sujeito a publicidade, que são os credores fiscais, alfandegários e dos organismos de segurança social que se encontram mencionados no artigo 108.º do AUG. Como vimos, apesar de o artigo 39.º do AUG determinar que os privilégios são meras garantias mobiliárias, tal é posto em causa pelo artigo 106.º e pelo próprio artigo 148.º, que classifica estes credores em matéria de distribuição do produto da venda dos bens imóveis do devedor.

5.º Credores com privilégio creditório geral não sujeito a publicidade, na ordem estabelecida pelo artigo 107.º;

Em quinto lugar, são pagos os credores titulares de um privilégio creditório geral não sujeito a publicidade, que são os que constam do elenco do artigo 107.º do AUG.

Incluem-se também aqui os eventuais privilégios creditórios gerais entretanto criados pela lei nacional, ao abrigo do disposto no artigo 106.º. Porém, a existirem, estes privilégios serão graduados pela ordem determinada pela lei que os criou, ou, no silêncio desta, imediatamente a seguir aos previstos no artigo 107.º do AUG, conforme determina o segundo parágrafo do artigo 106.º do AUG.

6.º Credores quirografários com título executivo, desde que tenham intervindo no processo (por via de penhora ou de oposição)

Os credores comuns ou quirografários são pagos em sexto e último lugar e apenas no caso de sobrar algum valor do produto da venda dos bens imóveis do devedor, exigindo-se ainda que tais credores tenham um título executivo em seu poder e tenham intervindo no processo, na penhora ou na oposição.

Entretanto, o segundo parágrafo do artigo 148.º do AUG[1214] determina que, *"Em caso de insuficiência das quantias para satisfazer os credores designados nos números 1.º, 2.º, 5.º e 6.º do presente artigo, que tenham a mesma ordem de preferência, eles concorrem à sua distribuição na proporção dos seus créditos totais."*. Está em causa a situação em que haja vários credores por despesas de justiça, vários trabalhadores, vários credores titulares de um privilégio geral não sujeito a publicidade ou vários credores comuns, sem que o produto da venda dos bens imóveis do devedor seja suficiente para o pagamento a todos. Nesse caso, determina-se que deve ser feito o pagamento proporcional, isto é, atendendo ao montante dos respectivos créditos. De salientar é que tal regime apenas se aplica dentro de cada categoria enunciada, e não em caso de confronto destas categorias, pois, se assim fosse, seria prejudicada a ordem estabelecida no próprio artigo 148.º. Assim sendo, supondo que o bem foi vendido por 50.000 FCFA e que nesse acto foram despendidos 100.000 FCFA, pelos sujeitos A e B, têm estes direito a ser pagos em primeiro lugar. Todavia, como o valor obtido não é suficiente para o ressarcimento integral, deverão ser pagos proporcionalmente. Assim, se cada um tiver contribuído com 50.000 FCFA, cada um terá direito a receber 25.000 FCFA. Neste caso, mesmo que haja trabalhadores, estes não terão direito a receber nada, uma vez que tal direito apenas existiria se, após o pagamento aos credores por despesas de justiça, sobrasse alguma quantia, o que não é o caso.

O segundo parágrafo não menciona os credores referidos em 3.º e em 4.º lugar precisamente porque em relação a estes, se o valor for insuficiente para o ressarcimento integral, eles serão pagos pela respectiva ordem de inscrição no registo.

Por sua vez, o artigo 149.º do AUG estabelece a graduação dos credores em relação aos bens móveis do devedor[1215], determinando a seguinte ordem de pagamento:

1.º Credores por despesas de justiça;

À semelhança do que acontece em relação aos bens imóveis, também aqui têm direito a ser pagos em primeiro lugar os credores por despesas

---

[1214] Cf. também o n.º 2 do artigo 760.º do CC, proposto pelo Ajustamento entre o AUG e o Direito interno Guineense.

[1215] Cf. também o artigo 761.º do CC, proposto pelo Ajustamento entre o AUG e o Direito interno Guineense.

de justiça relativas à execução dos bens do devedor. Assim sendo, aplica-se a este caso tudo quanto foi dito a propósito do artigo 148.º, 1.º, do AUG.

2.º Privilégio creditório especial do conservador, quando a sua acção tenha beneficiado os credores anteriores;

O conservador goza de um privilégio creditório especial que incide sobre o bem que a sua acção salvaguardou ou conservou e que garante as despesas contraídas com vista a essa conservação. Tal como já foi referido, se a acção do conservador tiver contribuído para uma mais valia do património do devedor que beneficia os credores já existentes ao tempo da sua actuação, então ele deve ser pago logo em segundo lugar, afim de evitar o enriquecimento sem causa destes credores à custa do conservador. Não sendo assim, o conservador é pago apenas em sexto lugar.

3.º Credores de salários super-privilegiados;

Em terceiro lugar, têm direito a ser pagos os trabalhadores, que gozam de um privilégio creditório geral sobre todos os bens móveis do devedor, em garantia da parcela impenhorável dos seus salários, correspondente a 2/3 (cf. artigo 823.º-A, n.º 1, *alínea b)*, do CPC, proposto pela Reforma do Regime Jurídico Relativo aos Processos Simplificados de Cobrança e de Execução, que procedeu ao Ajustamento entre o Acto Uniforme da OHADA Relativo à Organização dos Processos Simplificados de Cobrança e de Execução e o Direito Interno Guineense).

4.º Credores pignoratícios;

Em quarto lugar são pagos os credores pignoratícios, tratando-se aqui do penhor com entrega previsto pelos artigos 44.º e seguintes do AUG. Em caso de conflito, atende-se à ordem de constituição do penhor. Contudo, como o penhor requer a entrega, afigura-se difícil que possa haver mais do que um penhor com entrega sobre o mesmo bem.
É de notar que esta disposição abrange também o direito de retenção, que é equiparado ao penhor pela parte final do artigo 43.º do AUG, sendo que em caso de conflito o retentor é pago antes do credor pignoratício.

5.º Credores garantidos por penhor sem entrega ou por privilégio creditório geral sujeito a publicidade;

São pagos em quinto lugar os credores beneficiários de um penhor sem entrega, assim como os que sejam titulares de um privilégio creditório geral sujeito a publicidade nos termos do artigo 108.º do AUG. Em caso de conflito entre eles, atende-se à ordem de inscrição no Registo do Comércio e do Crédito Mobiliário, uma vez que ambas as garantias se encontram dependentes desta inscrição para produzir os respectivos efeitos.

6.º Credores com privilégio creditório especial;

Os credores titulares de um privilégio creditório especial têm direito a ser pagos em sexto lugar pelo produto da venda do bem sobre o qual o seu privilégio incide. Trata-se dos privilégios previstos nos artigos 73.º a 76.º e 109.º a 116.º do AUG e ainda dos eventuais privilégios creditórios especiais que entretanto venham a ser adoptados pela lei nacional dos Estados membros.

De acordo com a segunda parte deste artigo, em caso de conflito entre privilégios creditórios especiais sobre o mesmo bem móvel, a prioridade é atribuída ao credor que em primeiro lugar efectuar a penhora.

7.º Credores com privilégio creditório geral não sujeito a publicidade;

São pagos em sétimo lugar os credores titulares de um privilégio creditório geral não sujeito a publicidade, pela ordem estabelecida no artigo 107.º do AUG. Incluem-se aqui também os privilégios gerais criados pelos Estados membros, sendo que tais privilégios são graduados pela ordem determinada na lei interna, ou, no silêncio desta, imediatamente a seguir aos previstos no artigo 107.º do AUG, conforme determina o segundo parágrafo do artigo 106.º do AUG.

8.º Credores quirografários com título executivo (com intervenção na penhora ou oposição ao processo de distribuição);

Em oitavo e último lugar são graduados os credores comuns ou quirografários, desde que disponham de um título executivo e tenham intervindo por via de penhora ou através de oposição ao processo de distribuição.

Tal como no artigo 148.º, também o segundo parágrafo do artigo 149.º estabelece regras de distribuição do produto da venda quando este seja insuficiente para ressarcir certas categorias de credores. Assim, em caso de insuficiência das quantias obtidas para satisfazer os credores referidos em 1.º, 2.º, 3.º, 6.º, 7.º e 8.º lugar, estes são pagos proporcionalmente pelos respectivos direitos de crédito. Conforme realçámos a propósito do artigo 148.º, a distribuição proporcional só funciona entre cada uma das categorias, e não no confronto entre elas, devendo em qualquer caso ser observada a ordem de pagamento estabelecida pelo artigo 149.º do AUG. Não são aqui referidos os credores pignoratícios nem os retentores, que se encontram em quarto lugar, por não ser possível haver ao mesmo tempo vários penhores com entrega ou vários direitos de retenção sobre a mesma coisa. Também não são mencionados os credores garantidos por um penhor sem entrega, nem os titulares de privilégio creditório geral sujeito a publicidade, graduados em quinto lugar, por estes se encontrarem sujeitos ao registo, pelo que, em caso de conflito, terão direito a ser pagos pela respectiva ordem de inscrição.

BIBLIOGRAFIA

ABARCHI, DJIBRIL *La supranationalité de l'Organisation pour l'Harmonisation en Afrique du Droit des Affaires*, em *Revue Burkinabé de Droit*, N.º 37, 1.ᵉʳ semestre 2000.

ALVES, HUGO RAMOS, *Do mandato de crédito*, Coimbra, Almedina, 2007.

ALMEIDA, CARLOS FERREIRA DE, *Recusa de cumprimento declarada antes do vencimento (Estudo de Direito Comparado e de Direito Civil Português)*, em *Estudos em Memória do Professor Doutor João de Castro Mendes*, Lisboa, LEX, 1995.

ANOUKAHA, FRANÇOIS, JOSEPH ISSA-SAYEGH, AMINATA CISSE-NIANG, ISAAC YANKHOBA NDIAYE, MESSANVI FOLI e MOUSSA SAMB, *OHADA. Sûretés*, Bruxelas, Bruylant, 2002.

ASCENSÃO, JOSÉ DE OLIVEIRA, *O Direito. Introdução e teoria geral. Uma perspectiva luso-brasileira*, 13.ª ed., Coimbra, Almedina, 2006.

— *A locação de bens dados em garantia*, em *Revista da Ordem dos Advogados*, Ano 45, Setembro de 1985.

— *Direito civil. Sucessões*, 5.ª ed., Coimbra, Coimbra editora, 2000.

ATAÍDE, RUI, MÓNICA FREITAS, CLÁUDIA MADALENO, JULIANO FERNANDES e FODÉ ABULAI MANÉ, *Código Civil e Legislação Complementar*, 2.ª ed., Lisboa, Centro de Estudos e Apoio às Reformas Legislativas, Faculdade de Direito de Bissau, 2007.

CABRILLAC, MICHEL, CHRISTIAN MOULY, SÉVERINE CABRILLAC, PHILIPPE PÉTEL, *Droit des sûretés*, 8.ª edição, Paris, LexisNesis, 2007.

CAMPOS, MARIA ISABEL HELBLING MENÉRES, *Da hipoteca. Caracterização, constituição e efeitos*, Coimbra, Almedina, 2003.

CARVALHO, Pedro Nunes de, *A responsabilidade do comitente*, Lisboa, AAFDL, 1990.

CORDEIRO, ANTÓNIO MENEZES, *Direito das Obrigações*, Volume II, Lisboa, AAFDL, 1994.

— *Direito das obrigações*, Volume I, Lisboa, AAFDL, 1994.

— *Tratado de direito civil português*, Parte Geral, Tomo I – Introdução. Doutrina geral. Negócio jurídico, 2.ª edição, Coimbra, Almedina, 2000.

— *Tratado de direito civil português*, I – Parte geral, Tomo I – Introdução. Doutrina geral. Negócio jurídico, 3.ª edição, Coimbra, Almedina, 2007.

— *Das cartas de conforto no Direito Bancário*, Lisboa, LEX, 1993.

COSTA, MÁRIO JÚLIO DE ALMEIDA, *Direito das Obrigações*, 11.ª edição, Coimbra Almedina, Coimbra, 2008.
COSTA, SALVADOR DA, *O concurso de credores*, 3.ª edição, Coimbra, Almedina, 2005.
COURRÈGE, ORLANDO, *Direito das obrigações. A garantia na relação obrigacional*, Lisboa, Faculdade de Direito de Lisboa, 1942.
CUNHA, PAULO, *Direito das Obrigações. Apontamentos das aulas da 2.ª cadeira de Direito Civil da Faculdade de Direito da Universidade de Lisboa*, Tomo I – Introdução, Capítulo I – Os Sujeitos, Lisboa, 1937-1938.
— *Direito das Obrigações. Apontamentos das aulas da 2.ª cadeira de Direito Civil da Faculdade de Direito da Universidade de Lisboa*, Tomo II, Capítulo II – O Objecto, Lisboa, Imprensa Baroeth, 1938-1939.
ESTEVES, JOÃO EDUARDO CURA MARIANO, *Impugnação pauliana*, Lisboa, Universidade Católica Portuguesa, 2004.
FERREIRA, MARIA DO PATROCÍNIO DA PAZ, *Impugnação pauliana. Aspectos gerais do regime*, Lisboa, 1987.
FOLI, LÉON MESSANVI, *Présentation de l'acte uniforme portant organisation du droit des sûretés*, disponível em www.ohada.com.
GOMES, MANUEL JANUÁRIO DA COSTA, *O regime da fiança no Acto Uniforme sobre Garantias da Organização para a Harmonização em África do Direito dos Negócios; alguns aspectos*, Separata do Boletim da Faculdade de Direito de Bissau, N.º 6, Bissau, 2004.
— *Assunção fidejussória de dívida. Sobre o sentido e o âmbito da vinculação como fiador*, Coimbra, Almedina, 2000.
— *Estudos de direito das garantias*, Volume I, Coimbra, Almedina, 2004.
— *O regime da carta de garantia no Acto Uniforme sobre Garantias para a Harmonização em África do Direito dos Negócios; alguns aspectos*, Separata do Boletim da Faculdade de Direito de Bissau, N.º 6, Bissau, 2004.
GONÇALVES, LUÍS DA CUNHA, *Tratado de Direito Civil. Em comentário ao Código Civil Português*, Volume V, Coimbra, Coimbra editora, 1932.
International legal materials, Volume XXXV, N.º 3, Maio de 1996.
ISSA-SAYEGH, JOSEPH, *Quelques aspects techniques de l'intégration juridique: l'exemple des actes uniformes de l'OHADA*, em Revue de Droit Uniforme, Roma, Unidroit, 1999.
— *L'ordre juridique OHADA*, Communication au colloque ARPEJE, ERSUMA, Porto Novo, 3-5 juin 2004, disponível em www.ohada.com.
— *Le nouveau droit des garanties de l'OHADA*, Communication faite au premier colloque de l'Association ivoirienne Henri Capitant (Abidjan, 2 avril 2002), Actes du colloque, disponível em www.ohada.com.
— *La liberté contractuelle dans le droit des sûretés OHADA*, disponível em www.ohada.com.
— *Le gage sur créances de sommes d'argent*, disponível em www.ohada.com, com a referência D-02-18.

JARDIM, MÓNICA, *A garantia autónoma*, Coimbra, Almedina, 2002.
KALIEU, YVETTE, *La mention manuscrite dans le cautionnement OHADA*, disponível em www.ohada.com, com a referência D-03-02.
KANE, AMADOU, *Le droit et la pratique des garanties bancaires au regard de l'Acte uniforme portant Organisation des sûretés de l'OHADA*, em *Boletim da Faculdade de Direito Bissau*, N.º 6, Bissau, 2004.
LEGEAIS, DOMINIQUE, *Sûretés et garanties du crédit*, Paris, L.G.D.J., 2004.
LEITÃO, HÉLDER MARTINS, *Da prestação de caução*, Porto, Almeida & Leitão, Lda., 2004.
LEITÃO, LUÍS MANUEL TELES DE MENEZES, *Direito das obrigações*, 6.ª edição, Volume I – Introdução. Da constituição das obrigações, Coimbra, Almedina, 2007.
— *Garantias das obrigações*, 2.ª edição, Coimbra, Almedina, 2008.
— *Direito das obrigações*, 5.ª edição, Volume II – Transmissão e extinção das obrigações. Não cumprimento e garantias do crédito, Coimbra, Almedina, 2007.
— *Direito das obrigações*, 4.ª edição, Volume III – Contratos em Especial, Coimbra, Almedina, 2006.
— *A cessão de bens aos credores*, Lisboa, AAFDL, 1987.
LIMA, FERNANDO ANDRADE PIRES DE e JOÃO DE MATOS ANTUNES VARELA, *Código Civil Anotado*, 3.ª edição, Volume I, Coimbra, Coimbra editora, 1982.
— *Código Civil Anotado*, Volume II, 4.ª edição, Coimbra, Coimbra editora, 1997.
MADALENO, CLÁUDIA, *A vulnerabilidade das garantias reais. A hipoteca voluntária face ao direito de retenção e ao direito de arrendamento*, Coimbra, Coimbra editora, 2008.
MARTINEZ, PEDRO ROMANO e PEDRO FUZETA DA PONTE, *Garantias de cumprimento*, 5.ª edição, Coimbra, Almedina, 2006.
MARTINEZ, PEDRO ROMANO, *Direito das obrigações (Parte especial). Contratos. Compra e Venda. Locação. Empreitada*, 2.ª edição, Coimbra, Almedina, 2003.
— *Da cessação do contrato*, Coimbra, Almedina, 2005.
— *Direito das Obrigações. Programa 2004/2005. Apontamentos*, 2.ª edição, Lisboa, AAFDL, 2004.
MARTOR, BORIS, *Comparaison de deux sûretés personnelles: le cautionnement et la lettre de garantie*, em *La semaine juridique*, N.º 5, Supplément à La semaine juridique N.º 44 du octobre 2004.
MATHURIN, BROU KOUAKOU, *Bilan de l'interprétation des actes uniformes par la Cour commune de justice et d'arbitrage*, disponível em www.ohada.com, com a referência D-04-04.
— *Le droit de rétention en droit ivoirien: conditions d'exercice et prérogatives du rétenteur à propos de l'affaire société SATA MALI c/ Société INCART FIAT*, disponível em www.ohada.com, com a referência D-07-10.
MATOS, ISABEL ANDRADE DE, *O pacto comissório. Contributo para o estudo do âmbito da sua proibição*, Coimbra, Almedina, 2006.

MENDES, EVARISTO, *Garantias bancárias. Natureza*, Separata da Revista de Direito e de Estudos Sociais, Ano XXXVII (X da 2.ª Série), N.º 4 (Outubro--Dezembro de 1995).
MENDES, PAULO MANUEL MELO DE SOUSA, *A garantia geral das obrigações*, em Revista Jurídica, N.º 6, Abril/Junho, Lisboa, 1986.
MESQUITA, MANUEL HENRIQUE, *Obrigações reais e ónus reais*, Coimbra, Almedina, 1990.
MOREIRA, GUILHERME, *Patrimónios autónomos nas obrigações segundo o direito civil português*, em Boletim da Faculdade de Direito da Universidade de Coimbra, Ano VII, Coimbra, Imprensa da Universidade, 1921-1923.
— *Instituições do Direito Civil Português*, Volume II – Das obrigações, 2.ª edição, Coimbra, Coimbra editora, 1925.
OHADA. *Jurisprudences nationales*, Cotonou, Organisation Internationale de la Francophonie, N.º 1, Décembre 2004.
OLIVEIRA, NUNO MANUEL PINTO, *Direito das obrigações*, Volume I – Conceito, estrutura e função das relações obrigacionais. Elementos das relações obrigacionais. Direitos de crédito e direitos reais, Coimbra, Almedina, 2005.
PAILLUSSEAU, JEAN, *Le Droit de l'OHADA. Un Droit très important et original*, em La semaine juridique, N.º 5, Supplément à La semaine juridique n.º 44 du octobre 2004.
PALMA, RUI CAMACHO, *Da obrigação natural*, Lisboa, AAFDL, 1999.
PEREIRA, ANDRÉ GONÇALVES e FAUSTO DE QUADROS, *Manual de Direito Internacional Público*, 3.ª edição, Almedina, Coimbra, 2002.
PEREIRA, MARIA DE LURDES MARQUES, *Breve nota sobre a adesão da Guiné-Bissau ao Tratado Relativo à Harmonização do Direito Comercial ("Droit des affaires") em África*.
PIRES, MIGUEL LUCAS, *Dos privilégios creditórios e sua influência no concurso de credores*, Coimbra, Almedina, 2004.
REDINHA, JOÃO, *Contrato de mútuo*, em Direito das Obrigações, Volume III, Lições coordenadas por António Menezes Cordeiro, Lisboa, AAFDL, 1991.
ROCHA, M. A. COELHO DA, *Instituições de Direito Civil Portuguez*, Tomo II, Coimbra, Imprensa da Universidade, 1852.
SERRA, ADRIANO PAES DA SILVA VAZ, *Responsabilidade patrimonial*, em Boletim do Ministério da Justiça, N.º 75, Abril, 1958.
— *Direito de Retenção*, em Boletim do Ministério da Justiça, N.º 65, Abril, 1957.
— *Fiança e figuras análogas*, em Boletim do Ministério da Justiça, N.º 71, Dezembro, 1957.
— *Penhor*, em Boletim do Ministério da Justiça, N.º 58, 1956.
— *Hipoteca*, em Boletim do Ministério da Justiça, N.º 62, Janeiro, 1957.
SERRÃO, JOEL, *Dicionário de História de Portugal*, Volume III – Fiança – Lisboa, Porto, Livraria Figueirinhas, 1985.

Sousa, Miguel Teixeira de, *Estudos sobre o novo processo civil*, 2.ª edição, Lisboa, LEX, 1997.
Sousa, Rabindranath Capelo de e José António de França Pitão, *Código Civil e legislação complementar*, Volume II, Coimbra, Almedina, 1979.
Telles, Inocêncio Galvão, *Direito das obrigações*, 7.ª edição, Coimbra, Coimbra editora, 1997.
Tisserand-Martin, Alice, Georges Wiederkehr, François Jacob, Xavier Henry, Guy Venandet, François Baraton, *Code Civil*, cent-septième édition, Paris, Dalloz, 2008.
Varela, João de Matos Antunes, *Das obrigações em geral*, 10.ª edição, Volume I, Coimbra, Almedina, 2008.
— *Das obrigações em geral*, 7.ª edição, Volume II, Coimbra, Almedina, 1997.
Vieira, José Alberto, *Arrendamento de imóvel dado em garantia*, em *Estudos em Homenagem ao Prof. Doutor Inocêncio Galvão Telles*, IV Vol. – Novos Estudos de Direito Privado, Coimbra, Almedina, 2003.

ÍNDICE

PREFÁCIO 5
NOTA PRÉVIA 7
ABREVIATURAS 11

CAPÍTULO I
INTRODUÇÃO

1. Conceito de garantia 13
2. Garantia das obrigações ou responsabilidade patrimonial 17
3. Caracterização das garantias 19
4. Função 23
5. O conceito de responsabilidade patrimonial 23
6. Da responsabilidade pessoal à responsabilidade patrimonial. Evolução histórica 25
   6.1. Direito Comparado 30
7. Âmbito da responsabilidade do devedor no Direito actual 32
   7.1. Regime jurídico da responsabilidade patrimonial 36

CAPÍTULO II
O DIREITO CIVIL INTERNO E O DIREITO DO ACTO UNIFORME DA OHADA RELATIVO À ORGANIZAÇÃO DAS GARANTIAS

1. Relação entre o Direito interno e os Actos Uniformes da OHADA . 45
2. Coabitação entre as regras de Direito interno e as regras resultantes dos Actos Uniformes 64
3. Jurisprudência do TCJA sobre a supranacionalidade da OHADA 66
4. Conclusão 75
   4.1. Caso particular das garantias: a liberdade contratual 81

CAPÍTULO III
GARANTIA GERAL

1. Generalidades	85
2. Noção. Património do devedor	87
3. A garantia geral é garantia?	89
4. Responsabilidade patrimonial	91
5. Meios de conservação da garantia patrimonial	92
6. Declaração de nulidade	96
6.1. Noção. Requisitos	96
6.2. Objecto da declaração de nulidade	100
6.3. Efeitos	103
6.4. Registo da acção de nulidade	104
7. Sub-rogação do credor ao devedor	105
7.1. Noção	105
7.2. Modalidades	107
7.3. Razão de ser	109
7.4. Âmbito de aplicação. Requisitos	110
7.4.1. Credor a prazo ou condicional	120
7.5. Sub-rogação em primeiro grau e sub-rogação em segundo grau	121
7.6. Citação do devedor	123
7.7. Efeitos da sub-rogação	124
7.8. Questões duvidosas	126
7.9. Previsão geral e previsões especiais de sub-rogação	127
8. Impugnação pauliana	135
8.1. Noção. Generalidades	135
8.2. Requisitos da impugnação pauliana	139
8.2.1. Acto do devedor que diminua a garantia patrimonial do crédito e que não seja de natureza pessoal	140
a) Actos duvidosos	148
8.2.2. Crédito anterior ao acto, ou, sendo posterior, que o acto tenha sido praticado dolosamente com o intuito de prejudicar o futuro credor	162
8.2.3. Acto do devedor de natureza gratuita, ou, sendo oneroso, que haja má fé do alienante e do adquirente	164
8.2.4. É necessário que do acto resulte a impossibilidade de o credor obter a satisfação integral do crédito ou o agravamento dessa impossibilidade	171
8.2.5. Créditos não exigíveis ou sujeitos a condição suspensiva	172
8.3. Prova da impugnação pauliana	173
8.4. Transmissões posteriores a subadquirentes	173

8.5. Efeitos da impugnação pauliana	174
8.5.1. Relações entre o credor impugnante e o terceiro adquirente	175
8.5.2. Relações entre o credor impugnante e os credores do terceiro adquirente	180
8.5.3. Relações entre o devedor e o terceiro adquirente	183
8.6. Extinção do direito à impugnação pauliana	184
8.7. Prazo de caducidade para intentar a impugnação pauliana	185
8.8. Natureza jurídica da impugnação pauliana	185
8.8.1. O problema do registo da acção de impugnação pauliana	188
9. Arresto	193
9.1. Noção	193
9.2. Requisitos	194
9.3. Arresto contra o devedor ou contra terceiro	197
9.4. Audiência prévia do devedor ou do terceiro	199
9.5. Limites ao arresto	199
9.6. Decretação do arresto	200
9.7. Responsabilidade do requerente	201
9.8. Substituição do arresto por caução do devedor ou do terceiro	203
9.9. Efeitos do arresto	203

CAPÍTULO IV

ACORDOS PARA FACILITAR O PAGAMENTO DE DÍVIDAS

1. Consignação de Receitas	211
2. Consignação de Rendimentos	213
2.1. Noção. Generalidades	213
2.2. Modalidades	215
2.3. Legitimidade	215
2.4. Constituição	218
2.5. Regime jurídico da consignação de rendimentos voluntária	219
2.5.1. Prazo	219
2.5.2. Modalidades	220
2.5.3. Extinção	222
2.6. Consignação de rendimentos judicial	223
2.7. Natureza jurídica	225
2.8. Conciliação com o regime jurídico do AUG	229
3. Cessão de Bens aos Credores	230
3.1. Noção. Generalidades	230
3.2. Oportunidade da cessão	232
3.3. Regime jurídico	234
3.3.1. Encargo de liquidação do património do devedor	234

3.3.2. Forma 235
3.3.3. Efeitos 235
3.3.4. Posição jurídica dos credores cessionários relativamente aos bens cedidos 236
3.3.5. Poderes dos credores cessionários e do devedor 241
3.3.6. Exoneração do devedor 243
3.4. Extinção da cessão de bens aos credores 245
3.5. Natureza jurídica 246
4. Outros Acordos 252

CAPÍTULO V

GARANTIAS APARENTES

1. Noção 253
2. Carta de Conforto, de Patrocínio ou de Intenções 253
   2.1. Noção 253
   2.2. Caracterização 255
   2.3. Figuras afins 256
   2.4. Modalidades 257
   2.5. Acção contra o emitente da carta 258
3. Contrato-Promessa de Garantias Especiais 259
4. Cláusula *Negative Pledge* 261
5. Cláusula *Pari Passu* 263
6. Declaração de Capacidade Financeira 263

CAPÍTULO VI

OUTRAS GARANTIAS

1. Generalidades 265
2. A Caução 267
   2.1. Noção. Generalidades 267
   2.2. Modalidades 268
      2.2.1. Caução legal 268
      2.2.2. Caução judicial e voluntária 273
   2.3. Reforço ou redução da caução 277
   2.4. Processo judicial 278
3. Excepção de não Cumprimento 280
   3.1. Noção. Generalidades 280
   3.2. Requisitos da excepção de não cumprimento 281
   3.3. Natureza jurídica 285

4. Compensação	287
4.1. Noção. Generalidades	287
4.2. Requisitos da compensação	288
4.3. Modalidades	291
4.4. Natureza jurídica	292

CAPÍTULO VII

GARANTIAS ESPECIAIS. O ACTO UNIFORME DA OHADA RELATIVO À ORGANIZAÇÃO DAS GARANTIAS

1. Generalidades	293
2. Garantias Especiais Previstas no AUG	295
2.1. Conceito de garantia	295
2.2. Conceito de garantia pessoal e de garantia real	296
2.3. Âmbito de aplicação do AUG	298
Secção 1– GARANTIAS PESSOAIS	302
1. Fiança	302
1.1. Generalidades	302
1.2. Figuras afins	303
1.3. Conceito de fiança	306
1.4. Características da fiança	309
1.4.1. Acessoriedade	309
1.4.2. Subsidiariedade. O problema da fiança simples ou solidária	311
1.4.3. Modo de funcionamento da fiança simples	320
1.5. Formação contratual da fiança	324
1.6. Requisitos de constituição da fiança	325
1.6.1. Capacidade do fiador	325
1.6.2. Declaração expressa do fiador	327
1.6.3. Documento escrito e assinado pelas partes	330
1.6.4. Indicação do montante máximo garantido, em algarismos e por extenso, manuscrito pelo fiador	337
1.6.5. Anexação do documento que titula a obrigação principal	344
1.7. Particularidades da constituição da fiança legal e da fiança judicial	345
1.8. Insolvência do fiador	347
1.9. Conteúdo da fiança	350
1.10. Validade da fiança	352

1.10.1. Validade da própria fiança	352
1.10.2. Validade da obrigação garantida	354
a) Consequências da inexistência, nulidade ou anulabilidade da obrigação principal. Legitimidade do fiador para invocar a anulabilidade da obrigação principal	358
b) Convalidação ou confirmação da anulabilidade da obrigação principal	361
c) Cláusulas de sobrevivência	364
d) Validade da fiança prestada a um incapaz, para garantia de obrigações contraídas por este, quando o fiador conheça, aquando da prestação da fiança, a causa da incapacidade	367
1.11. Fiança real	372
1.12. Subfiança	375
1.13. Retrofiança	377
1.14. Fiança geral	377
1.14.1. Noção. Generalidades	377
1.14.2. Modalidades. O problema da determinabilidade da fiança geral	379
1.14.3. Regime jurídico da fiança geral no AUG	383
a) Âmbito da fiança geral	391
b) Renovação da fiança geral	391
c) Extinção da fiança geral	392
d) Fiança geral de obrigações já constituídas	396
e) Obrigações de informação do credor	397
1.14.4. Questões doutrinárias	400
1.15. Efeitos da fiança. Relações entre o credor e o fiador	403
1.15.1. Incumprimento do devedor principal como pressuposto de accionamento do fiador	403
1.15.2. A intimação infrutífera do devedor principal	407
1.15.3. Prorrogação do prazo concedido ao devedor principal	411
1.15.4. Perda do benefício do prazo pelo devedor principal	413
1.15.5. Providências cautelares contra o fiador	415
1.15.6. Modo de funcionamento da fiança	415
1.16. Pluralidade de fiadores	417
1.16.1. Regime supletivo: a conjunção	417
1.16.2. As diferentes "solidariedades" do AUG	424
1.16.3. Fiança plural solidária	426
1.17. Meios de defesa do fiador	429
1.17.1. O problema da renúncia do devedor principal a meios de defesa	436
1.17.2. A compensação entre o credor e o devedor principal	438
1.18. Relações entre o fiador e o devedor principal	438

1.18.1. Acção do fiador contra o devedor principal antes do cumprimento	438
1.18.2. Acção do fiador contra o devedor principal após o cumprimento	440
a) Acção pessoal	444
b) Acção sub-rogatória	448
1.19. Extinção da fiança	452
1.19.1. O problema da morte do fiador	455
2. Mandato de Crédito	457
2.1. Noção	457
2.2. Figuras afins	458
2.3. Regime jurídico	460
2.4. Responsabilidade do autor do encargo como fiador	462
2.5. Qualificação legal e natureza jurídica	463
2.6. Apreciação do mandato de crédito em face da entrada em vigor do AUG	468
3. Carta de Garantia	469
3.1. Noção. Generalidades	469
3.2. Figuras afins	472
3.3. A garantia autónoma e o Código Civil	473
3.4. Conceito	475
3.4.1. Autonomia da carta de garantia	479
3.5. Carta de contragarantia	479
3.6. Legitimidade	480
3.7. Requisitos de validade formal	483
3.7.1. Declaração expressa	483
3.7.2. Documento escrito	483
3.7.3. Menções obrigatórias	485
3.8. Cessão do crédito à garantia	489
3.9. Eficácia da carta de garantia	491
3.10. Condições de pagamento. Eventuais reduções da obrigação do garante	492
3.11. Efectivação da carta de garantia	494
3.11.1. Meios de defesa do garante	502
3.11.2. Acção do garante contra o ordenador	507
3.12. Extinção da carta de garantia	508
3.13. Admissibilidade de outras garantias autónomas	509
Secção 2 – GARANTIAS REAIS	511
1. Noção. Generalidades	511
2. Direito de Retenção	514
2.1. Noção. Generalidades	514

2.2. Linhas gerais do direito de retenção na redacção originária do
    Código Civil de 1966 515
2.3. Figura afim 517
2.4. Análise do direito de retenção no AUG 517
    2.4.1. Objecto 517
    2.4.2. Requisitos 523
    2.4.3. Substituição do direito de retenção 533
2.5. Efeitos do direito de retenção 535
2.6. Transmissão e extinção do direito de retenção 538
2.7. Apreciação 541
3. Penhor 542
    3.1. Noção. Generalidades 542
    3.2. O penhor no AUG. Elementos constitutivos 543
        3.2.1. Contrato 544
        3.2.2. Entrega de um bem móvel, ao credor ou a um terceiro 544
            a) Problema da falta de entrega 547
        3.2.3. Para garantia do cumprimento de uma obrigação 550
    3.3. Legitimidade 551
    3.4. Requisitos de validade do penhor 554
        3.4.1. Validade substancial. Validade da dívida garantida 554
        3.4.2. Validade formal. O problema da eficácia 556
    3.5. Substituição da coisa 560
    3.6. Posição jurídica do credor pignoratício em relação à coisa
        empenhada 561
        3.6.1. Obrigação de não usar a coisa 562
        3.6.2. Obrigação de não perceber os frutos da coisa 563
        3.6.3. Obrigação de vigilância 563
        3.6.4. Obrigação de conservação 565
        3.6.5. Responsabilidade solidária do credor pignoratício, do
            terceiro escolhido pelas partes e do adquirente de má
            fé 566
        3.6.6. Obrigação de restituir a coisa empenhada 567
        3.6.7. Faculdade de retenção da coisa. Função de garantia ... 568
        3.6.8. Acção de reivindicação 571
        3.6.9. Direito de execução da coisa empenhada 572
        3.6.10. Faculdade de vender a coisa em caso de risco de pere-
            cimento 577
        3.6.11. Outras situações jurídicas resultantes do Código Civil 578
    3.7. Indivisibilidade do penhor 579
    3.8. Transmissão 580
    3.9. Remissão para o regime jurídico da hipoteca 580
    3.10. Extinção do penhor 582
4. Penhor de Direitos 584

4.1. Noção. Generalidades	584
4.2. O penhor de direitos no AUG	586
4.3. Penhor de direitos de crédito	587
4.3.1. Cumprimento perante o credor pignoratício	588
4.3.2. Cumprimento perante o autor do penhor	590
4.3.3. Responsabilidade solidária	591
4.3.4. Penhor de aplicações financeiras	591
4.4. Penhor de títulos de crédito	593
4.5. Penhor de valores mobiliários	594
4.6. Caso especial do mútuo com penhor de valores mobiliários cotados	595
4.7. Penhor de mercadorias	596
4.8. Penhor de coisas incorpóreas e de propriedade intelectual	597
4.9. Execução do penhor de direitos	597
5. Penhor sem Entrega	599
5.1. Noção. Generalidades	599
5.2. O penhor sem entrega no AUG	600
5.2.1. Penhor sem entrega de direitos sociais e de valores mobiliários	600
5.2.2. Penhor sem entrega do estabelecimento comercial	603
5.2.3. Penhor sem entrega de equipamento profissional e de veículos automóveis	615
5.2.4. Penhor sem entrega de estoques	620
5.2.5. Nota final acerca do penhor sem entrega	623
6. Privilégios Creditórios	624
6.1. Noção. Generalidades	624
6.2. Os privilégios creditórios no AUG	626
6.3. Privilégios gerais	628
6.3.1. Privilégios creditórios não sujeitos a publicidade	630
6.3.2. Privilégios creditórios sujeitos a publicidade	633
6.4. Privilégios mobiliários especiais	634
6.4.1. Privilégio creditório do vendedor do estabelecimento comercial	635
6.4.2. Privilégio creditório do vendedor	639
6.4.3. Privilégio creditório do senhorio	641
6.4.4. Privilégio creditório do transportador	643
6.4.5. Privilégio creditório do trabalhador de um prestador de serviços ao domicílio	645
6.4.6. Privilégio creditório dos trabalhadores e dos fornecedores de empresas de construção	647
6.4.7. Privilégio creditório do comissário	648
6.4.8. Privilégio creditório do conservador	651
6.5. Outros aspectos do regime jurídico dos privilégios creditórios	654
7. Hipoteca	655

7.1. Noção. Generalidades 655
7.2. Regime jurídico da hipoteca no AUG 657
7.3. Âmbito da hipoteca 658
7.4. Objecto da hipoteca 660
    7.4.1. Bens imóveis registados 660
    7.4.2. Coisas presentes e determinadas 665
    7.4.3. Requisitos relativos à dívida garantida 666
        a) Existência de um direito de crédito 666
        b) Direito de crédito determinado 667
7.5. Hipoteca convencional 667
    7.5.1. Legitimidade para constituir a hipoteca 668
    7.5.2. Forma de constituição 670
    7.5.3. Eficácia 672
7.6. Efeitos da hipoteca 674
    7.6.1. Indivisibilidade 674
    7.6.2. O autor da hipoteca mantém o direito de gozo da coisa hipotecada 675
    7.6.3. Direito de o credor intentar uma execução hipotecária 682
        a) Meios de defesa do autor da hipoteca 685
    7.6.4. Preferência de pagamento 687
    7.6.5. Exigibilidade antecipada ou substituição da hipoteca .. 688
7.7. Vicissitudes da hipoteca 689
    7.7.1. Extensão da hipoteca 689
    7.7.2. Redução da hipoteca 690
7.8. Situação jurídica do terceiro adquirente do bem hipotecado ... 691
    7.8.1. Expurgo da hipoteca 691
    7.8.2. Restante regime jurídico aplicável ao terceiro adquirente da coisa ou do direito hipotecado 693
7.9. Cessão do grau hipotecário 694
7.10. Transmissibilidade da hipoteca 694
7.11. Extinção da hipoteca 696
7.12. Hipoteca coerciva 699
    7.12.1. Hipoteca legal 700
        a) Manutenção em vigor das hipotecas legais previstas no Direito interno 704
    7.12.2. Hipoteca judicial 705

Secção 3 – DISTRIBUIÇÃO E CLASSIFICAÇÃO DAS GARANTIAS   709

BIBLIOGRAFIA 719

ÍNDICE 725